lonely planet

Argentine

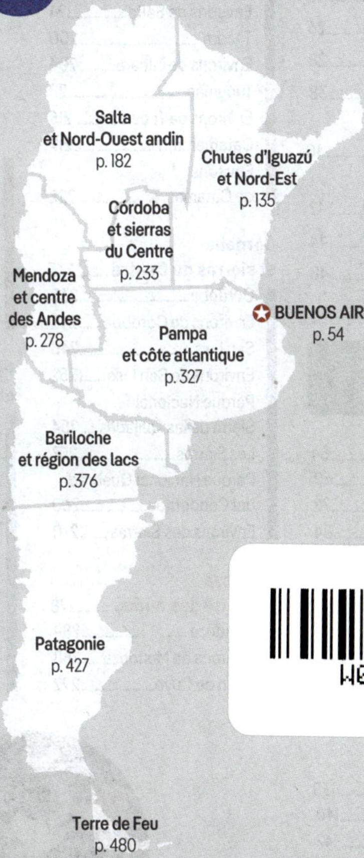

Isabel Albiston, Ray Bartlett, Christine Gilbert, Victoria Gill, Diego Jemio, Sorrel Moseley-Williams, Rachel Tolosa Paz, Federico Perelmuter, Madelaine Triebe

SOMMAIRE

Préparer son voyage

Sur la route

Les Éclaireurs (p. 488)

Asado (p. 44)

Glaciar Perito Moreno (p. 457)

Carnet pratique

Comprendre

ANGELA MEIER/SHUTTERSTOCK ©

Iruya (p. 208)

ARGENTINE

LE VOYAGE COMMENCE ICI

Lorsque l'Argentine a remporté la Coupe du monde de football en 2022, le monde entier semblait l'acclamer, même si cette impression n'est sans doute que l'écho des célébrations qui ont enflammé Buenos Aires. La passion est ici contagieuse, à tel point que vous vous retrouvez bientôt à soutenir l'Argentine même contre votre équipe nationale ! Je me suis toujours sentie galvanisée par cette nation colorée, dont la richesse culturelle est bien vivante, un pays de superlatifs et de merveilles naturelles. Le Nord-Ouest andin, avec ses paysages et sa culture incomparables, me tient particulièrement à cœur. La vie en Argentine peut être difficile, mais on y affronte les absurdités et les problèmes du quotidien avec humour et dignité. Dès que j'entends des Argentins discuter dans le hall d'arrivée de l'aéroport, je me sens de retour chez moi.

Isabel Albiston

@isabel_albiston

Isabel a vécu cinq ans à Buenos Aires et y retourne sans cesse.

Mon expérience préférée : suivre le chemin de la rivière dans un paysage de montagnes multicolores lors de la randonnée d'**Iruya à San Isidro** (p. 208), avec les ânes et les condors comme compagnons.

SUR LE TERRAIN

Nos auteurs présentent les lieux qui, pour eux, incarnent le mieux l'Argentine

ANTONIA BACIGALUPA ALBAUM/500PX ©

Les eaux glaciaires des Andes s'infiltrent dans le **Lago Nahuel Huapi** (p. 384) et le Río Limay draine le lac pour serpenter dans la steppe de Patagonie, longeant la route jusqu'à Neuquén, où il se jette dans l'océan Atlantique. Si le Limay est souvent ignoré par les voyageurs, je suis toujours frappée par sa beauté, ses teintes turquoise alimentées par les neiges se détachant sur le paysage couleur rouille.

Rachel Tolosa Paz

@racheltolosapaz

Auteure et photographe, Rachel a notamment écrit The Food of Argentina.

FOTO 4440/SHUTTERSTOCK ©

Des nombreuses régions que j'ai visitées à travers le monde, aucune ne me transporte autant que la **Patagonie** (p. 427). Les imposants sommets des Andes et l'odeur vivifiante des pins à Epuyén, la côte patagonienne bleu cobalt et les chevaux sauvages de Santa Cruz et, de loin, mon lieu préféré, Cabo Raso… tout me ramène à ce que j'aime le plus : les beaux paysages, les chevaux et l'Argentine.

Madelaine Triebe

@mymaddytravel

Madelaine est passionnée par les chevaux et amoureuse de l'Argentine et du Brésil.

Le **Volcán Galán** est l'une des destinations les plus captivantes d'Argentine. Un voyage de 8 heures mène à son cratère, à 4 500 m d'altitude. La route dévoile des panoramas époustouflants, composés de flamants roses, de lagunes et d'un ciel limpide. Niché sur la Puna (p. 198), le site est très impressionnant.

Diego Jemio

@djemio

Diego est un écrivain de voyage passionné de théâtre et de culture en général.

HEMIS/ALAMY STOCK PHOTO ©

C'est à **Mendoza** (p. 284) que débute l'histoire de la viticulture argentine. Je suis sommelière et enchantée de pouvoir visiter l'une des 200 *bodegas* ouvertes aux visiteurs. Encadrés par les Andes, ses versants et ses cours d'eau sont une superbe toile de fond pour nombre d'activités de plein air.

Sorrel Moseley-Williams

@sorrelita

Sorrel écrit sur la gastronomie, les voyages et le vin.

ERIK COX PHOTOGRAPHY/SHUTTERSTOCK ©

Moisés Ville (p. 550) fut la première colonie juive de l'Argentine rurale. Fondée au XXe siècle pour accueillir les émigrés russes, elle était surnommée la "Jérusalem de l'Amérique du Sud". Elle est toujours l'une des plus importantes communautés juives du monde.

Federico Perelmuter

Twitter @cementeriocc ; Instagram @gorpcore.gaucho

Installé à Buenos Aires, Federico écrit sur la culture, l'histoire et la politique.

GERARDO C.LERNER/SHUTTERSTOCK ©

GEERT SMET/SHUTTERSTOCK ©

Córdoba et les sierras du centre (p. 233) réservent toutes sortes de surprises : localités minières, magnifiques réservoirs et villes dynamiques. Si les voyageurs se pressent aux chutes d'Iguazú, les autres régions ont également beaucoup d'atouts naturels.

Ray Bartlett

@kaisoradotcom

Tanguero et auteur, Ray a travaillé sur près de 100 titres Lonely Planet. Son prochain roman se déroulera en Argentine.

PAULINELEGAY/GETTY IMAGES ©

Dès que l'on s'engage sur la route d'**Epecuén** (p. 348), le monde change. Les seuls bruits que l'on entend proviennent des oiseaux nichés dans l'abattoir Art déco. En passant devant les ruines, on ressent le poids d'une tragédie qui aurait pu être évitée, une parmi tant d'autres en Argentine.

Christine Gilbert

@see_christine_run

Texane de naissance et Portègne de cœur, Christine est auteure, journaliste et artiste de cirque.

STEVE BARZE/SHUTTERSTOCK ©

Les localités et les Andes fuégiennes de la **Terre de Feu** (p. 480) sont sans égal dans le monde, mais si je devais choisir une destination, ce serait les *estancias* qui bordent la Ruta 3, culminant avec l'épave du *Desdemona*. Cette enclave moins explorée illustre la richesse et la désolation du terrain.

Victoria Gill

@vis4victoria

Victoria est auteure de guides, de blogs et d'articles sur le Cône Sud de l'Amérique du Sud.

Quebrada de Humahuaca
Roches colorées et villages amérindiens (p. 42).

Valles Calchaquíes
Villages et domaines vinicoles de Salta (p. 196).

Catamarca
Ruines incas d'El Shincal (p. 224).

Uspallata
Vue sur le Cerro Aconcagua (p. 300).

Mendoza
Immersion dans une région vinicole (p. 284).

Chutes d'Iguazú
Émerveillement devant des chutes grandioses (p. 135).

Parque Nacional Sierra de las Quijadas
Randonnée dans des canyons érodés (p. 254).

Buenos Aires
Danser le tango lors de *milongas* traditionnelles (p. 54).

Epecuén
Flamants roses dans les ruines d'une ville inondée (p. 348).

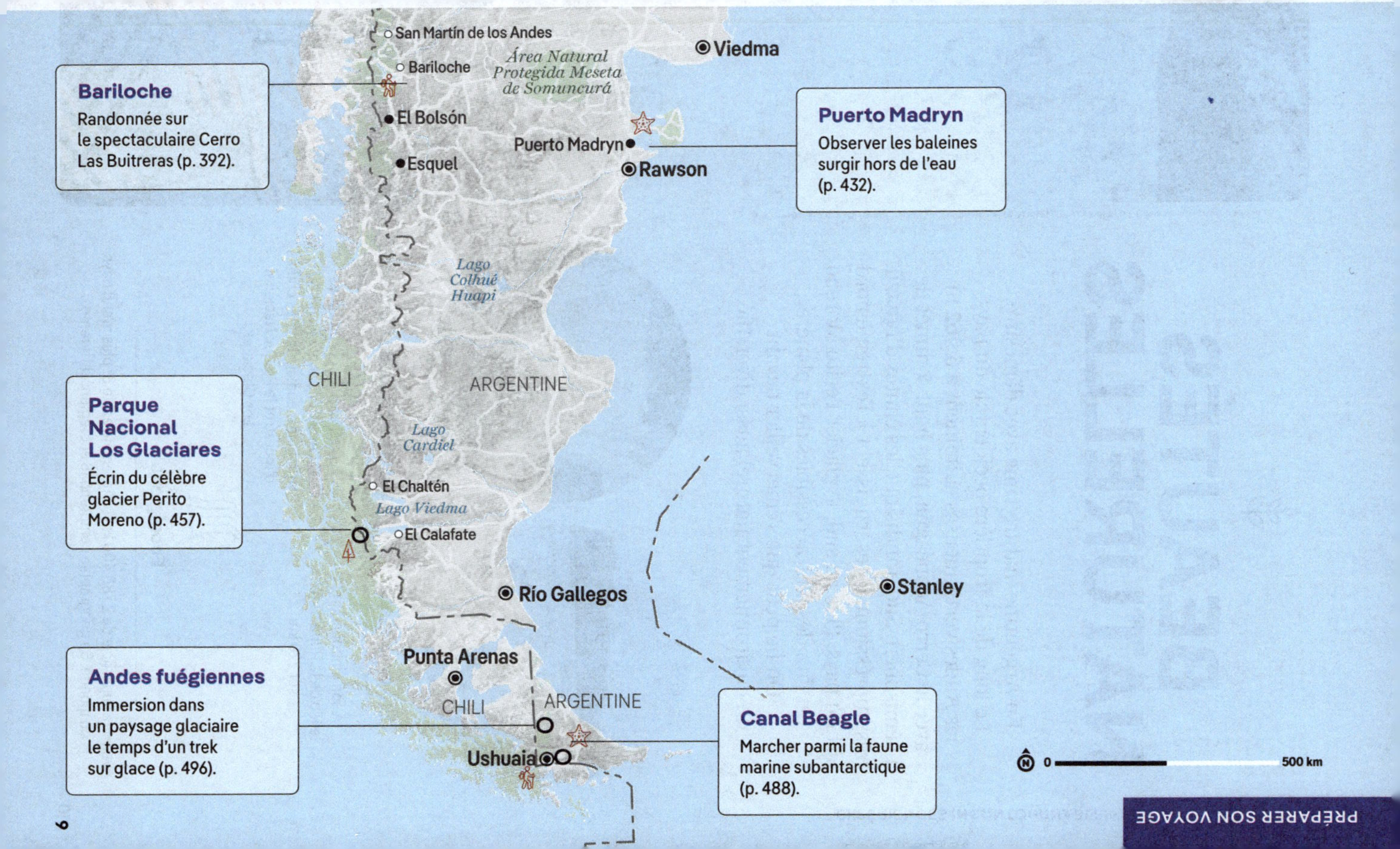
Bariloche
Randonnée sur le spectaculaire Cerro Las Buitreras (p. 392).
Puerto Madryn
Observer les baleines surgir hors de l'eau (p. 432).
Parque Nacional Los Glaciares
Écrin du célèbre glacier Perito Moreno (p. 457).
Andes fuégiennes
Immersion dans un paysage glaciaire le temps d'un trek sur glace (p. 496).
Canal Beagle
Marcher parmi la faune marine subantarctique (p. 488).
San Martín de los Andes
Bariloche
Área Natural Protegida Meseta de Somuncurá
Viedma
El Bolsón
Esquel
Puerto Madryn
Rawson
Lago Colhué Huapi
CHILI
ARGENTINE
Lago Cardiel
El Chaltén
Lago Viedma
El Calafate
Río Gallegos
Stanley
Punta Arenas
CHILI
ARGENTINE
Ushuaia
0
500 km

BEAUTÉS NATURELLES

En Argentine, nature rime avec démesure. Le long de la frontière occidentale du pays, les Andes vertigineuses culminent à 6 962 m avec le Cerro Aconcagua, plus haut sommet de l'hémisphère Sud, tandis que les chutes d'Iguazú, très impressionnantes, rugissent à l'extrême nord-est du pays. Plus au sud, le glacier Perito Moreno est l'un des plus accessibles de la planète. On ne peut que s'émerveiller devant un environnement naturel aussi diversifié.

Río de la Plata

À son embouchure, le Río de la Plata s'étend sur 220 km.

Sites naturels de l'Unesco

Cinq sites naturels protégés de l'Argentine sont inscrits au Patrimoine mondial, dont les chutes d'Iguazú et le Parque Nacional Los Glaciares.

Écorégions

Avec une superficie de 2 780 400 km², l'Argentine est le 8e plus grand pays du monde. Sa géographie comprend 18 écorégions différentes.

Glacier Perito Moreno (p. 457)

PAYSAGES D'EXCEPTION

À El Calafate, le majestueux ❶ **glacier Perito Moreno** (p. 457) est une merveille naturelle qui avance doucement.

À Misiones, admirez les célèbres ❷ **chutes d'Iguazú** (p. 135) et leurs arcs-en-ciel depuis les passerelles.

Offrez-vous un trek dans les ❸ **Andes fuégiennes** (p. 496), au nord d'Ushuaia, entre glaciers, grottes de glace et lagunes bleues et vertes.

Admirez les canyons érodés et les vallées asséchées de la ❹ **Sierra de las Quijadas** (p. 254) à San Luis.

Découvrez le paysage lunaire du ❺ **Valle de la Luna** (p. 319) dans le Parque Nacional Ischigualasto à San Juan et les formations rocheuses du Parque Nacional Talampaya voisin, à La Rioja.

ANIMAUX SAUVAGES

Avec une superficie et une longueur de côte hors norme et d'immenses massifs montagneux, l'Argentine recèle naturellement une faune et une flore des plus variées. Des manchots et baleines aux guanacos, on peut y observer de nombreux animaux. Ces dix dernières années, un projet de réintroduction des jaguars dans les marais argentins a permis la remise en liberté de huit félins à Corrientes. Une réussite couronnée par la naissance de petits dans leur milieu naturel en 2022.

Parque Nacional Iberá

Toutes sortes d'animaux peuplent cette zone humide de Corrientes : cerfs des marais, capybaras, caïmans, nombreux oiseaux migrateurs...

Camélidés

Des hardes de guanacos sauvages sont présents dans les contreforts andins et les plaines de Patagonie. Les vigognes préfèrent les régions en altitude du Nord-Ouest andin.

Faune côtière

Au sud vit une incroyable faune marine, dont des manchots de Magellan, lions et éléphants de mer, otaries à fourrure, orques et baleines.

Capybara, Parque Nacional Iberá (p. 150)

RENCONTRES SAUVAGES

Les baleines franches australes sautent hors de l'eau à quelques mètres au large de la ❶ **Playa Las Canteras** (p. 434), près de Puerto Madryn.

Le gentil capybara, plus gros rongeur du monde, apprécie les marais du ❷ **Parque Nacional Iberá** (p. 150) à Corrientes.

Dans le paysage mystique du ❸ **Cerro Las Buitreras** (p. 392), près de Bariloche, les condors planent au-dessus des randonneurs.

L'une des plus grandes colonies de flamands du pays vit près des ruines d'une ville thermale engloutie au ❹ **Lago Epecuén** (p. 350) salé, dans la province de Buenos Aires.

Une balade maritime permet d'admirer la faune des îles et des eaux subpolaires du ❺ **canal Beagle** (p. 488) en Terre de Feu.

PLAISIRS CITADINS

Les nombreux musées et galeries des villes argentines offrent une large palette d'expériences culturelles. L'immigration européenne a marqué l'architecture – française et italienne – des bâtiments construits au début du XXe siècle, durant le boom économique de l'Argentine, et se perçoit dans les élégants cafés au charme d'antan, idéaux pour regarder les passants. Les places et les parcs citadins font le bonheur des amis partageant un maté et des promeneurs de chiens.

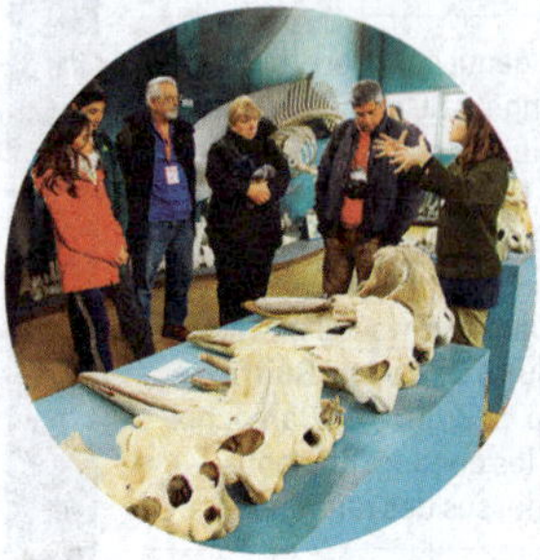

DEPUIS LA GAUCHE : YASEMIN OLGUNOZ BERBER/SHUTTERSTOCK ©, CAROLINA JARAMILLO/SHUTTERSTOCK ©, Y.LEVY/ALAMY STOCK PHOTO ©

Visites guidées de musées

Nombre de musées proposent des visites menées "gratuitement" par des guides experts : à vous de laisser un pourboire décent.

Foulard blanc

Moult places de villes argentines arborent l'emblème des Mères de la place de Mai, association de défense des droits humains.

Street art

Les villes argentines sont parmi les plus belles vitrines du street art du pays, avec des œuvres de Martín Ron et El Marian, notamment.

Museo de La Plata (p. 355)

LE MEILLEUR DES VILLES

Muséum d'histoire naturelle, le ❶ **Museo de La Plata** (p. 355), présente une vaste collection de fossiles, os de paresseux géant, trésors de tombes égyptiennes, etc.

Inspiré de la *Divine Comédie*, le ❷ **Palacio Barolo** (p. 76) de Buenos Aires arbore une architecture unique.

Le **Museo de Arqueología de Alta Montaña** ❸ (p. 190) de Salta conserve le corps momifié de l'un des enfants sacrifiés lors d'un rituel inca.

Si vous aimez les dinosaures, l'une des premières collections d'Amérique du Sud se trouve au ❹ **Museo Paleontológico Egidio Feruglio** (p. 443) de Trelew.

Pour tout savoir sur la viticulture locale, faites une visite immersive avec dégustation à ❺ **La Enoteca-Centro temático del Vino** (p. 286) de Mendoza.

CULTURE POPULAIRE

Le *gaucho*, cow-boy nomade vivant du dressage de chevaux sauvages, incarne de longue date la culture populaire argentine, et les communautés rurales perpétuent encore avec cœur leurs traditions, surtout dans la pampa et en Patagonie. Outre la maestria de ces cavaliers, il existe une scène musicale dynamique, surtout active dans le Nord-Ouest, et tout un pan centré sur les légendes, la musique et l'art des communautés indigènes de l'Argentine.

Feria de Mataderos

Démonstrations équestres, artisanat, musique, danse : la culture populaire s'invite chaque semaine à Buenos Aires.

Musique et danse

La *zamba* est un type de *música folclórica* argentine qui s'accompagne d'une danse avec un jeu de mouchoirs.

Nord-Ouest andin

Dans le Nord-Ouest, les croyances spirituelles traditionnelles imprègnent la culture et l'art, par exemple avec l'emploi de masques de carnaval à l'effigie d'animaux sacrés.

DEPUIS LA GAUCHE : ANIBAL TREJO/SHUTTERSTOCK ©, PETRAPIEDRA/SHUTTERSTOCK ©, SUNSINGER/SHUTTERSTOCK ©

Gaucho, San Antonio de Areco (p. 332)

LE MUST DU FOLKLORE

À l'❶ **Estancia El Ombú de Areco** (p. 333) à San Antonio de Areco on peut voir des dresseurs en symbiose avec les chevaux (*doma india*) et s'initier à la danse folklorique.

Le *gaucho* Nino Masi ❷ d'**El Viejo Manzano** (p. 307) propose des sorties à cheval dans le Valle de Uco avec un verre de vin en chemin.

Le festival ❸ **Trabún** (p. 409) à San Martín de los Andes permet d'apprécier des musiques et danses folkloriques réunissant les communautés indigènes chiliennes et argentines.

Des *estancias* en ❹ **Terre de Feu** (p. 510) en activité organisent des semaines en montagne à faire du cheval et découvrir l'élevage de moutons.

Le carnaval met en lumière la culture pétillante des villages indigènes de la ❺ **Quebrada de Humahuaca** (p. 42).

NUITS DE FOLIE

Des *milongas* où danser le tango aux nombreux bars pris d'assaut qui servent de la bière artisanale, des cocktails et du vin local, en passant par les clubs qui commencent à s'animer vers 2h, la réputation des nuits argentines citadines n'est plus à faire. Mais dans la campagne, aussi, les noctambules font la fête grâce aux *peñas* rurales (bars avec de la musique folklorique), aux restaurants et aux bars qui restent ouverts très tard.

Tango en province

Si Rosario compte pas mal de *milongas* (salles où l'on danse le tango), celles de Córdoba sont parmi les plus accueillantes et accessibles du pays pour les débutants.

Gourmandise nocturne

Les *heladerías* (glaciers) argentines restent souvent ouvertes après minuit : par une chaude nuit d'été, rien de tel qu'une pause glacée !

Théâtre

La scène théâtrale de Buenos Aires est exaltante, avec beaucoup de *teatro alternativo* (spectacles alternatifs) joué dans des lieux pleins d'ambiance (cinémas d'art et d'essai et entrepôts).

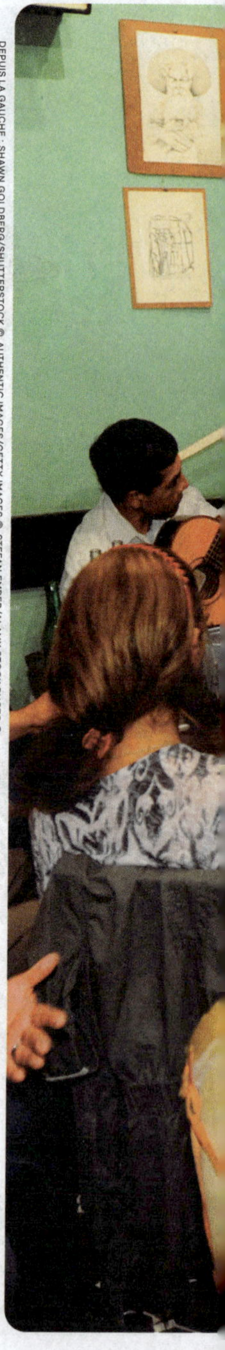

DEPUIS LA GAUCHE : SHAWN GOLDBERG/SHUTTERSTOCK ©, AUTHENTIC IMAGES/GETTY IMAGES ©, STEFAN EMBER/ALAMY STOCK PHOTO ©

La Casona del Molino, Salta (p. 193)

AMBIANCE FESTIVE

Fernet-Coca (boisson préférée des Argentins) et ambiance garantie dans les bars et clubs du quartier branché de Güemes à ❶ **Córdoba** (p. 238).

Chaque été, le Circo del Aire propose un excellent spectacle de cirque en plein air à ❷ **Villa Gesell** (p. 368), près de la côte.

Berceau du tango, ❸ **Buenos Aires** (p. 54) est la ville par excellence où admirer cette danse et s'y essayer dans une *milonga* typique.

Pour écouter le meilleur de la *música folclórica* nationale et apprendre les danses traditionnelles associées à chaque chanson, rien ne vaut les *peñas* de ❹ **Salta** (p. 188).

Sur la Calle Arístides (p. 284) de ❺ **Mendoza**, la fête se poursuit sur les trottoirs, hors des bars et restaurants.

ARTISANAT

Si vous aimez les couvertures en laine de lama, les ponchos tissés à la main, les sacs en cuir et les bijoux en argent, vous serez comblé, tant les textiles et articles fabriqués par les artisans argentins talentueux sont de grande qualité. Même si vous ne voulez pas acheter, il faut flâner un dimanche parmi les stands d'artisanat et d'antiquités de la Feria de San Telmo à Buenos Aires, où les danseurs de tango et autres artistes de rue contribuent à l'ambiance.

Cuir

La *marroquinería* de qualité – ceintures, sacs, portefeuilles, équipement de *gauchos* – est une longue tradition en Argentine.

Ponchos

En juillet, pour la Fiesta del Poncho, les stands d'artisans vendant d'élégants ponchos tissés à la main investissent les rues de Catamarca.

Commerce équitable

Achetez seulement dans des coopératives ou magasins d'artisans qui assurent des prix justes aux artisans locaux (*comercio justo*), ou directement aux artisans sur les marchés.

Tasses à maté traditionnelles

TRÉSORS ARTISANAUX

Les orfèvreries de ❶ **San Antonio de Areco** (p. 332) dans la pampa vendent de superbes couteaux, bijoux et ustensiles à maté.

Dans la ❷ **Reserva Pinar del Norte** (p. 368) de Villa Gesell, le Taller Municipal de Cerámica y Alfarería propose des cours de poterie.

Visiter les ateliers des artisans sur la ❸ **Ruta del Artesano** (p. 217) à Tafí del Valle, près de Tucumán, permet d'apprécier au mieux les céramiques et textiles faits main.

À ❹ **Belén** (p. 225), dans la province de Catamarca, on peut rencontrer des artisans dans leurs ateliers où ils tissent des ponchos et des couvertures.

La vaste Feria Artesanal ❺ d'**El Bolsón** (p. 395), au pied du légendaire Cerro Piltriquitrón, mérite que l'on y passe une journée.

JOYAUX ARCHÉOLOGIQUES

Divers sites, dont l'imposante cité sacrée des Quilmes à Tucumán, permettent d'admirer les vestiges mis au jour de cités créées par des cultures amérindiennes. Des musées de qualité fournissent les informations nécessaires à la compréhension des lieux. Vous pouvez aussi faire une randonnée avec un guide régional à la découverte de vieilles peintures rupestres et de pierres marquant jadis les saisons. Les musées archéologiques exposent outils, textiles et céramiques retrouvés sur des sites éloignés.

Peintures rupestres

Les Amérindiens d'Argentine ont laissé nombre de peintures rupestres fascinantes, en particulier les empreintes de mains étonnantes à la Cueva de las Manos.

Empire inca

Vers la fin du XVe siècle, l'immense Empire inca de Tawantinsuyu s'étendait de la Colombie jusqu'au Nord-Ouest argentin, au sud de Mendoza.

Céramique

Des poteries trouvées sur des sites archéologiques (pipes cérémonielles, récipients pour boire...) nous renseignent sur les cultures qui vivaient là jadis.

DEPUIS LA GAUCHE : R.M. NUNES/SHUTTERSTOCK ©, GUAXINIM/SHUTTERSTOCK ©, ELXENEIZE/SHUTTERSTOCK ©

Cité sacrée des Quilmes (p. 218)

TÉMOINS DU PASSÉ

Les terres peu habitées de Patagonie recèlent un site enchanteur : la ❶ **Cueva de las Manos** (p. 471) et ses peintures rupestres qui auraient plus de 10 000 ans.

Les ruines de la cité inca d'❷ **El Shincal de Quimivil** (p. 224) incluent des temples remarquables, dédiés au Soleil et à la Lune.

Les vestiges des ❸ **missions jésuites** (p. 156) de Misiones impressionnent par leurs maçonneries et leur ambiance.

À Tucumán, il faut visiter la vaste ❹ **cité sacrée des Quilmes** (p. 218), ruines d'une ville jadis occupée par les Diaguita.

À la périphérie de Catamarca, le sommet d'une colline est occupé par ❺ **Pueblo Perdido de la Quebrada** (p. 221), vestiges d'un village aguada.

ÉCHAPPÉES BELLES

Que ce soit en voiture, en bus, à vélo, à cheval ou à pied, traverser les terres argentines est une aventure. Les paysages multicolores sont si époustouflants et variés que la destination passerait presque au second plan. Ils vous donnent ainsi une idée de la géographie impressionnante de l'Argentine, et les villages de campagne un aperçu du quotidien des habitants. Sans parler des animaux sauvages à observer sur le parcours. Alors, en route !

Ruta Nacional 40

Longeant les Andes de Jujuy au nord jusqu'à Santa Cruz au sud, cette route traverse de fabuleux paysages de montagne.

L'Argentine à vélo

Beaucoup de routes argentines sont peu fréquentées et donc idéales pour des rides à vélo mémorables. Il faut juste anticiper les longues distances entre chaque ville.

Voyage à motocyclette

En 1952, Ernesto "Che" Guevara et Alberto Granado partirent de Buenos Aires et s'arrêtèrent à Miramar et Bariloche, avant de passer au Chili.

Ruta de los Siete Lagos (p. 410)

ROAD TRIPS

Le Parque Provincial Aconcagua et le point culminant de l'hémisphère Sud par le ❶ **col de la Cumbre** (p. 300) à Mendoza.

La ❷ **Ruta de los Siete Lagos** (p. 410, en voiture ou à vélo) qui serpente entre sept lacs et des pics vertigineux de toute beauté.

La ❸ **Ruta Los Seismiles** (p. 223) qui mène à la frontière chilienne par la Catamarca, laissant admirer de majestueux volcans et des vigognes.

Le ❹ **Circuito Chico** (p. 388), à vélo, en voiture ou à pied) d'environ 60 km à Bariloche, parfait avant-goût du nord de la Patagonie.

Les ❺ **Valles Calchaquíes** (p. 196) à Salta avec d'ahurissants cactus éléphants et des vignobles d'altitude.

VILLES ET RÉGIONS

Composez votre voyage selon vos envies.

Salta et Nord-Ouest andin

MONTAGNES, CULTURE ET FOLKLORE AMÉRINDIENS

La culture andine du Nord-Ouest argentin s'exprime dans la musique et la danse traditionnelles, dans la savoureuse cuisine régionale, les textiles artisanaux et les fêtes du carnaval, où se mêlent cultures amérindiennes et espagnoles. Dans les montagnes colorées, sous un soleil écrasant, gisent les ruines de cités incas parmi les cactus.

p. 182

Mendoza et centre des Andes

NECTAR DIVIN ET ACTIVITÉS DE PLEIN AIR

Les amateurs de vin connaissent Mendoza comme région de premier ordre pour le malbec. Si le vin occupe le devant de la scène, la province invite à pratiquer l'alpinisme, la randonnée à cheval et le rafting en eaux blanches, ainsi que le ski en hiver.

p. 278

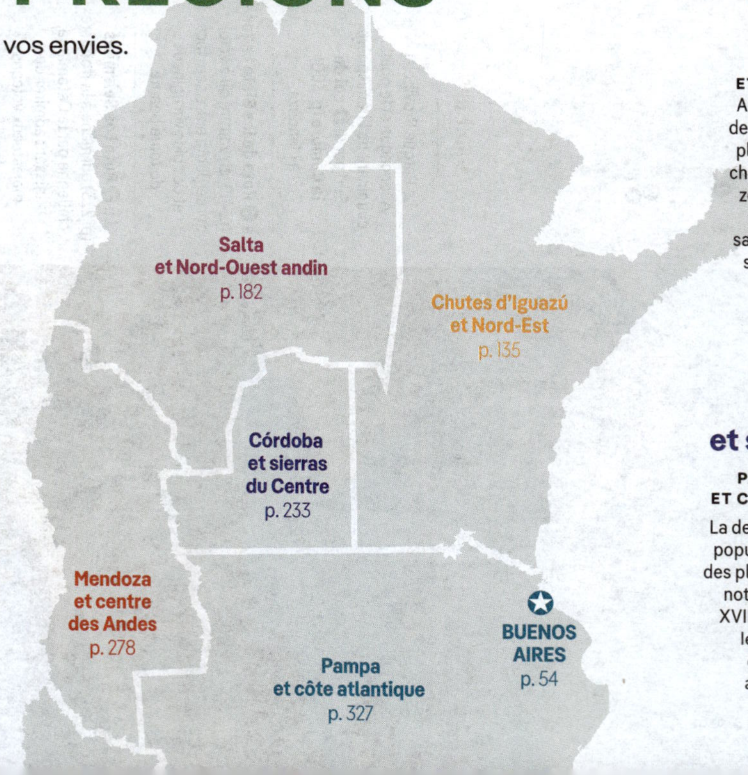

Chutes d'Iguazú et Nord-Est

VIE SAUVAGE ET MERVEILLES NATURELLES

Au nord-est de l'Argentine surgit de la forêt un des sites naturels les plus grandioses, les tonitruantes chutes d'Iguazú. Non loin, dans les zones marécageuses du Parque Nacional Iberá, vit une faune sauvage extraordinaire. La région se distingue par ses merveilles naturelles et ses vestiges de missions jésuites.

p. 135

Córdoba et sierras du Centre

PATRIMOINE HISTORIQUE ET CŒUR RURAL AUTHENTIQUE

La deuxième ville du pays abrite une population estudiantine et certains des plus anciens édifices d'Argentine, notamment une église jésuite du XVIIe siècle. Au-delà de Córdoba, les collines sont parsemées de localités dont chacune a ses petites excentricités.

p. 233

Pampa et côte atlantique

PAYS GAUCHO, ESTANCIAS ET FORÊTS EN BORD DE PLAGE

La province de Buenos Aires est une région de pâturages fertiles que parcouraient jadis les *gauchos*. Ici, les traditions rurales sont encore vivantes dans les *estancias* (ranchs), tandis que les grandes villes sont des centres culturels dotés d'édifices remarquables. L'été venu, les vacanciers envahissent le littoral atlantique.

p. 327

Bariloche et région des lacs

PAYSAGES IMPRESSIONNANTS ET ROUTES GRANDIOSES

Les montagnes boisées et les lacs glaciaires de Bariloche attirent les randonneurs, alpinistes et skieurs, séduits par le paysage spectaculaire et le climat frais. Ajoutez-y les pinots noirs de Neuquén et les empreintes de dinosaures.

p. 376

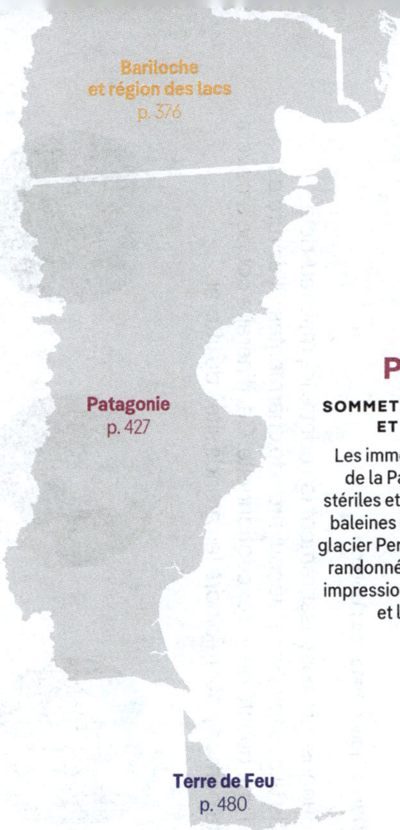

Buenos Aires

VIE CULTURELLE INTENSE DE LA CAPITALE

La capitale argentine offre un séduisant mélange de richesses culturelles et de plaisirs hédonistes. Que l'on aime la littérature, le *fútbol*, l'architecture, les musées, le tango, la politique ou que l'on préfère déguster un excellent steak, on y trouve forcément son bonheur.

p. 54

Patagonie

SOMMETS CISELÉS, GLACIERS ET FAUNE MARINE

Les immenses étendues du sud de la Patagonie sont à la fois stériles et belles. Observation des baleines et des manchots à l'est, glacier Perito Moreno et sentiers de randonnée à l'ouest, cette région impressionnante déploie la nature et la faune en grand.

p. 427

Terre de Feu

LES CONFINS MÉRIDIONAUX DE LA TERRE

À la pointe méridionale de l'Argentine s'étend un archipel battu par les vents où s'épanouit la faune marine sous le regard des sommets enneigés et des glaciers. Aux confins de la terre, la ville d'Ushuaia, riche en produits de la mer, est une base de départ pour les aventures dans l'Antarctique.

p. 480

San Antonio de Areco (p. 332)

ITINÉRAIRES

Le meilleur de la côte est

Duré : 5 jours **Distance :** 1 161 km

Buenos Aires est assurément la vedette ici, mais, au-delà de la capitale, vous découvrirez de charmantes villes rurales d'une qualité de vie exceptionnelle. Cet itinéraire coupe à travers la pampa pour rejoindre les grands sites du littoral.

1

BUENOS AIRES 2 JOURS

Une vie passée à **Buenos Aires** (p. 54) ne suffirait pas à en dévoiler toutes ses richesses, mais 2 jours laissent le temps de découvrir la Plaza de Mayo, San Telmo et le Cementerio de la Recoleta (photo), de faire les boutiques à Palermo, de dîner dans un bon restaurant et de danser le tango dans une *milonga*.

1 heure 30

2

SAN ANTONIO DE ARECO 1 JOUR

Depuis Buenos Aires, faites une excursion d'une journée à **San Antonio de Areco** (p. 332), ville de la pampa. Passez une nuit dans une *estancia* (ranch) pour goûter à la vie rurale. Après une balade à cheval, allez en ville pour voir les ateliers d'orfèvres et côtoyer les *gauchos* dans les bars traditionnels.

5 heures

3

TANDIL ½ JOURNÉE

En rejoignant la côte, arrêtez-vous à **Tandil** (p. 340) pour randonner dans les collines et déguster les célèbres fromages et saucissons, servis tranchés sous forme de *picada* (amuse-gueules). Ensuite, le télésiège survolant la pinède vous hissera sur le Cerro El Centinela, où vous pourrez profiter de la vue panoramique.

2 heures 15

4

MAR DEL PLATA 1 JOUR

Mar del Plata (p. 362) possède non seulement une célèbre plage sablonneuse, mais aussi des musées, une architecture originale, des brasseries artisanales et des fruits de mer à déguster. Prévoyez du temps pour aller à la réserve de lions de mer.

5 heures 15

***Détour :** depuis Tandil, prenez la route littorale qui passe par Villa Gesell, où l'on peut se balader sur des dunes boisées et aller au cirque en plein air.*
7 heures

5

BAHÍA BLANCA ½ JOURNÉE

Ville portuaire, **Bahía Blanca** (p. 347) contient des musées retraçant son passé de fret maritime et d'immigration ; l'un d'entre eux occupe une ancienne centrale électrique pittoresque. Une réputation d'"activité paranormale" flotte par ailleurs sur la cité.

***Détour :** les randonneurs rejoindront le Parque Provincial Ernesto Tornquist pour grimper jusqu'au Cerro de la Ventana ou jusqu'aux cascades des environs.*
5 heures

Ushuaia (p. 486)

ITINÉRAIRES

Le Sud jusqu'au bout

Durée : 4 jours **Distance :** 992 km

L'extrême sud de l'Argentine est une région ventée d'une beauté inouïe. Cet itinéraire vous entraîne jusqu'à la pointe méridionale, où l'on peut marcher parmi les manchots et faire des treks sur des glaciers, avant de gagner le sud des Andes pour randonner dans la montagne et s'émerveiller devant le Perito Moreno.

1

RÍO GRANDE ⏱ ½ JOURNÉE

Río Grande (p. 501) est la première halte de ce voyage jusqu'au bout du monde. Située dans le nord de la Terre de Feu, cette ville à la vie culturelle florissante comprend plusieurs musées et des sentiers littoraux où l'on peut observer les oiseaux. Des centres équestres proposent des balades à cheval dans les environs, ainsi que des cours de polo.

1 heure 20

2

TOLHUIN ⏱ ½ JOURNÉE

Sur les berges boisées du Lago Fagnano (photo), la discrète ville de **Tolhuin** (p. 511) est le cœur spirituel de la Terre de Feu. On peut y pratiquer le kayak, goûter la cuisine maison dans un chalet en rondins et découvrir la bière artisanale du coin.

1 heure 30

***Détour :** arpentez les Andes fuégiennes le temps d'une randonnée entre le Lago Escondido et le Lago Fagnano. ⏱ 3 heures*

3

USHUAIA ⏱ 1 JOUR

Depuis **Ushuaia** (p. 486), porte d'accès à l'Antarctique, on peut faire des treks sur la glace et découvrir les vallées et lacs du Parque Nacional Tierra del Fuego. Ushuaia compte plusieurs musées et les produits de la mer y sont excellents.

1 heure 15

***Détour :** observez la faune subpolaire en bateau dans l'archipel du canal Beagle. ⏱ 3 heures en bateau*

DE GAUCHE À DROITE : TRAVELLER MG/SHUTTERSTOCK ©, LEONARD ZHUKOVSKY/SHUTTERSTOCK ©, COLLAB MEDIA/SHUTTERSTOCK ©, SERGEY DIDENKO/SHUTTERSTOCK ©, SEUMAS CHRISTIE-JOHNSTON/SHUTTERSTOCK ©

4

EL CALAFATE ⏱ 1 JOUR

C'est à **El Calafate** (p. 455) qu'il faut se rendre pour admirer une des principales curiosités du pays, le glacier Perito Moreno, qui se déplace lentement. El Calafate est également réputé pour la randonnée en montagne et les balades à cheval dans les *estancias* de Patagonie.

5 heures

***Détour :** rejoignez le Parque Nacional de los Glaciares pour voir le Perito Moreno, en visite organisée, en voiture ou en bus. ⏱ 4 heures*

5

EL CHALTÉN ⏱ 1 JOUR

Les pics déchiquetés et enneigés entourant **El Chaltén** (p. 465) sont la principale raison de s'y rendre. Sur les sentiers environnants, on peut faire des balades faciles comme des treks extrêmes, non loin des pics granitiques du Cerro Fitz Roy (3 375 m, photo), plus haut sommet des Andes patagoniennes.

San Carlos de Bariloche (p. 382)

ITINÉRAIRES

Périple jusqu'au centre des Andes

Durée : 7 jours **Distance :** 2 070 km

Le nord de la Patagonie concentre des sites parmi les plus beaux du pays. Cet itinéraire met l'accent sur le meilleur d'est en ouest, comme l'observation des baleines, la dégustation de vins et les randonnées.

1

PUERTO MADRYN 1 JOUR

Commencez votre aventure patagonienne à **Puerto Madryn** (p. 432), pour observer la faune sauvage. Depuis les plages environnantes, on peut voir les baleines franches australes, qui viennent se reproduire ici de juin à mi-décembre.

7 heures

***Détour :** Puerto Madryn est le point d'accès à la Reserva Faunística Península Valdés, où vivent des guanacos, nandous, manchots, lions de mer et éléphants de mer.*

2

ESQUEL 1 JOUR

À **Esquel** (p. 444), dans l'ouest sauvage de la Patagonie, on peut pratiquer le ski hors-piste et le snowboard en hiver, et faire des randonnées faciles dans la forêt en été. Vers les pistes de ski et les départs de sentiers, repérez les stands de fromages et pains locaux en bord de route.

2 heures

***Détour :** prenez le train La Trochita entre Esquel et Nahuel Pan pour admirer la steppe vallonnée du nord du Chubut.*

3 heures

3

EL BOLSÓN ½ JOURNÉE

Situé à peu près à mi-chemin entre Esquel et Bariloche, **El Bolsón** (p. 393) est une halte magnifique. Vous trouverez un marché artisanal, des fruits et légumes bios cultivés dans la vallée et de la bière artisanale. Si vous en avez le temps, faites la randonnée du Cajón del Azul.

2 heures

4

BARILOCHE 2 JOURS

Située au bord du Lago Nahuel Huapi (photo), **Bariloche** (p. 382) est une localité superbe toute l'année, que les Argentins et les étrangers adorent. Offrez-vous un aperçu des montagnes et des lacs environnants en suivant le Circuito Chico en voiture ou à vélo.

5 heures

***Détour :** prenez la Ruta de los Siete Lagos, les 110 km de RN 40 séparant Villa La Angostura de San Martín de los Andes. 3 heures*

5

NEUQUÉN 1 JOUR

Neuquén (p. 413), plus grande ville de Patagonie, avec ses musées et galeries, se dresse à la confluence du Río Limay et du Río Neuquén. Il y a des sites de découverte de dinosaures fossiles à proximité et l'on peut déguster du pinot noir dans des *bodegas* à moins d'une heure de route. Le soir, rendez-vous à l'observatoire pour admirer les étoiles dans le ciel du désert.

1 heure 15

6

MENDOZA 1 JOUR ET DEMI

Outre ses grands vignobles et sa scène culinaire, **Mendoza** (p. 284) est une ville d'où l'on peut pratiquer le rafting, l'escalade et les aventures à cheval dans les Andes. Les amateurs de vin s'installeront plutôt à Luján de Cuyo, au cœur du vignoble de malbec, au sud de Mendoza.

***Détour :** consacrez un après-midi à la découverte du Valle de Uco et de ses domaines viticoles. 4 heures*

ITINÉRAIRES

Nord-Ouest andin

Durée : 5 jours **Distance :** 1 075 km

Ce road trip dans les Andes traverse les paysages colorés de San Juan, et les provinces de La Rioja, Catamarca, Salta et Jujuy, dans les confins septentrionaux de l'Argentine. Il permet de découvrir des vestiges incas, l'élégante ville de Salta et les domaines viticoles d'altitude de Cafayate.

Parque Provincial Ischigualasto (p. 319)

1

VALLE DE LA LUNA 1 JOUR

La vallée désertique du **Parque Provincial Ischigualasto** (p. 319), dans la province de San Juan, est connue sous le nom de Valle de la Luna ("vallée de la Lune"). Suivez la promenade guidée à travers les formations de grès rouge, de tuf et de roche argileuse.

2 heures 30

Détour : *profitez-en pour visiter aussi les gorges du Parque Nacional Talampaya, non loin de là, dans la province de La Rioja. 4 heures.*

2

CHILECITO ½ JOURNÉE

Chilecito (p. 227) est une ancienne ville minière de la province de La Rioja, adossée aux sommets enneigés de la Sierra de Famatina. Les stations du téléphérique (photo) abandonné qui transportait jadis le minerai sont devenues des musées. Non loin, allez assister au spectacle peu commun qu'offre la confluence des deux rivières, de couleur différente.

3 heures

3

BELÉN ½ JOURNÉE

Située dans la province de Catamarca, **Belén** (p. 225) abrite des ateliers de tissage artisanal et se trouve à proximité des vestiges incas d'El Shincal et ses autels dédiés au soleil, bâtis sur des hauteurs.

3 heures 30

Détour : *suivez la Ruta de Adobe, jalonnée d'édifices historiques, jusqu'à Fiambalá, où l'on peut se détendre dans des sources chaudes et descendre des dunes en sandboard. 7 heures*

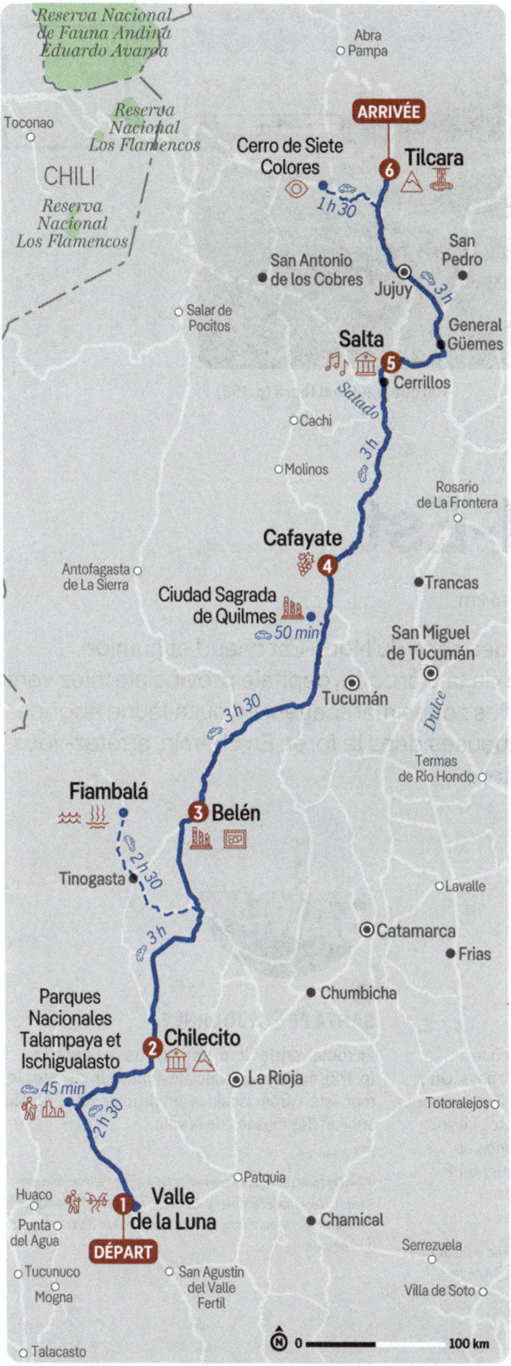

4

CAFAYATE 1 JOUR

Cafayate (p. 197) est une localité pittoresque au milieu des âpres Valles Calchaquíes. On peut visiter les domaines viticoles d'altitude produisant le malbec, le célèbre torrontés de la région, et s'instruire sur la vigne et le vin au Museo de la Vid y El Vino.

3 heures

***Détour :** arrêtez-vous à la Ciudad Sagrada de Quilmes pour voir les vestiges d'une ville pré-inca. 3 heures*

5

SALTA 1 JOUR

Le site le plus intéressant de **Salta** (p. 188) est le Museo de Arqueología de Alta Montaña, où sont exposées les momies incas de trois enfants, retrouvées dans les Andes. Faites ensuite les boutiques, une randonnée (ou une ascension en téléphérique) sur le Cerro San Bernardo et assistez à un concert d'un groupe de musique traditionnelle dans une *peña*.

3 heures

6

TILCARA 1 JOUR

Le village de **Tilcara** (p. 200) est une base idéale pour découvrir les montagnes et les villages amérindiens de la Quebrada de Humahuaca, dans la province de Jujuy (photo). Randonnez jusqu'à une cascade, visitez un musée de la photographie à flanc de montagne et admirez la vue depuis la Pucará.

***Détour :** comptez les couleurs du Cerro de Siete Colores, près de Purmamarca, et prévoyez une séance photo dans les Salinas Grandes. 5 heures*

RPBAIAO/SHUTTERSTOCK ©

Parque Nacional Iberá (p. 150)

ITINÉRAIRES

Le Nord-Est

Durée : 4 jours **Distance :** 1 546 km

Cet itinéraire passe par des sites du Nord-Est chaud et humide. Quittant la zone urbaine de la Córdoba, capitale provinciale, filez vers le Nord pour découvrir des zones marécageuses où la faune abonde et des cascades majestueuses dans la forêt. En chemin, arrêtez-vous dans des missions jésuites.

1

CÓRDOBA 1 JOUR

Ce voyage dans le Nord-Est commence à **Córdoba** (p. 238), deuxième ville du pays. On y trouve des musées, des galeries et d'intéressants vestiges d'architecture jésuite (photo). Le soir, allez danser le tango dans une *milonga* ou joignez-vous aux étudiants qui fréquentent les bars du quartier de Güemes.

4 heures 30

***Détour :** allez voir l'ancienne maison d'Ernesto Guevara à Alta Gracia, sur les hauteurs de Córdoba. 4 heures*

2

SANTA FE ½ JOURNÉE

En route vers le Nord, arrêtez-vous à **Santa Fe** (p. 172), capitale provinciale dont vous visiterez le monastère franciscain avant de jeter votre dévolu sur l'un des musées de la ville.

9 heures

***Détour :** si vous faites l'effort d'y aller, l'extraordinaire Parque Nacional El Palmar d'Entre Ríos, peuplé d'adorables capybaras et de palmiers, vous récompensera de votre peine.*
9 heures

3

PARQUE NACIONAL IBERÁ ⏱ 1 JOUR

Les amoureux de la nature iront jusqu'au **Parque Nacional Iberá** (p. 150), l'un des meilleurs endroits d'Amérique du Sud pour observer la faune sauvage. Les lacs peu profonds et les marais (*esteros*) d'Iberá abritent des caïmans, des capybaras, des cerfs des marais, des singes hurleurs, des loutres et quelque 350 espèces d'oiseaux.

🚗 *1 heure 30*

4

POSADAS ⏱ ½ JOURNÉE

La ville de **Posadas** (p. 156), dans la province de Misiones, comporte des vestiges de bâtiments du XVIIe siècle, construits dans la région par les missionnaires jésuites. Ces ruines écrasées de soleil se distinguent par leur ornementation en pierre.

🚗 *5 heures*

***Détour :** allez à San Ignacio pour voir San Ignacio Mini, la mission jésuite la mieux conservée des environs.*

⏱ *3 heures*

5

CHUTES D'IGUAZÚ ⏱ 1 JOUR

Traversant tranquillement la forêt à la frontière entre l'Argentine et le Brésil, le Río Iguazú s'élance depuis des falaises basaltiques, formant une série de cascades appelées **chutes d'Iguazú** (p. 135). Ce spectacle assourdissant peut être observé depuis des sentiers forestiers, côté argentin, et depuis des belvédères, côté brésilien. Émerveillement – et éclaboussures – garantis.

QUAND PARTIR

Visitez le Sud en été, le Nord en hiver, Buenos Aires au printemps et en automne.

Pour décider quand se rendre en Argentine, il faut déjà savoir quels endroits on veut visiter. À Buenos Aires, l'été est chaud et humide, mais plusieurs événements et festivals se déroulent à cette époque de l'année. Janvier est le mois où la côte est la plus peuplée, les familles argentines passant les grandes vacances à la plage. L'été correspond aussi au pic touristique en Patagonie. Décembre et janvier sont les meilleures périodes pour l'ascension de l'Aconcagua. En revanche, l'été est pluvieux dans le nord-ouest des Andes.

Le printemps et l'automne argentins sont généralement propices au tourisme, des températures agréables régnant alors sur une grande partie du territoire. Les couleurs automnales sont particulièrement belles à Bariloche. La fin du printemps, l'hiver et le début de l'automne sont les meilleures époques pour visiter le Nord-Ouest andin et les chutes d'Iguazú. Fin juin, la saison du ski démarre avec les premières neiges hivernales à Bariloche et Mendoza.

Día de la Pachamama

PAROLE D'HABITANT

SEPTEMBRE À SALTA

Fernando Montaño est propriétaire d'une auberge de jeunesse à Salta. *@allnortehostel*

Le printemps est la plus belle période de l'année à Salta. L'hiver est sec, la ville et les montagnes prennent des teintes brunes, mais, en septembre, la nature renaît et tout redevient vert. Pendant la journée, le temps (20-25°C) est parfait pour la randonnée et le vélo. J'aime promener mon chien jusqu'à La Tienda, près de San Lorenzo, et boire un café au soleil en savourant la vue.

ZONDA

Dans les provinces de San Juan et de La Rioja, l'hiver est la saison du *zonda*, un vent chaud et sec qui descend des Andes. Chargé de poussière, il réduit la visibilité et entraîne de fortes hausses de température.

La météo au fil des mois

JANVIER	FÉVRIER	MARS	AVRIL	MAI	JUIN
Températures diurnes : **20-28°C**	Températures diurnes : **20-27°C**	Températures diurnes : **18-24°C**	Températures diurnes : **15-21°C**	Températures diurnes : **12-17°C**	Températures diurnes : **9-15°C**
Jours de pluie : **5**	Jours de pluie : **6**	Jours de pluie : **6**	Jours de pluie : **7**	Jours de pluie : **5**	Jours de pluie : **6**

EL NIÑO

Ce phénomène climatique entraîne une hausse des températures et des précipitations supérieures à la normale en Argentine. Conséquence d'un réchauffement des eaux de surface dans le centre et l'est de l'océan Pacifique, il dure généralement de 9 à 12 mois.

Les grands rendez-vous

Festival Nacional del Folklore Le calendrier culturel argentin démarre en janvier à Cosquín, près de Córdoba, avec le plus grand festival de musique folklorique du pays. **Janvier**

Carnaval de Humahuaca (p. 206) Dans tout le pays en février-mars, avec troupes de danse, orchestres et défilés. À la Quebrada de Humahuaca, les célébrations sont un métissage de traditions amérindiennes et espagnoles. **Février**

Tango BA Festival y Mundial (p. 109) Des danseurs du monde entier viennent à Buenos Aires pour ce festival et championnat du monde de tango, la plus importante fête du tango en Argentine. **Août**

Fiesta de la Tradición (p. 335) Les *gauchos* rejoignent San Antonio de Areco à travers la pampa pour participer à des démonstrations d'équitation, et l'air fleure bon le barbecue. **Novembre**

Rassemblements insolites

Fiesta Nacional del Trekking Les amateurs de grand air viennent participer à des concours d'escalade et d'abattage d'arbres à El Chaltén, en Patagonie. **Mars**

Guardia bajo las Estrellas (p. 187) Des *gauchos* du Nord rejoignent Salta à cheval par milliers pour rendre hommage à l'héroïque général Güemes, héros de l'indépendance, à la date anniversaire de sa mort. **Juin**

Fiesta del Invierno Le moment le plus magique de cette fête de l'Hiver en Terre de Feu est la Bajada de Antorchas (descente aux flambeaux) sur les pentes du Cerro Castor. **Juillet**

Día de la Pachamama (p. 216) Le 1er août, des localités du Nord-Ouest andin organisent des offrandes de mets locaux et de feuilles de coca à la Pachamama (Terre mère), une tradition suivie dans toute la province de Jujuy, ainsi que dans certaines parties des provinces de Salta et de Tucumán. **Août**

PAROLE D'HABITANT

DÉBUT D'ÉTÉ À BUENOS AIRES

Patricio Santos enseigne l'espagnol à Buenos Aires. *@pattonk_santos*

La fin novembre, quand les jacarandas sont en fleur, est ma période préférée. Nous allons souvent camper à Chascomús, apportons de la viande pour la faire griller. Je me souviens de l'odeur de la pluie début décembre quand j'étais enfant, que l'année scolaire se terminait et que Noël approchait. En janvier, nous allions sur la côte en voiture, je dévalais la plage en courant pour mettre les pieds dans l'eau.

Jacarandas en fleur

ZONE SOUS LE VENT

Une partie de la côte orientale argentine présente un climat aride, causé par une zone sous le vent à l'abri de la pluie. Les masses d'air perdent leur humidité en franchissant les sommets des Andes.

JUILLET	AOÛT	SEPTEMBRE	OCTOBRE	NOVEMBRE	DÉCEMBRE
Températures diurnes : **8-14°C**	Températures diurnes : **9-16°C**	Températures diurnes : **11-18°C**	Températures diurnes : **14-21°C**	Températures diurnes : **16-24°C**	Températures diurnes : **19-27°C**
Jours de pluie : **6**	Jours de pluie : **5**	Jours de pluie : **5**	Jours de pluie : **8**	Jours de pluie : **6**	Jours de pluie : **6**

À GAUCHE : JAM TRAVELS/SHUTTERSTOCK © ; PAGE DE DROITE : CINEMATIC/ALAMY STOCK PHOTO ©

Cerro Fitz Roy (p. 468)

AVANT DE PARTIR POUR L'ARGENTINE

Nos recommandations pour bien se préparer.

Dans sa valise

Chaussures de randonnée Pour les sentiers de Patagonie.
Veste coupe-vent Important dans le Sud.
Tour de cou ou bandana Pour la randonnée et les balades à cheval.
Chapeau et lunettes de soleil, crème solaire Utiles en toute saison dans les Andes.
Parapluie Utile notamment à Buenos Aires.
Vêtements décontractés Tee-shirt, pull, jupe, pantalon, bermuda et chaussures confortables.
Tenue habillée Pour sortir le soir.
Chaussures de danse Les chaussures les mieux adaptées au tango ont une semelle en cuir ou en daim qui glisse bien sur le sol ; pour les femmes, les talons ne sont pas obligatoires.

À savoir

Entre amis, on se dit bonjour ou au revoir en s'embrassant sur la joue. En groupe, il faut embrasser chacun individuellement.

Habillez-vous avec un minimum d'élégance ; seuls les touristes et les athlètes portent le short à Buenos Aires !

Saluez vos interlocuteurs en utilisant la formule appropriée à chaque moment de la journée : *buenos días* (le matin), *buenas tardes* (l'après-midi) et *buenas noches* (le soir).

Ne nommez pas les Malouines "Falkland". Pour les Argentins, ce sont les "Islas Malvinas". Ne parlez pas de la "guerre sale" à des gens que vous ne connaissez pas.

LIRE

Fictions (Jorge Luis Borges, *Ficciones*, 1944). Nouvelles fantastiques : rêves dans le rêve, labyrinthes et mots mystérieux.

Marelle (Julio Cortázar, *Hopscotch*, 1963). Roman expérimental précédé d'instructions sur l'ordre dans lequel lire les chapitres.

Le Baiser de la femme araignée (Manuel Puig, *El Beso de la mujer araña*, 1976). Roman basé sur des dialogues entre deux détenus dans une prison argentine. Livre adapté au cinéma et film oscarisé en 1985.

Le Tunnel (Ernesto Sábato, *El Túnel*, 1948). Roman existentialiste captivant, portant sur un peintre meurtrier ayant une vision déformée de la réalité.

Luz ou le Temps sauvage (Elsa Osorio, *A veinte años, Luz*, 1998). Une femme en quête de son passé découvre la sombre période de la dictature militaire en Argentine.

En Patagonie (Bruce Chatwin, 1977). Ouvrage de référence sur l'histoire et la mystique de la Patagonie.

Dictionnaire insolite de l'Argentine (Anne Papazoglou, 2018). Un autre excellent compagnon de voyage ; chaque entrée révèle le visage unique du pays.

En quelques mots

L'espagnol argentin est parsemé de mots de *lunfardo*, un dialecte comprenant des expressions venues de l'italien.

Boludo/a (bo·*lou*·do/a) : imbécile.

Bondi (*bonn*·di) ou **colectivo** (co·lec·*ti*·vo) : bus.

Buena onda (*bwé*·na *onn*·da) : personne sympathique. "*¿Qué onda?*" signifie "Quoi de neuf ?"

Chabón/chabona (tcha·*bonn*/*bo*·na) : gars/fille.

Chamuyero/a (tcha·mou·*jé*·ro/ra) : beau parleur, menteur. Peut se conjuguer (verbe *chamuyar*).

Che (tché) : interjection (hé!) à l'intention d'un copain.

Chorro/a (*tcho*·ro/a) : voleur/voleuse.

Dale (*da*·lé) : selon l'inflexion de la voix, signifie soit "Oui, d'accord", soit "Allez, dépêche-toi".

Escabiar (es·ca·*biar*) : boire de l'alcool.

Fiaca (*fia*·ca) : paresse, indolence (*¡qué fiaca!*), ou "je m'en fiche" (*tengo fiaca*).

Guita (*gui*·ta) ou **plata** (*pla*·ta) : argent.

Macanudo/a (ma·ca·*nou*·do/a) : adjectif flatteur pour qualifier une personne ou une situation épatante.

Morfar (mor·*far*) : manger. *Morfi* signife "nourriture".

Mufa (*mou*·fa) ou **yeta** (*yé*·ta) : personne qui porte la poisse.

Posta (*poss*·ta) : absolument, exact.

Quilombo (ki·*lom*·bo) : désordre, situation problématique.

Trucho/a (trou·tcho/a) : faux/fausse ; hypocrite ; de mauvaise qualité.

VOIR

Dans ses yeux (Juan José Campanella, *El Secreto de sus ojos*, 2009, photo). Un ancien procureur écrit l'histoire d'une affaire de meurtre sur laquelle il a travaillé 25 ans auparavant.

L'Histoire officielle (Luis Puenzo, *La Historia oficial*, 1985). Sous la dictature militaire, une femme prend conscience qu'elle est complice de la brutalité.

Les Neuf Reines (Fabián Belinsky, *Nueve reinas*, 2000). Deux escrocs écument les rues de Buenos Aires, dans un film plein d'humour.

La Femme sans tête (Lucrecia Martel, *La Mujer sin cabeza*, 2008). Film troublant sur une femme qui perd la tête avoir heuté quelque chose (ou quelqu'un) en voiture.

ÉCOUTER

Piano Bar (Charly García, 1984) Troisième album du père prolifique du rock argentin, plein de paroles curieuses et irrévérentes et de mélodies inventives.

Estaciones Porteñas (Daniel Barenboïm, Rodolfo Mederos et Héctor Console, 1996). Quatre tangos d'Astor Piazzolla pour les quatre saisons à Buenos Aires.

Corazón Valiente (Gilda, 1995). Album de *cumbia* sorti un an avant la mort tragique de Gilda dans un accident de la route. Comprend les succès *Fuiste* et *Paisaje*.

Mar Dulce (Bajofondo, 2007). Mélange d'electronica et de genres musicaux originaires du Río de la Plata comme le tango, le *candombe*, la *murga* et la *milonga*.

Cerro de los Siete Colores (p. 205)

DÉCOUVERTE SUR MESURE

QUEBRADA DE HUMAHUACA

Dans la province de Jujuy, dans le Nord-Ouest andin, la Quebrada de Humahuaca est une longue vallée aride, d'origine à la fois tectonique et fluviale, que distinguent autant ses formations rocheuses et leurs strates de couleurs variées, que les cultures qu'y succédèrent au fil des millénaires et s'y maintiennent encore.

Géographie

La Quebrada de Humahuaca est un ensemble de canyons formant une étroite vallée autour du Río Grande. Elle s'étend vers le sud sur 155 km, depuis la frontière avec la Bolivie jusqu'au village de Volcán. La vallée fut une importante route commerciale pendant plus de 10 000 ans, y compris pendant la période inca. Cette continuité, ainsi que l'héritage culturel qui en procède, lui ont valu d'être inscrite au Patrimoine mondial.

Culture amérindienne

Elle s'illustre dans les textiles, l'architecture locale, la musique, la gastronomie, mais aussi les croyances et traditions, bien vivantes au sein de la population.

Festivités et événements

Le carnaval de Humahuaca (p. 206) est un spectacle hors du commun, alliant, aux traditions et croyances amérindiennes (avec leurs masques zoomorphes), des apports espagnols. Lors du Día de la Pachamama (1er août), des cérémonies sont organisées dans les villages en l'honneur de la Terre mère ; des offrandes de feuilles de coca, de tabac et d'aliments locaux sont enterrées.

Décor naturel

Les paysages doivent leur explosion chromatique à des phénomènes géologiques complexes, qui, au fil de millions d'années, ont dessiné des merveilles comme le Cerro de los Siete Colores (mont des Sept Couleurs),

NOTRE SÉLECTION D'ACTIVITÉS

Trek avec un lama
Arpentez les collines accompagné d'un lama pour porter vos sacs.

Randonnée
Partez à destination de cascades, au cœur de canyons, ou offrez-vous les services d'un guide pour découvrir des sites d'art rupestre.

Balade à cheval
Imitez les habitants qui partent à cheval en excursion à et autour de Tilcara.

Photographie
Avec ses jeux de couleurs, la Serranía de Hornocal est particulièrement photogénique.

Achats
Vous trouverez un peu partout de l'artisanat local, notamment des couvertures, écharpes, foulards et ponchos en laine de lama.

Observation des oiseaux
Admirer les condors qui survolent Iruya et les colibris de Tilcara.

à Purmamarca, ou les montagnes de la Serranía de Hornocal, près de Humahuaca. Non loin de là, rejoignez les Salinas Grandes. Cette plaine saline est à 1 heure de route de Purmamarca, de l'autre côté de la montagne.

Flore et faune

D'une scène naturelle à l'autre, observez la présence des *cardones* (espèce de cactus) et des *algarrobos* (caroubiers), quand les feuilles des saules bruissent dans le vent. Le jardin botanique Pucará de Tilcara présente d'autres plantes locales. À plus haute altitude, peut-être sur la route de Humahuaca à la Serranía de Hornocal, repérez les *vicuñas* (vigognes) en train de paître.

Spécialités locales

Le maïs, les plats à base de viande de lama, les salades et soupes de quinoa, la pomme de terre et les tortillas (galettes garnies, cuites au charbon, vendues dans la rue) caractérisent le paysage culinaire de la Quebrada. La région compte également quelques domaines viticoles : allez déguster les productions du cru chez Pachamanka, à Humahuaca, et La Picadita, à Tilcara.

Poupées faites main

OÙ SE LOGER

Tilcara
Vers l'extrémité sud de la Quebrada, voici un excellent point de chute pour rayonner dans la région. Le choix d'hébergements y est vaste, entre boutique-hôtel, petit chalet familial, camping, chambre d'hôtes et auberge de jeunesse. Les restaurants y sont également nombreux, et les soirées, animées.

Purmamarca
Voisin du célèbre Cerro de los Siete Colores (mont des Sept Couleurs), Purmamarca est un joli village. Il y a un grand marché artisanal sur la place principale, ainsi que plusieurs excellents hôtels et lodges haut de gamme (le prix des hébergements est plutôt élevé dans le village).

Humahuaca
Plus grosse bourgade de la Quebrada, Humahuaca est riche d'une belle tradition musicale. Vous y trouverez plusieurs auberges de jeunesse et un marché alimentaire. Un bon choix, pour qui voyage avec un petit budget.

Iruya
La route est longue, cahoteuse et passe par un col de montagne pour accéder à ce village amérindien. En bus, il faut compter au moins 4 heures de trajet depuis Humahuaca, Tilcara ou Jujuy, et vous devrez passer la nuit sur place. Vous trouverez un hôtel et une chambre d'hôtes confortable, ainsi que des chambres chez l'habitant. Vous pourrez également randonner jusqu'au village voisin de San Isidro (plus petit et isolé encore), pour y dormir et faire le chemin en sens inverse le lendemain.

Asado

À TABLE !

Célèbre pour son bœuf, l'Argentine a aussi une belle diversité de plats qui se dégustent accompagnés d'excellents crus.

La gastronomie argentine reflète sa géographie, les traditions amérindiennes et l'histoire de ses flux migratoires. Les spécialités régionales varient ainsi en fonction des terroirs (produits de la mer sur la côte et viande de lama dans les Andes), et de l'ancrage culturel de ses habitants. À la fin du XIXe siècle et au début du XXe, l'arrivée d'immigrants italiens vit la pizza et les pâtes s'intégrer dans la vie locale. Il y a aussi les *medialunas* (croissants), hérités des Français arrivés en ces contrées. Les *empanadas* (chaussons farcis de viande) sont issues de la cuisine espagnole traditionnelle.

Incontournable en Argentine, le bœuf des pâturages de la pampa est servi en grillade (*parrillada*). Le soir, l'odeur du charbon et de la viande grillée chatouille les narines dans bien des villes du pays.

Asado

Le rituel du barbecue, appelé *asado*, est important en Argentine. On choisit les pièces à la boucherie, on allume le feu, alimenté par du bois ou du charbon : la personne chargée des grillades, l'*asador* ou l'*asadora*, prend son rôle à cœur. Disposer les morceaux de viande sur la *parrilla* (gril) est déjà un art en soi. Traditionnellement, l'*asado* commence avec du chorizo et de la *morcilla* (boudin noir), puis se poursuit avec des pièces de viande déposées sur une planche en bois, et que l'on découpera pour mieux les partager. Leur qualité ne fait souvent que grimper au fil de la soirée :

Les essentiels

VIANDE DE BŒUF
Généreux morceaux cuits à la perfection sur la *parrilla*.

EMPANADAS
Chaussons frits ou cuits au four farcis de viande, jambon, poulet et fromage.

CHORIPÁN
Version argentine du hot-dog, avec du chorizo et un pain croustillant.

PIZZA
En Argentine, elle a une pâte épaisse et beaucoup de fromage.

en attendant, goûtez la *picada* (charcuteries et fromages à partager). Il y aura peut-être aussi du *chimichurri*, un assaisonnement à base de persil, ail, huile et vinaigre pour accompagner le *choripán* (saucisse dans un petit pain).

Spécialités régionales

Un voyage en Argentine vous fera découvrir les spécialités régionales. Dans le Nord-Ouest andin, vous trouverez des plats à base de viande de lama et quinoa. Les meilleures *empanadas* du pays se dégustent à Salta et à Tucumán. À La Rioja, à San Juan et à Mendoza, goûtez le *chivito* (chevreau), et l'agneau en Patagonie. Dans le Nord-Est, on cuisine le poisson d'eau douce, comme le *dorado* (proche de la truite) et le *surubí* (gros poisson-chat). Pour les produits de la mer, cela se passe naturellement sur la côte, où savourer notamment du crabe royal d'Ushuaia et des plateaux variés, comme à Puerto Madryn.

Influence italienne

Dans des magasins de quartiers, vous trouvez des boîtes de pâtes et raviolis frais. Il y a aussi des glaciers, dont ceux de Rosario, une valeur sûre dans cette ville où beaucoup ont des racines italiennes. Avec sa pâte épaisse et dense, la pizza argentine se distingue de l'italienne qui est plus fine et croustillante. Autre référence italienne appréciée, le Fernet-Branca, digestif à base de plantes, que l'on boit ici avec du soda et des glaçons.

Empanadas

ÉVÉNEMENTS CULINAIRES

Fiesta Nacional del Asado (février). Régalez-vous de bœuf et d'agneau cuits au feu, à Cholila, dans le Chubut.

Fiesta Nacional del Lúpulo (p. 397 ; février). La bière coule à flots lors des festivités musicales organisées à El Bolsón pour la récolte du houblon.

Fiesta de la Vendimia (mars ; photo). Les vendanges sont célébrées dans les régions viticoles du pays : Mendoza, Salta et Neuquén.

Fiesta del Chocolate (Pâques). À Bariloche, un festival gourmand durant lequel est confectionnée ce qui serait la plus longue barre de chocolat au monde.

Bariloche a la Carta (octobre). Savourez les spécialités patagonnes une semaine durant.

Fiesta Nacional del Chivito (novembre). Fête populaire à Chos Malal, dans la province de Neuquén, avec grillades de chevreau.

AGNEAU DE PATAGONIE
Viande d'agneau élevé en plein air, tendre et grillée.

LOCRO
Ragoût à la viande, au maïs, aux haricots et à la courge.

MILANESA
Escalope de bœuf ou de poulet panée.

ÑOQUIS
Gnocchis, généralement consommés le 29 du mois, avant la paie.

Spécialités locales

Plaisirs salés

Fainá Galette de pois chiches accompagnant souvent les pizzas.
Humita (*tamal*) Pâte de maïs cuite dans de l'eau bouillante salée, paquetée dans une feuille de maïs.
Picada Assiette de charcuterie (jambon, salami et *bondiola*), fromages et olives à partager.
Sándwich de miga Fin sandwich de pain de mie sans croûte.
Maní Cacahuètes en barre, généralement servie avec les boissons.
Morcilla Boudin noir.

Plaisirs sucrés

Dulce de leche Confiture de lait, qui accompagne souvent pâtisseries et autres desserts.
Alfajor Biscuit fourré au *dulce de leche* et couvert de chocolat ou meringue.
Helado La glace à l'italienne *made in* Argentine est l'une des meilleures au monde.
Medialuna Croissants, pouvant être sucrés *(de manteca)* ou salés *(de grasa)*.
Facturas Pâtisseries à la confiture, au *dulce de leche* ou à la crème pâtissière.

Alfajor

Dulce de Membrillo Gelée de coing ; accompagne généralement les fromages.
Milhojas Millefeuille de pâte feuilletée, avec crème pâtissière et *dulce de leche*.

Pièces de bœuf

Bife de Chorizo Aloyau, pièce épaisse et juteuse.
Bife de Costilla Côte de bœuf.
Bife de Lomo Filet.
Cuadril Rumsteak, tranché fin.
Ojo de Bife Faux-filet.
Tira de Asado Travers.
Vacío Flanchet ; assez fibreux et épais, beaucoup de goût.

TABLES D'EXCEPTION

Alma Yagan (p. 499). À Puerto Almanza, Diana Méndez cuisine les produits de la mer dans son petit chalet.
Casa Cassis (p. 391). À Bariloche, la cheffe China Müller sublime les produits du potager dans une ambiance intimiste.
Época de Quesos (p. 344). À Tandil, dégustez fromages et charcuterie en terrasse, puis faites un tour à l'intérieur pour faire vos emplettes.
Roux (p. 89). Ce restaurant de Buenos Aires sert des produits de tout le pays, comme le cochon de lait de Ranchos.
Zonda (p. 296). Au restaurant de la Bodega Lagarde à Mendoza, on cueille ses légumes et on dresse ses plats avant de savourer le menu dégustation.

UNE ANNÉE DANS L'ASSIETTE

PRINTEMPS

Meilleure saison pour le merlu et l'agneau de Patagonie. Côté légumes : épinards, asperges, laitue et artichauts. Goûtez aux fraises de Santa Fe et aux pêches de Mendoza.

ÉTÉ

Sur les marchés : pastèques de Tucumán, melons de San Juan, cerises, prunes, tomates et myrtilles. Les familles se rassemblent autour du barbecue pour des *asados* de Noël.

AUTOMNE

Mars sonne la saison des vendanges dans les régions viticoles. En fin de saison vient l'heure des soupes de courge et patate douce aux champignons, carottes et oignons.

HIVER

La saison commence avec un bol de *locro* (ragoût épicé) le 25 mai, pour célébrer la révolution de 1810. Les agrumes sont à l'honneur : citrons de Tucumán, oranges de Corrientes et pamplemousses de Misiones.

À l'heure du maté

L'ART DE...

Préparer un maté

En Argentine, le maté est une institution autant qu'un élément du quotidien. Avant d'en boire, quelques explications s'imposent. Il y a d'abord le nom, qui peut prêter à confusion : le mot *mate* désigne à la fois le contenu (l'infusion amère) et le contenant (la callebasse). Il faut ensuite préparer le maté, qui n'est pas chose si aisée, et savoir le boire (par la paille en métal pourvue d'un filtre), mais aussi le partager entre amis. Quant au goût, on s'habitue au fil du temps. Lisez ce qui suit pour être à votre tour dans le secret.

Matériel

Il vous faudra d'abord un *mate*, une gourde généralement creusée dans une courge, dans laquelle est déposée la *yerba*, feuilles d'une plante endémique du Nord-Est argentin, proche du houx (il y en a partout dans les supermarchés). Il vous faudra aussi une *bombilla*, paille métallique qui se termine par un filtre, et un thermos d'eau chaude pour remplir votre gourde.

Préparation

Faites frémir votre eau entre 75 et 80°C. Elle ne doit pas bouillir (en Argentine, les bouilloires électriques ont un réglage spécifique pour le maté). Déposez de la *yerba* dans votre gourde et secouez-la pour ôter les petites particules. Placez la *bombilla* dans la gourde : elle doit presque en toucher le fond, ouverture côté sortie. Certaines personnes sucrent leur maté.

Dégustation

Tenez votre gourde dans une main, le thermos dans l'autre, et versez prudemment de l'eau chaude sur la *yerba*. Buvez votre thé dans la foulée, en aspirant le liquide par la *bombilla*. Gardez votre thermos à portée de main et recommencez à l'envi. La première dose est la plus forte. Après un temps, la *yerba*, "rincée" perd de son corsé.

Quand boire le maté

Les Argentins sont nombreux à commencer leur journée avec un maté, mais on en boit aussi l'après-midi, accompagné, parfois, d'une *merienda* (goûter).

À L'HEURE DU MATÉ

Quand on boit du maté à plusieurs, une personne, appelée *cebador* s'occupe de servir tout le monde, en commençant par elle-même (c'est la dose la plus forte, qu'il est poli d'épargner aux autres). Il faut boire toute l'eau du maté (qui se sirote en silence, en évitant les bruits de bouche) avant de rendre sa tasse au *cebador*. Un simple *gracias* signifie qu'il n'y a pas besoin de vous resservir.

Bariloche (p. 376)

ACTIVITÉS DE PLEIN AIR

Une large palette d'activités permet de vivre à votre manière les fleuves indomptés, la forêt tropicale, les montagnes enneigées et les plaines d'Argentine. Optez pour des balades tranquilles ou du 100% adrénaline.

L'Argentine, huitième pays du monde par sa superficie (2,78 millions de km^2), invite à la découverte de ses grands espaces, que ce soit à pied, à vélo, à cheval ou à skis. Son histoire est intimement liée au plein air : les Incas aménagèrent leurs chemins sur des sentes déjà tracées, les *gauchos* sillonnent la pampa à cheval depuis des siècles et José de San Martín, héros de l'indépendance, traversa les Andes avec ses troupes en 1817.

RANDONNÉE

Les paysages argentins, beaux, jamais semblables, sont parcourus de sentiers de randonnée. On peut aussi bien y suivre la piste des Incas dans le Nord-Ouest andin que passer la journée dans la végétation luxuriante des chutes d'Iguazú dans le Nord-Est ou randonner d'un lac à l'autre sur plusieurs jours du côté de Bariloche et San Martín de los Andes. Plus au sud, El Bolsón constitue une excellente base pour des parcours assez spectaculaires en forêt et autour du Lago Puelo. Les collines de Córdoba offrent aussi un cadre charmant. À Buenos Aires, la nature vous attend en bord de fleuve à la Reserva Ecológica.

Les grimpeurs chevronnés pourront s'attaquer aux sommets de Mendoza et San Juan, dont l'Aconcagua, point culminant (6 962 m) de l'hémisphère Sud.

On peut aussi randonner dans les paysages éblouissants du Parque Nacional Los Glaciares et du Fitz Roy, près d'El Chaltén.

Grands frissons

HAUTE MONTAGNE
Réalisez l'ascension du **Cerro Aconcagua** (p. 546), à Mendoza, et profitez de la vue depuis le plus haut sommet de l'hémisphère Sud.

VTT
Partez en excursion de 6 jours autour du **Volcán Domuyo** (p. 421), à Neuquén, avec une halte au Lago Varvarco Tapia.

PARAPENTE
Survolez la forêt des Yungas, à la lisière de Tucumán, lors d'un **vol en tandem** (p. 218).

EN FAMILLE

Percez les secrets de l'univers au **Planetario Galileo Galilei** (p. 64), puis offrez-vous un moment de détente au Parque Tres de Febrero, à Buenos Aires.

Traversez la forêt de sculptures de dinosaures du **Parque Nahuelito** (p. 389), à Bariloche.

Admirez des arcs-en-ciel, faites-vous éclabousser et écoutez les grondements des **chutes d'Iguazú** (p. 135), à Misiones.

Observez le ballet des baleines depuis les plages près de **Puerto Madryn** (p. 432).

Prenez des clichés amusants aux **Salinas Grandes** (p. 206), à Jujuy, où les jeux de perspective permettent de faire croire que l'un de vous tient l'autre dans le creux de la main.

Baladez-vous à cheval et assistez à une démonstration durant laquelle les moniteurs de l'**Estancia El Ombú de Areco** (p. 333) murmurent à l'oreille des chevaux.

Pour un trek sur un glacier, expérience exigeante mais exaltante, partez pour Ushuaia, où marcher sur la glace et admirer des grottes gelées.

Balade à cheval

L'Argentine est l'un des pays au monde où la randonnée équestre est une évidence. Les chevaux sont généralement bien soignés et bien dressés. L'équitation est ici une tradition inscrite dans la culture *gaucho*. Ces hommes capturaient et apprivoisaient les chevaux sauvages laissés là par les Espagnols. Les *estancias* (ranchs) proposent des excursions, avec nuit sur place, et permettent de découvrir un peu plus cette vie rurale.

PLUS D'ACTIVITÉS

Voir notre carte p. 50

Ushuaia (p. 486)

La randonnée à cheval est idéale pour découvrir les paysages dans les collines du Tucumán, les pampas, les plaines de Patagonie, les montagnes du Mendoza ou encore les Córdoba Sierras. Beaucoup d'agences proposent des formules clé en main, avec pique-nique et dégustation de vin dans de jolis cadres, mais si vous avez suffisamment d'expérience, vous pouvez louer un cheval et concevoir votre propre itinéraire, comme à Tafí del Valle, dans le Tucumán. À San Martín de los Andes, vous pouvez même partir en randonnée sur les pentes enneigées.

Ski et snowboard

Les sommets argentins sont autant de promesses d'heures de ski et de snowboard mémorables, avec de la bonne poudreuse. Les principales stations sont à Mendoza, Bariloche et Ushuaia. Las Leñas, à Mendoza, offre généralement les meilleures conditions de neige, a les plus longues pistes du pays. Les panoramas sont toutefois plus séduisants vers le sud, notamment au Cerro Catedral, près de Bariloche, et au Cerro Chapelco, près de San Martín de los Andes. En Patagonia, El Hoyo, non loin d'Esquel, est l'une des stations au meilleur rapport qualité/prix, avec une excellente poudreuse. À Ushuaia, visez le Cerro Castor, l'unique vraie station de cette extrémité sud.

TREK SUR GLACIER
Partez en trek sur les glaciers d'Ushuaia et tentez l'ascension du **glacier Alvear** (p. 497).

DANSE AÉRIENNE
Suspendu à un câble via un harnais, explorez l'espace d'une ancienne gare à **La Plata** (p. 357).

KAYAK
Partez en kayak sur les lacs de Bariloche ; la Playa Sin Viento, sur le **Lago Moreno** (p. 385), est l'un des meilleurs spots.

RAFTING
Prenez une bonne dose d'adrénaline en descendant les rapides andins près de **Potrerillos** (p. 299), dans la province de Mendoza.

LES MEILLEURS SPOTS

Notre sélection d'activités de plein air.

Balades à cheval

1. San Antonio de Areco (p. 332)
2. Tandil (p. 340)
3. Valle de Uco (p. 302)
4. Bariloche (p. 382)
5. San Martín de los Andes (p. 402)
6. Santa Cruz (p. 462)
7. Río Grande (p. 502)

Aventures extrêmes

1. Ascension du Cerro Aconcagua (p. 302)
2. Danse aérienne à La Plata (p. 356)
3. Rafting près de Potrerillos (p. 299)
4. VTT sur le Volcán Domuyo (p. 421)
5. Trek sur glacier à Ushuaia (p. 486)
6. Parapente à Tucumán (p. 218)
7. Ski hors-piste à Esquel (p. 444)

Observation de la faune

1. Lions de mer à Mar del Plata (p. 362)
2. *Gato montés* (chats sauvages) dans la Península Hiroki (p. 416)
3. Faune des Yungas dans la province de Tucumán (p. 214)
4. Orques dans la Península Valdés (p. 435)
5. Manchots sur l'Isla Martillo (p. 500)
6. Vigognes du Catamarca (p. 219)
7. Flamants à Epecuén (p. 348)

Vignobles et domaines

1. Luján de Cuyo (p. 292)
2. Valles Calchaquíes (p. 196)
3. Chapadmalal (p. 369)
4. Neuquén (p. 413)
5. Mendoza (p. 278)
6. San Juan (p. 316)
7. Valle de Uco (p. 302)

Parcs nationaux

1. Parque Nacional Los Glaciares (p. 457)
2. Parque Nacional Talampaya (p. 227)
3. Parque Nacional Sierra de las Quijadas (p. 254)
4. Parque Nacional Iberá (p. 150)
5. Parque Nacional Nahuel Huapi (p. 391)
6. Parque Nacional Lanín (p. 409)
7. Parque Nacional Tierra del Fuego (p. 490)

ARGENTINE

SUR LA ROUTE

Les chapitres de cette partie s'organisent autour des sites essentiels, qui pourront vous servir de base pour partir à la découverte des environs. Vous y trouverez toutes nos recommandations ainsi que des conseils d'habitants de la région pour vivre des expériences uniques.

Artisanat traditionnel, Jujuy (p. 209)

Buenos Aires

UNE VIE CULTURELLE INTENSE ET FASCINANTE

La capitale argentine est la ville la plus visitée d'Amérique latine. Elle fait le bonheur des amateurs d'art et des gastronomes, et il y a quantité de quartiers à explorer.

Fondée en 1580 par Juan de Garay (1528-1583), Buenos Aires a su préserver ses traditions et le charme de ses quartiers d'autrefois. Au cours du temps, son port fut une porte d'entrée pour les personnes venues des quatre coins du monde pour s'y établir. Le tango, fruit de ce mélange de cultures, est l'un des précieux atouts de Buenos Aires. On voit un peu partout en ville les preuves de la vitalité de cette danse et de cette musique envoûtante, que ce soit dans les *milongas* (lieux où l'on danse le tango), lors de spectacles de danseurs professionnels ou lors de de concerts. Durant votre séjour, vous serez peut-être tenté par un cours de tango et visiterez Caminito, célèbre rue colorée près du port du quartier de La Boca. Mais le tango n'est que l'une des facettes de la vie nocturne et de la scène culturelle très vivante de la capitale argentine. Buenos Aires compte des centaines de librairies, de théâtres, de musées et de nombreuses merveilles architecturales mêlant styles néoclassique, Art nouveau et Art déco, témoignages de l'influence de l'Europe. Ces dernières années, une intéressante scène gastronomique a vu le jour, notamment dans les quartiers de Palermo et Puerto Madero. Si les *parrillas* où déguster les viandes du pays ne manquent pas, vous trouverez aussi nombre d'établissements qui mêlent produits traditionnels argentins et influences culinaires du monde entier. Prenez le temps de découvrir les cafés, les édifices coloniaux et les marchés, et allez à la rencontre des habitants. Rendez hommage à tout ce qu'elle a compté de célébrités au Cementerio de la Recoleta, dégustez un steak, dansez un tango sensuel et participez à la folle ambiance d'un match de foot à La Bombonera (le stade du club Boca Juniors).

Métropole animée, la capitale argentine possède de nombreux espaces verts. La Reserva Ecológica Costanera Sur et le Parque Tres de Febrero sont parfaits pour qui souhaite profiter d'un peu d'air frais et se détendre le temps d'un pique-nique.

Aussi captivante que dynamique, Buenos Aires laisse en quelques heures une empreinte indélébile sur ses visiteurs. Vous serez séduit, comme tant d'autres avant vous.

QUARTIERS PRINCIPAUX

PALERMO
Vie nocturne, parcs, restaurants et shopping.
p. 60

CENTRO HISTÓRICO
Centre-ville et quartier des monuments.
p. 72

RECOLETA ET RETIRO
Riches en histoire, musées et architecture.
p. 84

OLIVERDELAHAYE/SHUTTERSTOCK ©

Ci-dessus : La Boca (p. 104) ; à gauche : marché de San Telmo (p. 97)

SAN TELMO
Quartier ancien avec de nombreux antiquaires.
p. 94

LA BOCA
Célèbre pour ses maisons colorées, le tango et Caminito.
p. 104

PUERTO MADERO
Pour une promenade le long du fleuve.
p. 114

S'orienter

Le centre historique est un point de départ idéal pour admirer l'architecture et les influences européennes. Même si la ville est grande, il est facile de se déplacer à pied ou en métro dans le cœur de Buenos Aires.

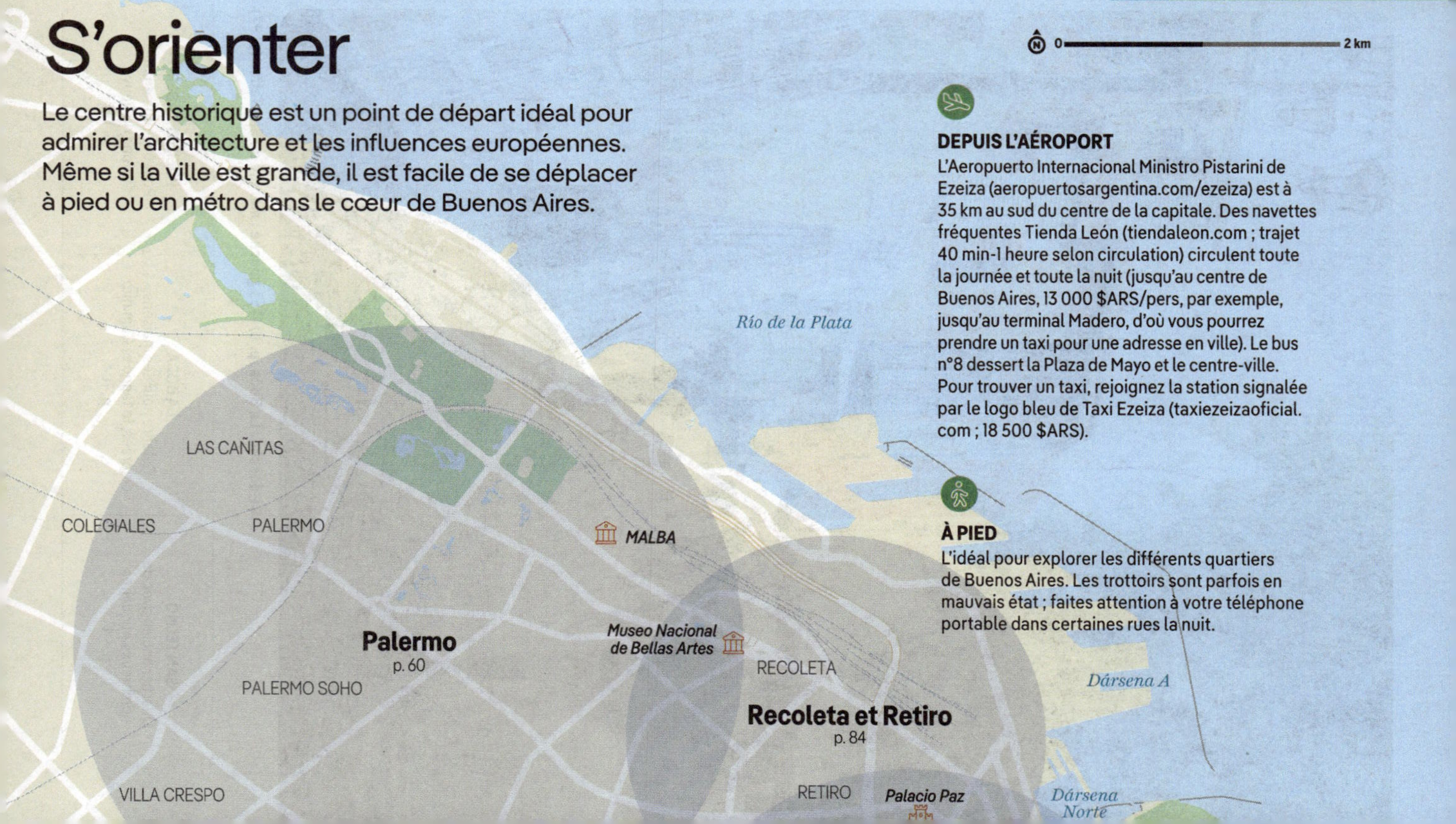

DEPUIS L'AÉROPORT

L'Aeropuerto Internacional Ministro Pistarini de Ezeiza (aeropuertosargentina.com/ezeiza) est à 35 km au sud du centre de la capitale. Des navettes fréquentes Tienda León (tiendaleon.com ; trajet 40 min-1 heure selon circulation) circulent toute la journée et toute la nuit (jusqu'au centre de Buenos Aires, 13 000 $ARS/pers, par exemple, jusqu'au terminal Madero, d'où vous pourrez prendre un taxi pour une adresse en ville). Le bus n°8 dessert la Plaza de Mayo et le centre-ville. Pour trouver un taxi, rejoignez la station signalée par le logo bleu de Taxi Ezeiza (taxiezeizaoficial.com ; 18 500 $ARS).

À PIED

L'idéal pour explorer les différents quartiers de Buenos Aires. Les trottoirs sont parfois en mauvais état ; faites attention à votre téléphone portable dans certaines rues la nuit.

TAXI ET VTC

Relativement bon marché, les taxis se reconnaissent à leur couleur noir et jaune. Le compteur soit remis à zéro au départ. Le prix de la course augmente de 20% à partir de 22h. Préférez les taxis "officiels", qui ont une lumière sur le toit et leur numéro d'immatriculation indiqué sur les portes ; s'il est écrit radio taxi, c'est bon signe. Les tarifs de VTC (Uber ou Cabify) sont souvent similaires à ceux des taxis.

TRANSPORTS EN COMMUN

Le métro (Subte ; buenosaires.gob.ar/infraestructura/subte) a 6 lignes (A, B, C, D, E et H ; 5h30-23h30 lun-ven et 8h-23h dim selon ligne) desservant les principaux sites touristiques, sauf San Telmo et La Boca. Une carte SUBE (plusieurs tarifs dégressifs, voir site Web), en vente dans une station de métro, est nécessaire pour utiliser les transports en commun. Les *colectivos* (bus) sont aussi pratiques. Le site Como Llego (mapa.buenosaires.gob.ar) permet de planifier ses itinéraires. Les bus circulent en général 24h/24.

Planifier son séjour

Commencez la journée dans un vieux café avant d'aller arpenter les belles avenues de la capitale argentine, ses sites emblématiques et ses musées. Le soir, profitez de son effervescente scène culturelle.

T PHOTOGRAPHY/SHUTTERSTOCK ©

Teatro Colón (p. 77)

Jour 1

Matin

- Débutez la journée à la **Plaza de Mayo** (p. 73), épicentre d'événements historiques importants. Visitez la **Casa Rosada** (p. 73). Empruntez l'Avenida de Mayo vers l'ouest et déjeunez au célèbre **Café Tortoni** (p. 76), le plus ancien café de la ville.

Après-midi

- Prenez de la hauteur au **Palacio Barolo** (p. 76), bâtiment inspiré de la *Divine Comédie*. Visitez ensuite le **Congreso de la Nación Argentina** (p. 78), puis offrez-vous une pause-café dans l'**Avenida Corrientes** (p. 79), dans le quartier des théâtres.

Soir

- Finissez la journée avec un dîner-spectacle au **Tango Porteño** (p. 81), à quelques mètres du **Teatro Colón** (p. 77) et de l'Obelisco, le monument historique le plus emblématique de la ville.

CI-DESSOUS : NIARKRAD/SHUTTERSTOCK ©, NATURSPORTS/SHUTTERSTOCK ©, GIMAS/SHUTTERSTOCK ©

Vous aimerez aussi...

Marcher le long du fleuve, assister à un match de foot et profiter d'un marché dans un quartier ouvrier.

BALADE DANS PALERMO

Passez la journée au **Parque Tres de Febrero**. C'est le plus grand de la ville (370 ha).

MATCH DE FOOT

Assister à un match d'une équipe locale permet d'être aux premières loges pour vivre cette passion argentine.

MARCHÉ DE SAN TELMO LE DIMANCHE

Des vendeurs d'artisanat et d'antiquités se rassemblent sur Defensa, la célèbre rue pavée du quartier.

Jour 2

Matin

● Visitez **El Ateneo Grand Splendid** (p. 86), un ancien théâtre de Recoleta devenu l'une des plus belles librairies du monde. Longez l'**Avenida Alvear** (p. 89) pour admirer ses somptueuses résidences et déjeunez à **La Biela** (p. 93), bar-restaurant historique où Jorge Luis Borges et Adolfo Bioy Casares avaient leurs habitudes.

Après-midi

● Découvrez le **Cementerio de la Recoleta** (p. 88), où reposent certains des plus grands noms du pays, comme Eva Perón. Traversez la **Plaza Francia** (p. 89) et son marché artisanal, puis visitez le **Museo Nacional de Bellas Artes (MNBA)** (p. 87).

Soir

● Finissez la journée par un dîner et une promenade dans **Puerto Madero** (p. 114), excellent endroit pour profiter du fleuve en ville.

Jour 3

Matin

● Commencez par **Caminito** (p. 108), une rue sinueuse aux bâtiments colorés où vivaient ljadis les immigrés. Déjeunez dans l'un de ses restaurants en regardant des couples danser le tango. Visitez le **Museo Benito Quinquela Martín** (p. 106). Suivez ensuite la rue Dr del Valle Iberlucea jusqu'à La Bombonera, le stade du club de foot Boca Juniors, où visiter le **Museo de la Pasión Boquense** (p. 107).

Après-midi

● Visitez **El Zanjón de Granados** (p. 96) , ensemble de tunnels dans l'un des plus anciens quartiers de la ville, qui invite à un voyage dans le passé de Buenos Aires.

Soir

● Finissez la journée à Palermo, où les bars et restaurants sont nombreux, par une **dégustation de vin** (p. 67).

COUCHER DU SOLEIL À PUERTO MADERO
Trouvez le meilleur point de vue dans ce quartier de la ville. Essayez le **Puente de la Mujer.**

COURS DE TANGO
Les *milongas* sont ouvertes de jour comme de nuit. **La Viruta** est l'une des plus connues.

QUARTIER DES THÉÂTRES
L'Avenida Corrientes, entre Callao et 9 de Julio, est très animée, le soir, avec ses nombreux théâtres, ses boutiques et ses pizzerias.

SHOPPING À PALERMO SOHO
Les amateurs de mode trouveront des dizaines de marques locales, ainsi que de bons restaurants autour de Gurruchaga.

Palermo

VIE NOCTURNE, PARCS, RESTAURANTS ET SHOPPING

Pour les infos pratiques, voir le Carnet d'adresses p. 126

Palermo est le plus grand et le plus peuplé des quartiers de la ville. Depuis les années 1990, l'environnement et le paysage urbain y ont bien changé. Sa vie nocturne, ses cafés et ses restaurants ont commencé à attirer les foules. Touristes et Porteños en ont fait un lieu de vie et de loisirs. Cette transformation a d'ailleurs valu à certaines parties du quartier d'être renommées, comme Palermo Soho et Palermo Hollywood. Les amateurs d'espaces verts apprécieront le Parque Tres de Febrero, aussi appelé Los Bosques de Palermo, ainsi que le Jardín Botánico. Enfin, le quartier contient nombre de musées et une grande variété de styles architecturaux, allant de la *casa chorizo* (maison urbaine de plain-pied avec en façade deux ou trois fenêtres et une porte, style de la fin du XIXe-début du XXe siècle en Argentine et en Uruguay) aux manoirs. En dépit de ces changements, Palermo a conservé certains vestiges du Buenos Aires d'autrefois.

À SAVOIR

L'offre culturelle et gastronomique de Palermo est telle qu'il est conseillé de lui accorder du temps. Visitez ses parcs et musées tôt dans la journée (pourquoi pas à vélo). La vie à Palermo Soho et Palermo Hollywood, deux des quartiers les plus courus, ne commence vraiment que l'après-midi pour finir tard dans la nuit.

© NIARKRAD/SHUTTERSTOCK

Parque Tres de Febrero (Los Bosques de Palermo, p. 66)

Tierra Santa

Jérusalem à Buenos Aires

Situé dans le quartier de Costanera Norte, Tierra Santa est le seul parc à thème religieux du pays. Il fut inauguré par le pape François en 1999, lorsqu'il était archevêque de l'archidiocèse de Buenos Aires et répondait au nom de Jorge Bergoglio. L'endroit, qui peut être visité seul ou avec un guide, propose une visite de la crèche, de la Cène, des stations du chemin de croix et du Mur des lamentations. En bref, les lieux importants de la vie du Christ. Ouvert seulement le week-end et les jours fériés.

Hipódromo Argentino de Palermo

Hipódromo Argentino de Palermo

Vivre l'excitation d'une course de chevaux

L'Hipódromo Argentino de Palermo (entrée libre) est intéressant à visiter pour ses beaux porches d'entrée, ses façades et ses lustres. Mais quitte à vous trouver dans le plus important hippodrome d'Amérique latine, pourquoi ne pas ajouter un peu d'adrénaline à votre visite en misant quelques pesos sur l'un des chevaux en course ? Les courses ont lieu toute l'année, le lundi, à l'exception des jours fériés. Des courses peuvent être organisées d'autres jours, mais cela varie. L'endroit dispose de plusieurs restaurants. Diverses manifestations, comme des foires ou des concerts, sont organisées toute l'année dans ses salles. Consultez le site Internet pour plus d'informations.

Tierra Santa

Museo de Arte Latinoamericano de Buenos Aires (MALBA)

Art moderne latino-américain

En 2001, l'homme d'affaires, philanthrope et collectionneur Eduardo Costantini a permis l'ouverture du Museo de Arte Latinoamericano de Buenos Aires (MALBA). En peu de temps, le lieu est devenu une référence incontestée de l'art dans la ville et la région. La collection permanente compte plus de 220 œuvres importantes d'art latino-américain signées Francisco Zúñiga, Wifredo Lam, Fernando Botero ou Tarsila do Amaral. Bien entendu, les Argentins comme Antonio Seguí, Xul Solar, Emilio Pettoruti ou Alicia Carletti y ont aussi leur place. Ouvert tous les jours sauf le mardi. Le site possède une cafétéria et un restaurant qui donne sur un parc.

PALERMO
Hipódromo Argentino de Palermo
1
LAS CAÑITAS
Museo Sívori
5
28
Av Figueroa Alcorta
Av Infanta Isabel
Av del Libertador
Av Dorrego
Arce
Ortega Y Gasset
Av Pedro Montt
8
Parque Tres de Febrero
Campo Argentina de Polo
Av Báez
Av Luis María Campos
Av Iraola
Savio
Sinclair
Juan Seguí
Av Cabildo
Demaría
Av Int Bullrich
Zapata
Estación Ministro Carranza
Ministro Carranza
PALERMO
Av Cerviño
Colombia
Av Sarmiento
Av Dorrego
Juncal
Av Santa Fe
Dr Emilio Ravignani
Beruti
Arévalo
Ángel Justiniano Carranza
Estación Palermo
Palermo
República de la India
Guatemala
Fitz Roy
La Rural
Costa Rica
Soler
JM Gutierrez
El Salvador
Humboldt
Museo Evita
3
Plaza Italia
Av Juan B Justo
JSM de Oro
Nicaragua
Darregueyra
Bonpland
6
Palermo Hollywood
Jardín Botánico Carlos Thays
Uriarte
PALERMO HOLLYWOOD
19
Jorge Luis Borges
Gurruchaga
Beruti
17
36
29
PALERMO SOHO
Scalabrini Ortíz
Nicaragua
Soler
Charcas
Malabia
Guatemala
35
Av Scalabrini Ortíz
32
34
31
38
20
Paraguay
30
24
Godoy Cruz
21
Honduras
El Salvador
27
Plaza Palermo Viejo
Gurruchaga
Salguero
15
Niceto Vega
Armenia
Av Córdoba
Thames
Aráoz
13
Costa Rica
Av Juan B Justo
Serrano
7
Palermo Soho
J Álvarez
16
18
33
José Antonio Cabrera
Soler
Acevedo
Malabia
El Salvador
Av Medrano
Salguero
Lerma
Honduras
26
Jufré
14
22
Gorriti
Gurruchaga
Castillo
Lavalleja
Loyola
Acuña Figueroa
Aguirre
Av Córdoba
Gascón
José Antonio Cabrera
Av Scalabrini Ortiz
Juan Ramírez de Velasco
Estado de Palestina
Aráoz
Malabia
Av Estado de Israel
Lavalle
J Álvarez
Malabia
Av Corrientes
Museo Argentino de Ciencias Naturales (1,7 km)
Guardia Vieja

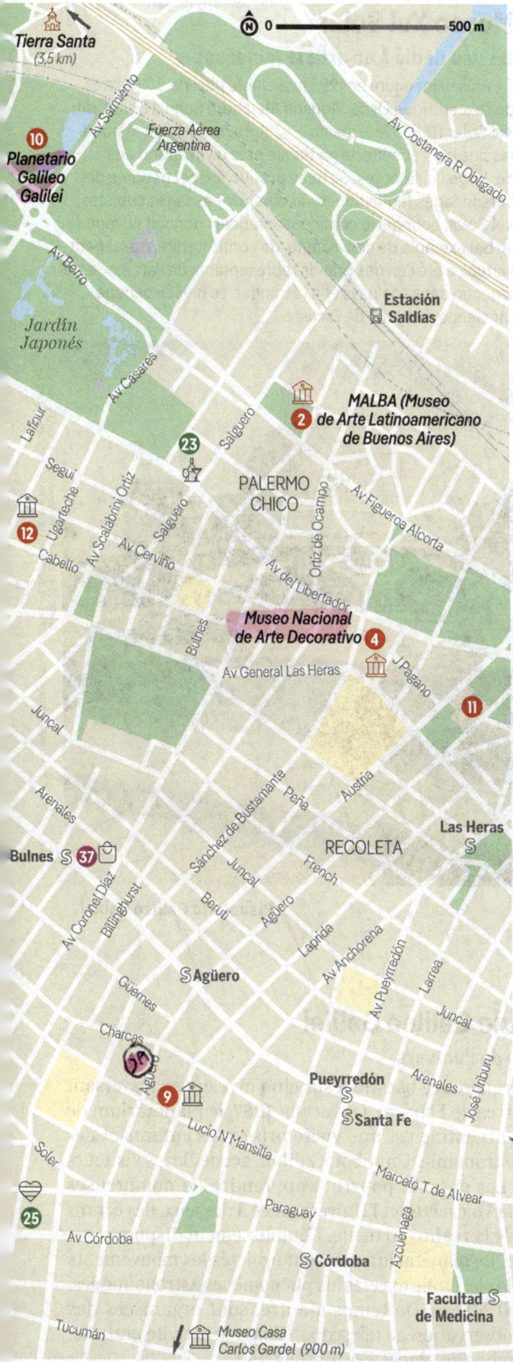

INCONTOURNABLES

1 Hipódromo Argentino de Palermo
2 MALBA (Museo de Arte Latinoamericano de Buenos Aires)
3 Museo Evita
4 Museo Nacional de Arte Decorativo
5 Museo Sívori
6 Palermo Hollywood
7 Palermo Soho
8 Parque Tres de Febrero
9 Museo Xul Solar
10 Planetario Galileo Galilei

VOIR

11 Biblioteca Nacional Mariano Moreno
12 La Colorada
13 La Malbequería

ACTIVITÉS

14 Bar de Fondo

SE LOGER

15 Duque Hotel
16 Jardín Escondido
17 Selina Palermo

SE RESTAURER

18 Gran Dabbang
19 La Pescadorita
20 Picsa
21 Rapanui

PRENDRE UN VERRE ET FAIRE LA FÊTE

22 Amores Tintos
23 Casa Cavia
24 Club 69
25 Feliza Arcoiris
26 Maricafé
27 Peuteo
28 Rheo
29 Tres monos
30 Varela Varelita

SORTIR

31 Bebop
32 Congo Cultural Club
33 La Viruta

SHOPPING

34 Borges 1975
35 Dain Usina Cultural
36 Eterna Cadencia
37 Librería Santa Fe
38 Libros del Pasaje

Museo Evita

Museo Xul Solar

Un lieu dédié à un artiste inclassable

Ce musée inauguré en 1993 rassemble plus de 80 œuvres de l'excentrique Oscar Agustín Alejandro Schulz Solari, dit Xul Solar (1887-1963), peintre, sculpteur, musicien et poète fasciné par l'occulte, le mythique et le divin, grand ami de Jorge Luis Borges. Sa riche production est peuplée de personnages fantastiques, au cœur de paysages cubistes. Xul Solar, pour qui le continent américain donnait au monde un bel exemple de convivialité, de confraternité, de respect mutuel, a été l'un des grands représentants de l'art moderne argentin dans son pays et à l'étranger. Le musée occupe l'ancienne demeure de l'artiste.

Museo Evita

Une femme d'influence

Eva Perón (1919-1952) a suscité bien des passions dans l'histoire argentine. Encore aujourd'hui, le *peronismo* aussi bien que *l'antiperonismo*, sont des tendances qui s'opposent de manière bien vivante. Le Museo Evita occupe une superbe maison datant de 1923, où la fondation d'aide sociale de la plus célèbre des premières dames s'établit en 1948. Il célèbre la mémoire de celle qui commença sa vie en tant qu'actrice et devint l'une des figures les plus influentes du pays. Vous pourrez y voir des robes, des objets et d'autres souvenirs lui ayant appartenu. La visite est rapide (moins de 1 heure). Un bar et un restaurant sont installés dans la cour de la grande maison.

Planetario Galileo Galilei

Planetario Galileo Galilei

Merveilles de l'univers

Vous remarquerez ce bâtiment sur cinq niveaux en traversant le Parque Tres de Febrero. Ouvert en 1967, le planétarium de la capitale argentine est une visite prisée des enfants et des curieux d'astronomie. Un robot, Galibot, accueille les visiteurs à l'entrée. Les enfants pourront apprendre de nombreuses choses sur la Voie lactée et l'Univers grâce à des jeux, des écrans tactiles et de la réalité virtuelle. L'établissement dispose aussi d'un musée. Le planétarium, où sont projetés les mouvements des astres, le ciel étoilé et certains phénomènes astronomiques, compte 300 places. De temps à autre, sont organisées des journées d'observation au télescope. C'est une activité gratuite, mais le nombre de places est limité à 250.

Museo Sívori

Museo Sívori

Art argentin et jardin enchanteur

Les raisons de visiter ce musée, qui porte le nom de l'un des grands peintres réalistes argentins Eduardo Sívori (1847-1918), ne manquent pas. Il possède l'une des plus belles collections d'art argentin, il a été récemment rénové et son jardin est splendide. Le musée en lui-même présente quelque 4 000 œuvres des XXe et XXIe siècles. La collection permanente comprend, entre autres, des œuvres d'Antonio Berni, d'Emilio Pettoruti et de Lucio Fontana. Les vitraux du musée sont interactifs. Bar et restaurant sur place.

Palermo Soho et Palermo Hollywood

De tout pour tous les goûts

Certains quartiers de Palermo ont hérité de noms (non officiels) ces vingt dernières années. Parmi eux : Palermo Hollywood et Palermo Soho. Le premier fait référence aux chaînes de télévision et sociétés de production cinématographique implantées dans ce quartier. Palermo Soho doit son nom aux marchés d'artisans et aux boutiques de créateurs installées dans des *casas chorizos* restaurées. La rue Gurruchaga est bordée de boutiques de mode. Certaines sont des enseignes bien connues, d'autres de petites boutiques de marques locales, comme Las Pepas ou Las Oreiro, propriété de la célèbre actrice uruguayenne Natalia Oreiro. La vie nocturne se concentre près de la Plaza Serrano et de la Plaza Armenia, qui alignent brasseries et bars. Thames résume bien l'esprit éclectique du quartier : dans cette rue, vous y trouverez aussi bien des grills que des restaurants orientaux ou asiatiques, ainsi que des bars très divers. La vie nocturne de Palermo Soho et Palermo Hollywood est généralement trépidante. Ces deux "quartiers" sont adjacents, séparés par l'Avenida Juan B. Justo, ce qui les rend faciles à explorer à pied.

Parque Tres de Febrero

Le poumon vert de la ville

Connu localement comme Los Bosques de Palermo (bois de Palermo), il s'agit d'une succession de parcs, jardins, roseraies en plus du nouvel Ecoparque, un ancien zoo. Deux espaces se distinguent sur ses 370 ha : le Jardín Japonés et El Rosedal (en fleurs d'octobre à mai). Le premier fut construit au milieu des années 1960 pour la visite de l'empereur du Japon Akihito et sa femme Michiko. Il est agréable de se promener dans ses allées bordées de bonsaïs, d'azalées, de kokedamas, d'orchidées et de lanternes. El Rosedal (roseraie) est une féerie de milliers de roses de 93 espèces différentes qui s'étale sur 4 ha. Le pont blanc de la roseraie est l'un des coins photos les plus appréciés du quartier. Au sud des Bosques de Palermo, se trouve le Jardín Botánico Carlos Thays (entrée libre), planté de quelque 900 espèces et 2 000 variétés d'arbres. Bien que sur une avenue passante, c'est un véritable havre de paix.

Parque Tres de Febrero

Museo Nacional de Arte Decorativo

Beau et solennel

On vient sans doute autant dans ce musée pour ses collections que pour son superbe bâtiment de style néoclassique édifié au début du XXe siècle, ancienne propriété de la famille Errázuriz Alvear, conçu par l'architecte français René Sergent (1865-1927). Le hall, le jardin d'hiver, le bureau et les salles sont décorés dans le style Louis XVI. Admirez notamment la galerie centrale, dont le style gothique et le plafond à caissons furent pensés pour mettre en valeur ses tapisseries (XVe-XVIIe siècle), et où ont parfois lieu des concerts. Œuvres d'El Greco, de Manet et de Rodin, peintures religieuses, vaisselle en porcelaine de la Renaissance, sculptures italiennes, mobilier d'époque... La collection de Matías Errázuriz et Josefina de Alvear est grandiose. Un bar et restaurant, baptisé Croque Madame et situé à l'entrée, propose de bons gâteaux et café.

Museo Nacional de Arte Decorativo

JEFFREY ISAAC GREENBERG 7+/ALAMY STOCK PHOTO ©

Animales Salvajes

ÉGALEMENT À PALERMO

Immersion dans le monde du malbec

À la découverte du cépage emblématique

À Palermo, **La Malbequería** rend hommage au vin, notamment au malbec. Bien qu'il s'agisse d'un cépage français à l'origine, le malbec d'Argentine est aujourd'hui reconnu comme l'un des meilleurs du monde, avec un caractère unique. Combinant bar à vins et restaurant, l'établissement propose des dégustations de quatre vins, à associer avec du fromage ou des *empanadas*. Un sommelier guide la dégustation et fournit des explications détaillées sur les différentes régions et les caractéristiques de chaque terroir argentin. Il fournit une carte pour vous aider à mieux comprendre la production viticole nationale. Les dégustations ont généralement lieu l'après-midi, à partir de 16h. Si vous choisissez de rester dîner, vous pourrez aller à La Malbequería ou à **Lo de Jesús**, qui affichent la même carte. Au menu, de délicieuses propositions comme la burrata au prosciutto, le *choripán* (sandwich à la saucisse grillée), les *empanadas* à la viande et un succulent *bife de lomo*.

STATUES ET MONUMENTS

Torso Masculino Desnudo
Une sculpture de près de 4 m de haut, signée Fernando Botero (1932-2023). Don de l'artiste colombien. (Parque Thays)

Monumento a Sarmiento
Un hommage au 7e président de la République argentine, Domingo Faustino Sarmiento, par Auguste Rodin. (Av. del Libertador et Sarmiento)

Fuente Riqueza Agropecuaria Argentina
Cette fontaine en marbre de Carrare, bronze et pierre (Av. del Libertador et Cavia) est une création de Gustav Adolf Bredow.

Caperucita Roja
Le Petit Chaperon rouge a son monument à Buenos Aires (Av. Sarmiento). Inauguré en 1937, il est l'œuvre de l'artiste français Jean Carlus.

Animales Salvajes
Deux lions imposants gardent Los Bosques de Palermo sur la Plaza Holanda. L'un d'eux est la copie du *Lion de Nubie et sa proie* du jardin du Luxembourg à Paris.

OÙ SE LOGER À PALERMO

Selina Palermo
Décor agréable. Chambres simples et dortoirs confortables. $

Duque Hotel
Ambiance romantique dans une maison ancienne rénovée. Petite piscine et spa. $$$

Jardín Escondido
Un 5-étoiles avec une ambiance campagnarde et un jardin dans le centre de Palermo. $$$

MEILLEURS BARS LGBTQI+ DE PALERMO

Club 69
Existant depuis plus de 20 ans, cette soirée est l'une des plus anciennes de la communauté. Les samedis et, parfois, les jeudis, au Niceto Club, avec funk et disco.

Peuteo
Musique, boissons et spectacles de drag queens fréquents.

Feliza Arcoiris
Le club culturel a aussi un côté fun, avec des jeux vidéo et des concerts.

Maricafé
Un café, bar et librairie LGBTQI+ qui vend des gâteaux à la garniture arc-en-ciel.

Crobar /Rheo
Une boîte de nuit aux cocktails originaux. On y entend généralement de la pop.

JERSEAN GOLATT/LONELY PLANET ©

Don Julio

Outre La Malbequería, le reste de la ville comporte de nombreux bars à vins tels que **La Cava Jufré**, **Aldo's**, **Cru Deli Wine**, **Vina** ou **Amores Tintos**.

Dans le sud de Palermo

Danse et science

Les quartiers résidentiels au sud de Palermo, habités par la classe moyenne, offrent un aperçu du "vrai" Buenos Aires – sans les touristes. Vous pourrez y visiter le **Museo Casa Carlos Gardel**, remarquable petit musée qui rend hommage à la plus célèbre voix du tango du début du XXe siècle, Carlos Gardel, né Charles Romuald Gardès (1890-1935). Aménagé dans son ancienne maison, il retrace l'enfance du chanteur en France et en Argentine, sa carrière musicale et cinématographique, et sa mort tragique dans un accident d'avion à l'apogée de son succès. On trouve notamment des présentations audios, des objets ayant appartenu à Gardel et des tablettes pour écouter l'intégralité des 893 morceaux enregistrés par le chanteur.

OÙ SE RESTAURER À PALERMO

Gran Dabbang
Une adresse minuscule et discrète qui sert une cuisine basée sur la fusion des saveurs d'Asie et d'Amérique latine. **$$$**

Picsa
Empanadas et pizzas cuites au feu de bois à la manière argentine. **$$**

La Pescadorita
Spécialiste des poissons et fruits de mer. La paella de la mer est le plat star. **$$$**

En suivant l'Avenida Corrientes vers l'est, en passant par le **Shopping Abasto** (abasto-shopping.com.ar), l'un des plus beaux centres commerciaux de la ville avec un "musée" pour les enfants (Museo de los Niños), vous arrivez au **Museo Argentino de Ciencias Naturales** qui présente de belles collections de météorites, de roches et de minéraux, des coquillages, des insectes et des reconstitutions de squelettes de dinosaures.

Découvrir le tango où il est né

La Viruta Tango Club

Tous les quartiers de Buenos Aires ont une chose en commun : on y trouve toujours une *milonga*. Parmi les plus populaires, La Viruta, où viennent danser aussi bien des habitants que des étrangers. Les activités débutent à 18h. Il y a des cours, des ateliers et d'autres activités liées au tango, comme des rencontres et des concerts. Si vous avez déjà pris des leçons, ou que vous êtes expert, mieux vaut que vous vous y rendiez le soir. Le maître des lieux, Horacio Godoy, est souvent sur la piste avec Cecilia Troncoso. La page Hoy Milonga (hoy-milonga.com) délivre des informations quotidiennes sur les *milongas* et les cours de tango à Buenos Aires. L'activité est intense tous les jours.

Palermo rétro

L'immuable Varela Varelita

Parler de "branché" pour décrire Palermo Soho et Palermo Hollywood est un peu cliché, mais néanmoins vrai. Ce café en est l'exact opposé, une sorte de havre où l'on retrouve le Palermo traditionnel. Le bar a un esprit bohème et intellectuel. Les murs sont décorés de vieilles affiches de films. La carte est, bien entendu, classique. Le roboratif *sánguche de milanesa* (sandwich à l'escalope milanaise) est l'un des choix préférés de la clientèle, avec le sandwich au jambon cru et le café (classique lui aussi). Une anecdote à propos de l'établissement : Carlos "Chacho" Álvarez, célèbre résident du quartier, avait l'habitude de s'y rendre (un peu comme s'il s'agissait de son bureau) lorsqu'il était vice-président du pays. Bien que l'établissement soit ouvert pratiquement toute la journée (de 7h à 2h), le mieux est de s'y rendre pour le petit déjeuner ou en fin d'après-midi/début de soirée, lorsque les habitués commencent à commander leurs premières boissons. Palermo change, mais **Varela Varelita** n'a pas changé en près de 70 ans.

OÙ MANGER DE LA VIANDE À PALERMO

Don Julio
C'est sans doute le restaurant de viande le plus célèbre de la ville, mais il le mérite. Il est difficile d'avoir une table. **$$$**

La Carnicería
Une adresse de taille modeste, spécialisée dans les viandes fumées. L'ambiance est décontractée. **$$$**

Hierro
Grillades argentines classiques, viandes maturées 30 jours et bœuf wagyu dans une ambiance moderne avec musique relaxante. **$$**

Niño Gordo
Un établissement devenu récemment très prisé des jeunes de Palermo. Un grill qui mêle saveurs asiatiques et argentines. **$$**

Club Eros
Un club qui entretient l'esprit traditionnel du quartier, avec des prix raisonnables. **$**

OÙ PRENDRE UN VERRE À PALERMO

Tres Monos
Un petit établissement, avec une esthétique punk et beaucoup de lumières colorées. Les boissons ont été primées.

Casa Cavia
Une belle maison ancienne où l'on peut déguster des boissons sophistiquées. Fait aussi restaurant.

Amores Tintos
Ce qui était à l'origine un caviste est devenu un bar à vins et à gin. Les tables sur le trottoir sont idéales pour l'été.

Le coin anglais

La Colorada

À l'angle de Cabello et de República Árabe Siria se trouve un bâtiment à la façade entièrement revêtue de briques qui lui a valu le surnom de **La Colorada** (la rouge).À l'époque de sa construction, il était considéré comme innovant, non seulement en raison de sa couleur et de sa conception, mais aussi de ses matériaux, puisqu'il privilégia pour sa structure les poutres métalliques au béton. Bâtiment de style néoclassique anglais, il fut conçu en 1911 par l'architecte britannique Regis Pigeon. Au début, il fut utilisé pour le personnel des compagnies ferroviaires britanniques, mais, au milieu des années 1950, il devint un immeuble résidentiel. Le meilleur moment pour le visiter est tôt le matin ou au coucher du soleil, moments durant lesquels le rouge du soleil renforce celui des briques. S'agissant principalement d'un bâtiment résidentiel, il n'y a pas de visite guidée, mais vous pourrez vous fimprégner de l'esprit du lieu en visitant le magasin de vêtements situé au 1er étage.

Au royaume du chocolat

Les délices de Rapanui

Née à Bariloche, la chocolaterie **Rapanui** a rapidement ouvert des boutiques dans tout le pays. Si vous passez par Palermo, notre conseil est simple : prenez un peu de ces délicieux mélanges de chocolat (la tablette de chocolat au lait avec pistaches, sel et caramel est délicieuse), et poursuivez jusqu'au prochain arrêt. Le chocolat frappé et le cheesecake sont d'autres spécialités de la maison. L'ambiance est détendue et rustique, avec beaucoup de plantes, ce qui en fait un endroit idéal pour qui souhaite s'y installer pour travailler.

La Colorada

LES MEILLEURES LIBRAIRIES DE PALERMO

Libros del Pasaje
Une librairie de style rétro, avec une cafétéria et un patio, idéal pour lire au calme.

Eterna Cadencia
Librairie avec terrasse où sont organisées des présentations de livres.

Dain Usina Cultural
Activités culturelles tout au long de l'année et une belle terrasse pour profiter du soleil.

Borges 1975
L'ambiance est celle d'une librairie, mais il y a aussi une salle d'exposition, des récitals et des ateliers.

Librería Santa Fe
Une boutique bien fournie à l'intérieur de l'Alto Palermo, l'un des plus grands centres commerciaux de la ville.

MUSIC LIVE À PALERMO

Bebop
Un club de jazz aux lumières tamisées, excellent son et belle carte des vins. Artistes locaux et internationaux.

Bar de Fondo
Concerts dans une maison ancienne, avec un esprit alternatif. Programme varié et bonne ambiance.

Congo Cultural Club
Pour boire un verre, écouter de la musique indé et profiter d'un beau jardin en été.

PROMENADE STREET ART

Buenos Aires peut être fière de ses quartiers et de ses murs parés des œuvres de l'un des mouvements de street art les plus actifs d'Amérique latine. Le bureau de Visit Buenos Aires propose une promenade autoguidée dans différents quartiers du nord de la ville, tels que Coghlan, Villa Urquiza, Colegiales et Palermo. La scène street art locale est vivante, grâce à différentes techniques et à l'arrivée de grands noms dans le pays.

Dans El Salvador, au n°5715, se trouve la fresque 1 **Mujer cargando casa** (Femme portant une maison) de l'Australien Fintan Magee. L'artiste joue avec le ciment de la construction dans sa création. Suivez Bonpland et tournez à droite dans Costa Rica. Dans Cabaio au n°5514, un artiste du collectif Vomito Attack a réalisé un superbe 2 **travail au pochoir** sur la façade d'un restaurant spécialisé dans les nouilles. Marchez ensuite vers le sud en suivant les rues Humboldt et Cabrera jusqu'à ce que vous atteigniez Malabia et Córdoba. Là, à la limite de Villa Crespo, se trouve une 3 **peinture géante d'une hydre** par Spock et Lean Frizzera, alter ego du Madrilène Félix Reboto. 4 **Post Street** (Thames 1885) est un bar qui propose une exposition permanente d'art urbain (ouverte tous les jours). Si vous souhaitez y faire une halte, l'endroit propose un menu simple avec des hamburgers, des pizzas et des cocktails classiques ou originaux. Le petit 5 **passage Russel**, dans Palermo Soho, vaut également le détour.

Les agences Free Walks Buenos Aires et Graffiti Mundo organisent toutes deux des circuits à pied dans la capitale à la découverte du street art local.

Centro Histórico

CENTRE-VILLE ET MONUMENTS HISTORIQUES

Pour les infos pratiques, voir le Carnet d'adresses p. 127

San Nicolás, Balvanera et Montserrat sont les trois quartiers qui forment la zone que les *Porteños* qualifient de “centre-ville”. La Plaza de Mayo est la scène centrale où se déroulent les événements historiques les plus importants du pays. Le Cabildo, la Catedral Metropolitana et la Casa Rosada (siège du gouvernement national) se trouvent dans ses environs. Le quartier abrite aussi près d'une centaine de bâtiments d'intérêt culturel et architectural. Les styles sont très divers, des églises et bâtiments du XVIIIe siècle pouvant côtoyer des exemples d'architecture brutaliste. Certains édifices sont de grands symboles, comme le magnifique Teatro Colón et l'Obelisco, haut de 67 m, un des emblèmes de la ville. L'Avenida de Mayo, principal boulevard, et l'Avenida Corrientes forment le quartier des théâtres, avec beaucoup de restaurants et d'animation. Le quartier a connu une vraie refonte avec l'essor du télétravail, mais il compte encore de nombreux bars, théâtres et édifices qui font partie intégrante de l'identité de la capitale.

À SAVOIR

Le Café Tortoni est le plus ancien café de Buenos Aires. Ouvert en 1858 sur le modèle du café du même nom à l'époque à Paris, il a été fréquenté par de nombreuses personnalités du pays. Aujourd'hui, c'est l'un des endroits les plus visités du centre-ville. Les serveurs recommandent de s'y rendre entre 8h et 10h pour éviter les files d'attente.

GUADALUPE POLITO/SHUTTERSTOCK ©

Plaza de Mayo

Cabildo

Les débuts de l'indépendance

Le Cabildo a été le théâtre de la révolution de Mai (1810), événement qui a marqué le début de l'indépendance de l'Argentine, qui a eu lieu 6 ans plus tard. Cet édifice du milieu du XVIIIe siècle abrita le conseil municipal de 1580 à 1821. Le musée qu'il héberge (Museo Histórico Nacional del Cabildo de Buenos Aires y de la Revolución de Mayo) retrace son histoire, de la période coloniale, où il servit de prison, aux invasions britanniques de 1806 et 1807 et à l'indépendance. Dans ses salles, sont notamment exposés des objets de la vie quotidienne de l'époque, des meubles et des œuvres d'art.

Cabildo

Casa Rosada

Casa Rosada

Au balcon d'Evita

Siège du pouvoir exécutif, la **Casa Rosada**, qui tire son nom de sa couleur, se dresse du côté est de la Plaza de Mayo. C'est depuis ses balcons qu'Eva Perón prononça son célèbre discours devant une foule rassemblée sur la Plaza de Mayo. L'édifice abrite les bureaux du président argentin, dont la résidence principale est située dans la banlieue d'Olivos. Des visites gratuites (1 heure) sont proposées le week-end. Derrière la Casa Rosada, vous remarquerez une partie vitrée : il s'agit du toit du **Museo Casa Rosada** (entrée libre), installé sous les voûtes en briques de l'ancienne douane. Le hall dessert des salles, dédiées à différentes époques de l'histoire politique du pays. Outre des vidéos et les objets exposés, observez l'imposante peinture murale de l'artiste mexicain David Alfaro Siqueiros (1896-1974).

Plaza de Mayo

La place la plus célèbre du pays

C'est le point de départ pour découvrir le centre de la ville, avec la **Pirámide de Mayo** (un obélisque blanc) et le **Monumento al General Manuel Belgrano** comme pièces centrales. Son nom est un hommage à la Revolución de Mayo (1810), qui eut lieu ici et qui marqua le début de l'indépendance du pays. Parmi les arbres de la place, on en distingue un qui fut planté par le pape François (Jorge Bergoglio) lorsqu'il était encore archevêque de Buenos Aires. Les bâtiments qui la bordent comptent parmi les plus importants de la ville. Le jeudi à 15h30, vous pourrez y voir la célèbre *ronda* des Mères de la place de Mai. Elles portent un foulard blanc sur la tête, symbole devenu emblématique de ces femmes qui n'ont jamais cessé de réclamer justice pour leurs enfants disparus sous la dictature du général Videla.

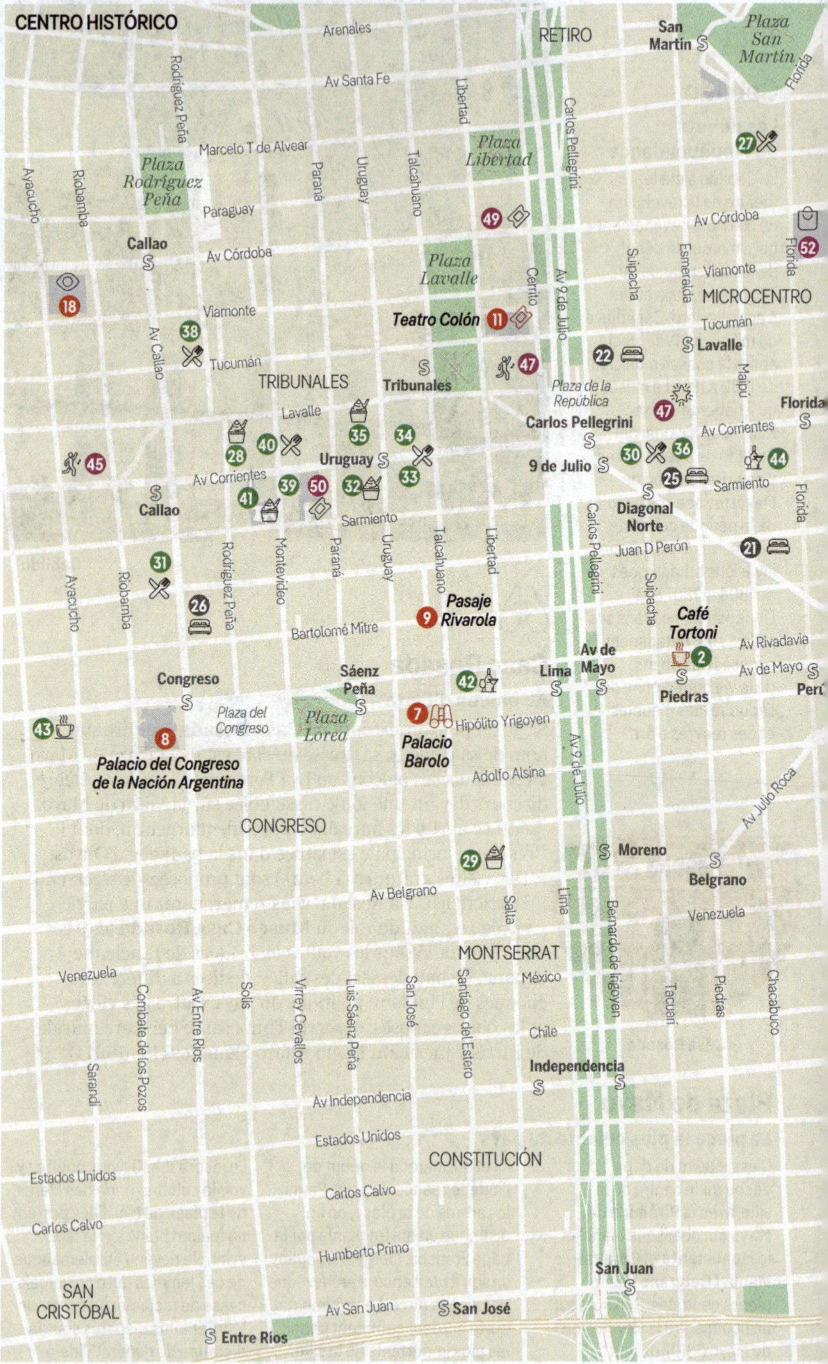
CENTRO HISTÓRICO
Arenales
Av Santa Fe
RETIRO
San Martín
Plaza San Martín
Florida
Libertad
Carlos Pellegrini
Rodríguez Peña
Marcelo T de Alvear
Plaza Rodríguez Peña
Paraná
Uruguay
Talcahuano
Plaza Libertad
Ayacucho
Riobamba
Paraguay
Av Córdoba
Callao
Plaza Lavalle
Cerrito
Av 9 de Julio
Suipacha
Esmeralda
Viamonte
MICROCENTRO
Teatro Colón
Tucumán
Lavalle
Av Callao
TRIBUNALES
Tribunales
Plaza de la República
Maipú
Carlos Pellegrini
Florida
Av Corrientes
Uruguay
9 de Julio
Sarmiento
Callao
Diagonal Norte
Juan D Perón
Montevideo
Bartolomé Mitre
Pasaje Rivarola
Café Tortoni
Av Rivadavia
Av de Mayo
Congreso
Sáenz Peña
Lima
Piedras
Perú
Plaza del Congreso
Plaza Lorea
Hipólito Yrigoyen
Palacio Barolo
Palacio del Congreso de la Nación Argentina
Adolfo Alsina
Av Julio Roca
CONGRESO
Moreno
Belgrano
Av Belgrano
Salta
Lima
Bernardo de Irigoyen
Venezuela
MONTSERRAT
México
Combate de los Pozos
Av Entre Ríos
Solís
Virrey Cevallos
Luis Sáenz Peña
San José
Santiago del Estero
Chile
Tacuarí
Piedras
Chacabuco
Independencia
Sarandí
Av Independencia
Estados Unidos
CONSTITUCIÓN
Carlos Calvo
Humberto Primo
San Juan
SAN CRISTÓBAL
Av San Juan
San José
Entre Ríos

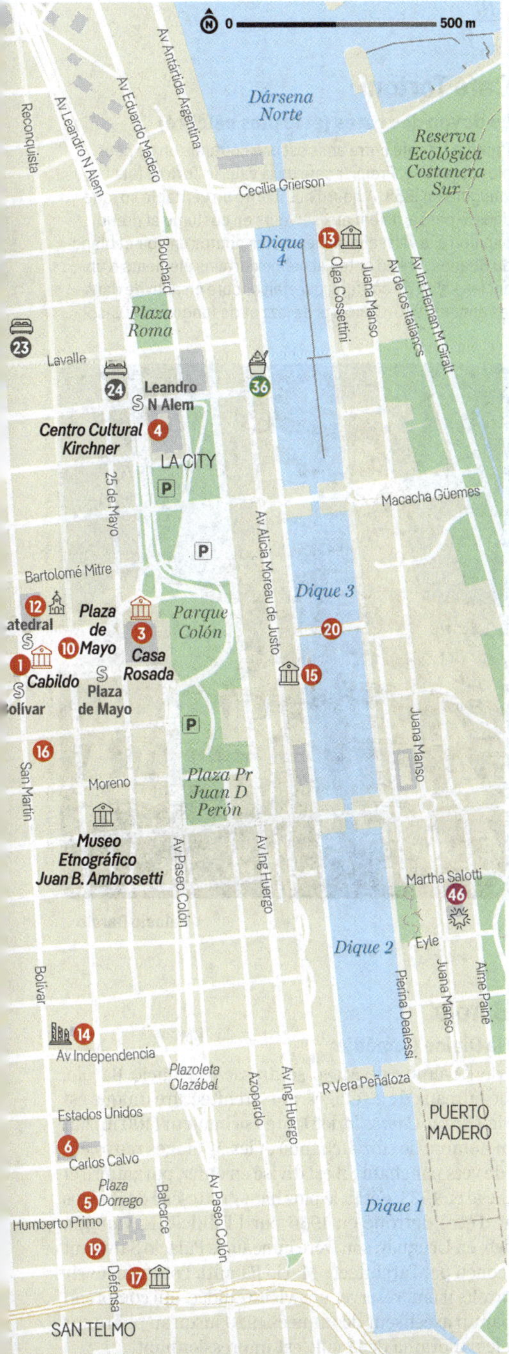

INCONTOURNABLES
1 Cabildo
2 Café Tortoni
3 Casa Rosada
4 Centro Cultural Kirchner
5 Feria de San Telmo
6 Mercado de San Telmo
7 Palacio Barolo
8 Palacio del Congreso de la Nación Argentina
9 Pasaje Rivarola
10 Plaza de Mayo

VOIR
11 Teatro Colón
12 Catedral Metropolitana de Buenos Aires
13 Colección de Arte Amalia Lacroze de Fortabat
14 El Zanjón de Granados
15 Fragata Sarmiento
16 Librería Ávila
17 Museo de Arte Moderno de Buenos Aires
18 Palacio de las Aguas Corrientes
19 Pasaje de la Defensa
20 Puente de la Mujer

SE LOGER
21 725 Continental Hotel
22 Buenos Aires Marriott
23 Che Juan Hostel
24 Hotel Jousten
25 Hotel NH Latino Buenos Aires
26 Savoy Hotel

SE RESTAURER
27 Boca de Toro Club
28 Cadore
29 Chungo
30 Confitería La Ideal
31 El Tropezón
32 Freddo
33 Güerrín
34 La Americana
35 La Giralda
36 Las Cuartetas
voir 34 Los Inmortales
37 Lucciano's
38 Parrilla Peña
39 Pepito
40 Sattva
41 Scannapieco

PRENDRE UN VERRE ET FAIRE LA FÊTE
42 Los 36 Billares
43 Café de los Angelitos
voir 16 La Puerto Rico
44 Paulín

SORTIR
45 El Beso
voir 36 Opéra
46 Rojo Tango
47 Tango Porteño
48 Teatro Gran Rex
49 Teatro Nacional Cervantes
50 Teatro San Martín

SHOPPING
51 Galerías Pacífico

Café Tortoni

Café Tortoni

Le doyen des cafés (et le plus célèbre)

Prendre un café entre amis est une coutume on ne peut plus argentine. Premier café de la ville, le Tortoni fut inauguré en 1858. Aujourd'hui, il offre un véritable voyage dans le passé, du bar aux serveurs en costume et nœud papillon à la vaisselle ancienne, les photos en noir et blanc du Buenos Aires d'antan et même certains éléments d'un ancien salon de coiffure, qui était encore en activité dans les années 1940. Concerts de jazz et de tango au sous-sol.

Centro Cultural Kirchner (CCK)

Admirable bureau de poste

La construction du bâtiment d'origine, calqué sur la poste centrale de New York, dura près de 30 ans et se termina en 1928. Longtemps désaffecté, il a été restauré en 2015 et rebaptisé en hommage à l'ancien président Néstor Kirchner (décédé en 2010), qui initia sa reconversion en centre culturel. Des auditoriums, des salles de spectacles et des galeries ont été aménagés dans l'édifice, qui s'élève sur 8 niveaux et s'étend sur un pâté de maisons. L'élément le plus impressionnant est la Ballena Azul, une salle de concerts à l'acoustique exceptionnelle, d'une capacité de 1 800 places. Des visites guidées ont lieu du jeudi au dimanche, à 14h30 et à 16h. L'endroit propose un programme complet d'expositions, de concerts et de conférences. Entrée gratuite pour toutes les activités.

Palacio Barolo

Palacio Barolo

Inspiré par la Divine Comédie

Au n°1370 de l'Avenida de Mayo se dresse le Palacio Barolo, immeuble de bureaux de 22 étages. Son architecture unique est inspirée de la *Divine Comédie* de Dante : sa hauteur (100 m) fait référence au nombre de *canti* (chants) et les 22 étages renvoient au nombre de vers par chant ; il est divisé en enfer, purgatoire et paradis. Achevé en 1923, c'était le plus haut gratte-ciel de Buenos Aires avant d'être détrôné en 1936 par l'Edificio Kavanagh. À Montevideo, en Uruguay, son frère jumeau, le Palacio Salvo, fut comme lui conçu par l'architecte Mario Palanti. Pour découvrir le Palacio Barolo, il faut réserver une visite guidée, qui comprend la montée par un ascenseur des années 1920 jusqu'au phare sur le toit, d'où le panorama de la ville est impressionnant.

Teatro Colón

Le théâtre le plus impressionnant du pays

Cet impressionnant édifice de style éclectique (1889-1908) est l'un des grands monuments de Buenos Aires. Principale salle de spectacles de la ville, le **Teatro Colón** accueille des opéras, des spectacles de danse et des concerts de musique classique, mis en valeur par une excellente acoustique. Il occupe tout un pâté de maisons et a une capacité de 2 500 places assises, auxquelles s'ajoutent 500 places supplémentaires (debout). Le théâtre est encore plus beau à l'intérieur, à voir lors d'une visite guidée – admirez les vitraux, notamment. La **Colón Fábrica** (p. 109), à La Boca, constitue une excellente visite complémentaire, puisqu'il s'agit de l'entrepôt de décors et de costumes du Teatro Colón.

Un peu plus au nord, vous verrez le **Teatro Nacional Cervantes** (teatrocervantes.gov.ar), inauguré en 1921, un théâtre à l'italienne tout en rouge et or.

SHARPTOYOU/SHUTTERSTOCK ©

Teatro Colón

COUPOLES

La coupole du Teatro Colón est l'une des merveilles du lieu. Raúl Soldi l'a peinte dans les années 1960. Dans le centre de Buenos Aires, de nombreux bâtiments possèdent de belles coupoles. Cet élément architectural était utilisé à la fin du XIXe siècle et au début du XXe siècle pour marquer les angles de rue et donner un côté distingué. La plupart des bâtiments à coupole se trouvent dans le centre-ville. Rendez-vous aux **Galerías Pacífico**, superbe édifice (1889) qui occupe tout un pâté de maisons et qui fut conçu pour accueillir un grand magasin, sur le modèle du Bon Marché parisien. La coupole centrale fut décorée en 1946 par les peintres muralistes Antonio Berni, Juan Carlos Castagnino, Manuel Colmeiro Guimaraes, Lino Enea Spilimbergo et Demetrio Urruchúa, tous de l'école argentine du *nuevo realismo*. On y trouve des boutiques haut de gamme, un vaste espace de restauration et l'excellent **Centro Cultural Borges** (centroculturalborges.gob.ar). Du deuxième étage du Green Eat (Florida 102), belle vue sur certains des dômes du centre-ville.

Palacio del Congreso de la Nación Argentina

Monument historique

C'est l'un des palais les plus imposants du centre historique de Buenos Aires. Il est le siège du pouvoir législatif du pays. La grande coupole verte centrale et les sculptures de Lola Mora, l'une des plus grandes artistes du pays, se distinguent de l'extérieur. Ces deux groupes de sculptures, symbolisant la Liberté, le Progrès, la Paix et la Justice, dressés de part et d'autre de l'escalier à l'entrée du palais, firent scandale lors de leur installation en 1907, à cause de leur nudité jugée trop suggestive, et furent retirés (elles ont été déplacées dans les jardins de la Casa de Gobierno de Jujuy). En 2014, des répliques furent résinstallées aux emplacements d'origine. La visite guidée gratuite passe par les principales salles du bâtiment, y compris le **Salón de los Pasos Perdidos** et le **Recinto de la Cámara de Diputados**. La visite dure 1 heure et il est nécessaire de s'inscrire. Face au palais, admirez la **Plaza del Congreso**, avec ses monuments érigés en l'honneur des grandes figures politiques argentines. Vous pourrez aussi y voir une statue du *Penseur* de Rodin, inaugurée en 1907 et coulée à partir du moule original.

Palacio del Congreso de la Nación Argentina

Pasaje Rivarola

Symétrie parfaite

Son nom complet est **Pasaje Dr Rodolfo Rivarola**. Assurant la liaison entre les rues Juan Domingo Perón et Bartolomé Mitre, parallèlement aux rues Talcahuano et Uruguay, ce petit passage est un havre de paix en plein centre-ville. Il ne compte que huit bâtiments, mais tous sont alignés en se faisant face avec une symétrie parfaite, comme un miroir qui surprend le voyageur qui ne s'y attend pas. Ils furent construits au milieu des années 1920, dans un style avec coupoles qui évoque certaines rues parisiennes. À l'époque, copier l'architecture française conférait du prestige.

BUTEO/SHUTTERSTOCK ©

La Belle et la Bête **de Disney à l'Opéra**

ÉGALEMENT DANS LE CENTRO HISTÓRICO

Théâtres de l'avenue Corrientes

Le quartier des théâtres et de la vie nocturne

Buenos Aires ne compte pas moins de 300 théâtres, qu'ils soient indépendants, "commerciaux" (proposant des spectacles grand public) ou "officiels" (subventionnés). Beaucoup sont de beaux exemples d'architecture Art déco. Les plus emblématiques sont sans doute le **Teatro Gran Rex**, à quelques mètres de l'Obelisco, et le **Teatro Ópera**, inspiré par le cinéma Le Grand Rex de Paris. La scène théâtrale et artistique de la ville est sans aucun doute la plus effervescente d'Amérique latine. L'avenue Corrientes, surtout entre Callao et Maipú, comporte de nombreux théâtres et restaurants. L'offre est variée, allant du stand-up aux œuvres dramatiques. On y joue également des pièces d'auteurs argentins et étrangers, et les tarifs sont abordables. Le Teatro San Martín au n°1530, est une institution officielle qui propose une vaste programmation de théâtre, de cinéma et de danse.

Par ailleurs, le **Paseo La Plaza** abrite cinq théâtres. Récemment, un espace de restauration a été ouvert. Les entrées dans les théâtres officiels sont généralement moins chères que dans les théâtres commerciaux.

LES MEILLEURES ADRESSES POUR UNE PIZZA

Pizzería Güerrín
C'est peut-être la pizzeria la plus prisée de la ville. Elle fut fondée dans les années 1930, alors que l'Obelisco (1936) n'avait pas encore été achevé. On y sert des pizzas avec des quantités industrielles de fromage et de gras : un délice.

Pizzería Banchero
Une adresse originaire de La Boca, mais qui est devenue célèbre dans le centre-ville. La spécialité est la *"fugazzeta"* mozzarella/oignons.

Las Cuartetas
Ce restaurant situé à côté du Teatro Opera est spécialisé dans les pizzas à la tomate et aux anchois.

Los Inmortales
Une pizzeria des années 1950, dont la spécialité est la pizza napolitaine, avec des tranches de tomates et de l'ail.

La Americana
Une adresse classique. Outre les pizzas, l'établissement sert des *empanadas* à la viande.

OÙ SE RESTAURER DANS LE CENTRO HISTÓRICO

Parrilla Peña
Une viande d'excellente qualité dans une atmosphère sans prétention. Les *empanadas* frites font une entrée parfaite. **$$**

Confitería La Ideal
Un bar et restaurant historique. Une excellente pâtisserie, qui propose aussi un succulent *bife de chorizo*. **$$**

Boca de Toro Club
Situé au sous-sol d'un hôtel, ce restaurant propose des tapas d'inspiration espagnole dans une ambiance intimiste. **$$**

LES MEILLEURES GLACES

Cadore
Une valeur sûre depuis longtemps. Sa saveur *dulce de leche* est délicieuse.

Chungo
Célèbre depuis plus de 40 ans pour ses glaces et son café. Parfums en fonction des saisons.

Lucciano's
Une société de Mar del Plata installée à Buenos Aires depuis quelques années. Ses esquimaux, spécialité maison, sont prisés.

Scannapieco
Un glacier qui existe depuis 1938. La spécialité maison est la glace à la pistache.

Freddo
Une entreprise fondée par des immigrés italiens. Spécialité : le *dulce de leche tentación*.

JEFFREY GREENBERG/UNIVERSAL IMAGES GROUP VIA GETTY IMAGES ©

Librería Ávila

Le théâtre est très populaire à Buenos Aires. L'offre est aussi très variée. Si vous venez en février, vous pourrez assister au **Festival Internacional de Buenos Aires (FIBA)**, qui organise des spectacles extraordinaires du monde entier dans de nombreux lieux en ville.

Librairie historique et musée ethnographique

La Librería Ávila et le Museo Etnográfico Juan B. Ambrosetti

Buenos Aires est l'une des villes qui compte le plus de librairies par habitant au monde. L'Avenida Corrientes est bordée de dizaines de librairies ouvertes jusqu'à 22h. Le centre historique en contient une, très proche de la Plaza de Mayo, unique en son genre par son histoire. La **Librería Ávila** est la plus ancienne (1785). Bien qu'elle ait failli disparaître plusieurs fois, elle fait encore partie du patrimoine culturel de la ville. Parmi les plus beaux trésors de la boutique, on trouve des éditions originales de livres de Jorge Luis Borges, Julio Cortázar et Manuel Puig, ainsi qu'un ancien exemplaire de la revue *Billiken*. Miguel Ávila, le propriétaire actuel, est toujours prêt à répondre à vos questions. Le magasin est juste en face du Colegio Nacional de Buenos Aires, l'un des plus importants établissements d'enseignement secondaire du pays, où ont étudié de nombreux grands personnages historiques argentins.

OÙ SE RESTAURER DANS LE CENTRO HISTÓRICO

Pepito
Un grill traditionnel situé à un angle du quartier des théâtres. **$$**

El Tropezón
Une adresse historique (1869), avec des plats classiques de la cuisine *porteña* et espagnole. **$$$**

Sattva
Plats végétariens savoureux à prix raisonnables. **$**

Près de la librairie, entrez dans le **Museo Etnográfico Juan B. Ambrosetti** (1904) qui porte le nom de son fondateur, l'ethnographe et naturaliste Juan Bautista Ambrosetti (1865-1917). Le musée réunit des collections archéologiques et anthropologiques issues du Nord-Ouest andin et de Patagonie. Admirez notamment les costumes amérindiens et les pièces inestimables dans la salle consacrée à l'Afrique et à l'Asie.

L'art du tango

Aux origines de la musique

À quelques mètres de l'Obelisco et du Teatro Colón, le spectacle Tango Porteño fait revivre les années 1940, l'une des décennies les plus glorieuses de la musique à Buenos Aires. La salle où a lieu le spectacle était jadis un cinéma. Plus de 20 personnes sur scène présentent certains grands moments de l'histoire du tango. Durant le spectacle, les musiciens jouent des chansons d'orchestres de tango célèbres comme Canaro, Fresedo, De Caro, Gobbi, Biagi, De Angelis, Di Sarli, D'Arienzo, Lomuto, D'Agostino, et, bien sûr, Troilo et Pugliese.

Une place est aussi laissée à la musique pionnière d'Astor Piazzolla, qui est sans doute l'artiste de tango le plus joué dans le monde. D'autres spectacles, centrés sur le "tango de scène", sont proposés dans d'autres parties de la ville, en mettant l'accent sur la sensualité et les talents des danseurs. Les tarifs varient selon que vous choisissez de n'assister qu'au spectacle ou à l'expérience VIP, avec dîner et chauffeur qui vient vous chercher à l'hôtel. Il est également possible de prendre des cours de tango au même endroit. Les cours commencent à 19h30, avant le spectacle, et les professeurs sont les danseurs que vous verrez ensuite sur la scène. Ils vous enseignent les mouvements de base, la posture et la manière de se déplacer sur la piste. À la fin, un certificat est remis aux élèves.

LA GRANDE COMPÉTITION

Si le tango anime la ville toute l'année, un mois en particulier le met à l'honneur. En août ont lieu les championnats du monde de tango dans deux catégories : le tango de piste et le tango de scène. Voir aussi p. 565.

UN PALAIS D'EAU

Achevé en 1894, quand Buenos Aires était à son zénith, le magnifique **Palacio de las Aguas Corrientes** ("palais de l'eau courante"), de style éclectique où prédomine le style Renaissance française, est l'un des bâtiments les plus emblématiques de la capitale.
Il se situe entre l'Avenida Córdoba et Riobamba, et son entrée au n°750.
La façade est richement décorée de mansardes en ardoise et de pièces en terre cuite émaillées colorées et de formes multiples.
Il a été le premier grand réservoir d'eau potable à la ville et a fonctionné en tant que tel jusqu'en 1978.
Depuis, il héberge l'insolite **Museo del Agua y de la Historia Sanitaria** où l'on peut voir des carreaux à motifs, ainsi que des robinets, des joints de tuyaux en céramique, des toilettes et des bidets. Les visites guidées gratuites conduisent dans les entrailles de l'édifice.

OÙ SE LOGER DANS LE CENTRO HISTÓRICO

Hotel Jousten
Un bâtiment historique des années 1920 avec tout le confort nécessaire. À quelques mètres seulement de la Casa Rosada. **$$**

Che Juan Hostel
Chambres simples et communes, portant les noms de célébrités. Ambiance jeune. **$**

725 Continental Hotel
Très bien situé, à quelques mètres de l'Obelisco et de la célèbre rue Florida. Piscine extérieure. **$$**

La Catedral Metropolitana

Quand le pape François était archevêque

La principale église catholique de la ville, de style néoclassique, possède cinq nefs et une coupole haute de plus de 40 m. Elle fut érigée à l'emplacement de l'église coloniale d'origine. Sa construction s'acheva en 1862. La façade, qui s'inspire de celle du palais Bourbon à Paris, aligne douze colonnes aux chapiteaux corinthiens – elles symbolisent les douze apôtres – coiffées d'un fronton triangulaire représentant les retrouvailles de Jacob et de Joseph. L'intérieur baroque, tout aussi impressionnant, abrite un élégant autel de style rococo. Dans l'enceinte de la cathédrale se trouve le mausolée du général José de San Martín, le plus grand des héros argentins, qui conduisit le pays à l'indépendance en 1816. San Martín s'exila plus tard en France et ne revint plus jamais en Argentine. Sa dépouille fut rapportée à Buenos Aires en 1880, 30 ans après sa mort. Devant la cathédrale, une flamme brille en l'honneur du héros. C'est dans cette cathédrale qu'officiait Jorge Bergoglio en tant qu'archevêque de Buenos Aires jusqu'au 19 mars 2013, jour où il devint le pape François. À l'entrée, un système d'audioguides s'appelle d'ailleurs "Del Cardenal Bergoglio al Papa Francisco" ("Du cardinal Bergoglio au pape François"). Des visites guidées ou auto-guidées sont proposées. Dans les deux cas, elles couvrent différents aspects de la cathédrale, notamment son histoire et son importance dans l'histoire du pays, comme avec le mausolée de San Martín. Ne manquez pas d'observer, au sol, les mosaïques vénitiennes, qui s'étendent sur plus de 26 000 m².

Le milonguero, tango des milongas

Un tango plus intime

Il existe nombre de spectacles de tango, pour tous les budgets. Très souvent, les chorégraphies sont spectaculaires et attirent l'attention aussi bien des *Porteños* que des touristes. Cependant, il existe une autre manière de danser le tango, plus intimiste. El Beso est une *milonga* traditionnelle ouverte du lundi au dimanche. Les *milongas* y ont des noms différents en fonction des personnes qui les organisent, mais elles ont toutes lieu au même endroit. Contrairement au tango des grands spectacles, le *milonguero* se danse de manière plus rapprochée, avec généralement beaucoup de couples au même endroit (qui tournent dans le sens inverse des aiguilles d'une montre. Se rendre à l'une de ces démonstrations est une expérience fascinante et immersive, que vous vouliez apprendre à danser le tango ou simplement regarder.

CAFÉS ET BARS HISTORIQUES

La Puerto Rico
Un café classique, avec des spécialités comme les *medialunas* (croissants) et le gâteau au *dulce de leche*.

La Giralda
Dans le quartier des théâtres. Son chocolat avec churros est célèbre.

Café de los Angelitos
Un établissement où la superstar Carlos Gardel avait ses habitudes. Des spectacles de tango y sont organisés et le café expose des photos anciennes.

Los 36 Billares
Né en 1894 comme un refuge pour poètes et intellectuels, il a préservé depuis cette atmosphère. Possibilité de jouer au billard jusqu'à tard dans la nuit.

Paulín
Un bar apprécié des employés de bureau pour ses sandwichs.

OÙ SE LOGER DANS LE CENTRO HISTÓRICO

Hotel NH Latino Buenos Aires
Des chambres spacieuses et confortables à proximité de l'Obelisco et de l'Avenida Corrientes. **$$$**

Savoy Hotel
Un hôtel emblématique dans un bâtiment néobaroque près du Congreso Nacional. **$$**

Buenos Aires Marriott
Un hôtel 5-étoiles avec piscine chauffée et vue sur l'Obelisco. **$$$**

Mausolée du général José de San Martín, Catedral Metropolitana

Recoleta et Retiro

Pour les infos pratiques, voir le Carnet d'adresses p. 129

HISTOIRE, MUSÉES ET ARCHITECTURE

Jadis, ces deux quartiers constituaient la périphérie nord de capitale. Aujourd'hui, on y trouve la majorité des sites touristiques de la ville. Les rues sont bordées de grandes maisons et de palais, construits lorsque les familles les plus fortunées de la ville ont quitté le sud pour le nord à cause des épidémies de fièvre jaune et de choléra, à la fin du XIXe et au début du XXe siècle. Le Cementerio de la Recoleta, les demeures entourant la Plaza General San Martín, et le Museo Nacional de Bellas Artes figurent parmi les nombreux sites intéressants. Autre lieu d'intérêt, la librairie El Ateneo Grand Splendid, la plus vaste d'Amérique du Sud. Le quartier a également une vie nocturne bouillonnante et compte d'excellents restaurants, bars à cocktails et cafés uniques. Bienvenue dans le secteur le plus cossu et élégant.

À SAVOIR

Le Cementerio de la Recoleta est un site très visité, alors ignorez les inconnus qui veulent vous montrer "le meilleur et le moins connu" du quartier. Il peut être intéressant de faire une visite guidée pour découvrir l'architecture et les histoires du lieu. Free Walks Buenos Aires en organise une tous les jours à 15h30. Elle dure 2 heures. Vous devrez payer l'entrée avant de vous mettre en quête des guides, qui portent un vêtement orange avec leur logo.

Cementerio de la Recoleta (p. 88)

INCONTOURNABLES
1 Alvear Palace Hotel
2 El Ateneo Grand Splendid
3 Cementerio de la Recoleta
4 Centro Cultural Recoleta
5 Edificio Kavanagh
6 Floralis Genérica
7 Museo Nacional de Bellas Artes
8 Palacio Paz
9 Palacio San Martín
10 Pasaje Suizo
11 Torre Monumental

VOIR
12 Avenida Alvear
13 Museo de Arte Hispanoamericano Isaac Fernández Blanco
14 Pereda Palace

ACTIVITÉS
15 Biblioteca Nacional Mariano Moreno

SE LOGER
16 voir 21 Loi Suites Recoleta
17 Up Recoleta Hotel
18 Voyage Recoleta Hostel

SE RESTAURER
19 Boca de Toro Club
20 El Cuartito
21 Jardín de Invierno
voir 20 Pa'l Que Guste
22 Roux
23 Rufino
24 Tanta

PRENDRE UN VERRE ET SORTIR
25 Basa
26 Clorindo
27 Florería Atlántico
28 Galería Rubbers
29 Gontran Cherrier
30 Gran Bar Danzón
31 La Biela
voir 6 Maru Botana
32 Milión
33 Mite
34 Presidente Bar
35 Rolf Art
36 Rondó Café
37 Sasha

SHOPPING
38 Plaza Francia

Torre Monumental

Centro Cultural Recoleta

Un ancien couvent devenu centre d'art

Cet édifice de 1732 est un symbole à la fois de l'avant-garde et de l'histoire de la ville. Autrefois, c'était un monastère de moines récollets, qui ont donné leur nom au quartier. Il est ensuite devenu le centre culturel de la ville, offrant une riche programmation. Il compte plusieurs salles d'exposition, des auditoriums, un théâtre et même un petit cinéma. Du mardi au dimanche après-midi, des visites guidées permettent de découvrir l'histoire du bâtiment et les expositions en cours.

Torre Monumental

Un lieu idéal pour de belles photos

Également dénommée **Torre de los Ingleses**, cette version miniature de Big Ben haute de 76 m, offerte à la ville par la communauté britannique de Buenos Aires en 1916 et construite avec des matériaux importés d'Angleterre, se dresse face à la Plaza San Martín. Si la tour a été fermée pendant plusieurs années, les visiteurs peuvent désormais gravir les 60 m jusqu'au belvédère. Du sommet, la vue s'étend sur le Retiro et une partie du port. Les armoiries de l'Argentine et du Royaume-Uni, ainsi que l'horloge à quatre cadrans, sont ses éléments les plus remarquables. Ouverte tous les jours, sauf le mardi et le dimanche.

El Ateneo Grand Splendid

El Ateneo Grand Splendid

Un ancien théâtre converti en librairie moderne

Cette librairie, installée sur quatre niveaux, est l'un des plus grands attraits de Buenos Aires. Le nombre de personnes qui viennent seulement y jeter un œil est tout aussi élevé que celui de clients. Construit en 1923, le Teatro Grand Splendid, qui accueillait des opéras, des ballets, ainsi que les premiers films parlants projetés à Buenos Aires, fut reconverti en librairie en l'an 2000. Les décorations et la coupole peinte sont restées intactes. Les alcôves intérieures servent désormais de coins calmes pour la lecture, et la scène accueille un petit café. Le sous-sol est dédié à la littérature pour enfants. On y propose aussi des présentations de livres et des expositions.

Pasaje Suizo

Un charmant passage

À cause de ses passages, on compare souvent Buenos Aires à Paris. Celui-ci, également appelé Pasaje del Correo, a été construit par un architecte italien, Felipe Restano. Au fil du temps, les 21 maisons individuelles qui composent la ruelle ont été reconverties en bars et restaurants. Arrêtez-vous à **l'Aramburu**, l'un des restaurants les plus primés du pays. Il conserve des détails de la structure d'origine, comme les ferronneries, les portes, les auvents et les lampadaires.

Floralis Genérica

Floralis Genérica

De l'art en plein air

Si l'Obelisco est incontestablement le monument le plus connu de Buenos Aires, la ville moderne possède une autre œuvre emblématique : la **Floralis Genérica**. Il s'agit d'une grande sculpture en acier représentant une fleur, œuvre de l'architecte Eduardo Catalano (1917-2010). Les six pétales géants qui la composent, et qui ressemblent au revêtement d'une aile d'avion, sont mobiles. Grâce à un système hydraulique et à des cellules photoélectriques, ils se ferment la nuit et s'ouvrent le jour. Le monument se trouve dans un parc de 4 ha et au-dessus d'un plan d'eau. Il se situe à mi-chemin entre le Museo Nacional de Bellas Artes et le MALBA.

Museo Nacional de Bellas Artes

Museo Nacional de Bellas Artes (MNBA)

De l'art en grand

Le plus important musée national d'art du pays présente des œuvres majeures de Quinquela Martín, Fontana, Xul Solar, Sívori et d'autres artistes argentins ; une pièce entière est consacrée aux travaux d'Antonio Berni. De nombreux maîtres européens comme Rembrandt, Goya, Rodin, Degas, Cézanne, Gauguin, Picasso, et Chirico figurent aussi dans la collection. Le musée occupe une ancienne station de pompage du réseau de distribution d'eau de la ville, conçue par l'architecte Julio Dormala, puis modifiée par Alejandro Bustillo – connu notamment pour ses réalisations dans le Centro Cívico de Bariloche. Le week-end, essayez d'y aller le matin, avant l'arrivée de la foule.

Cementerio de la Recoleta

Explorez l'histoire de la ville

Ce lieu est bien plus qu'un simple cimetière. Ici, on fait une plongée dans l'histoire des 200 dernières années de l'Argentine, et on peut admirer les impressionnants mausolées qui le font ressembler à un musée en plein air. Inauguré en 1822, c'est le premier cimetière public de la ville et l'un des plus visités au monde. Plus de vingt présidents argentins y sont inhumés, ainsi que les héros de la ville et d'autres grands noms argentins, comme Victoria Ocampo (1890-1979 ; écrivaine et éditrice), Luis Federico Leloir (1906-1987 ; prix Nobel de chimie), Adolfo Bioy Casares (1914-1999 ; écrivain) et Domingo Faustino Sarmiento (1811-1888 ; président de la République). Vous serez surpris par la magnificence de certains monuments funéraires et la grande variété de styles architecturaux – Art déco, Art nouveau, baroque et néogothique. Faire une visite guidée permet de ne rien manquer. Les guides vous parleront des fantômes, des mythes et des légendes du lieu, comme celle d'une jeune femme qui y aurait été enterrée vivante.

LA TOMBE D'EVITA

Le Cementerio de la Recoleta compte 4 780 tombeaux. Certains se trouvent dans des allées très étroites et ne sont pas faciles à trouver, car aucun plan n'est fourni à l'entrée.
La plupart des visiteurs se rendent directement au caveau d'Eva Perón, le plus connu, situé à 200 m à gauche de l'entrée principale. Première dame de l'Argentine de 1946 à 1952, elle s'est battue pour les droits des travailleurs et le droit de vote des femmes. Le tombeau de la famille Duarte – son nom de jeune fille – est simple comparé à beaucoup d'autres. Néanmoins, c'est le seul à toujours être couvert de fleurs fraîches, que les visiteurs continuent de déposer.
Les guides vous expliqueront qu'il a fallu emprunter un itinéraire compliqué pour apporter son corps au cimetière, avant de l'enterrer 8 m sous terre, afin de le protéger du vandalisme.

JAVIER CATANO GONZALEZ/SHUTTERSTOCK ©

Cementerio de la Recoleta

ÉGALEMENT DANS RETIRO ET RECOLETA

Marché d'artisanat de Plaza Francia

Une excursion pour un week-end détente

Le marché de la Plaza Francia réunit des artisans tous les week-ends à partir de 11h. Entourée de sculptures, la place porte ce nom ("place de la France") car elle a été offerte par la communauté française à l'Argentine à l'occasion du centenaire de la Revolución de Mayo. C'est aussi le lieu de rencontre de la jeunesse argentine qui vient s'y prélasser en buvant du maté au soleil. Les étals proposent des objets en verre, en argent et en cuir, et de petits stands vendent de la nourriture. Après vos achats, vous pourrez profiter du théâtre en plein air. En journée, les artistes de rue – musiciens, jongleurs, mimes, clowns, marionnettistes – s'y retrouvent en nombre. Le marché se rejoint facilement à pied depuis les principaux sites de Recoleta, comme le cimetière et le Museo Nacional de Bellas Artes. Avec la foire de San Telmo, c'est l'un des marchés les plus importants de la ville et un excellent lieu pour profiter d'une journée en extérieur.

L'avenue la plus aristocratique de la ville

Promenade pleine de charme dans Alvear

Conçue en 1885 par le maire Torcuato de Alvear, cette avenue est l'une des plus élégantes de la ville. On y trouve quelques résidences aristocratiques, comme le palais Ortiz Basualdo (ambassade de France), et des magasins de grandes marques, même si elle a connu des temps plus fastes, la crise économique argentine étant passée par là. Toutes les grandes demeures, à l'exception d'une seule, ont été reconverties. Le 1683 Avenida Alvear, la Residencia Maguire, classée monument historique, est la seule encore habitée, mais l'extérieur est peu entretenu. L'avenue Alvear et ses environs ont beaucoup de charme, et révèlent la grande influence de l'académisme français à Buenos Aires. À proximité, au niveau du 1130 Arroyo, se trouve le **palais Pereda**, qui accueille aujourd'hui l'ambassade du Brésil. La somptueuse demeure de la famille Unzué est actuellement le siège du Jockey Club.

OÙ PRENDRE UN CAFÉ

Maru Botana
La chef pâtissière est une célébrité en Argentina et elle a participé à des dizaines d'émissions télévisées. Sa spécialité est le Rogel, gâteau riche en *dulce de leche*.

Rondó Café
Le café de spécialité est réputé dans toute la ville. Le *flat white* a la cote auprès des clients.

Gontran Cherrier
Aménagé dans un jardin d'hiver, cet établissement sert de délicieuses pâtisseries françaises à déguster dans une atmosphère rappelant la Belle Époque.

Clorindo
Un café bien caché en l'honneur du célèbre architecte argentin Clorindo Testa.

Sasha
Une adresse spécialisée dans les gâteaux. Sa recette la plus plébiscitée est le brownie au Nutella.

OÙ SE RESTAURER DANS RECOLETA ET RETIRO

El Cuartito
Bien qu'il y ait toujours du monde, l'endroit mérite qu'on s'y attable. La pizza *fugazzeta* est le plat vedette. $

Roux
De la haute cuisine préparée avec des ingrédients provenant de tous les coins du pays. Le cochon de lait est tendre et croustillant. $$$

Pa'l Que Guste
Dégustez des plats délicieux du Nord, dans une ambiance rurale à des prix raisonnables. Accueille des spectacles folkloriques. $

HEMIS/ALAMY STOCK PHOTO ©

Palacio Paz

INFOS PRATIQUES

Scannez ce QR-code pour plus d'informations sur le Palacio San Martín.

INCONTOURNABLES

Hôtels particuliers et palais

C'est dans Retiro et Recoleta que se trouvent la plupart des palais somptueux, édifices emblématiques et hôtels particuliers de Buenos Aires. La Plaza San Martín et l'Avenida Alvear sont particulièrement bien dotées. Ces édifices sont la mémoire de la ville. Certains ont été transformés en hôtels, d'autres en bâtiments hébergeant des institutions et des musées. Beaucoup d'entre eux, de style français, ont été construits entre la fin du XIXe et le début du XXe siècle.

À NE PAS MANQUER

- Palacio Paz
- Palacio San Martín
- Edificio Kavanagh
- Alvear Palace Hotel
- Four Seasons Hotel Buenos Aires

Palacio Paz

Situé en face de la Plaza San Martín, cet hôtel particulier est l'un des plus luxueux de la ville. Il appartenait à José C. Paz, ambassadeur d'Argentine en France et fondateur du journal *La Prensa*, l'une des personnalités les plus importantes de l'Argentine du XIXe siècle. Il ne l'a jamais habité car il est mort avant son inauguration, mais sa veuve et ses enfants y logeaient. Le Palacio héberge actuellement le Círculo Militar (association civile d'officiers de l'armée argentine). Arpenter les couloirs revient à revenir à la Belle Époque. Cet opulent palais d'inspiration française de 12 000 m^{2}, conçu par le Français Louis-Marie-Henri Sortais (1909), compte 140 chambres réparties sur quatre niveaux. Tous les matériaux proviennent d'Europe, comme c'était habituel à l'époque, quand l'Argentine avait son regard tourné vers ce continent. Les sols, les escaliers et les colonnes en marbre proviennent d'Italie et d'Espagne, les vitraux de France et le parquet en chêne de Slavonie. Les pièces les plus impressionnantes de l'édifice sont la salle de bal et les galeries gothiques. Le clou de la visite est le grand vestibule circulaire orné de marbre, au sol recouvert de mosaïques et couronné d'une coupole en vitraux. Des visites guidées sont proposées les mardi, jeudi et vendredi. Réservation obligatoire via l'adresse mail reservaspalaciopaz@gmail.com. La visite se fait uniquement en espagnol. Vous pouvez également découvrir les lieux en vous rendant au **Croque Madame Palacio Paz.** Le palais dispose d'une cafétéria au rez-de chaussée avec terrasse dans le jardin et d'un restaurant dans l'une des salles à l'étage.

Palacio San Martín

Cet hôtel particulier appartenait à la famille Anchorena. Il accueille actuellement le ministère argentin des Affaires étrangères. Les jardins d'hiver, les ferronneries intégrées et les détails de l'éclectique architecture française sont le point d'orgue de la visite, de même que les magnifiques jardins. En outre, l'édifice abrite une impressionnante collection d'œuvres d'art argentines. Il est difficile de participer aux circuits, le nombre d'entrées étant limité. Pour programmer votre visite, vous devez vous inscrire sur le site turnos-palacio.mrecic.gov.ar/palacio (en espagnol). Vous pouvez également vous contenter de voir certaines parties de la maison de l'extérieur.

Edificio Kavanagh

Cet immeuble d'appartements situé en face de la Plaza San Martín fut, lors de son inauguration en 1936, l'un des premiers gratte-ciel de Buenos Aires. Corina Kavanagh, qui a fait construire l'édifice, était la fille d'émigrés irlandais en Argentine, où ils étaient devenus de prospères propriétaires terriens. L'esplanade bénéficie d'une vue extraordinaire sur son style rationaliste et Art déco, devenu un emblème de l'architecture moderne de la ville. Bien qu'il ne puisse pas être visité, l'office de tourisme propose un circuit audioguidé de la zone qui délivre des explications sur son histoire.

Alvear Palace Hotel

Ce bâtiment a commencé sa vie en tant qu'hôtel sur le modèle des hôtels parisiens. Au cours de l'histoire, l'établissement a accueilli des présidents, des princes, des rois et de grandes stars, qui ont choisi de séjourner au milieu de son luxe et ses meubles de style Louis XV. Bien qu'aucune visite guidée ne soit organisée, il est possible de s'imprégner de l'atmosphère de l'endroit et d'arpenter son imposante galerie centrale, qui imite un paquebot. Une façon de le visiter est d'aller prendre un verre dans l'un de ses bars ou un thé dans l'après-midi, à la lumière naturelle.

BAR D'HÔTEL

Le bar du toit de l'Alvear Palace Hotel jouit d'une vue sur le coucher du soleil et les espaces verts de Recoleta. Situé au 11e niveau (mer-dim), il propose des plats légers, des boissons originales et de la musique house. La réservation est obligatoire. Le petit *choripán* gastronomique et le cocktail Malibulísima (rhum blanc, Malibú, citron vert, sucre) méritent le déplacement.

À SAVOIR

- Certains palais et hôtels particuliers se visitent quelques jours par mois. Consultez les sites Internet et les réseaux sociaux pour vous inscrire.
- Les voyageurs vont généralement dans le quartier de la Plaza San Martín en journée. Évitez les environs la nuit.
- Découvrez les palais et hôtels particuliers le week-end et combinez leur visite avec une excursion du marché de la Plaza Francia.
- Les rues Junin et Vicente Lopez, proches du cimetière, sont bordées de bars, brasseries et restaurants. Chacun y trouvera quelque chose à son goût. C'est l'endroit idéal pour se reposer après une longue marche.

LES PLUS BELLES GALERIES D'ART

Rolf Art
Cette galerie s'intéresse à la photographie depuis plus d'une décennie. Elle soutient la production et la promotion de projets éditoriaux et audiovisuels, et mène des travaux de recherche en lien avec les arts modernes.

Galería Rubbers
Présentant l'art moderne et contemporain argentin depuis plus de 65 ans, la Rubbers Gallery a un don pour dénicher les talents en herbe qui atteignent ensuite la notoriété.

Mite
Galerie à l'esprit jeune, Mite présente des expositions variées englobant peinture, dessin, photographie, sculpture, spectacles, vidéos et installations.

DIEGO GRANDI/SHUTTERSTOCK ©. OPPOSITE PAGE: MICHAEL COYNE/ALAMY STOCK PHOTO ©

Biblioteca Nacional

La bibliothèque la plus importante de Buenos Aires

Lecture, vue et boissons délicieuses

Cet édifice en béton armé de style brutaliste, dans lequel est installée la Biblioteca Nacional, a été conçu par Clorindo Testa (1923-2013), architecte et artiste argentin renommé. Il abrite une collection de près d'un million d'objets et une bibliothèque d'enregistrements audio. Le Museo del Libro y de la Lengua, inauguré en 2006, est situé dans les mêmes locaux. Chacune des 9 salles de lecture de la Biblioteca Nacional mérite d'être visitée. Il est vivement recommandé d'aller à celle du 5e niveau, baignée de lumière naturelle, ses vastes fenêtres offrant une vue imprenable sur le quartier de Recoleta. Vous aurez peut-être un peu de paperasserie à remplir pour entrer, puisqu'il faut prouver son identité, et créer une carte pour la consultation des livres. Toutefois, l'expérience en vaut la peine. À côté de la porte de la rue Agüero se trouve l'Invernadero, un club de gin et de tapas installé dans un ravissant jardin d'hiver. Prendre un verre au milieu des livres est un moyen unique de s'évader.

OÙ SE RESTAURER À RECOLETA ET RETIRO

Rufino
Des grillades argentines classiques rehaussées de quelques touches gastronomiques. Un must : la côte de bœuf non désossée de 750 g. $$$

Tanta
Cuisine péruvienne portant la griffe de Gastón Acurio, l'un des chefs les plus réputés du pays. $$

Jardín de Invierno
Des plats argentins et du monde entier sont servis dans le jardin d'un hôtel 5-étoiles. $$$

Un musée d'art hispano-américain

Museo de Arte Hispanoamericano Isaac Fernández Blanco

Cette superbe demeure arbore un style néocolonial (1920) péruvien, développé en réaction à l'omniprésence du style français à cette époque. Elle héberge une collection exceptionnelle d'art hispano-américain : somptueuses pièces d'argenterie de l'Alto Perú (Haut-Pérou, l'actuelle Bolivie), peintures religieuses, statues jésuites, meubles et instruments baroques (dont un violon Guarneri). Le plafond incurvé du salon principal est orné de fresques de toute beauté. Le jardin est très agréable.

La Biela, l'adresse favorite des écrivains

Un café en compagnie du grand Borges

La Biela est le bar le plus célèbre de Recoleta et l'un des plus fréquentés par les touristes. Près de la porte d'entrée, une table présente deux sculptures de ses clients les plus connus : Adolfo Bioy Casares et Jorge Luis Borges. Ces deux écrivains passaient des heures à leur table, tout comme Julio Cortázar. C'est dans ce café *porteño* typique qu'ils ont trouvé l'inspiration pour quantité de leurs ouvrages. La salle est immense, pouvant accueillir jusqu'à 400 personnes, et les murs sont ornés de pièces détachées de voitures. Vous y verrez aussi des photos de grands champions automobiles. La carte affiche des mets argentins classiques, comme le *bife de chorizo*, les *sánguches* et une vaste sélection de cafés. Avant de partir, n'oubliez pas de vous prendre en photo avec Borges et Bioy.

Florería Atlántico

LES MEILLEURS BARS À COCKTAILS

Florería Atlántico
Le bar clandestin le plus célèbre et le plus primé de Buenos Aires. Le cocktail vedette est le Negroni Balestrini, préparé avec un gin argentin et une pincée de *yerba mate*.

Gran Bar Danzón
Un grand nombre de grands barmans du pays sont passés par ce bar. Il propose une vaste carte de cocktails et plus de 350 variétés de vins à déguster.

Presidente Bar
Un petit hôtel transformé en élégant club à cocktails. Goûtez le Zombie in Buenos Aires, mélange de rhums servi dans un récipient de la forme de l'Obelisco.

Basa
Installé en sous-sol, cet établissement au style minimaliste possède un grand bar.

Milión
Propose boissons et tapas dans une magnifique maison ancienne.

OÙ SE LOGER À RECOLETA ET RETIRO

Voyage Recoleta Hostel
Chambres privatives et dortoirs dans un cadre idyllique. L'auberge accueille parfois des concerts ou des spectacles. $

Loi Suites Recoleta
Ce boutique-hôtel a un extraordinaire jardin d'hiver et un restaurant, ainsi qu'une salle de sport et une piscine. $$$

Up Recoleta Hotel
Profitez d'un confort à toute épreuve à proximité des plus célèbres curiosités touristiques de Recoleta et Palermo. $$

San Telmo

UN QUARTIER ANCIEN AUX NOMBREUX ANTIQUAIRES

San Telmo est l'un des plus charmants quartiers de Bueno Aires, avec ses ruelles pavées et ses maisons à l'architecture coloniale. C'est ici que furent construites les premières habitations au début de la colonisation. Il s'agissait de vastes demeures richement décorées, qui furent plus tard reconverties en *conventillos* (maisons d'habitation) pour loger les immigrants européens – après une épidémie de fièvre jaune qui fit fuir les plus fortunés vers l'actuel quartier de Recoleta, en 1871. L'attrait du quartier est renforcé par son grand choix de bars et de restaurants. Depuis 1970, la Plaza Dorrego est le cœur d'un événement : la foire aux antiquités la plus importante de la ville, qui se tient tous les dimanches. L'essence du tango imprègne chaque coin de rue. Vous pouvez vous y initier par l'intermédiaire d'excellents spectacles, de cours de danses et de salles de concerts.

Pour les infos pratiques, voir le Carnet d'adresses p. 130

☑ À SAVOIR

Le marché de San Telmo est aussi prisé des habitants que des voyageurs. Il se tient tous les dimanches de 10h à 17h. La fréquentation est sans doute au plus haut à 14h, aussi vaut-il mieux s'y rendre le matin, dès son ouverture. Les rues étant pavées, portez des chaussures confortables.

Feria de San Telmo (p. 97)

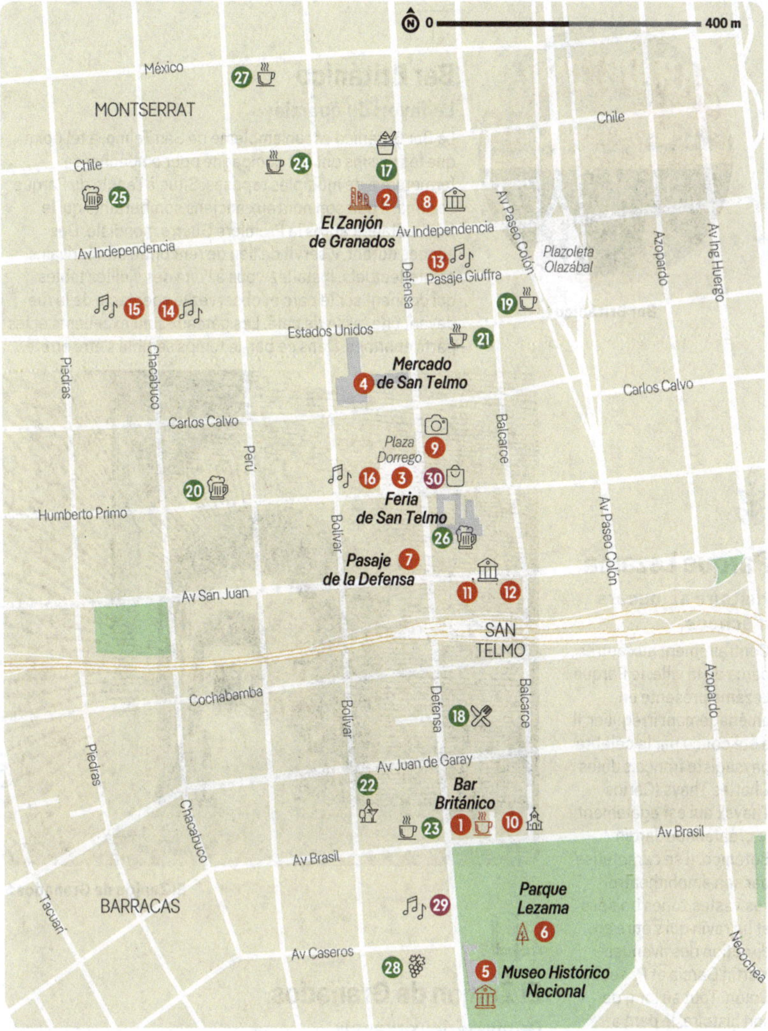

INCONTOURNABLES
1 Bar Británico
2 El Zanjón de Granados
3 Feria de San Telmo
4 Mercado de San Telmo
5 Museo Histórico Nacional
6 Parque Lezama
7 Pasaje de la Defensa

VOIR
8 Casa Mínima
9 Galería Solar de French
10 Iglesia Ortodoxa Rusa de la Santísima Trinidad
11 Museo de Arte Moderno de Buenos Aires
12 Museo de Arte Contemporáneo Buenos Aires (MACBA)

ACTIVITÉS
13 La Scala de San Telmo
14 Pista Urbana
15 Teatro Margarita Xirgu
16 Todo Mundo

SE RESTAURER
17 La Casa del Dulce de Leche
18 Pulpería Quilapán

PRENDRE UN VERRE ET SORTIR
19 Bar Sur
20 Bierlife
21 Café Rivas
22 Doppelgänger Bar
23 El Hipopótamo
24 La Poesía
25 La Puerta Roja
26 Margal
27 Punto Café
28 Vina San Telmo

FAIRE LA FÊTE
29 Centro Cultural Torquato Tasso

SHOPPING
30 Taller Pallarols

Bar Británico

Bar Británico

Le favori du quartier

Le Bar Británico est un emblème de San Telmo, à tel point que les voisins ont fait campagne pour empêcher sa fermeture à de multiples reprises. Situé à l'angle du Parque Lezama, il doit son nom aux anciens combattants qui le fréquentaient après la Première Guerre mondiale. Des années durant, il servit de lieu de rencontre aux écrivains et intellectuels. Installez-vous à l'une des vieilles tables qui donnent sur le parc et observez le spectacle de la rue devant une tasse de café. Les gâteaux sont excellents et les parts énormes. Dans ce bar, le temps semble s'être arrêté.

El Zanjón de Granados

Parque Lezama

Histoire et joueurs d'échecs

Contrairement aux autres parcs de la ville, le Parque Lezama présente un aménagement irrégulier. Il a été conçu par le célèbre paysagiste français Jules Charles Thays (Carlos Thays), qui est également le créateur du Jardín Botánico. Il se caractérise par son amphithéâtre, ses vastes zones boisées et un ravin qui s'étire en direction des avenues Martín García et Paseo Colón. Tout au long de son histoire, le parc a servi de centre de vente d'esclaves et certains historiens pensent que c'est ici qu'a été fondée la ville. Des échiquiers sont installés à l'angle nord-ouest du parc, à côté du théâtre.

El Zanjón de Granados

De mystérieux tunnels

Ce site est plus qu'un musée : il condense une partie de l'histoire de Buenos Aires dans une maison et des couches géologiques. Dans les années 1980, l'homme d'affaires Jorge Eckstein acheta la propriété pour la transformer en restaurant. Au début des travaux, il découvrit qu'un ensemble de passages souterrains la traversait, drainant les eaux de pluie vers le Río de la Plata. Le projet de restaurant fut abandonné et l'endroit devint le site de fouilles archéologiques le plus important de la ville. Le circuit organisé vous permet de découvrir les tunnels du métro et un peu du passé de la capitale à travers les objets mis au jour. La visite dure habituellement 1 heure, mais il est impossible de prédire une durée quand on a la chance que Jorge lui-même joue le guide, car il a toujours des centaines d'anecdotes à raconter.

Pasaje de la Defensa

Une maison bourgeoise pleine de charme

Si vous voulez savoir à quoi ressemblait une ancienne maison bourgeoise de San Telmo, vous devez visiter cette demeure, aménagée sur 2 niveaux, dont les pièces donnent sur une galerie centrale et de grands patios. Elle appartenait à une illustre famille de la ville qui se nommait Ezeiza. Depuis le début des années 1980, elle sert de galerie marchande, dont les boutiques vendent des antiquités, des vêtements et des peintures. Vous apprécierez de fouler les sols en damier, de découvrir la citerne et d'admirer les détails des toits en pin.

Pasaje de la Defensa

Casa Mínima

Histoires énigmatiques d'une maison historique

La façade de cette maison s'étend sur à peine un peu plus de 2 m de large, dissimulant l'énigme de ses murs et de son architecture coloniale. Durant la visite d'un peu plus d'une heure, vous apprendrez qui a habité un espace aussi compact et les secrets qui se cachent à l'intérieur de ses murs. Vous découvrirez une résidence dont les matériaux d'origine, du XVIIIe siècle, ont été soigneusement conservés, notamment les murs en terre cuite. Beaucoup d'anecdotes sont liées à cet édifice : on parle entre autres d'apparitions et on raconte l'histoire d'esclaves qui vivaient Buenos Aires à l'époque.

Feria de San Telmo

Feria de San Telmo

Artisanat, antiquités et artistes de rue

Passer un dimanche sous le soleil de la Feria de San Telmo est une occupation très appréciée. L'animation de ce marché est la plus intense dans Defensa, où plus de 300 vendeurs installent leurs étals. De Defensa et Yrigoyen (Plaza de Mayo) jusqu'à la Plaza Dorrego, vous profiterez du spectacle. Si les étals postés sur la place présentent principalement des trésors anciens, de nombreux autres vendent toutes sortes d'objets artisanaux en cuir, argent et bois, ainsi que des objets et des vêtements uniques. Les abords de la place prennent également vie, avec les innombrables restaurants installant des tables en terrasse. Et alors que le soleil projette ses rayons, les artistes de rue offrent aux passants un spectacle captivant.

Mercado de San Telmo

Antiquités et gastronomie

Ce superbe marché est l'un des édifices les plus emblématiques du quartier. Inauguré en 1897, il fut créé pour que les nouveaux immigrants européens arrivant à Buenos Aires puissent se procurer de la nourriture. Au fil du temps, son utilisation évolua. Des antiquaires s'y installèrent, côtoyant les maraîchers et les bouchers. En 2022, la municipalité fit restaurer le bâtiment dans le respect de son architecture d'origine, composée de poutres, d'arches et de colonnes métalliques. Les toits, coiffés d'un dôme, sont faits de tôle et de verre. Aujourd'hui, on y voit encore quelques antiquaires et de nombreux espaces gastronomiques y ont trouvé une place, notamment des restaurants argentin et français, ainsi que des cafés de spécialité qui attirent les gourmets. **Mundo Beat**, tenu par son Beto, vend des objets vintage et kitsch, ainsi que des disques vinyles. **Coffee Town** est l'un des tout premiers cafés de spécialité dans ce pays qui commence lentement à montrer un réel intérêt pour le bon café.

OLIVERDELAHAYE/SHUTTERSTOCK ©

Mercado de San Telmo

Taller Pallarols

L'orfèvre le plus réputé de Buenos Aires

Juan Carlos Pallarols, né en 1942, est l'orfèvre le plus célèbre du pays. Depuis l'avènement de la démocratie en 1983, il a fabriqué un bâton présidentiel pour chacun des présidents argentins. Son travail est reconnu dans le monde entier. L'atelier de l'artiste est situé dans Defensa. Il est possible de le visiter et de voir certaines de ses créations anciennes et plus récentes. La plupart sont en argent. Il est très plaisant de s'attarder sur la texture de chaque rose ciselée et des médailles en argent. Ses peintures sont également exposées. L'atelier est ouvert de 9h à 17h du lundi au samedi.

Museo Histórico Nacional

Le célèbre sabre de José de San Martín

Ce musée a été aménagé dans la splendide demeure du Parque Lezama. Principalement consacré à la révolution du 25 mai 1810, il couvre aussi l'époque précoloniale. Observez les portraits de présidents et de figures historiques, et jetez un coup d'œil à la salle des généraux, magnifiquement éclairée, ainsi qu'à la reconstitution de la chambre à coucher de José de San Martín. Vous pourrez également y voir aussi le drapeau argentin qui accompagna le général Belgrano, en 1812, lors de la bataille d'Alto Perú (aujourd'hui en Bolivie), et l'épée ayant appartenu à San Martín, jalousement conservée par des gardes du régiment des grenadiers dont il faisait partie. Des effets personnels ayant appartenu à des personnages clés de l'histoire de l'Argentine, comme Martín Miguel de Güemes, vénéré comme un héros national, sont également présentés. Outre l'exposition permanente "Tiempo de Revolución" (Temps de la Révolution"), le musée accueille des expositions temporaires qui s'intéressent à des thèmes liés à l'identité argentine, tels que la musique et le football. Entrée gratuite ; visites guidées proposées du mercredi au dimanche.

Museo Histórico Nacional

UNE PHOTO AVEC MAFALDA

À quelques rues du Museo Histórico Nacional, une sculpture en plein air évoque une icône de l'humour graphique du pays. Si vous descendez la rue Defensa jusqu'à la rue Chile, vous apercevrez sans doute des gens faire la queue pour se faire photographier. De petite taille, le monument se compose d'un simple banc avec des sculptures de Mafalda, personnage attachant de BD connue dans le monde entier, et de certains de ses amis. C'est le dessinateur Joaquín Lavado (Quino), né à Mendoza mais qui vivait à San Telmo, qui a créé ce personnage de fillette curieuse et sarcastique qui a mis en lumière les coutumes et la personnalité des Argentins.

BARS À COCKTAILS ET À VINS

Doppelgänger Bar
À San Telmo depuis plus de 15 ans, le Doppelgänger Bar est un paradis pour les amateurs de mixologie. Il est spécialisé dans les cocktails à base de Negroni et de Martini, mais la carte affiche aussi un grand choix de boissons et d'en-cas.

Vina San Telmo
Plus d'une centaine de vins est proposée. Le bar organise des dégustations à l'aveugle.

Bierlife
Niché dans un vieil hôtel particulier, le Bierlife sert plus de 70 bières et des plats préparés avec cette boisson. Le jardin est idéal pour une soirée détente en été.

La Puerta Roja
Au menu : bières, boissons diverses et bonne ambiance. Les clients s'y retrouvent pour regarder les matchs de football.

Margal
La bière artisanale est la star de ce bar qui dispose d'une grande terrasse.

Iglesia Ortodoxa Rusa de la Santísima Trinidad

ÉGALEMENT À SAN TELMO

Un petit coin de Russie à San Telmo

Une église fabuleuse en face du Parque Lezama

Si vous vous rendez au Parque Lezama, rue Brasil, vous serez ébloui par les dômes bleus en forme de bulbe d'une église de style moscovite qui se détache dans le paysage de Buenos Aires. L'Iglesia Ortodoxa Rusa de la Santísima Trinidad fut inaugurée en 1904. Les fonds nécessaires à sa construction furent offerts en grande partie par le tsar Alexandre III. Le projet fut conçu par l'architecte russe Mikhaïl Preobrajensky, avant d'être modifié par Alejandro Christophersen, connu pour avoir conçu le palais San Martín à Retiro. À l'intérieur, les vitraux et, surtout, les peintures exposées dans des cadres sont surprenants.

L'Argentine a été pionnière dans le domaine de la liberté de religion en Amérique latine. L'église est également la preuve de cette ouverture. Par exemple, il fut le premier pays d'Amérique du Sud à posséder un temple chrétien non catholique. Les visites ne sont possibles qu'un dimanche par mois, et il faut réserver sa place en envoyant un mail à info@iglesiarusa.org.ar. Une autre façon de la découvrir est d'assister à une messe, le dimanche matin.

OÙ SE RESTAURER À SAN TELMO

Café San Juan
Ce restaurant primé sert des tapas et des plats d'inspiration espagnole préparés avec des ingrédients locaux de qualité. $$$

The Pizza Only True Love
Un grand choix de pizzas et de pâtes à base de farine et de levain bios. Bar à cocktails. $$

El Federal
Cet établissement a ouvert ses portes en tant qu'épicerie en 1864. Il est spécialisé dans les charcuteries et les fromages. $$

De célèbres parapluies

Une galerie marchande à l'histoire riche

La Galería Solar de French est célèbre pour deux raisons. La galerie commerciale, décorée de dizaines de parapluies colorés, est devenue l'un des lieux les plus photogéniques de San Telmo. L'autre raison est historique : Domingo French, l'une des figures clés de la révolution de Mai qui a ouvert la voie à l'indépendance de l'Argentine, a vécu dans ces lieux. Les boutiques sont étroites, mais proposent des articles originaux. Les voyageurs apprécieront les articles d'**Indochina**, une boutique spécialisée dans l'habillement et les souvenirs touristiques. La collection San Telmo, qui comprend des casquettes, des sweat-shirts et des T-shirts, est inspirée du quartier.

Envie de sucré ?

La passion du dulce de leche

S'il y a bien deux choses dont les Argentins sont fiers, c'est le football et le *dulce de leche* (confiture de lait). La Casa del Dulce de Leche célèbre l'une des passions du pays en proposant de grands pots de la classique *dulce de leche* et d'autres versions agrémentées de chocolat, de rhum, de banane et de café. On y vend aussi des liqueurs, des *alfajores* et des chocolats au *dulce de leche* qui raviront les palais sucrés. Le

La Casa del Dulce de Leche

LE MEILLEUR CAFÉ DE SAN TELMO

Punto Café
Café de spécialité et pâtisseries servis dans un environnement de travail idéal. Essayez le Flat Mahal, avec chocolat, gingembre et sésame.

Café Rivas
Un splendide bar-restaurant où l'on sert du bon café dans un coin emblématique de San Telmo.

La Poesía
Dédié de longue date à la littérature, ce bar organise des lectures et des présentations de livres.

Bar Sur
Outre du café, ce bar propose des spectacles de tango tous les soirs.

El Hipopótamo
Le cidre est la spécialité de ce vieux bar aux origines espagnoles.

OÙ SE RESTAURER À SAN TELMO

La Brigada
Un restaurant-grill classique qui sert une viande si tendre qu'on peut la couper avec une cuillère. $$$

Pirilo
Une pizzeria classique fréquentée par les gens du cru. Pas de places assises. $

Hierbabuena
Le restaurant définit son concept comme de la "cuisine consciente". Il élabore des plats à partir d'ingrédients bios et de saison. $$

MES COUPS DE CŒUR À SAN TELMO

María Belén Martínez, guide touristique, propose des circuits à vélo dans San Telmo en collaboration avec La Bicicleta Naranja. *@belu.tour.travel*

Shabu Shabu
Ce restaurant sert des ramens et des sushis dans le Mercado de San Telmo. Mais son élément le plus intéressant est le "Cómic Bar" de l'étage, qui semble entièrement dessiné et donne l'impression de manger à l'intérieur d'une BD.

Atis Bar
De l'extérieur, ce bar ne paie pas de mine. Mais à l'intérieur, on découvre un ancien couvent de 1890, avec des balcons et de grandes salles.

Galería del Viejo Hotel
Ce vieil hôtel de quartier a été transformé en un espace composé de nombreux ateliers pour artistes, designers et antiquaires.

Souvenirs, San Telmo

quartier compte d'autres établissements similaires, notamment **La Vaca Lechera** et **Doña Magdalena**. Tous les glaciers de la ville proposent du *dulce de leche* en différentes versions.

Museo de Arte Moderno de Buenos Aires (MAMBA)

De l'art dans une ancienne manufacture de tabac

À ses débuts au milieu des années 1950, ce musée était nomade. Même les journalistes le qualifiaient de "musée fantôme", car son emplacement a changé à plusieurs reprises au cours de l'histoire. Finalement, en 2018, le **Museo de Arte Moderno de Buenos Aires (MAMBA)** s'est agrandi et a rouvert ses portes dans l'ancien bâtiment de 1918 qui appartenait à une compagnie de tabac anglaise. Le musée présente des œuvres modernes et contemporaines d'artistes majoritairement argentins. Les expositions concernent la photo, le design industriel, autant que l'art figuratif ou l'art abstrait. Le musée compte plus de 1 500 m² de salles d'exposition, une bibliothèque, des ateliers éducatifs et une cafétéria.

OÙ SE LOGER À SAN TELMO

Circus Hostel & Hotel
Des chambres simples et confortables, privées ou communes. Petit Jacuzzi extérieur. **$**

L'Adresse Hôtel Boutique
Dans une vieille maison reconvertie à l'atmosphère romantique, cet hôtel compte seulement 15 chambres. **$$**

Patios de San Telmo
Un ancien immeuble converti en boutique-hôtel distinguée. Des activités culturelles y sont également organisées. **$$$**

Juste à côté, faites un tour au **Museo de Arte Contemporáneo Buenos Aires (MACBA)**, consacré tout particulièrement à l'abstraction géométrique dérivée des technologies du monde moderne (qu'il s'agisse d'architecture, de cartographie ou d'informatique).

Comme au bon vieux temps

Un bar et un restaurant à l'esprit champêtre

Les *pulperías* de la pampa argentine faisaient office de tavernes, de relais et d'épicerie. Tout au long de son histoire, la **Pulpería Quilapán** a connu plusieurs usages : maison coloniale, immeuble, pressing et siège d'une fondation. Un couple de Français l'a transformé en *pulpería*, avec l'intention de conserver la structure originelle de l'édifice. Située dans le centre historique de San Telmo, elle fait le lien entre la campagne et la ville. On y trouve un grand patio, un jardin, une citerne et des objets qui rappellent des temps révolus, comme des peintures, des cruches de vin en forme de pingouin et d'anciens réfrigérateurs avec des portes en bois. Outre les spectacles de tango et de folklore, vous pourrez profiter de succulents mets à base de viande mijotée et de boissons d'une autre époque dans une ambiance de club de quartier. Ne partez pas sans avoir tenté votre chance au **Juego del Sapo**. Et profitez de leurs curieuses réductions, comme les 20% offerts les jours de pluie.

Parapluies, Galería Solar de French **(p. 101)**

OÙ ASSISTER À DES CONCERTS

Centro Cultural Torquato Tasso
Des artistes se produisent du mercredi au dimanche. Le centre met l'accent sur le tango, mais accueille aussi des concerts folk.

Pista Urbana
Vaste programmation de spectacles, principalement du tango et du folklore. L'atmosphère est intimiste, on s'y sent facilement à l'aise.

Teatro Margarita Xirgu
Propose des concerts de musique indé, mais programme aussi des pièces de théâtre et des expositions d'art. Dans le même bâtiment se trouve Casal de Cataluña, un excellent restaurant espagnol.

Todo Mundo
Face à la Plaza Dorrego. Spectacles quotidiens de rock, tango, salsa, jazz, reggae, folklore et ska.

La Scala de San Telmo
Ce centre culturel est aménagé dans un vieil hôtel particulier. Belle programmation.

OÙ SE LOGER À SAN TELMO

Viajero Hostel Buenos Aires
Chambres privatives et dortoirs. On peut profiter de la piscine et des barbecues sont organisés sur la terrasse. **$**

Hostel Carlos Gardel
Un hôtel simple décoré sur le thème du tango. Ne propose que des chambres privatives. **$**

Anselmo Buenos Aires
Petit hôtel-boutique, géré par la société Hilton. Bien placé sur la Plaza Dorrego. **$$$**

La Boca

CÉLÈBRE POUR SES MAISONS COLORÉES, LE TANGO ET CAMINITO

La Boca a été l'un des quartiers au centre du progrès économique qu'a connu la ville avec ses chantiers navals, ses usines et son port. C'est également ici qu'ont vécu et travaillé de grands artistes comme les peintres Benito Quinquela Martín et Fortunato Lacámera. Enfin, c'était un refuge pour les anarchistes et les révoltés de la fin du XIXe siècle. Les immeubles, où venaient vivre les immigrants récemment arrivés dans le pays, sont aussi caractéristiques de l'identité des lieux. Certains peuvent être découverts lors d'une visite de Caminito, l'un des endroits les plus photographiés d'Argentine. Enfin, la ferveur nationale pour le football se ressent également ici, notamment dans la passion entourant le Boca Juniors, l'un des plus célèbres clubs du continent.

Pour les infos pratiques, voir le Carnet d'adresses p. 132

☑ À SAVOIR

Caminito est l'un des endroits les plus fréquentés de la ville. Pour prendre des photos tranquillement, le mieux est d'arriver avant 11h, car la plupart des bus de touristes arrivent à partir de midi. La zone touristique qui entoure Caminito est sûre en journée. Vous pouvez vous promener autour du site où se trouvent les restaurants, musées et boutiques de souvenirs sans problème. Toutefois, soyez plus prudent dans les environs du stade de la Bombonera.

MILOSK50/SHUTTERSTOCK ©

La Boca

INCONTOURNABLES
1 Caminito
2 Museo Benito Quinquela Martín

VOIR
3 Barro
4 Fundación Proa
5 Munar
6 Museo de Arte Contemporáneo de La Boca (MARCO)
7 Museo de la Pasión Boquense
8 Museo del Conventillo Marjan Grum
9 Usina del Arte

SE RESTAURER
10 Banchero
11 El Estaño 1880
12 El Gran Paraíso
13 El Obrero
14 El Samovar de Rasputín
15 La Glorieta de Quique
16 Las Gemelas

PRENDRE UN VERRE ET FAIRE LA FÊTE
17 1905 Bar
18 Bar Roma
19 Café Bar de los Artistas
20 La Buena Medida
21 Lo del Diego

SORTIR
22 Colón Fábrica

SHOPPING
23 Almacén Porteño
voir 4 Jofre Art Gallery
voir 4 Solo Boca

Fundación Proa

Fundación Proa

Art moderne et vue panoramique

Une ancienne maison de style italianisant datant de 1895 a été transformée en un centre culturel moderne dédié aux mouvements artistiques des XXe et XXIe siècles. Des expositions de photographie, de design et de vidéo, mais aussi des cours, des concerts et des conférences y sont régulièrement organisés. Le bâtiment se compose de trois niveaux, avec quatre salles d'exposition bénéficiant d'un excellent éclairage naturel et d'une librairie. Le dernier étage héberge un restaurant avec terrasse, adresse chic par excellence à La Boca, qui offre une vue à 360° sur Caminito et les points les plus intéressants du quartier.

Museo Benito Quinquela Martín

Le grand artiste du port

Benito Quinquela Martín (1890-1977) n'était pas seulement un artiste exceptionnel qui a fait de La Boca le thème central de son œuvre. Il est également le créateur de la promenade de Caminito. Sa maison et son atelier permettent de découvrir sa vie et son œuvre, et de comprendre les spécificités du quartier. La collection comprend plus de 300 œuvres, dont des gravures, des dessins et de grands tableaux. Il est intéressant de se plonger dans les scènes de ses tableaux, représentants des ouvriers et des navires. En adéquation avec le thème nautique du musée, on trouve aussi une collection de figures de proue en bois peintes. Ne manquez pas la terrasse de laquelle on a une excellente vue sur le quartier.

Museo Benito Quinquela Martín

Lo del Diego

Un bar de légende

Légende du football, Diego Armando Maradona (1960-2020) est l'un des enfants les plus aimés de La Boca. Champion avec le Boca Juniors au début des années 1980, il revint y jouer au milieu des années 1990 et, sa retraite de footballeur prise, il a toujours soutenu son équipe préférée dans les tribunes. Ce bar lui est est entièrement dédié du sol au plafond (posters géants, fresque, maillots, statues…). En Argentine, Maradona est considéré comme un dieu. Bien sûr, vous y trouverez aussi toutes sortes de souvenirs comme des verres ou des mugs.

Museo de la Pasión Boquense

La passion du football

Boca Juniors est, avec River Plate, le plus célèbre club de footbal du pays. Installé à l'intérieur de son stade, ce musée retrace son histoire, avec des salles consacrées à ses différents modèles de maillots, ses idoles, son palmarès et ses fondateurs. Il va sans dire qu'une section entière est consacrée à Diego Maradona, sans doute la plus grande star de l'histoire du club. Des vidéos à 360° montrent la passion qui règne les jours de match. La visite est courte - environ 30 minutes - et n'inclut malheureusement plus l'accès au terrain ou aux vestiaires.

Museo de la Pasión Boquense

El Obrero

Museo del Conventillo Marjan Grum

Une histoire de l'immigration en Argentine

L'histoire de Marjan Grum résume en quelque sorte la culture migratoire de La Boca. Slovène arrivé en Argentine pour fuir la Seconde Guerre mondiale, il choisit d'y rester et installa son atelier d'artiste dans un immeuble ancien. Aujourd'hui, les espaces narrent l'histoire des immigrants arrivant dans le quartier (il a magnifiquement restauré le bâtiment) et présentent des pièces qu'il a créées, souvent avec du métal et autres matériels de récupération. Marjan et sa femme Beatriz incarnent l'histoire vivante du quartier et il est intéressant de parler avec eux tant ils ont l'esprit ouvert.

El Obrero

Le restaurant où même un président n'a pas pu avoir de table

Restaurant ouvert en 1954 pour les ouvriers du port, il est aujourd'hui le témoin de l'histoire du quartier. Attiré par les plats servis, Bill Clinton essaya un jour d'y obtenir une table, mais il dut faire demi-tour : le propriétaire affirma qu'il ne pouvait tout de même pas éjecter les clients déjà assis. Les spécialités maison sont notamment le *bife de chorizo* et les calamars frits. Les murs sont recouverts de maillots de foot et de photos de célébrités ayant mangé ici.

Caminito

La rue la plus célèbre de Buenos Aires

C'est à l'artiste Quinquela Martín que l'on doit l'initiative de transformer une rue oubliée de La Boca en un endroit joyeux et coloré qui raconterait l'histoire du quartier. C'est devenu l'une des plus formidables attractions de la ville. Il ne fait que 150 m de long, mais on y trouve les célèbres immeubles de différentes couleurs dans lesquels vivaient les migrants, avec leurs patios, leurs salles de bains et leurs cuisines communes. On peut facilement passer des heures à découvrir l'histoire de ces habitations aujourd'hui reconverties en restaurants, galeries d'art ou magasin de souvenirs. La Feria de Caminito est un marché qui rassemble des artisans qui travaillent le cuir, le bois, le métal, la céramique et le tissu. Vous pourrez également y voir du *fileteado,* style de dessin et de peinture décoratif né à Buenos Aires à la fin du XIXe siècle, ainsi que des chanteurs et danseurs de tango. Au 1800 Pedro de Mendoza, une sculpture rend hommage à Quinquela Martín.

UNE PHOTO AVEC MESSI

La mythique Caminito, au 837 Magallanes, a récemment changé d'apparence. À l'initiative d'un groupe d'entrepreneurs, une sculpture de Lionel Messi a été installée au balcon d'une boutique d'*alfajores*. Le joueur est représenté en train de soulever la Coupe du Monde, que l'Argentine a remportée en 2022 au Qatar. L'œuvre est constituée de 48 pièces produites par 15 imprimantes 3D. Pour prendre une photo, il faut vous rendre au 2e niveau du magasin, où vous attendent Messi et son trophée. Il n'est pas nécessaire d'acheter quelque chose pour avoir le droit de prendre un cliché.

TRAVELBUENOSAIRES ©

Caminito

BERNARDO GALMARINI/ALAMY STOCK PHOTO ©

Usina del Arte

Usina del Arte

Un centre culturel dans une ancienne centrale électrique

Le bâtiment de cette ancienne centrale électrique reconvertie en centre culturel est l'œuvre de l'architecte italien Giovanni Chiogna, qui a été influencé par la Renaissance florentine. La visite guidée permet de découvrir une série d'arcs semi-circulaires et la tour de l'horloge, notamment. Le site de 15 000 m^2 fait la part belle aux arts visuels, mais aussi à la musique et même aux activités pour enfants. C'est l'un des endroits où se tient le **Tango BA Festival y Mundial**. Les visites guidées ont lieu à 17h du mardi au vendredi et à 12h30 et à 17h le week-end.

Colón Fábrica

Dans les coulisses du plus célèbre théâtre de la ville

La visite du Teatro Colón, lors d'une représentation ou non, constitue l'une des expériences les plus mémorables de Buenos Aires. Mais on ignore souvent le travail qui se cache derrière ses scénographies et ses magnifiques costumes. Une visite à la Colón Fábrica permet en partie de le découvrir. Le Teatro Colón est l'un des rares théâtres du monde à posséder ses propres ateliers de fabrication, installés dans une ancienne usine de métallurgie française à quelques rues seulement de Caminito. La visite peut être guidée ou auto-guidée. Verónica, l'une des guides, pourra vous expliquer toute l'histoire des costumes, la fabrication des détails des décors et les différentes techniques utilisées. Arpenter les couloirs donne l'impression d'entrer dans un monde fantastique entre *Hamlet*, *Turandot* et *Aïda*, entre autres grandes productions. Un écran présente une petite vidéo des pièces associées à chaque élément. Les visites guidées doivent être réservées.

MON PONT PRÉFÉRÉ

Bárbara Duarte est guide touristique indépendante à Buenos Aires. Elle fait fréquemment visiter La Boca.

L'un de mes endroits préférés à La Boca est le **Puente Transbordador Nicolás Avellaneda**. Inauguré en 1914, ce pont transbordeur est devenu un emblème de la ville. Au départ, il permettait le passage quotidien de 17 000 travailleurs, qui se rendaient aux usines et magasins de La Boca et Avellaneda. Dans les années 1990, le gouvernement du président Carlos Menem tenta de le vendre. Heureusement, les habitants et les institutions se mobilisèrent pour l'en empêcher. Aujourd'hui, vous pouvez donc toujours emprunter le pont pour circuler entre La Boca et Avellaneda (uniquement le week-end ; gratuit).

SERGIO SCHNITZLER/SHUTTERSTOCK ©. À DROITE: DAVID WALL/ALAMY STOCK PHOTO ©

Puente Transbordador Nicolás Avellaneda

ÉGALEMENT À LA BOCA

Le tango de jadis

Découvrir les chanteurs à l'ancienne de Los Laureles

Dès l'entrée, l'enseigne annonce "Los Laureles, resto bar notable, fundado en 1893". Mais cette adresse est bien plus que cela. Elle n'est pas située à La Boca mais à Barracas, et cela vaut la peine de s'aventurer un peu plus au sud de la ville, où le temps semble suspendu. Restaurant fréquenté autant par des *Porteños* que par des touristes, il est devenu de plus en plus populaire au fil des années. C'est l'endroit idéal pour découvrir le tango de jadis. Ici, vous ne verrez pas de spectacle extravagant avec des danses acrobatiques ou exagérément sensuelles. Le jeudi, c'est *peña de cantores,* où des chanteurs de tango seniors se produisent accompagnés de musiciens. Des cours de danse sont dispensés tous les mercredis à 20h, tandis que les vendredis sont réservés aux concerts et aux *milongas*. Le restaurant est sans prétention aucune, mais les plats restent de bonne qualité. Vous y retrouverez tous les classiques de la cuisine de Buenos Aires, comme le *bife de chorizo,* ainsi que des pâtes et la *milanesa* (escalope milanaise), par exemple.

OÙ MANGER UN CHORIPÁN À LA BOCA

La Glorieta de Quique
Choripanes et sandwichs au *lomito* ; *parrillero* aux couleurs du Boca Juniors. $

El Samovar de Rasputín
Certaines des plus grandes rockstars d'Argentine sont passées ici. Les *choripanes* sont servis généreusement. $

Las Gemelas
Le barbecue et la table sont installés directement dans la rue. Le *choripán* est délicieux. $

Les gens aux tables à Los Laureles ont pour habitude d'engager la conversation, ce qui crée une ambiance vraiment sympathique et chaleureuse. Les visiteurs ont généralement envie d'y revenir. Il y a fort à parier qu'après avoir dansé toute la soirée, vous rentrerez à votre hôtel en fredonnant de vieux airs de tango.

Un bar qui ressemble à un musée

Le Bar Roma, emblématique de La Boca

Buenos Aires est attachée à ses bars historiques. Les habitants apprécient de pouvoir savourer un café dans des lieux de caractère chargés d'histoire. Pour entrer dans le Bar Roma, au 409 Olavarría, il vous faut pousser une porte battante qui vous plonge instantanément dans le passé. À l'intérieur, ce voyage momentané se vit avec un mélange de joie et de nostalgie. À l'origine, il s'agissait d'une épicerie et d'un magasin de boissons, annexe d'une épicerie fine. Plus tard, l'établissement a été transformé en café que les habitants et les visiteurs du quartier peuvent apprécier chaque jour. Le sol est composé de carreaux noirs et blancs, tandis que des briques apparentes ornent les murs. L'endroit ressemble à un magasin d'antiquités, avec ses affiches anciennes vantant des produits tels que des pneus, des pommades, des boissons non alcoolisées, et ses fanions du Boca Juniors. Tout au long de son histoire, il a été fréquenté par de grandes personnalités du quartier, dont le peintre Benito Quinquela Martín ou le musicien Juan de Dios Filiberto. Inauguré en 1905, le Bar Roma est devenu un tel emblème de La Boca qu'il est aujourd'hui difficile d'imaginer La Boca sans lui. Installez-vous à l'une des tables situées face aux grandes fenêtres qui donnent sur les avenues Brown et Olavarría pour observer l'animation du quartier.

Bar Roma

BOUTIQUES DE SOUVENIRS

Almacén Porteño
Alfajores, vins argentins et un grand choix de *dulce de leche*, avec possibilité de dégustation.

Jofre Art Gallery
Cette boutique appartient à l'artiste Roberto Jofré. Il y vend ses peintures, coussins, mugs et sacs décorés de thèmes liés au quartier.

Solo Boca
Envie d'un T-shirt aux couleurs du club de foot du quartier ? Vous êtes à la bonne adresse. La boutique possède aussi un grand choix de produits associés au club, ainsi que quelques articles de maroquinerie. Vous y trouverez aussi des répliques des coupes gagnées par le Boca Juniors, ainsi que des produits à l'effigie de Maradona.

OÙ PRENDRE UN CAFÉ À LA BOCA

La Buena Medida
Ouvert en 1905, l'année de la fondation de Boca Juniors, l'établissement a bien su conserver l'esprit de cette époque. **$**

1905 Bar
Situé à l'intérieur du stade. Idéal pour prendre un verre après la visite du Museo de la Pasión Boquense. **$$**

Café Bar de los Artistas
Situé dans Caminito, le bar évoque un passé de peintres et de musiciens. Des artistes viennent souvent y donner des concerts. **$**

À LA DÉCOUVERTE DE L'ART URBAIN

Votre itinéraire à la découverte du street art de La Boca commence avec 1 **Bienvenidos a La Boca**, créé en 1999 par des artistes locaux sous la coordination d'Omar Néstor Gasparini. Cette œuvre, qui dépeint une scène quotidienne de la vie des immigrants du quartier, a été montée sur une structure de balcons, de plaques de tôle et de portes d'un bâtiment ancien. Continuez vers le sud jusqu'à la 2 **fresque de Martín Ron** sur Martín Rodríguez. Ensuite, puisque nous sommes en Argentine, un arrêt s'impose à 3 **San Diego del barrio de La Boca**, hommage à la légende du football Diego Maradona, que l'on doit à Alfredo Segatori.

Plus au sud, près du fleuve, des 4 **silos à sable** ont été décorés par Segatori en l'honneur de Benito Quinquela Martín, célèbre artiste du quartier. Le prochain arrêt est 5 **Caminito**, sans doute l'endroit le plus photographié de la ville. C'est l'endroit idéal pour découvrir les maisons colorées et les œuvres d'artistes et d'artisans qui vendent leurs créations. Vous pourrez aussi vous prendre en photo avec une statue de Messi célébrant sa victoire à la Coupe du Monde. Plus au sud, quasiment à la limite d'Avellaneda, dans la province de Buenos Aires, 6 **El regreso de Quinquela** est une autre œuvre qui rend hommage au grand artiste du quartier sur 2 000 m^2.

La visite s'achève au 7 **Pasaje Lanín**, l'une des plus attrayantes expositions d'art urbain de la ville. Sous l'initiative de l'artiste Marino Santa María, les façades de 35 demeures ont été décorées avec différentes techniques et matériaux comme les *venecitas* (carreaux de mosaïque en verre).

ÉGALEMENT À LA BOCA

Buenos Aires et le Fútbol

À la découverte d'une passion argentine

Si vous visitez le stade de Boca Juniors, que vous appréciiez son histoire et que vous soyez passionné de football, vous aurez sans doute envie d'assister à un match en direct. Le circuit Buenos Aires para amantes del fútbol, organisé par Tangol Tours (Tangol.com), donne la possibilité d'assister aux matchs des clubs. Ce prestataire propose en outre des visites guidées des musées de Boca Juniors et de River Plate. Une fois dans le stade, l'expérience peut être inoubliable. Il y a des choses que les Argentins considèrent comme allant de soi, mais qui ne manqueront pas d'attirer votre attention si vous n'êtes pas né dans le pays. Les cris des supporters sont vraiment assourdissants et constituent l'énergie fondamentale qui transforme le match en un spectacle unique. Mais un autre élément du football argentin peut surprendre : les insultes. Elles peuvent être hilarantes et pleines d'originalité, qu'elles soient dirigées contre les joueurs, les adversaires, les entraîneurs ou les arbitres. Pour compléter l'expérience, vous pourrez manger un *choripán* à l'un des stands à l'extérieur du stade. Vous pouvez réserver en consultant les dates des matchs et les disponibilités en ligne. Le prix varie en fonction des matchs.

Le stade de Boca Juniors

DE L'ART !

Barro
Une galerie d'art contemporain située à l'intérieur d'un ancien bâtiment industriel. Elle organise des expositions annuelles, tout en s'engageant activement dans le parcours créatif des artistes. La boutique propose des sacs, des reproductions et d'autres articles.

Munar
Sur les berges de la rivière, Munar occupe une ancienne usine de caoutchouc. Le lieu accueille des expositions et sert d'atelier aux artistes résidents.

Museo de Arte Contemporáneo de La Boca (MARCO)
Ce musée est hébergé dans un bâtiment historique de style Art nouveau. Il présente des œuvres d'artistes contemporains et possède un laboratoire dédié à l'expérimentation.

OÙ SE RESTAURER À LA BOCA

El Gran Paraíso
Ce restaurant, spécialisé dans la viande, est installé dans un vieil immeuble de Caminito. **$$**

El Estaño 1880
Une adresse rétro avec un vrai bar en zinc et une fresque. Spécialité de la maison : les pâtes *stracinati* à la marinière. **$$**

Banchero
Une pizzeria née à La Boca, mais qui possède désormais plusieurs adresses en ville. Spécialité : la pizza *fugazza*. **$**

Puerto Madero

PROMENADE LE LONG DU FLEUVE

Pour les infos pratiques, voir le Carnet d'adresses p. 132

À la fin du XIXe siècle, face à l'expansion de la ville, Puerto Madero est devenu le deuxième port de la cité, juste après celui situé à La Boca. Toutefois, un peu plus tard, le secteur a été abandonné en raison de son obsolescence vis-à-vis des nouveaux cargos. À la fin des années 1980, l'endroit s'est réinventé et a été transformé en espace urbain. Il est ainsi devenu le quartier le plus récent et le plus cher de la capitale. Aujourd'hui, c'est une destination gastronomique animée et un lieu plaisant où se promener en profitant du coucher de soleil au bord du fleuve. Le quartier présente une particularité : chaque rue rend hommage à des femmes importantes de l'histoire de l'Argentine. Il comporte également le remarquable musée Colección de Arte Amalia Lacroze de Fortabat et la Reserva Ecológica Costanera Sur – la plus grande réserve de la ville avec ses 350 ha – qui protège une incroyable biodiversité et permet d'échapper temporairement aux clameurs urbaines.

À SAVOIR

Puerto Madero offre un excellent point de vue pour admirer le coucher de soleil sur le Río de la Plata. Le Puente de la Mujer est le lieu idéal pour une séance photo et une soirée paisible. Vous pouvez aussi aller au Crystal Sky Bar, un bar à cocktails situé au 32e étage qui jouit d'une vue sur la totalité de la zone, et sur la Reserva Ecológica Costanera Sur.

WALLPAPERIOI/GETTY IMAGES ©

Puerto Madero

INCONTOURNABLES
1 Buque Museo Fragata ARA Presidente Sarmiento
2 Colección de Arte Amalia Lacroze de Fortabat
3 Crystal Bar
4 Fuente Monumental Las Nereidas
5 Monumento al Tango
6 Puente de la Mujer
7 Reserva Ecológica Costanera Sur

VOIR
8 Museo de Calcos Ernesto de La Cárcova
9 Pabellón de las Bellas Artes UCA
10 Parque Mujeres Argentinas

ACTIVITÉS
11 Rojo Tango

SE LOGER
voir 3 Alvear Icon Hotel
12 Believe Madero Hotel
13 Madero Urbano Studios

SE RESTAURER
14 Amarra
15 Cabaña Las Lilas
16 La Cabaña
17 Osaka
18 Raíz Plant Mood

PRENDRE UN VERRE ET SORTIR
19 Alberto's Lobby Bar
20 Croque Madame
21 La Panera Rosa
voir 11 Library Lounge
22 Lobo Café
23 Negroni
24 Ol'Days Coffee & Deli
25 Peñón del Águila
26 Tiendas Naturales
27 Vince
28 White Bar

SHOPPING
29 Havanna
30 I Central Market
31 I Love Gifts
32 Marignan
33 Walmer

SAIKOSP/SHUTTERSTOCK ©

Buque Museo Fragata ARA Presidente Sarmiento

Buque Museo Fragata ARA Presidente Sarmiento

Un navire-musée et un voyage dans le passé

Le plus iconique navire d'Argentine, la *Fragata Sarmiento*, fit sa première traversée en 1899. Plus tard, la frégate fut transformée en musée de la Marine argentine, ancré Dock III, à Puerto Madero. Le circuit permet aux visiteurs de plonger dans son histoire et dans une partie de celle du pays. Son nom, par exemple, rend hommage au président Domingo Sarmiento, qui eut cette vision de jeunes marins explorant le monde. Vous obtiendrez également des explications sur le fonctionnement de la salle des machines, les cabines, les ponts intérieurs et les ports où le navire a accosté.

Museo de la Inmigración

L'histoire de l'Argentine à l'Hôtel des Immigrants

L'immigration, essentiellement en provenance d'Europe, d'Asie et d'Afrique, a joué un rôle fondamental dans le développement du pays. Si l'on en croit des données de 1914, un tiers de la population était composé d'étrangers à l'époque. Le musée est situé à l'endroit où l'Hotel de los Inmigrantes accueillait, entre 1911 et 1953, les immigrants qui venaient d'arriver. Les chambres sont spacieuses et des guides compétents expliquent les différentes étapes du processus de migration à l'aide de photos et d'objets. De nombreux visiteurs se rendent aux points d'information pour donner leur nom et apprendre quand et sur quel bateau leurs parents sont arrivés.

Puente de la Mujer

Un pont élégant et emblématique

Depuis son inauguration en 2001, ce pont est devenu l'une des images les plus emblématiques de Puerto Madero et de Buenos Aires, même si l'Obélisque conserve toujours la première place. Bien que rarement en service, le pont piétonnier rotatif long de 160 m peut opérer une rotation de 90° pour laisser passer les voiliers qui naviguent le long des quais. Pour découvrir Puerto Madero, nous vous conseillons de vous promener le long des quatre quais reliés par des ponts. Vous vous demanderez sans doute ce que la structure du pont représente et à quoi fait référence la forme que lui a donnée Santiago Calatrava. L'architecte espagnol a déclaré qu'il s'agissait d'une représentation stylisée d'un couple dansant le tango, mais il faut un peu d'imagination pour le voir. Il y a peu, le plancher a été remplacé par une surface en plastique recyclée. Le week-end, des artistes de rue s'installent le long du pont.

Colección de Arte Amalia Lacroze de Fortabat

De l'art avec vue sur le fleuve

Ce musée peut passer inaperçu lorsqu'on se promène le long des quais de Puerto Madero. Il cache l'extraordinaire collection d'art d'Amalia Lacroze de Fortabat, femme d'affaires et collectionneuse d'art décédée en 2012. Des œuvres d'artistes célèbres tels qu'Andy Warhol, Gustav Klimt, Auguste Rodin et Salvador Dalí sont exposées dans des salles spacieuses, qui bénéficient de la lumière naturelle et d'une vue sur le fleuve. Cependant, le pavillon le plus intéressant est consacré à l'art argentin des XIXᵉ et XXᵉ siècles. Les œuvres reflètent la vision du monde et les préoccupations des artistes au fil du temps.

Colección de Arte Amalia Lacroze de Fortabat

Fuente Monumental Las Nereidas

Fuente Monumental Las Nereidas

Une statue controversée

Cette œuvre de Lola Mora (p. 78), qui décrit la naissance de Vénus, a été initialement commandée pour embellir la Plaza de Mayo, la place la plus importante de la ville. Installées devant la cathédrale, les silhouettes nues, jugées provocantes à l'époque, ce qui explique qu'elles ont été déplacées dans différents quartiers jusqu'à ce qu'elles trouvent leur place dans la Costanera Sur. À la fin des années 1910, l'ensemble se trouvait à la périphérie de la ville. C'est une fontaine exceptionnelle, en marbre de Carrare, qui présente des influences baroque et Renaissance. Si elle a besoin d'être un peu entretenue, elle mérite d'être observée quelques minutes pour apprécier travail de l'artiste.

Crystal Bar

Les vues les plus impressionnantes du secteur

Au 32ᵉ étage, l'Alvear Icon Hotel possède un bar qui jouit d'une vue unique sur Puerto Madero et Buenos Aires. Il n'est pas nécessaire de séjourner dans l'hôtel pour s'y rendre, mais il est obligatoire de commander une boisson par personne. La vue panoramique depuis le bar est impressionnante, surtout le soir. À travers les baies vitrées sont visibles les lumières des docks, le Puente de la Mujer, le paysage urbain, le Río de la Plata et la Reserva Ecológica Costanera Sur. La carte affiche des cocktails, des hors-d'œuvre, des sushis et du ceviche. Sont aussi servis d'autres mets plus locaux comme la saucisse aux poivrons et les traditionnelles *empanadas* à la viande.

Reserva Ecológica Costanera Sur

Une promenade dans la brise du fleuve

Se promener le long du fleuve, manger un en-cas à un food-truck et arpenter la Reserva Ecológica Costanera Sur sont certaines des activités favorites des *Porteños*. La réserve a la plus grande biodiversité de la ville et couvre plus de 350 ha préservant quelque 575 variétés de plantes. La réserve possède deux entrées : une dans Brasil et l'autre dans Viamonte, à 2 km de distance l'une de l'autre. Une fois à l'intérieur, suivez les chemins, à pied ou à vélo, afin d'échapper quelques minutes au tohu-bohu de la ville. Le parcours, composé de 6 pistes, est simple et mène au fleuve, d'où l'on jouit d'une vue de carte postale sur le Río de la Plata – chose rare dans la plupart des quartiers de la capitale. Au loin, on aperçoit souvent de grands cargos et des voiliers qui quittent les yacht-clubs du nord de la ville. À l'intérieur de la réserve, vous trouverez des espaces pour vos pique-niques et des stands d'alimentation aux entrées. Des visites guidées sont proposées à 11h du mardi au vendredi. Une promenade nocturne est également organisée une fois par mois, durant la pleine lune. La réserve est fermée les jours de pluie.

OBSERVATION DES OISEAUX

Les ornithologues amateurs ne manqueront pas la Reserva Ecológica Costanera Sur. Cette réserve naturelle a été déclarée Zone importante pour la conservation des oiseaux (ZICO), car plus de 350 espèces aviaires peuvent y être observées, principalement des cygnes et des canards, cachés dans les prairies des lagunes. Flâner le long des chemins ou dans Giralt Ave, qui borde la Laguna de los Coipos, est le meilleur moyen de les observer. **Buenos Días Birding** organise des circuits dans la réserve et d'autres sites du pays.

YASEMIN OLGUNOZ BERBER/SHUTTERSTOCK ©

Reserva Ecológica Costanera Sur

Yacht Club Argentino

Monumento al Tango

Hommage à la musique de Buenos Aires

Le tango est *la* musique de Buenos Aires et il mérite bien ce monument inauguré en 2007. Sculpture imposante en acier inoxydable de 3,5 m de hauteur et de 2 tonnes, installée sur un socle de 1,7 m, le Monumento al Tango se dresse fièrement à l'intersection d'Azucena Villaflor et de l'Avenida de los Italianos. Réalisée par la sculptrice Estela Trebiño et l'ingénieure Alejandro Coria, cette création abstraite rappelle un bandonéon, instrument le plus emblématique du tango. L'objectif était de capturer l'essence de la musique et de la danse tango en un objet unique. Pour son inauguration, le Monumento al Tango a été transporté au cœur d'une procession, entouré de passionnés de tango et d'habitants.

Cartes postales de Buenos Aires

Admirez de la ville depuis le port

Puerto Madero est relié au fleuve et si vous souhaitez admirer la ville depuis un bateau, vous pouvez vous offrir un circuit, court, mais plaisant, appelé Postales de Buenos Aires. Il part de la Dársena Norte toutes les heures et dure environ 40 minutes. La visite n'est pas guidée, mais une voix enregistrée donne des détails sur les sites emblématiques situés au nord et au sud de la ville que l'on peut voir depuis le fleuve, comme le Museo de la Inmigración, l'élégant édifice du Yacht Club Argentino, la Reserva Ecológica Costanera Sur et les gratte-ciel de la zone la plus récente du quartier. C'est l'agence Sturla Viajes qui organise ce circuit. Les premiers départs sont à 11h, mais le dernier, à 17h40, est sans doute le plus plaisant, car il permet de profiter du coucher de soleil depuis le bateau. L'entreprise propose également des excursions vers le delta et la cité de Tigre – où se trouve le Museo de Arte Tigre (mat.gov.ar) – et d'autres sorties d'une journée sur le fleuve. Les circuits partent du port (Cecilia Grierson 400, à l'angle de Juana Manso).

LES MEILLEURS RESTAURANTS DE PUERTO MADERO

Osaka
Des plats fusionnant les gastronomies japonaise et péruvienne. **$$$**

Amarra
Les meilleurs chefs du pays se relaient aux fourneaux de ce grand restaurant. La carte est établie pour trois semaines avant qu'un autre chef prenne les rênes du lieu et ne propose un nouveau menu. **$$$**

La Cabaña
Un grill argentin traditionnel. La spécialité est le "gran baby beef". **$$$**

Cabaña Las Lilas
Excellentes viandes dans un restaurant argentino-brésilien de grande tradition. Le chef a été récompensé à plusieurs reprises. **$$$**

Raíz Plant Mood
Un restaurant chaleureux servant une cuisine du monde à base de végétaux. **$$**

Cabaña Las Lilas

ÉGALEMENT À PUERTO MADERO

Le luxe et la passion du tango

Spectacle dans un hôtel 5-étoiles

Les représentations de ce spectacle de tango sont données depuis 2005 au Faena Hotel, l'un des lieux les plus chics de la capitale. La production recrée l'atmosphère d'un cabaret du début du XXe siècle, avec un éventail impressionnant de costumes, de chorégraphies et de musiques jouées par le quintette Rojo Tango. Le spectacle couvre une grande partie de l'histoire du tango, des années 1920 à l'époque avant-gardiste d'Ástor Piazzolla, acteur majeur du tango moderne. La principale vedette est le danseur Carlos Copello, légende de l'ensemble emblématique Tango Argentino. Contrairement aux autres spectacles en ville, une sorte d'intimité se crée avec les danseurs. Devant, vous êtes assis à proximité des artistes et des danseurs qui se produisent près de votre table. L'orchestre, posté sur la gauche, est aussi excellent et joue des classiques de tango de différentes époques. Bien entendu, l'apogée du spectacle se produit à la fin avec "Adiós Nonino", le magnifique morceau composé par Ástor Piazzolla après

BOIRE UN CAFÉ À PUERTO MADERO

Vince
Sert un brunch appelé "Nonno Mico" pour quatre personnes, avec des plats sucrés argentins et italiens.

Croque Madame
Au menu : pâtisseries artisanales, brownies et croissants, ainsi que tout un choix de thés et cafés.

La Panera Rosa
Propose de la nourriture et du café toute la journée avec vue sur le fleuve. Grand choix de tartines et de pâtisseries.

le décès de son père, qui était affectueusement surnommé Nonino. Vous pouvez n'assister qu'au spectacle, qui commence à 22h, ou choisir de dîner aussi sur place à 20h. Le menu se compose d'une entrée, d'un plat principal et d'un dessert, le tout arrosé de champagne et de vins argentins. Le spectacle a lieu tous les jours. Réservation obligatoire.

Œuvres d'art sur le vieux port

Expositions près du fleuve

L'Universidad Católica Argentina (UCA) a été fondée en 1958. Le siège de l'institution, à Puerto Madero, abrite un espace culturel consacré à la littérature, à la musique et à l'art expérimental. Cet espace, installé sur l'un des anciens docks commerciaux du vieux port, a conservé ses murs en brique et ses poutres en fonte. Les visiteurs peuvent y voir des expositions de peinture, de sculptures, de photos et de projections audiovisuelles. Ces expositions présentent ces collections privées, des pièces de musée et des œuvres d'art de divers artistes. Bien que ses activités soient en lien avec l'art, le centre de s'arrête pas là. Le **Pabellón de las Bellas Artes UCA** est aussi un centre de création et recherche en histoire, science, littérature, musique, cinéma, communication, publicité et journalisme.

Tango, Faena Hotel

LES MEILLEURS BARS DE PUERTO MADERO

Alberto's Lobby Bar
Niché dans un hôtel 5-étoiles, ce bar propose des boissons signatures à base de produits locaux.

Negroni
Au menu : burgers, sushis et boissons classiques. Certains soirs, des DJ se produisent.

White Bar
Un bar d'hôtel élégant, avec terrasse offrant une belle vue sur Puerto Madero.

Library Lounge
Profitez de cocktails et spectacles dans un lieu intimiste, avec quantité de canapés en cuir et de livres.

Peñón del Águila
Un bar installé sur l'eau, donnant sur le Puente de la Mujer. Atmosphère jeune et carte de bières artisanales.

OÙ PRENDRE UN CAFÉ À PUERTO MADERO

Ol'Days Coffee & Deli
Une petite carte affichant d'excellentes options, de bons cafés et thés.

Lobo Café
Des cafés de spécialité et une grande variété de gâteaux. Goûtez le gâteau *rogel*, avec du *dulce de leche* et de la meringue italienne.

Tiendas Naturales
Sert des produits naturels et un grand choix de thés et de cafés.

Des femmes qui ont marqué l'histoire

Promenade dans le Parque Mujeres Argentinas

En étant attentif aux rues de Puerto Madero, vous découvrirez un détail fascinant : elles portent toutes le nom d'une femme remarquable. Cette initiative, prise par la ville, est un moyen de ne pas oublier les grandes dames qui ont joué un rôle dans l'histoire du pays et de leur rendre hommage. L'agencement du parc est moderne, avec une grande place centrale et plusieurs niveaux, comme s'il s'agissait d'un théâtre. Belle une vue panoramique sur la ville. Sa conception vise à mêler harmonieusement le paysage urbain avec la beauté naturelle des environs du fleuve.

Plus de 4 000 ans d'histoire de l'art

Un musée au patrimoine exceptionnel

Ernesto de la Cárcova (1866-1927) s'est distingué par son travail d'artiste et de gestionnaire culturel. Il a notamment fondé l'Escuela Superior de Bellas Artes. Les salles du **Museo de Calcos Ernesto de La Cárcova**, à proximité de la Reserva Ecológica Costanera Sur, présentent une collection de moulages (reproductions originales en plâtre) de chefs-d'œuvre de l'art égyptien, grec, romain et mésoaméricain, entre autres, qui ont été exposés au Louvre, au British Museum, à Londres, et au Musée national d'anthropologie de Mexico. L'exposition permet de voyager à travers plus de 4 000 ans d'histoire de l'art. Une salle est également consacrée à l'œuvre d'Ernesto de la Cárcova. Flâner dans le jardin et observer certaines sculptures sont aussi des grands plaisirs du site.

SHOPPING À PUERTO MADERO

Marignan
Marque argentine bien connue de chaussures et de sandales fabriquées principalement en cuir.

Walmer
Vous trouverez là de nombreux objets pour embellir votre décoration intérieure. La plupart d'entre eux sont d'un design minimaliste.

I Central Market
Une épicerie en libre-service qui fera le bonheur des gourmets en mouvement. Dispose aussi d'un restaurant.

I Love Gifts
Cette boutique de souvenirs vend des maillots de football et des figurines de Mafalda, le célèbre personnage de BD argentin, création du dessinateur Joaquín Lavado (Quino).

Havanna
Une marque classique d'*alfajores* et autres délices sucrés.

OÙ SE LOGER À PUERTO MADERO

Believe Madero Hotel
Un hôtel décontracté au design moderne, à la frontière entre San Telmo et Puerto Madero. $$

Almarena Madero Urbano Studios
Jouit d'un bon emplacement, proche de la plupart des sites du quartier, et dispose de chambres spacieuses. $$

Alvear Icon Hotel
Cet hôtel 5-étoiles bénéficie d'une vue panoramique sur la ville et le fleuve. Le bar sur le toit est l'un des endroits les plus courus du quartier. $$$

NARVIKK/GETTY IMAGES ©

Puerto Madero

Environs de Buenos Aires

Depuis Buenos Aires, traversez le Río de la Plata pour explorer la cosmopolite Montevideo et la pittoresque Colonia del Sacramento, en Uruguay.

Une escapade en Uruguay, le plus petit pays d'Amérique du Sud, promet de belles découvertes. Dans le centre historique de Montevideo, la capitale, les immeubles Art déco et néoclassiques côtoient des gratte-ciel, tandis que sur le front de mer de beaux théâtres anciens et des bars à tango chaleureux attestent de son dynamisme culturel. Située sur la rive nord du Río de la Plata, à 180 km à l'ouest de Montevideo, et à seulement 50 km de Buenos Aires en bateau, Colonia del Sacramento est une ville au cachet irresisitible. Inscrit au Patrimoine mondial, son *Barrio Histórico* (quartier historique), composé d'un tissu irrégulier d'étroites rues pavées de l'époque coloniale, occupe une petite péninsule s'avançant dans le fleuve. Ces deux villes attirent de nombreux visiteurs argentins.

COMMENT S'Y RENDRE

Les deux villes sont facilement accessibles depuis la capitale argentine. Buquebus (buquebus.com) et Colonia Express (coloniaexpress.com) effectuent des liaisons quotidiennes directes en ferry entre Buenos Aires et Montevideo (durée 2 heures 30), ainsi que Colonia del Sacramento (durée 1 heure).

À SAVOIR

Les prix sont affichés en *pesos uruguayos* (UYU), la devise officielle. Les DAB sont courants et les cartes bancaires largement acceptées. Pas de visa nécessaire pour les résidents d'Europe occidentale et du Canada.

TONIFLAP/STOCK.ADOBE.COM ©

Colonia del Sacramento

GALINA_SAVINA/STOCK.ADOBE.COM ©

Montevideo

Montevideo

Une capitale à découvrir

Une fois débarqué en ville, vous voici dans la Ciudad Vieja, jadis fortifiée. Dirigez-vous vers la Plaza Matriz, bordée par l'**Iglesia Matriz** (1799) et par le **Cabildo** (cabildo.montevideo.gub.uy), édifice néoclassique de 1812, qui héberge le **Museo y Archivo Histórico Municipal** qui présente des tableaux de la Montevideo du XVIIIe siècle. Tout près, le **Museo de los Andes** (mandes.uy), unique en son genre, est dédié au crash qui s'est produit dans les Andes en 1972, qui coûta la vie à 29 Uruguayens - dont certains étaient membres d'un club de rugby à XV -, drame qui marqua profondément l'inconscient collectif national. À 300 m au sud, vous arrivez devant le beau **Teatro Solís** (teatrosolis.org.uy), inauguré en 1856, et qui jouxte la Plaza Independencia, la plus grande place du Centro, avec le Mausoleo de Artigas, creusé sous la statue équestre du général. Remarquez l'arche de la Puerta de la Ciudadela, l'un des rares vestiges de la citadelle coloniale démolie en 1833, le **Palacio Estévez** néoclassique du XIXe siècle, et le **Palacio Salvo** de style éclectique qui, avec ses 26 étages, était le plus haut gratte-ciel du continent lors de son inauguration (1927). Allez vers le sud pour vous promener sur La Rambla, qui longe sur plusieurs kilomètres la côte, reliant le centre aux plages de Punta Carretas, Pocitos, Buceo et Carrasco. Vous pouvez marcher ou prendre un bus qui vous conduira au **Museo Nacional de Artes Visuales** (mnav.gub.uy) qui présente la plus grande collection d'art du pays. Pour en savoir plus sur certains artistes exposés, visitez notamment le **Museo Gurvich** (museogurvich.org) dans la Ciudad Vieja. Une fois de retour dans cette partie de la ville, ne manquez surtout pas, dans la Calle 25 de Mayo, le **Museo de Artes Decorativas** (mec.gub.uy) sis dans le Palacio Taranco (1910), ni le **Mercado del Puerto**, le marché du vieux port, au bout de Pérez Castellano côté Atlantique. Cette imposante halle en fer forgé abrite un ensemble de *parrillas* (restaurants de grillades), de quoi satisfaire les plus gourmands.

COLONIA DEL SACRAMENTO

Son quartier historique est un enchantement. C'est un véritable plaisir de fouler les pavés du XVIIIe siècle de la **Calle de los Suspiros**, avec ses maisons coloniales de tuiles et de stuc, et de se balader sur le **Paseo de San Gabriel**, au bord de l'eau, le **Puerto Viejo** (vieux port) et les deux places principales, la vaste **Plaza Mayor 25 de Mayo** et la **Plaza de Armas**, avec l'Iglesia Matríz, la plus ancienne église d'Uruguay. L'un des plus célèbres monuments de la ville est son **phare** du XIXe siècle, toujours actif, qui se dresse au milieu des vestiges du **Convento de San Francisco** (XVIIe siècle). Bordant la Plaza Mayor 25 de Mayo, ne manquez pas le **Museo Portugués** (museoscolonia.com.uy) et ses témoignages de l'époque portugaise - Colonia fut cédée à l'Espagne vers 1750 -, la **Casa Nacarello**, minuscule maison coloniale qui évoque les premières heures de la ville. Du **Portón de Campo** (Manuel Lobo), ancienne porte de la ville (1745), reconstruite, une épaisse muraille descend vers le sud, le long du Paseo de San Miguel, jusqu'au fleuve aux agréables rives verdoyantes, propices aux bains de soleil.

Carnet d'adresses

PALERMO

Hipódromo Argentino
Voir p. 61 (palermo.com.ar ; Av. del Libertador 4101 ; entrée libre ; tlj ; 29, 55, 59, 130, 160)

Museo Argentino de Ciencias Naturales
Voir p. 69 (macnconicet.gob.ar ; Av. Ángel Gallardo 470 ; tarif plein/-6 ans 2 800 $ARS/gratuit ; 14h-19h tlj ; S Línea B Ángel Gallardo)

Museo Casa Carlos Gardel
Voir p. 68 (buenosaires.gob.ar/museos/museo-casa-carlos-gardel ; Jean Jaurés 735 ; 3 000 $ARS, mer entrée libre ; 11h-19h lun et mer-ven, 11h-20h sam-dim ; S Línea B Carlos Gardel)

Museo de Arte Latinoamericano de Buenos Aires (MALBA)
Voir p. 61 (malba.org.ar ; Av. Figueroa Alcorta 3415 ; tarif plein/réduit jeu-lun 5 000/2 500 $ARS, mer 2 500 $ARS/gratuit ; 12h-20h tlj, fermé mar ; 102, 130, 124)

Museo Evita
Voir p. 64 (museoevita.org.ar ; Lafinur 2988 ; entrée libre ; 11h-19h mar-dim ; S Línea D Plaza Italia)

Museo Nacional de Arte Decorativo
Voir p. 66 (museoartedecorativo.cultura.gob.ar ; Av. del Libertador 1902 ; entrée libre ; 13h-19h mer-dim, visite guidée gratuite 16h mer-sam ; 130, 63, 92)

Museo Sívori
Voir p. 65 (buenosaires.gob.ar/cultura/museos/museosivori ; Av. Infanta Isabel 555 ; 2 000 $ARS, entrée libre mer ; 11h-19h lun et mer-ven, 11h-20h sam-dim)

Museo Xul Solar
Voir p. 64 (xulsolar.org.ar ; Laprida 1212 ; tarif plein/réduit 5 000/3 000 $ARS ; 12h-20h mar-ven, 12h-19h sam ; S Línea D Agüero)

Planetario Galileo Galilei
Voir p. 64 (planetario.buenosaires.gob.ar ; Av. Sarmiento s/n ; spectacle mar-ven 3 000 $ARS ; 11h-17h mar-ven et 11h-20h sam-dim ; 37, 67, 130, 160)

La Viruta Tango Club
Voir p. 69 (lavirutatangoar.com ; Armenia 1366 ; 141, 15, 110)

Tierra Santa
Voir p. 61 (tierrasanta.com.ar ; Av. Costanera Rafael Obligado 5790 ; adulte/enfant 20 000/5 000 $ARS ; 9h-19h ven, 12h-20h sam-dim hiver, 16h-minuit ven-dim été)

Duque Hotel
Voir p. 67 (duquehotel.com ; Guatemala 4364 ; S Línea D Scalabrini Ortiz)

Jardín Escondido
Voir p. 67 (thefamilycoppolahideaways.com/resort/jardin-escondido ; Gorriti 4746)

Selina Palermo
Voir p. 67 (selina.com/argentina/palermo-soho ; Guatemala 4931)

Club Eros
Voir p. 69 (011-4832-1313 ; Uriarte 1609 ; 12h-15h et 20h-23h)

Don Julio
Voir p. 69 (parrilladonjulio.com ; Guatemala 4691 ; 11h30-16h et 19h-1h ; S Línea D Plaza Italia)

Gran Dabbang
Voir p. 68 (@dabbang_ ; Av. Raúl Scalabrini Ortiz 1543 ; 19h30-minuit lun-sam ; 141, 15, 160)

Hierro
Voir p. 69 (hierroparrilla.com ; Costa Rica 5602 ; 12h-minuit dim-mer, 12h-1h jeu-sam)

La Carnicería
Voir p. 69 (facebook.com/xlacarniceriax ; Thames 2317 ; 20h-minuit mar-ven, 13h-15h30 et 20h-minuit sam-dim ; S Línea D Plaza Italia)

La Pescadorita
Voir p. 68 (@lapescadorita ; Humboldt 1905 ; 12h-minuit dim-jeu, 12h-1h ven-sam)

Lo de Jesús
Voir p. 67 (011-4832-6011 ; Gurruchaga 1406 ; 12h-1h)

Niño Gordo
Voir p. 69 (niñogordo.com.ar ; Thames 1810 ; 20h-minuit mar-ven, 13h-17h et 20h-minuit sam-dim)

Picsa
Voir p. 68 (@picsa_ba ; Nicaragua 4896 ; 11h-minuit mar-jeu et dim, 12h-1h ven-sam)

Rapanui
Voir p. 70 (rapanui.com.ar ; Malabia 2014 ; 11h-1h dim-jeu, 11h-2h ven-sam)

Aldo's
Voir p. 68 (aldosvinoteca.com/wine-bar ; Rep. Árabe Siria 3037 ; 16h-minuit lun-jeu, 16h-1h ven-sam)

Amores Tintos
Voir p. 69 (@amorestintos ; Gorriti 4202 ; 12h30-23h30 mar-mer, 12h-minuit jeu, 12h-1h ven-sam, 12h-23h dim)

Casa Cavia
Voir p. 69 (casacavia.com ; Cavia 2985 ; 10h-19h dim-lun, 10h-minuit mar-mer et ven-sam, 14h-minuit jeu)

Cru Deli & Wine
Voir p. 68 (crudeliandwine.com.ar ; Bonpland 1670 ; 11h-1h lun-mer et 11h-2h jeu-sam)

La Cava Jufré
Voir p. 68 (lacavajufre.com.ar ; Jufré 201 ; 19h-1h mer-sam)

La Malbequería
Voir p. 67 (@lamalbequeria ; Gurruchaga 1418 ; 12h-1h)

Maricafé
Voir p. 68 (maricafe.com.ar ; Av. Honduras 4096 ; 9h-22h dim-jeu, 9h-1h ven-sam)

Tres Monos
Voir p. 69 (3monos.com.ar ; Guatemala 4899 ; 14h-2h)

Varela Varelita
Voir p. 69 (Av. Raúl Scalabrini Ortiz 2102 ; 7h-2h lun-sam)

Vina
Voir p. 68 (@vina.buchette ; Echeverria 1677, local 14 ; 19h-minuit mar-dim)

Bar de Fondo
Voir p. 70 (Julián Álvarez 1200 ; 10h30-23h lun-mer, 10h30-minuit jeu-sam, 11h30-23h dim)

Bebop
Voir p. 70 (passline.com/sitio/bebop-club ; Uriarte 1658 ; 19h-minuit)

Congo Cultural Club
Voir p. 70 (congoclubcultural.com.ar ; Honduras 5329 ; 19h-2h mer, 19h-1h jeu et dim, 20h-3h ven-sam)

Crobar / Rheo
Voir p. 68 (crobar.com.ar et @rheoba ; Av. Coronel Marcelino E. Freyre ; Crobar minuit-7h ven-dim, Rheo minuit-6h ven, 10, 33, 111)

QUIGGYT4/SHUTTERSTOCK.COM ©

Museo de Arte Latinoamericano de Buenos Aires (MALBA)

Feliza Arcoiris
Voir p. 68 (@felizarcoiris ; Av. Córdoba 3271 ; 12h-5h mer-dim)

Niceto Club
Voir p. 68 (@club69.ba ; Cnel. Niceto Vega 5510 ; 24h/24 ; 111, 140, 34)

Peuteo
Voir p. 68 (Gurruchaga 1867 ; 19h-3h dim-lun et mer-jeu, 19h-4h ven-sam)

Borges 1975
Voir p. 70 (borges1975.com ; Jorge Luis Borges 1975 ; 10h-3h dim-mar, 10h-5h mer-sam)

Dain Usina Cultural
Voir p. 70 (Nicaragua 4899 ; 12h-20h lun-ven, 14h-20h sam)

Eterna Cadencia
Voir p. 70 (eternacadencia.com.ar ; Honduras 5582 ; 9h-21h lun-ven, 12h-20h sam, 12h-19h dim)

Librería Santa Fe
Voir p. 70 (lsf.com.ar ; Av. Santa Fe 3253 ; 10h-22h)

Libros del Pasaje
Voir p. 70 (librosdelpasaje.com.ar ; Thames 1762 ; 10h-18h lun-sam)

CENTRO HISTÓRICO

Cabildo
Voir p. 73 (cabildonacional.cultura.gob.ar ; Bolívar 65 ; 10h30-18h mer-dim ; S Línea A Perú)

Casa Rosada
Voir p. 73 (casarosada.gob.ar ; angle Av. Paseo Colón et Hipólito Yrigoyen ; 10h-17h30 mer-dim ; S Línea A Plaza de Mayo)

Catedral Metropolitana
Voir p. 82 (catedralprimadabue.wixsite.com/buenosaires ; 7h30-18h45, musée 10h-14h lun-ven ; S Línea D Catedral)

Centro Cultural Kirchner
Voir p. 76 (cck.gob.ar ; Sarmiento 151 ; 14h-20h mer-dim ; S Línea B Alem)

Museo Etnográfico Juan B. Ambrosetti
Voir p. 81 (museoetnografico.filo.uba.ar ; Moreno 350 ; 1 500 $ARS ; 13h-19h mar-ven, 15h-19h sam-dim ; S Línea A Plaza de Mayo)

Palacio Barolo
Voir p. 76 (palaciobarolotours.com.ar ; Av. de Mayo 1370 ; visite adulte/enfant 23 000/17 500 $ARS ;

sur réservation tlj ; S Línea A Sáenz Peña)

Palacio de las Aguas Corrientes
Voir p. 81 (aysa.com.ar ; Riobamba 750 ; entrée libre ; musée 9h-13h et 14h-17h lun-ven, visite guidée gratuite lun et ven 11h, mar et jeu 15h ; S Línea d Callao)

Palacio del Congreso de la Nación Argentina
Voir p. 78 (senado.gov.ar ; Av. Hipólito Yrigoyen 1863 ; visites 12h et 17h lun-ven ; S Línea A Congreso)

Teatro Colón
Voir p. 77 (teatrocolon.org.ar ; Tucumán 1171, Cerrito 628 ; visite 18 000 $ARS ; visites ttes les 15 min, 10h-16h45 lun-ven, 11h-16h45 sam-dim ; S Línea D Tribunales)

725 Continental Hotel
Voir p. 81 (725continental.com ; Av. Pres. Roque Sáenz Peña 725)

Buenos Aires Marriott
Voir p. 82 (marriott.com/en-us/hotels/buemb-buenos-aires-marriott/overview ; Carlos Pellegrini 551)

Che Juan Hostel
Voir p. 81 (chejuanhostel.com ; Lavalle 477)

Hotel Jousten
Voir p. 81 (nh-hotels.com/en/hotel/nh-collection-buenos-aires-jousten ; Av. Corrientes 280)

Hotel NH Latino Buenos Aires
Voir p. 82 (nh-hotels.com/en/hotel/nh-buenos-aires-latino ; Suipacha 309)

Savoy Hotel
Voir p. 82 (savoyhotel.com.ar ; Av. Callao 181)

Boca de Toro Club
Voir p. 79 (bocadetoro.com ; Paraguay 685 ; 11h-minuit lun-sam)

Cadore
Voir p. 80 (heladeriacadore.com.ar ; Av. Corrientes 1695 ; 12h-minuit dim-jeu, 12h-2h ven-sam ; S Línea B Callao)

Chungo
Voir p. 80 (chungo.com.ar ; Av. Belgrano 1299 ; 12h-minuit)

Confitería La Ideal
Voir p. 79 (laideal.ar ; Suipacha 384 ; 7h-minuit)

Museo Nacional de Bellas Artes (MNBA)

TOLO / STOCK.ADOBE.COM ©

El Tropezón
Voir p. 80 (eltropezonrestaurant.com.ar ; Av. Callao 248 ; 7h-minuit lun-ven, 12h-1h sam, 12h-16h et 19h30-minuit dim)

Freddo
Voir p. 80 (ar.freddo.com ; Av. Corrientes 1496 ; 11h-minuit dim-jeu, 11h-1h30 ven-sam)

La Americana
Voir p. 79 (pizzerialaamericana.com.ar ; Av. Corrientes 1383 ; 7h-3h)

Las Cuartetas
Voir p. 79 (facebook.com/LasCuartetas ; Av. Corrientes 838 ; 11h30-minuit lun-jeu, 11h30-1h ven, 12h-2h sam, 19h-minuit dim)

Los Inmortales
Voir p. 79 (losinmortales.com ; Av. Corrientes 1369 ; 10h-1h)

Lucciano's
Voir p. 80 (luccianos.net ; Av. Alicia Moreau de Justo 390, Puerto Madero ; 12h-minuit)

Parrilla Peña
Voir p. 79 (@parrillitapena ; Rodríguez Peña 682 ; 12h-16h et 19h-minuit lun-sam ; S Línea D Callao)

Pepito
Voir p. 80 (pepitobuenosaires.com ; Montevideo 383 ; 12h-1h)

Pizzería Banchero
Voir p. 79 (@pizzeriabanchero ; Av. Corrientes 1300 ; 11h-1h)

Pizzería Güerrín
Voir p. 79 (@pizzeriaguerrin ; Av. Corrientes 1368 ; 11h-1h dim-jeu, 11h-2h ven-sam ; S Línea B Uruguay)

Sattva
Voir p. 80 (011-4374-5125 ; Montevideo 446 ; 12h-16h et 20h-23h mar-jeu, 12h-16h et 20h-1h ven, 20h-1h sam)

Scannapieco
Voir p. 80 (heladeriascannapieco.com.ar ; Av. Corrientes 1660, Local 7, Paseo La Plaza ;

12h-minuit mar-jeu et dim, 12h-2h ven-sam)

Café de los Angelitos
Voir p. 82 (cafedelosangelitos.com ; Av. Rivadavia 2100 ; 9h-23h ; S Línea A Congreso)

Café Tortoni
Voir p. 76 (cafetortoni.com.ar ; Av. de Mayo 825 ; 8h-21h ; S Línea A Piedras)

La Giralda
Voir p. 82 (lagiralda.com.ar ; Av. Corrientes 1453 ; 7h-1h dim-jeu, 24h/24 ven-sam)

La Puerto Rico
Voir p. 82 (@lapuertorico.cafe ; Adolfo Alsina 416 ; 7h-minuit lun-ven, 8h-minuit sam, 8h-20h dim)

Los 36 Billares
Voir p. 82 (los36billares.com.ar ; Av. de Mayo 1271 ; 7h-1h ; S Línea A Lima)

Paulín
Voir p. 82 (@famosocafepaulin ; Sarmiento 635 ; 8h-19h lun-ven)

El Beso
Voir p. 82 (elbeso.com.ar ; Riobamba 416, 1er ét. ; S Línea B Callao)

Paseo La Plaza
Voir p. 79 (paseolaplaza.com.ar ; Av. Corrientes 1660 ; billetterie 11h-20h lun, 11h-21h mar-mer, 11h-23h jeu, 11h-minuit ven-sam, 13h-21h30 dim ; S Línea B Callao)

Tango Porteño
Voir p. 81 (tangoporteno.com.ar ; Av. Cerrito 570)

Teatro Gran Rex
Voir p. 79 (teatro-granrex.com.ar ; Av. Corrientes 857 ; billetterie 12h-18h lun-sam)

Teatro Ópera
Voir p. 79 (teatropera.com ; Av. Corrientes 860 ; S Línea B Carlos Pellegrini)

Teatro San Martín
Voir p. 79 (complejoteatral.gob.ar ; Av. Corrientes 1530 ; billetterie 10h-22h)

Galerías Pacífico
Voir p. 77 (galeriaspacifico.com.ar ; angle Florida et Av. Córdoba ; 10h-21h, restauration 10h-22h ; S Línea B Florída)

Librería de Ávila
Voir p. 80 (Adolfo Alsina 500 ; 9h-19h lun-ven, 10h-15h sam)

RECOLETA ET RETIRO

Alvear Palace Hotel
Voir p. 91 (alvearpalace.com ; Av. Alvear 1891 ; 130, 93, 62)

Biblioteca Nacional Mariano Moreno
Voir p. 92 (bn.gov.ar ; Agüero 2502 ; 9h-21h lun-ven, 12h-19h sam-dim)

Cementerio de la Recoleta
Voir p. 88 (visitasguiadasrecoleta@buenosaires.gob.ar ; Junín 1760 ; visites 5 090 $ARS ; 9h-17h ; S Línea H Las Heras)

Centro Cultural Recoleta
Voir p. 86 (centroculturalrecoleta.org ; Junin 1930 ; 13h30-22h mar-ven, 11h15-22h sam-dim)

Edificio Kavanagh
Voir p. 91 (turismo.buenosaires.gob.ar/es/otros-establecimientos/edificio-kavanagh ; Florida 1065 ; 8h-20h lun-ven)

El Ateneo Grand Splendid
Voir p. 83 (yenny-elateneo.com ; Av. Santa Fe 1860 ; 9h-21h lun-sam, 11h-21h dim ; S Línea D Callao)

Galería Rubbers
Voir p. 92 (rubbers.com.ar ; Av. Alvear 1640 PB ; 12h-18h lun-ven)

Mite
Voir p. 92 (mitegaleria.com.ar ; Av. Córdoba 380 ; 15h-19h mar-ven)

Museo de Arte Hispanoamericano Isaac Fernández Blanco
Voir p. 93 (buenosaires.gob.ar/museofernandezblanco/palacionoel ; Suipacha 1422 ; tarif plein/-12 ans 2 000 $ARS/gratuit, entrée libre mer ; 11h-19h lun et mer-ven, 11h-20h sam-dim ; S Línea C San Martín)

Museo Nacional de Bellas Artes (MNBA)
Voir p. 87 (bellasartes.gob.ar ; Av. del Libertador 1473 ; 11h-20h mar-ven, 10h-20h sam-dim ; 130, 92, 63)

Palacio Paz
Voir p. 90 (@palacio.paz ; Av. Santa Fe 750 ; S Línea C San Martín)

Rolf Art
Voir p. 92 (rolfart.com.ar ; Esmeralda 1353 ; 11h-19h lun-ven)

Torre Monumental
Voir p. 86 (Plaza Fuerza Aérea Argentina, Av. Dr. José María Ramos Mejía 1315 ; visite 2 000 $ARS, gratuit mer ; visite 11h-18h mer-lun ; S Línea C Retiro)

Loi Suites Recoleta
Voir p. 93 (loisuites.com.ar/recoleta.html ; Vicente López 1955)

Up Recoleta Hotel
Voir p. 93 (uprecoletahotel.com ; José León Pagano 2684)

Voyage Recoleta Hostel
Voir p. 93 (voyagehostel.com ; Junín 1418)

Aramburu
Voir p. 87 (arambururesto.com.ar ; Vicente López 1661 ; 18h30-22h30 mar-sam ; S Línea E San José)

El Cuartito
Voir p. 89 (@cuartito_paginaoficial ; Talcahuano 937 ; 12h30-1h dim-jeu, 12h30-2h ven-sam)

Invernadero
Voir p. 92 (invernaderobn.com ; Agüero 2502 ; 8h-2h)

Jardín de Invierno
Voir p. 92 (loisuites.com.ar/recoleta.html ; Loi Suites Recoleta Hotel, Vicente López 1955 ; 7h30-23h)

Pa'l Que Guste
Voir p. 89 (facebook.com/palqueguste949 ; Talcahuano 949 ; 11h30-15h30 et 19h30-23h30 lun-jeu, 11h30-15h30 et 19h30-0h30 ven, 19h30-minuit sam)

Roux
Voir p. 89 (rouxresto.com ; Peña 2300 ; 12h-15h30 et 19h-minuit)

Rufino
Voir p. 92 (rufinoargentino.com ; Av. Pres. Manuel Quintana 465 ; 19h30-23h30 dim-jeu, 19h30-minuit ven-sam)

Tanta
Voir p. 92 (tanta.com.ar ; Esmeralda 938 ; 12h-minuit)

Basa
Voir p. 93 (basabar.com.ar ; Basavilbaso 1328 ; 12h-15h et 19h-1h lun-ven, 20-1h sam)

Clorindo
Voir p. 89 (@clorindo.ba ; Talcahuano 1261 ; 9h-20h mar-dim)

Florería Atlántico
Voir p. 93 (floreriaatlantico.com.ar ; Arroyo 872 ; bar 16h-2h, boutique 11h-1h30 lun-ven et 16h-1h30 sam-dim)

Gontran Cherrier
Voir p. 89 (gontrancherrier.com.ar ; Av. Córdoba 946 ; 11h-20h lun-ven, 9h-14h sam)

Gran Bar Danzón
Voir p. 93 (granbardanzon.com.ar ; Libertad 1161 ; 19h-1h lun-mer, 19h-3h jeu-ven, 20h-3h sam, 20h-1h dim ; S Línea D Tribunales)

La Biela
Voir p. 93 (labiela.com ; Av. Pres. Manuel Quintana 596 ; 8h-minuit dim-jeu, 8h-1h ven-sam ; 130, 62, 93)

Maru Botana
Voir p. 89 (marubotana.com ; Suipacha 1371 ; 9h-20h30 lun-ven, 9h-20h sam et jours fériés, 10h-18h dim)

Milión
Voir p. 93 (milion.com.ar ; Paraná 1048 ; 8h-minuit dim-mer, 8h-1h jeu, 8h-2h ven-sam ; S Línea D Callao)

Presidente Bar
Voir p. 93 (presidentebar.com.ar ; Av. Pres. Manuel Quintana 188 ; 20h-2h mar et dim, 20h-2h30 mer, 20h-3h jeu, 20h-3h30 ven-sam)

Rondó Café
Voir p. 89 (@rondddocafe ; Uruguay 1048 ; 8h-20h lun-ven, 9h-20h sam)

Sasha
Voir p. 89 (@sashapasteles ; Juncal 2110 ; 9h-20h mar-dim)

Feria Artesenal Plaza Francia
Voir p. 89 (feriaplazafrancia.com ; Plaza Intendente de Alvear ; 11h-20h sam-dim ; S Línea H Las Heras)

SAN TELMO

Casa Eizeiza
Voir p. 97 (@casaezeiza ; Defensa 1179 ; 10h-18h mar-dim)

Casa Mínima
Voir p. 97 (elzanjon.com.ar ; San Lorenzo 380 ; visites 10 000 $ARS ; 11h-17h, visites guidées en espagnol 12h sem, 14h et 15h week-end, 13h en anglais)

El Zanjón de Granados
Voir p. 96 (elzanjon.com.ar ; Defensa 755 ; visites 18 000 $ARS ; 11h-17h, visites guidées 1 heure à 11h, 13h, 15h et 17h lun-ven, ttes les heures sam-dim ; S Línea C Independencia)

Galería del Viejo Hotel
Voir p. 102 (@galeriadelviejohotel ; Balcarce 1053 ; 9h-21h)

Museo de Arte Contemporáneo Buenos Aires (MACBA)
Voir p. 103 (museomacba.org ; Av. San Juan 328 ; 3 000 $ARS, mer 1 500 $ARS ; 12h-19h lun et mer-dim ; 24, 29, 111)

Museo de Arte Moderno de Buenos Aires
Voir p. 102 (museomoderno.org ; Av. San Juan 350 ; 3 000 $ARS, gratuit mer ; 11h-19h lun et mer-ven, 11h-20h sam-dim ; 29, 24, 111)

Museo Histórico Nacional
Voir p. 99 (museohistoriconacional.cultura.gob.ar ; Defensa 1600 ; 11h-19h mer-dim ; 29)

Anselmo Buenos Aires
Voir p. 103 (hilton.com/en/hotels/buebaqq-anselmo-buenos-aires ; Don Anselmo Aieta 1069)

Circus Hostel & Hotel
Voir p. 102 (hostelcircus.com ; Chacabuco 1020 ; S Línea C Independencia)

Hostel Carlos Gardel
Voir p. 103 (hostelcarlosgardel.com.ar ; Carlos Calvo 579)

L'Adresse Hotel Boutique
Voir p. 102 (ladressehotel.com ; Bolívar 1491 ; 29, 33, 159, 130)

Patios de San Telmo
Voir p. 102 (patiosdesantelmo.com.ar ; Chacabuco 752 ; S Línea C Independencia)

Viajero Hostel Buenos Aires
Voir p. 103 (viajerohostels.com/es/destinos-argentina/buenos-aires ; Venezuela 649)

Café San Juan
Voir p. 100 (@cafesanjuanoficial ; Av. San Juan 450 ; 19h30-minuit mar-ven, 12h30-16h et 19h30-minuit sam, 12h30-16h dim)

Casa Mínima

El Federal
Voir p. 100 (011-4361-7328 ; Carlos Calvo 599 ; 8h-2h ; S Línea C Independencia)

Hierbabuena
Voir p. 101 (@hierbabuena restaurant ; Av. Caseros 454 ; 9h-17h lun, 9h-minuit mar et jeu-dim ; 29, 33, 159, 130)

La Brigada
Voir p. 101 (labrigada.com.ar ; Estados Unidos 465 ; 12h-15h et 20h-minuit mar-dim)

La Casa del Dulce de Leche
Voir p. 101 (@lacasadeldulcede leche ; Defensa 733 ; 10h-20h)

Pirilo
Voir p. 101 (011-4307-0248 ; Defensa 821 ; 13h-16h30 et 18h-23h mar-ven, 18h-minuit sam-dim)

Pulpería Quilapán
Voir p. 103 (pulperiaquilapan.com ; Defensa 1344 ; 18h-minuit mer-sam, 11h-18h dim ; 29)

The Pizza Only True Love (OTL)
Voir p. 100 (@thepizzaotl ; Av. Caseros 424 ; 17h-minuit mar-ven, 12h-minuit sam-dim)

Atis Bar
Voir p. 102 (@atis.bar ; Perú 1024 ; 9h-minuit dim-jeu, 9h-2h ven-sam)

Bar Británico
Voir p. 96 (@barbritanico ; Av. Brasil 399 ; 7h-3h)

Bierlife
Voir p. 100 (facebook.com/bierlife ; Humberto Primero 670 ; 17h-minuit mer-jeu et dim, 17h-2h ven-sam)

Café Rivas
Voir p. 101 (facebook.com/caferivas ; Estados Unidos 302 ; 10h-1h mar-sam, 11h-20h dim)

Coffee Town
Voir p. 98 (coffeetowncompany.com ; Bolívar 976, Mercado de San Telmo ; 8h-20h ; S Línea C Independencia)

Doppelgänger Bar
Voir p. 100 (Av. Juan de Garay 500 ; 19h-1h30 mar-jeu, 19h-3h30 ven-sam ; 29, 24)

El Hipopótamo
Voir p. 101 (Av. Brasil 401 ; 12h-23h30)

La Poesía
Voir p. 101 (losnotables.com.ar/cafe-la-poesia ; Chile 502 ; 8h-2h)

La Puerta Roja
Voir p. 100 (puertaroja.com.ar ; Chacabuco 733 ; 11h-minuit)

Margal
Voir p. 100 (@margal.santelmo ; Defensa 1156 ; 17h-1h mer-jeu et dim, 17h-5h ven-sam)

Punto Café
Voir p. 101 (@somospuntocafe ; Perú 602 ; 8h-20h lun-ven, 9h-20h sam)

Vina San Telmo
Voir p. 100 (@vinasantelmo_ ; Av. Caseros 474 ; 17h30-minuit mar-sam, 17h-23h30 dim)

Bar Sur
Voir p. 101 (bar-sur.com.ar ; Estados Unidos 299 ; 20h30-0h30)

Centro Cultural Torquato Tasso
Voir p. 103 (torquatotasso.com.ar ; Defensa 1575 ; 29, 168, 24)

La Scala de San Telmo
Voir p. 103 (lascala.com.ar ; Dr. José Modesto Giuffra 371)

Pista Urbana
Voir p. 103 (pistaurbana.com.ar ; Chacabuco 874)

Teatro Margarita Xirgu
Voir p. 103 (paginade-prueba-catalan.my.canva.site/blog ; Chacabuco 875)

Todo Mundo
Voir p. 103 (todomundosantelmo.com.ar ; Don Anselmo Aieta 1095 ; 9h-3h

Doña Magdalena
Voir p. 102 (@donamagdalena_ ; Estados Unidos 399)

Feria de San Telmo
Voir p. 97 (feriadesantelmo.com ; Defensa 1086 ; 10h-17h dim et jours fériés)

Galería Solar de French
Voir p. 101 (solardefrench.com ; Defensa 1066 ; 10h-20h)

La Vaca Lechera
Voir p. 102 (@lavacadesantelmo ; Defensa 881 ; 11h-19h lun et sam, 10h-19h mar-ven et dim)

Mercado de San Telmo
Voir p. 98 (mercadosantelmo.com.ar ; Defensa 963 ; 9h-20h)

Taller Pallarols
Voir p. 98 (@juancarlospallarols ; Defensa 1039 ; 9h-17h lun-ven)

LA BOCA

Barro
Voir p. 113 (barro.cc ; Caboto 531 ; 12h-18h lun-ven)

Fundación Proa
Voir p. 106 (proa.org ; Av. Don Pedro de Mendoza 1929 ; 12h-19h mer-dim ; 33, 64, 29)

Munar
Voir p. 113 (Av. Don Pedro de Mendoza 1555 ; 13h-18h mer-sam)

Museo Benito Quinquela Martín
Voir p. 106 (buenosaires.gob.ar/educacion/gestion-cultural/museo-benito-quinquela-martin ; Av. Don Pedro de Mendoza 1835 ; 1 000 $ARS ; 11h15-18h mar-dim ; 33, 64, 29)

Museo de Arte Contemporáneo de La Boca (Marco)
Voir p. 113 (museomarco.org ; Av. Almirante Brown 1031 ; 800 $ARS, gratuit mer ; 11h-19h mer-dim)

Museo de la Pasión Boquense
Voir p. 107 (museoboquense.com ; Brandsen 805 ; musée 13 000 $ARS ; 10h-18h ; 29, 53, 152)

Museo del Conventillo Marjan Grum
Voir p. 107 (facebook.com/people/Museo-Conventillo-Marjan-Grum/100054646501249 ; Gral. José Garibaldi 1429 ; 11h-14h30)

Usina del Arte
Voir p. 109 (buenosaires.gob.ar/cultura/usina-del-arte ; Agustín R. Caffarena 1 ; 12h-20h mar-jeu, 11h-20h ven-dim ; 130, 86, 8)

Banchero
Voir p. 113 (011-4301-1406 ; Av. Almirante Brown 1200 ; 12h-minuit)

El Estaño 1880
Voir p. 113 (011-7534-7953 ; Aristóbulo del Valle 1100 ; 10h30-22h lun-sam)

El Gran Paraíso
Voir p. 113 (granparaiso.com.ar ; Gral. José Garibaldi 1428 ; 10h-18h30)

El Obrero
Voir p. 107 (@elobrero1954 ; Agustín R. Caffarena 64 ; 20h-2h mar-sam)

El Samovar de Rasputín
Voir p. 110 (011-4302-3190 ; Dr. del Valle Iberlucea 1251 ; 12h-18h jeu-ven, 12h-20h sam-dim)

La Glorieta de Quique
Voir p. 110 (@laglorietadequique ; Brandsen 810 ; 10h-17h mar-dim)

Las Gemelas
Voir p. 110 (@restobarlasgemelas ; Dr. del Valle Iberlucea 1216 ; 11h-20h)

1905 Bar
Voir p. 111 (Brandsen 805 ; 10h-18h)

Bar Roma
Voir p. 111 (@caferomabar ; Olavarría 409 ; 7h-20h lun-ven, 8h-20h sam)

Café Bar de los Artistas
Voir p. 111 (Gral. José Garibaldi 1410 ; 9h-19h lun, 10h-19h30 mar-jeu et sam, 9h-21h ven, 11h-17h dim)

La Buena Medida
Voir p. 111 (Av. Suárez 101 ; 12h-16h et 20h-minuit mar-dim)

Lo del Diego
Voir p. 106 (lodeldiego.com.ar ; Av. Don Pedro de Mendoza 1859 ; 10h-20h)

Colón Fábrica
Voir p. 109 (teatrocolon.org.ar/colon-fabrica ; Av. Pedro de Mendoza 2163 ; visite libre/guidée 4 500/6 000 $ARS ; 12h-18h ven-dim ; 20, 29, 53, 64)

Los Laureles
Voir p. 110 (011-3589-2015 ; Av. Gral. Tomás de Iriarte 2290 ; 12h-15h et 20h-minuit)

Almacén Porteño
Voir p. 111 (almacenporteno.com.ar ; Magallanes 855 ; 10h-18h)

Jofre Art Gallery
Voir p. 111 (@jofre_roberto ; Magallanes 848 ; 10h-18h dim-jeu, 10h-17h ven-sam)

Solo Boca
Voir p. 111 (Magallanes 820 ; 10h-19h)

PUERTO MADERO

Buque Museo Fragata ARA Presidente Sarmiento
Voir p. 116 (argentina.gob.ar/armada/museos/buque-presidente-sarmiento ; Dique 3, Av. Alicia Moreau de Justo 980 ;

13h-19h jeu-ven, 10h-19h sam-dim ; S Línea A Plaza de Mayo)

Colección de Arte Amalia Lacroze de Fortabat
Voir p. 117 (coleccionfortabat.org.ar ; Olga Cossettini 141 ; tarif plein/réduit 3 000/1 500 $ARS ven-dim, 1 500 $ARS/gratuit jeu ; 12h-20h jeu-dim, visites guidées en espagnol 17h30 ven et 16h sam ; S Línea B Alem)

Museo de Calcos Ernesto de La Cárcova
Voir p. 122 (museodelacarcova.una.edu.ar ; Av. España 1701 ; 10h-16h mar-ven, 11h-18h sam-dim)

Museo de la Inmigración
Voir p. 116 (untref.edu.ar/muntref/es/museo-de-la-inmigracion ; Av. Antártida Argentina s/n ; 11h-18h mer-dim, visites guidées 12h et 14h sam et dim)

Pabellón de las Bellas Artes UCA
Voir p. 121 (Planta Baja, Av. Alicia Moreau de Justo 1300 ; entrée libre ; 11h-19h mar-dim)

Reserva Ecológica Costanera Sur
Voir p. 118 (visitasguiadas_recs@buenosaires.gob.ar ; Av. Tristán Achaval Rodriguez 1550 ; 8h-18h mar-dim ; 2)

Buenos Días Birding
Voir p. 118 (buenosdiasbirding.com ; Cap. Gral. Ramón Freire 1512)

Sturla Viajes
Voir p. 119 (sturlaviajes.tur.ar ; Cecilia Grierson 400 ; 9h-18h30)

Almarena Madero Urbano Studios
Voir p. 122 (almarena.com.ar/madero-urbano ; Azopardo 770)

Alvear Icon Hotel
Voir p. 122 (alvearicon.com ; Aimé Painé 1130, piso 32)

Believe Madero Hotel
Voir p. 122 (believemadero.com/puerto-madero ; Chile 80)

Faena Hotel
Voir p. 120 (faena.com/buenos-aires ; Martha Salotti 445 ; 111, 43, 143)

Amarra
Voir p. 120 (011-4343-6067 ; chilarestaurant.com ; Av. Alicia Moreau de Justo 1160 ; 19h30-23h mar-sam)

Cabaña Las Lilas
Voir p. 120 (restaurantlaslilas.com.ar ; Av. Alicia Moreau de Justo 516 ; 12h-minuit)

La Cabaña
Voir p. 120 (lacabana.com.ar ; Av. Alicia Moreau de Justo 580 ; 11h30-1h)

Osaka
Voir p. 120 (osakanikkei.com ; Los Molinos Building, Juana Manso 1164 ; 12h-16h et 19h-23h)

Raíz Plant Mood
Voir p. 120 (raizplantmood.ar ; Juana Manso 1770 ; 12h-minuit dim-jeu, 12h-1h30 ven-sam)

Alberto's Lobby Bar
Voir p. 121 (hilton.com/en/hotels/buehihh-hilton-buenos-aires/dining ; Av. Macacha Güemes 351 ; 9h-1h dim-jeu, 9h-2h ven-sam)

Croque Madame
Voir p. 120 (croquemadame.com.ar ; Pierina Dealessi 140 ; 8h-20h)

Crystal Bar
Voir p. 117 (alvearicon.com/gastronomia/crystal-bar-puerto-madero ; Aimé Painé 1130, Piso 32 ; 18h-1h30 mar-sam)

La Panera Rosa
Voir p. 120 (lapanerarosa.com.ar ; Pierina Dealessi 1360 ; 9h-minuit)

Library Lounge
Voir p. 121 (faena.com/buenos-aires/dining/the-library-lounge ; Martha Salotti 445 ; 9h-0h30)

Lobo Café
Voir p. 121 (@lobocafe.ba ; Pierina Dealessi 1330 ; 8h-minuit dim-jeu, 8h-1h ven-sam)

Negroni
Voir p. 121 (negronibistrobar.com/sucursal/negroni-puerto-madero ; Olga Cossettini 791 ; 10h-1h dim-mer, 10h-2h jeu-sam)

Ol'Days Coffee & Deli
Voir p. 121 (oldayscoffee.com/home-ar ; Olga Cossettini 1182 ; 8h-21h30)

Peñón del Águila
Voir p. 121 (penondelaguila.com ; Pierina Dealessi 701 ; 19h-1h dim-jeu, 19h-3h ven-sam)

Tiendas Naturales
Voir p. 121 (tiendas-naturales.com.ar ; Olga Cossettini 733 ; 10h-minuit)

Vince
Voir p. 120 (@vinceilbar ; Pierina Dealessi 1310 ; 8h30-minuit)

White Bar
Voir p. 121 (hotelmadero.com/en/taste-detail/1/white-bar ; Hotel Madero, Juana Manso 1691 ; 6h30-1h)

Havanna
Voir p. 122 (Pierina Dealessi 1166 ; 8h-21h lun-ven, 9h-22h sam-dim)

I Central Market
Voir p. 122 (icentralmarket.com.ar ; Macacha Güemes 322 ; 8h-minuit dim-jeu, 8h-1h ven-sam)

I Love Gifts
Voir p. 122 (Pierina Dealessi 528 ; 10h-21h)

Marignan
Voir p. 122 (marignan.com.ar ; Av. Alicia Moreau de Justo 1080)

Walmer
Voir p. 122 (walmer.com.ar ; Martha Salotti 414 ; 10h-19h lun-ven, 10h-13h sam)

Ci-dessus : chutes d'Iguazú (p. 142), à droite : cervidé, Parque Nacional Iberá (p. 150)

SITES PRINCIPAUX

IGUAZÚ
Chutes d'eau incontournables.
p. 140

PARQUE NACIONAL IBERÁ
Une faune exceptionnelle à observer.
p. 150

CORRIENTES
Ville fluviale splendide.
p. 158

Chutes d'Iguazú et Nord-Est

CASCADES ET AUTRES MERVEILLES

Les chutes d'Iguazú ne sont qu'une des excellentes raisons pour que votre voyage passe par cette région.

Ineffables, majestueuses, les chutes d'Iguazú, si spectaculaires qu'elles en éclipseraient celles du Niagara, font presque oublier la région qui les entoure. Beaucoup de visiteurs prennent un bus de nuit depuis Buenos Aires et arrivent aux chutes le matin, les yeux encore pleins de sommeil, les admirent rapidement et repartent aussitôt vers la capitale. Ce faisant, ils manquent les autres merveilles de la région, qui méritent vraiment qu'on y passe du temps. Le vaste Parque Nacional Iberá, par exemple, permet d'observer de près une faune stupéfiante, dont les adorables capybaras (ou cabiaïs, appelés *carpinchos* en Argentine). Ajoutez-y l'observation (non garantie) de caïmans et de nombreuses espèces d'oiseaux : le parc n'attend que vous. Non loin, vous trouverez d'anciennes missions jésuites en ruines, évoquant une grandeur et une puissance du catholicisme difficiles à imaginer aujourd'hui. À l'est et au sud, les fleuves donnent de très belles occasions de pêcher, de naviguer et de randonner. Ils ont fait naître des cités dynamiques où la cuisine est délicieuse, la vie nocturne animée, le tout dans une atmosphère plus détendue que dans la capitale. Si vous ne visitez qu'un seul lieu, allez à Iguazú. Mais si vous pouvez en faire plus, vous ne serez pas déçus.

CONCORDIA
Ville de pêcheurs tranquille.
p. 166

SANTA FE
Ville jeune et dynamique.
p. 172

S'orienter

Les fleuves qui bordent la région ont aussi façonné ses terres. L'une de ses provinces se nomme d'ailleurs Entre Ríos, "entre les fleuves". Voici quelques sites parmi les plus mémorables à visiter.

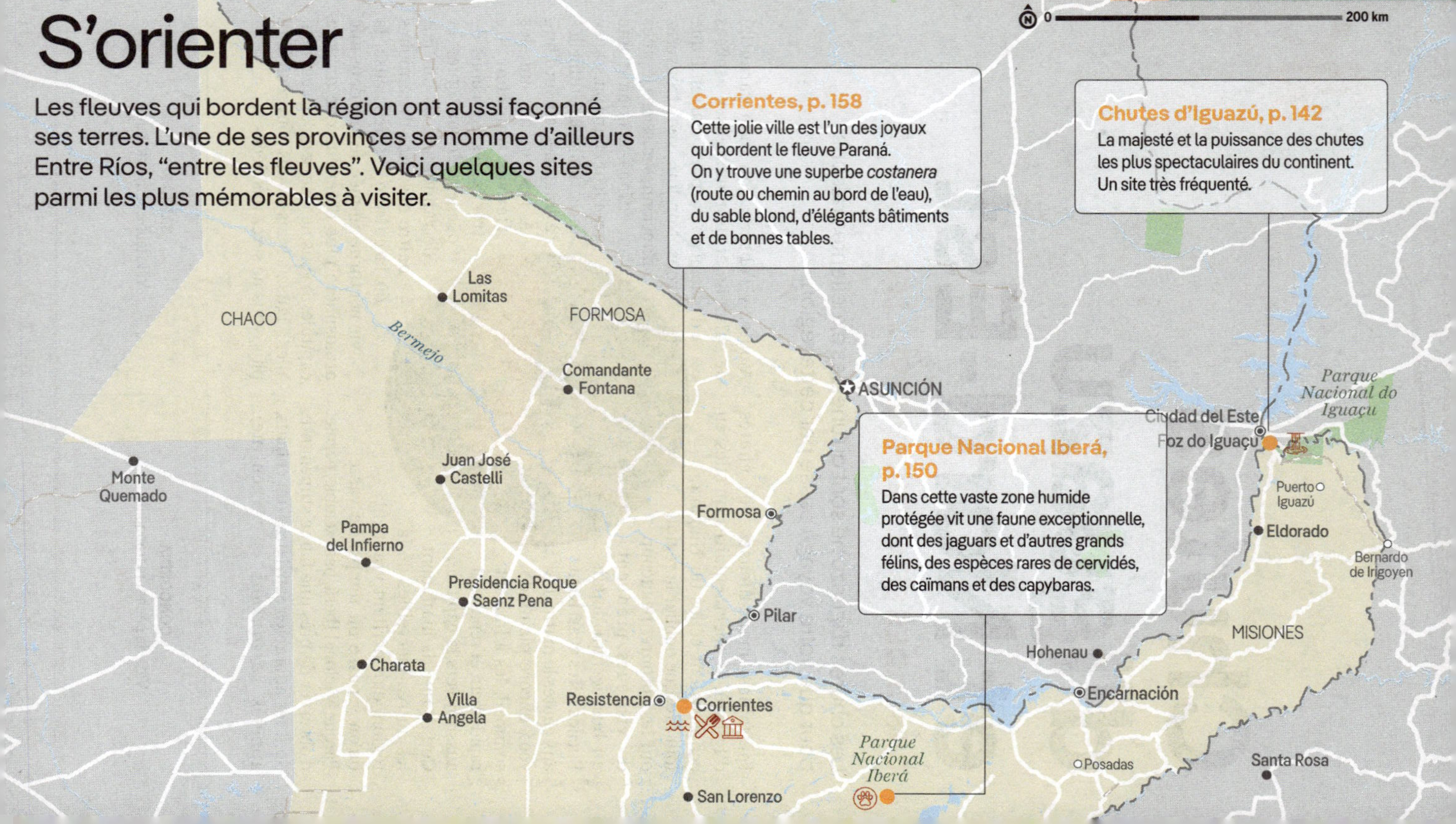

Corrientes, p. 158

Cette jolie ville est l'un des joyaux qui bordent le fleuve Paraná. On y trouve une superbe *costanera* (route ou chemin au bord de l'eau), du sable blond, d'élégants bâtiments et de bonnes tables.

Chutes d'Iguazú, p. 142

La majesté et la puissance des chutes les plus spectaculaires du continent. Un site très fréquenté.

Parque Nacional Iberá, p. 150

Dans cette vaste zone humide protégée vit une faune exceptionnelle, dont des jaguars et d'autres grands félins, des espèces rares de cervidés, des caïmans et des capybaras.

Santa Fe, p. 172

Une ville délicieuse, avec un bord de fleuve très prisé, une vie nocturne animée et de très bons restaurants.

ROBERTHARDING/ALAMY STOCK PHOTO ©

Concordia, p. 166

Ville frontalière sur la rive du Río Uruguay où l'on pourra camper au bord de l'eau, observer la faune et traverser la frontière pour aller visiter Salto, en Uruguay.

VOITURE

Il est facile de rouler ici : les routes, très souvent plates, sont dans l'ensemble en meilleur état qu'ailleurs en Amérique latine, et les stations-service faciles à trouver. Sachez que peu d'agences de location vous autorisent à quitter le pays.

AVION

Vous manquerez la magie des paysages entre Buenos Aires et les chutes d'Iguazú, mais c'est le moyen le plus rapide pour un aller-retour. Les vols intérieurs d'Aerolíneas Argentinas (aerolineas.com.ar) sont relativement abordables, et assez fréquents.

BUS

Plus lent que l'avion, plus simple et moins onéreux que la voiture, ce moyen de transport permet aussi de s'arrêter en chemin. Certains optent pour l'aller en avion et le retour en bus, avec des étapes à Iberá et ailleurs.

Planifier son séjour

Admirez les chutes depuis chaque rive si vous en avez le temps : l'expérience est très différente selon que vous serez côté argentin ou brésilien. Mais prenez aussi quelques jours pour aller à Iberá et visiter les missions.

ANGELA MEIER/SHUTTERSTOCK ©

Chutes d'Iguazú (p. 142)

Si vous avez peu de temps

- Si les deux rives des impressionnantes chutes (*foz*, en portugais) d'Iguazú sont splendides, la **brésilienne** (p. 144) est plus spectaculaire, et permet de voir, par-dessus le rebord, les millions de litres d'eau qui se déversent juste sous vos pieds à chaque seconde. Même ceux qui n'ont pas le vertige auront la tête qui tourne. Parapluie nécessaire (et même poncho de pluie), mais surtout émerveillement garanti. Et si la rive brésilienne est inaccessible, pas de panique.

- La **rive argentine** (p. 142) offre un véritable sentier de découverte, délicieux à lui seul, tout aussi splendide, et qui débouche sur un superbe point de vue.

EN BAS : SERGIO SCHNITZLER/SHUTTERSTOCK ©, OSABEE/SHUTTERSTOCK ©, LUIS WAR/SHUTTERSTOCK ©

Au fil des saisons

Le froid n'est jamais glacial, mais les soirées d'hiver peuvent être plus que fraîches. L'été est étouffant et infesté de moustiques.

JANVIER

Une visite autour du Nouvel An est toujours plaisante, mais certains restaurants et musées peuvent fermer pour les vacances.

FÉVRIER

Le **carnaval** est une bonne période pour une escapade au Brésil, et celui de Foz ne fait pas exception. Il a parfois lieu en mars, selon la date de Pâques.

MAI

Le festival Fenartec de **Foz do Iguaçu** (p. 144) est une fête de la diversité. C'est l'automne ici, mais les arbres restent verts.

Si vous avez trois jours

- Passez votre première journée à **Iguazú** (p. 140), puis traversez sur l'autre rive (brésilienne ou argentine, celle que vous n'avez pas encore vue). Ce faisant, prenez le temps de vous amuser dans les clubs et les bars de **Foz do Iguaçu** (p. 144).

- Si vous aimez le shopping, faites un saut au **Paraguay** (p. 148) et profitez des bonnes affaires de vêtements ou d'instruments de musique. Ou bien allez à **Güirá Oga** (p. 145), côté argentin, ou au **Parque das Aves** (p. 146), côté brésilien, voir des animaux recueillis et soignés sur place : tapirs, grands félins, mais aussi oiseaux – toucans, notamment.

Si vous avez plus d'une semaine

- Passez une journée sur les rives brésilienne et argentine des chutes, puis allez à **Posadas** (p. 156) admirer les ruines des missions jésuites qui ont donné leur nom à la province.

- Terminez la semaine en profitant le plus de temps possible du **Parque Nacional Iberá** (p. 150), en y arrivant de préférence par **Colonia Carlos Pellegrini** (p. 150). Vous y verrez beaucoup de capybaras, des dizaines (voire des centaines) de caïmans et, avec de la chance, des singes, des espèces menacées de cervidés, des tamanoirs et même les très discrets jaguars.

JUIN

Le début de l'hiver voit les nuits fraîchir ; les oiseaux sont en pleine migration.

JUILLET

Prenez une chope et allez trinquer au **Festival de la Cerveza** (fête de la Bière) de Santa Fe.

OCTOBRE

La chaleur et l'humidité montent, le soleil brille : l'été arrive.

DÉCEMBRE

La chaleur est étouffante. Si vous voulez passez Noël en maillot de bain, vous êtes au bon endroit.

Iguazú

Pour les infos pratiques, voir le Carnet d'adresses p. 178

COMMENT S'Y RENDRE ET CIRCULER

Aerolíneas Argentinas dessert l'aéroport d'Iguazú depuis Buenos Aires, Mendoza, Salta et Calafate. Lors de notre passage, il fallait compter à partir de 8 000 $ARS pour couvrir en taxi les 25 km séparant l'aéroport de la ville. Puerto Iguazú et Foz se parcourent aisément à pied, et il y a beaucoup de taxis pour les trajets plus longs. Prendre un chauffeur pour traverser la frontière est souvent le plus pratique, même si vous avez votre propre voiture. L'accès aux chutes est interdit : on se gare à l'entrée du site et on prend ensuite le bus ou le train pour rejoindre les chutes. Pour ceux qui aiment être mouillés et secoués, des bateaux remontent le fleuve pour s'approcher au plus près.

Les chutes d'Iguazú comptent parmi les sites les plus spectaculaires de la planète. Elles sont, tout simplement, extraordinaires. La taille, la puissance et le grondement des centaines de cataractes qui s'étendent sur près de 3 km laissent un souvenir inoubliable. Quand le temps est clair, que le soleil brille, de splendides arcs-en-ciel s'élèvent au-dessus de l'écume blanche. Les chutes sont situées entre le Brésil et l'Argentine, dans un vaste parc national essentiellement composé de forêt tropicale recelant une flore et une faune uniques. Quelle que soit la rive que vous visiterez (mais essayez de voir les deux), vous serez fascinés par la puissance de la nature et par la beauté du site. Après avoir admiré les chutes, il reste bien d'autres choses à faire, que ce soit côté argentin ou côté brésilien.

Bateau touristique, chutes d'Iguazú (p. 142)

VOIR
1 Foz do Iguaçu
2 Garganta del Diablo
3 Güirá Oga
4 Hito Tres Fronteras
5 Parque das Aves

ACTIVITÉS
6 Salto Arrechea
7 Salto Macuco

SE LOGER
8 Casa 24 Puerto Iguazu
voir 8 Hotel Itavera
9 Hotel Mirante
10 Pousada Sonho Meu Foz

SE RESTAURER
11 City Bar – Iguazú
voir 9 Gaúcho

PRENDRE UN VERRE ET FAIRE LA FÊTE
12 Authentic Bar
voir 12 Deux Coffee
13 Sudakas

Bus Rio Uruguay

Découvrir Puerto Iguazú

Une ville frontalière, assoupie mais agréable

Au bout de la route, côté argentin, la prospère Puerto Iguazú se tient au confluent du Río Paraná et du Río Iguazú – elle est séparée du Brésil et du Paraguay par ces deux fleuves. Cette ville touristique plaisante n'existe que par et pour les visiteurs qui viennent admirer les chutes. Tout se passe dans le quartier du centre, près du Río Iguazú, avec de nombreux restaurants, cafés et bars. Un rond-point marque la jonction de quatre rues : Misiones, San Martín, Perito Moreno et Avenida Brasil. Remontez cette dernière et vous trouverez plusieurs de ces établissements. Sans surprise, beaucoup de visiteurs y sirotent une bonne caïpirinha,

Caïpirinha

R.M. NUNES/SHUTTERSTOCK ©, PAGE OPPOSÉE : RUDIERNST/SHUTTERSTOCK ©

INFOS PRATIQUES

Scannez ce QR-code pour connaître les tarifs et les heures d'ouverture.

INCONTOURNABLE

Chutes d'Iguazú

Les **chutes d'Iguazú**, une des sept merveilles du monde naturel, sont aussi spectaculaires qu'on le devine sur les prospectus, magazines et réseaux sociaux. On dit *les* chutes car il s'agit d'une série de cascades impressionnantes sur le Río Iguazú, juste avant son confluent avec le Río Paraná. Leur puissance est sans égale. Choc esthétique et humidité garantis !

INCONTOURNABLES

- Garganta del Diablo – rive argentine
- Garganta del Diablo – rive brésilienne
- Parque das Aves

Garganta del Diablo

Dans le monde, peu de points de vue sont aussi spectaculaires que celui de la Garganta del Diablo (gorge du Diable). Cris éblouis ou interrogations sur la petitesse et la fragilité de l'être humain : les réactions varient face à cette puissance incommensurable, à cette force brute qui vous laissera bouche bée. Près de la moitié du fleuve s'écoule par cette énorme cascade, large de 90 m et haute de presque autant. Le débit maximum du fleuve dépasse les 28 000 m³ par seconde, soit près de quatre fois celui des chutes du Niagara. Ce débit est assez variable mais même au plus faible, les chutes restent impressionnantes. Que vous les admiriez d'en haut, depuis la rive argentine, ou de face, depuis la rive brésilienne, le spectacle est à couper le souffle. Ne manquez pas le petit tour dans l'ascenseur de verre, côté brésilien, qui donne l'impression d'être à la place d'un drone.

Nature

Les deux parcs nationaux (sur chaque rive de l'Iguazú) sont surtout connus pour les chutes, mais ils ont d'autres atouts, car dans la forêt tropicale vit nombre d'espèces d'oiseaux et d'animaux magnifiques, dont des endémiques. Vous pouvez en rencontrer en liberté. Certaines espèces ne sont pas farouches, mais gardez toujours à l'esprit que ce sont des animaux sauvages et qu'il ne faut pas les toucher. Par exemple, ne nourrissez pas les coatis et n'essayez pas de jouer avec, une morsure est très probable et vous obligerait à vous rendre à l'hôpital pour un vaccin antirabique ! Des toucans ont aussi pris l'habitude de se poser sur les cages du **Parque das Aves**. Plus vous arriverez tôt le matin, plus vous aurez de chances d'observer la faune sauvage.

Refuges animaliers

Sur les deux rives du fleuve, des refuges animaliers permettent de découvrir les conséquences du trafic d'animaux et de voir des mammifères et des oiseaux qui, pour une raison ou une autre, ne peuvent pas être remis en liberté. Vous verrez des espèces incroyables au Parque das Aves, qui accueille des oiseaux splendides ainsi que d'autres espèces, comme les flamants, qui ne vivent normalement pas dans la région d'Iguazú mais qu'on trouve ailleurs en Argentine, à Miramar notamment.

Sentiers

Si les chutes éclipsent toutes les autres raisons de venir dans la région, on trouve de beaux sentiers de randonnée dans les épaisses forêts des parcs. Certains offrent des points de vue sur les chutes et d'autres endroits du fleuve. Des sentiers ne quittent pas la jungle. Étonnamment, ils sont très peu fréquentés, car beaucoup de visiteurs ne vont voir que les chutes avant de remonter dans leur bus ou de repartir vers l'aéroport. Si vous avez le temps, explorez les sentiers menant au **Salto Macuco**, côté brésilien (avec une passerelle de planches), ou au **Salto Arrechea**, côté argentin.

Coati, chutes d'Iguazú

EN UN JOUR

Il n'est pas impossible de visiter les deux rives des chutes en une seule journée, mais il faut arriver le plus tôt possible, et être au début de la file d'attente à l'ouverture des guichets, à 8h. Commencez par la rive argentine, qui vous occupera presque toute la matinée, puis prenez un chauffeur pour passer la frontière et vous faire déposer côté brésilien. Arrivez-y pour 13h et repartez à 17h.

À SAVOIR

- Venez tôt le matin, la foule est moins dense.
- Ne nourrissez pas, n'embêtez pas les animaux.
- Amenez de l'antimoustique pour vos balades.
- Prenez un poncho ou un parapluie.
- Protégez vos objectifs d'appareils photos et de caméras : les embruns projettent de l'eau en tous sens.
- Sur chaque rive, prévoyez au moins 1 heure de marche.
- Réservez votre taxi, le réseau téléphonique est erratique à proximité des chutes.
- Les visites au coucher du soleil peuvent être spectaculaires, mais il y a moins d'arcs-en-ciel.

FRANCHIR LA FRONTIÈRE

La frontière peut se franchir rapidement et sans effort, mais on peut être pris dans des embouteillages sans fin. Le plus rapide est de prendre un taxi qui vous dépose à la frontière, de passer à pied, et de monter ensuite dans un second taxi préalablement réservé. Les taxis vont plus vite que les véhicules privés car ils disposent d'une file particulière, évitant ainsi une bonne partie de la (souvent) longue attente des véhicules ordinaires. Il faut présenter son passeport et, si vous êtes accompagné d'un enfant, les autorisations de sortie du territoire de ses deux parents. Pour passer d'Argentine au Paraguay, il faut actuellement, en théorie, être vacciné contre la fièvre jaune, même si les vérifications sont rares.

Hito Tres Fronteras

le cocktail brésilien à base de cachaça. Vous pourrez déjeuner, grignoter ou boire un verre dans le quartier avant de longer la rue San Martín en direction de l'embarcadère des bateaux pour le Paraguay. Près du fleuve, vous distinguerez, sur l'autre rive, le Brésil mais si vous pouviez vous pencher sur l'eau, vous auriez le Paraguay à votre gauche.

Et si vous avez envie de voir les trois pays depuis un seul endroit, allez au **Hito Tres Fronteras**, petit parc où un monument indique le point de rencontre des trois territoires. La véritable intersection des trois frontières est en fait en plein milieu du fleuve, donc vous ne pouvez pas vraiment poser le pied sur les trois pays à la fois. Mais vous pouvez les voir. Et si vous vous posez la question, oui, il y a un **Hito Tres Fronteras** au Paraguay, et un **Marco das Três Fronteiras** côté brésilien. Là, des illuminations attirent souvent du monde, le soir.

Foz do Iguaçu, Brésil

La fête à Foz

Sur la rive brésilienne des chutes d'Iguazú, Foz est une ville plus importante, avec plus de choses à faire, que sa jumelle argentine. En partie pour des raisons économiques : le peso

OÙ SE LOGER ET SE RESTAURER À PUERTO IGUAZÚ

Casa 24 Puerto Iguazú
Pratique pour ceux qui voyagent en bus, avec une piscine et une *parrilla*. Personnel attentionné. **$$**

Hotel Itavera
Hôtel simple, près du centre touristique. Petit déjeuner inclus et eau chaude pour préparer le maté. **$**

City Bar – Iguazú
Cuisine fusion avec un vaste choix, de la viande aux produits de la mer. Deux caïpirinhas pour le prix d'une. **$$**

argentin n'est plus aussi solide qu'avant, tandis que le réal brésilien est plus stable. On y trouve donc davantage de cafés chics, de bons restaurants et de bars. Vous pouvez commencer votre soirée par vous sustenter au buffet du **Gaúcho**, une *parrilla* (ou plutôt une *churrascaria*, puisqu'on est au Brésil) qui propose de bonnes grillades en tout genre. Et aussi des concerts, et parfois même des bals. De là, prenez l'Avenida República Argentina, une des deux grandes artères, pour aller en ville. S'il est encore tôt, tuez le temps au **Deux Coffee**, faites le plein de caféine et d'énergie pour tenir longtemps ensuite. Les bars d'ici sont jeunes et animés, avec des bandes-sons diverses. La seule chose difficile à avoir est une conversation. **Sudakas**, très prisé, fait le plein à partir de minuit et déborde jusque dans la rue. Des cocktails plus chics vous attendent à quelques rues de là à l'**Authentic Bar**, à la clientèle jeune, adjacent à un salon de tatouage. Si vous vous réveillez avec un crâne et des os tatoués à des endroits inavouables, vous saurez au moins qu'ils sont... *authentiques*.

Découvrez la faune de Güirá Oga

Un refuge aux petits soins pour les animaux

Güirá Oga ("la maison des Oiseaux", en guaraní) est sur le chemin des chutes, côté argentin. Ce refuge privé vous permet d'observer de près des animaux que vous ne verriez pas autrement, même si une bonne partie d'entre eux vivent dans le parc. Il recueille et soigne des animaux victimes de trafics illégaux ou blessés (à cause des voitures, notamment), avant de les réintroduire dans la nature.

Toucan

TROUVER UN CHAUFFEUR

Certains hôtels essaieront de vous vendre un "tarif de groupe", avant d'affirmer que le reste du "groupe" a annulé et que c'est à vous seul de payer le taxi. Si vous faites appel à un chauffeur, demandez à consulter la grille des tarifs, car ceux-ci sont fixes. Si on ne vous la montre pas, allez voir ailleurs. Voici deux chauffeurs que nous recommandons :

Diego Daniel Aguirre (*WhatsApp : +54 9 3757 43-0235*) On peut louer les services ce chauffeur basé à Puerto Iguazú pour visiter les deux rives des chutes, pour des excursions au Paraguay ou aller à l'aéroport, entre autres.

Willian Colman (*WhatsApp : +55 45 8807-9367*) À Foz do Iguaçu : offre des services similaires.

OÙ SE LOGER ET SE RESTAURER À FOZ DO IGUAÇU (BRÉSIL)

Pousada Sonho Meu Foz
Une *pousada* délicieuse avec une grande piscine, une cuisine collective avec un gril, et une terrasse. $$

Hotel Mirante
Excellent si vous cherchez un hôtel d'affaires avec petit déjeuner inclus, et une piscine. $

Deux Coffee
Les cafés de cet endroit impeccable sont très bons et les sandwichs, en-cas et desserts aussi. $

PARQUE DAS AVES

Du côté brésilien des chutes, le **Parque das Aves** est, à l'instar de **Güirá Oga**, un refuge pour les oiseaux blessés, amenés ou saisis lors de trafics, et notamment les espèces endémiques des forêts atlantiques. Dans ses grandes volières en plein air, il n'y aura pas de barrières entre les aras et vous. On y apprendra tout sur le trafic d'oiseaux et l'histoire du parc, inauguré en 1994, et bien sûr on pourra voir flamants, toucans, casoars et diverses espèces de perroquets, entre autres. En levant les yeux, vous pourrez observer des toucans vivant en liberté posés sur les grilles des volières.

Ara bleu, Güirá Oga

Les animaux qui ne peuvent pas être remis en liberté sont pris en charge à demeure. La mission du refuge est difficile, et les touristes n'ont souvent aucune idée des menaces que la chasse illégale et le trafic d'animaux font peser sur ces espèces.

Une visite vous emmène en carriole jusqu'au Macuco Center, où vous apprendrez tout sur le projet, son histoire et ses objectifs. Ensuite, des balades dans la forêt tropicale relient divers lieux où les animaux sont soignés, tout en instruisant les visiteurs sur les actions menées sur place. Les individus présents au moment de la visite changent, mais vous devriez voir des mammifères tels que tamanoirs, tapirs, ocelots, pumas, singes et peut-être même des jaguars. Parmi les oiseaux : des perroquets, pénélopinés (plus rares), chevêches des terriers, faucons et autres éperviers. Il y a même une section pour les insectes, les araignées et les papillons.

Environs d'Iguazú

Vestiges de missions jésuites et boutiques bon marché attendent ceux qui veulent pousser jusqu'au Paraguay qui, après tout, n'est qu'à deux pas.

Vous êtes venu jusqu'ici pour les chutes, vous les avez admirées, vous avez apprécié les villes côté argentin et côté brésilien : votre prochaine étape est de passer au Paraguay. Ciudad del Este est un mélange de cultures sans vernis, où on vient faire des achats – instruments de musique, vêtements, chaussures, sacs, etc. – mais attention aux contrefaçons qui peuvent vous coûter très cher (et vos articles peuvent être confisqués à la douane) une fois que vous retournerez dans votre pays ! Plus loin, les missions jésuites méritent une visite.

San Ignacio Miní, missions des Guaranis (p. 148)

Pour les infos pratiques, voir le Carnet d'adresses p. 178

COMMENT CIRCULER

Des bus desservent les villes principales. Visitez les ruines jésuites du Paraguay en circuit organisé ou avec un chauffeur privé, si vous n'êtes pas motorisé.

À SAVOIR

Soyez prudent, surtout le soir, à Ciudad del Este. Des trois villes frontalières, c'est la moins sûre.

ARTERRA PICTURE LIBRARY/ALAMY STOCK PHOTO ©

Ciudad del Este

DOUANES

Franchir les frontières est relativement (parfois même très) facile. Ainsi, si vous passez du Brésil au Paraguay, il suffit d'avancer, la frontière est ouverte. Pour aller d'Argentine au Brésil, dans les deux sens, on vous demandera vos papiers d'identité. Aucun des trois pays ne tamponne les passeports. Cela dit, n'oubliez pas que les règles peuvent changer subitement, selon les circonstances ou l'actualité. Il est préférable de se renseigner avant le départ et d'avoir sous la main les papiers, photos et documents nécessaires.

Ciudad del Este

DEPUIS IGUAZÚ : **1 HEURE**

Une ville frontière en plein essor

Ciudad del Este ne plaît pas à tous, mais elle est connue pour les bonnes affaires qu'on peut y faire. Deux centre commerciaux géants, Shopping China et Shopping Paris, comme leur nom l'indiquent, sont tournés l'un vers l'électronique et autres produits venus de Corée et du Japon, et l'autre vers l'Europe avec des vêtements, des articles de mode, des parfums, etc., importés (ou censés l'être) d'Europe. Il vaut mieux ne pas être trop crédule : les contrefaçons sont courantes, alors ne vous laisser pas trop tenter.

Zone des trois frontières

DEPUIS IGUAZÚ : **3-4 HEURES**

Les missions des Guaranís

Le terme de missions des Guaranis recouvre toutes les missions édifiées par les Jésuites au XVIIIe siècle le long de ce qui est aujourd'hui la "triple frontière" entre Paraguay, Brésil et Argentine. Durant un siècle et demi à partir de 1609, la Compagnie de Jésus fut active au cœur de la forêt sud-américaine. Dans des endroits incroyablement isolés, des jésuites fondèrent des *reducciones* (missions), où ils installèrent des communautés de Guaranís afin de les évangéliser et

OÙ SE LOGER ET SE RESTAURER À CIUDAD DEL ESTE (PARAGUAY)

Hotel Casino Acaray
Un des hôtels les plus chics d'Este, avec piscines, chambres de qualité et un casino sur place. **$$$**

Hotel Sur Brasil
Bon marché, avec parking sur place et petit déjeuner inclus. Le service est, de plus, sympathique. **$**

Ravello Ristorante
Une bonne cuisine italienne à Este, dans un cadre romantique qui plaît à tous. **$$**

de les éduquer, tout en les protégeant de l'esclavage et des influences néfastes de la société coloniale. Les Guaranís invités à commencer une nouvelle vie dans les missions en reçurent des bénéfices tangibles, tant au niveau de la sécurité, que de la nourriture et de la prospérité. La mortalité baissa immédiatement et la population des missions s'accrut rapidement. À leur apogée, les trente *reducciones* jésuites disséminées dans les actuels Argentine, Brésil et Paraguay comptaient plus de 100 000 Guaranís. Chaque mission abritait un minimum d'Européens, généralement deux prêtres ; les Guaranis se gouvernaient eux-mêmes sous l'autorité spirituelle des Jésuites. Ces derniers n'obligèrent jamais les Guaranis à parler espagnol et s'efforcèrent uniquement de changer les aspects de la culture locale, notamment la polygamie et le cannibalisme.

JE NE SUIS PAS UN COCHON !

Vous verrez peut-être des panneaux routiers signalant la présence de pécaris à collier – avec de la chance, ces animaux traverseront la route, seuls ou en bande devant vous. Souvent confondus avec des cochons sauvages, ils sont en fait génétiquement très différents, leur ancêtre commun remontant à près de 40 millions d'années. Vous les sentirez peut-être avant de les croiser, les pécaris se servant de glandes odoriférantes très puissantes pour marquer leur territoire, ce qui leur vaut le surnom de "porc musqué" ou "cochon putois". Mais n'oubliez pas : ce ne sont pas des cochons !

San Ignacio Miní, missions des Guaranis

Pour les infos pratiques, voir le Carnet d'adresses p. 178

Parque Nacional Iberá

COMMENT S'Y RENDRE ET CIRCULER

Peu de routes sont goudronnées ici et si une voiture ordinaire suffit en général, un 4×4 peut être nécessaire. Après de fortes pluies, les routes sont parfois impraticables, surtout sur l'axe nord-sud, entre Colonia Carlos Pellegrini et Posadas. Vérifiez à votre hôtel les conditions de circulation avant de partir. En venant du sud via Mercedes, comptez 1 heure 30 à 2 heures pour Colonia Carlos Pellegrini. La route n'est pas goudronnée mais elle est dure et nivelée. Une fois en ville, vous pourrez tout faire à pied. En voiture, roulez lentement et faites attention aux animaux qui traversent.

☑ À SAVOIR

Vous aurez peut-être envie d'éviter la balade sur le lac, surtout si vous avez déjà aperçu des capybaras ou de jolis oiseaux sur la route. Ce serait une erreur, car elle vous permettra d'observer des loutres, des dizaines, voire des centaines de caïmans et les rares cerfs des marais.

Si vous êtes venu en Argentine pour observer le plus gros rongeur du monde, le capybara, vous êtes au bon endroit. Vous en verrez partout : traversant, ou parfois même étendus sur la route, près des fermes et des champs, se roulant joyeusement dans la boue ou “broutant” de l'herbe, leur activité préférée. Mais le Parque Nacional Iberá n'offre pas que de bons moments en compagnie d'un gros rongeur. C'est le sixième parc national du pays par ses dimensions, et il protège de très nombreuses espèces grâce à la diversité de ses habitats : marais, zones humides, forêts épaisses et plaines sèches. On y trouve une faune très particulière comme le tamanoir, le nandou (ou rhéa) et le jaguar (réintroduit récemment). Par bien des aspects, la nature à Iberá, si elle est moins spectaculaire que celle des chutes d'Iguazú, est plus riche.

BUTEO/SHUTTERSTOCK ©

Capybaras

VISITER LE PARQUE NACIONAL IBERÁ

Luciana Belén Cariaga (*Instagram : @lucianabelen74*), guide locale, nous donne ses conseils pour visiter le parc.

Faites une excursion sur le lac, marchez dans la forêt et admirez le ciel étoilé. Emportez jumelles et appareils photos pour garder de beaux souvenirs de la flore et de la faune du parc. Les animaux les plus emblématiques ici sont les cerfs des marais, les caïmans yacare, les adorables capybaras, les singes carayá, les renards et tous les oiseaux endémiques. Avec beaucoup de chance, vous apercevrez peut-être un tamanoir, et même un jaguar. N'oubliez pas d'emporter antimoustique, crème solaire, vêtements confortables et bottes de pluie : le climat est capricieux et le temps change souvent.

Le plus gros rongeur du monde

Observer les capybaras

Les capybaras attendrissent même ceux qui ont la phobie des rongeurs. Peut-être à cause de l'air zen qu'ils arborent en permanence. Cet animal semi-aquatique aux pieds palmés appelé *carpincho* en espagnol peut peser jusqu'à 75 kg. C'est le plus gros rongeur du monde. Aussi à l'aise sur terre que dans l'eau, cette créature inoffensive et vaguement comique se nourrit de plantes en grande quantité. Les capybaras vivent en petits groupes sous la férule d'un mâle dominant accompagné de quatre à six femelles. L'individu de sexe mâle se reconnaît à sa glande frontale dont le liquide lui sert à marquer son territoire. Les petits, adorablement potelés, naissent au printemps. Dociles, nombreux, il sont souvent présents au bord de la route ou se roulant dans la boue des fossés. Si vous faites la sortie sur le lac à Iberá, vous en verrez des dizaines, paressant ou grignotant la végétation des marais. Les capybaras sont très placides, tant que vous restez discrets et calmes. Si vous les dérangez, ils s'éloigneront. N'imaginez pas vous approcher de l'un d'eux au hasard pour lui gratter le crâne, car leurs dents coupent comment des ciseaux et leur

OÙ SE LOGER À COLONIA CARLOS PELLEGRINI

Hospedaje San Cayetano
Un refuge luxuriant, central, avec une piscine et des chambres aux vérandas ombragées. **$$**

Casa Santa Ana del Iberá
Idéal pour accéder au lac, avec une grande piscine. Personnel accueillant et bonne cuisine. **$$$**

Casa de Esteros
Un bel endroit, de l'autre côté de la ville, qui donne sur le lac, près d'une tour d'observation. **$$$**

DES CAÏMANS PARTOUT

Si l'expression "lac infesté de crocodiles" vous semble inventée par Hollywood et vous fait sourire, vous changerez d'avis après votre visite à Iberá. Ce lac peu profond héberge de très nombreux caïmans, cousins des alligators américains. Deux espèces vivent ici, le *caïman yacare* et, plus rare, le *caïman latirostris*. On les reconnaît à leur front. Le dernier a un museau plus court et plus bombé. Si seuls les plus gros spécimens peuvent être dangereux pour un adulte, il ne faut pas les considérer à la légère ; ne laissez pas vos jeunes enfants (ou vos petits animaux de compagnie) s'approcher trop près de l'eau.

Parque Nacional Iberá

LORENA SAMPONI/SHUTTERSTOCK ©
PAGE OPPOSÉE : A. VIDUETSKY/SHUTTERSTOCK ©

mâchoire est aussi puissante que celle d'un jaguar : ne vous faites pas mordre. N'essayez jamais de toucher ou d'attraper un bébé, sa mère le défendrait et vous attaquerait.

Au bonheur des ornithologues

La diversité fait la richesse

Ce **Parque Nacional Iberá** (argentina.gob.ar/interior/ambiente/parquesnacionales/ibera) est idéal pour les ornithologues amateurs, qui pourront y observer de nombreuses espèces dont beaucoup n'existent nulle part ailleurs. Il est spectaculaire pour deux raisons : la diversité de ses habitats et la facilité avec laquelle on peut côtoyer beaucoup d'oiseaux qui semblent avoir la même placidité que les capybaras. Les hérons, d'ordinaire farouches, laissent les bateaux s'approcher à portée d'objectif. Certaines espèces, comme les paroares à bec jaune, demandent presque un selfie et sautillent à vos pieds comme des moineaux. Dans les plaines bordant le parc, vous pouvez fréquemment tomber sur des râles ou des nandous,

OÙ SE RESTAURER À COLONIA CARLOS PELLEGRINI

Los Amigos
Un restaurant simple, avec des plats italiens ou argentins, ouvert tard et bon marché. $

Don Marcos
Un restaurant rustique à la cuisine roborative, à l'entrée de la ville. $$

Despensa y Carnicería La Familia
Une boutique pratique pour les routards, qui y trouveront chips, viandes, etc. $

entre autres. Même l'étrange moucherolle à queue large ne semble pas trop dérangée par le véhicule qui passe ou par le téléobjectif qui pointe par la portière.

Essayez de voir autant d'habitats différents que possible dans le parc. Sur les rives du lac, faciles à explorer avec une sortie en bateau, vous observerez notamment rallidés, hérons, aigrettes, cigognes, canards, vanneaux et autres échassiers, ainsi que capybaras, caïmans et cervidés. Dans les prairies, vastes et spectaculaires, ce seront alouettes, goglus, fauvettes, moineaux, faucons, chevêches des terriers et nandous. Sur les sentiers forestiers, trogons, fauvettes, cardinals et chouettes, entre autres, sont visibles. Prévoyez au moins 4 heures (ou mieux, une journée) pour chaque type d'habitat, et n'oubliez pas que les espèces visibles le matin ou le soir ne sont pas les mêmes que celles de la mi-journée. La nuit, cherchez ibijaux, engoulevents et chouettes.

Balade sur le Sendero Carayá

Un Éden pour la faune

On croit souvent que le Parque Nacional Iberá est trop marécageux pour la marche à pied, mais il présente plusieurs superbes sentiers passant par des habitats où évoluent nombre de mammifères et d'oiseaux. Si vous manquez de temps, le **Sendero Carayá** démarre en face du centre d'information. C'est un sentier de balade facile (30 minutes) qui traverse prairies, forêt et zones humides, et vous donne l'occasion d'observer une grande diversité d'animaux et d'oiseaux. À commencer par les capybaras, bien sûr, qui s'y promènent tout en grignotant ce qui est à leur portée. Les caïmans sont nombreux dans le marais et avec de la chance, vous distinguerez aussi des singes dans les arbres au-dessus de vos têtes. La végétation variée abrite aussi bon nombre d'espèces d'oiseaux et d'insectes. C'est un sentier idéal pour les enfants, car il permet d'en voir beaucoup en assez peu de temps.

Paroare huppé

SPLENDIDES PAPILLONS

Outre les mammifères et les oiseaux, le Parque Nacional Iberá est aussi un paradis pour les papillons. Certains migrent même sur des milliers de kilomètres pour passer une saison ici, ou n'y faire qu'une étape. Voici trois espèces à guetter sur les sentiers du parc :

"Tigre orange" (*Dryadula phaetusa*) Souvent confondu avec le monarque, il est tigré orange et noir.

"Papillon aux ailes transparentes" (*Episcada hymenaea hymenaea*) Ses ailes, uniques, sont magnifiques.

"Hespérie de Guaya" (*Phocides Polybius phanias*) Papillon presque noir avec une tache rouge sur le haut de chaque aile.

Environs du Parque Nacional Iberá

Très étendue, cette région est riche de lieux historiques à découvrir et sa nature est d'une beauté sans égale.

Pour les infos pratiques, voir le Carnet d'adresses p. 178

COMMENT CIRCULER

Des bus desservent les principales destinations. Il vous faudra être motorisé ou en circuit organisé pour les endroits plus isolés, et les transports en commun ne relient pas le parc.

À SAVOIR

Les routes ici sont en mauvais état, soyez prudents. Le revêtement est bosselé et les voies non goudronnées peuvent être praticables un jour et pas le lendemain, après une grosse pluie.

Ici, la grandeur des paysages est très impressionnante, avec des champs si vastes que l'on peut rouler une heure sans que le paysage change. Les forêts d'eucalyptus et de pins donneraient assez de bois pour bâtir des villes entières. Les lacs et les zones humides grouillent d'une vie qu'on ne trouve pas ailleurs. Cette monotonie splendide est ponctuée çà et là de petites villes et de villages qui semblent satisfaits de leurs dimensions et de leur situation. La province de Misiones doit son nom aux ruines jésuites qui, même à l'abandon, sont parmi les plus importantes de tout le continent. Et des endroits comme le Parque Nacional Mburucuyá, petit frère de celui d'Iberá, n'attendent que votre visite.

EEFJE VAROSSIEAU/SHUTTERSTOCK ©

Parque Nacional Mburucuyá

Fournier roux

L'HUMBLE HORNERO

En visitant la région, vous remarquez sûrement des sortes de nids de guêpe, des boules rondes faites de boue, grosses comme un ballon de football, accrochées aux clôtures, aux panneaux indicateurs, aux lignes électriques ou aux branches des arbres. Ce sont les nids de l'oiseau national argentin, le fournier roux (*hornero, Furnarius rufusa*), un passereau de la taille d'un merle. Il est très commun et assez peu coloré : d'un brun roux, il est plutôt discret. Mais ses nids sont très visibles. Vous verrez souvent un fournier pépier à travers l'ouverture ou rapporter une infortunée sauterelle à ses petits.

Parque Nacional Mburucuyá

DEPUIS LE PARQUE NACIONAL IBERÁ : **1 HEURE**

Le petit frère d'Iberá

Allez-y sans essayer de prononcer son nom : Mburucuyá, petit bijou situé entre Iberá à l'est et Corrientes à l'ouest, protège les deux rives d'une zone humide formée par le Río Fragosa. On peut y voir les mêmes animaux et oiseaux que dans le plus vaste Parque Iberá voisin – dont les capybaras. Mais cette réserve est plus sèche et permet de voir des plantes saprophytes, des palmiers et autres merveilles, le tout à moins de 2 heures de route de Corrientes. On peut donc visiter ce parc en une journée, en se levant tôt et en rentrant tard à son hôtel. Le Sendero Yatay, le plus prisé, offre une balade de 7 km qui mène à une tour d'observation donnant sur le Río Santa Lucía. Il y a aussi un sentier plus court (4 km), appelé Che Rhoga. Vous verrez les animaux "habituels", mais peut-être aussi des daguets gris, une espèce de cervidés. Il n'y a pas de transports en commun, mieux vaut être motorisé. Mais si vous arrivez jusque-là, vous aurez le parc pratiquement pour vous seul.

OÙ SE LOGER ET SE RESTAURER À POSADAS

Julio Cesar Hotel
Un hôtel imposant, au centre-ville, avec parking et piscine sur le toit. Très bon petit déjeuner. **$$**

La Querencia Restaurante
Très bon restaurant, à la fois italien et *parrilla*. Linge de table amidonné et serveurs en uniforme. **$$**

POSADAS, YACYRETÁ ET PARAGUAY

L'imposant Río Paraná constitue sur plus de 480 km la frontière entre Argentine et Paraguay, de Resistencia jusqu'à Puerto Iguazú. Entre ces deux villes, Posadas est la seule localité d'importance, située en amont du grand barrage hydroélectrique de **Yacyretá**. Posadas est une ville charmante, paisible, avec une jolie place centrale, de bons restaurants et plusieurs hôtels. Un pont relie la ville au Paraguay. En aval, le barrage de Yacyretá domine tout. Sa construction a modifié le paysage, les écosystèmes et provoqué le déplacement de 40 000 personnes. Ce qui a déclenché un scandale lorsqu'on a affirmé que la zone inondée avait touché moins d'habitants que cela, afin de réduire le nombre de gens à indemniser.

Parque Nacional Iberá

Les missions de Misiones

DEPUIS LE PARQUE NACIONAL IBERÁ : **3-8 HEURES**

L'utopie jésuite

La province porte le nom de Misiones à cause des nombreuses missions bâties dans la région, à cheval sur le Brésil, l'Argentine et le Paraguay, habitée par les Guaranis (voir aussi p. 148). Édifiées au XVIIIe siècle par les Jésuites, elles comportaient une vaste place centrale, dominée par une église et un *colegio* qui abritait les prêtres, des ateliers d'art ou d'artisanat et des entrepôts. Les maisons des Guaranis, disposées en rangées régulières, occupaient le reste de l'espace. Il pouvait y avoir également un hôpital, un *cotiguazú* (grande maison) pour les veuves et les femmes abandonnées, et un *cabildo* (conseil municipal), où vivait le chef choisi par les Guaranis. Ces communautés étaient autosuffisantes. Les Guaranis apprenaient l'agriculture, et la nourriture était distribuée de manière équitable. Avec le développement des missions, les bâtiments en bois d'origine furent remplacés par des édifices en pierre. De grandioses églises baroques, dessinées par des architectes de renom, virent le jour, rivalisant de beauté avec celles construites en Europe. L'époque des missions s'acheva brutalement. Plusieurs facteurs, dont la jalousie des autorités et des colons, ainsi que l'impression que les Jésuites étaient davantage attachés à leurs idées qu'à la Couronne, poussèrent le roi d'Espagne Charles III à les bannir des territoires espagnols en 1767, suivant l'exemple du Portugal et de la France. Avec le départ des prêtres, les communautés devinrent vulnérables et se dispersèrent progressivement. Les guerres du début du XIXe siècle leur donnèrent le coup de grâce.

EXCURSION SUR LE LAC

Ne manquez sous aucun prétexte une sortie en bateau sur le lac d'Iberá. Commencez à 1 l'**embarcadère**, de préférence après avoir réservé un guide la veille. Si vous ne louez pas un bateau pour vous seul, vous risquez de devoir attendre d'autres passagers. N'oubliez pas d'acheter le bracelet d'entrée au parc avant d'embarquer. Depuis l'embarcadère, vous longez la chaussée jusqu'au 2 **Puente Bailey**, et attendez que les gardiens du parc valident votre départ. Levez simplement le bras pour montrer votre bracelet. De là, passez sous le pont pour observer des caïmans, près d'une 3 **petite péninsule** où ils se regroupent dans une eau moins profonde (et donc plus chaude). Ils sont plutôt petits (moins d'1 m en général) ici, mais vous aurez peut-être la chance d'en apercevoir un gros. Les ornithologues amateurs chercheront ensuite hérons, grèbes, cormorans et butors dans les roseaux. Du côté est, vous trouverez un 4 **chenal** où coexistent joyeusement gros caïmans et capybaras. Vous verrez peut-être même ces derniers grimper sur les reptiles pour rejoindre la rive. Avec de la chance, vous repérerez un cerf des marais, des serpents, des iguanes et des oiseaux. Selon votre guide et la durée convenue de votre sortie, vous vous arrêterez peut-être là, mais ouvrez l'œil durant tout le trajet, car au milieu du 5 **lac**, vivent des loutres, des cormorans et des tortues.

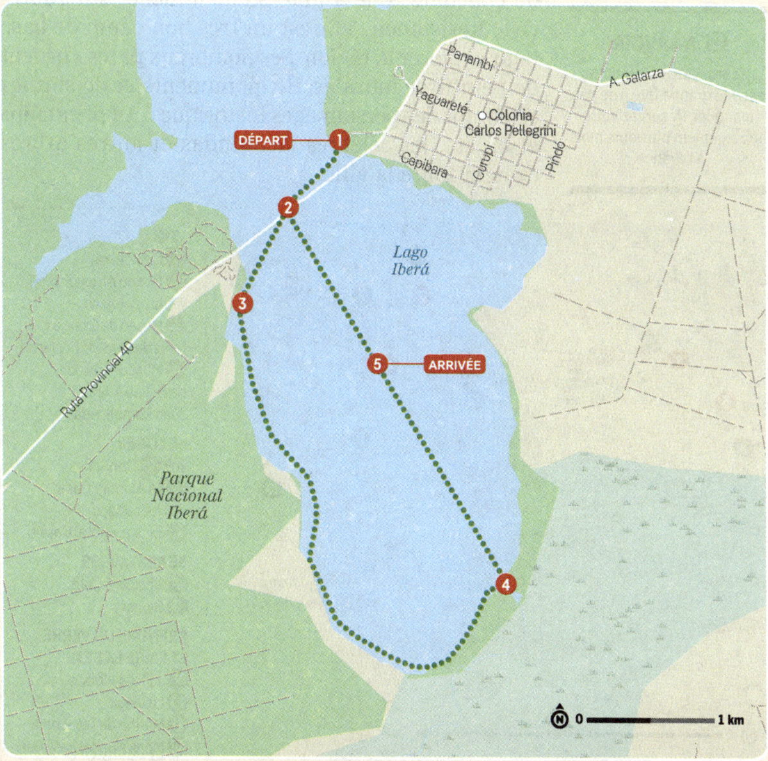

Pour les infos pratiques, voir le Carnet d'adresses p. 179

Corrientes

Cette charmante ville sur la rive est de l'imposant Río Paraná a une économie qui tourne, encore aujourd'hui, autour du commerce fluvial. Mais ce n'est pas qu'un centre industriel. On y trouve des avenues paisibles, une jolie plage, de très bons restaurants, des hôtels chics et une atmosphère de petite ville, même si c'est la capitale de la province éponyme. Corrientes accueille aussi un des plus grands carnavals du pays et c'est un haut lieu de la pêche, de loisir ou de concours. Elle a une "sœur jumelle" sur l'autre rive, Resistencia, et c'est un très bon camp de base pour explorer la région. Ses nombreux parcs s'ornent de peintures murales, de monuments et de statues célébrant des personnages historiques. Au printemps et en été, les célèbres jacarandas et autres arbres égaient toute la ville.

COMMENT S'Y RENDRE ET CIRCULER

On arrive facilement à Corrientes en bus ou en avion. L'aéroport est à 10 km au nord-est de Corrientes sur la route de Posadas. Si vous n'êtes pas motorisé, un taxi vous emmènera en ville, qui est assez petite pour se parcourir à pied. Si vous conduisez, sachez que les rues sont étroites et encombrées.

À SAVOIR

Le carnaval de Corrientes, est une grande fête à ne pas manquer. Réservez votre hébergement plusieurs mois à l'avance.

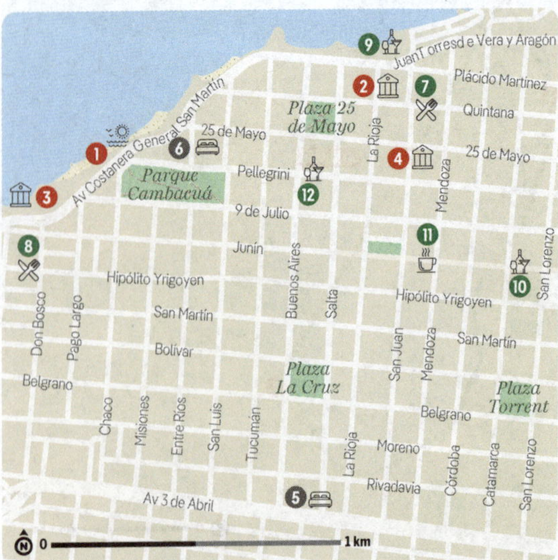

VOIR
1 Costanera
2 Museo Arqueológico y Antropológico
3 Museo de Ciencias Naturales Amado Bonpland
4 Museo Provincial de Bellas Artes Juan Ramón Vidal

SE LOGER
voir 2 DonSuites
5 La Alondra Casa de Huéspedes
6 Turismo Hotel Casino

SE RESTAURER
7 Cristóbal Café
8 Ginger

PRENDRE UN VERRE ET FAIRE LA FÊTE
9 Jaiteva Flotante
10 Le Vieux
11 Martha de Bianchetti
12 Monk's Speakeasy Bar

NELSON GONZALEZ/ALAMY STOCK PHOTO ©

Río Paraná

Flâner sur la costanera

Une rive magnifique

Le Río Paraná est un des plus grands fleuves du monde, à l'instar de l'Amazone, du Mississippi, du Danube, du Fleuve Jaune et du Nil. Il est resté jusqu'à aujourd'hui le principal axe d'échanges commerciaux du pays, et on peut toujours regarder les cargos qui naviguent parmi les bateaux de plaisance ou de pêche, les kayaks, paddles et autres canoës. Emportez votre maté, votre drap de plage et profitez du soleil et de la vie qui passe sur le fleuve. Panorama, bateaux, sable doré : cette *costanera* est considérée comme la plus belle de toute l'Argentine. Outre les bains de soleil, une promenade de 5 km le long de la rive permet aussi de pratiquer jogging, course, vélo, ou simplement de promener son *perrito* (chien).

Parce que la plage est tournée vers l'ouest, c'est un très bel endroit pour admirer le soleil couchant et les lumières du pont suspendu qui enjambe le fleuve, sous un ciel splendide. Bon nombre de pêcheurs à la ligne espèrent une belle prise, *dorado*, *surubí* ou *pacú*, à rapporter et à savourer grillée, accompagnée de manioc et de citron vert. Vous aurez peut-être envie de les imiter… Notez qu'un second pont sur le fleuve est en projet, et que le paysage risque de changer quelque peu dans un futur plus ou moins proche.

ATTENTION AUX POISSONS

Dans le Río Paraná, vivent de nombreuses espèces de poissons et notamment des piranhas. Des pêcheurs mettent même ces derniers sur leur table. Contrairement à la légende, un banc de piranhas en furie ne vous réduira pas à l'état de squelette en quelques secondes, mais des attaques, parfois même mortelles, surviennent de temps en temps. Pour les éviter, ne nagez pas en présence de roseaux, de nénuphars et autre végétation où les piranhas se cachent souvent. Le risque est également plus grand sur leurs lieux de ponte. Avant de vous baigner, demandez toujours aux gens du coin si un danger peut se présenter. Serpents, caïmans ou piranhas : vous ne serez jamais trop prudents.

OÙ SE LOGER À CORRIENTES

Turismo Hotel Casino
Hôtel chic et tape-à-l'œil, bien situé près de la *costanera*, avec un casino attenant. **$$$**

La Alondra Casa de Huéspedes
Un lieu épatant, avec une belle piscine extérieure et un restaurant. Service soigné. **$$$**

DonSuites
Bel endroit près de la *costanera*, avec piscine et chambres avec frigo et micro-ondes. **$$**

TEATRO OFICIAL JUAN DE VERA

Si vous ne pouvez pas assister à un spectacle, allez quand même admirer ce splendide édifice Belle Époque (1913), surnommé avec affection le "temple de la culture de Corrientes". Les sièges en velours rouge, les lustres élégants, les triples balcons et la très belle coupole peinte valent le détour. S'il y a quelqu'un au guichet, demandez à jeter un coup d'œil à l'intérieur. En cas de refus, achetez un billet, quel que soit le spectacle : vous profiterez ainsi du cadre.

Carnaval, ville de Corrientes

Culture et musées

Profitez des musées de Corrientes

Corrientes n'est pas qu'une belle rive de fleuve. Ses musées, souvent dans de beaux bâtiments anciens et d'accès libre, sont très intéressants et permettent de découvrir l'histoire et l'art de la ville et de tout le pays. Assez connu, le **Museo Arqueológico y Antropológico**, aussi appelé Casa Martinez, est logé dans un bel édifice datant du milieu du XVIIIe siècle. La collection n'est pas immense mais un guide (hispanophone) vous donnera un bon aperçu des anciens maîtres du bâtiment, et vous expliquera la culture et les rites funéraires guaranis. Si vous n'êtes pas passionné d'histoire ou d'anthropologie, allez voir les animaux naturalisés du **Museo de Ciencias Naturales Amado Bonpland**, qui présente une belle diversité

OÙ SE RESTAURER À CORRIENTES

Martha de Bianchetti
Délicieuse (fantastique, même) pâtisserie, qui fait aussi glacier et café, dans le centre. $

Ginger
La cuisine y est très, très bonne ! Ginger propose de tout, des sushis aux pizzas, à quelques pas de la *costanera*. $$

Cristóbal Café
Bel endroit près de la *costanera* pour déjeuner, dîner ou assister à un concert. Au programme : burgers, pizzas, tacos, etc. $$

d'espèces, et même des animaux disparus qui vivaient jadis sur les hauts-plateaux argentins. Nandous, renards, capybaras, maras, guanacos, mais aussi papillons et araignées sont présentés dans des vitrines. C'est un bon moyen de découvrir les animaux que vous croiserez peut-être ailleurs dans le pays. Dans la résidence du gouverneur de la province de Corrientes, le Dr Juan Ramón Vidal, le **Museo Provincial de Bellas Artes Juan Ramón Vidal** présente une jolie collection de peintres et de sculpteurs régionaux ou nationaux, de l'art traditionnel, et des expositions temporaires.

La folie du carnaval

Une fête exubérante

Corrientes n'est peut-être pas Rio de Janeiro mais son carnaval, sans doute le plus important d'Argentine, est un grand spectacle. La *costanera* est fermée les quatre week-ends précédant Pâques, pour offrir à un public enthousiaste tout ce qui fait un carnaval : danseurs légèrement vêtus, costumes débordant de diadèmes de plumes à rendre jaloux un roi maya, chars rutilants de toutes tailles, défilés de fanfares colorées, paillettes, clinquant, boissons et danses.

Les défilés à concours ont lieu dans l'amphithéâtre municipal et au Corsódromo Nolo Alías, où les artistes se disputent les grands prix annuels. Un roi et une reine sont élus, mais il existe des prix dans diverses catégories : enfants, groupes, individuels, meilleur performance musicale, etc. Tout est fait pour que le carnaval attire des gens de tout le pays (et même du monde entier). Si vous aimez l'éclat des paillettes et la danse, vous ne serez pas déçu.

Carnaval, à Corrientes

LES MEILLEURS BARS DE CORRIENTES

Les bars à cocktails de Corrientes sont divers et agréables, que vous en choisissiez un au bord du fleuve ou un lieu plus intime du centre-ville. La plupart du temps, on prend place à table, beaucoup moins souvent au comptoir.

Monk's Speakeasy Bar
Endroit souvent bondé, à l'éclairage tamisé, proposant une belle gamme de cocktails classiques ou inventifs. Venez-y pour boire, la cuisine n'est pas excellente.

Le Vieux
Bel endroit en plein air, avec beaucoup de tables. Musique live régulièrement, avec un patio pour danser.

Jaiteva Flotante
On ne saurait être plus près de l'eau : c'est une plateforme flottante où on sert plats, bières et cocktails.

Environs de Corrientes

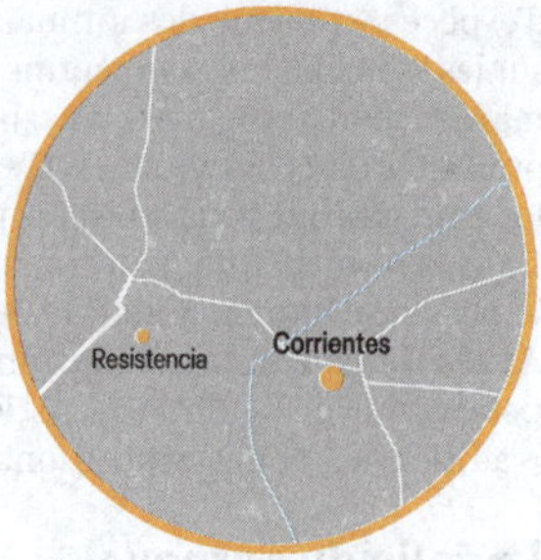

Pour les infos pratiques, voir le Carnet d'adresses p. 179

COMMENT CIRCULER

Si Resistencia est propice à la marche à pied, la ville est étendue : pour les plus longs trajets, prenez peut-être un taxi. Les bus et les *colectivos* vous emmèneront aussi aux destinations d'importance.

La magie de la région ne se limite pas à Corrientes. D'autres villes, des merveilles naturelles, des aventures fluviales et une faune splendide vous attendent.

En dehors de Corrientes, la ville la plus intéressante, est Resistencia, capitale de la province voisine du Chaco. Si elle n'a pas la beauté architecturale de l'altière Corrientes, elle a son charme propre et compense sa banalité architecturale par de remarquables sculptures (plus de 600) dont le nombre augmente à chaque biennale, événement qui attire artistes et visiteurs de tout le pays. Le centre-ville est petit, sûr, et les bars entretiennent une vie nocturne plaisante. Si vous ne visitez qu'une seule ville, difficile de ne pas préférer Corrientes, sur l'autre rive, mais si vous avez le temps, vous ne regretterez pas d'avoir parcouru les deux cités.

PAULO HOEPER/GETTY IMAGES ©

MICHAEL RUNKEL/GETTY IMAGES ©

Resistencia

Resistencia

DEPUIS CORRIENTES : **30 MINUTES**

Plazas, religion et habitants

C'est la grand-place de Resistencia, Plaza 25 de Mayo, qui en fait un but de visite. Un peu comme si la ville, sachant qu'elle n'a pas la superbe *costanera* de sa jumelle, Corrientes, avait décidé de s'embellir autrement. Les villes argentines manquent souvent d'un vrai centre-ville mais, ici, on gravite autour d'une place qui semble lui avoir donné naissance. La Plaza 25 de Mayo est ombragée grâce à de beaux arbres et dominée par une cathédrale qui, quand les jacarandas sont en fleur, est digne d'une carte postale. Des sculptures, disséminées dans la ville, donnent à toute balade une matière à réflexion.

Hors de la cathédrale, vous trouverez des œuvres d'art (dont une statue de San Fernando digne de Picasso, à gauche du portail) dans le parc lui-même et dans la rue, notamment en face de la façade ondulée de la Casa de las Culturas, qui

À SAVOIR

Les parkings clos sont souvent fermés pour la nuit. Si vous devez partir tôt le matin, vérifiez les heures d'ouverture.

LES MEILLEURS BARS DE RESISTENCIA

Dans une ville qui met en avant l'art en plein air, on n'est pas surpris de trouver des bars branchés et originaux où se détendre. Toute une série de bars et de cafés très plaisants se situent dans le centre et autour, notamment près de la Plaza 25 de Mayo.

Eleven Rooftop
Un toit-terrasse gai et branché, incontournable, à quelques rues de la Plaza 25 de Mayo.

Nanas Suena Bien!
Prisé par les moins de 30 ans, avec des cocktails artisanaux et une cuisine correcte, dans un décor de brique nue.

Olegario Café
Une atmosphère de village italien, où des clients sirotent leur café ou leur vin à toute heure de la journée.

OÙ SE LOGER ET SE RESTAURER À RESISTENCIA

Niyat Urban Hotel
Hôtel chic et moderne, avec petit déjeuner inclus, donnant sur la plaza. $$

Hotel Diamante
Hôtel d'affaires modeste et propre, avec parking gratuit et petit déjeuner inclus. $$

Coco's Resto
Un lieu plutôt chic servant une cuisine surtout italienne. Service sympathique et prix abordables. $$

MUSEO DEL HOMBRE CHAQUEÑO

Si vous cherchez une activité qui ne vous fera pas arpenter toute la ville, allez au **musée de l'Homme du Chaco**. L'équipe enthousiaste de cet excellent petit musée vous renseignera sur la collection consacrée aux principaux groupes qui forment la population locale : les Amérindiens (admirez les céramiques et les instruments de musique toba), les *criollos* (Espagnols nés en Argentine) et les *gringos*, arrivés pour la plupart d'Europe à partir de la fin du XIXe siècle. On peut y voir objets en céramique, instruments de musique, dioramas et vitrines, avec un 4e niveau consacré à la mythologie. Si les explications sont en espagnol, certains employés sauront vous les traduire ou vous les résumer.

abrite une station de radio, une galerie d'art et un auditorium, où vous pourrez profiter d'expositions et de spectacles. Les autres bâtiments importants, comme le Banco de la Nación Argentina, donnent à la place majesté et pittoresque.

La ville des sculptures

Balade parmi 650 œuvres d'art

Peu de villes de la taille de Resistencia s'enorgueillissent d'avoir 650 sculptures ornant leurs rues, leurs allées, leurs parcs et leurs édifices. Il y en a toujours une en vue ou presque, grâce à la Biennale de la sculpture.

En juillet, la ville accueille des sculpteurs qui travaillent, puis exposent leurs œuvres au Parque Intercultural, où ont lieu événements, festivités et concours. Les créations sont ensuite installées en ville, leur nombre augmente donc à chaque édition. L'événement est très intéressant mais si vous venez en dehors de cette période, profitez de vos balades dans les rues pour chercher et admirer toutes ces œuvres.

Si certaines statues, comme celles de la Plaza 25 de Mayo, célèbrent des personnages historiques, les autres (la plupart, en réalité) sont avant-gardistes, originales, intéressantes et drôles. Vous croiserez ainsi dans vos flâneries des copies du David de Michel-Ange, d'étranges formes sphériques ou des formes humaines presque méconnaissables à force d'abstraction.

Vous en saurez plus sur la biennale et les thèmes des années précédentes en passant au musée (ci-après). Vous y trouverez aussi des cartes mentionnant les emplacements des sculptures en ville. Une application est aussi censée remplir cette fonction mais elle n'était pas disponible lors de notre passage.

Centre de la Biennale de la sculpture (bienaldelchaco.org), le **MusEUM** est un espace d'exposition qui regroupe la plupart des œuvres majeures présentées lors des précédents festivals vaut largement une visite. Vous pourrez vous y procurer des brochures détaillant des circuits au fil des sculptures de la ville. L'avenue est située dans le prolongement de celle de Wilde, en direction du nord. Si vous prenez un taxi, indiquez le "Domo del Centenario" adjacent.

Vente de poissons au bord de la route, près de Resistencia

Concordia

Jolie ville frontalière en aval du grand barrage de Salto Grande, sur le Río Uruguay, Concordia est une étape plaisante d'un jour ou deux, occasion d'excursions de l'autre côté de la frontière, avec des sources thermales pour se détendre, s'amuser ou nager, de bons restaurants et de jolis parcs et paysages. Vous pouvez même camper près du fleuve, qui offre de belles parties de pêche et si vous restez assez longtemps, vous verrez sûrement d'adorables capybaras. Explorez les ruines d'un château, intéressantes et mélancoliques, s'il vous reste du temps. La ville est un bon camp de base pour des excursions d'une journée, vers le Parque Nacional El Palmar ou l'historique ville de Salto, en Uruguay.

À SAVOIR

Si vous allez à Salto, évitez l'heure de pointe, sinon vous risquez une longue attente. Autrefois, les Argentins passaient en Uruguay pour profiter des bonnes affaires, maintenant c'est l'inverse : les Uruguayens viennent à Concordia pour se fournir en matériel électronique ou en carburant.

Pour les infos pratiques, voir le Carnet d'adresses p. 180

COMMENT CIRCULER

Concordia est à environ 7 heures 45 de bus de Corrientes. Le centre de Concordia est assez petit, et la ville se traverse à pied en 1 heure. Les sources thermales ou les campings nécessitent un moyen de transport – le bus n°2 va dans cette direction.

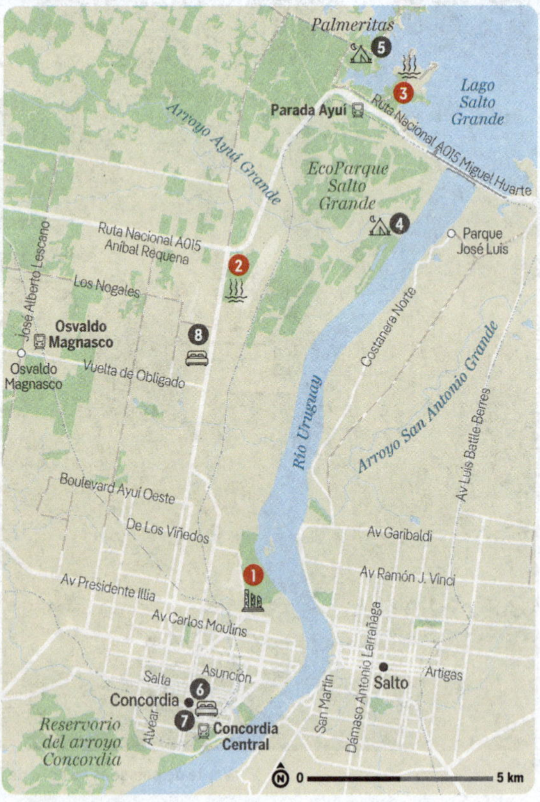

VOIR
1 Castillo San Carlos

ACTIVITÉS
2 Termas Concordia
3 Termas y Parque Acuático del Ayuí

SE LOGER
4 Camping la Tortuga Alegre
5 Camping Las Palmeras
6 Florentina 'El Origen'
7 Hotel Salto Grande
8 Posada Bamby's

SUNSINGER/SHUTTERSTOCK ©

Parque Nacional El Palmar

Plongez dans l'eau chaude

Des thermes qui incitent à la détente

Rien ne vaut un bon bain chaud, mais il est encore meilleur quand il est de la taille d'une piscine et chauffé naturellement, comme ceux des délicieux thermes de Concordia. Il en existe plusieurs ; les plus proches de la ville sont les **Termas Concordia**, un parc d'attractions avec des sources chaudes. Ses divers bassins ont une température de 40°C à pas moins de 44°C, et il y a des ponts de bois suspendus, des passerelles et des aires de pique-nique... De quoi plaire à toute la famille, avec des maîtres-nageurs qui assurent la sécurité.

De même, aux **Termas y Parque Acuático del Ayuí**, vous pouvez faire trempette dans une eau chaude et apaisante. On y insiste plus sur le côté thermal, avec divers spas, bassins et autres sièges immergés pour se détendre et même se laisser masser par l'eau chaude. Les enfants trouveront des bassins assez peu profonds pour se baigner sans danger (il n'y a pas de "grand bain"). Les animaux font aussi partie des attractions : plusieurs paons vivent sur place, et il n'est pas rare de voir un groupe de capybaras broutant sur la rive opposée.

Les deux endroits disposent de restaurants, pour pouvoir manger à peine séché avant de retourner dans l'eau.

UN EXCELLENT COIN DE PÊCHE

Si vous aimez pêcher, vous aurez peut-être envie de rester quelques jours, voire plusieurs semaines. Le Río Uruguay et ses affluents offrent de fantastiques coins de pêche. Selon la hauteur d'eau, le fleuve peut être très plat ou plein de rochers, mais un bon guide saura vous indiquer où lancer votre ligne. L'accès à "la Zona", zone en aval du barrage, est strictement réglementé, on ne peut y aller que certains jours, et avec un guide. Mais ces restrictions ont permis aux populations de *dorados* d'atteindre des tailles records. Qui sait, vous serez peut-être la prochaine personne à prendre ce célèbre poisson !

OÙ SE LOGER ET SE RESTAURER À CONCORDIA

Posada Bamby's
Hôtel bon marché où on se sent chez soi, avec des repas délicieux (petit déjeuner inclus, dîner en sus). $

Florentina 'El Origen'
Café servant d'excellents *latte*, expressos et cafés glacés, plus des tartes et des sandwichs. $$

Des ruines qui donnent le frisson

Le Castillo San Carlos

Les Jésuites ne sont pas les seuls à avoir abandonné des édifices qu'ils avaient construits, de riches propriétaires l'ont fait aussi. Le **Castillo San Carlos** est un lieu étrange, édifié en 1888 pour le comte Édouard Demachy, fils d'un banquier français. Il fit venir d'Europe les matériaux pour sa construction, sans rechigner à la dépense. À l'époque, c'était le seul bâtiment de la région avec sols chauffants, eau courante et éclairage centralisé à gaz. Malgré son opulence et son coût, les Demanchy n'y vécurent que trois ans avant d'en partir, si soudainement qu'ils n'emportèrent que leurs vêtements. Leur disparition est restée un mystère, et toutes les rumeurs qui ont circulé depuis se sont avérées infondées. À l'abandon, le castillo a ensuite connu la visite (en fait un atterrissage en catastrophe) du célèbre pilote de l'Aéropostale devenu romancier, Antoine de Saint-Exupéry. Il y séjourna un moment, probablement le temps de faire réparer son avion. On trouve dans le jardin une **grande statue du Petit Prince**. Le château a aussi été, tour à tour, un entrepôt de fruits, un saloir et même une boutique de chandelles.

Aujourd'hui, dans son splendide abandon, il domine le fleuve. Diverses visites guidées permettent de l'explorer, avec des plaques renseignant sur son histoire, et d'admirer sa grandeur et sa décadence. Un petit musée expose des papiers, documents et autres photos, et une maquette du *Lightning P38* de Saint-Exupéry. Pour y aller depuis Concordia, prenez le bus n°2 et descendez à l'entrée du parc. Une courte balade dans le jardin vous conduira au château lui-même.

Castillo San Carlos

CAMPER PARMI LES CAPYBARAS

Si vous avez envie de vous lever avec le soleil, entourés d'un groupe de capybaras, vous voudrez peut-être camper au bord du fleuve. Notez que, comme à proximité de toutes les rivières, l'antimoustique est plus que nécessaire, surtout le soir lorsque ces insectes attaquent en nombre. Et rien ne vaut le soleil du matin qui scintille sur l'eau calme du fleuve, tandis que vous préparez votre premier café de la journée.

Camping Las Palmeras
Joli camping avec une plage de sable, des grils pour cuisiner et des douches extérieures.

Camping la Tortuga Alegre
Un endroit sans chichis, apprécié des pêcheurs, avec accès à la plage et rampes à bateaux.

VISITE DU PARQUE NACIONAL EL PALMAR

Tout le monde passe par le même point d'entrée. Mais prenez le temps d'un détour au ❶ **centre d'information des visiteurs** où les employés, serviables, vous renseigneront sur l'état du parc, sa réglementation, et vous donneront des plans. Respectez bien la vitesse maximum de 40 km/h, pour éviter les accidents avec les animaux (tortues, serpents, lézards, rongeurs... et capybaras !)

De là, roulez 6,5 km jusqu'à un rond-point et prenez à droite. Continuez jusqu'à votre première étape, le ❷ **Sendero Yatay**, une petite boucle de 500 m bordée de buissons et, bien sûr, de palmiers. Plus loin, vous arrivez au ❸ **Sendero La Glorieta** (900 m) qui passe sous les arbres, longe une petite rivière et revient au parking, avec un beau point de vue sur les palmiers.

Ensuite, revenez au rond-point et prenez à droite (à l'opposé de l'entrée), en direction du fleuve. Puis, à 9,2 km de l'entrée, bifurquez encore à droite. Si vous aimez marcher, commencez à chercher, sur votre gauche, le parking du très joli ❹ **Sendero Pastizal** (4,2 km). Cette balade spectaculaire vous amène jusqu'au Río Palmar. Si vous n'êtes pas bon randonneur, continuez jusqu'à un sentier plus court (350 m), le ❺ **Sendero Arroyo del Palmar**, qui mène aussi au Río Palmar. Ensuite revenez en arrière, dirigez-vous une fois de plus vers la droite sur la route principale, jusqu'à l'aire de camping, où vous trouverez des ❻ **sanitaires et une boutique de souvenirs**. Si une baignade vous tente dans le ❼ **Río Uruguay**, c'est le moment.

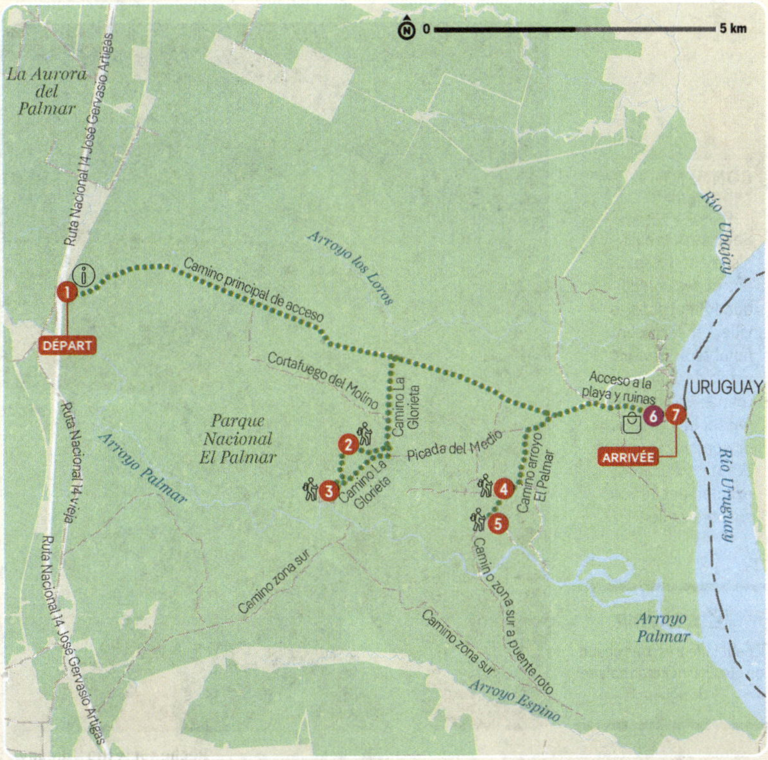

Environs de Concordia

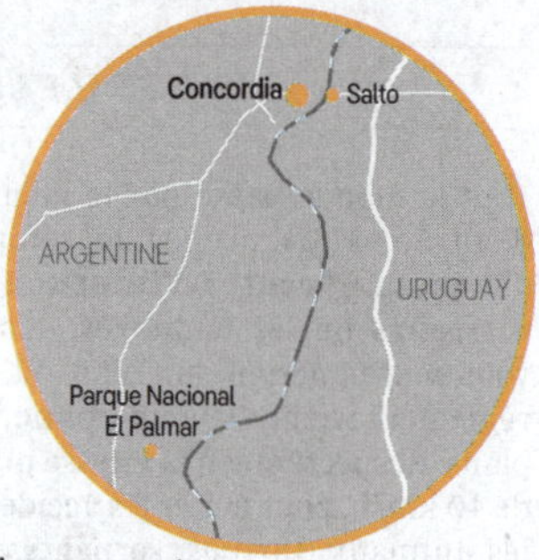

Le barrage, la frontière toute proche avec l'Uruguay et de très beaux parcs sont parmi les atouts de la région.

L'un des plus grands ouvrages hydroélectriques de la région, la Central Hidroeléctrica Binacional Salto Grande, est posté à la frontière entre l'Uruguay et l'Argentine. La jolie ville de Salto est juste en face, côté uruguayen. On peut y faire une excursion d'une journée, ou y passer une nuit agréable, mais la circulation transfrontalière est parfois très chargée. Plus au sud, visitez le Parque Nacional El Palmar, le "parc des Palmiers". Le secteur était jadis planté de palmiers *yatai*, mais ils ont pratiquement disparu au profit l'élevage et des plantations d'eucalyptus. Le parc est un des rares endroits où cet habitat de palmiers, avec ses oiseaux et ses animaux, a été préservé.

Pour les infos pratiques, voir le Carnet d'adresses p. 180

COMMENT CIRCULER

Salto se parcourt aisément à pied. Des bus et des *colectivos* quadrillent aussi la ville. Les taxis sont nombreux. Si vous venez de Concordia, prenez-en un pour passer la frontière. Ils ne sont pas trop chers et vous conduiront exactement où vous souhaitez aller.

À SAVOIR

Il peut faire très, très chaud en été. Eau et écran solaire de rigueur.

LARRY LARSEN/ALAMY STOCK PHOTO ©

Pêche sur le Río Uruguay

Barrage hydroélectrique, Salto, Uruguay

Salto

DEPUIS CONCORDIA : **1 HEURE (+ LE TEMPS DE PASSER LA FRONTIÈRE)**

Passer la frontière

Salto est l'occasion d'une une belle sortie d'une journée, avec son architecture coloniale, des centres commerciaux et des coins de pêche tranquilles. Depuis Concordia, passez devant les Termas, puis traversez le fleuve par la Central Hidroeléctrica Binacional Salto Grande. Ce barrage est gigantesque et le contraste entre l'aval et l'amont est impressionnant. Puis vous irez sûrement voir la Plaza de los 33 Orientales, pittoresque, verdoyante, avec des fontaines récemment restaurées et des toilettes publiques modernes – elle est vraiment un cran au-dessus des autres places que vous visiterez. Emportez votre maté et sirotez-le entre *amigos*, trouvez un café sur la place ou visitez la jolie Parroquia Nuestra Señora del Carmen, dont les clochers jumeaux dominent la place. De là, une petite balade vous mène jusqu'au fleuve. Majestueux, la vue y est belle en toute saison.

Selon la période, la hauteur d'eau peut varier. Parfois (quand il a beaucoup plu au Brésil, par exemple), certaines rues bordant le fleuve sont même inondées, mais il est paisible la plupart du temps. Et comme partout le long du Río Uruguay, vous croiserez peut-être quelques capybaras en train de se nourrir. Au nord de la ville, le Parque Indígena accueille événements, fêtes et compétitions sportives. Si vous avez une canne à pêche, montez plus au nord jusqu'aux Cuevas de San Antonio, série de grottes et de formations rocheuses naturelles qui signalent un des meilleurs spots de pêche de Salto. L'endroit est plaisant même si vous ne pêchez pas. La pêche y est strictement encadrée : assurez-vous de posséder les permis requis.

OÙ SE LOGER ET SE RESTAURER À SALTO (URUGUAY)

On trouve à Salto des hôtels corrects et quelques bons restaurants, plus des cuisines de rue bon marché autour de la place principale.

Salto Hotel y Casino
Hôtel chic et tape-à-l'œil, sur la grand-place, avec une belle vue sur la cathédrale depuis les étages supérieurs et le coin piscine, sur le toit. **$$$**

Hotel Español Salto
Hôtel sans chichis avec de jolies parties communes et des chambres propres, accessible à pied depuis la place ou le fleuve. Petit déjeuner inclus. **$$**

La Trattoria
Avec ce nom italien, on peut espérer d'excellentes pâtes – et on n'est pas déçu. **$$**

Cavern
Un bon restaurant, élégant, à quelques rues de la grand-place. Burgers, frites, *tostadas* (toasts) et grand choix de boissons. **$$**

Santa Fe

Pour les infos pratiques, voir le Carnet d'adresses p. 180

De toutes les villes bordant l'imposant Río Paraná, Santa Fe (Santa Fe de la Vera Cruz, officiellement) offre le plus joli mélange de culture, de beauté et de personnalité, et est délicieuse à visiter quelle que soit la période de l'année. Elle plaira à tous avec ses jolis ponts, sa *costanera* paisible, son architecture, ses rues piétonnes, ses restaurants et l'accueil de ses habitants. Bien qu'elle soit la quatrième métropole du pays, elle a gardé le cachet agréable d'une petite ville. Le tunnel qui passe sous le fleuve la relie à la ville de Paraná, facilitant ainsi la traversée et la visite de l'autre rive. Venez ici pour prendre un verre, dîner et vous balader dans les avenues animées tout en admirant les façades des bâtiments. Posez-vous pour siroter du maté sur la *costanera* et contemplez le soleil couchant.

COMMENT CIRCULER

L'aéroport, desservi par Aerolíneas Argentinas, est situé à 7 km au sud de la ville sur la RN 11. De la gare routière, des bus desservent tout le pays. Les rues étroites et souvent à sens unique de Santa Fe peuvent être compliquées pour les conducteurs, et il n'est pas simple de s'y garer. On trouve facilement des taxis, des bus, et des services de covoiturage. Et rien ne vous empêche de marcher : la ville est très jolie à visiter.

À SAVOIR

Malgré ses dimensions et le fait qu'elle ait compté jusqu'à quatre gares, la ville n'est plus desservie par le rail. La ligne la plus proche va de Buenos Aires à Rosario ; il faut ensuite prendre un bus.

Plaza de las Tres Culturas, Santa Fe

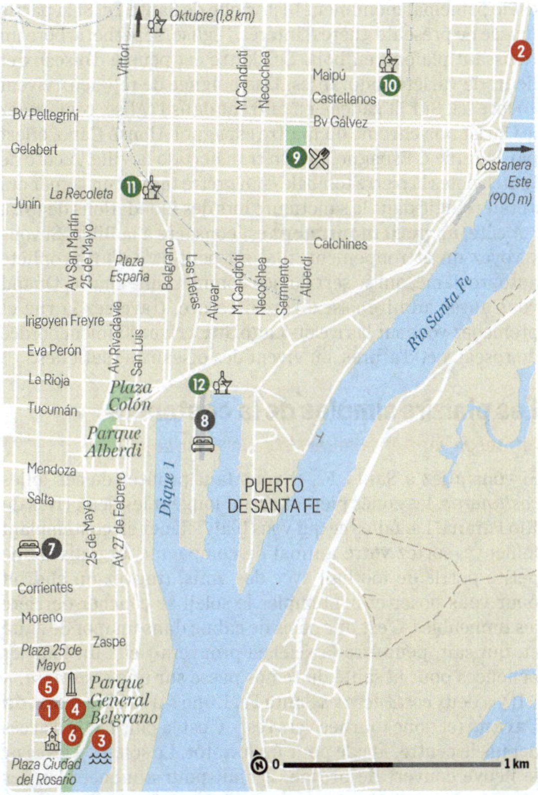

VOIR
1 Casa de Gobierno
2 Costanera
3 Lago Sur
4 Monumento a la Biblia
5 Plaza 25 de Mayo
6 Convento y Museo de San Francisco de Asís

SE LOGER
7 House Park Boutique Hotel
8 Los Silos

SE RESTAURER
9 Paladar Negro

PRENDRE UN VERRE ET FAIRE LA FÊTE
10 Barrio Latino Cocktail Club
11 Insert Coin
12 One Six Roof Bar

Places, cathédrales et architecture

Visiter la Plaza 25 de Mayo

Comme beaucoup d'autres villes argentines, Santa Fe a sa **Plaza 25 de Mayo**, excellent point de départ d'une visite. On peut facilement y passer un après-midi, ou une journée, à admirer ses imposants bâtiments avant de traverser (prudemment !) la rue pour admirer la vue depuis les berges du fleuve. La **Casa de Gobierno** est le principal bâtiment, visuellement. Sa façade grandiose, son architecture éclectique et sa présence austère dominent la place. Mais d'autres en imposent aussi. De là, dirigez-vous vers le sud-est jusqu'à la jolie Plaza de Las Tres Culturas, où se trouve le **Convento y Museo de San Francisco de Asís**. Ce couvent franciscain construit en 1680

OÙ SE LOGER ET SE RESTAURER À SANTA FE

Los Silos
Un hôtel chic avec une belle vue sur le fleuve. Dans d'anciens silos à grains. $$$

House Park Boutique Hotel
Endroit propre et sympathique, près des plazas, avec un très bon petit déjeuner. $$

Paladar Negro
Cuisine variée, bons cocktails et belle vue sur le parc. $$

POURQUOI J'AIME SANTA FE

Ray Bartlett, auteur

J'aime Santa Fe pour mille raisons. J'aime les villes fluviales, et le Paraná est un grand fleuve. S'asseoir et regarder le soleil se coucher sur la *costanera* de Santa Fe, un maté à la main, est un expérience typiquement argentine. La ville est grande, son architecture imposante, mais on dirait vraiment une petite ville plaisante, en comparaison de ses grandes voisines. J'aime aussi le fait de pouvoir y trouver de bons cocktails et des restaurants qui ne sont pas qu'italiens. Et son université, qui lui donne une atmosphère jeune et pleine de vie.

est le principal monument historique de Santa Fe. Si la partie musée ne présente guère d'intérêt, l'église, superbe, arbore un ravissant plafond en bois. Le cloître est peuplé d'oiseaux et fleuri de variétés odorantes. Une poignée de religieux vivent encore ici. Sur la gauche en entrant dans l'église, remarquez le Christ polychrome du maître espagnol Alonso Cano, offert par la reine d'Espagne lors du transfert de la ville. À côté de l'autel, notez la pierre tombale d'un prêtre tué par un jaguar qui s'était réfugié dans le sanctuaire lors des inondations de 1825.

À côté, un **petit monument** est consacré à la Bible. Si vous y voyez un attroupement, il s'agit peut-être d'un prophète autoproclamé, qui se sert du lieu comme d'une chaire. Quand vous aurez admiré assez d'architecture, traversez la rue et promenez-vous sur la rive du **Lago Sur**, crique joliment bordée de roseaux et d'arbres, où vivent des oiseaux aquatiques.

Les plaisirs simples de la costanera

Siroter un verre en admirant le coucher de soleil

Si vous allez à Santa Fe, il vous faut profiter de ses jolies *costaneras*, les zones piétonnes qui longent les deux rives du Río Paraná. Là, faites ce qui vous plaît : flânez en contemplant le fleuve, sortez votre animal de compagnie, organisez une petite partie de football avec des amis, trouvez un endroit pour vous poser et contempler le soleil se coucher derrière les immeubles. C'est une oasis de calme dans un monde agité et, qui sait, peut-être la science prouvera-t-elle un jour les bénéfices pour la santé du temps passé sur une *costanera*.

Il y a deux *costaneras* à Santa Fe. L'une sur la **rive ouest du Paraná** (et donc tournée vers l'est). C'est la plus facile d'accès depuis le centre, idéale pour les lève-tôt. Le soleil s'y lève sur le fleuve couvert de brume. Parfait pour annoncer sur les réseaux sociaux que "vous avez de la chance"... Sur l'autre rive, moins accessible, la **Costanera Este** est de l'autre côté d'un joli pont suspendu. Tournée vers l'ouest, elle plaît à ceux qui aiment les couchers de soleil. Traversez le pont, puis prenez à gauche, vers le nord. Vous trouverez une berge large, avec de la place pour vous garer, de l'herbe, quelques aires de pique-nique et des toilettes. Plus quelques bars de plage informels si vous avez envie d'ajouter une bière ou un cocktail au tableau. L'endroit est tout aussi joli la nuit, quand les lumières de la ville se reflètent sur l'eau calme du majestueux Paraná.

LES MEILLEURS BARS DE SANTA FE

One Six Roof Bar
Venez pour les cocktails artisanaux inventifs et pour la vue sur la ville, spectaculaire à toute heure.

Barrio Latino Cocktail Club
Très bon endroit pour se détendre et écouter le meilleur jazz de la ville, un verre à la main.

Oktubre
Bar avec table de billard, qui accueille aussi des concerts.

Environs de Santa Fe

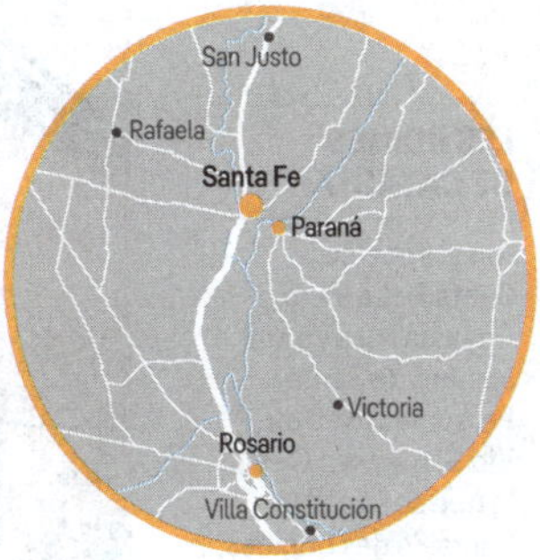

Villes animées, monuments historiques, ruines pleines d'intérêt, et un grand fleuve majestueux pour traverser le tout.

Plusieurs villes importantes et les intéressantes ruines de Cayastá bordent le Río Paraná. Cayastá était le premier emplacement de ce qui allait devenir Santa Fe de la Vera Cruz. Si tous ces endroits ont en commun d'être le long du fleuve, ils ont leur caractère propre si on prend le temps de les visiter. La plus grande ville, Rosario, est riche d'histoire et d'architecture, la paisible Paraná présente des rues calmes et de bons restaurants. Entre les deux, on trouve des prairies pour l'élevage, une riche faune aviaire, et le fleuve qui n'est jamais loin.

Pour les infos pratiques, voir le Carnet d'adresses p. 180

COMMENT CIRCULER

Bus et *colectivos* vous conduiront dans tous les lieux cités ici. Il faut prendre un bus tôt le matin pour visiter Cayastá en une journée. Ils sont nombreux au départ de Paraná.

À SAVOIR

Les vols d'objets dans les voitures, en brisant les vitres, sont de plus en plus fréquents à Rosario. Si vous avez un véhicule, évitez de vous garer dans la rue.

Monumento Histórico Nacional a la Bandera (p. 177)

LES RUINES DE CAYASTÁ

Aussi appelée Santa Fe La Vieja, Cayastá est à 75 km au nord de Santa Fe, sur les rives du Río San Javier. C'est là que se situait la Santa Fe des origines, et si une bonne partie du site a été hélas engloutie par la rivière, les derniers vestiges font un joli but d'excursion. Avec au premier chef l'Iglesia de San Francisco, où on a découvert près de cent tombes. Elles sont couvertes d'une protection et les os authentiques ont été remplacés par des copies, mais le lieu demeure un monument empreint de solennité aux premiers colons morts sur ces terres lointaines. Beaucoup de tombes ne portent qu'un seul nom. Un musée, quelques autres ruines et une boutique de souvenirs sont à proximité, ainsi qu'une petite ville qui s'est développée non loin.

Restaurants, Rosario

Paraná

DEPUIS SANTA FE : **40 MINUTES**

La jumelle de Santa Fe

Prenez le tunnel qui passe sous le Río Paraná et allez dans la ville éponyme. La cité est plaisante, plus petite que sa voisine de l'autre rive. C'est la capitale de la province d'Entre Ríos, qui possède une jolie *costanera* et quelques places sereines. Paraná fait une belle excursion d'une journée si, depuis Santa Fe, vous voulez changer un peu de décor. Le **Museo y Mercado Provincial de Artesanías** est un bon endroit pour faire une pause et admirer (ou acheter) des souvenirs. On y trouvera objets d'art, chaussures, chapeaux, tissus et jouets en bois. Les employés vous expliqueront les procédés de fabrication de ces objets, ce qui ne fera qu'ajouter à leur intérêt. Faites un tour au **Museo Histórico de Entre Ríos Martiniano Leguizamón** qui présente la brève histoire de la république d'Entre Ríos, et donne un aperçu des troubles traversés et du

OÙ SE LOGER ET SE RESTAURER AUX ENVIRONS DE SANTA FE

Roberta Rosa de Fontana Suites
La *costanera*, les restaurants et les bars ne sont pas loin. **$$**

Hotel Coé Verá
Motel accueillant avec petit déjeuner inclus. On y vend du Fernet-Branca, si vous avez envie d'un dernier verre. **$$**

Ristorante Giovani
Peut-être le meilleur restaurant de Paraná. Giovani est aussi sympathique qu'élégant, avec une jolie carte des desserts. **$$$**

temps pris pour parvenir à la république d'Argentine actuelle. Paraná a été la capitale de la Confédération Argentine (qui n'incluait pas Buenos Aires) de 1853 à 1861.

Vous avez envie d'un bain de soleil ? Deux plages sont en ville, la Playa Municipal, juste à l'ouest du Paraná Rowing Club, et les Playas de Thompson, plus jolies, à 1 km à l'est, au-delà du port. Vous pourrez faire trempette ou somnoler au bord du fleuve, mais on n'y trouve pas beaucoup d'ombre. À proximité des Playas de Thompson, vous trouverez une aire de jeux pour enfants et une piscine correcte, si vous ne souhaitez pas vous baigner dans le fleuve.

Rosario

DEPUIS SANTA FE : **2 HEURES**

La truculence de Rosario

Ces derniers temps, tout n'est pas rose à Rosario, et la ville a fait les gros titres à cause de l'augmentation de la délinquance liée, entre autres, au trafic de drogue. Les touristes la délaissent un peu et il faut s'y montrer un peu plus prudent que dans d'autres villes, mais ça ne veut pas dire qu'il faut l'éviter. C'est un bel endroit pour passer une nuit ou une journée. Rosario est assez importante pour offrir de belles choses à voir et à faire. Le **Museo Municipal de Bellas Artes** mérite une visite pour sa présentation innovante d'œuvres modernes et contemporaines provenant du **Museo de Arte Contemporáneo de Rosario (MACRO)** et pour sa collection d'œuvres européennes, certes modeste, mais comprenant quelques très belles pièces. Rosario est aussi la ville natale de deux grands personnages : Ernesto "Che" Guevara et l'idole du football, Lionel Messi. Vous aurez plus de chances de voir des gens porter le maillot de l'équipe argentine ici que partout ailleurs dans le pays. Et la *costanera*, réhabilitée, a vu brasseries branchées et restaurants remplacer les entrepôts à l'abandon. Les *Rosarinos* (habitants de Rosario) sont aussi chaleureux et accueillants que partout ailleurs en Argentine.

Rio Paraná, Rosaria

LES COULEURS DU PAYS

Rien ne symbolise autant l'Argentine que son drapeau. Il est ici signe de solidarité, et dans tout le pays, on croise des gens arborant le blanc et le bleu ciel, on s'arrête pour honorer un drapeau national flottant au sommet d'une montagne ou au beau milieu d'une place de village. Manuel Belgrano, le créateur de ce drapeau, repose ici à Rosario dans une crypte au pied de l'imposant **Monumento Histórico Nacional a la Bandera**, orné de plaques commémoratives et surmonté d'un obélisque, qu'on se presse pour photographier. Un ascenseur permet de monter à un belvédère pour profiter de la vue sur le Paraná. Que vous soyez sensible ou non au patriotisme, c'est un monument incontournable de Rosario.

Carnet d'adresses

IGUAZÚ

Chutes d'Iguazú
Voir p. 142 (iguazuargentina.com ; Puerto Iguazú ; adulte/enfant 20 000/10 000 $ARS ; 8h-18h)

Güirá Oga
Voir p. 145 (guiraoga.com.ar ; RN 12, 1638, Puerto Iguazú ; 9h-18h, dernière entrée 16h30)

Parque das Aves
Voir p. 146 (parquedasaves.com.br ; Av. das Cataratas, Km 17,1, Foz do Iguaçu, Brésil ; entrée 80 R$; 8h30-16h30)

Casa 24 Puerto Iguazu
Voir p. 144 (casa-24-apartment.puerto-iguazu-hotels24.com ; Av. Misiones 24, Puerto Iguazú)

Hotel Itavera
Voir p. 144 (itavera.puerto-iguazu-hotels24.com ; Perito Moreno 240, Puerto Iguazú)

Hotel Mirante
Voir p. 145 (hotelmirantefoz.com.br ; Av. República Argentina 672 – Centro, Foz do Iguaçu, Brésil)

Pousada Sonho Meu Foz
Voir p. 145 (pousadasonhomeufoz.com.br ; R. Mem de Sá 267 - Jardim Renato Festugato, Foz do Iguaçu, Brésil)

City Bar – Iguazú
Voir p. 144 (03757-62-3325 ; Av. Brasil 165, Puerto Iguazú ; 24h/24)

Gaúcho
Voir p. 145 (churrascariadogaucho.com.br ; Av. República Argentina 632 - Centro, Foz do Iguaçu, Brésil ; 11h-23h)

Authentic Bar
Voir p. 145 (@authenticbar.foz ; R. Alm. Barroso 1466 - Centro, Foz do Iguaçu, Brésil ; 19h-1h mar-sam)

Deux Coffee
Voir p. 145 (deuxcoffee.com ; R. Mal. Floriano Peixoto 1300 - Centro, Foz do Iguaçu, Brésil ; 8h-20h)

Sudakas
Voir p. 145 (@sudacasfoz ; Av. República Argentina 1106 - Centro, Foz do Iguaçu, Brésil ; 19h-minuit mar-mer, 19h-1h jeu, 19h-3h ven-sam, 20h-minuit dim)

ENVIRONS D'IGUAZÚ

San Ignacio Miní
Voir p. 148 (misiones.tur.ar/reducciones ; Alberdi 458-477, San Ignacio ; 10 000 $ARS ; 7h30-18h, spectacle son et lumière à 20h)

Hotel Casino Acaray
Voir p. 148 (hotelcasinoacaray.com.py ; 11 de Septiembre y Luis María Argaña, Cuidad del Este, Paraguay)

Hotel Sur Brasil
Voir p. 148 (facebook.com/HotelSurBrasil ; 1 de Marzo et Teniente 1 Facundo Almada, Cuidad del Este, Paraguay)

Ravello Ristorante
Voir p. 148 (Av. Rogelio Benítez, Barrio Boquerón, Ciudad del Este, Paraguay ; 11h30-14h30 et 18h30-minuit mar-sam, 12h-15h30 dim)

Shopping Paris & Shopping China
Voir p. 148 (shoppingparis.com.py et shoppingchina.com.py ; Av. Dr. Luis Maria Argaña, Cuidad del Este, Paraguay ; 7h-19h)

PARC NATIONAL IBERÁ

Casa de Esteros
Voir p. 151 (casadeesteros.com ; Ruta 40 entre Curupí et Ñangapiry, Colonia Carlos Pellegrini)

Casa Santa Ana del Iberá
Voir p. 151 (0376-450-4618 ; Capivara entre Pehuajó et Caraguatá, Colonia Carlos Pellegrini)

Hospedaje San Cayetano
Voir p. 151 (iberasancayetano@hotmail.com ; angle Guazú Virá et Aguapé, Colonia Carlos Pellegrini)

Despensa y Carnicería La Familia
Voir p. 152 (03773-43-1316 ; Curupi, Colonia Carlos Pellegrini ; 8h30-1h)

Don Marcos
Voir p. 152 (RN 40 et Guasúvira, Colonia Carlos Pellegrini ; 11h-15h et 19h-23h lun-sam, 11h-15h dim)

Los Amigos
Voir p. 152 (Aguapé et Guasú Virá, Colonia Carlos Pellegrini ; 12h-23h)

ENVIRONS DU PARQUE NACIONAL IBERÁ

Julio Cesar Hotel
Voir p. 155 (juliocesarhotel.com ; Entre Ríos 1951, Posadas)

La Querencia Restaurante
Voir p. 155 (Bolívar 1859, Posadas ; 12h-14h30 et 20h-minuit)

ANIBAL TREJO/STOCK.ADOBE.COM©

Rosario (p. 177)

CORRIENTES

Museo Arqueológico y Antropológico
Voir p. 160 (museosdecorrientes.org/museo-arqueologico-y-antropologico-ex-casa-martinez-corrientes ; Fray José de la Quintana 971 ; entrée libre ; 9h-12h et 17h-21h lun-ven)

Museo de Ciencias Naturales Amado Bonpland
Voir p. 160 (@museobonpland ; Av. Costanera Gral. San Martín 99 ; entrée libre ; 8h-19h mar-ven, 16h-19h sam-dim)

Museo Provincial de Bellas Artes Juan Ramón Vidal
Voir p. 161 (museovidal.wixsite.com/corrientes ; San Juan 634 ; entrée libre ; 9h-12h et 17h-20h)

Teatro Oficial Juan de Vera
Voir p. 160 (teatrovera.com ; San Juan 637 ; billetterie 9h-12h30 et 17h-21h mar-jeu, 9h-12h30 et 18h-21h ven, 10h-13h et 17h-21h sam)

DonSuites
Voir p. 159 (donsuites.com ; La Rioja 442)

La Alondra Casa de Huéspedes
Voir p. 159 (laalondra.com.ar ; Av. 3 de Abril 827)

Turismo Hotel Casino
Voir p. 159 (turismohotelcasino.com.ar ; Entre Ríos 650)

Cristóbal Café
Voir p. 160 (@cristobalcorrientes ; Placido Martínez 1102 ; 18h-4h)

Ginger
Voir p. 160 (@gingerrgf ; Junín 84 ; 20h-3h mer-dim)

Martha de Bianchetti
Voir p. 160 (marthadebianchetti.com ; 9 de Julio 1198 ; 6h30-13h et 16h-22h)

Jaiteva Flotante
Voir p. 161 (menu.fu.do/jaitevaflotante/qr-menu ; Puerto de Corrientes, Placido Martínez 900-950 ; 18h30-2h)

Le Vieux
Voir p. 161 (@levieux.restobar ; Hipólito Yrigoyen 1439 ; 21-5h ven-sam)

Monk's Speakeasy Bar
Voir p. 161 (@monks.speakeasy ; Buenos Aires 795 ; 20h-3h mar-dim)

ENVIRONS DE CORRIENTES

Museo del Hombre Chaqueño
Voir p. 164 (museohombrechaco.blogspot.com ; Juan B. Justo 280, Resistencia ; entrée libre ; 8h-13h et 14h-19h lun-ven)

MusEUM
Voir p. 164 (bienaldelchaco.org ; Av de los Inmigrantes 1001 ; 9h30-13h30 et 16h-20h lun-sam)

Hotel Diamante
Voir p. 163 (0362-443-8925 ; Av. Belgrano 379, Resistencia)

Niyat Urban Hotel
Voir p. 163 (niyaturban.com.ar ; Hipólito Yrigoyen 83, Resistencia)

Coco's Resto
Voir p. 163 (@cocosresto ; Av. Sarmiento 266, Resistencia ; 12h-14h et 20h-23h lun-sam, 12h-14h dim)

Eleven Rooftop
Voir p. 163 (@eleven.rooftop ; Entre Ríos 142, Resistencia ; 20h-2h mar-jeu et dim, 20h-3h ven-sam)

Nanas Suena Bien!
Voir p. 163 (@nanassuenabien ; Av. Paraguay 48, Resistencia ; 18h-0h30 lun-mer, 18h-1h jeu, 18h-2h30 ven-sam, 18h-minuit dim)

Olegario Café
Voir p. 163 (@olegariorestobar ; CBC, Güemes 183, Resistencia ; 6h30-2h lun-ven, 7h-2h sam, 7h30-2h dim)

CONCORDIA

Castillo San Carlos
Voir p. 168 (concordia.gob.ar/turismo/atractivos/parque-san-carlos ; Parque San Carlos ; 400 $ARS ; 8h-19h)

Termas Concordia
Voir p. 167 (termasconcordia.com ; Ruta Monseñor Roch s/n)

Termas y Parque Acuático del Ayuí
Voir p. 167 (termasdeconcordia.com.ar/termas-del-ayui ; Av. Chico Mendes Paso del Zorro s/n, Lago Salto Grande ; 9h-21h lun-mer, 9h-23h jeu-dim)

Camping la Tortuga Alegre
Voir p. 168 (0345-625-8877 ; à 14 km au nord de Concordia)

Camping Las Palmeras
Voir p. 168 (facebook.com/CampingLasPalmerass)

Posada Bamby's
Voir p. 167 (pousadabambyspesca.com.br ; Marita Lessa 38)

Florentina 'El Origen'
Voir p. 167 (@florentinaelorigen ; Hipólito Yrigoyen 697 ; 7h30-13h et 16h30-21h)

ENVIRONS DE CONCORDIA

Hotel Español Salto
Voir p. 171 (hotelespanolsalto.com ; Brasil 826, Salto, Uruguay)

Salto Hotel y Casino
Voir p. 171 (saltohotelcasino.uy ; 25 de Agosto 05, Salto, Uruguay)

Cavern
Voir p. 171 (facebook.com/CavernRestoCafe ; angle Brasil 204 et Chiazzaro, Salto, Uruguay ; 20h-0h30 tlj et 12h-15h sam-dim)

La Trattoria
Voir p. 171 (facebook.com/LaTrattoriasalto ; Uruguay 754, Salto, Uruguay ; 12h-minuit lun-ven, 12h-1h sam-dim)

SANTA FE

Convento y Museo de San Francisco de Asís
Voir p. 173 (@conv.sanfrancisco.difusion ; Amenábar 2257 ; 8h-12h30 et 15h30-19h lun-ven, 8h-12h et 16h-19h sam)

House Park Boutique Hotel
Voir p. 173 (09342-521-1747 ; Juan de Garay 2642)

Los Silos
Voir p. 173 (hotellossilos.com.ar ; Dique 1)

Paladar Negro
Voir p. 173 (facebook.com/paladaroriginal ; Sarmiento 3398 ; 7h30-2h lun-ven, 8h30-3h sam-dim)

Barrio Latino Cocktail Club
Voir p. 174 (@barriolatino_cocktailclub ; Avellaneda 3601 ; 20h-2h30 mer-jeu, 21h-4h ven-sam)

Oktubre
Voir p. 174 (facebook.com/oktubredrugstorebar ; Aristobulo del Valle 5583 ; 18h-2h dim-jeu, 18h-3h ven-sam)

One Six Roof Bar
Voir p. 174 (@onesixroof ; Francisco Miguens 180, 16e ét. ; 20h-3h jeu-sam)

ENVIRONS DE SANTA FE

Museo de Arte Contemporáneo de Rosario (MACRO)
Voir p. 177 (castagninomacro.org ; angle Av. de la Costa et Blvd Oroño, Rosario ; entrée libre ; 13h-19h mer-sam, 10h-19h dim)

Museo Histórico de Entre Ríos Martiniano Leguizamón
Voir p. 176 (angle Buenos Aires et Laprida, Paraná ; 8h-12h30 et 15h-20h mar-ven, 9h-12h et 17h-20h sam, 9h-12h dim)

Museo y Mercado Provincial de Artesanías
Voir p. 176 (Av. Urquiza 1231, Paraná ; entrée libre ; 8h-13h et 16h-20h lun-ven, 8h-12h30 sam)

Museo Municipal de Bellas Artes
Voir p. 177 (Av. Carlos Pellegrini et Blvd Oroño, Rosario ; entrée libre ; 13h-19h mer-sam, 10h-19h dim)

Hotel Coé Verá
Voir p. 176 (hotelcoevera.com.ar ; Av. Almafuerte 890, Paraná)

Roberta Rosa de Fontana Suites
Voir p. 176 (rrdfsuites.com.ar ; Entre Ríos 914, Rosario)

Ristorante Giovani
Voir p. 176 (giovaniresto.ar ; Gral Justo José de Urquiza 1047, Paraná ; 12h-15h et 20h-minuit)

San Ignacio Miní

Salta et Nord-Ouest andin

MONTAGNES, TRADITIONS AMÉRINDIENNES ET CULTURE POPULAIRE

Les paysages hérissés de cactus géants et baignés de soleil du Nord-Ouest andin invitent à l'aventure.

Le Nord-Ouest de l'Argentine (le *Noroeste*), s'élève en bordure de la majestueuse cordillère des Andes. Plus on gagne en altitude, plus les écosystèmes se transforment, révélant un merveilleux album de paysages naturels. Aux collines boisées qui caressent les nuages de Las Yungas succèdent les formations rocheuses aux surprenantes couleurs et ponctuées de cactus de la *precordillera* (contreforts des Andes), qui s'étendent jusqu'aux hauts plateaux et lacs scintillants de la *puna* (haut plateau). Et dans chacun de ces milieux, on croise une flore et une faune fascinantes, entre lampourde et anacuna, pumas, guanacos, vigognes, condors et bien sûr les emblématiques flamants roses. La nature exprime toute sa puissance et possède une part indéniable de mystère. Depuis des millénaires, les Amérindiens la vénèrent, parsemant les montagnes d'*apachetas* (cairns) érigés pour remercier Pachamama (Terre mère) et demander sa protection.

MARCEL BAKKER/SHUTTERSTOCK ©

Les villes du *Noroeste*, les premières colonies d'Argentine, ont leur charme propre. Des pans de l'histoire et de l'identité argentines se sont joués dans cette région, du site où fut signée la déclaration d'indépendance du pays à Taculan aux momies incas préservées dans les musées de Salta. Mais on peut en découvrir toutes les nuances à travers ses saveurs uniques et son répertoire de musique folklorique. Les voyageurs gourmets se régaleront des meilleures *empanadas* du pays, quand d'autres préféreront virevolter dans les *peñas* (clubs populaires). Avant de repartir, faites le tour des ateliers d'artisanat du Nord-Ouest, dont la qualité n'est plus à prouver – ses ponchos tissés sont même l'objet d'un festival spécifique, à Catamarca.

SITES PRINCIPAUX

SALTA
Musique folklorique et vignobles.
p. 188

TILCARA
Aux portes de la Quebrada de Humahuaca.
p. 200

TUCUMÁN
Ville historique dans les collines.
p. 211

CATAMARCA
À l'ombre des Andes.
p. 219

À gauche : Parque Nacional Los Cardones (p. 195) ; ci-dessus : Parque Nacional Talampaya (p. 227)

S'orienter

À contempler les spectaculaires paysages de montagne et les routes qui semblent inviter au voyage, que ce soit en bus, en voiture ou à vélo, on oublierait presque que les distances peuvent être immenses. Mais tout est possible, avec un peu d'organisation.

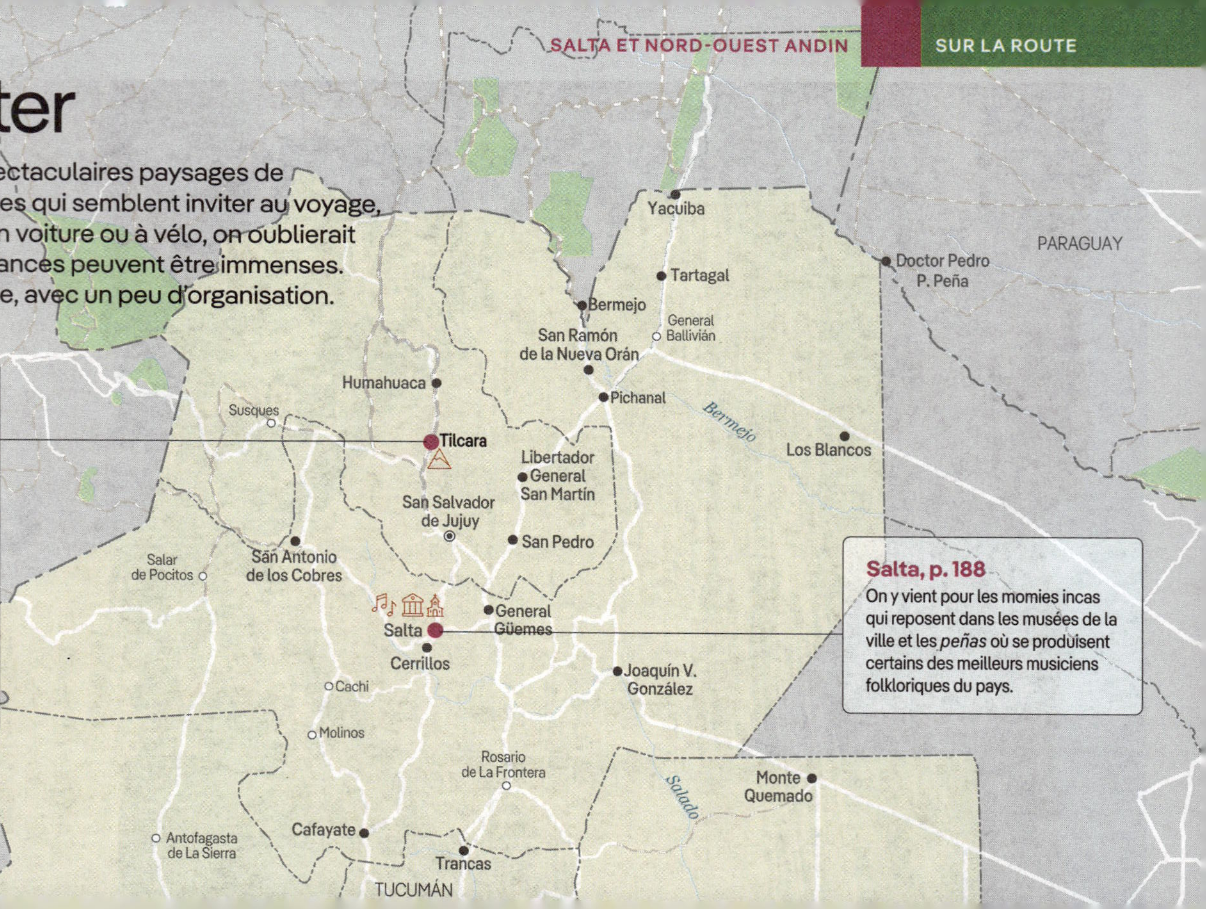

Tilcara, p. 200

Ce village animé est le point de départ idéal pour découvrir les paysages multicolores de la Quebrada de Humahuaca et ses communautés.

Salta, p. 188

On y vient pour les momies incas qui reposent dans les musées de la ville et les *peñas* où se produisent certains des meilleurs musiciens folkloriques du pays.

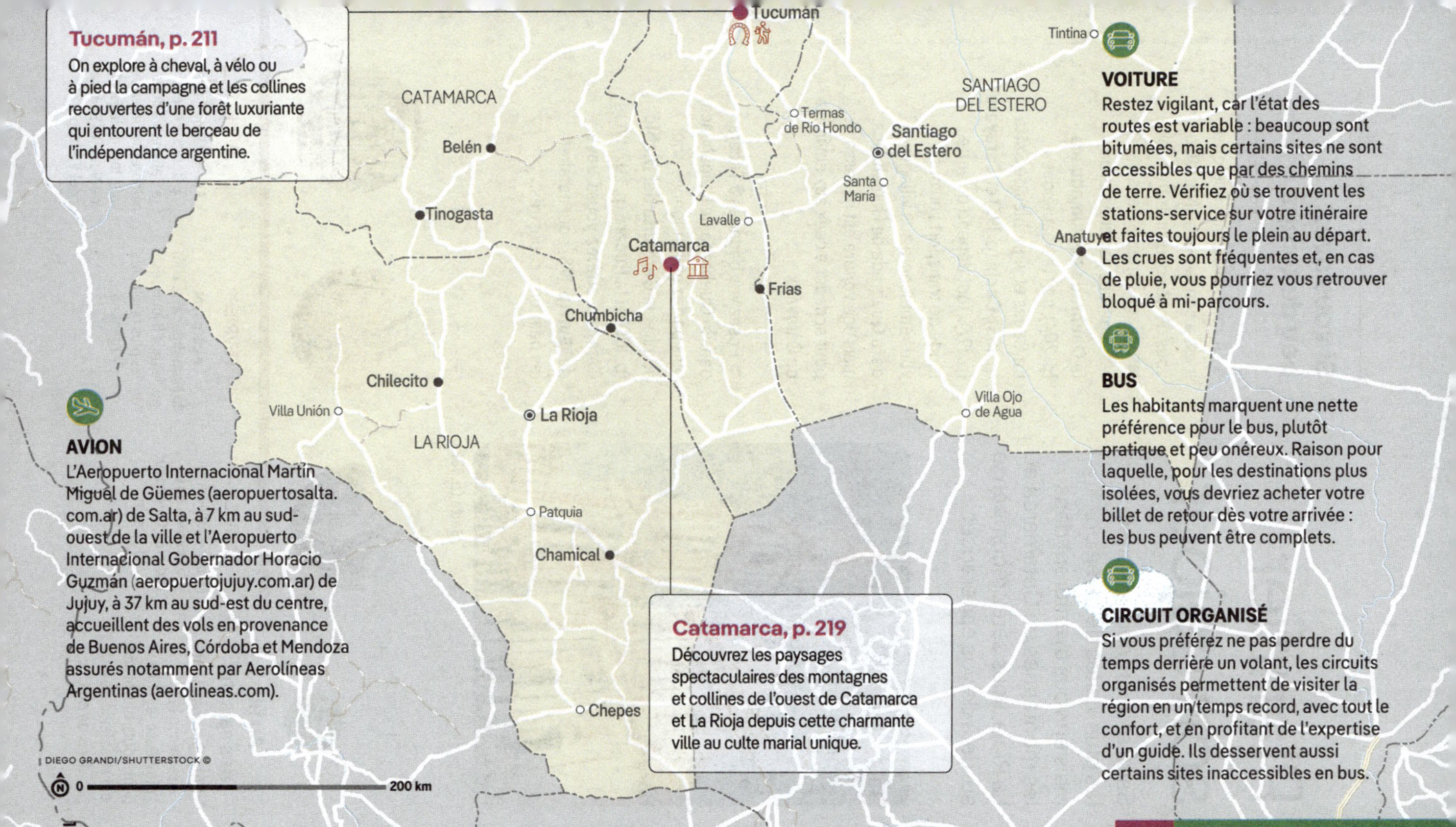

Tucumán, p. 211

On explore à cheval, à vélo ou à pied la campagne et les collines recouvertes d'une forêt luxuriante qui entourent le berceau de l'indépendance argentine.

Catamarca, p. 219

Découvrez les paysages spectaculaires des montagnes et collines de l'ouest de Catamarca et La Rioja depuis cette charmante ville au culte marial unique.

AVION

L'Aeropuerto Internacional Martín Miguel de Güemes (aeropuertosalta.com.ar) de Salta, à 7 km au sud-ouest de la ville et l'Aeropuerto Internacional Gobernador Horacio Guzmán (aeropuertojujuy.com.ar) de Jujuy, à 37 km au sud-est du centre, accueillent des vols en provenance de Buenos Aires, Córdoba et Mendoza assurés notamment par Aerolíneas Argentinas (aerolineas.com).

VOITURE

Restez vigilant, car l'état des routes est variable : beaucoup sont bitumées, mais certains sites ne sont accessibles que par des chemins de terre. Vérifiez où se trouvent les stations-service sur votre itinéraire et faites toujours le plein au départ. Les crues sont fréquentes et, en cas de pluie, vous pourriez vous retrouver bloqué à mi-parcours.

BUS

Les habitants marquent une nette préférence pour le bus, plutôt pratique et peu onéreux. Raison pour laquelle, pour les destinations plus isolées, vous devriez acheter votre billet de retour dès votre arrivée : les bus peuvent être complets.

CIRCUIT ORGANISÉ

Si vous préférez ne pas perdre du temps derrière un volant, les circuits organisés permettent de visiter la région en un temps record, avec tout le confort, et en profitant de l'expertise d'un guide. Ils desservent aussi certains sites inaccessibles en bus.

Planifier son séjour

Salta et Jujuy sont les sites les plus visités de la région, mais en vous aventurant dans les montagnes de Catamarca et La Rioja, vous serez récompensé au-delà de vos espérances.

ANJELOU/SHUTTERSTOCK ©

Salta (p. 188)

Si vous avez peu de temps

- Si vous n'avez que quelques jours à consacrer au Nord-Ouest, vous devrez choisir entre : soit les villages amérindiens et les superbes panoramas de la **Quebrada de Humahuaca** (p. 204), soit la beauté des paysages et vignobles de **Salta** (p. 188), **Cachi** (p. 195) et **Cafayate** (p. 197). Tout dépend de votre mode de transport : un bus vous emmènera aux villages de la Quebrada de Humahuaca, mais une voiture est nécessaire pour accéder à ceux aux environs de Cafayate.

- Posez vos bagages à Tilcara, dans la Quebrada de Humahuaca, puis partez en randonnée pour admirer la **Garganta del Diablo** (p. 100) et la **Pucará** (p. 202). Vers Cafayate, arrêtez-vous **Cueva del Suri** (p. 198) pour admirer les peintures rupestres.

EN BAS : SIMON MAYER/SHUTTERSTOCK ©, MARCELO AGUILAR LOPEZ/SHUTTERSTOCK ©, ALE GRUTTA FOTO/SHUTTERSTOCK ©

Au fil des saisons

L'été (jan-mars) est la saison la plus pluvieuse, et l'hiver (juin-août), plutôt sec, est ensoleillé de jour, frais de nuit.

JANVIER

Musique folklorique au **Festival de la Tradición Calchaquí** de Cachi.

FÉVRIER

Le **carnaval de Humahuaca** (p. 206) qui festoie 8 jours, est l'un des plus fascinants d'Argentine.

AVRIL

Après Pâques, les pèlerins arrivent à Catamarca pour célébrer la *Virgen del Valle* lors de la **Fiesta de Nuestra Señora del Valle** (p. 227).

Une semaine dans le Nord-Ouest

- Après une journée à **Tucumán** (p. 211), explorez les collines avoisinantes de **Tafí del Valle** (p. 216) à pied ou à cheval.

- Continuez vers le nord jusqu'à **Cafayate** (p. 197), avec haltes à **Amaiche del Valle** (p. 216) et **Quilmes** (p. 218). Le temps d'une journée, faites le tour des vignobles de la région, puis traversez la **Quebrada de Cafayate** (p. 199) vers Salta.

- Passez un jour ou deux en ville, puis direction vers **Tilcara** (p. 200) au nord. De là, deux options s'offrent à vous : **Purmamarca** (p. 205) et les **Salinas Grandes** (p. 206), ou **Humahuaca** (p. 207) et la **Serranía de Hornocal** (p. 207).

Dix jours d'exploration

- Depuis **Tilcara** (p. 200), rejoignez **Iruya** (p. 208) au nord pour des randonnées inoubliables. En redescendant vers **Salta** (p. 188) au sud, arrêtez-vous à **Humahuaca** (p. 207).

- De là, traversez en voiture le **Parque Nacional Los Cardones** vers **Cachi** (p. 195), puis prenez la route cahoteuse menant à **Cafayate** (p. 197).

- Empruntez ensuite la Ruta 40 vers le sud via **Quilmes** (p. 218) jusqu'au village de **Belén** (p. 225) et visitez les ruines toutes proches d'**El Shincal** (p. 224).

- Enfin, suivez à votre rythme la **Ruta del Adobe** (p. 225) jusqu'à **Fiambalá** (p. 225), et la **Ruta Los Seismiles** (p. 223) pour atteindre la frontière chilienne.

JUIN

Les *gauchos* se retrouvent à Salta pour la **Guardia bajo las Estrellas** (p. 193), honorant le général Güemes.

JUILLET

La **Fiesta Nacional del Poncho** de Catamarca et les fêtes de l'indépendance de Tucumán marquent le milieu de l'hiver.

AOÛT

Le 1er août, les communautés andines célèbrent la Terre mère pour le **Día de la Pachamama**.

OCTOBRE

À Iruya, on se prépare pour le festival **Nuestra Señora del Rosario** d'Iruya, sa musique folklorique, ses danses, et sa procession à cheval.

Salta

Pour les infos pratiques, voir le Carnet d'adresses p. 228

COMMENT CIRCULER

Le centre-ville de Salta est assez petit pour s'explorer à pied. La Tarjeta SAETA (en vente à l'aéroport, ou dans les kiosques en ville) est le sésame pour monter dans les bus locaux. Proche du Parque San Martín, la gare routière offre de fréquentes connexions vers Jujuy et Tucumán, entre autres destinations. Des bus quotidiens rejoignent Cafayate et Cachi, mais ne circulent pas de l'une à l'autre. Parmi les agences de location de voitures, adressez-vous à Alto Valle (altovallerentacar.com.ar), une des plus fiables.

Surnommée *la Linda* (la belle), Salta a les attraits d'une grande ville et le charme d'une petite. Sa qualité de centre commercial et épiscopal important a contribué à lui donner un visage de cité sophistiquée riche en sites historiques, à commencer par ses églises et son architecture coloniale préservée. On y trouve également des musées, dont le remarquable Museo de Arqueología de Alta Montaña qui plonge dans les arcanes de la culture inca, y compris ses aspects les plus macabres. On peut passer des heures à déambuler dans les rues pavées de la ville, explorer les chemins forestiers alentour et savourer bières ou cafés en terrasse. Dynamique à souhait, la scène culturelle de la ville se concentre autour de l'art et de la musique. La *música folclórica* résonne dans les *peñas* de Salta, ces bars populaires proposant des spécialités locales. Au vu de tout cela, et des fameux malbecs et torrontés des vignobles avoisinants, vous vous attarderez certainement à Salta.

☑ À SAVOIR

Salta Free Tour est la seule organisation à proposer des visites guidées à pied de la ville (lun-ven, en espagnol à 10h, en anglais à 18h). Pas de réservation, il suffit de se présenter devant la cathédrale Plaza 9 de Julio. Les circuits peuvent être annulés en cas de pluie. Paiement par pourboires.

Catedral Basilica de Salta (p. 193)

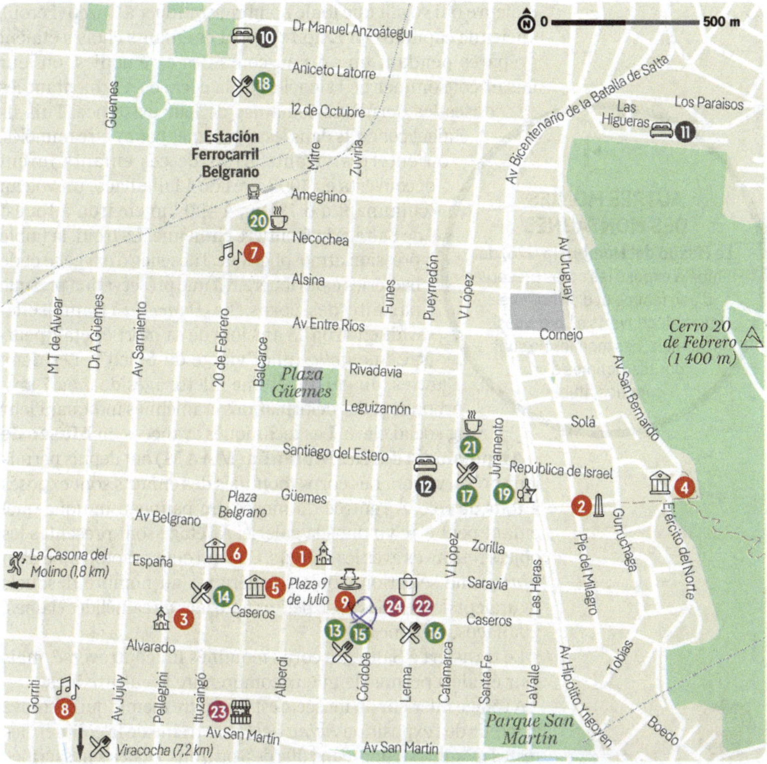

VOIR
1 Catedral Basílica de Salta
2 Monumento a Güemes
3 Iglesia de la Merced
4 Museo de Antropología
5 Museo de Arqueología de Alta Montaña
6 Museo Güemes

ACTIVITÉS
7 La Vieja Estación
8 Paseo de los Poetas
9 Punto de Diseño

SE LOGER
10 All Norte Hostel
11 Kkala Hotel Boutique
12 La Candela

SE RESTAURER
13 Aires Caseros
14 Alfajores Hidálgo
15 Doña Salta
16 El Charrúa
17 El Charrúa
18 In Bocca al Lupo Pizza

PRENDRE UN VERRE ET FAIRE LA FÊTE
19 Antares Salta
20 Café del Tiempo
21 Café Tucán
Voir 9 Pacha Wine

SHOPPING
Voir 22 Björk
22 El Camino
23 Mercado San Miguel
24 Una Tienda con propósito

Les enfants de Llullaillaco

Sur les traces des Incas

À la fin du XVe siècle, l'Empire inca s'étendait jusqu'au sud de la Colombie et, au nord, englobait les régions de Jujuy et Salta, sur les contreforts des Andes, dont les hauts sommets, considérés comme sacrés, étaient des lieux de cérémonies rituelles. Les sacrifices humains étaient pratiqués en cas de grand péril ou d'importantes festivités. C'est le cas de la *capacocha*, soit l'offrande d'enfants de familles aisées censés transmettre des messages aux dieux, une célébration majeure qui voyait une foule nombreuse affluer à Cuzco (Pérou), ancienne capitale de l'Empire Inca. Les enfants choisis étaient préparés pendant un an : au cours des cérémonies, on leur faisait consommer de l'alcool et de la coca, en augmentant les doses les dernières semaines de leur existence. Puis ils étaient conduits dans les montagnes pour y être immolés, ou enterrés vivants. Trois de ces enfants furent découverts en 1999 près du Llullaillaco, un volcan culminant à 6 739 m, à 480 km environ à l'ouest de Salta, à la frontière chilienne. Le froid, la faible pression atmosphérique, l'absence d'oxygène et de bactéries contribuèrent à une préservation presque parfaite des corps. La *Doncella* (Damoiselle) avait environ 15 ans lors de sa mort et était peut-être une *aclla* (une "vierge du Soleil"). Les deux autres, un garçon et une fillette âgés de 6 ou 7 ans, arboraient des déformations crâniennes indiquant leur rang social élevé. Les techniques avancées du **Museo de Arqueología de Alta Montaña (MAAM)** ont depuis permis leur préservation. Les corps momifiés des enfants sont exposés à tour de rôle. À l'entrée du musée, un panneau indique quel enfant peut être vu dans la galerie. À l'étage sont présentés les objets retrouvés avec les enfants. Chacun était accompagné d'un *ajuar*, une sélection d'objets funéraires au nombre desquels figuraient des textiles et de petites figurines de camélidés (lamas, guanacos, vigognes).

Le transfert à Salta des corps momifiés fut controversé, mais leur étude a permis de mieux comprendre la culture inca.

À l'étage inférieur du musée, c'est une autre momie qui se trouve au cœur de l'exposition *Reina del Cerro* (reine de la colline) : les restes momifiés d'une jeune fille de 8 ou 9 ans, également sacrifiée au cours d'une *capacocha* vers l'an 1500 et "retrouvée" au sommet de Chuscha à Cafayate dans les années 1920. L'installation relate l'histoire mouvementée de cette momie, rapatriée à Salta depuis une collection particulière de Buenos Aires, ce qui explique son aspect très dégradé. Prenez le temps d'arpenter ses galeries, foisonnantes d'installations diverses permettant de mieux appréhender la culture inca.

Ne manquez le **Museo de Antropología** dont la collection permanente réunit des poteries provenant des ruines de Tastil (la plus grande ville pré-inca d'Argentine). Profitez de la grande terrasse avec une vue imprenable sur la ville.

AUTRES MOMIES DES MONTAGNES

Le **Museo del Hombre** (p. 225) de Fiambalá expose les corps préservés d'une femme et d'un homme incas, découverts à Loro Huasi. Toutefois, ces momies ne sont pas les victimes d'un sacrifice rituel.

OÙ SE LOGER À SALTA

All Norte Hostel
Auberge de jeunesse vieillotte mais bien tenue, avec hauts plafonds, cuisine et joli jardin. **$**

La Candela
Belles chambres de style classique, jardin et piscine dans cet hôtel aux allures de villa de vacances. **$$**

Kkala Hotel Boutique
Cet hôtel élégant des beaux quartiers propose des chambres avec Jacuzzi privé et vue sur la ville. **$$$**

ANIBAL TREJO/SHUTTERSTOCK ©

Convento San Bernardo

BALADE HISTORIQUE À SALTA

Démarrez Plaza 9 de Julio, en centre-ville, par le 1 **Museo de Arte Contemporáneo (MAC)** pour voir l'exposition du moment, puis entrez dans la 2 **Catedral Basílica de Salta** à la façade rose de 1882. Sans quitter la place, rendez-vous au passionnant 3 **Museo de Arqueología de Alta Montaña** (ci-contre). Passez la porte du 4 **Centro Cultural América** (1912), de style éclectique, pour découvrir des œuvres d'artistes locaux. Du haut de l'escalier principal, admirez les fenêtres en vitraux et jetez un coup d'œil à la salle de bal à l'étage. Si vous vous intéressez à l'art de la poterie, continuez votre tour de la place jusqu'au 5 **Cabildo**, ancien hôtel de ville du XVIIIe siècle qui héberge le Museo Histórico del Norte, où l'on remarque davantage l'art sacré hispanique et les céramiques précolombiennes que la galerie de portraits des gouverneurs – et sortez sur le balcon pour admirer la vue. Prenez ensuite vers l'est sur Calle Caseros (p. 192). Prochaine étape : le 6 **Museo Casa de Uriburu**, dédié à la période coloniale et ancienne demeure de l'illustre famille Uriburu – José Evaristo Uriburu fut président de l'Argentine de 1895 à 1898. Datant du XVIIIe siècle, cette structure en adobe est construite autour d'une cour centrale typique des bâtiments de l'époque. Juste au coin de la rue, vous trouverez la surprenante 7 **Iglesia San Franscisco** aux façades couleur terre cuite et ivoire, très ouvragées. Pour de belles photos, achetez un billet pour grimper dans son clocher, haut de 54 m, et profiter de la vue. Enfin, continuez vers l'est pour admirer l'extérieur du 8 **Convento San Bernardo**, un couvent du XVIe siècle – personne n'y pénètre sinon les carmélites elles-mêmes. Ne ratez pas sa porte en bois d'algarrobo sculpté datant du XVIIIe siècle.

LES MEILLEURES TABLES DE SALTA

In Bocca al Lupo
Pizzeria à la napolitaine, qui ne paie pas de mine, mais≈délicieuse. **$**

Viracocha
Plats régionaux cuisinés avec originalité, et à bon prix, servis sur le patio en prime. **$$**

Doña Salta
Niché dans un bâtiment ancien, ce restaurant traditionnel sert une cuisine typique et authentique, dont *empanadas* et *locro* (ragoût). **$$**

Aires Caseros
Adresse très prisée sur la Plaza 9 de Julio. Au menu : salades variées et *humitas* (sortes de *tamales* locales). **$$**

El Charrúa
Les deux restaurants de cette enseigne sont spécialisés en grillades. **$$**

ÉGALEMENT À SALTA

Lèche-vitrines dans la Calle Caseros

Le meilleur des boutiques de Salta

Longtemps artère principale de la ville, ce qui se voit encore à ses nombreux bâtiments historiques, la Calle Caseros est désormais une rue des plus plaisantes pour faire les boutiques ou prendre un café. Si vous n'avez pas eu l'occasion de vous rendre dans les vignobles de Valles Calchaquíes (p. 196), n'hésitez pas à réserver une dégustation chez **Pacha Wine**, juste à l'est de la Plaza 9 de Julio. Outre les spiritueux locaux, vous trouverez vins de Saltz, bières maison et gin artisanal. Tant que vous êtes dans la même galerie, passez chez **Punto de Diseño**, espace de vente et d'exposition d'objets pour la maison, créé par un collectif d'artisans créateurs. À l'est, vous trouverez **Una Tienda Con Propósito** qui vend objets et parures en textiles artisanaux de qualité, issus du commerce équitable. Dans le même esprit, un pâté de maisons plus loin, vous dénicherez à **El Camino** des *mates* (gourdes), fabriqués à Salta avec des cosses de courge, du cuir et de la laine d'alpaga. Juste à côté, **Björk** vend vêtements et accessoires colorés, comme d'amusants sacs ornés de cactus et autres souvenirs. Envie d'une pause ? Prenez vers l'est et allez goûter les délices d'**Alfajores Hidálgo**, dont les cookies au *dulce de leche* suivent la même recette familiale depuis des générations.

Enfin, explorez le **Mercado San Miguel**, un marché alimentaire sur l'Avenida San Martín. Et si cela vous a ouvert l'appétit, des restaurants sur le pouce y proposent également des spécialités locales à bas prix.

Héros de l'indépendance argentine

À la rencontre du général Güemes

Si l'histoire sud-américaine vous intéresse, une visite au **Museo Güemes** dédié au héros national et enfant chéri du pays s'impose. En effet, Martín Miguel de Güemes (1785-1821), originaire de Salta, et son armée de *gauchos* (infanterie recrutée parmi les paysans) s'illustrèrent pendant la guerre d'indépendance de l'Argentine (1810-1818) en menant une guerre d'attrition et d'escarmouches incessantes contre les royalistes combattant pour l'Espagne. Plongé dans la pénombre

PEÑAS ET MÚSICA FOLCLÓRICA
La musique folklorique fait aussi la fierté de **Tucumán** (p. 211), et résonne tous les soirs dans les restaurants et *peñas* d'**Humahuaca** (p. 207) et de **Tilcara** (p. 200).

OÙ PRENDRE UN VERRE OU UN CAFÉ À SALTA

Café Tucán
Bons cafés et gourmandises dans un espace lumineux. Ouvert pour le petit déjeuner et la *merienda* (goûter).

Café del Tiempo
Inspiré des cafés de Buenos Aires, bar et restaurant au décor évocateur, terrasse chic et concerts réguliers.

Antares Salta
Succursale de la chaîne branchée de microbrasseries au cœur du quartier noctambule de Salta.

La Vieja Estación

de la maison de famille de l'indépendantiste, une demeure coloniale de 1786, consultez les installations multimédias pour tout connaître de celui qui parvint à tenir en respect la Couronne espagnole, avant de prendre la tête de sa région natale. Les effets visuels et sonores sont bien pensés, et la narration, résolument patriotique. C'est particulièrement évident dans sa cour centrale, où des statues d'argile mettent à l'honneur les Argentins ordinaires (les *gauchos*) et les armes improvisées qu'ils brandirent pour défendre leur territoire.

Pour continuer dans la même veine, rendez-vous à l'est de la ville, au **Monumento a Güemes**, en haut duquel le héros, campé sur son cheval, surveille sa cité. Chaque année, en juin, des milliers de *gauchos* s'y réunissent sur leur monture pour la Guardia Bajo las Estrellas, une cérémonie de veillée qui rappelle les dernières heures du général. Quant à la dépouille de Güemes, elle repose dans la **Catedral Basílica de Salta**.

Salta tout en musique

Ambiance des peñas

On vous le dira dans toute l'Argentine : Salta, qui a vu naître plusieurs de ses grands noms, est un pilier de la *música folclórica*, et celle-ci est omniprésente dans la vie quotidienne. Pour l'apprécier pleinement, faites comme les habitants et allez dîner dans les *peñas*, ces clubs populaires où on se rassemble pour jouer ou écouter de la musique traditionnelle, déguster des spécialités régionales, et tester les pas de danse propres à chaque style folklorique.

Si vous souhaitez vous y essayer, direction **La Casona del Molino**. Sur la terrasse de cette ancienne villa, les musiciens circulent entre les tables plutôt que sur scène et la cuisine est bonne (fermeture le lundi). Certes destinée aux touristes, l'expérience reste emblématique à Salta. Arrivez tôt pour vous assurer d'avoir une table. Autre *peña* bien établie : **La Vieja Estación**, un restaurant de la Calle Balcarce, où musiciens et danseurs investissent chaque soir la scène de sa salle à manger. Il vaut mieux réserver.

ART ET MUSIQUE À SALTA

Originaire de Salta, **Alejandro Calatayud** partage ses recommandations.

Paseo de los Poetas
Le rendez-vous des amateurs de musique, tant cette rue regorge de petits bars proposant différents styles. Un ami y organise des soirées scène ouverte dans un bar-garage. Vous y entendrez surtout du jazz, du blues ou de la soul, mais toujours dans un genre influencé par la musique folklorique du Nord-Ouest et avec des instruments locaux.

Iglesia de la Merced
Grâce à sa haute voûte gothique, cette église (Caseros 851) a une excellente acoustique. Guettez les concerts de l'Orquesta Sinfónica de Salta !

Vineyard Museum
Si vous réservez une visite de la **Bodega Colomé** (bodegacolome.com/turismo) près de Molinos, vous pourrez explorer le **James Turrell Museum**. Peut-être que, comme moi, vous serez subjugué par le travail de cet artiste sur l'ombre projetée par les structures.

Environs de Salta

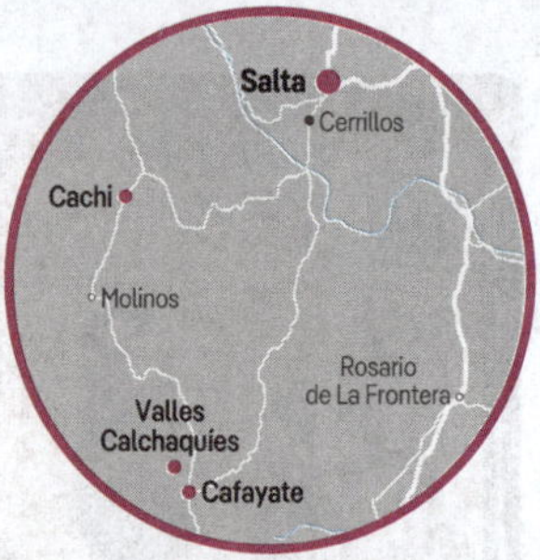

Pour les infos pratiques, voir le Carnet d'adresses p. 228

Aux environs de Salta, les forêts de cactus succèdent aux surprenantes formations rocheuses qui invitent à un road trip inoubliable.

Depuis Salta, mettez le cap au sud : les Valles Calchaquíes, l'une des provinces les plus attirantes d'Argentine, conjuguent nature sauvage, villages en adobe et vignobles de qualité. Suivez la RN 68 entre les roches rouges de la Quebrada de Cafayate jusqu'à Cafayate et ses domaines viticoles. Plus loin se trouvent les hameaux de montagne Angastaco ou Molinos, territoires amérindiens. En route vers le Parque Nacional Los Cardones, admirez les paysages spectaculaires avant de faire escale dans le village de Cachi. Plus éloigné encore, l'ancien village minier de San Antonio de los Cobres, accessible depuis Salta par le célèbre *Tren a las Nubes* ("train vers les nuages"), permet de faire une pause avant de se lancer dans une excursion dans la *puna*.

COMMENT CIRCULER

À Salta, louez une voiture pour suivre une grande boucle passant par Cachi et Cafayate (RN 68 et RN 40, RN 42 et RN 33 ; 157 km) et vadrouiller dans les Valles Calchaquíes. Si vous ne souhaitez pas conduire, des bus relient Salta à Cachi et Cafayate, mais ces villages ne sont pas connectés entre eux. Plusieurs loueurs de vélos sont basés à Cafayate, vous pouvez emprunter une section agréable et partiellement goudronnée de la Ruta 40, la route entre Cafayate et Quilmes et Amaiche del Valle.

À SAVOIR

Sans voiture, il est préférable de séjourner à Cafayate, où on peut circuler à pied ou à vélo d'une *bodega* à l'autre depuis le centre-ville.

Parque Nacional Los Cardones

Cachi

Cachi

DEPUIS SALTA : **4 HEURES 30**

Sur la route des cactus

Avec ses airs d'oasis de montagne (2 280 m d'altitude) et son climat vivifiant, Cachi est une excellente surprise. Surplombé par les majestueuses cimes enneigées des Andes et entouré de vignobles produisant un vin réputé, le village se situe au bout d'une route spectaculaire qui coupe par le **Parque Nacional Los Cardones** – patrie, comme son nom l'indique, du *cardón* (cactus candélabre), espèce dominante de la région.

Suivez la rivière au départ d'El Carril, sur la RP 33, et regardez comment l'altitude transforme le paysage, de forêts verdoyantes en plaines sèches, les hauts sommets toujours visibles au loin. Certaines sections de la chaussée ne sont pas goudronnées, et les virages très serrés. Grimpez vers **Cuesta del Obispo** (3 457 m), où la **Piedra del Molino** marque l'entrée du Parque Nacional Los Cardones et donne l'occasion d'apprécier la vue panoramique. Vous pourrez en faire de même à la minuscule chapelle San Rafael. Le long de la route qui traverse le **Valle Encantado**, vous trouverez de nombreux points d'observation et chemins de randonnée. Ces derniers mènent notamment au **Mirador Ojo del Condor**, qui offre un point de vue sur la Valle del Tonco et les Andes orientales au loin, et au sentier des **Secretos del Cardonal** (200 m) pour une promenade interprétative au milieu des cactus.

Un peu plus loin, vous arriverez au village en adobe de **Cachi**, plus grande localité des environs et étape idéale pour une nuit.

CACHI DU TROISIÈME TYPE

Si, comme l'artiste suisse Werner Jaisli (1949-2021), vous pensez que la vérité est ailleurs, rendez-vous à 3 km au nord de la Plaza 9 de Julio de Cachi. Vous découvrirez une singulière piste d'atterrissage… pour Ovnis : l'**Ovnipuerto.** Officiellement baptisé *Estrella de la Esperanza* ("étoile de l'espoir"), ce site marque l'endroit où Jaisli affirme avoir vu, en 2008, deux soucoupes volantes de 12 à 15 m d'envergure. Les extraterrestres lui ayant demandé de créer une grande étoile, Jaisli n'a pu qu'obtempérer. L'Ovnipuerto se compose de 12 étoiles de tailles variées, délimitées par des pierres blanchies. La plus importante compte 36 pointes pour 48 m de diamètre.

OÙ SE LOGER À CACHI

Viracocha Art Hostel
Auberge centrale, pleine de vie, avec dortoirs colorés, chambres privatives et restaurant associé. **$**

Hostería Villa Cardón
Pension lumineuse 4 chambres, tenue par des propriétaires aux petits soins. Excellent petit déjeuner. **$$**

El Cortijo
Boutique-hôtel confortable, avec jardins paysagés et piscine. **$$$**

LES VINS DE SALTA

Toutes les conditions sont réunies pour faire des Valles Calchaquíes un haut lieu de la production viticole argentine : sol de pierre et de sable, climat sec, ensoleillement généreux et température variable, entre chaudes journées et nuits fraîches. C'est aux missionnaires jésuites que la région doit ses premiers vignobles, au milieu du XVIIe siècle. Des variétés de tannat, de syrah et de malbec français furent introduites un siècle plus tard, mais le cépage emblématique de Salta reste le torrontés. Sa provenance est nébuleuse : certains le disent endémique au Nord-Ouest argentin, d'autres le pensent originaire d'Espagne. Si vous êtes dans la vallée en mars, venez assister aux **Vendimia** (vendanges) et applaudir les danses traditionnelles.

JEROEN MIKKERS/SHUTTERSTOCK ©

Quebrada de las Flechas

Ruta 40

À l'ombre des arbres de la Plaza 9 de Julio, visitez l'**Iglesia San José**, de 1796, dont la voûte en berceau et le confessionnal sont façonnés en bois de *cardón*. Sur la place centrale, le **Museo Arqueológico** retrace, à travers une série de céramiques et trouvailles archéologiques, l'évolution culturelle de la région. Ne manquez pas d'aller voir la roche ornée de pétroglyphes, humains sur une face, félins sur l'autre, à l'extérieur. Empruntez le chemin du cimetière, sur la colline, et admirez les pics enneigés.

Pour vous dégourdir les jambes, suivez au départ de Cachi une promenade de 10 km qui sillonne la vallée, entre cascades et cours d'eau, jusqu'au village de **Cachi Adentro**. Au retour, prenez à gauche depuis l'église et empruntez la route de Las Trancas. Elle vous mènera vers Cachi via le village de La Aguada. La balade est particulièrement belle en fin de journée.

Valles Calchaquíes

DEPUIS SALTA : **4 HEURES 30**

De Cachi à Cafayate, la route des vins et ses bodegas

Nichées entre les superbes hautes plaines andines, à 200 km au sud de Salta, les Valles Calchaquíes allient paysages à couper le souffle et vignobles réputés, dont le torrontés est la star incontestée. Exploitant ces coteaux parmi les plus hauts au monde, les *bodegas* de **Cachi**, **Cafayate** et leurs environs font partie de la Ruta del Vino. La voiture est votre meilleure option, mais pensez que la route de terre séparant Cachi et San Carlos peut être difficile à manœuvrer : prenez tous les renseignements

OÙ SE RESTAURER À CACHI

Viracocha Restaurant
Bar-restaurant proposant des plats typiquement andins à bon prix, terrasse ombragée et colorée. $

Oliver
Ce restaurant-bar à vins sert pizzas et plats représentatifs de la région. $$

El Zapallo
Restaurant pittoresque et sans fard de spécialités régionales et grillades (chèvre, agneau) préparées à la *parilla*. $$

nécessaires avant de partir et comptez au moins 5 heures pour rejoindre Cafayate depuis Cachi, pauses comprises.

À 8 km à l'est de Cachi et à 2 600 m d'altitude, la **Bodega Puna** (bodegapuna.com.ar) produit cabernet, syrah, malbec et torrontés primés dans des décors qui vous donneront l'impression d'avoir changé de planète. Réservez pour un déjeuner, une dégustation ou une visite guidée gratuite. Ensuite, quittez Cachi vers le sud sur la sablonneuse Ruta 40 ; au bout de 77 km, vous arriverez à la **Bodega el Cese** (instagram.com/bodegaelcese). Cet élégant domaine viticole propose dégustations et visites gratuites. En sortant, allez déjeuner sur la jolie place principale d'Angastaco, tout proche. Le village a des allures d'oasis avec ses vignes, ses champs d'anis et de cumin, et les ruines d'une ancienne *pucará* (ville fortifiée). De là, empruntez la Ruta 40 au sud vers Cafayate pour admirer de majestueuses formations rocheuses en chemin. Ne ratez pas le Mirador Monumento Natural Angastaco : ses plateformes d'observation offrent une vue imprenable sur un paysage digne d'un western.

Un peu avant de rejoindre San Carlos (130 km depuis Cachi), la Ruta 40 devient goudronnée. Guettez l'embranchement menant au **Piattelli Wine Resort** juste au nord de Cafayate. Dans ce domaine haut de gamme, vous pourrez participer à une dégustation (7 vins), randonner dans les montagnes et les vignes, passer la nuit ou déjeuner sur place. Si vous ne pouvez visiter qu'un domaine, celui-ci est un excellent choix. À 5 km au sud-ouest de Cafayate, la **Finca las Nubes** jouit d'un cadre de rêve, non loin du Río Colorado. La visite guidée est suivie d'une dégustation de 4 vins.

Non loin de la Plaza San Martín de Cafayate, vous trouverez les caves de plusieurs domaines, dont celle de **Bodega Nanni** (bodegananni.com) un domaine qui propose ses dégustations de vins bios dans un joli patio, et **El Porvenir** (elporvenirdecafayate.com), dont la dégustation est validée par l'œil vigilant de l'œnologue Paco Puga, un des plus réputés de la région.

Finissez votre visite par le **Museo de la Vid y el Vino** de Cafayate, pour découvrir l'histoire viticole des environs, ainsi que les procédés de vinifications.

Cafayate

DEPUIS SALTA : **3 HEURES**

Peintures rupestres et chutes d'eau

Comme tout le Nord-Ouest de l'Argentine, la région est riche d'une longue histoire amérindienne. Rendez-vous à 5 km à l'ouest de Cafayate (15 minutes en voiture, 25 minutes à vélo), où des membres de la communauté diaguita vous mèneront à travers deux sites d'exception, témoins de la culture dite Santa María (IXe-XVe siècles ; d'après le Río Santa María). Cherchez

BONNES TABLES DE CAFAYATE

Finca las Nubes
Ses jardins ombragés en font un endroit charmant pour déjeuner ou prendre un en-cas (*empanadas*, salades, plateaux de fromages). **$$**

Piattelli
Au déjeuner, réservez la dégustation avec accords mets et vins de ce domaine, pour le repas de grillades le week-end. **$$$**

Bad Brothers Wine Experience
Situé dans Cafayate même, le menu de Bad Brothers est composé de petites assiettes et vins de leur cru assortis. **$$$**

La Despensa
Les spécialités régionales sont excellentes, en particulier les *picadas*, et on peut savourer son repas dans le joli patio. **$$**

Pacha
Restaurant moderne et haut de gamme aux plats créatifs mettant à l'honneur les produits locaux. On recommande les desserts. **$$$**

OÙ SE LOGER À CAFAYATE

Rusty-K Hostal
Excellent rapport qualité/prix : chambres agréables, patio orné de lierre, vue sur la montagne. **$**

Portal del Santo
Bel hôtel familial, jolie façade et chambres bien équipées, disposées autour d'une piscine bien aménagée. **$$**

Killa
Boutique-hôtel bien situé, chic et confortable. Chambres sur le (magnifique) jardin et sa piscine. **$$**

COCA À MACHER

Dans le Nord-Ouest, vous verrez des pancartes devant les boutiques indiquant la vente de coca et de *bica*. Les feuilles de coca, surtout cultivées en Bolivie et au Pérou, sont consommées par la population andine pour combattre la fatigue, le mal des montagnes et la faim. Le cocaïer est l'une des plus anciennes plantes cultivées en Amérique du Sud. La *bica* est du bicarbonate de sodium qui, mâché avec les feuilles, renforce leurs propriétés. Consommer de la coca et en détenir pour son usage personnel n'est légal que dans les provinces du Nord-Ouest. Son transport ailleurs en Argentine ou au Chili est interdit. Les fouilles sont fréquentes. Lonely Planet déconseille à ses lecteurs l'usage de drogues, même les plus "douces", qui modifient le comportement.

Viaduc de La Polvorilla

le signe pointant vers la **Cueva del Suri**. De là, un guide vous accompagnera jusqu'aux vestiges qui affleurent à flanc de colline : une grotte ornée de peintures rupestres.

À moins d'1 km au sud du domaine Finca las Nubes, vous trouverez le point de départ de sentiers longeant le Río Colorado. Outre le fait que la randonnée, de niveau intermédiaire, peut nécessiter l'expertise d'un guide, les visiteurs non accompagnés sont de toute façon interdits d'accès. Mais la communauté locale propose des promenades guidées pour accéder aux sept cascades. La boucle de 5 km et (1 heure 30 environ) permet d'en voir trois, mais la 7e, haute de 10 m, est pourvue d'une piscine naturelle tout à fait appréciable après la marche. Pour toutes les voir, comptez 9 km et environ 3 heures. Ces randonnées sont plus faciles en hiver, quand le niveau de l'eau est bas.

Puna de los Andes

DEPUIS SALTA : **3 HEURES**

Traverser les nuages à bord du Tren a las Nubes

Le Tren a las Nubes ("train vers les nuages") figure parmi les excursions les plus populaires de Salta, même si depuis quelque temps, le voyage se fait surtout en bus. Après avoir quitté Salta et marqué une étape à El Alfarcito pour petit-déjeuner, le bus descend dans la vallée de Lerma et traverse les paysages multicolores de la Quebrada de las Cuevas vers San Antonio de los Cobres (3 775 m), bourgade typique de la *puna*, et les ruines de Tastil. De là, les passagers embarquent pour un voyage de 22 km non pas vers les nuages, mais vers l'impressionnant viaduc de La Polvorilla – l'effet est sensiblement le même puisqu'il enjambe un canyon de 4 220 m dans le désert. D'ailleurs, des infirmiers sont présents à bord pour fournir de l'oxygène à ceux que le changement d'altitude ferait souffrir. Réservez tôt car les places partent vite !

AUTRES VIGNOBLES DU NORD-OUEST

On trouve aussi d'excellents crus à **Catamarca** (p. 219), **La Rioja** (p. 219), et dans la Quebrada de Humahuaca à **Jujuy** (p. 209).

EXPLORER LA QUEBRADA DE CAFAYATE

La route de Salta à Cafayate est un des trajets les plus mémorables du pays. Cet itinéraire suit la RN 68 à travers la Quebrada (vallée encaissée) de Cafayate, un spectaculaire paysage de grès polychrome et d'étranges formations rocheuses sculptées par le Río de las Conchas. Faites le plein d'eau avant de prendre la route. En quittant Salta par le sud, l'environnement se transforme après avoir dépassé 1 **Talapampa**, véritable début du périple. Après 12 km, guettez l'embranchement vers 2 **Alemania**. Ce village tient son nom des ouvriers allemands qui construisirent la voie ferrée entre 1916 et 1920. La ligne entre Salta et Alemania cessa d'être exploitée en 1971, et la plupart des bâtiments sont aujourd'hui abandonnés. Arrêtez-vous le temps d'une pause photo à l'ancienne gare et au pont métallique.

De retour sur la RN 68, roulez 35 km jusqu'à la 3 **Garganta del Diablo** et à peine 1 km plus loin, 4 **El Anfiteatro**. Des couloirs creusés dans la roche permettent d'y pénétrer et d'admirer la pierre déformée par les mouvements tectoniques, auxquels ces formations doivent leur apparence extraordinaire. Continuez sur 10 km pour arriver à 5 **El Sapo**, un rocher en forme de crapaud, puis de nouveau sur 7 km jusqu'à rejoindre la boutique Tienda la Yesera. Juste à côté, vous trouverez le départ du 6 **Sendero los Estratos** : cette promenade de 30 minutes mène à de fascinantes formations géologiques, dont les strates varient de l'ocre intense au vert doux.

Reprenez la route sur 11 km pour atteindre 7 **Los Colorados** et admirer au loin les collines multicolores, très belles en fin de journée. Enfin, à 12 km, vous pourrez découvrir un paysage complètement différent, les dunes de sable de 8 **Los Médanos**, avant de continuer votre périple vers 9 **Cafayate**.

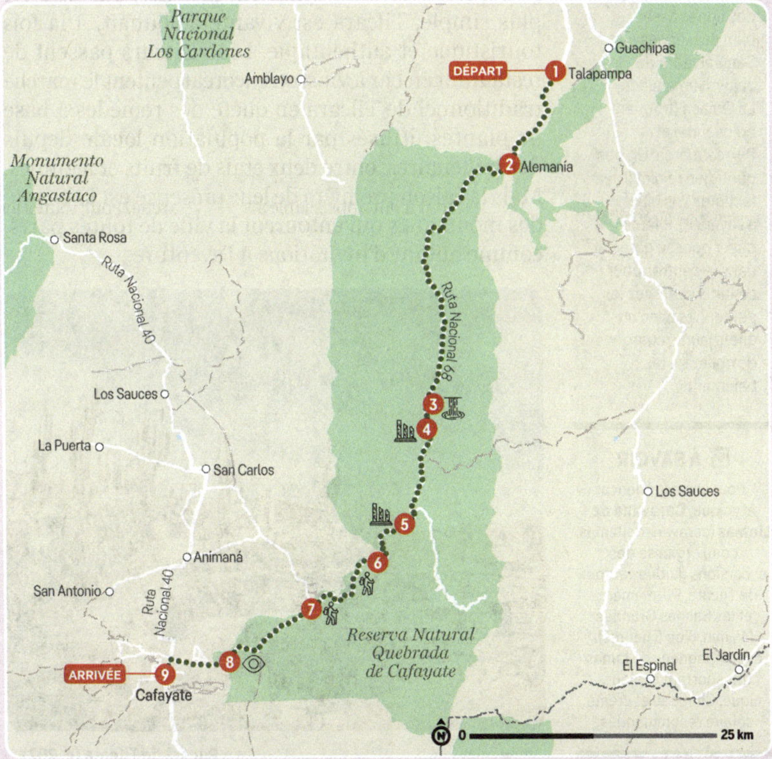

Tilcara

Pour les infos pratiques, voir le Carnet d'adresses p. 229

COMMENT CIRCULER

Tilcara est assez petite pour être explorée à pied, mais vous pouvez aussi le faire à cheval – renseignez-vous auprès de l'office de tourisme. La gare routière accueille des lignes assez bien desservies vers San Salvador de Jujuy, Humahuaca, La Quiaca (frontière bolivienne) et Purmarmarca. Un bus quotidien rejoint Iruya (achetez vos billets à l'avance). Il faut payer pour se garer dans le centre : pour ce faire, cherchez les personnes avec un gilets jaune, chargées de collecter les paiements.

Localité pittoresque de 6 000 habitants, la dynamique Tilcara est le point de chute idéal pour explorer les superbes paysages de la Quebrada de Humahuaca. C'est l'un des plus anciens foyers de peuplement d'Argentine et la bourgade actuelle doit d'ailleurs son nom aux Tilcaras, un des groupes ethniques qui formait la communauté Omaguaca de la Quebrada. Des vestiges de leurs fortifications peuvent être visités à la *pucará*, au sud. Avec son heureux mélange de coutumes paysannes, culture amérindienne et habitudes des nouveaux arrivants ayant fui la ville pour une vie plus simple, Tilcara est vivante à souhait, à la fois touristique et authentique. Les visiteurs passent de restaurant en bar à vins, ou encorearpentent le marché traditionnel de Tilcara en quête des remèdes à base de plantes utilisés par la population locale depuis des millénaires, entre deux étals de fruits et légumes. Mais la raison première de leur présence est la beauté des montagnes qui entourent la ville de toutes parts, comme autant d'invitations à l'aventure.

À SAVOIR

Pour une expérience atypique, **Caravana de Llamas** (caravanadellamas.com) organise des excursions guidées autour de Tilcara, Purmamarca et les Salinas Grandes (45 min, 3 ou 5 heures), accompagnées de lamas transportant le pique-nique. Chapeau et crème solaire recommandés.

Pucará de Tilcara (p. 202)

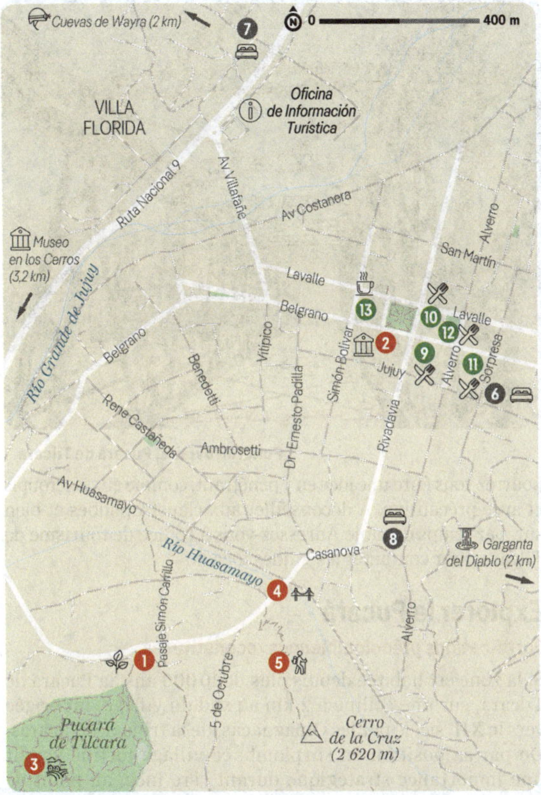

VOIR
1 Jardin botanique
2 Museo Arqueológico
3 Pucará de Tilcara
4 Pont ferroviaire

ACTIVITÉS
5 Cerro de la Cruz

SE LOGER
6 Antigua Tilcara
7 La Calabaza
8 Patio Alto

SE RESTAURER
9 Bien Me Sabe
10 El Nuevo Progreso
11 La Chacana
12 La Picadita

PRENDRE UN VERRE ET FAIRE LA FÊTE
13 La Ekeka

Randonnée vers la Garganta del Diablo

Les chutes de la "gorge du Diable"

Une des randonnées les plus populaires au départ de Tilcara mène à la **Garganta del Diablo** ("la gorge du Diable"), une cascade accessible après 4 km de marche sur un chemin bien balisé, ou 6 km en voiture. Depuis le cabanon marquant son départ, où des guides proposent des excursions à cheval, le sentier descend une pente raide vers la rivière, qu'elle suit jusqu'à la cataracte jaillissant de la roche. Vous ne pourrez pas vous baigner, mais pourrez admirer la végétation luxuriante qui entoure les eaux dans ce paysage aride.

La communauté amérindienne Ayllu Mama Qolla gère et entretient ce panorama naturel, ainsi que les **Cuevas de Wayra** ("grottes de Wayra"), nichées dans les montagnes voisines. Vous pourrez également réserver des randonnées guidées de 2 à 3 heures de marche. Cet itinéraire permet de découvrir de nombreux sites archéologiques sur le chemin des grottes. Toute la zone présente aussi un grand intérêt géologique : cherchez des yeux les insectes et quelques petits animaux pétrifiés. La grotte elle-même était dotée d'une importante valeur spirituelle pour les Amérindiens, dont vous

Garganta del Diablo

OÙ SE RESTAURER À TILCARA

La Ekeka
On savoure café et gourmandises le temps de choisir sa prochaine lecture dans ce café-librairie. **$**

Bien Me Sabe
Les pâtes maison sont la spécialité de ce restaurant agréable, mais pizzas et desserts sont aussi très bons. **$$**

La Picadita
Un bar bien fourni servant vins locaux et plats argentins savoureux, comme le *pastel de llama* (hachis de lama). **$$**

La Chacana
Excellentes salades et spécialités régionales, à savourer à l'intérieur ou en terrasse. **$$**

El Nuevo Progreso
Ambiance artistique et assiettes créatives, entre viande de lama et salades gastronomiques. **$$$**

MARTI BUG CATCHER/SHUTTERSTOCK ©

Pont ferroviaire, Pucará de Tilcara

pourrez vous faire une idée en y pénétrant, comme eux, accroupis et avec précaution. À déconseiller aux claustrophobes et bien sûr, par temps de pluie.Adressez-vous à l'office de tourisme de Tilcara pour contacter les guides locaux.

Explorer la Pucará

Fortifications précolombiennes reconstituées

Si la zone est habitée depuis plus de 10 000 ans, la Pucará de Tilcara, sur une colline à 2 km au sud du village, fut érigée vers le XIIe siècle par les Omaguacas, de la tribu des Tilcaras. De par sa position en surplomb, ce village fortifié acquit une importance stratégique durant l'ère inca, au point de devenir capitale régionale. Peu de constructions défensives, cependant, l'activité du site semblant avoir été administrative et commerciale. L'arrivée des Espagnols, à la fin du XVIe siècle, mit un terme à sa prospérité. C'est de nos jours le seul site archéologique de la Quebrada de Humahuaca ouvert au public.

Depuis le centre de Tilcara, comptez 25 minutes d'agréable promenade passant par le **pont ferroviaire** désaffecté, jusqu'à la Pucará. Tout de suite après le pont, vous trouverez l'entrée du sentier du **Cerro de la Cruz** ; la vue depuis son sommet est particulièrement belle au coucher du soleil.

Arrivés à la Pucará, déambulez dans les allées de son **jardin botanique** hérissé de *cardones* sans oublier d'asséner un coup sur la **piedra campana**, une roche volcanique qui produit un son de cloche. De là, suivez l'itinéraire balisé qui sillonne les vestiges reconstruits, soit un labyrinthe de plusieurs

OÙ SE LOGER À TILCARA

La Calabaza
Cette adresse propose un bungalow deux-pièces idéal pour les familles, ainsi qu'une chambre double. **$**

Antigua Tilcara
Une pension en adobe rouge aux belles chambres joliment décorées. Grand espace café et cuisine commune. **$$**

Patio Alto
Hôtel de style industriel chic avec chambres et dortoirs. Bons petits-déjeuners, excellente ambiance. **$$**

maisons, un cimetière, et un espace cérémoniel inca. Datant des années 1950, cette reconstruction ne reflète pas les méthodes ou matériaux originels, mais le résultat donne une idée de l'aspect du village de jadis. Arrivé à l'ancienne place centrale, vous y verrez un monument controversé, dédié aux archéologues ayant découvert le site : celui-ci inclut une référence aussi fausse qu'insultante au *pueblo muerto* ("peuple mort ou disparu") des communautés amérindiennes de la Quebrada.

Le billet d'accès à la Pucará vous permet également d'entrer au **Museo Arqueológico** pour admirer les céramiques et les bijoux retrouvés à la Pucará et ailleurs dans la Quebrada.

Museo en los Cerros

Randonnée vers une galerie perchée

Le **Museo en los Cerros (MEC)** s'est donné pour projet de montrer les œuvres de photographes argentins à l'endroit même où ils ont puisé leur inspiration, tout en accueillant quelques expositions itinérantes. Le résultat est une galerie d'art nichée dans une structure moderne en adobe et entourée de montagnes, à 4,5 km au sud-ouest de Tilcara. On peut s'y rendre à pied, en voiture ou à cheval ou prendre un taxi jusqu'à la galerie, puis redescendre à Tilcara en marchant. Accordez-vous du temps, par exemple, pour découvrir les clichés de feu Ricardo Vilca, artiste local, au son de sa propre musique diffusée dans des écouteurs. Avant de partir, faites un tour à la bibliothèque de la galerie, pour feuilleter quelques livres de photographie.

Museo en los Cerros

VANESSA PINTO FERREIRA/SHUTTERSTOCK ©

LA QUEBRADA DE HUMAHUACA

Isabel Albiston, auteure

J'ai parfois l'impression que les Andes du Nord-Ouest argentin, du Nord chilien et du Sud bolivien sont dotées d'un magnétisme qui m'attire encore et encore. Je ne me lasse jamais des paysages et de la culture de cette région. La Quebrada de Humahuaca m'est particulièrement chère, ses terres comme empreintes de magie. On la ressent dans l'éclat des montagnes au coucher de soleil, dans les battements d'ailes des colibris penchés sur les fontaines, et dans l'immensité du ciel étoilé. Ajoutez à cela la cuisine la plus savoureuse d'Argentine, de délicieux vins locaux et des concerts improvisés par des musiciens talentueux, et la Quebrada de Humahuaca se rapproche un peu plus de la perfection.

Environs de Tilcara

Pour les infos pratiques, voir le Carnet d'adresses p. 230

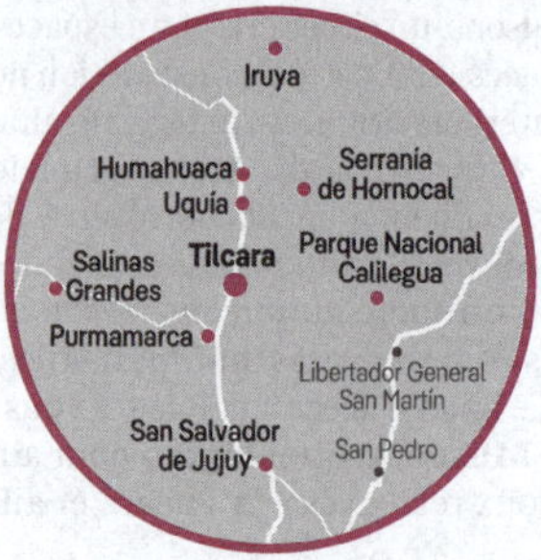

La Quebrada de Humahuaca embrasse Tilcara et ses environs. On y arrive depuis Jujuy, par l'est, en traversant les forêts de nuages de Yungas.

Tilcara jouit d'une position stratégique centrale dans la province de Jujuy sur les hauteurs de la Quebrada de Humahuaca, classée au Patrimoine mondial, ce qui en fait une bonne base d'exploration. On peut y accéder en partant de la capitale provinciale de San Salvador de Jujuy : la RN 9 grimpe à travers la forêt de Yungas pour émerger dans la Quebrada. Partout on trouve des villages amérindiens, des églises en adobe et de spectaculaires chemins de randonnée qui permettent d'apprécier les strates sédimentaires créées par l'érosion, d'impressionnantes formations dentelées, des vagues ondulantes aux mille couleurs.

COMMENT CIRCULER

Des vols quotidiens pour Buenos Aires, Mendoza et Córdoba partent de l'aéroport de Jujuy (p. 209). La gare routière de San Salvador de Jujuy se situe à 7 km à l'est du centre. En suivant la Ruta 9 vers le nord, à travers la Quebrada de Humahuaca, ils relient Tilcara, Humahuaca et La Quiaca, à la frontière bolivienne (on peut rejoindre Purmamarca et Iruya en bus depuis Tilcara). Pour les Salinas Grandes, il vaut mieux opter pour la voiture ou un circuit organisé, de Tilcara ou Purmamarca. En été, renseignez-vous sur l'état des routes de terre avant de partir, les pluies en rendent certaines impraticables. Pour les bus urbains, achetez une carte SUBE sur place (celles de Buenos Aires fonctionnent aussi).

Cerro de los Siete Colores

BUCHPETZER/SHUTTERSTOCK ©

MATYAS REHAK/SHUTTERSTOCK ©

Purmamarca

Purmamarca

DEPUIS TILCARA : **30 MINUTES**

Toutes les nuances du Cerro de los Siete Colores

À 3 km à l'ouest, sur un embranchement de la Ruta 9 se trouve le village de Purmamarca, à l'ombre des sédiments multicolores du **Cerro de los Siete Colores** ("mont aux Sept Couleurs"). Il ne faut que 30 minutes de bus depuis Tilcara : la distance idéale pour une excursion d'un jour ! C'est aussi le point de départ des taxis et circuits organisés vers les Salinas Grandes.

Avant de partir en excursion, prenez le temps de savourer le charme de Purmamarca. Certes, il lui manque un caractère typiquement andin, mais il n'en est pas moins sympathique et attrayant – comme le prouve le grand nombre de visiteurs qui arpentent sentiers et boutique avant d'aller photographier la colline sous toutes ses coutures. Le marché artisanal de la place principale regorge de trésors, dont des textiles de toute beauté. Aussi sur la place : la ravissante **Iglesia Santa Rosa de Lima**, une église du XVIIe siècle, et l'ancien algarrobo qui en garde l'entrée. À l'intérieur, une statuette de Santa Rosa veille sur les habitants, entourée de fresques de l'école de Cuzco, datant du XVIIIe siècle.

À SAVOIR

Vous devrez prévoir de quoi vous protéger du soleil écrasant pendant la journée (chapeau et écran total), et de la froidure des nuits.

LE LITHIUM DES SALINAS GRANDES

Le lithium est utilisé notamment dans les batteries des voitures électriques, des vélo électriques, des smartphones, des tablettes et des ordinateurs portables. Si l'"or blanc" a fait le bonheur des compagnies minières étrangères qui exploitent le "triangle d'or du lithium" (70% de la production mondiale), ce n'est pas le cas pour les populations locales qui, en 2023, ont bloqué des routes pour protester contre l'extraction de ce métal dans les **Salinas Grandes** et la **Laguna de Guayatayoc**. L'extraction, vorace en eau, risque aussi de la contaminer. Le gouvernement régional de Jujuy a cédé certains de leurs territoires à des multinationales pour des projets miniers.

OÙ SE LOGER ET SE RESTAURER À PURMAMARCA

La Casa del Sol
Bar très coloré servant pizzas, *empanadas*, salades et ragoûts revigorants. Concerts occasionnels. **$**

Los Colorados
Élégantes *cabanas* en adobe, idéalement situées sur la fameuse colline et parfaites pour les familles. **$$**

Huaira Huasi
Depuis les hauteurs, ce lodge offre une vue imprenable sur la vallée et chambres rehaussées de tissages locaux. **$$**

CARNAVAL DE HUMAHUACA

Pendant une semaine en février ou mars, 24h/24, toute la Quebrada célèbre le carnaval de Humahuaca, une des fêtes les plus fascinantes d'Argentine. La *chicha* coule à flots, on danse et bondit sur les chaussées grimé en diable, les rues résonnent des instruments indigènes. La résurrection du "diable" lance les festivités : on sort de terre une représentation démoniaque enterrée l'année précédente, puis on la promène dans les rues, toquant aux portes pour encourager les habitants à rejoindre le cortège, à festoyer avant le début du carême – le diable ne représente pas le mal, mais plutôt la tentation de la fête et des libations. Pour marquer la fin des réjouissances, le diable est enterré à nouveau, jusqu'à l'année suivante, et la vie reprend son cours.

Carnaval de Humahuaca

Pour admirer la colline, guettez les panneaux indiquant le Paseo los Colorados, une promenade facile gratifiante de 3 km autour du Cerro.

Salinas Grandes

DEPUIS TILCARA : **1 HEURE 30**

Explorer la plaine saline

La spectaculaire plaine saline recouvre les frontières des provinces de Salta et Jujuy, à 3 350 m au-dessus du niveau de la mer. Entouré de hautes montagnes, cet ancien lac asséché durant l'Holocène s'étend sur 525 km² et peut atteindre 50 cm d'épaisseur par endroits. Par temps clair, le contraste aveuglant entre le bleu du ciel et le blanc craquelé du sel est envoûtant. Au fil de l'année, le vent finit par soulever et emporter la majeure partie du sel. Les salines ne sont jamais plus belles qu'après les pluies d'été, lorsqu'elles sont de nouveau gorgées d'eau et de sel.

On peut faire l'aller-retour depuis Tilcara, à 1 heure 30 des Salinas, dans la journée. Depuis Purmamarca, la meilleure façon d'y accéder (en bus, taxi ou circuit organisé) reste de rejoindre la RN 52 (bitumée) qui grimpe jusqu'à 4 170 m à travers les montagnes, avec virages en épingle à cheveux, avant de redescendre vers les **Salinas Grandes** (3 350 m).

Vous ne pourrez visiter la saline qu'accompagné d'un guide amérindien, le site étant géré par une coopérative de communautés autochtones. Enregistrez-vous sur le parking, et votre guide se fera copilote de votre exploration en voiture sur cette vaste croûte de sel.

OÙ SE LOGER À HUMAHUACA

La Humahuacasa
Excellente auberge : cuisine, dortoirs et chambres douillettes autour d'un patio ensoleillé. **$**

Inti Sayana
Chambres et dortoirs, à prix correct ; petit déjeuner inclus et laverie bon marché. **$**

Tikay Humahuaca Refugio de Tierras
Au pied de la ville, ces logements écoresponsables offrent une belle vue sur les montagnes. **$$**

C'est le moment ou jamais de vous lancer dans la photo créative : avec les jeux de perspectives, on peut apparaître en équilibre sur une bouteille. Vous verrez aussi les **piletones**, ces piscines rectangulaires où le sel est extrait, et l'**Ojo de Salar**, un bassin naturel dans la surface blanche et craquelée des Salinas.

Humahuaca

DEPUIS TILCARA : **45 MINUTES**

Histoire et musique de la Quebrada

Humahuaca, la plus grande localité de la Quebrada, est réputée pour sa musique folklorique comme pour son carnaval, qui vont souvent de pair. Ruelles pavées, square tranquille et marché coloré : c'est la plus authentique des trois villes de la Quebrada, mais peu de touristes y séjournent plus que le temps d'une excursion depuis Tilcara (45 minutes en bus), sur la route de la Serranía de Hornocal. Pourtant, si vous souhaitez aussi voir Iruya (p. 208), c'est ici qu'il faut passer la nuit.

Surplombant la Plaza Sargento Gómez, l'impressionnant **Monumento a los Héroes de la Independencia**, conçu par Ernesto Soto Avendaño en 1926, mais achevé 1950, rend hommage au peuple de Humahuaca et son combat durant la révolution de 1810. Pour ériger le moment, il a fallu monter sur roues et déplacer la **Torre Santa Bárbara**, dernier vestige d'une chapelle jésuite de 1695, aujourd'hui toute proche.

Sur la Plaza, asseyez-vous pour observer le **Cabildo** (hôtel de ville) datant des années 1940. À midi tapant, une représentation de San Francisco Solano émerge de son beffroi, comme un coucou. Vous pourrez ensuite vous rendre non loin de là, chez Manos Andinas pour faire vos emplettes parmi ses couvertures et écharpes issues du commerce équitable. En fin de journée, passez le pont à l'est de la Calle Salta et suivez la route sur 2 km, jusqu'aux rochers de Peñas Blancas, afin d'admirer le panorama de la ville dans la lumière du couchant.

Serranía de Hornocal

DEPUIS TILCARA : **1 HEURE 30**

Les montagnes magiques

S'étendant au soleil tels les plis d'un éventail multicolore, la **Serranía de Hornocal** est un des sites phares de la Quebrada. Il existe un point de vue situé à 25 km (50 minutes en voiture) à l'est de Humahuaca, accessible par une route de terre. Des circuits partagés en 4×4 partent de la gare de bus d'Humahuaca ; si vous souhaitez conduire vous-même, renseignez-vous sur l'état des routes au préalable et faites attention aux vigognes sur l'accès qui mène au belvédère, à 4 350 m. Le site est spectaculaire en fin d'après-midi, quand ses couleurs resplendissent sous les rayons du soleil qui glisse vers l'ouest.

TRAIN TOURISTIQUE DU FUTUR ?

Ouverte en 1908, la ligne d'autrefois reliait San Salvador de Jujuy à La Quica, mais fut fermée en 1993. Le gouvernement argentin a lancé le pari de créer une nouvelle ligne de trains fonctionnant uniquement à l'énergie solaire (avec batterie au lithium), au sein d'un plan plus vaste visant à rétablir jusqu'à 300 km de services ferroviaires à Jujuy jusqu'à La Quiaca, tout au nord, sur la frontière bolivienne. En mars 2024 a eu lieu le voyage inaugural de ce train équipé de panneau solaire, capable de se recharger en 25 minutes et de rouler à 70 km/h (trensolar.com.ar).

OÙ SE RESTAURER ET PRENDRE UN VERRE À HUMAHUACA

Aisito
Sympathique restaurant bon marché proposant pizzas et spécialités locales (lama, quinoa, *empanadas*...). **$**

Pachamanka
Plats traditionnels réinterprétés dans une maison historique rénovée, vins de *bodegas* locales et concerts. **$$**

Humahuagica
Un bar animé sur la Calle Buenos Aires, avec concerts fréquents de musique folklorique. **$**

BANDE-SON POUR UN ROAD TRIP DANS LE NORD-OUEST

Luna Tucumana
L'ode du guitariste de légende Atahualpa Yupanqui à la lune de Tucumán brillant sur les collines de Tafí.

El Carnavalito (El Humahuaqueño)
Pour reprendre en chœur l'un des hymnes du célèbre carnaval de la Quebrada de Humahuaca.

Viva Jujuy
Hommage du groupe folklorique Los Tekis à leur province natale, Jujuy, datant du milieu du XIXe siècle.

El Diablo de Humahuaca
Chanson du groupe salteño contemporain Los Huayra sur le protagoniste du carnaval de Humahuaca.

Zamba Para Olvidarte
Zamba mélancolique de Daniel Toro sur un amour perdu, reprise par Mercedes Sosa et bien d'autres.

Uquía

DEPUIS TILCARA : **30 MINUTES**

Anges arquebusiers et collines colorées

Un peu en retrait de la Ruta 9, le village d'Uquia est facilement accessible en bus ou en voiture depuis Tilcara (30 minutes) ou Humahuaca (15 minutes). En entrant dans sa belle église du XVIIe siècle, nouvellement classée au Patrimoine mondial, levez les yeux vers les peintures restaurées de l'école de Cuzco, les *ángeles arcabuceros* (anges arquebusiers), version coloniale du motif classique des anges combattants.

Au départ d'Uquía, partez en randonnée – avec un guide local, indispensable – vers la Quebrada de las Señoritas, un superbe écrin de roches rouges, blanches et noires, creusé de canyons et de grottes. Comptez environ 3 heures de marche. Au retour, reprenez des forces au Cerro Las Señoritas, où les plats maison sont préparés avec des produits du jardin.

Iruya

DEPUIS TILCARA : **4 HEURES**

Des paysages à couper le souffle

Sous un ciel où les condors planent majestueusement, **Iruya** trône sur une corniche surplombant la rivière, au cœur d'un paysage superbe. Ce ravissant village amérindien, isolé à 46 km de la route, se situe à 4 heures de bus de Tilcara, et à 3 heures d'Humahuaca (bus plus fréquents). Depuis l'embranchement de la Ruta 9, à 25 km au nord d'Humahuaca, une chaussée de terre grimpe jusqu'à un col à 4000 m d'altitude, frontière entre les provinces de Jujuy et Salta. De là, la route serpente à travers une superbe vallée, jusqu'à rejoindre Iruya, avec sa jolie église jaune et bleu, ses rues escarpées aux maisons d'adobe et sa communauté traditionnelle.

Au départ d'Iruya, une belle randonnée de 8 km (4 heures aller-retour) mène au village voisin de San Isidro. Depuis la *plaza*, suivez la route jusqu'à dépasser le parking et descendez dans la vallée. Le chemin tourne vers la gauche pour zigzaguer le long de la rivière, des gués permettant de la traverser par endroits. Entouré d'imposantes montagnes teintées de rouge, de vert et d'or, en plein soleil – portez un chapeau –, le sentier commence à remonter près de **San Isidro**, une petite bourgade animée et dotée de magasins où

FORÊTS DES YUNGAS
Vous retrouverez une végétation identique sur les collines près de Tucumán et de Jujuy, à la même altitude. Pour en apprendre plus sur la faune et flore yungas, explorez la **Reserva Experimental Horco Molle** (p. 214).

OÙ SE LOGER ET SE RESTAURER À IRUYA

Comedor Los Cachis
Sur la place principale. Spécialités locales aussi simples et savoureuses que copieuses. **$**

Hostal Milmahuasi
Pension accueillante aux chambres confortables. Belle terrasse avec vue sur les collines. **$**

Hotel Iruya
Sur les hauteurs d'Iruya, chambres élégamment décorées et impressionnante vue sur les montagnes de la terrasse. **$$**

GUILLERMO CAFFARINI/SHUTTERSTOCK ©

Iruya

s'approvisionner en eau et en-cas. Vous trouverez des *empanadas* sur la terrasse de Teresa, et peut-être même des musiciens folkloriques en pleine répétition.

Pour une randonnée plus courte, choisissez le sentier du Mirador de la Cruz (15 minutes) ou la montée raide vers le Mirador del Cóndor, sur la rive est de la rivière. Et pour observer les condors, venez l'après-midi.

San Salvador de Jujuy

DEPUIS TILCARA : **1 HEURE 30**

Marchés gourmands et promenades en ville

Pleine de vie, San Salvador de Jujuy (souvent appelée Jujuy) est empreinte de culture amérindienne, bien que les communautés restent marginalisées. Comptez 1 heure 30 en voiture ou en bus depuis Tilcara et 2 heures depuis Salta pour l'atteindre. L'aéroport de Jujuy étant le plus proche de la Quebrada de Humahuaca, la ville fera une bonne base arrière pour s'approvisionner avant de partir à l'aventure.

Démarrez au Mercado Central 6 de Agosto et profitez-en pour goûter aux cafés, jus de fruits frais, tartelettes salées et pâtisseries de ce marché couvert. Rejoignez ensuite la **Plaza Belgrano** pour admirer la **Catedral Basílica de San Salvador** du XVIIIe siècle et sa chaire baroque, et, peut-être, la collection d'art sacré du musée attenant. Les bars des alentours sont parfaits pour savourer une bière artisanale en terrasse. Profitez-en pour visiter le **Museo Arqueológico Provincial** qui retrace les différentes périodes historiques de la région, et réunit une

LES SENTIERS INCAS DE LA QUEBRADA

Classé au Patrimoine mondial, Qhapaq Ñan (*Camino del Inca* ou chemin des Incas) désigne un réseau de routes exceptionnel qui s'étend sur 30 000 km à travers les Andes, l'un des milieux les plus accidentés du monde. Merveille d'ingénierie préhispanique, il sous-tendait un projet d'envergure, afin de relier centres militaires, économiques et religieux. Certaines portions sont antérieures à l'Empire inca et l'ensemble s'étire de la Colombie au Nord-Ouest argentin, où il passe par San Salvador de Jujuy, Salta, Tucumán, Catamarca, La Rioja, San Juan et Mendoza. Certaines sections du Camino del Inca sillonnent la Quebrada de Humahuaca. Vous pouvez le rejoindre depuis **Santa Ana**, au sud de la Serranía de Hornocal (p. 207), pour une randonnée à travers la forêt des Yungas de Valle Grande.

OÙ SE RESTAURER ET SE LOGER À SAN SALVADOR DE JUJUY

Madre Tierra
Ce café-boulangerie végétarien utilise une farine complète faite maison. Terrasse sous les arbres. **$**

Casa Tomada
Espace bohème et coloré, avec bar et café végétarien, qui accueille aussi concerts et ateliers divers. **$**

El Arribo
Élégante pension familiale centrale, aux grandes chambres, avec jardin et piscine sur son patio. **$$**

SAVOUREUSES SPÉCIALITÉS DE SAN SALVADOR DE JUJUY

Tortillas rellenas
À Tilcara et Purmamarca, on sert des tortillas garnies et roulées, cuites sur un gril au charbon ; la *caprese* (fromage, tomate et basilic) est fameuse.

Quinoa
Cette graine est utilisée dans salades et soupes, mais aussi pour farcir les *empanadas*.

Papas andinas
Production indigène, ces petites pommes de terre au goût de noix sont multicolores.

Lama
Certains plats sont préparés avec de la viande de lama.

Humita en chala
Recette précolombienne de pâte de maïs aux oignons et épices, cuite à la vapeur dans une *chala* (feuille de maïs).

YUYOENELESPACIO/SHUTTERSTOCK ©

Parque Nacional Calilegua

collection d'objets anciens. Sa pièce maîtresse est une statue de la déesse de la Fertilité vieille de 3 000 ans, dont les cheveux évoquent des serpents. Ne manquez pas non plus **Culturarte**, un espace moderne qui organise des expositions d'un collectif de 26 artistes contemporains argentins.

Pour une jolie promenade, à pied ou à vélo, rendez-vous au **Parque Xibi Xibi**, qui s'étire sur 2 km de chaque côté de la rivière.

Plongez dans les forêts de nuages

Excursion au Parque Nacional Calilegua

Subtropical et humide quand le reste de la province est plutôt aride, l'est de Jujuy est propice aux forêts de nuages. En son centre et s'étendant jusqu'à la Serranía de Calilegua, le **Parque Nacional Calilegua** offre un étonnant contraste et une grande biodiversité. Il fut créé en 1979 pour préserver l'un des écosystèmes de la région, les *yungas*, ces forêts humides spécifiques des contreforts de la Cordillère. Ce sera l'occasion d'une excursion en voiture d'une journée, au départ de San Salvador de Jujuy (1 heure 15) ou Tilcara (3 heures). Vous pouvez aussi vous joindre à un circuit organisé. Une route sillonne le parc national sur 22 km, en grimpant de 550 à 1 700 m d'altitude. Elle traverse les trois types de forêts caractéristiques des différentes couches d'altitude du parc. Vous trouverez 10 sentiers de randonnée balisés de différentes difficultés, de la balade de 10 minutes à d'éprouvantes marches descendant jusqu'au niveau de la rivière, dont la plupart démarrent près de l'entrée du parc national. Des *rangers* proposent leurs services comme guides sur les itinéraires les plus longs.

Tucumán

Pour les infos pratiques, voir le Carnet d'adresses p. 230

Tous les Argentins ont au moins entendu parlé de San Miguel de Tucumán. Fondée en 1565, elle a accueillit en 1816 le congrès au cours duquel fut proclamée l'indépendance du pays. Contrairement à d'autres cités coloniales du Nord-Ouest, elle est parvenue à réorienter avec succès son économie après l'indépendance. Écrasée de chaleur, l'effervescente San Miguel de Tucumán est la cinquième ville du pays. Son ambiance de métropole surprend comparée à celle des capitales provinciales plus paisibles du Nord-Ouest. D'une chaleur écrasante en été, l'agglomération est plaisante en hiver. Au-delà du caractère industrieux et terre à terre de Tucumán, une vie culturelle dynamique est portée par de jeunes actifs qui se sont établis dans la ville. Cependant, la population n'en respecte pas moins toute l'année la sacro-sainte *siesta* de l'après-midi. Dans le quartier boisé de Yerba Buena, à l'ouest de la ville, on trouve des tables chics et des country-clubs, avec des collines tapissées de forêt en arrière-plan.

Tucumán, cité d'industrie sucrière, est aussi riche d'une longue tradition de musique folklorique, et tout le monde vient danser dans les *peñas* de la ville. C'est ici qu'est née la chanteuse Mercedes Sosa, dont la maison d'enfance est devenue musée.

COMMENT CIRCULER

Pour utiliser les bus municipaux, achetez une carte de transport (*Tarjeta Ciudadana*) au kiosque de la gare routière. Pour les horaires et itinéraires de bus, téléchargez l'application TucuBondi (tucubondi.com.ar/mobile) ou récupérez un fascicule à l'office de tourisme (tucumanturismo.gob.ar). Les bus n°s 118, 102 et 100 relient Tucumán et Yerba Buena. Le bus n°100 continue jusqu'à Horco Molle, et le n°118 au sommet du Cerro San Javier. Il est aussi possible de rejoindre en bus Tafí del Valle, Salta, Cafayate, Jujuy, Catamarca et La Rioja. La ville est reliée par bus, avion et train à Buenos Aires.

Le berceau de l'indépendance argentine

Un tournant dans le destin du pays

Certains viennent de loin pour visiter la **Casa de la Independencia**, demeure de la fin de l'époque coloniale où, le 9 juillet 1816, les juristes unitaires et les ecclésiastiques proclamèrent l'indépendance de l'Argentine. Dans **La Sala de la Jura**, où fut déclarée l'indépendance, vous sentirez peut-être le poids du regard des signataires, dont les portraits ornent les murs. Ils étaient si nombreux ce jour-là qu'il fallut abattre une cloison en adobe pour accueillir tout le monde dans une grande salle. La collection du musée compte près de 700 pièces, du XVIIIe siècle à nos jours. Dans la cour extérieure trônent deux bas-reliefs en bronze, réalisés par l'artiste Lola Mora, originaire de Tucumán, hommages à la révolution de Buenos Aires, le 25 mai 1810, et à la signature de la déclaration d'indépendance de 1816. Ailleurs dans le musée, vous trouverez le portrait

VOIR
1 Casa de Gobierno
2 Casa de la Independencia
3 Catedral Metropolitana
4 Cristo Benedicto Statue
5 Federación Económica voir 10 Jardín Botánico voir 1 Museo Casa Padilla
6 Museo Folclórico
7 Museo Mercedes Sosa
8 Parque Sierra San Javier

ACTIVITÉS
9 El Cardón
10 Reserva Experimental Horco Molle
11 Sendero del Funicular
12 Sendero Puerta del Cielo

SE LOGER
13 Casa de las Palmeras
14 Hotel Bicentenario
15 The Point/Casa

SE RESTAURER
16 Baltazar
17 El Portal
18 Il Postino
19 Il Postino
20 Los Hornos

SORTIR
21 La 9
22 La Casa de Yamil

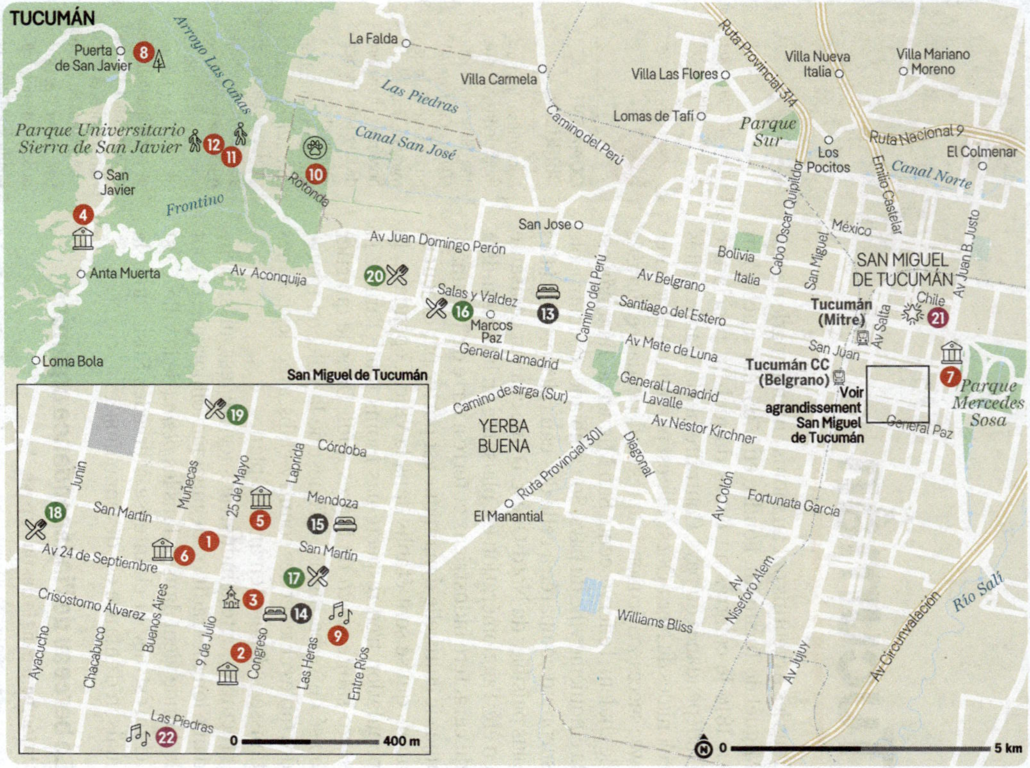

digital de María Remedios del Valle (1767-1847), résultat d'un concours organisé en 2021 afin de mettre en lumière cette figure historique. Soldate argentine noire, Remedios del Valle se distingua par sa bravoure sur les champs de bataille de Salta et Tucumán durant la guerre d'indépendance (1810-1818), qui lui valut d'être promue capitaine par le général Manuel Belgrano. Blessée et capturée par les royalistes espagnols, elle fut torturée en public et survécut.

Pour revivre, ou presque, la journée qui a changé le pays, réservez lors de votre visite un billet pour le spectacle son et lumière du soir même, racontant l'histoire de l'indépendance argentine.

Explorer la Plaza Independencia

La place principale de Tucumán

Vous trouverez bien des choses à voir rien qu'en faisant le tour de la **Plaza Independencia**. À commencer, au nord-ouest, par la **Catedral Metropolitana** (1856), de style néoclassique qui possède une belle façade dorique, dont le fronton retrace le récit biblique de l'Exode. Moïse y reçoit des raisins en plein désert – en référence à la fertilité des terres environnantes. Un court détour vers l'ouest sur l'Avenida 24 de Septiembre vous mènera au **Museo Folclórico Provincial**, dans une jolie maison coloniale, où sont présentés équipements de *gauchos* et instruments de musique, dont un *charango* (petite guitare andine) en carapace de tatou. Changement d'ambiance à la **Casa Padilla**, une riche demeure du milieu du XIXe siècle restaurée, ayant appartenu aux autorités de la ville. Sont exposées plusieurs œuvres de peintres européens et une remarquable collection de porcelaines chinoises. Continuez, juste à côté, par la façade de la majestueuse **Casa de Gobierno** et son enchevêtrement de styles : baroque français, italien et Art nouveau. Au nord de la Plaza, un bâtiment à la française abrite le **Jockey Club** de Tucumán. Enfin, admirez les tuiles décoratives de la **Federación Económica**.

Museo Mercedes Sosa

La maison d'enfance d'une étoile d'Amérique latine

La voix aussi puissante que mémorable de Mercedes Sosa (1935-2009) résonne encore dans le cœur de tous les Argentins. Il n'est donc pas étonnant que la petite maison familiale depuis 1880, où Mercedes passa son enfance, soit devenue un musée consacré à sa vie.

La collection principale comprend photos de famille et cartes postales. Dans la chambre qu'elle partageait avec ses parents

À SAVOIR

Pour certains, les *empanadas* de Salta, garnies de pommes de terre, d'olives et de viande, sont les meilleures du pays. Pour d'autres, Tucumán remporte la palme : les *empanadas tucumanas*, plus juteuses, sont préparées avec une viande plus grasse, des oignons et de l'œuf.

LES MEILLEURES TABLES DE TUCUMÁN

El Portal
Adresse rustique centrale (salle et terrasse), servant spécialités régionales et viande au feu de bois. **$**

Baltazar
Bistrot-salon de thé moderne à Yerba Buena, avec terrasse ensoleillée. Ouvert toute la journée, bar le soir. **$$**

Il Postino
Ce restaurant chaleureux propose pâtes et pizzas correctes dans deux adresses du centre (Junín ou Córdoba). **$$**

Los Hornos
Grandes tablées, coin enfants et *empanadas* à l'ancienne, au four en argile traditionnel, dans ce restaurant de Yerba Buena. **$$**

CONCERTS DE MUSIQUE FOLKLORIQUE À TUCUMÁN

La Casa de Yamil
Cette *peña* peu touristique propose des concerts de musique folklorique, notamment le dimanche après-midi.

Peña La 9
Une *peña* très conviviale où un public jeune se rencontre au son des chansons folkloriques.

El Cardón
Entre deux spécialités régionales – les *empanadas* sont excellentes –, on applaudit musique et danses folkloriques.

sont diffusées des vidéos de ses performances. Partout dans la maison, des panneaux relatent les événements phares de la vie de la chanteuse Sosa. Par exemple, son appartenance au mouvement musical et littéraire Nuevo Cancionero, prônant un renouvellement de la musique folklorique, dans les années 1960. Ou son arrestation sur scène, lors d'un concert à La Plata en 1979, avant son bannissement par la junte militaire alors au pouvoir, puis son exil en Europe. Elle ne put revenir au pays qu'en 1983.

En ressortant, cherchez la peinture murale représentant Sosa, *bombo legüero* (tambour argentin) en main, et son ami et collaborateur Charly García (voir p. 560).

La faune et la flore de Cerro San Javier

Promenade dans la forêt

L'une des richesses de Tucumán se trouve au nord-ouest, dans les collines nommées **Las Yungas**, un terme typiquement argentin qui désigne autant les forêts des environs que d'autres zones des contreforts andins. Chaleur et humidité leur garantissent une fertile biodiversité animale et végétale.

Faites une excursion dans la **Reserva Experimental Horco Molle**, tout à l'est de Yerba Buena. Vous pourrez découvrir le centre de réhabilitation de la réserve, où les animaux et oiseaux sauvages sont soignés avant d'être relâchés dans la nature s'ils peuvent l'être. Lors de la visite guidée, vous observerez tapirs, renards, aras, toucans, pumas, et nombre d'espèces de chats sauvages, entre autres. Enfin, déambulez sur les sentiers du **Jardín Botánico** de la réserve pour apprécier ses 170 espèces d'oiseaux, 150 espèces de plantes et d'arbres, et des myriades de papillons.

Depuis Horco Molle, marchez vers l'ouest pendant 1,5 km pour atteindre le point de départ de plusieurs sentiers forestiers du **Parque Sierra San Javier**. Le **Sendero del Funicular** est un chemin linéaire de 2,5 km de piste facile, le long des rails de l'ancien funiculaire. Son point fort : la traversée de trois ponts, d'où vous pourrez observer la canopée sous vos pieds. Une fois le troisième pont dépassé, revenez sur vos pas. Juste avant de rejoindre le premier pont se trouve l'embranchement du **Sendero Puerta del Cielo**. Certes, cette piste de 2 km à travers le Cerro San Javier est plutôt raide, mais on sort de la forêt pour déboucher sur un très beau point de vue sur Tucumán.

En continuant la montée vers le sud pendant 2 km, vous atteindrez la **statue du Cristo Benedicto**, haute de 28 m, qui semble veiller sur les environs depuis le sommet du Cerro San Javier. Au crépuscule, elle s'illumine d'un spectacle son et lumière. De là, prenez le bus n°118 pour retourner à Tucumán.

YERBA BUENA

À l'est de la ville, vous trouverez la banlieue de Yerba Buena, qui s'étend jusqu'aux collines de Las Yungas. Traditionnellement chic et résidentielle, elle attire par son ambiance calme et boisée de plus en plus d'hôtels et de pensions, et son avenue principale, Avenida Aconquija, est bordée d'excellents bars, cafés et restaurants. Facilement accessible en bus (nos 100, 102 ou 118) ou taxi depuis le centre, c'est un bon point de chute pour explorer le Cerro San Javier. La carte de transport Tarjeta Ciudadana, en vente au kiosque du terminus, permet de circuler sur le réseau de bus.

OÙ SE LOGER À TUCUMÁN

Casa de las Palmeras
À Yerba Buena, une charmante pension avec chambres à l'étage, hôtes attentifs et délicieux petits déjeuners. $

The Point
Appartements avec cuisine au centre, spacieux et bien équipés. Bon rapport qualité/prix. $$

Hotel Bicentenario
En plein centre, hôtel moderne avec piscine et terrasse sur le toit, et un parking sécurisé. $$$

Environs de Tucumán

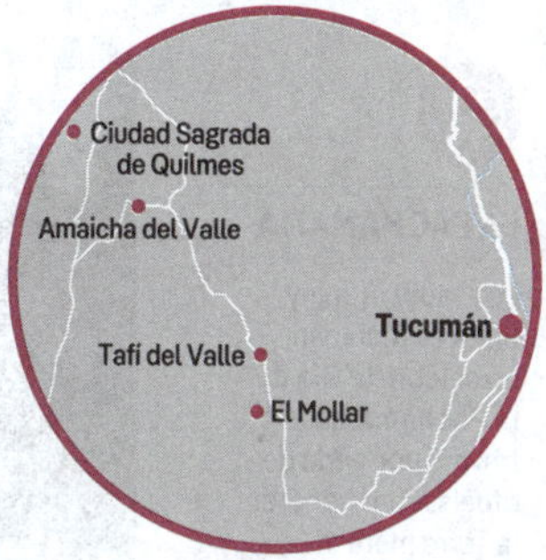

Pour les infos pratiques, voir le Carnet d'adresses p. 231

De verdoyantes montagnes aux ruines sacrées du XIe siècle, vous ferez dans la région de Tucumán nombre d'expériences mémorables.

Si la province de Tucumán est peu étendue (à l'aune de l'Argentine), elle regorge de curiosités et d'invitations à l'aventure : cheval dans la vallée de Tafí, vélos dans les collines… Vous y trouverez aussi une culture riche et vivante, de son réseau d'ateliers d'artisanat à son musée de pierres dressées en plein air. Au-delà de Tafí vous attendent les vastes ruines de la Ciudad Sagrada de Quilmes, érigée par l'ancien peuple des Diaguita Calchaquíes, déplacée au XVIIe siècle. En regardant vers l'autre bout de la vallée, vous verrez le village d'Amaiche del Valle : au Museo Pachamama, grâce à une remarquable collection de statues, vous découvrirez le mode de vie des Amérindiens Tafí.

Ciudad Sagrada de Quilmes

COMMENT CIRCULER

Plusieurs bus quotidiens relient Tucumán à Tafí del Valle. Depuis Tafí, des bus sillonnent toute la vallée – vérifiez les horaires pour ne pas rater le vôtre. Si vous venez en voiture, sachez que la route est escarpée et sinueuse par endroits. On peut aussi se déplacer à vélo ou à cheval. Les bus entre Tafí del Valle et Cafayate s'arrêtent à Amaiche del Valle et peuvent vous déposer à l'embranchement vers Ciudad Sagrada de Quilmes. Il vous faudra marcher à 5 km en plein soleil (eau et chapeau recommandés) pour rejoindre les ruines.

À SAVOIR

Prenez le temps d'apprécier votre visite de Tafí del Valle, son air pur et ses sentiers panoramiques, voire d'y passer une nuit ou deux.

LA PACHAMAMA

Le 1er août, à Jujuy, Salta et Tucumán, on célèbre le **Día de la Pachamama** à travers une série de rituels. Pour honorer la Terre mère et s'assurer des récoltes abondantes, on enterre des offrandes : feuilles de coca, maïs, tabac et *chicha* (une boisson fermentée traditionnelle). Essayez de repérer, au cours de vos excursions à travers la région, les *apachetas* ("lieu de repos" en quechua), ces cairns érigés pour remercier la Pachamama et demander sa protection. Ils se trouvent le plus souvent au bord de chemins périlleux ou au sommet des montagnes. Il est fréquent que les visiteurs y ajoutent un objet, une petite relique ; à l'inverse, il est sacrilège d'en retirer quoi que ce soit. En février, le village d'Amaiche del Valle organise la **Fiesta Nacional de la Pachamama** pour célébrer les moissons, avec force concerts de musique folklorique, défilés et festivités.

El Mollar

Tafí del Valle

DEPUIS TUCUMÁN : **2 HEURES 30**

Suivre la rivière jusqu'à El Mollar

Dans un écrin de douces collines, à 110 km de route de Tucumán, la ravissante Tafí del Valle est idéale pour s'adonner à la randonnée, au vélo et à l'équitation – ou simplement échapper à la touffeur urbaine en été, car elle se situe à 2 014 m d'altitude. Pour une vue d'ensemble sur la bourgade, grimpez le sentier facile et rapide jusqu'au Mirador Cerro de la Cruz. Pour une randonnée plus longue, suivez la rive ouest du Río Tafí vers le sud pendant 12 km, de Tafí del Valle à El Mollar, passant devant le réservoir d'Angostura. À l'approche d'El Mollar, guettez le sentier balisé (1 km) menant à Casas Viejas. Ces vestiges comprennent des enclos et deux grosses pierres utilisées lors de rituels et pour l'observation des étoiles.

Arrivés à El Mollar, promenez-vous dans la **Reserva Arqueológica de los Menhires**, un musée en plein air rassemblant 125 pierres dressées sculptées, collectées dans toute la vallée. Si les plus spectaculaires ont malheureusement disparu, il reste de passionnants témoins des cultures néolithiques de la région, les Tafis étant l'une des premières tribus de potiers du nord-ouest de l'Argentine. Ces œuvres, datant de plus de 2 000 ans, aux visages d'hommes, de chats,

OÙ SE LOGER ET SE RESTAURER À TAFÍ DEL VALLE ET SES ENVIRONS

Rancho de Félix
On se presse sous les arcades de ce vaste restaurant, valeur sûre pour ses spécialités et vins régionaux. **$$**

Estancia Los Cuartos
Un ranch plein d'histoire et de caractère avec vue sur les montagnes et troupeaux de lamas. **$$**

Estancia Las Carreras
Dans les collines à 14 km de Tafí, cette *estancia* tranquille propose excursions à cheval et fromages maison. **$$$**

de lamas et de serpents, ou aux simples formes géométriques, étaient probablement liés aux cérémonies honorant les ancêtres et la Terre. Ne ratez pas El Blanquito et ses deux visages gravés, et une pierre toute proche présentant un serpent à face humaine. Vous pourrez revenir à Tafí en bus au départ d'El Mollar.

Faire ses achats sur la Ruta del Artesano

Poteries, textiles et bijoux artisanaux

La culture à Tafí ne se limite pas aux vestiges anciens, comme le prouvera ce circuit à travers la vallée. Louez vélo ou voiture en ville et suivez la **Ruta del Artesano** pour entrer au fil des étapes dans les ateliers d'une vingtaine d'artisans, fabricants de céramiques, textiles, bijoux et instruments de musique. Vous découvrez la campagne, allez à la rencontre des habitants et soutenez le travail des artistes qui participent d'une culture vivante. En chemin, faites un arrêt à l'Estancia Las Carreras (construit en 1718) dans sa fromagerie et admirer la vue sur la vallée. Le site Tucumán Turismo (tucumanturismo.gob.ar) propose une carte téléchargeable de cette boucle de 45 km avec arrêts à Tafí del Valle, El Rincón et El Mollar.

Amaicha del Valle

DEPUIS TUCUMÁN : **4 HEURES**

Visiter le Museo Pachamama

Dans la cosmogonie andine, Pachamama est la Terre mère et la raison de tout, ni bonne ni mauvaise, dominant toutes les croyances et présidant à tous les rites agraires. C'est ce qu'a voulu célébrer, en 1996, l'artiste Héctor Cruz en créant une fascinante collection de sculptures en pierre, dans la petite ville d'Amaicha del Valle à 50 km au nord de Tafí del Valle.

Entre musée et galerie d'art, dans le cadre enchanteur des collines de Valles Calchaquíes en arrière-plan, le Museo Pachamama présente les imposantes statues de Cruz, qui rendent hommage aux divinités centrales des cultes ancestraux de la région, auxquels s'est greffée la foi catholique. Ainsi, dès votre arrivée, cherchez sur les dalles pavant le Museo une représentation de la déesse qui abreuve les champs, non loin d'une statue figurant un chaman. Le "masque de Pachamama" est l'offrande de Cruz à la Terre mère :

TISSERANDS TRADITIONNELS

À **Belén** (p. 225), vous pourrez visiter d'autres ateliers textiles pour observer les tisserands traditionnels créant ponchos, couvertures, et tapis.

PROMENADES PRÈS DE TAFÍ DEL VALLE

Carla Acosta, résidente de Tucumán, partage ses promenades favorites.

Molle Solo
En partant de Ovejaria et en marchant 8 km, on débouche sur une jolie zone rustique près de la rivière au pied du Cerro Muños.

Cascada de los Alisos
Tout le monde veut voir cette cascade et passe par Las Carreras. Mais on peut aussi venir de Santa Cruz, et afin de découvrir des sites archéologiques et de belles piscines naturelles où on peut se baigner. Il vaut mieux être accompagné d'un guide local.

Cascada el Rincón
Moins connue, cette petite cascade se trouve dans la zone la plus verte et la plus pittoresque de la vallée, à 20 km au sud-ouest de Tafí.

OÙ SE LOGER ET SE RESTAURER À TAFÍ DEL VALLE ET SES ENVIRONS

Casa Alpiste Comiste
B&B charmant et coloré, en lisière de Tafí, avec café vegan sur place. $

Descanso de las Piedras
Jolies *cabañas* de 2 à 6 pers. en bord de rivière, avec hamacs et piscine chauffée. Parfait pour les familles. $

Restaurante el Museo
Installé dans une ancienne chapelle jésuite à 1 km, ce restaurant propose des spécialités locales au déjeuner. $

une face dépeint le dieu du Soleil (Inti), et l'autre la déesse de la Lune (Quilla), tous deux coiffés d'une couronne ornée de félins représentant les gardiens des dieux. Référez-vous aux fascicules disponibles à l'accueil du musée pour comprendre le sens de toutes ces sculptures. À l'intérieur des installations sont consacrées à la géologie et à la culture locales, dont une reproduction d'habitations préhispaniques. Vous pourrez combiner une visite du Museo Pachamama à une excursion aux vestiges de Quilmes, tout proches.

Ciudad Sagrada de Quilmes

DEPUIS TUCUMÁN : **4 HEURES 30**

Vestiges d'une ville sacrée

Avant l'arrivée des Espagnols s'étendait sur près de 30 ha, à 75 km au nord-ouest de Tafí del Valle (et à 5 km à l'ouest de la Ruta 4), une cité prospère de 5 000 habitants bâtie par les Quilmes. Après l'invasion de la cité par les Incas en 1480, le langage diaguita de Kakán fut remplacé par le quechua, puis par l'espagnol en 1535. Les Quilmes résistèrent aux Européens jusqu'à leur ultime défaite, en 1667, et les survivants furent forcés de parcourir 1300 km jusqu'à Buenos Aires en guise de punition. Les vestiges de la Ciudad Sagrada de Quilmes racontent l'histoire et le mode de vie de ce peuple.

Démarrez votre visite au musée du site, fraîchement rénové, pour tout apprendre sur les pratiques spirituelles et religieuses de ce peuple, ainsi que sur leurs techniques agricoles et activités de tous les jours, avant de passer aux ruines (panneaux en anglais et en espagnol).

Accompagnez le guide local à travers les vestiges – protégez-vous du soleil écrasant. La plupart des guides sont issus de la communauté Diaguita Calchaquíes, comme l'étaient les Quilmes, dont ils pourraient même descendre. Il vous montrera comment placer une pierre sur l'*apacheta* en offrande à la Pachamama, puis vous n'aurez plus qu'à suivre les flèches vers les ruines, un assortiment de fortifications, d'enclos pour animaux, de greniers et de maisons carrés ou rectangulaires ; soldats et guérisseurs résidaient plus haut sur la colline. On trouve également des pierres cérémoniales et les restes d'un cimetière. Montez le sentier du *pucará* (fort), au nord, pour une belle vue (et une belle opportunité de photos) sur Quilmes, la vallée en arrière-plan.

AUTRES SITES ARCHÉOLOGIQUES

Parcourez les vastes ruines de la cité inca d'**El Shincal** (p. 224), proche de Belén dans la province de Catamarca. Près de Catamarca-Ville, se trouvent aussi les vestiges d'un village aguada au **Pueblo Perdido de la Quebrada** (p. 221).

QUE FAIRE À TUCUMÁN

Balade à cheval
Découvrez Tafí del Valle à cheval durant une promenade guidée (p. 216).

Parapente
Envolez-vous au-dessus des Yungas depuis Loma Bola, sur le Cerro San Javier.

Randonnée
Explorez les Yungas et les collines bordant Tafí del Valle.

VTT
Lancez-vous sur certaines des meilleures pistes de VTT du Nord-Ouest à travers les collines.

Accrobranche
Affrontez le vide sur les ponts suspendus et tyroliennes du Parque Aéreo Raki.

Kayak
Le réservoir Celestino Gelsi d'El Cadillal est idéal pour fendre les flots à la rame en admirant le paysage.

Catamarca

Pour les infos pratiques, voir le Carnet d'adresses p. 231

À deux pas des sierras plus sauvages de l'Ouest, San Fernando del Valle de Catamarca fait un point de chute idéal entre deux excursions. Ville prospère de 200 000 habitants, elle attire jeunes actifs et touristes par son atmosphère dynamique et son architecture hispanique. Les pèlerins également s'y pressent, deux fois l'an, quand la Virgen del Valle est portée en procession dans la ville. Vous découvrirez le Pueblo Perdido de la Quebrada, vestiges d'un village aguada en bord de rivière. Excursion à faire suivre d'une visite au musée archéologique de Catamarca. En juillet, la ville s'anime avec la Fiesta Nacional del Poncho : elle se couvre de gigantesques marchés artisanaux, retentit de concerts de musique folklorique et l'odeur de délicieuses spécialités locales flotte dans l'air – vins, olives, fromages et noix sont un must ! Réservez tôt pour cette période, les hôtels sont vite complets !

RODRIGO_FOTOSI/SHUTTERSTOCK ©

Virgen del Valle (p. 220)

COMMENT CIRCULER

Pour prendre les bus locaux, achetez une carte SUBE en kiosque (celles en vente à Jujuy ou Buenos Aires fonctionnent aussi). Depuis Calle Salta entre Republica et Esquiú, le bus n°101 ou la RN 4 vous mèneront au Pueblo Perdido. Vous pourrez également circuler à vélo électrique. La pimpante gare routière propose des bus pour tout le pays et la province, y compris La Rioja, Tucumán et Belén. Au moins 1 vol/semaine pour Buenos Aires décolle de l'aéroport à 17 km de la ville.

À SAVOIR

BiciTur loue des vélos électriques et organise des circuits guidés depuis sa boutique sur la Plaza 25 de Mayo. Réservations par téléphone ou via Whatsapp au +54 9 3834 50-2844. Parmi les sites inclus dans les circuits : le barrage de Lago Lumeal, à l'ouest de la ville.

EXPLORER LE CENTRE DE CATAMARCA

Les sites se concentrent sur quelques pâtés de maisons autour de la Plaza 25 de Mayo. Débutez par le 1 **Museo Arqueológico Adán Quiroga**, pour admirer une vaste collection de céramiques – prenez le temps d'observer les poteries noires aguadas ornées de motifs animaliers stylisés.

Au sud du musée, laissez-vous porter par les effluves d'huile d'olive, de miel, de noix fraîches, d'épices et autres herbes qui sont la fierté de la ville et foisonnent sur les étals de la Calle Sarmiento. Dans la Calle Esquiú, les présentoirs de 2 **Burrata Vinoteca y Delicatessen** croulent sous les les bouteilles de vin, fromages et salamis de Catamarca. Vous y trouverez aussi des cigares confectionnés avec du tabac local.

Revenez dans Sarmiento, puis dirigez-vous vers le sud jusqu'à la 3 **Plaza 25 de Mayo**. Au centre se dresse une statue équestre du héros de l'indépendance et "père de la patrie" José de San Martín. Repérez la façade rose de la 4 **Catedral Basílica de Nuestra Señora del Valle**, achevée en 1875 dans un style néo-Renaissance et qui abrite la patronne de la ville, la Virgen del Valle. Vous noterez que celle-ci tourne le dos à l'entrée : pour voir son visage, il vous faudra grimper au Camarín, une chapelle sur le côté de l'édifice, dont les vitraux relatent l'histoire de la Vierge de la vallée. On y accède par une rue piétonne et un escalier orné.

Suivez l'allée contournant la cathédrale pour atteindre le 5 **Museo de la Virgen del Valle** qui rassemble une collection de représentations de la Vierge, et consacre une salle entière à ses capes brodées à la main. Deux fois l'an (2 semaines après Pâques et le 8 septembre), de nombreux pèlerins rejoignent Catamarca pour honorer la Virgen de Valle, vêtue d'une de ces capes et portée en procession à travers la ville.

Vestiges du Pueblo Perdido de la Quebrada

Ruines en bord de rivière

Entre les IVe et Ve siècles fleurit, dans le nord-ouest de l'Argentine, la culture dite de la Aguada, civilisation d'agriculteurs, d'éleveurs de lamas et potiers émérites. Le **Pueblo Perdido de la Quebrada**, sur le versant d'une jolie colline, 6 km à l'ouest de la Plaza 25 de Mayo, est le plus important vestige de cette communauté autonome, jamais conquise par les Incas et pourtant disparue.

Découvrez ces vestiges au fil d'une visite guidée, vous y verrez une quarantaine d'enceintes d'habitations, de cours et d'enclos, témoignant de la maîtrise des ressources en eau de ces habitants. Notez les entrées arrondies, censées dissuader les lamas de s'installer à l'intérieur, les ateliers où furent mises au jour céramiques et pointes de flèches, et la cuisine communale. On y mit au jour de nombreuses poteries (aujourd'hui exposées au Museo Arqueológico Adán Quiroga) ornées d'un motif de félin, probablement un jaguar, divinité de premier ordre dans les Andes. Au sommet de la colline se dresse encore un autel de cérémonie, où des pierres marquent les positions des solstices d'été et d'hiver, indispensable pour connaître les périodes des semis et des récoltes.

Ne ratez pas le petit musée du site, construit à l'image des habitations de pierre et d'adobe du Pueblo. À travers ses illustrations, vous aurez une idée de ce à quoi le village ressemblait autrefois.

Légèrement en retrait de la route principale, les ruines sont proches d'une agréable section du **Río el Tala**, dont la rive est sillonnée de sentiers. Après votre visite, installez-vous à l'ombre des arbres pour un pique-nique. Quant à la route, elle est très populaire auprès des cyclistes.

SE LOGER, SE RESTAURER ET PRENDRE UN VERRE

Bar Richmond
Excellentes pizzas dans l'une des meilleures adresses de la Plaza 25 de Mayo. **$$**

Café del Inmigrante
Idéal pour savourer un *latte*, un brunch ou un cocktail. **$$**

Café Cacán
Café et pâtisseries dans un cadre sympathique. **$**

La Guada
Plats du jour argentins, y compris grillades à la *parrilla*. **$$$**

Amérian Catamarca
Hôtel moderne et pratique aux chambres confortables et bien équipées. **$$**

Environs de Catamarca

Pour les infos pratiques, voir le Carnet d'adresses p. 231

COMMENT CIRCULER

Pour explorer les provinces de Catamarca et de La Rioja, la voiture reste idéale, à réserver bien à l'avance à l'agence Hertz à Catamarca – pour aller au-delà de Fiambalá, un circuit organisé est aussi une option. Des bus (et minibus) relient Catamarca à La Rioja, Belén et Fiambalá, La Rioja à Chilecito, mais aucun de Belén à Chilecito. Le Parque Nacional Talampaya est accessible en bus depuis Chilecito (via Villa Unión 3 heures 30) ou La Rioja (1 heure 45).

À SAVOIR

Mettez-vous à l'heure locale : ici, durant la *siesta* (13h-17 h), la plupart des commerces ferment et les rues se vident.

Dans cette région à l'ouest de Catamarca, les paysages exceptionnels et les sites à visiter vous laisseront un souvenir inoubliable.

Quittez la ville pour pénétrer dans la province de Catamarca et celle de La Rioja qui s'étendent vers l'ouest jusque dans les Andes. La région offre parmi les plus belles montagnes d'Argentine, pointillées de pics enneigés, les deuxièmes plus hauts du monde. Plongez dans l'histoire et la culture, des ruines incas d'El Shincal aux églises en adobe de la route de Fiambalá, tandis que les amateurs d'activités plus physiques pourront s'en donner à cœur joie en dévalant les dunes en *sandboard*, puis se délasser tout l'après-midi dans des sources chaudes.

La route dans les provinces de Catamarca et de La Rioja est d'une beauté à couper le souffle. C'est particulièrement vrai de Tinogasta à Chilecito ou de Chilecito au Parque Nacional Talampaya via la Cuesta de Miranda.

WIRESTOCK CREATORS/SHUTTERSTOCK ©

Ruta Los Seismiles

SUR LA RUTA LOS SEISMILES

Au départ de Fiambalá, lancez-vous sur la Ruta 60 qui grimpe en serpentant à travers désert, roche rouge et hautes plaines jusqu'à Paso de San Francisco et la frontière chilienne. La Ruta Los Seismiles tient son nom des 6 pics de plus de 6 000 m, dont l'Ojos del Salado (6 893 m), le plus haut volcan du monde et 2e sommet d'Amérique. Depuis Fiambalá, comptez 400 km et 5 heures de route – bitumée – pour l'aller-retour. N'oubliez pas de faire le plein, il n'y a pas de station-service ! Roulez sur 23 km et guettez l'embranchement du 1 **Cañón del Indio**. Empruntez la route de sable jusqu'au parking, puis traversez le paisible canyon sur 2 km – et escaladez quelques rochers – pour admirer la formation rocheuse où l'on croit voir deux visages humains penchés l'un vers l'autre.

Retournez sur la Ruta 60 qui, longeant la rivière, s'aventure ensuite dans les gorges escarpées de la rougeoyante 2 **Quebrada de las Angosturas** (ravin oblige, ralentissez vraiment dans les tournants) avant d'aboutir sur les hautes plaines.

En chemin, votre seul véritable point de ravitaillement sera l'hôtel 3 **Hostería Cortaderas** (p. 225), à 95 km de Fiambalá. Après un (bon) dîner chaud au restaurant, allez admirer les étoiles.

Après avoir traversé des marais sous les yeux d'impassibles flamants roses, puis une toundra jaune où broutent des vigognes, vous verrez surgir les Seismiles derrière d'autres sommets enneigés.

Presque toute l'année, la route s'arrête à 4 **La Gruta**, poste-frontière argentin à 21 km du Chili. Le passage frontalier de 5 **San Francisco** n'ouvre qu'une fois par semaine, le mercredi. Si vous souhaitez passer la frontière, vérifiez d'abord si elle est ouverte sur argentina.gob.ar.

HORS DES SENTIERS BATTUS

Perché à 3 320 m d'altitude au nord-ouest de Catamarca, au cœur des spectaculaires paysages de la *puna*, le village amérindien d'**Antofagasta de la Sierra** ("antichambre du ciel") ravira les voyageurs curieux de merveilles naturelles. Les 300 km (5 heures de route) qui le séparent de Belén en sont ponctués : flamants roses de la **Laguna Blanca**, volcans solitaires, déserts de sel, champs de pierre ponce du **Campo de Piedra Pomez**. En février, Antofagasta organise la **Feria de la Puna**, mettant à l'honneur l'artisanat et la culture locale.

RODRIGO_FOTOSI/SHUTTERSTOCK ©

Iglesia de San Pedro, Ruta del Adobe

El Shincal

DEPUIS CATAMARCA : **3 HEURES 30**

Les ruines d'une cité inca

En prolongeant le voyage pendant 7 km à l'ouest de Londres, village de *gauchos* très calme, on parvient aux vestiges de la cité inca **El Shincal de Quimivil**, l'un des plus importants gisements archéologiques d'Argentine. Vous aurez tout intérêt à parcourir le musée avant les ruines : une maquette du site présente brièvement les cultures incas et préincas. Par souci de préservation du site, les visites ne peuvent se faire qu'en petit groupe accompagné d'un guide.

À l'apogée de leur empire (1430-1580), les Incas décidèrent de bâtir ici une capitale afin de garder un œil sur les populations indigènes soumises. Pendant une soixantaine d'années, El Shincal bourdonna de rassemblements politiques, rites religieux et cérémonies spirituelles, la *pucará* militaire La Alumbrera se situant plus loin, à 8 km d'Antofagasta.

Au milieu de la place centrale, l'*ushnu* (plateforme cérémonielle) est flanqué de deux *kallankas* (espaces communautaires couverts, aussi utilisés comme ateliers de poterie) partiellement restaurés. Vous verrez aussi des *kanchas*, ou entrepôts communs. Non loin de là pousse un cactus vieux de 400 ans, dont la variété était jadis un remède hallucinogène. Point phare du site : ses pyramides jumelles, honorant le Soleil et la Lune. Depuis celle de la Lune, la vue est particulièrement belle, des montagnes verdoyantes aux lamas paissant entre les ruines.

OÙ SE RESTAURER ET SE LOGER À BELÉN

Ya'Güir
Livres régionaux à feuilleter sur place, café, thé, petits déjeuners, sandwichs et en-cas. **$**

1900 Resto Bar
Une valeur sûre pour ses steaks et ses plats typiquement argentins. Sur la place principale. **$$**

Hotel Belén
Hôtel élégant aux chambres modernes, exposant une collection d'objets archéologiques à l'entrée. **$$**

Belén

DEPUIS CATAMARCA : **4 HEURES**

Les tisserands à l'œuvre

À 4 heures de route de Catamarca, vous pourrez visiter l'atelier coopératif **Arañitas Hilanderas** de Belén. Ses artisans vous montreront les différentes étapes du travail des textiles : laver puis filer la laine, la colorer de teintures naturelles, et enfin s'atteler au tissage sur un métier traditionnel. Leurs créations sont en vente à la boutique du site. Autre adresse, célèbre pour ses ponchos artisanaux : **Rua-Chaky**, à 1 km du centre de Belén. Ou encore la toute proche **Familia Avar Saracho** et ses articles de qualité, dont des chaussures.

De Tinogasta à Fiambalá

DEPUIS CATAMARCA : **3 HEURES 30**

Les églises de la Ruta del Adobe

La route séparant la poussiéreuse Tinogasta et Fiambalá, ancienne voie commerciale vers la Bolivie et le Pérou, est surnommée **Ruta del Adobe** ("route de l'Adobe") en raison des nombreux bâtiments en adobe qui pointillent ses environs – appellation plus poétique que RN 60, sa version officielle.

Première étape : les ruines de la **Capellanía Pituil Viejo** (XVIIe siècle) dans le hameau de Copacabana. Non loin de là, vous pourrez déjeuner dans un cadre enchanteur à **Finca la Sala**. Traversez Tinogasta vers le nord, puis faites un détour par El Puesto pour voir l'**Oratorio de los Orquera** (1740), une petite chapelle en adobe jouxtant un vénérable olivier. À 2 km au nord d'El Puesto, guettez le tournant vers la gauche avant de franchir la rivière pour accéder à l'attraction phare de la Ruta, l'**Iglesia de Andacollo** (XIXe siècle). Enfin, à l'entrée sud de Fiambalá, vous trouverez l'**Iglesia de San Pedro** (1770) et sa façade blanchie à la chaux.

Les momies de Fiambalá

DEPUIS CATAMARCA : **4 HEURES 30**

Le musée des Incas momifiés

Le petit **Museo del Hombre** de Fiambalá présente deux momies incas âgées de 500 ans, un homme et une femme retrouvés près de Loro Huasi, ainsi que les offrandes funéraires qui les accompagnaient : des textiles tissés, et la statuette miniature d'une figure féminine. Il est possible qu'il s'agisse de leur trousseau de mariage. On peut également y admirer des céramiques de grande qualité (datant de l'an 650 à 850). Une salle

FAUNE DE LA PUNA

Flamant rose des Andes
À observer au lac de Cortaderas, sur la Ruta Los Seismiles (p. 223).

Renard roux
Guettez le *culpeo*, ou renard de Magellan, dans les montagnes de Fiambalá.

Vicuña (vigogne)
Ce petit camélidé peut être vu près de Paso de San Francisco, sur la Ruta Los Seismiles.

Puma
Catamarca abrite le puma andin, qui ne se cache que trop bien.

Nandou
Vous verrez peut-être l'autruche d'Amérique du Sud vers Fiambalá.

Vizcacha
Une créature surprenante, entre le rongeur et le lapin, de la famille des chinchillas.

OÙ SE LOGER ET SE RESTAURER À L'OUEST DE CATAMARCA

Casona del Pino
Charmante maison d'hôtes à Fiambalá, où l'on prend son petit déjeuner autour d'une grande table ancienne. $

Finca la Sala
Finca historique, proche de Tinogasta : chambres élégantes, jardin verdoyant et excellent restaurant. $$

Hostería Cortaderas
Sur la Ruta Los Seismiles, cet hôtel-restaurant à 3000 m d'altitude offre un cadre hors du commun. $$

LES MINES DE FAMATINA

Construit en 1904 par une compagnie allemande, le **téléphérique de Chilecito**, ou *Cable Carril*, fut longtemps utilisé pour transporter l'or, l'argent et le cuivre des mines de Famatina jusqu'à sa gare. Les wagons à minerais étaient remplis à La Mejicana, à 4 600 m d'altitude, soit 3 500 m plus haut que Chilecito, et près de 40 km plus loin. Le téléphérique, l'un des plus longs du monde, fut exploité jusqu'en 1927. Des multinationales ont tenté de ressusciter les mines, mais l'opposition de la population locale a empêché tout nouveau projet minier de voir le jour. On la comprend : c'est de la montagne que provient l'eau courante de la région. Raison pour laquelle le slogan *El Famatina no se toca* (Ne touchez pas à Famatina) apparaît partout autour de Catamarca.

Parque Nacional Talampaya

dévolue à l'alpinisme revient sur les célèbres expéditions menées dans les 14 pics de plus de 6 000 m que compte la province.

Sandboarding et sources chaudes

DEPUIS CATAMARCA : **1 HEURE**

De l'effort au réconfort

Connaissez-vous le *sandboarding* ? Non ? Rendez-vous à 15 km au nord de Fiambalá, sur de superbes dunes dorées, le cadre idéal pour une session découverte. La **Duna Mágica** se trouve juste à l'est du village de Saujil (suivez les flèches). Plusieurs établissements et la plupart des hôtels de la ville proposent du matériel en location. Comme en snowboard, il s'agit de se tenir sur une planche pour dévaler une pente... mais de sable fin, plutôt que de poudreuse. Le *sandboard* peut aussi se pratiquer assis ou à plat ventre. Venez tôt le matin, avant que le vent ne se lève, pour passer quelques heures à descendre, puis remonter les dunes. Notez que le site n'est accessible qu'en voiture.

Après tant d'efforts, vous aurez bien mérité de vous délasser aux **Termas de Fiambalá** tout proches. Nichées contre un flanc de montagne escarpé, avec vue sur les vastes plaines du désert, ces sources chaudes offrent un décor à couper le souffle. Peu de services, mais une eau thermale qui s'écoule en une série de bassins, de 48°C à 24°C. Les billets sont vendus à l'office de tourisme de la Plaza Principal de Fiambala (pièce d'identité requise). De là, les Termas sont à 15 km de route (20 minutes) à travers les dunes.

OÙ SE LOGER ET SE RESTAURER À CHILECITO

El Viejo Molino
Pension aux propriétaires chaleureux et aux chambres modernes et lumineuses. Vue sur la montagne. $

Borussia
Pizzas, *lomitos* et burgers dans une ambiance animée fort sympathique, sur la place centrale. $$

El Rancho de Ferrito
Cette valeur sûre du quartier sert grillades et vins locaux, de qualité et à bon prix. $$

Chilecito

DEPUIS CATAMARCA : **4 HEURES**

Au temps de l'exploitation minière

On pourrait ne faire qu'y passer, mais l'ancienne ville minière de Chilecito ne manque ni de curiosités ni de *bodegas*. Nichée entre des roches hérissées de cactus, les pics enneigés de la Sierra de Famatina en arrière-plan, elle constitue un bon point de chute pour des excursions dans la sierra.

L'attraction phare de la ville est son **Museo de Cablecarril**, qui englobe les deux premières stations de l'ancien téléphérique de Chilecito. Démarrez à l'Estación 1 pour découvrir l'histoire de cette prouesse d'ingénierie, construite pour convoyer le produit des mines. Vous verrez des photographies d'époque, ainsi que des équipements de mineurs. Postez-vous devant le musée pour prendre en photo le terminus du téléphérique, désormais mangé par la rouille. Conduisez 1 km vers le nord-est pour rejoindre l'Estación 2, où sont exposés moteurs et machines. La structure en métal sur fond montagneux fera une photo inoubliable.

Depuis l'Estación 2, un détour de 5 km sur une route de terre vous mènera au spectaculaire **Unión de los Ríos**, où les eaux du Río Amarillo teintées d'ocre par les sédiments ferreux rencontrent celles, bleu pur, du Río de la Quebrada del Agua Negra (son nom est trompeur). Suivez les panneaux vers le parking ; de là, la croisée des eaux n'est qu'à 200 m à pied.

La Rioja

DEPUIS CATAMARCA : **2 HEURES 30**

Cernée par les pics altiers de la Sierra de Velasco, La Rioja, capitale provinciale aussi paisible qu'isolée, est une ville superbe les jours de beau temps. Et ce n'est pas cela qui manque, d'autant que les températures estivales y sont très élevées. Même lors d'un court voyage dans la région, envisagez un passage dans cette ville charmante pour organiser une excursion au Parque Nacional Talampaya (ci-après). En ville entrez dans le **Museo Folklórico** qui occupe une belle demeure en adobe du début du XVIIe siècle. Il est consacré à la culture régionale, à la cérémonie du Tinkunaco, au tissage et à la viticulture.

Parque Nacional Talampaya

DEPUIS CATAMARCA : **4 HEURES**

Extraordinaires formations rocheuses

Falaise de grès et remarquables formations rocheuses dessinent le paysage du vaste **Parque Nacional Talampaya**, qui ne peut se visiter que dans le cadre de circuits guidés. En bus ou en 4×4, vous démarrez de l'entrée du Cañón de Talampaya et faites étape au Jardín Botánico. À voir aussi : de fascinants pétroglyphes, certains vieux d'environ 2 500 ans.

Les circuits en 4×4 vers les formations rocheuses de Ciudad Perdida et Cañón Arco Iris démarrent à une autre entrée, 14 km au sud. Des visites nocturnes sont proposées à la pleine lune. Il est possible de faire la randonnée à vélo, mais prenez garde au soleil, brûlant.

CATAMARCA ET LA RIOJA EN FÊTE

Feria de la Puna
En février, Antofagasta de la Sierra célèbre ses pratiques agricoles et surtout les lamas, stars de la culture traditionnelle andine.

Fiesta de Nuestra Señora del Valle
Deux semaines après Pâques et le 8 décembre, la Virgen de la Valle est portée en procession à travers Catamarca-Ville et rassemble toute la population de Catamarca.

Fiesta Nacional del Poncho
L'artisanat local et la musique folklorique sont mis à l'honneur chaque juillet à Catamarca-Ville.

La Chaya
Début février, les habitants de La Rioja célèbrent le carnaval par une gigantesque bataille d'eau.

El Tinkunaco
Le 31 décembre, à La Rioja, cette cérémonie recrée l'intervention de Francisco Solana entre les Diaguitas et les Espagnols (1593).

Carnet d'adresses

SALTA

Catedral Basílica de Salta
Voir p. 193 (catedraldesalta.org ; España 558 ; 6h30-12h et 17h-20h)

Centro Cultural América
Voir p. 191 (Mitre 23 ; 9h-21h)

Iglesia San Franscisco
Voir p. 191 (Córdoba 15 ; 8h30-20h30)

Museo Casa de Uriburu
Voir p. 191 (Caseros 417 ; 9h-14h30 mar-ven, 14h-19h sam, 11h14h30 dim)

Museo de Antropología
Voir p. 190 (Ejército del Norte et Ricardo Solá s/n ; entrée libre ; 9h-19h mar-dim)

Museo de Arqueología de Alta Montaña (MAAM)
Voir p. 190 (maam.gob.ar ; Mitre 77 ; adulte/enfant 8 000 $ARS/gratuit ; 11h-19h mar-dim)

Museo de Arte Contemporáneo (MAC)
Voir p. 191 (@macsaltamuseo_ ; Zuviría 90 ; 10h-20h mar-dim)

Museo Güemes
Voir p. 192 (museoguemes.gob.ar ; España 730 ; 11h-19h mar-dim)

Museo Histórico del Norte/Cabildo
Voir p. 191 (museodelnorte.cultura.gob.ar ; Caseros 549 ; entrée libre ; 9h-17h mar-ven, 14h-18h sam, 10h-14h dim)

All Norte Hostel
Voir p. 190 (allnorte.com.ar ; Balcarce 1353)

Kkala Hotel Boutique
Voir p. 190 (hotelkkala.com.ar ; Las Higueras 104)

La Candela
Voir p. 190 (hotellacandela.com.ar ; Pueyrredón 346)

Aires Caseros
Voir p. 192 (airescaseros.com.ar ; Buenos Aires 11 ; 9h-1h)

Alfajores Hidálgo
Voir p. 192 (@alfajoreshidalgo ; Caseros 189 ; 9h-21h lun-sam)

Doña Salta
Voir p. 192 (0387-432-1921 ; Córdoba 46 ; 11h30-15h et 20h-minuit)

El Charrúa
Voir p. 192 (facebook.com/Elcharruapar ; Caseros 221/Gral. Martín Güemes 186 ; 11h-15h30 et 19h30-1h)

In Bocca al Lupo
Voir p. 192 (@inboccaallupo.pizza ; Balcarce 1249 ; 20h-minuit)

Viracocha
Voir p. 192 (@viracochabar ; Vicente López 353 ; 12h-1h lun-mer, 12h-2h jeu-sam, 19h-1h dim)

Antares Salta
Voir p. 192 (@antares_salta ; Gral. Martín Güemes 68 ; 18h-2h dim-jeu, 18h-3h ven-sam)

Café del Tiempo
Voir p. 192 (facebook.com/CafeDelTiempo ; Balcarce 901 ; 18h-2h dim-jeu, 18h-3h ven-sam)

Café Tucán
Voir p. 192 (facebook.com/cafetucansalta ; Santiago del Estero 178 ; 8h-12h et 17h-21h lun-sam)

Pacha Wine
Voir p. 192 (pachawine.com.ar ; Caseros 468 ; 10h30-22h30)

La Casona del Molino
Voir p. 193 (facebook.com/lacasonadelmolino ; Burela 1 ; 12h-15h et 21h-4h)

La Vieja Estación
Voir p. 193 (facebook.com/laviejaestacionsalta ; Balcarce 885 ; 20h-3h)

Björk
Voir p. 192 (Caseros 246 ; 9h30-19h30 lun, 9h30-21h mar-sam, 9h30-13h30 dim)

El Camino
Voir p. 192 (mateselcamino.com.ar ; Caseros 276 ; 9h30-13h30 et 17h-21h lun-ven, 10h-14h sam)

Mercado San Miguel
Voir p. 192 (Av. San Martín 780 ; 8h-22h)

Punto de Diseño
Voir p. 192 (@puntoddis ; Caseros 468 ; 10h30-21h30 lun-sam)

Una Tienda Con Propósito
Voir p. 192 (Caseros 308 ; 10h-20h lun-sam)

ENVIRONS DE SALTA

Iglesia San José
Voir p. 196 (Plaza 9 de Julio s/n, Cachi ; 8h-20h)

Museo Arqueológico
Voir p. 196 (Calchaquí s/n, Cachi ; 9h-16h mar-dim)

Museo de la Vid y el Vino
Voir p. 197 (museodelavidyelvino.gov.ar ; Av. Güemes Sur angle

Plaza 9 de Julio, Salta

Fermín Perdiguero, Cafayate ; 6 000 $ARS ; 9h-18h mar-dim)

Tren a las Nubes
Voir p. 198 (trenalasnubes.com.ar ; tarifs selon dates et parcours ; 8h-20h lun-ven, 9h-15h sam)

El Cortijo
Voir p. 195 (elcortijohotel.com ; Av. Automóvil Club Argentino s/n, Cachi)

Hostería Villa Cardón
Voir p. 195 (instagram.com/villacardon ; Aranda s/n, Cachi)

Killa
Voir p. 197 (killacafayate.com.ar ; Colón 47, Cafayate)

Portal del Santo
Voir p. 197 (portaldelsanto.com ; Chavarría 250, Cafayate)

Rusty-K Hostal
Voir p. 197 (facebook.com/cafayatehostal ; Rivadavia 281, Cafayate)

Viracocha Art Hostel
Voir p. 195 (grupoviracocha.com/art-hostel ; Federico Suárez 504, Cachi)

Bad Brothers Wine Experience
Voir p. 197 (badbrotherswe.com ; Camila Quintana de Niño 63, Cafayate ; 19h-minuit mar-dim)

El Zapallo
Voir p. 196 (RN 40, Cachi ; 11h-16h)

Finca las Nubes
Voir p. 197 (fincalasnubes.com.ar ; Camino del Divisadero s/n, Cafayate ; 10h30-18h)

La Despensa
Voir p. 197 (viejaposada.com.ar ; Calixto Mamaní, Cafayate ; 17h-23h30 mer-lun)

Oliver
Voir p. 196 (Ruíz de los Llanos 160, Cachi ; 10h-minuit)

Pacha
Voir p. 197 (pachacocinadeautor.com ; General Güemes Sur 143, Cafayate ; 19h-23h30 mar-sam)

Piattelli
Voir p. 197 (piattellivineyards.com ; RP 2, Cafayate ; 9h-20h)

TILCARA

Museo Arqueológico
Voir p. 203 (tilcara.filo.uba.ar ; Belgrano 445 ; 500 $ARS ; 9h-18h30 mar-dim)

Museo en los Cerros
Voir p. 203 (museoenloscerros.com.ar ; Huichaira ; 10h-14h mar-dim)

Pucará
Voir p. 203 (0388-422-1325 ; tarif plein/enfant 6 000/800 $ARS ; 9h-18h30 mar-dim)

Antigua Tilcara
Voir p. 202 (antiguatilcara.com.ar ; Sorpresa 484)

La Calabaza
Voir p. 202 (calabazatilcara.com.ar ; Sarahuaico s/n)

Patio Alto
Voir p. 202 (patioalto.com.ar ; Torrico 675)

Bien Me Sabe
Voir p. 202 (Belgrano 655 ; 11h-15h et 19h-23h)

El Nuevo Progreso
Voir p. 202 (Lavalle 351 ; 19h-23h lun-sam)

La Chacana
Voir p. 202 (Belgrano 472 ; 10h-23h)

La Picadita
Voir p. 202 (Belgrano 672 ; 12h-15h30 et 18h-23h lun-sam)

La Ekeka
Voir p. 202 (Belgrano s/n, angle Bolívar ; 8h-23h)

ENVIRONS DE TILCARA

Catedral Basílica de San Salvador
Voir p. 209 (Belgrano 556, San Salvador de Jujuy ; musée 10h-13h et 16h-19h mar-ven, 10h-13h sam)

Culturarte
Voir p. 210 (facebook.com/culturarte.ccultural ; San Martín et Sarmiento, San Salvador de Jujuy ; entrée libre ; 8h-20h lun-ven)

El Arribo
Voir p. 209 (elarribo.com.ar ; Belgrano 1263, San Salvador de Jujuy)

Hostal Milmahuasi
Voir p. 208 (milmahuasi.com ; Salta s/n, Iruya)

Hotel Iruya
Voir p. 208 (hoteliruya.com ; San Martín 641, Iruya)

Huaira Huasi
Voir p. 205 (huairahuasi.com.ar ; Av. San Martín Km 5, Purmamarca)

Inti Sayana
Voir p. 206 (intisayanahostal.com.ar ; La Rioja 83, Humahuaca)

La Humahuacasa
Voir p. 206 (humahuacasa.com.ar ; Buenos Aires 740, Humahuaca)

Los Colorados
Voir p. 205 (loscoloradosjujuy.com.ar ; Chapacal 511, Purmamarca)

Tikay Humahuaca Refugio de Tierras
Voir p. 206 (tikayhumahuaca.com ; Finca Huaico Hondo, Humahuaca)

Aisito
Voir p. 207 (Buenos Aires 431, Humahuaca ; 11h-22h30)

La Casa del Sol
Voir p. 205 (Libertad, Purmamarca ; 20h-22h30 mer, 12h30-15h et 20h-minuit jeu-sam, 12h-15h dim)

Comedor Los Cachis
Voir p. 208 (La Tablada, Iruya ; 9h-15h et 19h-23h)

Madre Tierra
Voir p. 209 (facebook.com/MadreTierra.Jujuy ; Belgrano 619, San Salvador de Jujuy ; 7h30-22h)

Pachamanka
Voir p. 207 (09-388-435-9910 ; Buenos Aires 457, Humahuaca ; 10h-23h30 mer-lun)

Casa Tomada
Voir p. 209 (Ramírez de Velasco 253, San Salvador de Jujuy ; 9h-15h lun-jeu, 9h-2h ven, 16h-2h sam, 18h-5h30 dim)

Humahuagica
Voir p. 207 (facebook.com/humahuagica ; Buenos Aires 847, Humahuaca)

TUCUMÁN

Casa de la Independencia
Voir p. 211 (casadelaindependencia.cultura.gob.ar ; Congreso 141 ; entrée libre ; spectacle son et lumière 1 500 $ARS ; 9h-13h et 16h-20h mar-dim, spectacle 20h30 jeu-dim, billeterie 17h30)

Casa Padilla
Voir p. 213 (facebook.com/museocasapadilla ; Plaza 25 de Mayo 36 ; 9h-12h30 et 16h30-20h30 mar-ven, 16h30-20h30 sam-dim)

Catedral Metropolitana
Voir p. 213 (Av. 24 de Septiembre 420 ; 9h-13h et 17h-21h30 lun-sam)

Jardín Botánico
Voir p. 214 (botanicohorcomolle.com.ar ; Reserva Horco Molle, Yerba Buena ; adulte/enfant 1 400/1 200 $ARS ; 9h-19h)

Museo Folclórico Provincial
Voir p. 213 (enteculturaltucuman.gob.ar/museo-provincial-folklorico ; Av. 24 de Septiembre 565 ; entrée libre ; 9h-12h30 et 15h-19h mar-sam avr-sept, 9h-12h30 et 16h-20h mar-sam oct-mars)

Museo Mercedes Sosa
Voir p. 213 (@museomercedesosa ; Pje. Miguel Calixto del Corro 344 ; entrée libre ; 9h-12h30 et 14h30-17h45 mar-ven, 9h-13h et 14h30-18h sam-dim)

Reserva Experimental Horco Molle
Voir p. 214 (reservahorcomolle.com.ar ; Yerba Buena ; adulte/enfant 1 400/1 200 $ARS ; 9h-19h)

Casa de las Palmeras
Voir p. 214 (0381-682-1256 ; Salas y Valdez 468)

Hotel Bicentenario
Voir p. 214 (hotelbicentenario.com.ar ; Las Heras 21)

The Point
Voir p. 214 (thepointcasa.com.ar ; Virgen de la Merced 120)

Baltazar
Voir p. 213 (@baltazar.tuc ; Av. Aconquija 1100 ; 7h-2h)

El Cardón
Voir p. 213 (facebook.com/ElCardonTucuman ; Juan Gregorio de las Heras 50 ; 12h-16h et 20h-2h mar-dim)

El Portal
Voir p. 213 (Av. 24 de Septiembre 351 ; 12h-16h et 20h-minuit)

Il Postino
Voir p. 213 (@ilpostino.tucuman ; Junín 95 et Córdoba 501 ; 8h-0h30)

Los Hornos
Voir p. 213 (Av. Aconquija 2419 ; 11h-15h30 et 19h30-1h30 mar-dim)

La Casa de Yamil
Voir p. 213 (España 153 ; dîner-concert ven-sam, déj-concert dim)

Peña La 9
Voir p. 213 (9 de Julio 345 ; 20h30-5h jeu-ven et dim)

ENVIRONS DE TUCUMÁN

Ciudad Sagrada de Quilmes
Voir p. 218 (ruinasdequilmes.com ; RN 40, Quilmes ; adulte/enfant 3 000 $ARS/gratuit ; 9h-19h)

Museo Pachamama
Voir p. 217 (San Miguel de Tucumán, RP 307, Km 118, Amaicha del Valle ; 9h-18h lun-sam, 9h-12h30 dim)

Casa Alpiste Comiste
Voir p. 217 (casaalpistecomiste.com.ar ; María Lidia Chenaut de Bossi, Tafí del Valle)

Descanso de las Piedras
Voir p. 217 (descansodelaspiedras.com ; Madre Teresa de Calcuta s/n, Tafí del Valle)

Estancia Las Carreras
Voir p. 216 (estancialascarreras.com ; RP 325, Km 13, Las Carreras)

Estancia Los Cuartos
Voir p. 216 (facebook.com/estancialoscuartos ; Av. Critto s/n, Tafí del Valle)

Rancho de Félix
Voir p. 216 (ranchodefelix.com.ar ; Av. Pte. Perón y Av. Belgrano, Tafí del Valle ; 11h30-15h30 et 20h-23h45)

Restaurante el Museo
Voir p. 217 (Pasaje nuestro señor del milagro Diagonal cancha de futbol 5, RP 307 Km 60,5, Tafí del Valle ; 12h-15h)

CATAMARCA

Catedral Basílica de Nuestra Señora del Valle
Voir p. 220 (Sarmiento 655, Plaza 25 de Mayo ; 6h-21h30)

Museo Arqueológico Adán Quiroga
Voir p. 220 (museoarquiroga.blogspot.com ; Sarmiento 450 ; entrée libre ; 8h-13h et 15h-21h lun-ven, 10h-20h sam-dim)

Museo de la Virgen del Valle
Voir p. 220 (0383-450-1765 ; República 449 ; 9h-21h)

Pueblo Perdido de la Quebrada
Voir p. 221 (09-383-460-3175 ; RP 4, Km 4 ; 9h-19h)

Amérian Catamarca
Voir p. 221 (amerian.com/hotel/amerian-catamarca-park ; República 347)

Bar Richmond
Voir p. 221 (República 534 ; boutique 9h-14h, restaurant 11h30-13h30)

Burrata Vinoteca y Delicatessen
Voir p. 220 (@burrata.deli ; Esquiú 517 ; 10h-14h et 18h-22h lun-mar, 10h-14h et 16h-minuit mer-sam, 10h-14h dim)

La Guada
Voir p. 221 (facebook.com/laguadaparrilla ; Ayacucho 769 ; 12h-15h et 21h-1h mar-sam, 12h-15h dim)

Café Cacán
Voir p. 221 (facebook.com/cafecacan ; Núñez del Prado 673 ; 8h-13h et 17h30-22h lun-ven, 9h-12h30 sam)

Café del Inmigrante
Voir p. 221 (@cafedelinmigrante ; República 620 ; 7h30-13h30 et 17h30-21h30 lun-sam)

ENVIRONS DE CATAMARCA

Museo del Hombre
Voir p. 225 (Abaucan s/n, Fiambalá ; 9h-19h lun-sam)

Museo Folklórico
Voir p. 227 (Pelagio B. Luna 811, La Rioja ; entrée libre ; 10h-14h et 17h-21h lun-sam, 10h-13h dim)

Parque Nacional Talampaya
Voir p. 227 (talampaya.com ; tarif plein/3-12 ans 31 700/15 850 $ARS ; parc 8h-18h tlj, excursions 9h, 13h30 et 16h mai-sept, 9h, 13h30 et 16h30 fin sept-avr)

Casona del Pino
Voir p. 225 (casonadelpino.com ; Diego Carrizo de Frite s/n, Fiambalá)

El Viejo Molino
Voir p. 226 (nicorody@hotmail.com ; @elviejomolinoposada ; Jamín Ocampo 73, Chilecito)

Hostería Cortaderas
Voir p. 225 (@hosteriacortaderas ; Cortaderas)

Hotel Belén
Voir p. 224 (@hotel_belen ; angle Belgrano et Av. Cubas, Belén)

1900 Resto Bar
Voir p. 224 (Belgrano 241, Belén ; 12h-15h et 19h-1h30)

Borussia
Voir p. 226 (facebook.com/Borussia.Bar ; 25 de Mayo 56, Chilecito ; menu 800 $ARS ; 7h30-0h30 lun-jeu, 7h30-1h ven-sam, 18h-0h30 dim)

El Rancho de Ferrito
Voir p. 226 (Av. Pelagio Luna 647, Chilecito ; 12h-15h et 21h-1h mar-dim)

Finca la Sala
Voir p. 225 (fincalasala.com.ar ; RN 60, Km 1315, Tinogasta)

Ya'Güir
Voir p. 224 (Lavalle 275, Belén ; 24h/24)

Arañitas Hilanderas
Voir p. 225 (Av. Virgen de Belén 252, Belén ; 8h-12 et 14h-19h)

Familia Avar Saracho
Voir p. 225 (Gral. Roca 144, Belén ; 10h-21h)

Rua-Chaky
Voir p. 225 (Rivadavia 447, Belén ; 9h-13 et 16h-21h lun-sam)

DIEGO GRANDI/SHUTTERSTOCK ©

Ci-dessus : Catedral Nuestra Señora de la Asunción (p. 240) ; à droite : Capilla del Monte (p. 2

Córdoba et sierras du Centre

PASSIONNANTE ET AUSTÈRE, DÉSOLÉE ET SÉDUISANTE

L'effervescente Córdoba ferait presque oublier que la région qui l'entoure est parée de paysages fascinants, où de charmants villages révèlent le cœur rural de l'Argentine.

Córdoba, au centre géographique du pays, est la deuxième ville d'Argentine après Buenos Aires. C'est dire si elle possède tout ce qui fait l'attrait d'une métropole : des musées passionnants, d'excellentes tables, un riche patrimoine architectural, une vie nocturne animée, notamment grâce aux étudiants de la prestigieuse Universidad Nacional de Córdoba, la plus ancienne du pays. En quittant l'agglomération, on ne peut qu'être agréablement surpris par la variété des activités, des panoramas, des visages de la région alentour. À moins d'1 heure de route, on peut arpenter – ou survoler en parapente – une curieuse chaîne de montagnes aux paysages heurtés, habitat du condor des Andes. Plus loin, ce sont des petites villes minières fières de leurs traditions où l'on croirait voyager dans le temps. Découvrez des lagunes, des lacs de barrages et des marais salants, de ce paysage étrange, d'une aridité lunaire, et pourtant doté d'une riche faune aviaire. Laissez-vous attirer par l'espace et l'aventure au spectaculaire Parque Nacional Sierra de las Quijadas qui donne une impression d'isolement absolu – si vous n'avez pas réussi à voir un condor dans les Sierras, tentez votre chance dans ses canyons rouges. En revenant, baladez-vous dans les ruines de missions jésuites et si vous l'osez, passez quelques heures dans un hôtel hanté. Revenez en ville à la tombée de la nuit pour une soirée délicieuse dans un restaurant chic, suivie d'un tango dans une *milonga*. Excursions à la journée ou itinéraire de site en site, vous ne manquerez pas d'occupations.

MICHAL KNITL/SHUTTERSTOCK ©

SITES PRINCIPAUX

CÓRDOBA
La deuxième ville d'Argentine.
p. 238

SAN LUIS
La capitale de la province de San Luis.
p. 248

LES SIERRAS
Randonnées et merveilles de la nature.
p. 257

S'orienter

Trop souvent pressés d'arriver en Terre de Feu ou aux chutes d'Iguazú, les visiteurs ne prennent pas toujours le temps d'explorer Córdoba et ses environs. Cette région variée est pourtant pleine d'attraits.

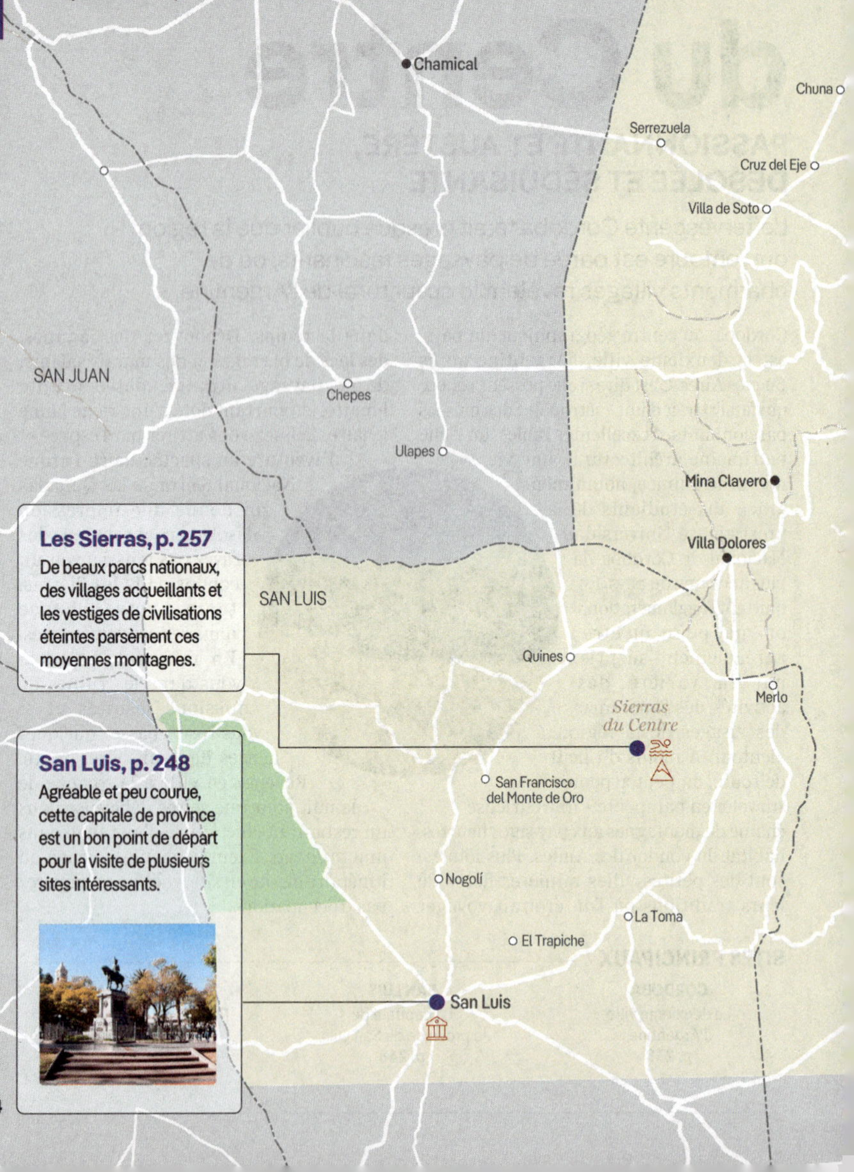

Les Sierras, p. 257

De beaux parcs nationaux, des villages accueillants et les vestiges de civilisations éteintes parsèment ces moyennes montagnes.

San Luis, p. 248

Agréable et peu courue, cette capitale de province est un bon point de départ pour la visite de plusieurs sites intéressants.

VOITURE

Pour rejoindre les villages isolés et certains sites, il vaut mieux avoir son propre véhicule. Vous aurez plus de liberté pour découvrir la région à votre rythme.

Córdoba, p. 238

La "capitale de l'intérieur" offre au visiteur musées, galeries et restaurants de qualité, ainsi qu'une vie nocturne animée.

AVION

L'Aeropuerto Internacional de Córdoba Ingeniero Aeronáutico Ambrosio Taravella (aeropuertosargentina.com/cordoba), à 9 km au nord-ouest du centre-ville, accueille des vols en provenance notamment de Buenos Aires, Mendoza, Bariloche et Neuquén.

BUS

La plupart des sites remarquables sont accessibles en bus ou en minibus, certes. Le problème, ce sont les horaires : il vous faudra souvent dormir sur place.

TRAIN

Quelques trains de voyageurs relient Buenos Aires à Córdoba.

Planifier son séjour

La région est facile à parcourir, soit en rayonnant depuis une ville comme Córdoba ou San Luis, soit en passant une ou deux nuits sur chaque site pour les visiter l'un après l'autre.

GONZALO DE MICEU/SHUTTERSTOCK ©

Parque Nacional Sierra de las Quijadas (p. 254)

Si vous avez peu de temps

- En un mot : **Córdoba** (p. 238). Cette ville agréable est une halte intéressante avant de partir explorer le **Parque Nacional Quebrada del Condorito** (p. 260) ou les plages de **Miramar** (p. 247), au bord de la Laguna Mar Chiquita. Il vous faudra au moins un après-midi, voire plusieurs, pour visiter la ville, découvrir son architecture et profiter du canal.

- Après plusieurs heures passées à pérégriner, la **Plaza San Martín** (p. 239), la place centrale de Córdoba, semble un havre de tranquillité où les habitants viennent se détendre avec leurs enfants. De quoi récupérer avant de repartir, en soirée, vers **Güemes** (p. 243), au sud-ouest du centre-ville, et son dédale de bars qui vous feront danser jusqu'à l'aube.

EN BAS : MOTION VOIRKERS/SHUTTERSTOCK ©, ROMAN VOLOSHYN/SHUTTERSTOCK ©, PADNOB/SHUTTERSTOCK ©

Au fil des saisons

Il peut faire très froid dans les Sierras, en toutes saisons. Dans la province, les étés sont chauds et parfois très humides.

JANVIER

Le **Festival Nacional del Folklore** (quicosquin.com.ar), le plus grand d'Amérique latine, a lieu pendant 9 jours à Cosquín.

FÉVRIER

À peine remis, Cosquín s'anime à nouveau avec le très couru **festival Cosquín Rock** (cosquinrock.net).

MAI

À l'approche de l'hiver austral, on ressort doudounes et bonnets de laine.

Si vous avez trois jours

- Passez au moins une nuit à **Córdoba** (p. 238), pour vous imprégner de son ambiance. Puis partez pour les Sierras, à l'ouest, afin de vous détendre dans de jolis villages comme **Mina Clavero** (p. 258) ou **La Cumbrecita** (p. 268), et goûter aux joies de leurs *balnearios* (lieux de baignade), au bord des rivières.

- Reprenez ensuite la route pour **San Luis** (p. 248) et ses salines, observez les oiseaux au lac de **La Florida** (p. 256), puis continuez vers le nord-ouest, vers **Miramar** (p. 247), ses hôtels hantés et ses flamants roses.

Si vous avez plus d'une semaine

- En plus d'une semaine, **Córdoba** (p. 238) n'aura plus de secrets pour vous, et vous aurez en outre le loisir d'arpenter les montagnes à votre rythme, en savourant chaque petite ville de votre itinéraire.

- Visitez **Mina Clavero** (p. 258) et **La Cumbrecita** (p. 268), ainsi que les sites moins connus d'**El Volcán** (p. 265) et de **La Florida** (p. 256).

- L'incroyable **Parque Nacional Sierra de las Quijadas** (p. 254) mérite bien une journée, voire une nuit aussi : cela vous donnera le temps d'apercevoir des condors des Andes.

JUILLET

Tout le pays vient danser au Festival Nacional del Tango, à **La Falda** (p. 245), près de Córdoba.

SEPTEMBRE

Les fans de lecture dénichent de nouveaux trésors à la **Feria del Libro de Córdoba**.

OCTOBRE

On célèbre l'héritage germanique de la région en trinquant dans les nombreux Oktoberfest.

NOVEMBRE

Les températures estivales invitent à la langueur : on profite du soleil entre amis, en buvant du maté.

Córdoba

Pour les infos pratiques, voir le Carnet d'adresses p. 274

COMMENT CIRCULER

Córdoba est desservie par l'Aeropuerto Internacional de Córdoba Ingeniero Aeronáutico Ambrosio Taravella (aeropuertosargentina.com/cordoba), des lignes ferroviaires et un excellent réseau de bus urbain et interurbain. Les taxis sont faciles à héler et fonctionnent au compteur. Le vélo électrique est de plus en plus populaire.

Enclavée à des centaines de kilomètres de Buenos Aires, Córdoba pourrait facilement glisser sous le radar des visiteurs – qui auraient bien tort. La deuxième ville d'Argentine, à la fois historique et moderne, comprend tant de sites branchés et innovants, de projets artistiques d'avant-garde élaborés dans ses nombreuses universités, qu'il serait bien dommage de passer au large, et de se priver d'une vie nocturne jeune et animée.

Pour autant, la ville affiche un certain sérieux, une élégance un peu austère, lisible dans ses larges avenues, ses édifices coloniaux, ses missions jésuites et ses parcs – un parfait contraste avec les cheveux multicolores, les tatouages et les piercings d'une bonne partie de la population. En une seule journée, vous pourrez admirer des chefs-d'œuvre artistiques, dîner aux chandelles ou dans la rue pour trois sous, puis faire la fête jusqu'à l'aube dans des clubs aussi tendance qu'à Buenos Aires. Cela vous donne le tournis ? Allez chercher le calme dans les montagnes, la pampa ou les lagunes.

À SAVOIR

Évitez de retirer de l'argent au distributeur : les taux de change sont usuraires et les retraits très limités. Mieux vaut vous envoyer à vous-même de l'argent par Western Union ou un autre service de transfert, afin de bénéficier du taux "bleu", bien plus intéressant.

SAIKO3P/SHUTTERSTOCK ©

Plaza San Martín

VOIR
1 Basílica de Nuestra Señora de la Merced
2 Cabildo de Córdoba
3 Cañada
4 Capilla Doméstica Jesuita
5 Catedral Nuestra Señora de la Asunción
6 Cripta Jesuítica
7 Iglesia Compañía de Jesús
8 Manzana Jesuítica
9 Museo Histórico Provincial Marqués de Sobremonte
10 Paseo Marqués de Sobremonte
11 Plaza de la Intendencia, Héroes de Malvinas
12 Plaza Italia
voir 14 Plaza San Martín
voir 7 Museo Histórico de la Universidad Nacional de Córdoba

ACTIVITÉS
13 Caminito Tango
14 Milonga Plaza San Martín
15 Tsunami Tango

SE LOGER
16 Aldea Hostel
17 Hotel Everest
18 Windsor Hotel

SE RESTAURER
19 El Solar de Tejeda
20 Oriental Plaza

PRENDRE UN VERRE ET FAIRE LA FÊTE
21 Bursátil
22 Casa Nostra – La Casa del Mate
23 Club Paraguay
24 Gava
25 Los Infernales
26 Punto y Banca
27 The Journey

Comme un air du XVIIIe siècle

Plaza San Martín

La notion de “centre” n’est pas forcément évidente dans une ville aussi étendue ; mais il suffit ici de s’asseoir sur un banc et de fermer les yeux pour s’imaginer transporté dans un lointain passé, au cœur d’une ville sud-américaine du XVIIIe siècle, animée et bruissant du cri des petits perroquets.

CONURES VEUVES

Vous ne pourrez pas les rater, même les yeux fermés. Toutes en couleurs vives et ramage bruyant, elles virevoltent en nuages denses au-dessus de votre tête, avant de se poser et de se fondre entre les branches. Ces volatiles vert fluo sont si nombreux qu'on pourrait les considérer comme des nuisibles – s'ils n'étaient pas si jolis. Les conures veuves sont des sortes de perruches, mais membres à part entière de la famille des Psittacidés, comme les perroquets. Très répandu en Argentine, cet oiseau plutôt résistant est capable d'établir des colonies très éloignées de son lieu d'origine – des conures évadées se sont implantées jusqu'en Europe, notamment en France.

Catedral Nuestra Señora de la Asunción

La belle **Plaza San Martín** – qui, comme toutes les Plazas San Martín d'Argentine, doit son nom à la figure historique du général José de San Martín – est sans doute la plus vaste et l'une des plus impressionnantes. Les perroquets règnent en maîtres, entre conciliabules enflammés autour la statue équestre en bronze du général San Martín et vol en piqué vers les hauts arbres de la place.

Admirez la magnifique **Catedral Nuestra Señora de la Asunción**. Commencée en 1582, sa construction s'étala sur plus de deux siècles sous la direction de plusieurs architectes, dont des jésuites et des franciscains. Le résultat est aussi austère qu'imposant et figure au sein de ce qu'on nomme l'"ensemble jésuite" de la ville, inscrite avec cinq autres sites argentins au Patrimoine mondial. L'édifice, coiffé d'un dôme, domine la place. Jetez un coup d'œil à la somptueuse décoration intérieure due au célèbre peintre Emilio Caraffa (1862-1939), qui s'établit à Córdoba en 1895.

Dans le même esprit néoclassique mâtiné de style colonial et à défaut de pouvoir assister à un spectacle, allez vous promener sous les arcades du majestueux **Cabildo de Córdoba**, tout proche. Ce bâtiment de 1786, qui fut tour à tour bureau administratif, commissariat, héberge aujourd'hui un centre culturel et le Museo de la Ciudad – vous y apprendrez, par exemple, qu'il servit de centre de détention secret pendant la dictature militaire.

OÙ SE RESTAURER À CÓRDOBA

El Solar de Tejeda
Cuisine typique à l'ombre de Nuestra Señora de la Asunción. Options végétariennes. **$$**

Oriental Plaza
Petit restaurant propre et sans prétention, ouvert 24h/24. **$**

Bursátil
Service parfait, belle cuisine et prix raisonnables dans cet élégant café sur Ituzaingó. **$$**

Architecture à foison

Les rues de Córdoba sont un musée

Même sans être passionné d'architecture, les édifices de Córdoba forcent l'admiration – et pas seulement les missions jésuites. Non loin de la Plaza San Martín, le **Museo Histórico Provincial Marqués de Sobremonte** compte parmi les plus importants musées historiques du pays. Il occupe une demeure du XVIIIe siècle qui appartint jadis à Rafael de Sobremonte y Núñez, gouverneur de Córdoba, puis vice-roi du Río de la Plata. Elle compte 26 pièces (avec du mobilier d'époque) et 7 cours intérieures. Observez les murs d'1 m d'épaisseur et le superbe balcon en fer forgé soutenu par des supports en bois sculpté. À deux rues au sud, se trouve le **Museo Histórico de la Universidad Nacional de Córdoba** qui fait partie de la Manzana Jesuítica (ci-contre). En 1613, Fray Fernando de Trejo y Sanabria fonda le Seminario Convictorio de San Javier. Élevé au statut d'université en 1622, il devint l'Université nationale de Córdoba. C'est la plus ancienne du pays : elle abrite, entre autres trésors nationaux, une partie de la Grande Bibliothèque jésuite, ainsi que le musée.

Autre site, le **Paseo Marqués de Sobremonte**, où se trouve le palais de justice, avec son architecture imposante de style néoclassique et ses fontaines. Non loin, vous découvrirez la **Cañada** : ce canal maçonné bordé d'acacias traverse Córdoba, offrant une belle vue sur les berges et sur l'eau. Franchissez-le jusqu'à l'agréable **Plaza Italia** et ses occasionnels musiciens de rue. De retour sur la rive ouest, vous trouverez, comme presque partout, le parc de la **Plaza de la Intendencia, Héroes de Malvinas**, sorte de poumon vert du quartier qui s'est vu honoré d'un monument aux morts de la guerre des Malouines. Attention, l'endroit peut s'avérer un peu dangereux à la nuit tombée. En allant vers le sud, ne manquez pas non plus le **Paseo del Buen Pastor**, au n°325 de l'Avenida Yrigoyen,

La Cañada

SITES JÉSUITES À CÓRDOBA

L'Argentine aurait un visage différent sans les missions jésuites, au point que la province de Misiones leur doit son nom. Parmi les dizaines de sites dans la ville, citons en particulier :

Manzana Jesuítica
Comme celle de Buenos Aires, la magnifique Manzana Jesuítica (quartier jésuite) de Córdoba est connue sous le nom de Manzana de las Luces ("Îlot des Lumières"). Elle est classée au Patrimoine mondial, avec cinq autres *estancias* jésuites de la province. La Manzana Jesuítica englobe le Colegio Nacional de Monserrat (1782), l'Universidad Nacional de Córdoba et l'Iglesia de la Compañía de Jesús.

Capilla Doméstica Jesuita
Intérieur somptueux, en particulier le retable de l'autel, de toute beauté.

Cripta Jesuítica
Longtemps oubliée, cette crypte restaurée est aussi effrayante qu'incontournable.

OÙ SE LOGER À CÓRDOBA

Hotel Everest
Hôtel moderne et abordable, non loin de la Plaza San Martín. Piscine sur le toit. $$

Aldea Hostel
Auberge de jeunesse bien située, avec *terraza*. Pas de petit déjeuner. $

Windsor Hotel
Majestueux et raffiné, avec restaurant de luxe, centre fitness, bar et piscine sur le toit. $$$

DANSER LE TANGO À CÓRDOBA

Vous passerez à côté de ce qui fait l'âme d'une *milonga* si vous ne savez pas danser et ne prenez pas de cours avant de participer. La plupart des adresses proposent des initiations rapides, gratuites ou bon marché. Si vous restez une semaine ou plus, cela vaut peut-être le coup de prendre des cours, collectifs ou privés ?

Tsunami Tango
Milonga populaire, où l'on virevolte aussi sur d'autres danses comme la bachata.

Milonga Plaza San Martín
Pour les nuits douces, charmante *milonga* en plein air, Plaza San Martín.

Caminito Tango
En plein centre-ville, cours, *practicas* et *milongas* dans un cadre détendu et accueillant.

Tango, Córdoba

un centre culturel et salle de spectacles qui fut construit en 1901 pour servir de chapelle, de monastère et de prison pour femmes. Réinauguré en 2007, il présente les œuvres des jeunes artistes émergents de Córdoba. Plusieurs cafés-bars branchés sont établis autour de l'esplanade située devant le centre. La chapelle (aujourd'hui désacralisée) accueille régulièrement des concerts. En poursuivant plus au sud dans cette même avenue, vous arriverez au **Museo Superior de Bellas Artes Evita**, installé dans le Palacio Ferreyra. Édifié en 1914, il fut conçu par le Français Ernest Sanson dans le style Beaux-Arts. Aussi remarquable qu'imposant, il a été reconverti en musée avec plus de 400 œuvres réparties dans 12 salles sur 3 niveaux. Une adresse incontournable pour les amateurs d'art et d'architecture. À 200 m de là, dans l'Avenida Poeta Lugones, se trouve le **Museo Provincial de Bellas Artes Emilio Caraffa**. Ce beau musée d'art contemporain occupe un bâtiment ostentatoire de style néoclassique qui se dresse à l'est de la Plaza España. Il fut conçu par l'architecte Juan Kronfuss et inauguré en 1916. Les expositions changent tous les mois. Au sud du musée, la ville s'ouvre sur son plus grand espace vert, le Parque Sarmiento, dessiné par Jules Charles Thays.

OÙ TROUVER DU MATÉ À CÓRDOBA

Casa Nostra – La Casa del Mate
Boutique entièrement consacrée à la fameuse *yerba* et à ses rituels.

Punto y Banca
Tabac, cigares et jeux de société, avec une quantité de matés, de *bombillas*, etc.

Gava
Calebasses originales peintes à la main et autres accessoires, qui feront de superbes souvenirs.

Apprendre le tango

Une danse bien codifiée

Le tango argentin est un monde en soi, une culture et une façon de vivre, même un langage pour les *milongeros* les plus convaincus, et Córdoba est un bon endroit pour le découvrir. Les néophytes auront cependant raison de se rendre à l'accueillant **Tsunami Tango**, où l'on propose des cours de tous niveaux. Ensuite, il ne reste plus qu'à se laisser porter.

La *milonga* est un lieu qui réunit des danseurs venus de tous les horizons. L'esthétique est importante : avec ces sols carrelés noir et blanc, ces robes élégantes et ces lumières tamisées, vous aurez l'impression d'être transporté dans l'âge d'or du tango argentin, dans l'entre-deux-guerres.

La *milonga* suit un protocole bien établi. Commencez par vous installer à l'écart pour observer la *ronda*, le mouvement circulaire d'ensemble des danseurs autour de la pièce. La musique, le partenaire, la salle : ces trois éléments guident les pas du *tangero*. À la fin d'une série de trois ou quatre morceaux (une *tanda*), les danseurs se figent. Pendant un instant, toute la salle reste aussi immobile qu'une photo. Puis les couples retournent s'asseoir, tandis que les musiciens jouent la *cortina* (le "rideau"). Après la *cortina*, une nouvelle *tanda* commence. Pour inviter un ou une partenaire, pas besoin de mots : un regard intense suffit, adressé à la personne de son choix ; cette invitation s'appelle la *mirada*. Lorsque deux regards se rencontrent, le meneur fait un signe de tête (le *cabeceo*) ; si l'autre accepte l'invitation, il lui rend la pareille et tous deux se dirigent vers la piste. Voir aussi p. 565.

Au bout de la nuit à Córdoba

Tournée du quartier de Güemes

Si Córdoba semble si pleine de vie, c'est en grande partie grâce à sa jeunesse. Le soir, les étudiants abandonnent les bibliothèques au profit des bars et autres salles de concerts. Ils se retrouvent souvent à Güemes, merveilleux quartier traversé en son milieu par la Cañada et célèbre pour ses bars et ses cafés, dont la plupart (sinon tous) sont ouverts jusque tard dans la nuit. Tous les styles sont présents, du pub à l'anglaise à la boîte de nuit électro. En hiver, des groupes agités, les joues rouges, circulent de bar en bar ; l'été, ils préfèrent s'attarder dehors, à écouter guitaristes et chanteurs de rue.

Fernet-Coca

LES MEILLEURS BARS DE GÜEMES

Vous trouverez forcément à Güemes des dizaines d'endroits formidables où prendre un verre, retrouver d'anciens amis ou vous en faire de nouveaux. Voici quelques suggestions de lieux pour entamer la soirée. Ne soyez pas surpris : on consomme généralement à table plutôt qu'au bar.

Los Infernales
Un peu bruyant, mais la cuisine est excellente et les prix raisonnables. Concerts en fin de semaine.

The Journey
Décor unique avec plafond de bouteilles, terrasse et grand bar où vous pourrez boire un verre et vous faire des amis.

Club Paraguay
Une foule compacte, serrée comme un banc de sardines, vient assister aux concerts de rock.

Environs de Córdoba

Magnifiques montagnes, plaines agricoles et superbes lagunes salées font l'attrait de la province de Córdoba.

Pour les infos pratiques, voir le Carnet d'adresses p. 274

Córdoba occupe une position centrale dans la région, ce qui en fait un excellent point de départ pour les excursions à la journée. Les passionnés de nature iront observer les oiseaux dans des habitats variés, des montagnes aux marais, proches les uns des autres, et pourront explorer la multitude de sentiers de randonnée, la richesse de la faune et les magnifiques lieux de baignade. Les amateurs d'histoire visiteront les petites localités et les missions jésuites. Et pour vous détendre, sachez que la moindre bourgade a souvent une scène de tango où vous pourrez enfiler vos chaussures de danse et vous faire de nouveaux amis.

COMMENT CIRCULER

Les transports en commun desservent les bourgs les plus importants et des endroits comme Miramar. Mais, pour des sites moins courus ou plus sauvages – observer les oiseaux, par exemple, qui demande de pouvoir s'arrêter n'importe quand et n'importe où –, il vous faudra votre propre véhicule.

À SAVOIR

Sans voiture, vous serez dépendant des horaires des bus, parfois peu fréquents et aléatoires. Organisez vos voyages avec la plus extrême prudence – attention à ne pas rester coincé quelque part.

Parroquia Santísimo Sacramento, La Falda

PABLO RODRIGUEZ MERKEL/SHUTTERSTOCK ©

Flamants roses, Córdoba

La Falda

DEPUIS CÓRDOBA : **1 HEURE 30**

Légendaire pays du tango

À 80 km environ au nord-ouest de la capitale régionale, La Falda semble une jolie petite localité somnolant au fond d'une vallée – c'est globalement vrai, sauf en juillet, quand la ville accueille son festival de tango. À ce moment-là, plus personne ne dort : les visiteurs affluent de tout le pays et d'ailleurs ; on écoute du tango, on danse le tango et on participe aux spectacles de tango. C'est par ailleurs un thème récurrent dans la ville : amusez-vous à repérer les statues inspirées de la danse nationale.

Après une première édition, en 1965, qui a accueilli le bandonéoniste et compositeur Aníbal Troilo, le festival a vu se déplacer d'autres nombreuses figures incontournables du tango, comme le pianiste et compositeur Osvaldo Pugliese.

Si vous prévoyez de venir pendant le festival, réservez votre chambre des mois à l'avance – à moins que vous n'ayez envie de reprendre la route de Córdoba à l'aube (1 heure 30).

Pour ceux qui s'intéresseraient à autre chose qu'au tango, ou entre deux tours de piste, le lac de barrage fournit un merveilleux lieu de baignade, alimenté par sept cascades qui dévalent le long du rocher en fins rideaux de dentelle. Sur la place principale (appelée La Falda) se trouve un labyrinthe apprécié des enfants. Plus culturel, vous pouvez aussi visiter la jolie Parroquia Santísimo Sacramento (1948), avec ses vitraux et son magnifique autel. En surplomb de la ville depuis les collines alentour, elle offre également un large point de vue.

LES GRANDS NOMS DU TANGO

Osvaldo Pugliese (1905-1995)
Sans doute le plus grand des grands de l'âge d'or du tango, célèbre pour ses airs complexes, tragiques et lyriques.

Aníbal Troilo (1914-1975)
Il est célébré dans tout le pays par la Journée nationale du bandonéon, décrétée pour son anniversaire (11 juillet).

Francisco Canaro (1888-1964)
Né en Uruguay dans la misère, le compositeur et violoniste de tango Canaro dit "Pirincho" a atteint une renommée mondiale.

Juan D'Arienzo (1900-1976)
Le "roi du tempo" est encore aujourd'hui un modèle dans le monde du tango, pour ses compositions gaies et entraînantes.

Miguel Caló (1907-1972)
Souvent considéré comme l'un des maîtres du tango, ses compositions résonnent dans les *milongas* du monde entier.

VISITE AUX OISEAUX DE MIRAMAR

Attrapez vos jumelles, étrennez votre nouveau zoom et mettez le cap sur Miramar, et le grand lac salé qu'on appelle Laguna Mar Chiquita – à ne pas confondre avec celle de la province de Buenos Aires, près de la ville de Junín –, où se pressent les ornithologues amateurs. Avec une superficie de 5 770 km², c'est le plus grand lac du pays. Même par temps très clair, une brume épaisse née de l'évaporation stagne au-dessus des eaux, laissant sur les tables et les pare-brises une sorte de poussière de sel blanche. Prenez la ❶ **Torre Copacabana**, tour de brique délabrée, comme point de départ de votre promenade ornithologique. Si vous n'avez pas encore aperçu de flamants roses, ce sera bientôt le cas ; curieusement, cette espèce d'ordinaire habituée des eaux peu profondes s'immerge ici souvent jusqu'à la poitrine, les épaules, voire le cou. Dirigez-vous vers le ❷ **Muelle Playa Central** en longeant la *costanera*, et sortez jumelles et caméras : des spatules rosées, ainsi que diverses variétés d'ibis, de hérons, de grèbes et autres oiseaux de rivage nichent à proximité. Vers l'intérieur des terres, ce seront plutôt des râles ypécaha (ou râles géants) et des fauvettes. Continuez jusqu'au ❸ **Gran Hotel Viena**, puis tournez sur Rivadavia pour quitter les berges de la lagune. Cette zone agricole est le territoire de la chevêche des terriers et du grimpar porte-sabre. À la prochaine intersection à 5 voies, tournez tout de suite à droite, puis de nouveau à droite, et suivez la rue ❹ **Sarmiento** jusqu'à la ❺ **zone marécageuse** pour prendre d'ultimes photos d'oiseaux, avant de revenir vers la Laguna Mar Chiquita.

Miramar

DEPUIS CÓRDOBA : **3 HEURES**

Un sinistre hôtel hanté

Dans toute la région de Córdoba, aucun décor ne se prêterait mieux à un film d'épouvante que le **Gran Hotel Viena**. Esseulé au bord de la Laguna Mar Chiquita, il n'en finit pas de tomber en ruines, dans un cadre de rives en constant recul, d'arbres morts et de formations fantomatiques – en réalité, enrobées de croûte de sel. Sa réputation est aussi sinistre que son architecture. Érigé entre 1939 et 1945 par un homme d'affaires allemand pour accueillir en cure des asthmatiques ou des gens atteints de psoriasis, il fermera définitivement ses portes en 1947 – conflits mondiaux obligent. Ne resta qu'un agent de sécurité solitaire qui s'occupa du bâtiment pendant plusieurs années jusqu'à sa mort, naturelle – ou pas, selon la rumeur. L'ancien propriétaire décéda également dans des circonstances troubles. L'hôtel, enfin, subit les dommages d'une tragique montée des eaux.

Il n'en fallut pas plus pour qu'un parfum de soufre vienne embaumer l'air : selon certains, l'agent erre toujours dans les couloirs, où l'on entendrait glisser ses pas et tinter ses clés… L'intérieur n'est accessible que dans le cadre de visites organisées, qui ont lieu quelques fois par jour, ou pas – comme si une entité maléfique rôdait dans les parages… En réalité, l'hôtel n'est pas si effrayant que ça, mais il reste une attraction amusante et peut fournir d'impressionnantes photos aux amateurs d'urbex.

FLAMANTS ROSES

Les flamants roses sont nombreux à Miramar (ainsi que nombre d'autres oiseaux non moins beaux). À première vue, tous se ressemblent, créant une sorte de marée rose sur les eaux. Mais en réalité, selon la saison, on peut observer jusqu'à 3 espèces différentes. Le plus commun est le flamant du Chili, présent sur le lac toute l'année, avec ses magnifiques parades nuptiales et ses rituels de nidification en septembre. Mais, entre juin et août, et avec un peu de chance, vous pourrez aussi apercevoir le flamant des Andes, plus blanc que rose et endémique dans la région, et le flamant de James, plus petit que les deux autres.

LE TANGO : EN SAVOIR PLUS

Danser le tango comme un Argentin demande des années de pratique, ou au moins une bonne initiation – mais rien d'impossible, il suffit d'y consacrer le temps nécessaire. Pour en savoir plus sur ce pilier de la culture argentine, reportez-vous (p. 565).

OÙ SE RESTAURER ET SE LOGER À MIRAMAR

Hotel Comedor Marchetti
Hôtel aux chambres basiques, les pieds dans l'eau avec piscine et accès direct au rivage. Cuisine savoureuse.

Parrilla Marchetti
On a l'embarras du choix devant le grand buffet aux nombreuses grillades de ce restaurant au bord de l'eau.

Renacer
Sur la *costanera*, une adresse simple et bon marché, avec frites, burgers, etc.

San Luis

Pour les infos pratiques, voir le Carnet d'adresses p. 275

Petite ville ouvrière et poussiéreuse, fondée en 1594, abandonnée puis refondée en 1632, San Luis est longtemps restée un bourg obscur de la campagne argentine, avant que le chemin de fer ne la désenclave en la reliant à la région agricole de Mendoza. Elle est aujourd'hui un centre industriel, touristique et agricole dynamique, qui doit une bonne partie de sa prospérité aux productions de ses *salinas*.

En y logeant quelques jours, vous vous rendrez compte qu'elle exsude un charme tranquille tout à fait appréciable. On y trouve un certain nombre de sites intéressants, quelques bons musées, et suffisamment de restaurants et de bars pour envisager d'y passer une nuit ou deux. Par ailleurs, elle constitue une bonne base pour visiter d'autres endroits de la région.

COMMENT CIRCULER

Un petit aéroport accueille des vols de Buenos Aires. Mendoza est à 260 km par la RN 7, Córdoba à 456 km par la RN 148. Bus et minibus sillonnent la ville. Pour les sites plus distants, prenez un taxi si vous n'avez pas de voiture.

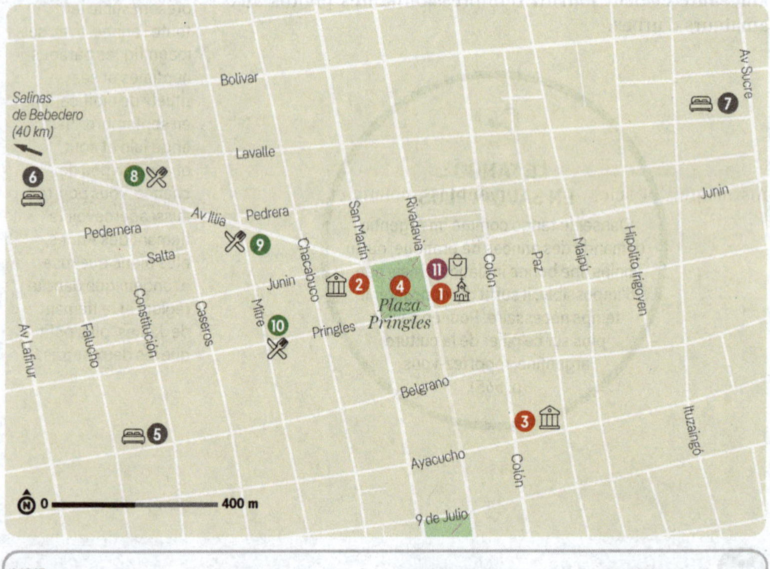

VOIR
1 Catedral de San Luis
2 Colegio Nacional Juan Crisóstomo Lafinur
3 Museo Dora Ochoa de Masramón
4 Plaza Pringles voir 4 Statue du colonel Pringles

SE LOGER
5 Casa Blanca Hostel
6 Hotel Premium Tower Suites
7 Hotel Punta Lavalle

SE RESTAURER
8 4 Reinas
9 La Rosa
10 Maria Bonita

SHOPPING
11 Regionales Mercedes voir 11 Santería Catedral

NORBERTO LAURIA/ALAMY STOCK PHOTO ©

Plaza Pringles

Visitez le Museo Dora Ochoa de Masramón

Histoire naturelle et plus si affinités

Ancienne maison d'Alberto Arancibia Rodríguez, gouverneur de la province dans les années 1920, elle a pris le nom d'une plume locale, Dora Ochoa de Masramón (1913-1991), auteure, historienne régionale et naturaliste. La collection de 700 pièces a des allures de cabinet de curiosités, où se côtoient objets historiques et scientifiques, meubles anciens et antiquités variées, fossiles, animaux naturalisés, ainsi que des artefacts et outils amérindiens. Vous y verrez aussi des œuvres d'art, des statues, des textiles – et même du matériel photographique du début du XXe siècle. Le bâtiment vaut la visite pour lui-même, avec ses vastes salles, ses moulures et ses magnifiques planchers. Populaire auprès des enfants : le tatou géant doté de griffes antérieures de la taille des incisives d'un tigre à dents de sabre. Lors de notre passage, le Museo Dora Ochoa de Masramón faisait l'objet d'importants travaux, mais il aura peut-être rouvert quand vous lirez ces lignes.

Plaza Pringles

Berceau de San Luis

La **Plaza Pringles**, cœur de la ville, est un écrin de verdure et d'élégance, qui contraste grandement avec le reste de la cité. Vous y trouverez de hauts arbres d'ombrage (qui résonnent bien sûr du cri des conures veuves) et quelques superbes palmiers. Au centre, entourée de buissons et d'arbres en fleurs, une **statue du colonel Pringles** le représente à cheval et en grand

À SAVOIR

Les Salinas de Bebedero sont splendides au lever du soleil, quand la lueur rosée du matin se reflète sur les formations salines. Mais pour éviter de patienter des heures dans le noir, vérifiez soigneusement l'heure exacte. Suivez la coutume nationale : les Argentins divisent l'aube en trois étapes, dont seule la dernière se prête à la photographie.

TEAM CECI, TEAM CELA

En Argentine, vous allez vite vous rendre compte que l'amour porté à l'"équipe" ne se limite pas aux clubs sportifs. Certes, c'est particulièrement vrai pour tout ce qui touche au sport, à commencer par le football, et vous verrez du blanc et bleu partout. Si votre tee-shirt ou votre valise affiche les couleurs d'une équipe rivale, on vous le fera sans doute remarquer ! Mais c'est aussi un mode de vie et les Argentins aiment à se définir comme membres de la "*team* été" ou de la "team hiver". Il existe la "*team* café" et la "*team* maté" – subdivisée en "*team* amer", "*team* doux" et "*team* froid" –, ainsi que la "*team* Fernet", la "*team* vermouth" et la "*team* vin".

QUI ÉTAIT LE COLONEL PRINGLES ?

Les habitants de San Lui connaissent la bravoure de l'enfant du pays, le colonel Juan Pascual Pringles (1795-1831). Héros de plusieurs batailles, il contribua à la libération du Pérou avant de revenir en Argentine, où il prit part à la guerre civile et combattit le loyaliste Facundo Quiroga à Buenos Aires. La légende veut que le colonel préférât briser son épée et se laisser tuer, plutôt que d'être pris par les hommes de Quiroga. De nombreuses places et lieux publics d'Argentine portent son nom, et San Luis est fière de lui avoir donné naissance.

Les Salinas de Bebedero

uniforme. Pour prendre une photo, il faudra passer la main entre les barreaux de la grille de protection. À l'angle sud-est de la place, s'élève la jolie **catedral de San Luis** à double clocher, datant du XIXe siècle, dont la façade a connu des jours meilleurs. Allez explorer l'intérieur : vous y verrez un autel étonnant disposé autour d'une statue de la Vierge et un magnifique plafond peint. C'est le bon endroit pour vous rafraîchir par un étouffant après-midi d'été. Si la visite vous a inspiré, jetez un œil à la Santería Catedral, librairie religieuse aux étagères remplies de statues, de crucifix, d'images de saints, de rosaires et de livres. Si ce n'est pas votre tasse de maté, tentez la boutique voisine, **Regionales Mercedes**, où vous dénicherez quantité de cadeaux aussi typiques qu'originaux, comme des calebasses et des *bombillas* à maté. De l'autre côté de la place se trouvent les bâtiments assez bas du **Colegio Nacional Juan Crisóstomo Lafinur**, qui mérite un arrêt au printemps, quand il se couvre de jacarandas en fleur.

OÙ SE RESTAURER À SAN LUIS

4 Reinas
Gastro-pub branché, avec belle carte des vins et de cuisine italienne. **$$**

La Rosa
Pour un savoureux dîner à la fraîche et en musique, avec en prime un service remarquable. **$$**

Maria Bonita
Les amateurs de cuisine mexicaine se régalent de tacos, *salsas*, *quesadillas*, arrosés de *cervezas*. **$$**

Pas si désert

Les Salinas del Bebedero

À 45 minutes de route environ au sud-ouest de San Luis se forma, il y a quelque 65 millions d'années, une mer intérieure comparable à la Laguna Mar Chiquita. Le lac existait encore à la fin du XIXe siècle, entouré d'une végétation abondante. Puis la rivière Bebedero s'assécha progressivement et, évaporation oblige, le lac est aujourd'hui une vaste plaine, presque entièrement tarie – un désert de sel qui s'étend à perte de vue, d'un blanc aussi aveuglant qu'une banquise enneigée. Si vous venez en pleine journée, n'oubliez pas vos lunettes de soleil ! Moins étendues que la saline de Guerrero Negro, dans l'État mexicain de Basse-Californie, et moins pittoresques que les bassins d'évaporation en terrasses de Bolivie et du Pérou, les Salinas n'en restent pas moins impressionnantes, et l'on se sent minuscule devant les montagnes de sel hautes comme des immeubles de trois étages et plus larges que des terrains de football. Il n'est pas rare de croiser des véhicules militaires, la zone étant aussi un terrain d'exercice de l'armée.

Pour se promener sur les salines, préférez l'aube ou le crépuscule, lorsque le reflet du soleil est moins éblouissant et que la lumière oblique crée de magnifiques photographies. Si vous venez avec votre propre véhicule, respectez scrupuleusement la signalisation, en particulier les panneaux indiquant les cheminements praticables. Une fine couche de sel dissimule parfois un fossé, qui engloutira votre roue aussi sûrement qu'un lac gelé cède sous le poids d'un patineur. Rappelez-vous qu'une grande partie des salines sont toujours exploitées : ne vous étonnez donc pas d'y croiser tractopelles ou camions-bennes géants. Ne laissez pas les enfants courir sans surveillance.

Catedral de San Luis

SEL MIRACULEUX

On ne se rend pas toujours compte, à contempler le spectacle d'un désert de sel, à quel point cet élément du quotidien pouvait jadis sauver des vies. Mais il faut se rappeler d'un temps, avant l'invention de la réfrigération, où sel et sucre étaient les seuls moyens de conserver des aliments – dans la pampa argentine brûlante, c'était une question de vie ou de mort. La viande d'un cerf est avariée en une semaine, mais, correctement salée, elle peut durer tout l'hiver, voire des années. Le sel était également un excellent antiseptique, permettant de nettoyer les blessures avant la création des antibiotiques et des vaccins. Il suffisait de serrer les dents !

OÙ SE LOGER À SAN LUIS

Casa Blanca Hostel
Auberge de jeunesse accueillante et bon marché, avec chambres privées. $

Hotel Premium Tower Suites
Hôtel de luxe en plein centre, avec piscine sur le toit. $$$

Hotel Punta Lavalle
Hôtel milieu de gamme, avec piscine, salle à manger et chambres confortables. $$

Environs de San Luis

En partant de San Luis, au carrefour de plusieurs régions, vous avez accès à des merveilleux sites variés.

Pour les infos pratiques, voir le Carnet d'adresses p. 275

COMMENT CIRCULER

Aucun doute : le plus simple est d'utiliser un véhicule privé. Il y a certes des bus, mais les horaires ne sont pas toujours clairs et certains voyageurs se sont plaints d'avoir perdu un jour ou deux en raison des contraintes posées par les transports publics. Vous pouvez aussi demander à votre hôtel de vous recommander un chauffeur qui vous conduira aller et retour, temps d'attente compris, pour un tarif fixé au préalable.

Promenez-vous quelques heures à San Luis, puis faites-en la base arrière d'excursions plus éloignées, d'un jour ou d'une nuit. Le Parque Nacional Sierra de las Quijadas est aussi spectaculaire qu'incontournable, avec ses falaises rouges, sa faune endémique et ses canyons – plus on y passe de temps, plus on a envie de le découvrir. Mais les Sierras Puntanas, voisines, réservent également d'excellentes surprises : villages ravissants, lacs artificiels emplis d'oiseaux et sommets escarpés où nichent les condors. Vous y croiserez aussi de jolies petites villes minières insérées dans de superbes paysages naturels.

Parque Nacional Sierra de las Quijadas

HERNAN4429/GETTY IMAGES ©

La Florida (p. 256)

La Punta

DEPUIS SAN LUIS : **40 MINUTES**

Bouche bée devant le paysage

À 20 km au nord de San Luis se trouve la commune de La Punta, tout droit sortie d'un projet d'urbanisme de 2003, si neuve qu'elle se veut "la première ville argentine du XXIe siècle". En quittant la ville vers l'est, on rejoint une route très sinueuse qui grimpe en altitude. L'accès est un peu difficile sans voiture, mais le Mirador de la Punta vaut pourtant le détour : ce site panoramique, niché dans un virage en épingle à cheveux, offre une vue à 270°, jusqu'à La Punta, San Luis et, par temps clair, les Salinas de Bebedero. Vos photos seront sublimes, et vous pourrez vous prêter au jeu du selfie dans ce cadre géant. C'est le genre d'endroit qui permet de comprendre vraiment la topographie d'une région, sa géologie et son histoire naturelle. Il en faut peu pour s'imaginer au Crétacé : quelques millions d'années en moins, quelques degrés de plus, et au lieu d'une vaste plaine semi-aride, une mer intérieure profonde. Les salines - qui ne semblent, vues d'en haut, pas plus grandes qu'un timbre-poste - sont tout ce qu'il reste aujourd'hui de cet immense marécage tropical.

Après votre séance photo, quand vous aurez fini d'admirer le paysage, vous pouvez redescendre à San Luis ou continuer la route (toujours en lacets) jusqu'à El Volcán qui, comme son nom ne l'indique pas, est un joli village paisible.

ARRÊTS JUDICIEUX

Les routes sont très sinueuses et aucune photo, si spectaculaire soit-elle, ne vaut la peine de créer des situations périlleuses. Ayez soin de vous garer dans un coin sûr, de ne pas encombrer la voirie et de ne pas écraser les plantes du bas-côté, qui protègent la route de l'érosion. Autant que faire se peut, cherchez les emplacements dédiés, conçus pour respecter la beauté du point de vue et la sécurité des voyageurs. Les conducteurs argentins ont la réputation de doubler dans les endroits où ils ne s'attendent pas à rencontrer d'autres voitures.

OÙ SE LOGER ET SE RESTAURER DANS LES ENVIRONS DE SAN LUIS

Cabaña El Balcón de El Trapiche
Endroit charmant et accueillant avec piscine et vue sur la montagne. **$$$**

Cabañas La Cascada
Chalets rustiques avec barbecues individuels, piscine et vue sur la vallée d'El Trapiche. **$$**

Parrilla y Restaurante Los Armenios
À El Trapiche, viandes grillées, énormes burgers, frites et pâtes savoureuses. **$$**

SUZANNE LONG/ALAMY STOCK PHOTO ©

INFOS PRATIQUES

Scannez ce QR-code pour obtenir plus d'informations.

INCONTOURNABLE

Parque Nacional Sierra de las Quijadas

Dans ce parc de 70000 ha, où l'on passe de désert en canyon, de vallée en lande d'altitude, de falaise en mésa, vivent certaines des espèces animales les plus rares et les plus belles d'Argentine, comme le condor des Andes, le cobaye halophile et le très curieux tatou nain – ainsi que des pumas, divers ongulés, des renards et des coyotes. Et sous la surface, on trouve de plus étranges bêtes encore…

À NE PAS MANQUER

- Empreintes et fossiles de dinosaures
- Hornillos de Hualtarán
- Potrero de la Aguada
- Sendero Huellas del Pasado
- Sendero guanacos
- Sendero Farallones

Empreintes et fossiles de dinosaures

Ce paysage aride avait jadis des allures de *Jurassic Park* – au Crétacé inférieur. Les condors d'aujourd'hui font pâles figures comparés à leurs lointains cousins du genre *Pterodaustro*, de près de 4 m d'envergure et doté d'un millier de dents. C'est ici que les premiers fossiles de cette espèce ont été mis au jour dans les années 1950, découverte renversante suivie de centaines d'autres, telles que les empreintes d'énormes sauropodes. Les sentiers de randonnées vous conduisent à ces vestiges préhistoriques. Surveillez le sol lorsque vous marcherez sur ces spectaculaires falaises de grès friable : peut-être découvrirez-vous un fossile ?

Hornillos de Hualtarán

Que sont ces curieuses formes circulaires en argile, non loin de l'entrée du parc ? Probablement des fours utilisés pour la cuisson par les Amérindiens, mais surtout les vestiges d'un ancien peuplement humain de la région. La présence du Potrero de la Aguada tout proche a permis que des groupes s'établissent très tôt dans la zone malgré la sècheresse qui règne la plus grande partie de l'année.

Potrero de la Aguada

Ouvrez les yeux, sortez les caméras : ces canyons érodés, ces rochers aux formes improbables entre lesquels serpentent des ruisseaux, tout ce territoire beau et singulier, sculpté par le temps, le vent et le climat, est une expérience inoubliable. Amusez-vous à y distinguer des silhouettes (le Sphynx, qui sait ?) et laissez-vous prendre par l'atmosphère majestueuse, presque mystérieuse, des lieux. La zone du Potrero est presque entièrement enclavée et ne présente qu'un seul exutoire ; après de fortes pluies, l'eau accumulée est conservée pendant des semaines, voire des mois – ce qui ne se produit nulle part ailleurs dans le parc et fait du Potrero le refuge d'une faune variée. Vous aurez plus de chance qu'ailleurs d'y apercevoir des renards, des pumas ou le noble guanaco, cousin sauvage du lama.

Sendero Huellas del Pasado

En traversant en compagnie de votre guide (obligatoire) ce paysage magnifique, vous aurez l'impression de remonter les millénaires pour parvenir à un site d'empreintes de dinosaures, parfaitement visibles dans le rocher de grès rouge, comme s'ils avaient disparu hier. Sur place, méditez un instant sur la taille et le destin de ces géants préhistoriques. Le sentier en lui-même est une boucle qui vous demandera 2 heures de marche facile, avec peu de dénivelé.

Une faune passionnante

Après les créatures disparues, vous en découvrirez d'autres, bien vivantes. Outre les gracieux guanacos, vous observerez peut-être des pécaris à collier (un cousin du cochon), des cobayes (ou maras, grands rongeurs au nez carré, dont les traits évoquent ceux du lapin), la curieuse viscache des plaines (rongeur proche du chinchilla, au masque noir), et le daguet gris, magnifique cervidé malheureusement trop souvent chassé.

Sendero guanacos

Parmi les plus beaux sentiers à parcourir en autonomie dans le parc, cette randonnée de 4 heures aller-retour environ traverse des paysages étonnants et fréquentés par les guanacos. Elle est suffisamment facile pour vous laisser le temps d'observer les oiseaux. Surveillez bien le ciel : vous apercevrez peut-être des condors des Andes tournoyer au-dessus de vos têtes. Partez le matin et apportez beaucoup d'eau.

Sendero Farallones

Cette boucle de 4 heures de marche, le plus long des principaux circuits guidés, vous entraînera à travers la vallée et ses superbes sommets, mais demande une bonne condition physique. Elle aboutit près de la falaise dite des Fallarones, où vient mourir un vaste plateau de grès érodé, ponctuée d'une maigre végétation. Il est parfois difficile de trouver un guide : réservez la veille au plus tard, au risque de devoir renoncer.

TROUVER UN GUIDE

Tous les panneaux sont en espagnol et pour certains sentiers, il est obligatoire de partir avec un guide. La plupart d'entre eux ne parlent qu'espagnol, mais avec un téléphone portable et une bonne appli de traduction, vous devriez pouvoir communiquer (il y a le Wi-Fi à l'accueil du parc, mais pas sur les chemins). Appelez le centre d'accueil pour obtenir la liste des guides disponibles.

À SAVOIR

- Vérifiez les horaires des bus, vous éviterez d'avoir à attendre ou de rester coincé.
- Emportez beaucoup d'eau, même en hiver.
- Venez avec votre repas : vous ne trouverez rien dans le parc.
- Le parking et les points de vue proches sont plus ou moins accessibles aux fauteuils roulants et aux poussettes – pas les sentiers.
- Roulez lentement et faites très attention aux animaux – surtout au tatou nain, menacé.
- Le vent souffle fort et transporte de la poussière : les photographes apporteront de quoi nettoyer appareil et objectif.

LA PÊCHE EST BONNE ?

Les pêcheurs apprécieront sans doute le charmant lac de barrage de la **Represa Saladillo**, niché dans les montagnes à la manière d'un La Florida miniature, et populaire parmi leurs pairs de San Luis. On peut pêcher depuis le barrage, à condition de prévoir une protection solaire – les arbres sont rares, l'ombre aussi. Vous ne devriez avoir aucun mal à attraper quelques *pejerreys* (athérines d'Argentine), surtout si vous venez au petit matin ou au coucher du soleil. Les ornithologues amateurs pourront observer échassiers, hérons et aigrettes, ainsi que divers canards. N'oubliez pas vos jumelles !

FOTO 4440/SHUTTERSTOCK ©

Perruche

El Trapiche

DEPUIS SAN LUIS : **40 MINUTES**

Au bord de l'eau

Au-dessus de San Luis, dans les Sierras Puntanas et près du village d'El Trapiche, échappez-vous au charmant lac de La Florida, loin des plaines arides et des déserts. Dépaysement garanti : vous vous retrouvez au bord d'une vaste étendue d'eau claire et paisible, ponctuée de criques, d'anses et de quelques îles. De hauts conifères poussent sur les rives. Tout un peuple de volatiles aquatiques, des échassiers par exemple, s'affaire dans l'eau, tandis que les oiseaux de rivage conversent en haut des arbres : conures veuves (toujours en train de bavarder), pics, fauvettes, pigeons, hérons, canards et oiseaux de proie. En voiture, le tour du lac prend moins d'1 heure (davantage si on s'arrête pour sortir ses jumelles). Si vous n'avez pas de véhicule, renseignez-vous près de l'arrêt de bus d'El Trapiche ; un taxi pourra peut-être vous emmener faire un bout de chemin au bord du lac, à défaut du tour.

Le barrage à l'origine du lac a été construit dès 1891 afin d'assurer l'approvisionnement en eau de la ville de San Luis, de taille modeste à cette époque, mais en plein essor. Il fallut près d'un demi-siècle, soit en 1953, pour qu'il atteigne son objectif et abreuve, aujourd'hui encore, San Luis et Villa Mercedes.

Pour les infos pratiques, voir le Carnet d'adresses p. 275

Les Sierras

Les Sierras n'ont pas forcément l'austère majesté des autres montagnes d'Argentine, mais elles réservent néanmoins leur lot de surprises et d'aventures au voyageur. Anciennes villes minières, parcs nationaux de toute beauté, vestiges de civilisations éteintes et populations animales étonnantes sont autant d'expériences qui vous attendent le long des routes en lacets. N'hésitez pas à vous y rendre en été, car, l'altitude aidant, le climat est nettement plus frais qu'en plaine. Et puisqu'on y trouve aussi les meilleurs et les plus beaux sites de baignade de la région, entre rivières et cascade, n'oubliez pas votre maillot de bain !

La Cumbrecita (p. 268)

COMMENT CIRCULER

Si vous ne voulez pas passer la nuit dans chaque ville où vous vous arrêterez, il vous faudra un véhicule pour parcourir les Sierras. Vous n'arriverez pas à multiplier les excursions à la journée tout en conservant assez de temps pour vos activités. Si vous louez une voiture, vous pourrez visiter tout ce que vous souhaitez et être de retour à San Luis ou à Córdoba à l'heure du dîner – à la mode argentine, soit 22h !

À SAVOIR

Les sommets ne sont pas couronnés de neige, mais ne vous y laissez pas prendre : il fait beaucoup plus frais dans les montagnes que dans les villes de plaine. Prévoyez des vêtements chauds, notamment pour vous couvrir après la baignade.

LES BALNEARIOS DE MINA CLAVERO

Ces berges aménagées en sites de baignade ont tout pour réjouir le voyageur, mais sachez que selon le niveau de l'eau qui varie d'une saison à l'autre, et la température, de délicieusement tiède à franchement glaciale, l'expérience peut changer du tout au tout. Comme pour chaque *balneario*, faites attention à ce qui vous entoure et aux courants, et gardez un œil sur les enfants.

Nido del Aguila
Sans doute le plus spectaculaire, avec ses falaises rocheuses et sa vue panoramique.

Balneario de Mina Clavero
Site central comportant des bassins de différentes profondeurs délimités par des murs de soutènement.

Balneario Las Conanas
Une eau peu profonde baigne de larges plages, ce qui en fait un endroit idéal pour les familles.

Balneario Los Elefantes
On vient admirer les rochers érodés qui évoquent un troupeau d'éléphants en train de boire à la rivière.

Mina Clavero

Se reposer à Mina Clavero

Cachée dans la montagne

Mina Clavero fait partie de ces petites villes pittoresques qui ponctuent les sierras. Ancienne terre des Comechingones, comme en témoignent peintures rupestres et autres pictogrammes, elle fut colonisée par les Espagnols dès qu'ils eurent connaissance de fructueuses explorations minières, au milieu du XVIe siècle. Ces espoirs furent bientôt déçus, remplacés par d'autres quand on nota les propriétés thérapeutiques des eaux locales : dès le XVIIIe siècle, on y venait en villégiature et les premiers hôtels virent le jour au siècle suivant. Bienfaisantes ou non, les eaux de Mina Clavero bordent aujourd'hui de jolis lieux de baignade qui justifient à eux seuls l'excursion – en particulier les jours de chaleur. Chaque site a son propre caractère, mais tous disposent d'une plage avec rochers, tourbillons et bassin peu profond, voire courtes cascades à certaines périodes de l'année. La rivière de Mina Clavero a récemment été classée parmi les sept plus belles d'Argentine.

Ces lieux de baignade en bord de rivière (appelés *balnearios*) sont parfois bondés, surtout en été, lorsque les citadins cherchent à fuir la chaleur. Ne vous attendez donc pas à une trempette idyllique dans des eaux sereines, comme si le monde n'existait pas. Mais, si vous aimez les bains de soleil dans une ambiance amusante et conviviale, parmi les amateurs de bière et de maté, les familles sous des parasols et les enfants qui tapent dans des ballons, vous vous y sentirez à votre aise. Si vous prévoyez d'y passer la journée, apportez de quoi manger et de quoi boire, et un peu de musique, pour un après-midi de vacances à l'argentine.

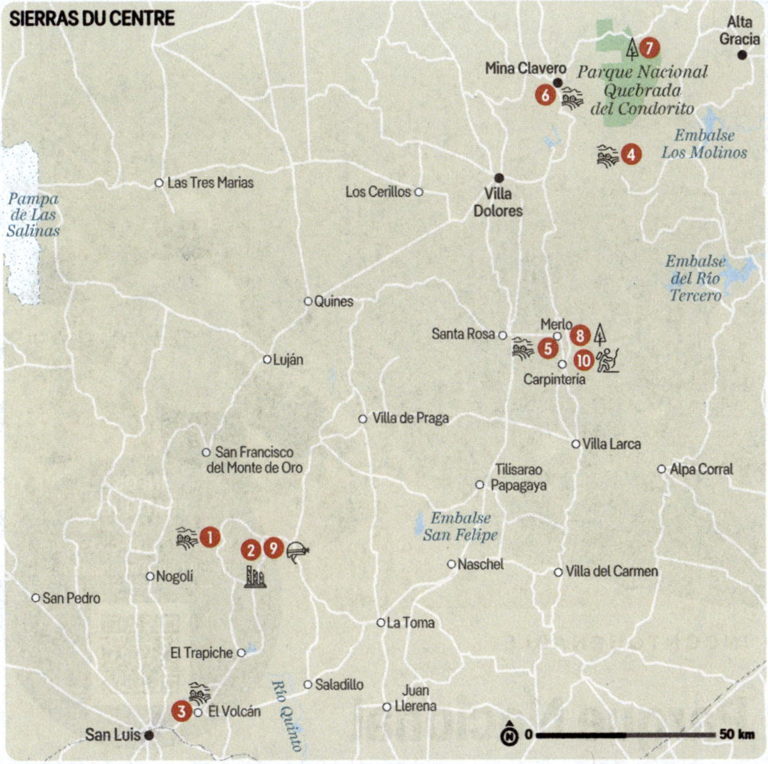

VOIR
1 Casa de Piedra Pintada
2 El Volcán
3 La Carolina
4 La Cumbrecita
5 Merlo
6 Mina Clavero
7 Parque Nacional Quebrada del Condorito
8 Reserva Natural de Merlo

ACTIVITÉS
voir 6 Balneario de Mina Clavero
voir 3 Balneario La Hoya
voir 6 Balneario Las Conanas
voir 6 Balneario Los Elefantes
9 Grotte d'Inti Huasi
voir 4 La Olla
voir 1 Mines de La Carolina
10 Mirador de los Condores
voir 6 Nido del Aguila

Tyrolienne, San Luis (p. 248)

PEDRO SUAREZ/ALAMY STOCK PHOTO ©

INFOS PRATIQUES

Scannez ce QR-code pour obtenir plus d'informations.

INCONTOURNABLE

Parque Nacional Quebrada del Condorito

À NE PAS MANQUER

- Les condors
- Sendero Secretos bajo nuestros pies
- Sendero a la Quebrada
- La cascada escondida
- Centro de visitantes
- Sendero Río de los condoritos (guide obligatoire)
- L'immense statue de condor

Condors des Andes

Avis aux non-spécialistes : tout ce qui plane au-dessus de vous n'est pas pour autant un condor des Andes. Toutes sortes de rapaces, buses, faucons et vautours sillonnent le ciel argentin. Les oiseaux sont là et, avec un peu de chance, vous les verrez tous. Mais, à moins d'avoir vous-même un œil d'aigle, il vous faudra des jumelles pour distinguer la forme de leur tête et de leurs ailes, et la couleur de leurs plumes – que les gardes forestiers se feront un plaisir de vous décrire. Si vous êtes un passionné, la différence entre un condor des Andes et un vautour moine vous semblera aussi évidente que les diverses couleurs des maillots de deux équipes de foot.

Sendero Secretos bajo nuestros pies

En suivant cet itinéraire appelé "Secrets sous nos pieds", vous déboucherez sur un point de vue d'où vous constaterez l'étonnante quantité d'eau que peut charrier un ruisseau la plupart du temps à sec. On comprend mieux la fonction géologique de la zone : hors des saisons de forte pluie, ces

DON MAMMOSER/SHUTTERSTOCK ©

Le condor des Andes

CONDORS, ENTRE AUTRES

Vous serez étonné de la faune multiple qui réside dans ces vertes collines : pumas, divers renards, cervidés, rongeurs et, bien sûr, des dizaines d'espèces d'oiseaux. C'est sur les sentiers des plus longues randonnées qu'on les aperçoit le mieux.

mares stagnantes abreuvent la faune et la flore du parc. La visite est brève et part de l'accueil ; c'est donc une bonne option si vous avez peu de temps ou ne pouvez pas marcher longtemps, par exemple si vous voyagez avec des enfants en bas âge (les falaises sont raides, faites très attention).

Sendero a la Quebrada del condorito

Imaginez 4 à 5 heures de marche à travers bosquets et vallons semés de rochers, puis l'arrivée sur un point de vue spectaculaire. Loin au-dessus de votre tête (avec un peu de chance), vous apercevez des condors. Ce sont des oiseaux impressionnants, pleins de majesté, que la Quebrada vous donne l'opportunité de voir de près – peut-être. L'aller-retour devrait vous prendre la journée, ayez soin d'emporter assez d'eau.

La cascada escondida

La "cascade cachée" mérite bien son nom, et on la manquerait presque, dissimulée dans les rochers, au milieu d'un virage en épingle à cheveux de la voie rapide. En fonction des saisons, l'eau est assez profonde pour se baigner. Si bien des automobilistes poursuivent leur route sans la voir, vous pourrez tout à fait vous arrêter pour piquer une tête dans l'eau glacée. Ce serait l'occasion d'observer quelques timides tinamous, oiseaux proches du tétras ou de la gélinotte, qui ont tendance à fuir dans les herbes hautes quand ils se sentent repérés.

La statue du condor

Difficile de rater, à l'entrée du parc, ce condor géant de métal et de fil de fer, qui fait plutôt grise mine. Il a pourtant la cote auprès des fans des selfies : prenez le temps de vous y arrêter pour une ou deux photos.

À SAVOIR

- Pour observer la faune, l'aube et la le début de soirée sont les meilleurs moments.
- Emportez à boire en quantité : les eaux stagnantes du parc ne sont pas potables.
- Le soleil tape (fort) même à travers les nuages : chapeaux et crème solaire sont de rigueur (et n'oubliez pas d'en appliquer régulièrement).
- Les condors volent très haut au-dessus de vos têtes. Si vous en croisez un au sol, ne vous approchez pas et n'essayez surtout pas de l'effrayer pour qu'il décolle.
- Les plus belles vues couronnent les randonnées les plus longues. Prévoyez le temps nécessaire.

POURQUOI J'AIME LES SIERRAS

Ray Bartlett, auteur

Pendant longtemps, pour moi, les "montagnes" en Argentine étaient les Andes, des sommets enneigés qui touchent le ciel. Et puis, malgré leur faible altitude, les Sierras m'ont enthousiasmé. C'est un curieux mélange de rochers, de crevasses, de crêtes et de prairies – on va de surprise en surprise. On passe une courbe et un ruisseau s'écoule à gros bouillons, dont on n'aurait jamais soupçonné l'existence. Encore un virage et deux condors s'écartent de mauvaise grâce en fusillant du regard celui qui a interrompu leur repas. Il y a aussi ces petites villes, ces villages tous différents. J'avais la chance de disposer de ma propre voiture, ce qui m'a permis de m'arrêter partout où je le souhaitais.

HERNANMETAL1980/SHUTTERSTOCK ©

La Carolina

ÉGALEMENT DANS LES SIERRAS

Un musée d'art (très) ancien

Trois sites de peintures rupestres

Si l'archéologie et l'art rupestre vous intéressent, prévoyez une visite à la **Casa de Piedra Pintada**, trois imposantes parois rocheuses ornées d'une cinquantaine de figures étranges, formes géométriques et animaux. On a également retrouvé à proximité des outils et des fragments de poterie. Surplombant une colline couverte d'herbes qui se fond dans les fermes, les champs et les forêts en contrebas, c'est un agréable site de pique-nique, qui appelle au repos et à la méditation. Vous noterez que, malheureusement, certains ont voulu apposer leur propre marque sur le site, qui se trouve "décoré" d'œuvres plus récentes. Une passerelle de métal permet d'accéder à certaines peintures. Le musée est ouvert de 8h à 20h en été (décembre-mars), et de 10h à 17h le reste de l'année. Il est permis de parcourir le site sans guide, mais quelqu'un vous fera faire le tour des lieux pour une somme modique – et vous profiterez peut-être davantage de la visite.

OÙ SE LOGER À MINA CLAVERO

Balcón del Río
Chambres et *cabanas* dans ce site charmant en surplomb de la rivière, avec piscine. **$$**

Hostel El Viaje Casa Alternativa
Auberge de jeunesse colorée et sympathique, avec parking privé et accès à la plage. **$**

Apart Hotel Costa Serrana
Au centre-ville, piscine luxueuse et chambres propres, excellent rapport qualité/prix. **$$**

La Maison du Soleil

Dans la grotte d'Inti Huasi

Discrète au milieu de prairies, de rochers et de formations spectaculaires en forme de dromadaires, la **grotte d'Inti Huasi** aurait été habitée – d'après la datation au carbone 14 – il y a 8 000 ans. La découverte du site (1951), dont le nom signifie "Maison du Soleil" en quechua, a mis en émoi les milieux archéologiques : en effet, la théorie communément admise voulait que le peuplement de l'Amérique du Sud ne soit que peu antérieur à la colonisation, et certainement pas préhistorique. Ne vous laissez pas décevoir par son aspect modeste : son rôle dans notre compréhension de la préhistoire de l'Amérique en fait un des sites archéologiques les plus importants du continent. Pour autant, toutes les énigmes ne sont pas élucidées. À commencer par la principale : si les premières populations de la région sont connues, qui sont les premiers habitants de cette grotte ? Des centaines d'artefacts (pointes de flèches, mortiers, outils en os) ont prouvé qu'Inti Huasi appartenait à la culture d'Ayampitín. Vous pourrez en voir des reproductions dans la grotte, tandis que d'autres sont exposées dans les musées du monde entier. La grotte est vaste, peu profonde, et équipée de passerelles métalliques pour les fauteuils roulants et les poussettes. Pas de peintures rupestres ici, mais les fougères verdoyantes qui couvrent le bas du mur du fond ont toujours un franc succès, et avec elles, d'intéressants résidents contemporains du genre rampant, araignées et mille-pattes. Vous pourrez aussi observer (ou entendre) des chauves-souris. Toutes les informations sont en espagnol, mais le petit musée présente des images et des objets ne requérant aucun talent linguistique. Plusieurs bus desservent chaque jour la grotte depuis La Carolina (horaires à l'office de tourisme).

AYAMPITÍN

On sait que le peuplement de cette région d'Amérique du Sud remonte à 10 000 ans environ. Les fouilles ayant mis au jour la culture d'Ayampitín à Inti Huasi ont permis de moduler cette affirmation. L'absence de céramique pourrait signifier que cette culture est beaucoup plus ancienne qu'on ne le croyait. On a pu, grâce à ces fouilles, établir en partie le mode de vie de cette population de chasseurs-cueilleurs, qui pratiquaient le nomadisme saisonnier. Il est possible qu'ils aient également commencé à pratiquer l'agriculture.

Une mine d'histoire

La Carolina, ville minière inca

En altitude, au pied du Cerro Tomalasta (2 020 m), une ancienne mine d'or inca est devenue l'un des principaux lieux touristiques de la région, sous le nom de **La Carolina**. À la fin du XVIIIe siècle, les Espagnols se ruèrent sur le gisement, qu'ils ne tardèrent pas à épuiser, laissant à la ville l'atmosphère décrépie qui est le lot de bien des régions minières.

C'est aujourd'hui une bourgade agréable où découvrir des sites historiques et des paysages qui valent le détour, quelques bons restaurants, le tout dans une ambiance chaleureuse

OÙ SE RESTAURER À MINA CLAVERO

Rincón Suizo
Souvent bondé, un salon de thé avec belle vue sur la rivière et cuisine suisse (raclette, fondue). $

Coronado Restaurant
Restaurant accueillant avec terrasse (animaux bienvenus). Cuisine correcte : pâtes, pizzas et sandwiches. $$

Restaurant El Viejo Nogal
Bonne adresse, avec joli jardin et carte italienne et sud-américaine. Les raviolis sont incontournables. $

et détendue. La plupart des bâtiments sont en pierre – et photogéniques de surcroît. Vous vous promènerez avec votre appareil photo ou votre téléphone à la main, comme la plupart des visiteurs.

En pénétrant dans la ville, le **point de vue**, juste avant le portique qui marque l'entrée, avec ses statues de mineurs en métal, est un passage obligé, tout comme, à une volée de marches de là, le site d'observation dominant la vallée et son côté très "Far West". Puis arrêtez-vous à l'**office de tourisme** qui vous fournira cartes et renseignements (et où l'on trouve des toilettes).

C'est le moment d'aller visiter les mines, principale attraction de la ville. L'assistance d'un guide (hispanophone, quelques-uns parlent anglais) est obligatoire pour naviguer dans les tunnels et les puits, qui peuvent s'avérer dangereux. Quelques petits accidents classiques : se cogner la tête contre une poutre, ou déraper sur une pierre lisse après une averse (il est d'ailleurs possible que la météo oblige à annuler la visite). Quoiqu'il en soit, pendant 1 heure, on se prend donc un peu pour Indiana Jones, en bottes en caoutchouc. Ici, point d'artefacts à observer : la visite vous permettra de vous faire une meilleure idée du travail dans les mines, ainsi que des dangers et des blessures encourus par les esclaves sous la férule des propriétaires européens. Vous découvrirez également la géologie de la grotte et les différents types de minéraux qu'elle recèle. Dans les puits, vous admirerez des stalactites et des stalagmites en cours de formation. Au fur et à mesure que l'eau chargée de minéraux descend dans la roche, goutte après goutte, pendant des centaines ou des milliers d'années, de minuscules quantités de sédiments se calcifient et s'accumulent sous la forme de curieuses bougies. Celles des puits sont encore

MUSEO DE POESÍA

Amoureux des rimes, ce musée caché dans les collines devrait vous ravir ! Il contient les 1 700 manuscrits du poète Juan Crisóstomo Lafinur et autres poètes de langue espagnole. Lafinur est né à La Carolina en 1797 et, bien que mort en exil au Chili en 1824, sa dépouille repose à San Luis. Le grand auteur argentin Jorge Luis Borges était un neveu éloigné. Ce musée n'intéressera pas forcément tous les visiteurs, mais, pour ceux qui apprécient la beauté de l'espagnol et ses auteurs, c'est un endroit à ne pas manquer.

Mina Clavero
(p. 258)

OÙ SE LOGER À LA CAROLINA

Hostel Rincón del Oro
Un trésor caché. Chambres bon marché et agréable salle à manger commune. $

El Refugio Carolina
Chalets avec bons lits et salle de bains. Plus d'intimité que dans les auberges de jeunesse voisines. $$

Hostal El Tomolasta
Belle vue, chambres spartiates, mais propres, et excellent rapport qualité/prix pour les voyageurs économes. $

Parque Nacional Quebrada del Condorito (p. 260)

"jeunes" et devront attendre quelques millions d'années pour devenir vraiment spectaculaires.

Revenu à l'air libre, rendez-vous au sommet d'une colline près du musée, pour vous aventurer dans le **labyrinthe**. Vous y trouverez aussi une belle **église de pierre** à laquelle vous pourrez jeter un coup d'œil. Plusieurs fois reconstruite sur le même site, elle accueille des offices religieux depuis 1732.

Si vous êtes de passage le premier week-end de janvier, vous pourrez assister au **Festival de l'Or**, qui dure plusieurs jours. Entre autres réjouissances, des chasses au trésor adaptées à l'âge des participants afin de se prendre pour un chercheur d'or...

LABERINTO DE LAS PIEDRAS

Non loin du Museo de Poesía, de l'autre côté du ruisseau, vous pouvez grimper jusqu'à un petit labyrinthe de pierre, clin d'œil à l'œuvre (du même nom) de Jorge Luis Borges. Cinq cheminements concentriques, de 1 m de haut environ, permettent d'atteindre un petit monument. Certes, sa taille n'en fait pas un défi pour les adultes, mais le labyrinthe amusera les visiteurs accompagnés d'enfants. Attention, les murs ne sont pas cimentés : ne déplacez pas les pierres et veillez à ne pas modifier la construction.

Petite pause à El Volcán

Comme un air de vacances

Cas rare dans la région, le modeste village d'**El Volcán** est de fondation récente, conçu en 1949 pour recevoir les vacanciers de San Luis. Choix stratégique s'il en est : aujourd'hui comme hier, le coin est idéal pour partir dans les montagnes et se rafraîchir dans des rivières sauvages, loin de tout. En revanche, contrairement à ce que son nom pourrait faire croire, vous ne trouverez aucune trace géologique du moindre petit volcan.

OÙ SE RESTAURER À LA CAROLINA

Huellas Café Bar
Pour un déjeuner ou un dîner agréable, à côté de l'agence Huellas Turismo. **$$**

El Bodegón de Oro
Sans doute la meilleure table de la ville. Plats excellents. Gardez de la place pour les crêpes. **$$**

Lo de Chacón
Soupes savoureuses, pâtes et plats copieux dans un restaurant familial lumineux et accueillant. **$**

AVEC L'EAU, ON NE PLAISANTE PAS

C'est toute la question. En voyage, il est toujours tentant de renoncer à toute prudence et de s'abreuver aux eaux en apparence immaculées qui bordent notre chemin de randonnée. Mais rappelez-vous que la moindre gorgée peut contenir des microbes extrêmement dangereux. L'eau est le plus souvent potable en Argentine et, sauf mention contraire, vous pourrez vous servir au robinet de la plupart des hôtels. Mais les ruisseaux peuvent être contaminés par les déjections animales et causer des maladies graves, voire incurables. La plupart, comme la giardiase, se contenteront de vous envoyer à l'hôpital et d'écourter vos vacances. D'autres peuvent avoir des effets beaucoup plus néfastes à long terme. Mieux vaut donc vous en tenir à l'eau du robinet.

SANDRA MORAES/SHUTTERSTOCK ©, À DROITE : STOMPINGGIRL/SHUTTERSTOCK ©

La Cumbrecita (p. 268)

Selon certains, vu du ciel, le site évoquerait la forme d'un volcan. La couleur des roches, la profondeur de la rivière seraient d'autres preuves... Cette histoire de volcan, que vous y souscriviez ou non, ajoute sans doute un peu de mystère à un endroit par ailleurs assez lisse. Ce n'est pas une critique : si tranquille et endormie qu'elle soit, El Volcán est une bourgade charmante, où vous pourrez vous évader, faire des balades à vélo et vous prélasser au balneario de La Hoya, fuir la chaleur dans l'eau fraîche, peut-être une bière non moins fraîche à la main.

Les habitants vantent l'eau de la rivière d'El Volcán – l'une des rares qui soient potables, diront-ils, car elle arrive directement de la source. Prenons cela avec des pincettes : il en faut peu pour propager une parasitose. Autre particularité, la rivière coule d'est en ouest ; et, étant alimentée par des sources, elle reste en eau toute l'année, tandis que beaucoup d'autres rivières s'assèchent en été, de novembre à mars.

OÙ SE LOGER À LA CUMBRECITA

Hostel Cumbrecita Planeta
Dortoirs, chambres et bons petits déjeuners dans cette auberge de jeunesse avec vue incroyable. **$$**

Hotel La Cumbrecita
Maison historique de La Cumbrecita et hôtel où la plupart des chambres ont un grand balcon. **$$$**

Hospedaje El Ceibo
Les chambres sont simples, mais la vue fournit tout le décor nécessaire. Cuisine convenable. **$$**

Piquer une tête au Balneario La Hoya

Une baignade spectaculaire

On peut prédire que vous voudrez, à un moment ou à un autre, céder à la curiosité, enfiler votre maillot de bain et aller patauger, marcher, ramper ou plonger dans les eaux fraîches du **Balneario La Hoya**, l'une des principales attractions de la ville. Et que vous vous demanderez pourquoi vous n'avez pas cédé plus tôt, car c'est un endroit merveilleux et très particulier. Vous nagerez dans différents bassins rocheux naturels, entre deux cascades ; les marches qui donnent accès à l'eau sont en béton pour éviter de glisser – l'eau est fraîche, mais pas glacée, vous aurez donc sans doute envie d'y rester. Selon le niveau de l'eau et votre taille, vous serez immergé jusqu'à la taille ou jusqu'au cou (ou plus), ce qui est aussi sûr qu'agréable, surtout en plein été. Les rochers appellent à prendre un bain de soleil, voire un petit pique-nique. N'espérez pas y être seul : familles, couples, voyageurs solitaires, hérons ou écureuils – tout être vivant à El Volcán finit par venir se baigner ici. Autre avantage de ces joies simples, les lieux se prêtent aux jolis selfies (pour les omniprésents réseaux sociaux !). L'eau est généralement peu profonde, et vous pourrez emporter votre téléphone sans vous encombrer d'un étui imperméable. Faites seulement attention à ne pas le laisser tomber… Oups !

Truite arc-en-ciel

À LA PÊCHE

Pêcheurs, n'oubliez pas votre matériel, vous le regretteriez. Si vous utilisez des appâts vivants, préparez-vous à les disputer avec les tortues. Parmi les nombreuses espèces de poissons du lac, voici les plus populaires :

Pejerrey
L'une des stars à écailles de la région, présente dans des eaux de toutes profondeurs.

Truite
La truite arc-en-ciel est toujours une proie de choix, aussi belle que savoureuse.

Carpe
Moins recherchée que les précédentes, la carpe est une combattante, amusante à attraper.

OÙ SE RESTAURER À LA CUMBRECITA

Café Bar Suizo
Célèbre pour ses *spaetzle*, cette adresse rustique est l'une des meilleures de La Cumbrecita. $

La Colina
Pour une côte de porc à la pomme, ou seulement une bonne bière importée. $$

Edelweiss
Cuisine allemande (saucisses et escalopes), entre autres plats savoureux. $$

MIRADOR DE LOS CONDORES

Si, à force de croiser des condors, vous vous sentez pousser des ailes, de nombreuses activités vous permettront de fendre l'air et de défier l'altitude.

Tyrolienne
Sans doute l'expérience la plus proche de l'envol, tout en gardant un lien avec la terre ferme.

Ponts suspendus
Balade en plein ciel sur des ponts de fil de fer, en étant accroché à un harnais… Évitez de regarder en bas.

Escalade
Sportif, certes, mais au bout de l'ascension, la vue est imprenable.

Randonnée
Les crêtes des collines vous réservent bien des découvertes et des vues à vol d'oiseau.

Photographie
Pas besoin d'apporter un drone pour s'y croire : les panoramas sont stupéfiants.

Une petite Suisse

La Cumbrecita

Faites le test et annoncez que vous allez à Córdoba : on vous demandera inévitablement si vous prévoyez de passer à La Cumbrecita – si ce n'est pas le cas, on vous convaincra d'y aller. Et vous auriez tort de vous en priver, ce petit village est un site merveilleux et dépaysant, entouré de montagnes, aux allures de station de ski suisse… les pistes en moins. Vous remarquerez les murs blancs et charpentes de bois de nombreux bâtiments, et aurez peut-être l'impression d'avoir franchi l'Atlantique – certains établissements revendiquent cet héritage européen. Mais ce n'est pas le seul attrait de La Cumbrecita ! L'endroit est célèbre pour ses parfaites conditions de baignade : rivière transparente, spots et cascades assez hautes qui offrent en outre un cadre assez pittoresque. Pour ceux qui préfèrent barboter au calme, vous trouverez aussi de délicieuses plages à l'eau peu profonde, sur la rivière.

Autre trait remarquable : il n'y a pas de voitures car La Cumbrecita est un *pueblo peatonal*, un "bourg piétonnier". Vous devrez donc vous garer à l'extérieur.

La ville présente une jolie petite église à laquelle vous pourrez jeter un coup d'œil, ainsi que quelques sentiers de randonnée qui vous conduiront le long de la rivière : par exemple, une promenade de 25 minutes mène à **La Cascada**, une chute d'eau cachée dans la montagne. Vous pouvez aussi marcher jusqu'au plan d'eau **La Olla**, "la Marmite", entouré de rochers de granit – d'où des gens sautent là où il y a suffisamment de profondeur. Il fourmille aussi d'insolites statues de bois

La Cumbrecita

OÙ SE LOGER À MERLO

Merlo Hostel
Auberge de jeunesse colorée, centrale et propice aux échanges entre voyageurs, avec piscine, hamacs et terrasse. $

Parque y Sol Hotel
Impeccable petit hôtel central, près du casino avec grande piscine ; parfait pour les enfants. $$

Epic Hotel
Le luxe à coût raisonnable : belles chambres, excellent petit déjeuner et piscines chauffées. $$$

NESTOR J. BEREMBLUM/ALAMY STOCK PHOTO ©. CI-CONTRE : MARK PITT IMAGES/SHUTTERSTOCK ©

Mirador de los Condores

représentant des gnomes ou des pêcheurs. Étrange ou pas, cela fait partie des curiosités de cette ville, non seulement singulière mais particulièrement jolie.

Reserva Natural de Merlo

La vie sauvage, dans le ciel et sur terre

On ne saurait rêver d'un site plus agréable pour partager un maté avec des amis, en pleine nature, face aux collines desséchées, à la plaine en contrebas et à peine à 2 km du centre. Il suffit de suivre le torrent impétueux, pour une bonne partie du chemin. Peut-être votre route croisera-t-elle celle de l'*águila mora* (buse aguia) ou un ou deux renards. Ne vous laissez pas attendrir : les renards nourris deviennent souvent dépendants des humains, et cela cause leur perte. Donc prenez des photos, mais à distance.

Vous remarquerez que les arbres changent au fur et à mesure que vous progressez : d'abord de plus en plus hauts, ils sont ensuite remplacés par des conifères avant de disparaître quand vous arrivez en altitude. Plus haut encore, vous apercevrez peut-être le condor des Andes, et grimperez jusqu'au **Mirador de los Condores** (2 100 m). Si vous n'avez pas le vertige, vous pouvez donc vous donner ces deux objectifs et vous régaler au passage d'une promenade tranquille dans une nature de toute beauté.

Prévoyez au moins 2 heures, voire le double, selon votre vitesse et les pauses que vous ferez en chemin. Le sentier est peu ombragé ; protégez votre peau contre le soleil et apportez suffisamment d'eau, de préférence dans une gourde remplie au robinet.

BIEN MANGER À MERLO

La ville n'a rien d'une capitale gastronomique, mais il fait bon y manger un morceau en regardant les passants. Les meilleures adresses se situent autour de la Plaza Sobremonte, centrale, où vous trouverez une quantité de petits établissements familiaux pour dîner à la fraîche. Autre solution, le soir : des vendeurs ambulants proposent en-cas et sucreries.

Pulpería Lo de Urquiza
Fondé en 1880, ce restaurant propose une carte roborative : soupes de haricots, pâtes et savoureuses *empanadas*.

Franchesca Resto
Sympathiques burgers, pâtes, pizzas, *empanadas* et terrasse sur la place.

El Nazareno
Chocolat et pâtisseries dans une confiserie sur la place. Vous prendrez bien un *medialuna* ?

Environs des Sierras

La région qu'on appelle Sierras est en réalité un ensemble de quatre chaînes de moyenne montagne, autour desquelles s'étend une zone riche de curiosités facilement accessibles.

Pour les infos pratiques, voir le Carnet d'adresses p. 276

COMMENT CIRCULER

Des bus desservent les villes principales et les hôtels pourront vous conseiller un circuit organisé ou un chauffeur. Mais pour être vraiment libre de vos mouvements, louez une voiture. Les petites villes comme Capilla del Monte se visitent aisément à pied.

À SAVOIR

Enregistrez vos cartes géographiques sur votre téléphone, vous ne trouverez pas forcément de réseau partout. Sinon, une carte classique (en papier) est toujours très utile.

Cette vaste région orientée nord-sud se situe à cheval sur les provinces de Córdoba et San Luis. Vous y trouverez des villes de piémont et des sites remarquables, qui peuvent faire l'objet d'une excursion à la journée depuis votre hébergement. Ici, la nature a différents visages, passant de l'aride au densément boisé, des champs aux prairies, le tout sillonné de rivières encombrées de rochers et d'*arroyos* (ruisseaux) où coule un filet d'eau. Et pourquoi ne pas découvrir la région de façon différente : depuis les airs en vous élançant en parapente, ou en vous mettant en quête de mystérieux ovnis...

Capilla del Monte (p. 272)

DANIELA RENCELJ/SHUTTERSTOCK ©

La terre vue du ciel

La Cumbre

DEPUIS CÓRDOBA : **1 HEURE 30**

Capitale du parapente

Si vous rêvez de quitter le plancher des vaches pour fendre l'air comme un oiseau, vous apprécierez sans doute votre séjour à La Cumbre. Minuscule ville à l'immense renommée, depuis qu'elle a accueilli la Coupe du monde de parapente en 1995, elle peut se vanter d'être la capitale de ce sport. Son site de décollage (La Rampa, à 10 km du centre) est particulièrement bien situé, à près de 400 m au-dessus de la vallée du Río Pinto, et de là-haut, vous avez une vue dégagée inimitable, sur des kilomètres à la ronde. Débutant, vous pourrez y pratiquer le vol en tandem, attaché à un parapentiste chevronné qui se charge des manœuvres pendant que vous savourez l'expérience. Si ce sport vous intéresse vraiment, vous pourrez aussi prendre des cours, en groupe ou en individuel, et louer du matériel. Quand vous serez prêt et décidé à vous lancer, rendez-vous à La Rampa : vérifiez soigneusement votre matériel, attendez au bord de la falaise, un peu comme un condor, que souffle un courant ascendant... et c'est parti !

Notez qu'il s'agit bien de parapente, non de parachute ascensionnel ou de deltaplane. Ces deux derniers engins requièrent soit l'impulsion d'un moteur qui entraîne la voile (parachute ascensionnel), soit l'utilisation d'une sorte d'aile à manœuvrer (deltaplane). En parapente, rien de tout cela :

POUR DÉCOUVRIR LE PARAPENTE

À moins d'être soi-même expert, mieux vaut se fier à un opérateur expérimenté.

Escuela de parapente Voler
Une institution à La Calera : des années d'expérience et plusieurs sites d'envol.

Parapente Capilla del Monte
Pour des vols en tandem, au nord de La Cumbre.

Parapente Marcos
Un seul instructeur, à La Cumbre.

OÙ SE LOGER À CAPILLA DEL MONTE

Monte Adentro
Beaux chalets privés (un avec piscine), vue sur la montagne pour contempler le crépuscule ou traquer les ovnis. $$$

Dos Aguas
Vivez l'esprit ovni dans ces tentes géodésiques, aussi étranges qu'élégantes. $$$

Posada del Árbol
Bel hôtel au centre, avec piscine chauffée, pour attendre tranquillement les petits hommes verts. $$

LE CARACARA HUPPÉ

Ce grand oiseau, proche du faucon, est aisément identifiable. Tout d'abord, sa crête ébouriffée emblématique est repérable même en plein vol. Son bec épais et pointu rappelle celui d'un aigle – mais il porte, comme l'urubu à tête rouge, une tache rouge à la base du bec et des yeux. Autres signes distinctifs : ses pattes jaunes, longues et brillantes, ses ailes noires et sa poitrine blanche et tachetée. Et enfin, un net penchant pour le sommet des cactus ou des arbres, tandis que beaucoup d'autres faucons préfèrent s'installer plus bas.

LUIS FABIAN BLANCO/SHUTTERSTOCK ©, CI-CONTRE : ROBERT LIMOUZE/SHUTTERSTOCK ©

Randonnée, Capilla del Monte

l'aéronef vole presque tout seul, il suffit de le diriger en tirant sur les cordes. Une fois revenu à terre, profitez de quelques heures pour faite un tour sur la place et admirer la cathédrale. Ou encore prendre de la hauteur, mais sans jouer les condors, en rejoignant le **Cristo Redentor**, une statue du Christ de 7 m, perchée sur une colline haute de 300 m à l'est de la ville – depuis la Plaza 25 de Mayo, traversez la rivière et suivez Córdoba vers l'est en direction des montagnes : le sentier commence après une petite saillie sur la gauche, après avoir traversé Cabrera.

Capilla del Monte

DEPUIS CÓRDOBA : **1 HEURE 45**

Les yeux dans le ciel

Tout commence dans les années 1930 quand des habitants murmurent que d'étranges objets traversent le ciel. Puis en 1986, deux personnes ont également prétendu avoir assisté à l'atterrissage d'un vaisseau surnommé "Huella del Pajarillo" ("Empreinte d'Oisillon"), qui aurait fait au sol une marque de 122 m sur 64. Malgré le démenti, le mythe perdure – et les atterrissages aussi. Quelques années plus tard, un ovni, observé par non moins de 300 personnes, aurait laissé une empreinte de 41 m de diamètre. Découverte en 1991, une trace de brûlure sur les rochers indiquerait, selon les géologues, une

OÙ SE RESTAURER À CAPILLA DEL MONTE

Buddhi
Belle carte asiatique fusion, avec options végans, dans ce restaurant à thème bouddhiste. $

Sabía que venías y preparé un pastel
Délicieux café, proposant plats, gâteaux, pâtisseries, tous excellents, aux noms amusants. $$

Alfonsina Parrilla Gourmet
La viande est à l'honneur, dans diverses préparations (et pas seulement les grillades). $$$

température de 3 000°C, bien supérieure à celle de la foudre. Selon les théories, ces visiteurs du 3e type seraient attirés par les vortex d'énergie qui entoureraient la ville, à la recherche de l'entrée d'une vaste cité souterraine vouée à protéger la race humaine. D'une certaine façon, le Saint-Graal et Voltán, le grand cacique des Comechingones, seraient mêlés à l'affaire. Quoi qu'il en soit, c'est du pic voisin, l'Uritorco, que les convaincus guettent les ovnis sous leur chapeau en aluminium, un lieu déjà sacré du temps des premiers Amérindiens. À défaut d'apparitions, vous pourrez vous rabattre sur les paysages spectaculaires qui émaillent la randonnée de 5 km pour atteindre le sommet.

Comme on pouvait s'y attendre, ces récits appâtent en ville une foule d'ufologues amateurs. Chaque année, en février, un festival réunit toutes sortes d'habitués, armés d'un compteur Geiger ou d'une radio branchée sur certaines fréquences précises, entre autres costumes de Star Wars, d'ET et de Doctor Who. Capilla del Monte doit ainsi aux extra-terrestres des arrivées d'argent sonnant et trébuchant – coup de pouce bienvenu à l'économie de la petite ville.

Papagayos

DEPUIS CÓRDOBA : **4 HEURES**

Oasis inattendue

C'est une des curiosités écologiques dans la région : la présence d'oasis de palmiers, qu'on peut s'amuser à visiter. Il s'agit de palmiers carandays, arbres essentiellement décoratifs, aux petites grappes de fleurs jaune vif. Ils abondent à Papagayos, village installé sur les rives de l'Arroyo Papagayos dont les inondations contribuent à disperser les graines. Le ruisseau jalonné de bassins naturels invite à s'immerger. Vous pourrez aussi aller nager dans les piscines du Balneario Municipal, doté d'aires de pique-nique et de barbecues. Vous obtiendrez des renseignements sur les randonnées à cheval ou à pied jusqu'aux cascades alentour et sur les lieux de baignade à l'office de tourisme.

Si vous cherchez des souvenirs originaux, vous serez peut-être intéressé par les objets artisanaux produits localement à partir de ces palmiers, seulement présents dans cette partie de la province de San Luis, ainsi que dans quelques régions proches d'Argentine et du Paraguay.

Le caracara huppé

MANUEL DE BOTANIQUE

Familiarisez-vous avec l'étonnante variété de plantes qui poussent dans ces zones pourtant arides.

Figuier de Barbarie
Cactus en "queue de castor", facilement reconnaissable, dont le fruit est comestible.

Agave
Feuilles épaisses et pointues, dures et ligneuses, dont on extrait le sucre. Certains pédoncules peuvent atteindre les 10 m de haut.

Cactus à menton
Plante domestique populaire, à faible croissance et ronde comme une citrouille, le *Gymnocalycium* se pare de fleurs roses et jaunes.

Siphocampylus
Belle plante aux longues fleurs souvent très colorées, aliment favori des colibris.

Caroubier blanc
Arbuste épineux parfois aussi haut qu'un arbre. Ses racines sont capables d'atteindre l'eau en profondeur.

Carnet d'adresses

CÓRDOBA

Basílica Nuestra Señora de la Merced
Voir p. 239 (merced.org.ar ; 25 de Mayo 83 ; 8h30-13h et 16h30-20h lun-sam, 10h-12h30 et 18h30-21h dim)

Capilla Doméstica Jesuita
Voir p. 241 (Caseros 141 ; 8h-20h lun-ven)

Catedral Nuestra Señora de la Asunción
Voir p. 240 (catedraldecordoba.org.ar ; Independencia 80 ; 9h-19h30 lun-ven, 9h-12h et 16h-19h30 sam-dim)

Cripta Jesuítica
Voir p. 241 (criptajesuitica.wordpress.com ; Av. Colón 100 ; 10h-15h lun-ven)

Iglesia Compañía de Jesús
Voir p. 241 (iglesiadelacompañia.com ; Caseros 52 ; 7h30-13h et 19h-21h lun-sam, 8h30-12h30 et 18h30-21h dim)

Manzana Jesuítica
Voir p. 241 (Obispo Trejo 300-398 ; 9h30-17h30 lun ven, 9h30-13h30 sam)

Museo Histórico de la Universidad Nacional de Córdoba
Voir p. 241 (museohistorico.unc.edu.ar ; Obispo Trejo 242 ; visite libre/guidée adulte 1 500/3 000 $ARS, gratuit mer ; 9h30-14h30 lun-sam jan, 9h30-17h30 lun-ven, 9h30-14h30 sam fév-déc, visites guidées en anglais 10h, en espagnol 11h et 15h)

Museo Histórico Provincial Marqués de Sobremonte
Voir p. 241 (Rosario de Santa Fe 218 ; 1 000 $ARS, gratuit mer ; 10h-19h mar-dim)

Museo Provincial de Bellas Artes Emilio Caraffa (MEC)
Voir p. 242 (Poeta Lugones 411 ; 1 000 $ARS, gratuit mer ; 10h-19h mar-dim)

Museo Superior de Bellas Artes Evita
Voir p. 242 (Av. H Yrigoyen 511 ; 1 000 $ARS, gratuit mer ; 10h-19h mar-dim)

Paseo del Buen Pastor
Voir p. 241 (Av. H Yrigoyen 325 ; entrée libre ; 9h-20h)

Tsunami Tango
Voir p. 243 (tsunamitango.blogspot.com ; Laprida 453)

Aldea Hostel
Voir p. 241 (aldeahostelcordoba.com ; Santa Rosa 447)

Hotel Everest
Voir p. 241 (hoteleverest.com.ar ; San Jerónimo 465)

Windsor Hotel
Voir p. 241 (windsortower.com ; Buenos Aires 214)

El Solar de Tejeda
Voir p. 240 (@solardetejeda ; 27 de Abril 23 ; 8h-minuit)

Oriental Plaza
Voir p. 240 (@grupo.oriental ; San Jerónimo 82 ; 24h/24)

Bursátil
Voir p. 240 (facebook.com/BursatilRestoBar ; Ituzaingó, Centro 95 ; 9h-18h lun-ven, 9h30-13h sam)

Casa Nostra – La Casa del Mate
Voir p. 242 (casanostracba.com ; Lima 228 ; 8h-17h lun-ven, 9h-13h sam)

Gava
Voir p. 242 (gava.com.ar ; Independencia 350 ; 9h-19h30 lun-ven, 8h-18h sam)

Los Infernales
Voir p. 243 (Belgrano 631 ; 20h30-1h mer, 20h30-3h jeu, 20h30-5h ven-sam, 20h30-2h dim)

Punto y Banca
Voir p. 242 (San Jerónimo 115 ; 10h-18h lun-ven, 9h-14h sam)

The Journey
Voir p. 243 (@journeyguemes ; Belgrano 703 ; 19h-2h lun-mar, 19h-3h mer-jeu et dim, 19h-4h30 ven-sam)

Club Paraguay
Voir p. 243 (@clubparaguay ; Marcelo T. de Alvear 651)

ENVIRONS DE CÓRDOBA

Gran Hotel Viena
Voir p. 246 (facebook.com/Hotel.Viena ; San Liniers 136, Miramar ; visite diurne/nocturne 2 000/3 000 $ARS ; visites diurnes 10h et 11h tlj, 18h et 19h sam, 12h, 17h et 18h dim, visites nocturnes 20h30 mer et sam)

Hotel Comedor Marchetti
Voir p. 247 (hotelmarchetti.bitrix24.site ; Córdoba 174, Miramar)

LONGJON/SHUTTERSTOCK.COM ©

Paseo del Buen Pastor, Córdoba

Parrilla Marchetti
Voir p. 247 (@parrillamarchetti ; Juan B. Justo 2-100, Miramar ; 12h-14h30 dim-lun, 12h-14h30 et 21h-22h30 ven-sam)

Renacer
Voir p. 247 (facebook.com/petitmiramar ; Av. Costanera, Miramar ; 9h30-23h lun-ven, 9h-1h sam-dim)

SAN LUIS

Catedral de San Luis
Voir p. 250 (Rivadavia 740 ; 24h/24)

Colegio Nacional Juan Crisóstomo Lafinur
Voir p. 250 (San Martín 748 ; 8h-21h lun-ven)

Museo Dora Ochoa de Masramón
Voir p. 249 (Colón 508 ; 8h-13h et 14h-20h mar-dim)

Casa Blanca Hostel
Voir p. 251 (0266-440-1861 ; Belgrano 1406)

Hotel Premium Tower Suites
Voir p. 251 (0261-248-0888 ; Av. Illia 525)

Hotel Punta Lavalle
Voir p. 251 (hotelpuntalavalle.com.ar ; Lavalle 336)

4 Reinas
Voir p. 250 (@4reinas.sl ; Av. Illia 392 ; 11h-2h dim-jeu, 11h-4h ven-sam)

La Rosa
Voir p. 250 (Av. Illia 187 ; 10h30-15h et 19h30-minuit mar-sam, 11h30-13h dim)

Maria Bonita
Voir p. 250 (022-524-7882 ; Pringles 1180 ; 20h-2h)

Regionales Mercedes
Voir p. 250 (Rivadavia 740 ; 9h45-13h30 et 16h45-20h30 lun-sam)

Santería Catedral
Voir p. 250 (santeriacatedral.com.ar ; Rivadavia 740 ; 9h-13h et 16h30-20h30 lun-ven, 9h-13h sam)

ENVIRONS DE SAN LUIS

Cabaña El Balcón de Trapiche
Voir p. 253 (0266-468-5748 ; Gral. Lavalle, El Trapiche)

Cabañas La Cascada
Voir p. 253 (0266-439-3523 ; Gral. Lavalle, El Trapiche)

Parrilla y Restaurante Los Armenios
Voir p. 253 (0266-511-4179 ; D 5701, El Trapiche ; 11h-17h ven-lun)

LES SIERRAS

Mina de Oro
Voir p. 264 (02651-49-0224 ; Carolina 16 de Julio Cor. El Minero, La Carolina ; 10h-19h)

Museo de Poesia
Voir p. 264 (lacarolinasanluis.com.ar/que-hacer/museo-de-la-poesia ; 9 La Carolina ; 8h-18h)

Apart Hotel Costa Serrana
Voir p. 262 (costaserrana.ar ; Olmos 1303, Mina Clavero)

Balcon del Río
Voir p. 262 (balcondelrio.com.ar ; Cosquín, Mina Clavero)

El Refugio Carolina
Voir p. 264 (argentinaturismo.com.ar/elrefugiocarolina ; Las Pircas 100, D 5701 La Carolina)

Epic Hotel
Voir p. 268 (epichotelmerlo.com ; Av. Eva Duarte 121, Merlo)

Hospedaje El Ceibo
Voir p. 266 (hosteriaelceibo.com.ar ; Pública s/n, La Cumbrecita)

Hostal El Tomolasta
Voir p. 264 (0266-425-7211 ; @el.tomolasta ; Coronel Pringles s/n, La Carolina)

Hostel Cumbrecita Planeta
Voir p. 266 (03546-419581 ; planetacumbrecitahostel@gmail.com ; Pública s/n, La Cumbrecita)

Hostel El Viaje Casa Alternativa
Voir p. 262 (03544-53-4745 ; 2030 A. F. De Merlo, Mina Clavero)

Hotel La Cumbrecita
Voir p. 266 (hotelcumbrecita.com ; Pública s/n, La Cumbrecita)

Hostel Rincón del Oro
Voir p. 264 (0266-431-8008 ; Pringles 800, La Carolina)

Merlo Hostel
Voir p. 268 (facebook.com/merlo.hostel ; Av. del Sol 1025, Merlo)

Parque y Sol Hotel
Voir p. 268 (02656-47-5150 ; Av. del Sol 715, Merlo)

Café Bar Suizo
Voir p. 267 (facebook.com/BarSuizoLaCumbrecita ; Pública s/n, La Cumbrecita ; 12h-20h dim-lun et mer, 12h-minuit jeu et ven-sam)

Coronado Restaurant
Voir p. 263 (coronadohotel.com.ar ; Av. San Martín 2300, Mina Clavero)

Edelweiss
Voir p. 267 (Calle Publica s/n, Lago de los Patos, La Cumbrecita ; 11h-19h jeu-dim)

El Bodegón de Oro
Voir p. 265 (0266-402-4909 ; 16 de Julio 707, La Carolina ; 13h-15h30 sam-dim)

El Nazareno
Voir p. 269 (alfajoreselnazareno.com.ar ; angle Presbítero Becerra et Juan de Videla, Merlo ; 7h30-22h)

Franchesca Resto
Voir p. 269 (02656-47-8430 ; Pres. Perón 10, Merlo ; 10h-15h30 mar-dim, 8h-15h lun-mar)

Huellas Café-Bar
Voir p. 265 (02651-490-224 ; angle 16 de Julio et El Minero, La Carolina ; 11h-19h)

La Colina
Voir p. 267 (suitesdelacolina.com ; Las Truchas s/n, La Cumbrecita ; 20h-22h lun-jeu, 12h-15h et 20h-22h ven-dim et tlj jan-fév et juil)

Lo de Chacón
Voir p. 265 (0266-433-4481 ; 16 de Julio, La Carolina ; 12h30-minuit ven, 10h-0h30 sam, 10h-18h30 dim)

Pulpería Lo de Urquiza
Voir p. 269 (facebook.com/pulperialodeurquiza ; Pres. Perón 94, Merlo ; 11h30-15h30 et 20h-minuit)

Restaurant El Viejo Nogal
Voir p. 263 (facebook.com/ElViejoNogal ; Poeta Lugones 1364, Mina Clavero)

Rincón Suizo
Voir p. 263 (03544-47-0447 ; Recalde 1200, Mina Clavero ; 11h-19h)

ENVIRONS DES SIERRAS

Parapente Capilla del Monte
Voir p. 271 (0354 853-1784 ; Av. las Gemelas 622, Capilla del Monte)

Parapente Marcos
Voir p. 271 (03548-15-63-7358 ; La Falda, La Cumbre ; 9h-18h)

Escuela de parapente Voler
Voir p. 271 (0351-619-0748 ; Pje. Marusich 642, La Calera)

Dos Aguas
Voir p. 271 (03548-63-3192 ; Santa Cruz 1714, Capilla del Monte)

Monte Adentro
Voir p. 271 (09-3548-63-8560 ; Ruta 38, Viejo Camino Los Mogotes, Capilla del Monte)

Posada del Árbol
Voir p. 271 (posadadelarbol.com.ar ; Sarmiento 161, Capilla del Monte)

Alfonsina Parrilla Gourmet
Voir p. 272 (facebook.com/Alfonsina2006 ; 25 de mayo 331, Capilla del Monte ; 20h-minuit jeu-dim)

Buddhi
Voir p. 272 (facebook.com/buddhicapillarestaurante ; Av. Pueyrredón 574, Capilla del Monte ; 9h-minuit)

Sabia que venias y prepare un pastel
Voir p. 272 (sabiaquevenias.com.ar ; Pueyrredón 681, Capilla del Monte ; 9h-minuit)

Catedral Nuestra Señora de la Asunción, Córdoba

Mendoza et centre des Andes

LES ANDES COMME TERRES VITICOLES

À Mendoza, plongez dans la culture du vin, dînez dans des *bodegas* et lancez-vous dans de palpitants périples andins.

Le centre ouest argentin, qui comprend les provinces de Mendoza – le cœur viticole de l'Argentine – et de San Juan, est un paradis pour les œnophiles et bons vivants, ainsi qu'un formidable terrain de jeu pour les passionnés de sports extrêmes, qui pourront y partir à la conquête des Andes. Fondée en 1561, la capitale de la province, Mendoza, est la ville la plus dynamique du centre andin. Ses places verdoyantes et ses canaux d'irrigation remontent à l'époque préhispanique. L'eau de fonte qui dévale la cordillère est vitale, aussi bien pour cette agglomération que la région dans son ensemble. C'est elle qui permet, aux vignobles comme aux habitants, de supporter les rudes conditions climatiques de cette contrée semi-aride. Après avoir quitté Mendoza, les vignobles apparaissent bientôt de part et d'autre de la RN 40. Le passé et le présent viticoles de la région s'affichent alors dans une succession d'édifices centenaires en brique rouge qui se partagent le terroir avec des *bodegas* (caves) plus modernes. C'est dans les belles vallées de Luján de Cuyo et de Uco, où le vin coule à flots et où les Andes semblent à portée de main, que commence votre épopée œnologique. Si l'ascension de l'Aconcagua, plus haut sommet de l'hémisphère Sud, n'est pas à la portée de tous, on peut également profiter des montagnes en faisant de la randonnée, du rafting ou des balades à cheval. Que vous pagayiez en kayak près de San Rafael ou dégustiez un bon malbec à Barreal, l'épine dorsale andine de cette partie du continent dominera invariablement l'horizon.

WESTEND61/GETTY IMAGES ©

SITES PRINCIPAUX

MENDOZA
Capitale historique de la province.
p. 284

LUJÁN DE CUYO
Cyclotourisme et *bodegas*.
p. 292

VALLE DE UCO
Vignobles de renommée mondiale.
p. 302

PROVINCE DE SAN JUAN
Porte d'entrée sur des paysages lunaires.
p. 314

ALEXANDR VLASSYUK/SHUTTERSTOCK ©

À gauche : raisins de malbec, Mendoza ; ci-dessus : vignoble, Mendoza

S'orienter

Dans le centre ouest de l'Argentine, avec les Andes en toile de fond, Mendoza et San Juan regroupent une part essentielle des vignobles du pays. Bien que les deux provinces soient vastes, il est assez facile de s'y déplacer en voiture, même si les pistes non goudronnées sont monnaie plutôt courante dans la province de San Juan. Nous avons sélectionné les lieux où s'exprime à son meilleur cette culture viticole d'exception.

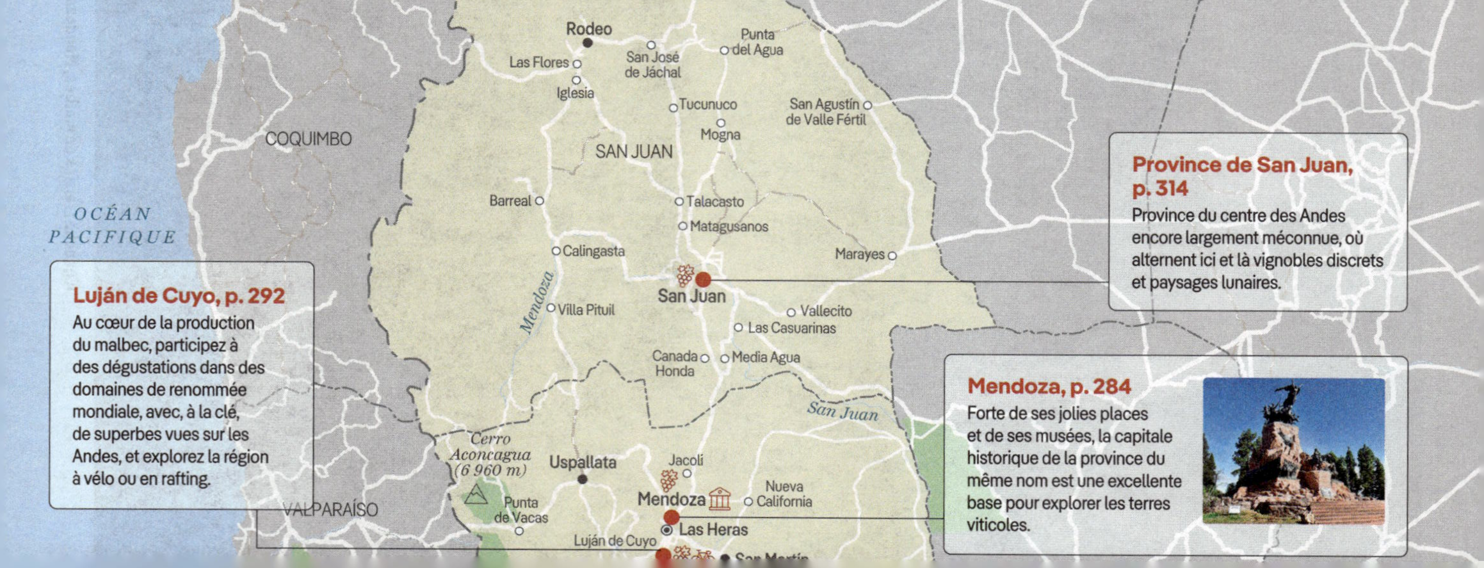

Province de San Juan, p. 314
Province du centre des Andes encore largement méconnue, où alternent ici et là vignobles discrets et paysages lunaires.

Luján de Cuyo, p. 292
Au cœur de la production du malbec, participez à des dégustations dans des domaines de renommée mondiale, avec, à la clé, de superbes vues sur les Andes, et explorez la région à vélo ou en rafting.

Mendoza, p. 284
Forte de ses jolies places et de ses musées, la capitale historique de la province du même nom est une excellente base pour explorer les terres viticoles.

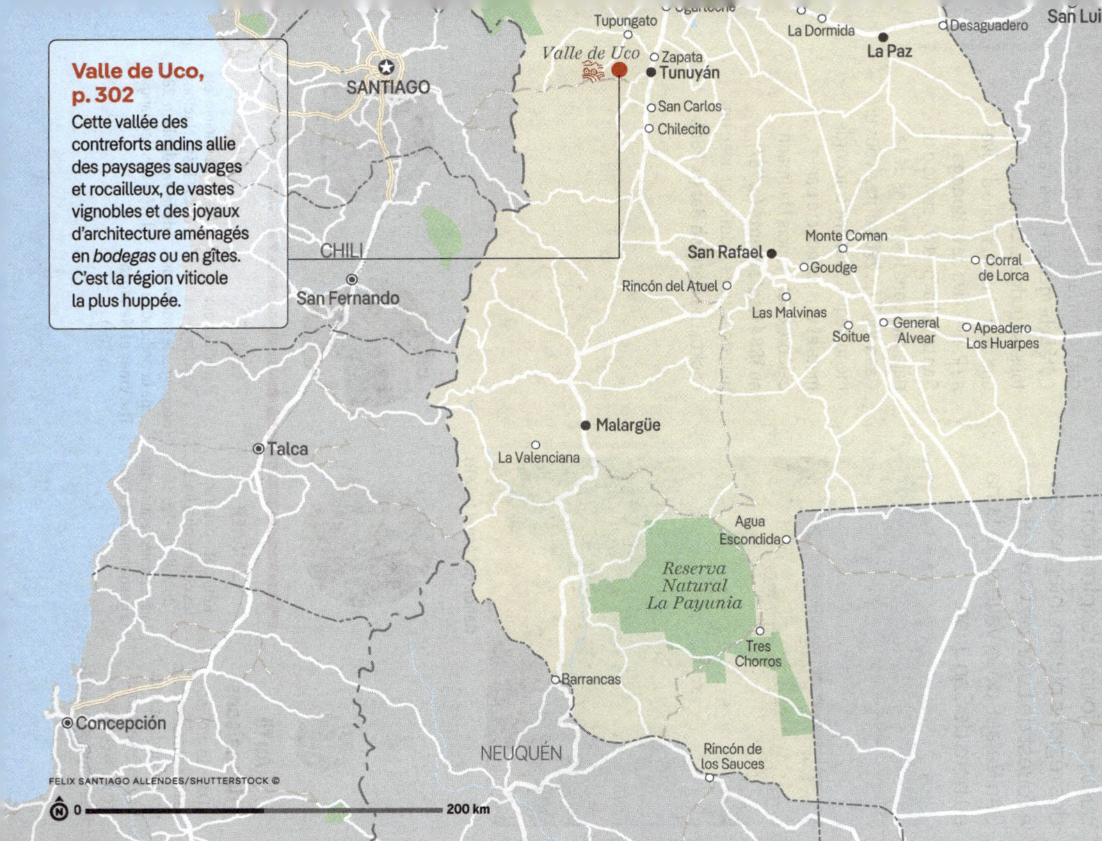

Valle de Uco, p. 302

Cette vallée des contreforts andins allie des paysages sauvages et rocailleux, de vastes vignobles et des joyaux d'architecture aménagés en *bodegas* ou en gîtes. C'est la région viticole la plus huppée.

VOITURE

La location de voiture reste le meilleur moyen de découvrir Mendoza et la région viticole de San Juan. L'exploration des hauteurs des Andes, le long des *rutas provinciales*, nécessite un 4x4. Si vous buvez de l'alcool, vous pouvez solliciter les services d'un chauffeur privé.

TRAMWAY

Le *metrotranvía* (tramway ; stmendoza.com/metrotranvia) est très pratique pour se déplacer entre Mendoza et Maipú. La ligne unique, longue de 17 km, compte 26 arrêts, ce qui permet d'accéder facilement à un grand nombre de destinations.

BUS

Si vous décidez de faire de Mendoza votre port d'attache, des bus desservent Maipú et Luján de Cuyo, à condition d'être muni d'une carte à puce SUBE rechargée (p. 527). Pour le Valle de Uco, San Rafael ou San Juan (ville), prenez un *micro* (bus confortable à deux étages) depuis le Terminal de Mendoza.

Planifier son séjour

Si la visite des vignobles s'impose, on gagne aussi à consacrer quelques jours à l'exploration des régions plus montagneuses à l'ouest de Luján de Cuyo et de San Rafael, ou le Valle de la Luna au nord de San Juan.

Cañón del Atuel (p. 311)

Si vous avez peu de temps

- Les plus gourmands devraient passer au moins une nuit à Mendoza. La ville est suffisamment proche des *bodegas* de **Godoy Cruz** (p. 287) et de **Maipú** (p. 289) pour découvrir l'excellente gastronomie et les vins locaux. Côté hébergement, il y en a pour tous les budgets. Le matin, faites une dégustation d'huile d'olive au Pan y Oliva de la **Bodega Santa Julia** (p. 289), suivie d'un déjeuner dans les jardins de la **Casa Vigil** (p. 290), offrez-vous un menu dégustation avec accords mets et vins, concocté par le célèbre chef Francis Mallmann au **1884 Restaurante** (p. 287), puis concluez en douceur avec un cocktail au **Garnish Bar** (p. 286).

Au fil des saisons

Dans la province de Mendoza, les étés sont chauds et secs, et les hivers sont froids avec souvent de la neige en altitude.

JANVIER

Réfugiez-vous dans les climats plus frais du Valle de Uco et laissez-vous séduire par la gastronomie et le vin.

FÉVRIER

Participez aux vendanges et découvrez le processus de la vinification à **The Vines of Mendoza** (p. 306).

MARS

Mendoza s'anime lors de la **Fiesta Nacional de la Vendimia** (p. 287), la fête des Vendanges.

Si vous avez trois jours

- Séjournez à **Luján de Cuyo** (p. 292) et découvrez l'histoire viticole de la vallée en visitant diverses *bodegas*, modernes ou anciennes. Louez un vélo et allez de cave en cave comme chez **Carmelo Patti** (p. 296) et la **Bodega Lagarde** (p. 296), savourez un délicieux repas avec vue sur les Andes au **Riccitelli Bistró** (p. 297) ou au **5 Suelos-Cocina de Finca** (p. 293). Si votre budget le permet, offrez-vous le luxe du **Cavas Wine Lodge** (p. 294) ou du **SB Winemaker's House** (p. 294).

- Et pour admirer la montagne dans les grands espaces, ajoutez un peu de piment à votre journée avec une **descente en rafting** (p. 299) au départ de Potrerillos sur les rapides du Río Mendoza.

Si vous avez plus d'une semaine

- Après avoir passé quelques journées gastronomiques à Luján de Cuyo, mettez le cap au sud pour admirer la vue panoramique sur les Andes et découvrir la région viticole du Valle de Uco. Appréciez cette audace architecturale propre à Uco au **Zuccardi** (p. 305) et au **Clos de los Siete** (p. 309), dînez à la lueur de la pleine ou de la nouvelle lune au **Sitio La Estocada** (p. 306), ou prenez le repas du midi dans un havre de paix au **Ruda** (p. 304).

- Profitez aussi de la proximité des Andes pour monter en selle et vous lancer dans une excursion à cheval avec les *gauchos* à **La Quebrada del Cóndor** (p. 306).

- Enfin, pour une route des vins plus paisible, continuez plus au sud et passez la nuit à **San Rafael** (p. 310) pour observer les condors et faire du kayak au **Cañón del Atuel** (p. 311).

AVRIL
Quand les conditions sont réunies, observez les étoiles au **Complejo Astronómico El Leoncito** (p. 319), près de Barreal, à San Juan.

JUIN
Rendez hommage au libérateur sud-américain San Martín à **Manzano Histórico** (p. 308) à l'occasion de l'anniversaire de sa mort.

JUILLET
Équipez-vous pour la neige et partez faire du ski et du snowboard sur les pentes de la station de **Las Leñas** (p. 312).

OCTOBRE
Au début du printemps, offrez-vous une balade à cheval pour admirer les paysages fleuris du domaine montagneux de **Rancho 'e Cuero** (p. 307).

EN BAS : DFLC PRINTS/SHUTTERSTOCK ©, CECILIAMP/SHUTTERSTOCK ©, LUCIO F. MOUJAN/SHUTTERSTOCK ©, NICK PHOTOWORLD/SHUTTERSTOCK ©

Mendoza

Pour les infos pratiques, voir le Carnet d'adresses p. 320

COMMENT CIRCULER

Le centre de Mendoza se parcourt aisément à pied. La seule côte assez raide est celle menant au monument de San Martín dans le parc du même nom. Il existe des bus, ainsi qu'un tramway (stmendoza.com/metrotranvia) qui dessert Maipú, Godoy Cruz et Las Heras. Si vous avez une voiture, vous devrez la garer dans un *estacionamiento*, signalé par un grand E, facturé à l'heure ou à la journée. Disposer de son propre véhicule permet de visiter plus facilement les domaines viticoles aux environs de la ville.

À SAVOIR

L'aéroport El Plumerillo de Mendoza est à 20 minutes de route du centre-ville. Le bus n°680 relie le Terminal à la Plaza Independencia, dans le centre-ville, mais une carte SUBE est nécessaire. Il sera donc plus simple de prendre un taxi ou de louer une voiture à votre descente de l'avion.

Ville la plus dynamique de cette partie des Andes, Mendoza en est aussi la plus grande, tout en demeurant facile à visiter. Fondée en 1561, la capitale de la province du même nom faisait à l'origine partie de la capitainerie générale du Chili, avant d'être libérée par José de San Martín. C'est d'ici que le général partit à la tête de l'Armée des Andes, en 1817, pour délivrer l'actuel Chili de la férule espagnole. En 1853, le futur président Domingo Sarmiento recruta un agronome français, Michel Aimé Pouget, pour donner un nouveau souffle à l'activité viticole. Parmi les crus bordelais implantés sur cette terre fertile se trouvait le malbec, devenu depuis le plus en vue des cépages rouges du pays, tandis même que sa culture régressait en France.

La région est sujette aux tremblements de terre. Le plus dévastateur s'est produit en 1861, et a anéanti les derniers vestiges de surface d'architecture préhispanique, ainsi que l'essentiel des bâtiments de l'époque coloniale. Une grande partie de Mendoza a été reconstruite après le séisme et c'est aujourd'hui une ville assez plate dont les rues rectilignes sont bordées d'*acequias* (canaux d'irrigation), ainsi que de platanes et de sycomores dont les *Mendocinos* (habitants de Mendoza) apprécient l'ombre l'été venu. La chaîne des Andes, toute proche, invite à l'aventure.

Places et parcs de Mendoza

Explorer les espaces verts à pied

Les nombreux espaces verts de la ville, conjugués à son relief relativement plat, rendent l'exploration à pied de son centre agréable. La place principale, la **Plaza Independencia**, est le cœur de la vie sociale de Mendoza. Ce vaste espace arboré se prête à la flânerie, notamment lorsque s'y installent, le week-end, des étals d'artisans. On s'y plaît aussi à observer les allées et venues depuis un banc à l'ombre, dans les senteurs estivales des acacias et des magnolias. Des fontaines et des hauts-reliefs y commémorent l'événement fondateur de l'histoire du pays auquel ce lieu doit son nom. On y trouve également un blason national

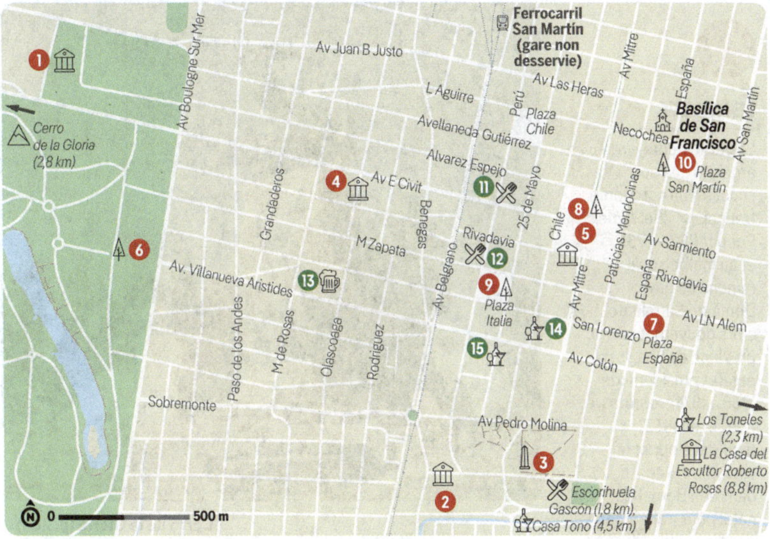

VOIR
1 Espacio de Fotografía Máximo Arias
2 La Enoteca – Centro Temático del Vino
3 Memorial a la Bandera del Ejército de los Andes
4 Museo Carlos Alonso
5 Museo de Arte Moderno de Mendoza
6 Parque General San Martín
7 Plaza España
8 Plaza Independencia
9 Plaza Italia
10 Plaza San Martín

SE RESTAURER
11 Azafrán
voir 11 Centauro
12 Fuente y Fonda

PRENDRE UN VERRE ET FAIRE LA FÊTE
13 Chachingo
14 La Central Vermutería
15 The Garnish Bar

haut de 17 m et éclairé de nuit. Quatre plus petites places sont réparties, à équidistance, autour de la Plaza de Independencia, à la manière du chiffre cinq sur un dé. Elles sont l'œuvre du paysagiste Julio Gerónimo Balloffet. Trois d'entre elles rendent hommage – et portent le nom – aux principales communautés d'immigrés venus d'Espagne, d'Italie et du Chili, tandis que la quatrième, la **Plaza San Martín**, est dédiée à un des héros des indépendances sud-américaines, José de San Martín, avec en son centre une statue équestre en bronze le figurant. Non loin, admirez la **Basílica de San Francisco** qui abrite l'icône de la Vierge de Cuyo, patronne de l'Armée des Andes du général José de San Martín. Avec ses carreaux de céramique andalouse, ses fontaines et ses monuments, la **Plaza España** est la plus jolie. La **Plaza Italia**, quant à elle, est entourée d'une frise représentant des scènes du travail agricole qui a contribué à l'essor de la région au XIXe siècle. Enfin, les bancs de la **Plaza Chile** sont ornés de décorations en céramique aux couleurs du Chili.

Depuis la Plaza Independencia, il suffit de 30 minutes de marche vers l'ouest pour gagner le **Parque General San Martín**, puis affronter une côte beaucoup plus raide pour arriver au **Cerro de la Gloria**, le point culminant du parc (1 700 m), qui offre une vue panoramique sur la ville et les Andes. Français naturalisé argentin, le paysagiste Charles Thays (1849-1934)

LEXIQUE DU VIN

La *degustación* signifie bien sûr “dégustation”. Vous goûterez probablement du *vino tinto* (vin rouge) et du *vino blanco* (vin blanc). Lors de la visite d'une *bodega* ou d'un caviste, la découverte des *viñedos* (vignobles) et de la *cava* (cave ou salle des fûts) fera partie du programme.

Pour commander un vin jeune et frais, vous devrez demandez un *vino joven y fresco*. Pour un vin vieilli en fût de chêne, demandez un *vino con un paso por barrica*.

L'Argentine a un label attribué qui fait référence dans le secteur : il s'agit des crus dits “*cien puntos*” (100 points).

LE MALBEC

Le plus célèbre vin argentin doit son succès à un agronome français, Michel Aimé Pouget (1821-1875), et au malbec qu'il ramena du pays. Domingo Sarmiento, alors gouverneur de la province de San Juan et futur président (de 1868 à 1874), recruta Pouget en 1853, pour développer la viticulture. Reparti dans son Bordelais natal pour y chercher des vins nobles, il en revint avec, entre autres cépages, le malbec.

Sublimé par le terroir local, le malbec règne désormais en maître dans le pays. Voici 30 ans, les viticulteurs commencèrent à expérimenter de nouvelles méthodes de culture du raisin, en le plantant à des altitudes de plus en plus élevées, ou en faisant vieillir le vin dans de petits fûts plutôt que dans d'immenses cuves. Le malbec s'adapte à tout et se déguste sous maintes formes, aussi bien jeune et frais que vieilli 15 ans en barrique, rosé et pétillant, voire blanc.

Cerro de la Gloria (p. 285)

a conçu le parc de manière rationnelle, avec de jolis coins de verdure dont une roseraie et des allées bordées de platanes et de palmiers. Véritable poumon vert de la ville, avec ses 50 000 arbres, on y trouve également un lac, des clubs d'équitation et de tennis, des restaurants et un amphithéâtre, tandis qu'au sommet se trouve le **Monumento al Ejército de Los Andes** (monument à l'Armée des Andes).

De musée en musée

À la convergence du vin, du patriotisme et de l'art

Mendoza est une ville portée sur la culture. Ses sites et musées allient vin, art et fierté nationale. Pour ce qui est du premier, **La Enoteca-Centro Temático del Vino**, au sud du centre-ville, est un incontournable. Cette ancienne école de viticulture et cave a été reconvertie en un musée qui retrace l'histoire du vin argentin. On peut même y faire une dégustation sur le toit, lorsque le soleil se couche par-delà les Andes.

Les *Mendocinos* sont très fiers du général José de San Martín, l'un des héros des indépendances sud-américaines, qui, né dans la province de Corrientes, a levé son armée à Mendoza et a joué un rôle déterminant dans l'accession de l'Argentine au rang de nation. Le **Memorial a la Bandera del Ejército de los Andes**, érigé en sa mémoire au sud du centre-ville, arbore le drapeau de l'Armée des Andes de 1816.

OÙ PRENDRE UN VERRE À MENDOZA

The Garnish Bar
Rafraîchissez-vous avec un gin-tonic ou avec la spécialité de ce bar à cocktails, le Basil Oil Smash. $

La Central Vermutería
Nombreux vermouths proposés à la tireuse ; attardez-vous-y pour déguster de délicieux petits plats. $

Chachingo
Brasseur artisanal qui pousse les IPA dans un nouvel univers en jouant avec le raisin et le vieillissement en barrique. $

Côté arts, on gagne à visiter l'**Espacio de Fotografía Máximo Arias**, à l'ouest du centre. Il y est rendu hommage au photographe du même nom, aujourd'hui décédé, dont l'objectif a immortalisé le monde du travail et les injustices sociales de Mendoza ; la collection permanente est installée dans un ancien hôpital. Le **Museo de Arte Moderno de Mendoza**, bien caché sous la Plaza Independencia, mérite également le détour. Vous y trouverez des travaux d'artistes argentins contemporains tels qu'Antonio Berni. Plus loin, le **Museo Carlos Alonso** expose des centaines d'illustrations de l'artiste visuel éponyme dans une vieille maison magnifiquement restaurée, la Mansión Stoppel. À 15 minutes de route à l'est, à Guaymallén, se trouve également la **Casa del Escultor Roberto Rosas**, où l'on rend tribut, dans son ancien atelier, à la vie et à l'œuvre du sculpteur.

Le sacre du raisin

Quand la fête des moissons se fait carnaval

La **Fiesta Nacional de la Vendimia** (fête nationale des Vendanges), qui se déroule chaque année à la fin de l'été et au début de l'automne austral (février-mars) dans les rues de la capitale provinciale, tient d'un véritable carnaval à la *mendocina*. Les 17 départements de la province viennent y faire étalage de leurs prouesses agricoles, lesquelles ne se limitent pas à la culture du raisin, mais concernent également d'autres produits (courges, courgettes et divers fruits).

Voilà plus de 80 ans que les *Mendocinos* célèbrent ainsi leurs récoltes, et si le concours de beauté du festival – avec pour point d'orgue le couronnement de la reine des vendanges – semble un peu désuet, l'esprit de fête qui prévaut en fait un moment privilégié pour visiter la ville. Une procession de chars, de mules et de *gauchos* parés de leurs plus beaux atours s'élance du Parque San Martín le long des principales avenues, sur fond de musique traditionnelle. Pour vous mettre dans l'ambiance, emportez un sac pour attraper les fruits et légumes de saison que lancent des "princesses" juchées sur les chars. Dans ce joyeux désordre, il vous faudra parfois même attraper des melons ! Le final se déroule dans l'amphithéâtre Teatro Griego (entrée payante), où un spectacle de musique, de danse et d'opéra s'achève par le couronnement de la reine de la *vendimia* et un grand feu d'artifice.

VIN ARGENTIN

Si les crus de Mendoza, comme le malbec et le cabernet sauvignon, sont peut-être les plus connus d'Argentine, le pays compte nombre d'autres cépages (voir p. 552).

BODEGAS À 15 MINUTES DE MENDOZA

Si vous souhaitez visiter des *bodegas* mais manquez de temps, sachez qu'il en existe plusieurs à moins de 15 minutes de route de la Plaza Independencia.

Los Toneles, fondée en 1922 à Guaymallén, a été réaménagée pour proposer aux amateurs de vin un peu plus qu'une simple visite guidée de la cave : réservez votre table au restaurant **Abrasado** et commandez du bœuf vieilli à sec.

Installée dans un ancien atelier de carrosserie et de peinture à Godoy Cruz, non loin de là, la **Casa Tano** est une *bodega* à l'ambiance conviviale.

Offrez-vous un menu à 3 plats accompagnés du vin orange de la maison dans son restaurant, le Capannina Bistró. Le **1884 Restaurante**, de la *bodega* Escorihuela Gascón, est l'un des établissements du célèbre chef Francis Mallmann. Profitez d'un dîner romantique aux chandelles entre ses murs d'adobe vieux de 140 ans.

OÙ SE RESTAURER À MENDOZA

Azafrán
Menu dégustation, accords mets et vins, qui convient aussi bien pour un rendez-vous galant qu'une réunion d'affaires. $$$

Centauro
Ce restaurant ne cuisine que des produits issus des différentes écorégions de la province de Mendoza. $$$

Fuente y Fonda
Établissement situé dans Montevideo, en face de la Plaza Italia. Grands plateaux de *milanesa* ou de lasagnes à partager. $$

Environs de Mendoza

Au sortir de la capitale, partez à la découverte des traditions de la province dans les *bodegas* qui en perpétuent la culture viticole.

Pour les infos pratiques, voir le Carnet d'adresses p. 320

COMMENT CIRCULER

Bien que le *metrotranvía* (tramway ; stmendoza.com/metrotranvia) permette de gagner Maipú depuis le centre de Mendoza, il est plus pratique de se rendre dans les vignobles en voiture. Uber et Cabify (cabify.com/ar) sont tous deux présents à Mendoza, mais comme il faut compter plus de 30 minutes de trajet pour atteindre les campagnes, mieux vaut s'y prendre tôt pour la réservation, moyennant un petit supplément. De nombreux voyageurs visitent Maipú et Luján de Cuyo dans le cadre d'un circuit guidé depuis Mendoza.

Au sud-est de la capitale (la *Zona Este*), le paysage urbain cède peu à peu la place à des terres agricoles. Cette région viticole – connue, avec Luján de Cuyo (p. 292), sous le nom de *Primera Zona* ou Première Zone – est de longue date l'un des principaux pourvoyeurs de la province de Mendoza, dont nombre des caves se concentrent dans le secteur de Maipú. Des vignobles centenaires y côtoient des vergers de pommiers et de pêchers, des oliveraies et des *bodegas*, dont les styles architecturaux distinctifs ponctuent ce cadre de vignes. Les routes de campagne sinueuses sont les artères de la vie rurale : on y croise des tracteurs, des camions transportant du matériel agricole, des chiens occupés à somnoler sous le soleil de midi et même quelques chèvres. Tout, ici, invite à passer une belle journée.

KAROL KOZLOWSKI PREMIUM RM COLLECTION/ALAMY STOCK PHOTO ©

Bodegas López

Maipú

DEPUIS MENDOZA : **20 MINUTES**

Des vignobles chargés d'histoire

Alors que l'on tient d'usage que la province de Mendoza produit des vins de montagne, **Maipú**, l'une des principales zones viticoles de la *Zona Este*, fait figure d'exception puisque, avecses 650 m d'altitude, elle en est la moins haute. Le climat y est aride et le sol, argileux plutôt que rocailleux. Les grands cépages de la région sont le cabernet sauvignon, le bonarda et le malbec, des vins rouges à maturation lente auxquels profite un climat chaud et sec. Une poignée de vignobles centenaires de la région cultive ces cépages et perpétuent avec fierté leurs méthodes de vinification ancestrales.

Les **Bodegas López**, fondées en 1898 et situées à trois rues de l'arrêt de tramway Gutiérrez, proposent des visites guidées, avec dégustation de vin moyennant un supplément. Carlos et son frère Eduardo, dignes héritiers de la quatrième génération de la famille López, continuent à faire vieillir les grands millésimes de leur vignoble, tels que leur vin d'assemblage rouge Montchenot, dans d'immenses fûts de chêne français pouvant atteindre 40 000 litres. À se promener parmi les pressoirs manuels, les outils agricoles anciens et les énormes cuves en chêne, on mesure à quel point cette cave tient d'un musée vivant.

Luigi Bosca, fondée par la famille Arizú en 1901, est une autre exploitation viticole de Maipú désormais gérée par la quatrième génération. Les visites guidées de 3 heures et la dégustation dans le vignoble de la **Finca El Paraíso**, près de Barrancas, avec une jolie promenade à travers les quelque 500 ha de vignes et d'oliveraies incluse, se font sur réservation. Cette tranquille marche champêtre au son du chant des oiseaux, agrémentée de délicieux en-cas et d'une dégustation d'huile d'olive extra-vierge, se conclut, dans une magnifique demeure, par un menu de 4 plats arrosés des meilleurs crus de la *bodega*.

Bodega Santa Julia

DEPUIS MENDOZA : **30 MINUTES**

Avec un filet d'huile d'olive

À 20 minutes de route au nord-est de Maipú vous trouverez, dans le secteur de Santa Rosa, la **Bodega Santa Julia**, de la famille Zuccardi. Membre de la troisième génération, Miguel Zuccardi exploite ici un vignoble bio de 300 ha et cultive également des oliveraies, dont sont tirées des huiles extra-vierges et primées. Plusieurs variétés d'olives italiennes et espagnoles, dont la Genovesa, la Coratina, la Frantoio et la Picual, sont cultivées sur ces terres aux côtés de la plus ancienne variété d'Argentine, l'Arauco, connue pour sa fraîcheur et ses tonalités épicées. La récolte des olives a lieu en automne : réservez votre place pour participer à la cueillette en secouant les arbres pour en faire tomber les olives vertes et noires, et voir la façon dont on en extrait l'huile. Rien ne vaut les arômes herbacés caractéristiques de la première pression, dont on obtient, en moins de 40 minutes, la fameuse huile d'olive extra-vierge.

À SAVOIR

Bien que le centre de Maipú soit accessible en *metrotranvía* (tramway), il est plus pratique de se rendre dans les vignobles en voiture.

UNE LEÇON D'HISTOIRE DE LA VITICULTURE

Le principal musée de Maipú, le **Museo Nacional del Vino y la Vendimia**, expose nombre d'objets liés à la production du vin, qu'il s'agisse d'outils agricoles ancestraux, de très vieux millésimes, ou de pressoirs manuels plus que centenaires. Mais les bâtiments qu'il occupe sont peut-être plus intéressants encore. Ayant appartenu à deux grandes familles de viticulteurs, les Gargantini et les Giol, ces deux vénérables demeures ont été bâties dans le plus pur style Art nouveau italien, le *stile floreale*. Les vitraux illustrant la vie dans les vignes y ont fait l'objet d'un magnifique travail de restauration, tout comme les escaliers en marbre de Carrare. L'endroit se prête à une immersion dans le passé, tant agricole qu'architectural, de la région.

SUR LES RAILS

Sur les routes de campagne de la province de Mendoza, il faut parfois lever le pied pour traverser des passages à niveau cahoteux. En effet, voici un siècle, des trains transportaient le vin en vrac entre Mendoza et Buenos Aires, et les *bodegas* comme les entrepôts avaient été construits près des voies ferrées dans l'une et l'autre villes (l'entrepôt Palermo Soho des Bodegas López est toujours en activité). Une fois arrivé à destination, le vin était réparti dans des cuves (dont beaucoup en béton), avant d'être embouteillé dans des dames-jeannes (bombonnes en verre de 11 litres entourées de vannerie) et mis en vente. Pour voir l'un des meilleurs vestiges de ce passé ferroviaire, rendez-vous à Trapiche, où des wagons d'époque semblent stationnés pour toujours le long de quais bien conservés. Le transport de vin en vrac fut interdit en 1963.

Bodega Trapiche

La location d'un vélo pour parcourir les oliveraies permet de nouer un lien plus intime encore avec le terroir. Rien de tel qu'un peu d'exercice physique pour vous ouvrir l'appétit avant d'aller déjeuner au **Pan y Oliva**, le restaurant méditerranéen de l'exploitation. En cuisine, le chef met un soin tout particulier à incorporer l'huile d'olive extra-vierge produite sur le domaine à tous les plats, depuis le carpaccio de bœuf jusqu'à la crème glacée maison.

Casa Vigil, Chachingo DEPUIS MENDOZA : **30 MINUTES**

Un grand vignoble au milieu de nulle part

Pour les *Mendocinos,* "Chachingo" signifie "au milieu de nulle part". Pourtant, ce paisible village est devenu une destination de choix le jour où la cave **El Enemigo** de **Casa Vigil** s'est retrouvée 10e au classement des 50 meilleurs vignobles du monde en 2023.

OÙ SE RESTAURER DANS LA ZONA ESTE

Casa del Visitante
Sautez le petit déjeuner afin d'arriver fin prêt pour *l'asado* servi dans ce deuxième restaurant de la Bodega Santa Julia. **$$**

Casa Agostino
Nombre des produits du menu italo-méditerranéen de ce restaurant sont ramassés chaque matin dans son jardin bio privé. **$$**

Mil Suelos
Entrecôte, travers de bœuf et steak de flanchet sont quelques-uns des mets proposés par le Mil Suelos pour accompagner plusieurs grands millésimes. **$$**

Chachingo est entouré de vergers, de vignobles et d'oliveraies, et c'est le cadre rural que le vigneron Alejandro Vigil et sa femme María Sance ont choisi pour fonder leur famille. Après avoir créé l'entreprise viticole El Enemigo, implantée sur son terrain de Chachingo, il s'est lancé dans l'aventure du restaurant **Casa Vigil** pour enrichir l'offre gastronomique et œnologique de cette partie de la *Zona Este*. Cet établissement, planté dans un décor de vignobles avec les Andes en toile de fond, sert des *empanadas* à la truite, de la côte de bœuf à la braise et des vins d'El Enemigo. S'il ne comptait à l'origine que 30 couverts, il est rapidement monté à une capacité d'accueil de 200 convives, après que la rumeur se fut répandue qu'il s'agissait d'un endroit idéal où passer l'après-midi. Les œnophiles pourront également en découvrir les cuves de vinification en béton décorées d'illustrations à la craie. Il s'agit de l'un des rares restaurants de vignobles de la province de Mendoza à prendre les réservations pour le déjeuner et le dîner. Avant le repas, les clients sont conduits dans les tunnels éclairés à la bougie et dans une cave ornée d'œuvres des peintres *mendocinos* Osvaldo Chiavazza et Sergio Roggerone. Que vous optiez pour le menu dégustation ou celui à la carte, le personnel se fera un plaisir de vous aider à choisir vos accords vins-mets parmi les grands crus du domaine, tels que le Gran Enemigo Cabernet Franc Gualtallary.

Museo Nacional del Vino y la Vendimia (p. 289)

QUESTION DE MATIÈRE : ARGILE, CHÊNE ET BÉTON

Tout commença au XVIe siècle, lorsque les moines jésuites mirent à fermenter du raisin "Mission" dans des sacs de cuir et des cruches en terre cuite. À la fin du XIXe siècle, le jus de raisin était vieilli dans d'énormes fûts de chêne pouvant contenir jusqu'à 50 000 l, et les tonneliers étaient très sollicités.

Au milieu du XXe siècle, des fûts plus petits, d'une capacité de 225 l et fabriqués à partir de chêne français ou américain (dont des douves de récupération), devinrent la norme.

De nos jours, les fabricants rivalisent d'inventivité pour limiter l'usage du bois, et les cuves à vin en forme d'œuf en béton et en acier inoxydable ont gagné la faveur de nombreux producteurs, tandis que les cruches en terre cuite ont refait leur apparition chez les viticulteurs de la nouvelle génération.

LES MEILLEURES BODEGAS DE LA ZONA ESTE

Trapiche
Réservez une visite avec dégustation dans cette emblématique cave en brique rouge de style Renaissance.

Trivento
Dégustez des millésimes d'exception au beau milieu des vignes de malbec de cette *bodega*.

Tempus Alba
Possibilité de visite libre et/ou de participation aux vendanges pendant la saison de la *vendimia*.

Luján de Cuyo

Pour les infos pratiques, voir le Carnet d'adresses p. 321

COMMENT CIRCULER

Si Luján de Cuyo et ses 15 districts sont accessibles en bus (busvitivinicola.com), la voiture reste le meilleur moyen d'en découvrir les vignobles, les caves et les restaurants. Commandez un Uber ou un Cabify (cabify.com/ar) pour éviter d'avoir à attendre dans les zones les plus rurales de Luján.

À SAVOIR

Il est peu probable que vous puissiez obtenir une table ou participer à une dégustation dans une *bodega* sans réservation. N'oubliez pas que nombre d'entre elles ne sont ouvertes que le midi.

À quelque 19 km au sud de Mendoza, la ville de Luján de Cuyo et sa région côtoient le relief et les grands espaces des Andes. Ici, les vignes investissent progressivement les contreforts des montagnes et la vue s'étire sur l'horizon. Aux abords de routes rectilignes, on trouve des *bodegas* industrielles et des exploitations modernes, dont beaucoup disposent de très bons centres d'accueil des visiteurs où l'on peut déguster du vin ou de l'huile d'olive, réserver une table pour le déjeuner, participer à un atelier d'assemblage de vin, visiter les installations, voire organiser une balade à vélo dans la campagne.

Bien que la région soit vaste, la plupart des vignobles les plus connus sont distants de 20 à 30 minutes de trajet les uns des autres. Il vaut la peine de consacrer une journée complète à la découverte des vins et de la gastronomie des sous-districts de Luján, comme Vistalba, Mayor Drummond, Agrelo, Chacras de Coria ou Las Compuertas.

Sur les terres du malbec

Le label DOC

Si le malbec a su conquérir toute l'Argentine, c'est dans la ville de Luján de Cuyo que ce grand cru importé de France est né à son incarnation argentine. C'est donc ici qu'il faut venir pour visiter les *bodegas* et les vignobles qui travaillent ce célèbre raisin rouge, et pour découvrir pourquoi il a été le premier vin d'Amérique du Sud à se voir décerner le très convoité label de *Denominación de Origen Controlada* (DOC) en 1989.

Pour goûter du malbec DOC, rendez-vous dans quelques-uns des domaines viticoles les plus prestigieux du pays.

Chez **Nieto Senetiner** à Vistalba, dégustez un bon vin rouge en profitant d'une vue imprenable sur les Andes, comme le recommande le photographe Martín Orozco, qui vit à Mendoza. À la **Bodega Lagarde**, à Mayor Drummond, prenez un verre juste à côté des vignobles centenaires de malbec qui lui ont donné sa DOC. Et à la **Bodega Norton**, fondée en 1895, savourez votre malbec DOC dans le cadre historique de la

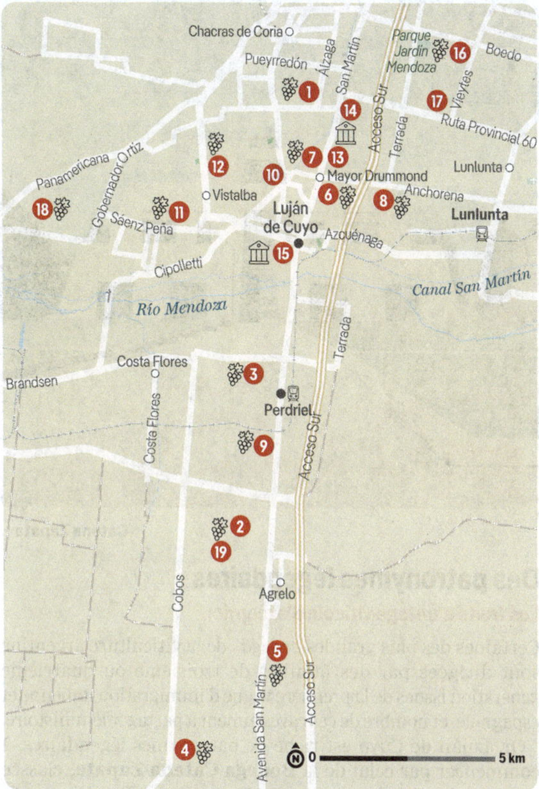

VOIR

1 Bodega Alta Vista
2 Bodega Bressia
3 Bodega Casarena
4 Bodega Catena Zapata
5 Bodega Chandon
voir 12 Bodega Gieco
6 Bodega Lagarde
7 Bodega Luigi Bosca
8 Bodega Mendel
9 Bodega Norton
10 Bodega Viamonte
11 Bodega Vistalba
12 Bodegas San Huberto
13 Bodega Trivento
14 Museo Provincial de Bellas Artes
15 Museo Regional y Americanista
16 Nieto Senetiner Bodega
17 Otero Ramos
18 Vins Riccitelli
19 Vins Susana Balbo

SE RESTAURER

voir 18 Riccitelli Bistró

cave en brique rouge de cette exploitation viticole basée à Perdriel. Parmi les autres établissements à avoir contribué à la labellisation de Luján de Cuyo, citons **Luigi Bosca**, **Otero Ramos** et **Chandon** qui proposent des visites guidées.

Ces trente dernières années, d'autres caves, dont **Casarena**, **Vistalba**, **Mendel**, **Bressia** et **Trivento** ont rejoint le club exclusif des DOC de Luján. Vous pourrez réserver une table pour le midi dans les restaurants de Casarena et de Vistalba, ou des dégustations dans les autres.

VIN AVEC VUE

Certains domaines viticoles de Luján de Cuyo ont une vue spectaculaire sur le Cordón del Plata, une partie des Andes couverte de neiges perpétuelles particulièrement belles en hiver.

Déjeuner en toute décontraction, en sirotant un vin d'exception et en admirant les sommets, est un de ces moments inoubliables à vivre dans la province de Mendoza. Au **Quimera Bistró** de la cave Achaval Ferrer, dans le sous-district de Luján Agrelo, faites votre choix parmi une grande variété de petits plats (dont une salade d'endives et des ris de veau) et des vins épais, avant d'aller les déguster en terrasse.

Le **5 Suelos – Cocina de Finca**, au domaine viticole Familia Durigutti du sous-district de Las Compuertas, affiche un interminable menu de 14 plats servis au beau milieu des vignes, tandis que des *empanadas* et une bonne côte de bœuf vous attendent sous des treilles au **Ramos Generales por Francis Mallmann** de la Bodega Kaiken, dans le sous-district de Vistalba.

LOGER DANS LES VIGNOBLES LES PLUS CHICS

Cavas Wine Lodge
Suites indépendantes dans un vignoble isolé de l'Agrelo, avec piscines privées, terrasses de toit d'où admirer le coucher du soleil sur les Andes et une cave bien fournie. **$$$**

Entre Cielos
La chambre à réserver en priorité dans cet hôtel de Vistalba tient d'une adorable nacelle posée sur pilotis, en surplomb des vignes de malbec. Mais les bungalows du vignoble ne sont pas moins douillets. Vous pourrez aussi vous détendre dans le spa. **$$$**

SB Winemaker's House & Spa Suites
La célèbre viticultrice Susana Balbo a fait du bien-être le maître mot de cet hôtel de luxe de sept suites, dans le village de Chacras de Coria. **$$$**

JAQUELINE DE L/SHUTTERSTOCK ©

Catena Zapata

Des patronymes légendaires

Les fruits d'un legs viticole d'exception

Certaines des plus grandes *bodegas* de la viticulture argentine sont dirigées par des familles de troisième ou quatrième génération issues de la première vague d'immigration italienne et espagnole, et nombre de ces caves aiment à partager leur histoire.

Or, Luján de Cuyo est riche de patronymes légendaires, à commencer par celui de la **Bodega Catena Zapata**, classée meilleur vignoble du monde en 2023 par World's Best Vineyards. S'il y a déjà longtemps que les visiteurs peuvent participer à des séances de dégustation de vin dans la cave pyramidale de Catena Zapata, la *bodega*, basée à Agrelo, s'est complétée d'un restaurant, l'**Angélica Cocina Maestra**. Entre ses murs, Laura Catena, issue de la 4e génération de cette famille de viticulteurs, a mis au défi le chef Iván Azar de concevoir les meilleures associations de plats avec les crus du vignoble.

À **Mendel Wines**, à Lunlunta, Roberto de la Mota marche, quant à lui, dans les pas de son père Raúl, l'un des vignerons les plus respectés d'Argentine. Il a été le pionnier des vins monocépages dans le pays, avant de travailler avec son fils chez Chandon (p. 293). Aujourd'hui, Roberto produit des semillón et des cabernet sauvignon de renommée mondiale.

LES MEILLEURS VIGNOBLES BIODYNAMIQUES À VISITER

Alpamanta
Goûtez quelques-uns des 18 vins de la gamme à la faveur d'un pique-nique agrémenté d'un cours de yoga près d'Ugarteche.

Krontiras
Après avoir croisé des lamas, vous goûterez ici le premier malbec naturel d'Argentine avant de faire une balade à cheval dans les vignes.

L'Orange
Dégustez la gamme de vins bios et biodynamiques d'Ernest Catena, à la tête de l'un des plus anciens projets de ce type en Argentine.

Susana Balbo, pionnière en son domaine, fut la première femme œnologue argentine. Chez **Susana Balbo Wines**, elle goûte tous les produits avant leur mise en bouteille avec son fils José Lovaglio, le maître de chai. Elle a également ouvert un hôtel de luxe en 2022 avec sa fille, Ana Lovaglio.

Le grand-père de Sofía Pescarmona, lui-même grand amateur de vin, a pour sa part acheté la **Bodega Lagarde**, fondée en 1897. Sa petite fille est la troisième génération à diriger cette cave de Mayor Drummond. Gardienne autoproclamée des rares bouteilles restantes du légendaire Semillón Lagarde 1942, elle a également ouvert deux restaurants, le Fogón et le Zonda, une fabrique d'huile d'olive et un jardin biologique. L'assemblage rouge emblématique de Lagarde a été baptisé Henry, en hommage à son père. Sofia produit également du chardonnay et du pinot noir avec sa sœur Lucila.

À Las Compuertas, Matías Riccitelli est à la tête de la nouvelle génération de viticulteurs à se consacrer aux vins orange macérés chez **Riccitelli Wines**, dans le sillage de son père Jorge. Il produit notamment un puissant assemblage de malbec et de cabernet franc, tandis que sa sœur Verónica gère le bistrot.

Tous ces domaines viticoles sont à visiter sur réservation.

À vélo

Pédaler entre bodegas et vignobles

Parcourir les dizaines de *bodegas* de Luján de Cuyo à deux-roues est une façon fort agréable de découvrir la campagne. Et après avoir gravi les pentes légères du début des Andes à vélo, rien de tel qu'un bon verre de malbec (n'oubliez pas de recracher). La province de Mendoza compte 110 km de pistes cyclables (*ciclovías*) bordées de vignobles, de fermes en pisé et de peupliers, avec, ici et là, des sommets enneigés.

Pour la location de vélos, adressez-vous à **Vistalba Bikes** à Vistalba ou à **Baccus Biking** à Chacras de Coria : vous pourrez louer le vôtre pour la journée. Leurs équipes se feront un plaisir d'établir un itinéraire pour vous et de vous fournir cartes et casques. Grimpez des collines en faisant halte dans les caves centenaires que sont la **Bodega Gieco**, la **Bodega Viamonte**, la **Bodega Alta Vista** et les **Bodegas San Huberto** pour en goûter les produits. Moyennant un peu d'organisation, vous pourrez passer par cinq caves différentes, en incluant une pause déjeuner ou un café, la plupart des *bodegas* du circuit disposant d'un restaurant ou d'un food truck. Et pourquoi ne pas déguster un plateau de charcuterie dans une cave et une sélection de fromages dans la suivante ? Si vous craquez pour un millésime, votre loueur de vélos pourra récupérer les caisses de vin que vous aurez achetées et vous les remettre à votre retour.

OÙ PRENDRE LES MEILLEURES PHOTOS

Martín Orozco, photographe d'Estudio 365, livre ses meilleurs plans de Luján de Cuyo pour aller photographier des vignobles avec les Andes en toile de fond.

Anaia Wines
Profitant d'un effet de lumières qui donne l'impression que le vignoble s'étend jusqu'au pied des Andes, la salle de dégustation de cette nouvelle cave d'Agrelo offre une vue vraiment spectaculaire.

Nieto Senetiner
Ici, la vue sur les Andes est fantastique. Que l'on se poste dans l'entrée voûtée, construite en 1888, au gril du restaurant ou dans les vignobles, on est certain de prendre une superbe photo.

Catena Zapata
Avec ses vignobles orientés vers les Andes – un privilège réservé à quelques rares *bodegas* –, cette cave d'Agrelo compte quelques-uns des plus beaux panoramas de montagne.

LES MEILLEURS ASADOS

Nieto Senetiner
Domaine viticole avec un superbe choix de pièces de bœuf préparées à cuisson lente sur un énorme gril à l'ancienne. **$$**

Ramos Generales por Francis Mallmann
Au restaurant Kaiken, voir l'équipe de Mallmann cuisiner au feu de bois tient d'un authentique spectacle. **$$**

Fogón
Il met à profit différentes techniques de cuisson, pour une expérience culinaire enflammée. **$$**

DÉGUSTATION ORIGINALE CHEZ CARMELO PATTI

La plupart des domaines viticoles organisent des opérations spéciales d'accueil des visiteurs étrangers. La cave sans prétention de Carmelo Patti (bodegacarmelopatti.com) s'en retrouve ainsi mémorable de convivialité. La dégustation se fait de surcroît toujours en compagnie du producteur. À Luján de Cuyo, elle donne sur la rue San Martín de Mayor Drummond, avec à peine un panneau pour vous guider jusqu'au parking de la *bodega*. Mais ce mystère participe de la magie du moment. Et nul besoin de parler espagnol : Carmelo a le vin pour langue de cœur. Connu pour son cabernet sauvignon et son malbec vieillis en barrique, il est de la vieille école, et ne sort ses millésimes qu'après plusieurs années, lorsqu'il les juge prêts. La dégustation gratuite permet de goûter trois vins.

HEMIS/ALAMY STOCK PHOTO ©

Bodega Norton (p. 292)

Des tables d'exception

Les restaurants argentins mis en valeur

Les menus dégustation, accords mets et vins, et les *asados* à l'heure du déjeuner sont les deux piliers de la gastronomie à Luján de Cuyo, mais certains chefs de *bodegas* s'aventurent au-delà des traditionnels steaks et barbecues. Rien d'étonnant, du reste, au regard de la qualité exceptionnelle des fruits et légumes de la province.

La création d'un menu dégustation de plusieurs plats accordés aux vins de la maison est un bon moyen d'attirer de nouveaux clients. Or, au **Zonda**, dans la Bodega Lagarde, à Mayor

LES MEILLEURS MENUS ACCORDS METS ET VINS

Angélica Cocina Maestra
Plats conçus pour se marier au mieux avec les millésimes de la Bodega Catena Zapata. $$$

Brindillas
Le sommelier de ce restaurant de Chacras de Coria a l'embarras du choix, grâce à une cave bien fournie. Le soir uniquement. $$

Osadía de Crear
L'équipe de sommeliers du restaurant Susana Balbo Wines puise dans une vaste cave. $$

Drummond, on ne vient pas seulement pour manger et boire. Les convives sont d'abord invités à se promener dans les vignes centenaires de semillón et de malbec et devant l'oliveraie avant d'aller cueillir des herbes aromatiques et des légumes dans le jardin biologique. Ils passent ensuite à l'intérieur, où des cuisiniers leur apprennent à préparer des *empanadas* de bœuf, en y incluant les ingrédients qu'ils ont glanés. Le sommelier puise dans la cave Lagarde composée de millésimes datant des années 1970 et 1980 et de crus plus récents pour accompagner le menu à 8 plats. Le midi comme le soir, il faut réserver. Au **Riccitelli Bistró**, à Las Compuertas, c'est la verdure que le chef Juan Ventureyra aime mettre à l'honneur dans ses menus dégustation saisonniers à 5 mini-plats. Il cultive lui-même des tomates anciennes, produit phare de la province, mais aussi des aubergines, des carottes et des herbes aromatiques, à deux pas de ses vignes de malbec. Parmi les plats proposés, citons les raviolis de pommes de terre et de céleri avec leur émulsion au beurre, et les tempuras d'oignons avec une *gremolata* (persillade) d'oignons et d'amandes, accompagnés des millésimes du vigneron Matías Riccitelli, tels que l'Old Vines From Patagonia Semillón et le Kung Fu Criolla. Offrez-vous également une dégustation de vins à la *bodega* avant ou après le repas du midi.

Pour les passionnés de culture

Art et archéologie en région viticole

Fort de sa riche histoire viticole, Luján de Cuyo compte également deux musées, l'occasion d'une agréable pause culturelle entre deux dégustations. Au **Museo Provincial de Bellas Artes**, à Mayor Drummond, vous pourrez admirer la collection permanente de peintures murales de l'artiste et sculpteur Fernando Fader, ainsi qu'une collection rassemblant les œuvres de trois artistes nés à Mendoza : Roberto Azzoni, Antonio Bravo et Fidel De Lucía.

Le **Museo Regional y Americanista** est consacré à l'histoire régionale et continentale. Il recèle une intéressante collection archéologique sur les communautés amérindiennes de la région, ainsi que des expositions présentant des reproductions de frises, de stèles et de sculptures des cultures olmèque, maya et aztèque de l'aire méso-américaine. La villa qu'occupe le musée présente également, en soi, un intérêt, car elle a conservé des caractéristiques architecturales remontant à sa construction en 1908.

PAUSES JAMBON

Lorsque vous êtes sur la route, faites une halte pour déguster des sandwichs au jambon cru de Mendoza.

Food truck sur la RN7
Edgardo Campos ne concocte et ne vend qu'une seule chose : un énorme sandwich au jambon cru à partager. Dégustez-le tandis que les camions passent devant son food truck, au croisement de la RN7 et de la rue Cobos, sur la route qui mène au Chili. **$**

La Jamonería
Uniquement pour le repas du midi à la Bodega Vistalba. Les charcuteries telles que la *bondiola* (épaule de porc) et le *jamón crudo* (jambon cru), préparées de main de maître par Miguel Martín, sont les plus demandées. **$**

Puesto jamonero sur la RN40
En roulant vers le sud en direction du Valle de Uco, cherchez un camion vert cabossé. Vous pourrez y savourer le jambon cru de Marcelo Gianuzzo, arrosé d'huile d'olive et d'origan. Comptez 20 minutes de route depuis le centre de Chacras de Coria. **$**

OÙ SE LOGER

Casa de Coria
Propriété confortable avec chambres spacieuses et grand jardin. Juste à côté de la place principale de Chacras de Coria. **$$**

Casa Naoki
Un chef privé est à l'écoute de vos moindres désirs, tandis que la piscine à débordement donne sur des vignobles et des fermes. **$$$**

Finca Adalgisa
Une ferme reconvertie en boutique-hôtel nichée dans les vignobles. Belle piscine. **$$$**

Environs de Luján de Cuyo

Pour les infos pratiques, voir le Carnet d'adresses p. 323

COMMENT CIRCULER

Si vous réservez une excursion de rafting en eaux vives, certains prestataires pourront venir vous chercher à votre hébergement. Pour explorer les montagnes, il est préférable de louer une voiture.

Pour qui passe des dégustations de malbec à l'exploration de hautes montagnes creusées de vallées et sillonnées de rivières, le changement est radical.

Après avoir quitté les belles *bodegas* de Luján de Cuyo, et roulé 45 minutes à peine sur la RN 7 – appelée Ruta Alta Montaña – en direction du Chili, vous serez déjà proche du décor plus austère des contreforts rocheux des Andes. C'est dans ce coin de Luján que se trouve le point culminant de l'hémisphère Sud, l'Aconcagua. L'ascension de ses 6 962 m est réservée aux grimpeurs chevronnés, mais il existe des itinéraires plus accessibles. Les rapides du Río Mendoza constituent un parcours de rafting mémorable, tandis que les eaux calmes du réservoir de Potrerillos accueillent les kayakistes et les adeptes du paddle. En été, montez en altitude par le col d'Uspallata pour admirer l'Aconcagua de plus près.

HERNAN E. SCHMIDT/SHUTTERSTOCK ©

Uspallata (p. 300)

SOBREVOLANDO PATAGONIA/SHUTTERSTOCK ©

Rafting en eaux vives, Cañón del Atuel (p. 311)

Potrerillos

DEPUIS LUJÁN DE CUYO : **45 MINUTES**

Rafting en eaux vives sur le Río Mendoza

La fonte des neiges andines grossit des rivières telles que le Río Mendoza et le Río Diamante, et alimente en eau les vignobles de la région ainsi que ses habitants, par les canaux d'irrigation qui sillonnent toute la province.

L'une des façons les plus palpitantes de profiter de l'eau vive consiste à descendre des rapides sur un raft le long d'une rivière de montagne. Les meilleures expéditions s'élancent près de **Potrerillos**, où se concentre l'essentiel des activités liées au tourisme d'aventure dans la province de Mendoza. Vous pourrez vous adresser à **Potrerillos Explorer** ou **Argentina Rafting**, tous deux établis à 45 minutes de route du centre de Luján de Cuyo et non loin de la retenue de Potrerillos.

C'est en été que le débit du Río Mendoza est à son maximum et que les sorties rafting sont les plus exaltantes. Prenez toutefois soin de choisir une formule adaptée à votre expérience et au temps dont vous disposez. Il existe des excursions pour tous les niveaux, depuis la descente de 5 km en classe II en 1 heure, jusqu'à celle sur une journée, voire 2 jours, avec une nuit au camping. Les excursions à la journée représentent 4 heures de descente de difficulté modérée sur environ 30 km de rapides, avec beaucoup de passages propices aux sensations fortes. Vous allez traverser le Cordón del Plata en rafting, aussi n'oubliez pas de lever les yeux pour admirer la vue ininterrompue sur les Andes. Les prestataires fournissent tout l'équipement nécessaire, comme les gilets de sauvetage et les casques de sûreté.

Si le rafting sur des rapides est un peu trop sportif à votre goût, la retenue de Potrerillos invite à des activités nautiques plus tranquilles. Louez un paddle ou un kayak auprès des mêmes

À SAVOIR

En abordant les Andes, préparez-vous à affronter un relief accidenté. Prévoyez des vêtements confortables, un chapeau et de la crème solaire.

MONTÉES D'ADRÉNALINE

Descente en rappel
Les parois rocheuses des Andes sont si nombreuses qu'elles invitent à la descente en rappel. Les excursions combinent, sur quelques heures, trekking et rappel. **Kahuak** propose un fantastique itinéraire qui passe par plusieurs chutes d'eau, dont la Quebrada del Salto.

Tyrolienne
Appelée "surf des cimes" en Argentine, la tyrolienne donne la sensation de voler entre les pics montagneux. Une excursion de 2 heures comprend ainsi un "vol" de 1,4 km au-dessus du Río Mendoza ; les excursions plus courtes durent environ 1 heure.

Pêche à la mouche
Les pêcheurs s'exalteront à la seule vue des truites qui peuplent le réservoir de Potrerillos et les eaux translucides des ruisseaux de montagne. La saison va de septembre à mai ; Potrerillos Explorer saura vous conseiller.

DANSER AU CLAIR DE LUNE

Les dimanches après-midi ne sont plus les mêmes depuis que **Las Palapas** a installé sa sono et ses tentes à côté d'un vignoble, sur la retenue de Potrerillos (près de l'hôtel Potrerillos). Des DJ passent de la musique électro de 15h à 22h, et danser ici, avec les montagnes se reflétant dans l'eau, tient d'une expérience festive inoubliable. Le vin est, bien sûr, la boisson de prédilection. Soignez votre tenue, mais prévoyez tout de même des vêtements chauds.

Moins loin du centre-ville de Luján de Cuyo, la **Bodega Maal Wines** organise, elle aussi, des soirées électro dans son vignoble de Las Compuertas. L'ambiance est digne d'un festival et les participants y viennent vêtus de façon extravagante. Juste en face, la cave familiale **Durigutti** est connue pour organiser de temps à autre des soirées Electro Dance Music avec le DJ de Buenos Aires, Oliverio, qui se charge de faire opérer la magie du son.

AUTUMN SKY PHOTOGRAPHY/SHUTTERSTOCK ©

Parque Provincial Aconcagua

prestataires et glissez sur les eaux calmes ; les panoramas andins, vus d'ici, ne sont pas moins exceptionnels.

Uspallata

DEPUIS LUJÁN DE CUYO : **1 HEURE 30**

Sur la RN 7 en direction du Parque Provincial Aconcagua, il n'y a pas que la vue qui est à couper le souffle, mais aussi l'altitude ! Aussi, faites étape à Uspallata, à 1 heure 30 de route du centre de Luján. Ville-carrefour sur la route du Chili, la modeste Uspallata est une oasis de peupliers perdue dans une vallée désertique. Une balade facile de 8 km (ou un court trajet en voiture) vers le nord vous mènera au Cerro Tunduqueral, un site archéologique, où vous trouverez un beau panorama et des pétroglyphes incas. Les randonneurs partent souvent d'Uspallata à la découverte du parc, mais vous pourrez également faire des balades à cheval dans les montagnes et explorer les mines abandonnées du col d'Uspallata, qui relie l'Argentine au Chili. Un curieux monument se trouve à proximité, à San Alberto : les coupoles des Bóvedas. Il s'agit des cheminées bombées d'une fonderie qui servait au raffinage du fer et qui date du début du XIXe siècle. Un petit musée occupe les lieux. Continuez vers l'ouest après le Cementerio de los Andinistas jusqu'au Puente del Inca, un pont naturel de roches rouges et de soufre jaune. La légende raconte qu'un chef inca se rendit ici pour guérir grâce aux eaux thermales.

Parque Provincial Aconcagua

DEPUIS LUJÁN DE CUYO : **2 HEURES 45**

Gravir le plus haut sommet de l'hémisphère Sud

En quittant Mendoza en direction de l'ouest, via Uspallata, vous atteindrez en quelques heures le Parque Provincial Aconcagua, cœur enneigé des Andes. En été, le parc attire des alpinistes du monde entier, bien décidés à conquérir le sommet de la plus haute montagne de l'hémisphère Sud (6 962 m) et du continent américain.

La RN 7, qui relie l'Argentine au Chili, passe par Cacheuta – renommée pour ses sources thermales et la douceur de son microclimat –, puis par la retenue de Potrerillos et la vallée fertile d'Uspallata, et enfin par le remarquable pont naturel et les sources chaudes sulfureuses du Puente del Inca, près du camp de base de l'Aconcagua. En hiver, vérifiez les prévisions météo avant de vous rendre dans le parc ; en cas de fortes chutes de neige, la conduite est difficile.

L'autorisation d'escalader l'Aconcagua est obligatoire et la meilleure façon de l'obtenir est de passer par un tour-opérateur spécialisé. La saison va de la mi-novembre à la mi-mars. Le mois de janvier est le plus couru et le plus cher pour en faire l'ascension, car, ici, il correspond aux vacances d'été. Des trois approches envisageables, l'itinéraire occidental Plaza de Mulas est le plus accessible. Mais les grimpeurs très expérimentés préféreront s'engager sur des itinéraires plus exigeants, comme le Glaciar de los Polacos ou via le camp de base Plaza Francia et Los Horcones. Les grimpeurs qui souhaitent se faire les dents sur des montagnes un peu moins élevées du parc devraient envisager l'ascension du Cerro Catedral (5 335 m) et du Cerro Tolosa (5 432 m).

Chaque année, plusieurs alpinistes ne reviennent pas de leur expédition sur l'Aconcagua, qui reste l'un des sommets les plus difficiles qui soient. Vous pourrez vous recueillir en leur mémoire au **Cementerio de los Andinistas**. À 10 minutes de route à l'ouest du village de Los Penitentes et à 1 km du Puente del Inca, ce cimetière a été créé à la fin du XIXe siècle pour les ouvriers morts lors de la construction du Ferrocarril Trasandino (chemin de fer transandin) reliant Mendoza au Chili. Un système de QR-codes a été installé sur place pour tout savoir sur le parcours de quelques-uns d'entre eux et entretenir le souvenir.

Ascension au sommet, Parque Provincial Aconcagua

ALMAZOFF/SHUTTERSTOCK ©

PRÉVOIR

Vêtements
Sur les routes des Andes, vous vous exposez à de brusques changements de météo. Prévoyez plusieurs couches de vêtements, ainsi qu'un couvre-chef et une protection solaire.

Sur la route
Vérifiez toujours les conditions de circulation avant de prendre la route, surtout en hiver, auprès de l'ACA (Automobile Club) ou des offices de tourisme.

Faites le plein
Les stations-service et autres commerces sont assez rares sur la route du Parque Provincial Aconcagua. Faites le plein avant de partir.

Lampe et eau
Emportez des réserves d'eau, un tapis de sol ou une couverture et une lampe de poche au cas où vous tomberiez en panne et devriez passer plus de temps que prévu dans la montagne.

Scannez ce QR-code pour plus d'informations sur le Cementerio de los Andinistas.

Valle de Uco

Pour les infos pratiques, voir le Carnet d'adresses p. 323

COMMENT S'Y RENDRE ET CIRCULER

Le Valle de Uco se trouve à 1 heure 30 de route de la capitale de la province, Mendoza. Mieux vaut louer une voiture, car les caves – on ne prend pas le volant si on a bu ; lors des dégustations, il faut recracher –, les hôtels et les restaurants sont assez éloignés les uns des autres. Les chauffeurs Uber et Cabify sont présents dans le Valle de Uco, mais pas en grand nombre. Si vous logez à Mendoza, pensez à prendre le bus touristique Vitivinicola (busvitivinicola.com), qui, une fois par semaine, prend ses passagers en plusieurs points de la ville avant de mettre le cap sur le Valle de Uco.

À SAVOIR

Visitez la Bodega Salentein dans le Valle de Uco le 17 avril, lors de la Journée mondiale du malbec. Des concerts de musique classique sont organisés parmi les tonneaux.

Dans le Valle de Uco, la viticulture remonte à la fin du XIXe siècle. Au tournant du XXe, des viticulteurs et des investisseurs européens prirent conscience du potentiel de cette vallée et, aujourd'hui, on y trouve certaines des rares vignes de haute altitude au monde. Le Valle de Uco est une des vitrines de la viticulture dans la province de Mendoza, mais l'architecture des bâtiments des vignobles rivalise, en termes d'attrait, avec les millésimes produits ici. Depuis Luján de Cuyo, il faut 30 minutes de route pour gagner Tupungato, dans le nord du Valle de Uco ; plus au sud, on trouve Tunuyán (1 heure) et San Carlos (1 heure 30). Ce sont les trois principaux secteurs de la vallée. À mesure de votre progression, vous verrez l'horizon s'élargir et les monts enneigés se rapprocher. Aux abords du Tupungato, un volcan éteint qui culmine à 6 570 m, on distingue Uco, et l'on peut déjà faire de la randonnée et des balades à cheval.

Vignobles, Valle de Uco

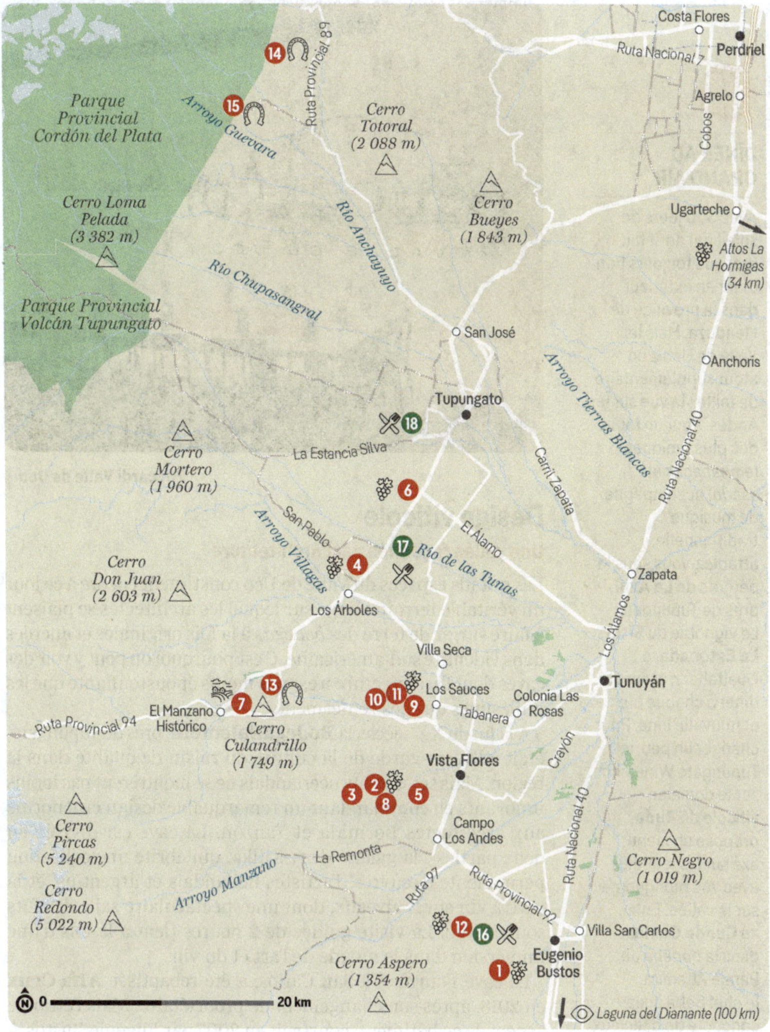

VOIR
1 Bodega Alfa Crux
2 Bodega DiaMandes
3 Bodega Rolland
4 Bodega Salentein
5 Clos de los Siete
6 Domaine Bousquet
7 Manzano Histórico
8 Monteviejo
9 Piedra Negra
10 SuperUco
11 The Vines of Mendoza
12 Valle de Uco

ACTIVITÉS
13 El Viejo Manzano
14 La Quebrada del Cóndor
15 Rancho'e Cuero

SE RESTAURER
16 Cundo Cocina
17 La Azul
18 Ruda
voir 1 Sitio La Estocada

DÎNER AU GRAND AIR

Avec 300 jours de soleil par an, il fait presque toujours bon dîner en extérieur dans la province de Mendoza. Mais le Valle de Uco a un atout supplémentaire de taille : la vue sur les Andes. Pour un repas des plus typiques (*empanadas* et *asado*) accompagné de musique traditionnelle, attablez-vous sous la pergola de **La Azul**, près de Tupungato. Le vignoble du **Sitio La Estocada**, à Gualtallary, assure le dîner à chaque pleine et nouvelle lune. Pour changer un peu, le Tupungato Winelands, sur le domaine viticole de **Ruda**, propose un menu axé sur les légumes avec vue plongeante sur la vallée. Enfin, au **Cundo Cocina**, dans la *bodega* du Paraje Altamira, le chef Seba Juez concocte de délicieux menus dégustation uniquement à partir de produits locaux.

PABLO DUCROS/SHUTTERSTOCK ©

Zuccardi Valle de Uco

Design viticole

Une vallée façonnée par l'architecture

Les grands espaces du Valle de Uco constituent encore à ce jour un véritable terrain vierge sur lequel les architectes se plaisent à faire surgir de terre des *bodegas* à la fois originales et ancrées dans l'identité sud-américaine. C'est pourquoi on peut y voir des caves dont l'architecture n'est pas moins époustouflante que les millésimes qu'elles renferment.

À la fin du XXe siècle, la **Bodega Salentein**, près de Tupungato, était à l'avant-garde de la culture du raisin de qualité dans la région. Mais ses gérants néerlandais ne se montrèrent pas moins innovants en commandant un remarquable design cruciforme aux architectes Bórmida et Yanzón. La cave est divisée en deux parties : la galerie d'art Killka, qui abrite une collection permanente d'œuvres d'artistes hollandais et argentins, et la cave à vin sur 2 niveaux, dont une spectaculaire salle des fûts souterraine. La visite guidée de 2 heures tient à la fois d'une immersion dans le monde de l'art et du vin.

La cave Fournier, à San Carlos, a été rebaptisée **Alfa Crux** en 2018, après son changement de propriétaire. Mais l'étrange aspect de ce bâtiment, construit en 2007 par Eugenio Bustos, à partir des plans de Bórmida et Yanzón, est resté le même. Ici, le fer et le verre fusionnent pour créer un profil saillant surmonté d'un toit parapluie en acier. Si l'extérieur fait beaucoup parler de lui, l'intérieur est moins tapageur : la salle des fûts, à laquelle on accède par une passerelle, est un véritable havre de paix.

OÙ SE LOGER DANS LE VALLE DE UCO

Casa de Uco
Réservez une suite ou une villa de 2 grandes pièces dans cet hôtel chic, avec vue sur les Andes et soins en spa. **$$$**

La Morada Lodge
Havre de paix entouré de vignobles. Posez vos bagages dans un mini-bungalow et allez vous promener au grand air. **$$**

Alpasión
Six grandes tentes de glamping au milieu des vignobles bios de Los Chacayes ; trois d'entre elles sont équipées d'un Jacuzzi. **$$$**

Cependant, toutes les *bodegas* n'ont pas un budget d'un million de dollars ! La cave **SuperUco** près de Tunuyán est un projet familial basé sur la biodynamie et porté par les quatre frères Michelini. Non seulement les vignes suivent un alignement circulaire et rayonnant, mais la cave en béton, austère et innovante à la fois, a elle aussi été conçue comme un octogone de manière à symboliser le cycle de la vie. Fondée par leur père Rufino Julio Michelini, SuperUco a reçu de nombreuses récompenses pour ses efforts en matière de protection environnementale.

L'art de l'hospitalité

La famille Zuccardi toujours aux petits soins

L'hospitalité est innée chez les *Mendocinos* : ils se font un plaisir d'allumer un feu, de déboucher un bon cru et de préparer un *asado* devant un incroyable paysage de montagnes. Le **Zuccardi Valle de Uco** est le digne représentant de cet accueil. Trois fois lauréate du prix World's Best Vineyard entre 2019 et 2021 (meilleurs vignobles du monde), la légendaire famille de vignerons Zuccardi s'est surpassée en dévoilant en 2016 sa *bodega* du Valle Uco à Paraje Altamira, également connue sous le nom de *Piedra Infinita*. Elle a été conçue par les architectes Eugenia Mora, Fernando Raganato et Tom Hughes, qui se sont inspirés des pics acérés des Andes tout en faisant du toit un symbole de l'horizon. Ce sont les milliers de tonnes de roches extraites du sol pour faire place aux vignes qui ont été utilisées pour la construction des bâtiments et qui ont ainsi trouvé une seconde vie. L'aménagement paysager et l'architecture innovante de l'ensemble ont reçu de nombreux prix.

Julia Zuccardi, de la 3e génération et qui a donné son nom à la cave Bodega Santa Julia (p. 289), est toujours aux petits soins avec les clients de la Zuccardi Valle de Uco : qu'il s'agisse de leur prêter un chapeau pour les préserver du soleil tandis qu'ils sirotent leur Concreto Malbec, ou une couverture en laine d'agneau lorsque le soleil s'efface derrière les montagnes, elle pense à tout. Rien de tel pour se mettre en appétit que la visite guidée. Vous pourrez ainsi voir les cuves de fermentation en béton en forme d'œuf qui permettent au raisin d'exprimer la quintessence de ses saveurs, avant de goûter les vins dans le cadre d'une dégustation ou d'un repas. Le menu se compose de quatre plats copieux accordés à de grands crus, tels que l'Emma Bonarda et le Finca Piedra Infinita Gravascal. La vue panoramique sur les Andes se mariera à merveille avec un houmous à la courge et un énorme steak d'aloyau. Une fois rassasié, remplissez votre verre et admirez la vue ou promenez-vous dans le domaine planté de malbec, de cabernet franc, de bonarda et de tempranillo, avec en toile de fond les nuages qui enveloppent les sommets.

SE LOGER AU FIN FOND DU VALLE DE UCO

À La Carrera, dans le département de Tupungato, vous pourrez passer quelques jours loin de tout dans l'un de ces établissements.

Estancia El Totoral
C'est toute une aventure que de rejoindre l'une des six chambres avec salle de bains de ce gîte de style "colonial jésuite", car il n'est pas possible de traverser les montagnes sans 4x4. L'*asado* préparé par les *gauchos* et les balades à cheval dans le domaine sont les principaux atouts de l'établissement.

Rancho 'e Cuero
Prenez une profonde inspiration avant de monter à 2 500 m d'altitude, où vous attend cet immense ranch géré par la famille Palma depuis 250 ans. Les chambres douillettes sont la garantie d'un séjour intimiste.

OÙ SE LOGER DANS LE VALLE DE UCO

Posada Salentein
Gîte dans un domaine viticole isolé avec 16 grandes chambres, le tout cerné de vignes et de jardins. $$

Huentala
Boutique-hôtel de Gualtallary décoré d'installations artistiques et qui profite d'une incroyable vue sur le volcan Tupungato. $$

The Vines of Mendoza
Offrez-vous une des villas de l'hôtel Los Chacayes dont l'hospitalité est connue dans toute la vallée. $$$

POURQUOI J'AIME LE VALLE DE UCO

Paula Palma, gérante de l'Estancia El Totoral

J'aime me balader à cheval dans cette vallée, cela me rappelle mon enfance lorsque nous y galopions en famille. Je suis heureuse de savoir que d'autres personnes peuvent ici, sur leur monture, ressentir les mêmes choses, ne serait-ce que le temps d'une visite. J'aime faire découvrir la culture de Mendoza et la palette des émotions que l'on peut éprouver ici : l'enthousiasme, la passion, l'amour des lieux, de ce paysage. C'est une vallée magique. Je viens ici le plus souvent possible pour regarder les montagnes – en particulier lorsqu'elles sont enneigées.

Produisez votre propre vin

Votre rêve de vigneron devenu réalité

Grâce à son exceptionnel ensemble de 28 villas, son restaurant, le Siete Fuegos, dirigé par le chef Francis Mallmann, et son spa, **The Vines of Mendoza** est l'un des grands succès hôteliers de la région. À ses débuts, l'établissement, qui fournissait structure, matériel et expertise, était le seul à permettre à ceux qui rêvaient de longue date d'avoir leur propre vignoble de se mettre le pied à l'étrier. Si bien qu'aujourd'hui, ce sont quelque 180 propriétaires de vignobles privés qui produisent ici à eux tous plus de 300 millésimes par an, entre communauté et coopérative.

Faute d'acquérir quelques hectares, vous pourrez tout de même travailler un peu le vin. Les visiteurs – et les hôtes du gîte – peuvent s'inscrire à une série d'activités pour avoir un aperçu de l'expérience viticole. Mais il faut prendre garde à ne pas s'éreinter sous le brûlant soleil estival.

Les principales activités manuelles ont lieu lors des vendanges (février-mars), alors munissez-vous d'un sécateur et au travail ! La sélection des grappes est une étape essentielle, de même que leur dégustation et leur coupe au juste point du cep, le tout à mesure que vous remplirez votre panier. Une fois celui-ci plein, portez-le au point de dépôt, où l'on vous remettra un jeton, et recommencez le processus, comme un vrai vendangeur.

Durant la matinée passée dans le vignoble, vous aurez également l'occasion de fouler le raisin aux pieds, à l'ancienne. La visite permet aussi de mettre en bouteille à la main son propre millésime de la vallée d'Uco.

Si vous n'avez pas le cœur à l'ouvrage, contentez-vous de réserver une table au restaurant Siete Fuegos pour le midi ou le soir, et de choisir un millésime produit par l'un des 180 propriétaires associés à l'aventure.

Les Andes à cheval

Du lever au coucher du soleil

Qu'il s'agisse d'une balade à l'aube, avec petit déjeuner de *medialunas* (croissants argentins) et de *yerba mate* avec les *gauchos* sur les contreforts des Andes, ou d'une longue expédition de 5 jours, quelle que soit votre expérience du cheval, vous pouvez vous partir en selle à l'assaut des montagnes du Valle de Uco. Les *gauchos* de **La Quebrada del Cóndor** (quebradadelcondor.com.ar) à La Carrera organisent des excursions de 2 heures en petits groupes à travers les pâturages des Andes sur de placides montures, même si, à 2 000 m d'altitude, celles-ci s'essoufflent un peu sur les pentes les plus raides. La vue sur l'ensemble de la vallée

LES MEILLEURS VIGNOBLES BIOS

Domaine Bousquet
Le développement durable est la priorité de ce domaine viticole français dont le choix de vins comprend des chardonnays et des malbecs nouveaux.

Sitio La Estocada
Projet personnel de Matías Michelini, cette cave produit toute la gamme du grand vigneron en vins biodynamiques et bios.

SuperUco
Cette exploitation familiale, qui fait partie du domaine The Vines of Mendoza, a été récompensée pour ses efforts envers l'environnement.

Balade à cheval, Mendoza

depuis le sommet est incroyable. Peut-être même apercevrez-vous des chevaux sauvages ou des condors. Que vous y alliez à cheval ou à pied, vous reviendrez la faim au ventre pour dévorer l'*asado* (et son verre de vin) qui vous attendra au bungalow.

Le *gaucho* Nino Masi d'**El Viejo Manzano** commence ses excursions à cheval dans le Manzano Histórico, à 20 minutes de route si vous séjournez à la Casa de Uco ou à The Vines of Mendoza. Lors de cette balade équestre entamée de très bonne heure, votre destrier vous portera dans la vallée de la Pampa del Durazno, à mesure que le relief se fera plus raide et que l'aube le cédera au jour.

Les *gauchos* du domaine **Rancho 'e Cuero** à La Carrera connaissent les montagnes comme leur poche. Réservez une journée dans les Andes en leur compagnie et partez à la découverte de falaises, de vallées fluviales et de prairies au cours d'une excursion qui vous mènera au point culminant du secteur, à 2 500 m d'altitude.

Les cavaliers confirmés pourront même réserver un grand périple de 5 jours dans les Andes avec **MacDermott's Argentina** (macdermottsargentina.tur.ar).

DES CAVISTES QUI SE DÉMARQUENT

Canopus Vinos
Pour déguster des vins en circuit ultra-court, goûtez le pinot noir et le malbec de climat froid produits par Gabriel Dvoskin, de la cave Canopus, lors d'une dégustation romantique au cœur des vignes d'El Cepillo, à San Carlos.

Corazón de Sol
Ce domaine viticole, qui s'est étendu au-delà de ses limites initiales chez The Vines of Mendoza, a confié tout son système de réfrigération à Dame nature, et les bouteilles de semillón et de grenache que vous y commanderez seront récupérées dans les eaux de fonte d'un ruisseau voisin.

Salle de dégustation Cundo
Dans cette cave de Paraje Altamira, gérée par les frères Suárez Lastra, vous ne dégusterez rien d'autre que des petits millésimes sélectionnés à la main et produits dans le Valle de Uco.

QU'EST-CE QUE L'IG ?

Avant qu'une région viticole puisse devenir une DOC (p. 292), elle doit d'abord être décrétée *Indicación Geográfica* (IG), et plusieurs IG de la vallée d'Uco espèrent déjà accéder au label DOC.

Les quatre dernières à avoir été approuvés par l'INV (Institut national du vin) sont San Pablo et Pampa El Cepillo en 2019, Los Chacayes (2017) et Paraje Altamira (2016).

Si les IG ne fixent pas de normes de vinification, elles sont extrêmement utiles pour déterminer les cépages cultivés dans telle ou telle région, à l'instar des dénominations européennes.

San Pablo et Pampa El Cepillo, par exemple, se distinguent par le sauvignon blanc, le chardonnay, le malbec, le cabernet franc et le pinot noir.

Laguna del Diamante

La sieste de San Martín

Entre havre de paix et symbole national

Bien qu'il soit né dans la province de Corrientes (et ait terminé ses jours en France), il est un homme dont les *Mendocinos* tirent grande fierté. Il s'agit de José de San Martín, le général qui a délivré l'Argentine de la domination espagnole. Toutes sortes de places et de rues portent son nom, mais c'est dans un petit coin tranquille du Valle de Uco, là où la RP 94 en provenance de Los Chacayes bifurque vers le nord, que se trouve un souvenir plus singulier de ce soldat : un célèbre pommier, qui a donné son nom au village de **Manzano Histórico**. C'est sous ce *manzano* (pommier) que le général victorieux se serait reposé avec ses troupes après avoir libéré le Chili et le Pérou en 1823. L'arbre d'origine est mort depuis, et un autre a été planté à sa place, mais le symbole demeure. Non loin se trouve le monument en pierre *Retorno a la Patria*, créé par l'artiste Luis Periotti. Bien qu'il ne soit pas possible d'acheter de pommes, une foire artisanale en plein air vous attend juste à côté du monument. Réserve naturelle protégée, cette zone est une porte d'entrée sur les Andes : de nombreuses excursions à cheval commencent ici, mais vous pourrez tout aussi bien faire de petites randonnées à votre rythme, lesquelles longeront des ruisseaux et croiseront des cascades, comme celle du Puente del Salto.

Apports étrangers

Une nouvelle vague de viticulteurs

Si la tradition viticole du Valle de Uco remonte à plus de 150 ans, la région n'en suscita pas moins un regain d'intérêt de la part des viticulteurs européens à la fin du XXe siècle, à commencer par les Français et les Néerlandais. En 1992, après avoir décelé le potentiel des hauteurs de Tunuyán, l'homme d'affaires néerlandais Mijndert Pon commença à y cultiver des vignes de malbec, de chardonnay et de pinot noir. Si les vins de la Bodega Salentein se voient régulièrement décerner les meilleurs prix, c'est toutefois son architecture moderne, qui se fond avec discrétion dans le paysage, qui constitue son principal attrait.

À l'époque où Pon s'intéressait à Uco, l'œnologue itinérant le plus renommé au monde, Michel Rolland, s'est associé pour sa part avec plusieurs Français pour créer les quatre vignobles du **Clos de los Siete** à Los Chacayes. Projet ambitieux pour l'époque, **DiamAndes**, **Monteviejo**, **Cuvelier Los Andes** et la propre cave de Michel, la **Bodega Rolland**, produisent aujourd'hui de fameux vins de type bordelais, tirés de raisins argentins et vieillis en barrique. Les quatre *bodegas* organisent des dégustations et les deux premières sont ouvertes le midi.

Parmi les autres influences françaises, citons François Lurton, dont la cave **Piedra Negra** à Los Chacayes a effectué sa 30e récolte de raisin *vendimia* en 2023, tandis qu'Anne Bousquet et son mari Labid Al Ameri dirigent l'exploitation bio du **Domaine Bousquet**. L'œnologue et consultant italien Alberto Antonini collabore avec le vignoble des **Altos Las Hormigas** depuis le premier jour. L'Amérique du Nord n'est pas en reste, puisque c'est Michael Evans, grand amateur de vin américain, qui a cofondé en 2004 **The Vines of Mendoza**. Vous pourrez visiter toutes ces caves pour mieux comprendre de quelle manière ces investisseurs étrangers ont mis la main sur le terroir d'Uco.

Escapade à la Laguna del Diamante

Magnifique lagune

Il faut faire 3 heures de route de Tunuyán à Pareditas, puis 60 km de piste dans le sud du département de San Carlos pour trouver la Laguna del Diamante et se revigorer au grand air. Située dans la réserve provinciale du même nom, elle doit son nom au reflet en forme de diamant que projette l'imposant volcan Maipo sur ces eaux bleu de cobalt. La Laguna del Diamante est en haute altitude (3 325 m), prévoyez donc des vêtements adaptés, car la météo y est capricieuse et le vent, souvent fort.

Il est possible de faire le tour du lac à pied en une heure ou deux. Admirez le troupeau de guanacos qui paît dans ce cadre d'une beauté saisissante – attention au mâle dominant qui monte la garde sur les hauteurs – et cherchez un endroit à l'abri du vent pour pique-niquer. Apportez des jumelles, car vous pourrez également apercevoir les renards et les flamants roses qui vivent dans la réserve.

Les randonneurs plus expérimentés pourront se lancer sur le sentier difficile de 17 km qui conduit jusqu'aux premières pentes du volcan, lequel qui culmine à 5 323 m. Ces 4 heures de marche sont récompensées d'une fantastique vue sur la lagune. Quel que soit le sentier que vous décidiez d'emprunter, vous ne croiserez probablement personne d'autre ici. La réserve n'est ouverte qu'en été, de janvier à avril.

GRANDS RENDEZ-VOUS CULTURELS

Wine Rock
Festival annuel de rock à Monteviejo créé par le vigneron et guitariste Marcelo Pelleriti et où se produisent les meilleurs groupes de rock d'Argentine à la fin de l'automne.

Rally de las Bodegas
À l'occasion de ce rallye, qui se tient en mars et entame sa troisième décennie d'existence, des amateurs de voitures anciennes entrent en compétition sur un parcours de 700 km.

Música Clásica por los Caminos del Vino
Les concerts de musique classique organisés dans les *bodegas* constituent l'un des principaux attraits des fêtes de la *vendimia* (vendange) au mois de mars.

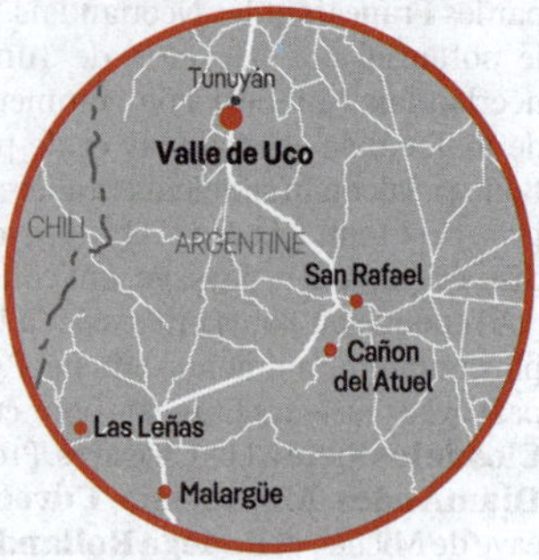

Environs du Valle de Uco

Pour les infos pratiques, voir le Carnet d'adresses p. 324

Ralentissez le rythme et partez à l'exploration d'un paysage andin différent, à partir des villes de San Rafael et de Malargüe.

Depuis Tunuyán, dans le Valle de Uco, 2 heures de route suffisent pour rejoindre San Rafael et Malargüe, les deux principales villes du sud de la province de Mendoza. À Pareditas, une bifurcation se présente sur la RN 40 : continuez vers Malargüe et la station de ski Las Leñas, ou prenez la RN 143 en direction de San Rafael.

Le rythme de vie est plus calme dans cette partie méridionale de la province, où les Andes commencent à s'estomper au loin et les paysages se font plus vastes. San Rafael compte des dizaines de vignobles très anciens à visiter et fera également un bon port d'attache à partir duquel explorer les grands espaces, que ce soit pour s'adonner au rafting dans le Cañon del Atuel, ou découvrir les volcans de Malargüe.

COMMENT CIRCULER

Il est préférable de louer une voiture pour visiter les caves et accéder aux hébergements, ainsi que pour explorer la région en toute autonomie. Des bus circulent entre San Rafael et Malargüe, ainsi qu'entre la gare routière de San Rafael et Valle Grande et El Nihuil.

À SAVOIR

Nombre de *bodegas* traditionnelles de San Rafael ont des horaires de visite fixes et peuvent facilement accueillir les grands groupes, de sorte qu'il n'est généralement pas nécessaire de réserver. Vous êtes ici dans une région où l'on produit et achète davantage des vins à boire, que des millésimes de garde.

San Rafael

DEPUIS LE VALLE DE UCO : **2 HEURES**

Ralentir le rythme à San Rafael

En quittant le Valle de Uco par la RN 40 en direction de San Rafael, les montagnes cèdent bientôt la place à un doux relief de steppe. Jetez un œil au rétroviseur : les Andes auront déjà disparu derrière vous. Avec ses canaux d'irrigation et ses avenues ombragées, San Rafael a quelque chose de la capitale de la province. La vie y est toutefois plus décontractée. La région est aussi connue pour son vin. À 15 minutes du centre, on se retrouve sur de vastes terres agricoles, dont les vignobles sont attachés aux techniques traditionnelles. On se plaît à voir, ici, le vin débarrassé de tout l'attirail mercantile qui est son lot dans le reste de la province. Sur un tronçon de la RP 173 également connu sous le nom de calle Cubillos, se succèdent des *bodegas* aux murs chaulés. La plupart proposent des visites guidées à heures fixes, comme la **Finca El Nevado**, la **Bodega 1920** et la **Bodega Labiano** (qui se distingue par sa fontaine teintée à la couleur du "malbec"). Compte tenu du climat chaud, essayez les vins rouges épais types cabernet sauvignon, bonarda et malbec.

GUAXINIM/SHUTTERSTOCK ©

Cañón del Atuel

De grands domaines viticoles comme **Bianchi** a également marqué de son empreinte l'activité vinicole de San Rafael. **Algodón Wine Estates** est une exploitation contemporaine plus luxueuse dans laquelle on peut passer la nuit.

Cañón del Atuel DEPUIS LE VALLE DE UCO : 2 HEURES 30

Montagnes et étendues d'eau

À 40 minutes de route au sud de San Rafael, le **Cañón del Atuel**, est une gorge multicolore de 56 km (pour 260 m de profondeur) que les habitants comparent au Grand Canyon des États-Unis. On y trouve aussi deux retenues d'eau aux reflets turquoise, un relief environnant accidenté et quantité d'activités de plein air. La route RP 173 qui traverse le Valle Grande et croise Villa El Nihuil se fait plus intéressante tandis que se multiplient les virages : la terre se hérisse de rochers, tandis que les poivriers sauvages et les saules pleureurs s'alignent sur le parcours du Río Atuel. L'Embalse Valle Grande et l'Embalse El Nihuil sont deux lacs artificiels dans lesquels se reflète le relief des moyennes montagnes alentour.

Vous aurez l'occasion de vous garer au restaurant **La Barra**, juste après le pont de l'Embalse Valle Grande, de vous accorder une petite marche tranquille sur la rive et de profiter de ce magnifique décor de montagnes et d'eau. Vous pourrez également monter sur un catamaran depuis la jetée de l'Embalse Valle Grande pour passer l'après-midi sur le sable de la Playa Portal del Atuel. Si toutes ces activités et autres sorties aventure (rafting, canyoning, descente en rappel, voire excursions de rafting et de trekking nocturnes) vous intéressent, réservez auprès du tour-opérateur **Portal del Atuel**. Les condors sont présents dans le Cañón del Atuel, et les amateurs d'ornithologie pourront se rendre au Mirador de los Cóndores, à 8 minutes de route de La Barra. L'énigmatique rapace des Andes se laisse porter par les courants aériens, battant à peine des ailes avant

PREMIER VIGNOBLE BIODYNAMIQUE D'ARGENTINE

Alors que nombre des *bodegas* de San Rafael misent davantage sur la quantité que la qualité, la région abrite aussi le premier vignoble certifié en biodynamie du pays. Après avoir travaillé pendant des années dans l'entreprise familiale, Alejandro Bianchi a décidé de voler de ses propres ailes en créant ce projet. Ainsi, à 15 minutes de route au sud-ouest de San Rafael vous attend la **Finca La Encantada**, très joli gîte de 4 chambres qu'il a construit de ses propres mains et qui jouxte une ferme centenaire entourée de la **Finca Dinamia**, avec ses néfliers du Japon et ses vignes, qui produit des vins biologiques et biodynamiques.

Spécialisé dans le malbec, il produit deux vins dans des cuves à fermentation en béton et en forme d'œuf et des fûts de chêne français. Alejandro se fera un plaisir de vous faire visiter ses modestes installations. Outre la production de vin, une petite chocolaterie biologique est également installée sur le site.

de faire des descentes spectaculaires en piqué ou de reprendre de l'altitude. Étant donné qu'il nidifie dans le canyon, vous aurez de bonnes chances d'en apercevoir un.

Pour accéder à la seconde retenue d'eau, l'Embalse El Nihuil, suivez la route de montagne qui longe l'Embalse Valle Grande vers le sud-ouest pendant 1 heure. C'est l'endroit idéal pour faire du kitesurf ; adressez-vous, par exemple, à **Nihuil Kite & Aventura**.

ENVIRONS DE SAN RAFAEL

Bodega Tornaghi
La plus ancienne cave de San Rafael est en activité depuis 1883 : allez-y acheter un malbec pour accompagner vos prochains pique-niques.

Laberinto de Borges
Incroyable labyrinthe végétal parsemé de symboles littéraires et réalisé en hommage à l'écrivain argentin et lauréat du prix Nobel, Jorge Luis Borges.

Salinas del Diamante
Certaines parties de ces anciennes salines sont encore exploitées un siècle après leur création ; réservez votre billet pour profiter de ce paysage naturel d'un blanc éclatant.

Malargüe

DEPUIS LE VALLE DE UCO : **2 HEURES 40**

Ce qui manque à la petite Malargüe en termes de dynamique urbaine, elle le compense par une géologie et des paysages volcaniques impressionnants. Si vous avez un budget serré, elle sera également un bon point d'ancrage, quoiqu'un peu excentré, pour profiter de la station de ski de Las Leñas, à 70 km de là. Ses environs se présentent comme un fascinant patchwork de parcs et de lagunes, où se niche même une grotte de sorcières ; autant d'endroits qui ne vous seront accessibles qu'en voiture.

Les amoureux des oiseaux mettront le cap sur les zones humides de la Reserva Provincial Laguna de Llancanelo. Il s'agit d'un lac de haute montagne très apprécié des photographes à 60 km au sud-est de Malargüe, et peuplé de canards, de cygnes à cou noir, de mouettes et de sarcelles, parmi une centaine d'autres espèces, dont des flamants des Andes. Si vous êtes attiré par les volcans, le spectaculaire Parque Provincial La Payunia, à 200 km au sud de Malargüe, est fait pour vous. Ce parc de 4 500 km² renferme tout simplement la plus grande concentration de cônes volcaniques au monde, soient plus de 800, formant un décor naturel à couper le souffle tout droit sorti d'un autre monde. Un peu plus près de Malargüe, à 72 km au sud de la ville et à 8 km au nord de Bardas Blancas, au bord de la RN 40, se trouve la Caverna de las Brujas (classée monument naturel national), une cavité calcaire longue de 5 km de long, toute en stalactites et stalagmites. Prévoyez 2 ou 3 heures pour l'explorer, avec un guide de chez Karen Travel, par exemple.

Las Leñas

DEPUIS LE VALLE DE UCO : **3 HEURES**

Saison de ski à Las Leñas

Las Leñas (laslenas.com) est l'une des stations de ski les plus huppées d'Argentine. De juin à septembre, les *Mendocinos* amoureux de la neige s'y rendent pour passer des week-ends. Les *Porteños (*habitants de Buenos Aires) ne sont pas en reste. Ils n'hésitent pas à prendre un vol direct pour San Rafael au départ de l'Aeroparque Jorge Newbery, et à avaler les 200 km de route qui

OÙ SE LOGER DANS LES ENVIRONS DU VALLE DE UCO

Finca La Encantada
Joli gîte de 4 pièces construit par le vigneron Alejandro Bianchi, principalement à partir de matériaux recyclés. **$**

Algodon Wine Resort
Adorable gîte entouré de vignes dans le domaine viticole du même nom. Les golfeurs apprécieront le parcours à 9 trous. **$$$**

El Nevado
Les gérants de cet hôtel bon marché, mais confortable, situé à la périphérie de Malargüe, sont très serviables. **$**

AGB PHOTO LIBRARY/ALAMY STOCK PHOTO ©

Snowboard, Las Leñas

les séparent encore de la station. C'est aussi une villégiature de prédilection des skieurs professionnels de l'hémisphère Nord, qui viennent ici profiter de l'hiver austral pour continuer à s'entraîner pendant l'été : vous serez donc en excellente compagnie ! Mais d'où qu'ils viennent, c'est d'abord et avant tout l'excellente réputation des pentes des Andes qui attire ici les férus de glisse.

La station de Las Leñas est nichée à 2 240 m d'altitude, au pied d'un sommet qui culmine à 3 430 m, et avec ses 30 pistes de ski ou de snowboard, il y a toujours de la place pour tout le monde. Une école de ski forme les débutants sur des pistes qui leur sont spécialement réservées, tandis que les plus expérimentés prennent la remontée mécanique d'El Marte pour accéder aux descentes les plus exigeantes, que ce soit en hors-piste ou sur pistes noires. Depuis quelques années, sous l'effet du changement climatique, la saison est de plus en plus courte. Las Leñas a donc souvent recours à des canons à neige.

Vous y trouverez cinq hôtels, ainsi que plusieurs "appart-hôtels", avec service d'étage dans des chambres indépendantes qui peuvent accueillir jusqu'à six personnes. Les hôtels proposent des formules d'hébergement avec forfaits de ski inclus. Si vous avez un budget limité, mais tenez à glisser dans la poudreuse des Andes, louer une chambre ou un chalet à **Los Molles**, à une heure de route de Las Leñas, vous reviendra moins cher.

LES PLUS BEAUX JOYAUX NATURELS

La Payunia
Observez les guanacos et les *ñandús* (rhéas) qui se promènent dans le Parque Provincial La Payunia.

Le vol des condors
Muni de jumelles, allez guetter les condors qui volent au-dessus du Cañón del Atuel.

Pozo de las Ánimas
Deux lacs presque identiques aux reflets turquoise qui se prêtent à merveille aux séances photo, hors des sentiers battus depuis la route de Las Leñas.

Province de San Juan

Pour les infos pratiques, voir le Carnet d'adresses p. 324

COMMENT S'Y RENDRE ET CIRCULER

San Juan se trouve à 170 km au nord de Mendoza par la RN 40 et à 1 140 km de Buenos Aires. Le meilleur moyen de se déplacer dans la province de San Juan reste la voiture. Vous pourrez louer un véhicule à l'aéroport, de préférence un 4x4 pour emprunter les routes de montagne et les pistes de terre.

À SAVOIR

San Juan est une ville agréable qui se découvre très bien à pied. Passez-y une nuit pour jouir de son calme.

Son atmosphère paisible distingue la province de San Juan, que ce soit dans sa capitale éponyme ou dans ses différentes vallées. La région réserve également d'innombrables attraits naturels à qui se donne la peine de l'explorer. Ici, les siestes quotidiennes seront bienvenues, après un périple au fil des vignobles et des restaurants de Mendoza.

Les longs boulevards ombragés de la capitale provinciale se révèlent un cadre idéal pour se ressourcer. En 1944, un tremblement de terre en détruisit le centre, coûtant la vie à plus de 10 000 personnes ; les efforts qu'il déploya alors pour récolter les fonds nécessaires à sa reconstruction contribuèrent à faire de Juan Perón une figure nationale.

San Juan compte plusieurs bons restaurants et quelques musées, dont un consacré au vin. Avec ses hôtels, elle constitue également un bon point de chute pour explorer la région. Il existe aussi une route des vins, la Ruta del Vino. Elle est plus courte que celle de Mendoza, mais c'est un point positif, car elle est aussi moins fréquentée et il est plus aisé d'y échanger en personne avec les vignerons.

La ville est à 1 heure 45 de vol de Buenos Aires ou 2 heures 45 de route au nord de Mendoza par la RN 40.

Plaza 25 de Mayo

VOIR
1 Catedral de San Juan Bautista
2 Museo Agustín Gnecco
3 Museo y Biblioteca Casa Natal de Sarmiento
4 Plaza 25 de Mayo

SE LOGER
5 Del Bono Central Hotel
6 Hotel Provincial
7 Hotel Selby

SE RESTAURER
8 Club Español
9 Club Sirio Libanés
10 Mesa Uno

À la découverte de la ville de San Juan

Promenade dans la maison du soleil

Le centre-ville de San Juan se laisse très bien découvrir à pied. Fondée en 1562 par des colons espagnols, la cité se distingue par ses bâtiments bas, ses vieilles enseignes et ses vénérables devantures de magasins, qui renvoient à une époque révolue. Ses places et son grand **Parque de Mayo** sont autant de havres dans la chaleur estivale. De fait, avec quelque 300 jours d'ensoleillement annuel, on comprend d'où la ville tire son surnom de “Residencia del Sol” (maison du Soleil).

Commencez la visite par la verdoyante place centrale **Plaza 25 de Mayo**, où se dresse la **Catedral de San Juan Bautista** à l'architecture étonnamment moderne pour une ville aussi ancienne. Une curiosité qui s'explique très bien cependant. En effet, San Juan a été fondée à proximité de plaques tectoniques qui provoquent régulièrement des tremblements de terre. D'ailleurs, dans la ville, vous ne trouverez guère de bâtiments de plus de 80 ans. La cathédrale elle-même n'a été reconstruite que 30 ans après le séisme dévastateur de 1944, d'où son architecture contemporaine, qui date de 1979. N'hésitez pas à grimper au sommet de son clocher de brique rouge, d'où l'on jouit d'une vue panoramique sur la vallée du Río San Juan et le reste de la région.

BODEGAS À SAN JUAN

La province de San Juan compte plusieurs vallées viticoles, dont les plus connues sont Pedernal, Calingasta, Zonda, Ullum-Zonda, Iglesia et Jáchal ; toutes dotées de leur propre indication géographique (IG), qui atteste de l'origine des crus. C'est dans le **Valle de Tulum** que vous trouverez le plus de *bodegas*, dont les caves traditionnelles et réputées **Augusto Pulenta**, **Argus** et **Champañeria Miguel Más**. Vous apprendrez le rôle qu'elles jouèrent dans l'activité vinicole locale, dans le cadre de petites visites guidées avec dégustations.

SE RESTAURER ET SE LOGER À SAN JUAN

Club Español
Avec ses prix bas et ses plats typiquement espagnols, comme la tortilla et la paella, cet établissement fait salle comble tous les soirs.

Club Sirio Libanés
Savourez des mezzés (assortiments de plats levantins) dans un cadre architectural de type Alhambra.

Mesa Uno
Réservez une table pour déguster des plats originaux, tels que la laitue rôtie et sa langue de bœuf mijotée.

Hotel Provincial
Hôtel avec parking, idéal pour passer une nuit confortable, à côté de la Plaza 25 de Mayo.

Hotel Selby
Chambres standards d'un bon rapport qualité/prix au regard de la proximité avec le centre-ville.

Del Bono Central Hotel
Hôtel au design contemporain, avec piscine sur le toit et spa.

Marchez ensuite jusqu'au **Museo y Biblioteca Casa Natal de Sarmiento**, nommé d'après Domingo Faustino Sarmiento, qui fut président de l'Argentine (de 1868 à 1874). Ce musée, consacré à sa vie et à son œuvre, occupe sa maison natale. Pour commencer à vous familiariser avec l'histoire de la province, poussez la porte du **Museo Agustín Gnecco**.

Deux autres musées, aisément accessibles en voiture, méritent un détour. Pour vous plonger dans l'archéologie de la région et les cultures préhispaniques telles que celle des Huarpes, rendez-vous au **Museo Arqueológico Profesor Mariano Gambier**. La culture du raisin et la production de vin remontent au XVIe siècle à San Juan. Le **Museo Santiago Graffigna**, à 10 minutes en voiture de la place centrale, l'évoque au travers du destin d'une grande famille de viticulteurs de la région.

Sur la route des vins

Tour du Valle de Calingasta

La région de San Juan, isolée, mais au charme irrésistible, compte quelque 25 domaines viticoles ouverts aux visiteurs. Près de la moitié d'entre eux sont situés dans le Valle de Tulum, les autres étant répartis entre les vallées de Pedernal, Ullum-Zonda et Fértil. Mais grâce à sa position surélevée et au Río de los Patos qui le traverse, c'est le **Valle de Calingasta** qui offre le plus large choix d'activités, comme le rafting ou le kayak, et les traditionnelles dégustations de vins et visites guidées de *bodegas*, l'ensemble dans des paysages andins spectaculaires.

Cette vallée se trouve à 4 heures d'une route, ponctuée de quelques tronçons de chemins de terre, de la capitale San Juan. Sur le trajet, vous pourrez admirer les sept pics époustouflants de la Cordillera de Ansilta, et peut-être même apercevoir l'Aconcagua à l'horizon. Dans le Valle de Calingasta, sept *bodegas* ouvrent leurs portes aux visiteurs, dans les villages de Sorocayense, Villa Pituil et Barreal. Dans ce dernier, vous pourrez faire des dégustations chez **Cara Sur**, **Los Dragones** et **Entre Tapias** ; les deux premières produisant des vins bios. Barreal se trouve également à 20 km du **Parque Nacional El Leoncito** (p. 318), qui se prêtera à merveille à une excursion d'une demi-journée pour changer de décor. À Sorocayense, vous pourrez faire une dégustation à la bodega **Alta Bonanza de los Andes**, ou découvrir la charcuterie régionale, accompagnée de trois vins, à la **35.cinco** dans la Villa Pituil. La plupart des *bodegas* produisent des vins rouges tels que le malbec et le bonarda, mais Cara Sur a la particularité d'avoir sauvé de vieux crus de Criolla Blanca et Criolla Negra.

OÙ SE LOGER À CALINGASTA

Posada de los Patos
Séjournez dans l'une des 10 suites aux murs de briques d'adobe de ce paisible sanctuaire au sud de Barreal. **$$$**

Acrux Barreal
Après avoir dormi dans une chambre spacieuse, prenez votre petit déjeuner avec vue sur les Andes dans cet hôtel situé au sud de la Villa Pituil. **$$**

Posta Celestino
Hôtel chaleureux et confortable, à la déco simple et avec piscine extérieure. **$$**

JAMES BRUNKER/ALAMY STOCK PHOTO ©

Valle de Calingasta

Environs de San Juan

Malgré ses paysages lunaires et ses fossiles de dinosaures, cette province du centre des Andes reste encore largement méconnue.

Pour les infos pratiques, voir le Carnet d'adresses p. 325

COMMENT CIRCULER

Pour explorer les magnifiques parcs et les grands espaces de la province de San Juan, louez une voiture, de préférence un 4x4. Si vous préférez qu'un autre tienne le volant, vous pourrez réserver une visite guidée du Parque Provincial Ischigualasto au départ de la capitale San Juan ; renseignez-vous auprès de l'office de tourisme.

À SAVOIR

Compte tenu des longues distances et du mauvais état de certaines routes, n'oubliez pas de faire le plein et de vous renseigner sur les stations-service présentes sur votre itinéraire avant de partir. Emportez également des vêtements chauds, de l'eau et de la crème solaire.

Avec ses étonnants paysages lunaires, ponctués de discrets vignobles, l'arrière-pays de la province de San Juan laisse plus qu'à son tour un souvenir pérenne. Alors que la province voisine de Mendoza produit la majorité des vins argentins, San Juan tient son rang, en assurant un bon 16% de la production nationale.

Ici, on se rapproche d'une autre partie des Andes, moins enneigée et plus rocheuse, et la faible densité de la population de la province donne le sentiment, aux visiteurs étrangers, d'être seuls au monde. Emprunter les *rutas provinciales* peut se révéler délicat ; beaucoup sont longues, ici ou là cahoteuses et ponctuées de tronçons non goudronnés, mais le Parque Provincial Ischigualasto et le Parque Nacional El Leoncito, auxquels elles permettent d'accéder, sont d'une beauté époustouflante.

GUAXINIM/SHUTTERSTOCK ©

Parque Provincial Ischigualasto

SUNSINGER/SHUTTERSTOCK ©

Valle de la Luna

Parque Provincial Ischigualasto

DEPUIS SAN JUAN : **3 HEURES 30**

Destination de rêve pour géologues et paléontologues

Si vous avez toujours rêvé de marcher sur la lune, ne ratez pas cette occasion de vous en approcher en visitant le **Parque Provincial Ischigualasto**. "Ischigualasto" signifie littéralement "terre sans vie" dans la langue des Diaguitas (peuple amérindien), mais l'endroit est surtout connu sous le nom de Valle de la Luna. Situé à 3 heures 30 de route au nord de San Juan par la RN 40, on sera bien inspiré de profiter du trajet pour faire halte dans la petite ville de San Agustín del Valle Fértil, à 70 km du parc via la RP 150.

Lové dans une vallée désertique riche en de fossiles vieux de 180 millions d'années, ce parc est le seul endroit au monde où l'on peut voir les traces de toutes les phases constitutives de la période du Trias, d'où son inscription au Patrimoine mondial. Entre les deux chaînes de montagnes du parc vivaient deux grandes espèces de dinosaures, *Herrerasaurus* (carnivore semblable au *Tyrannosaurus rex*) et *Eoraptor lunensis* (le plus ancien dinosaure prédateur connu), dont certains fossiles sont exposés dans le musée. L'entrée est payante et doit être réglée au centre d'accueil des visiteurs, où vous pourrez également solliciter les services d'un garde forestier pour vous guider dans le parc.

La visite accompagnée de 3 heures, à couvrir avec son propre véhicule, permet de découvrir les trois curieuses formations rocheuses (amalgames de grès rouge, de cendres volcaniques et d'argile) que sont **El Gusano** (le ver), **El Submarino** (le sous-marin) et **El Hongo** (le champignon). Ces deux dernières sont les plus photographiées du parc. Des cinq itinéraires prédéterminés, le Diurno Tradicional est celui dont le paysage lunaire est le plus marqué, tandis que la Quebrada de la Peña est le plus exigeant sur le plan physique. Des randonnées sous la pleine lune et des excursions en VTT sont aussi envisageables sur réservation sur ischigualasto.gob.ar. Des troupeaux de guanacos ont élu domicile dans le secteur. Vous les verrez bondir, entre arbustes et rochers.

PARQUE NACIONAL EL LEONCITO

On reste sur le thème de l'espace au **Parque Nacional El Leoncito** qui, grâce à une faible pollution lumineuse et à un ciel parmi les plus clairs du monde, est une destination astrotouristique de premier choix (et dont l'entrée est gratuite). À 4 heures de route à l'ouest de San Juan par les RN 40 et RP 149, et à 35 km de Barreal, le **Complejo Astronómico El Leoncito**, situé dans le parc, abrite deux observatoires mondialement connus, ainsi que le télescope le plus puissant d'Argentine, le Jorge Sahade, du nom d'un célèbre astronome argentin.

Les passionnés d'astronomie devraient planifier leur passage dans le parc autour de la nouvelle lune, car la pleine lune masque de nombreuses constellations. Pour les visites nocturnes des observatoires, il faut réserver longtemps à l'avance sur le site reservascasleo.com. Il y a quelques dortoirs dans les observatoires, alors n'hésitez pas à vous renseigner sur la possibilité d'y passer la nuit (dîner et petit déjeuner inclus) lors de votre réservation.

Carnet d'adresses

MENDOZA

Basílica de San Francisco
Voir p. 285 (Necochea 201 ; 9h30-12h30 et 18h15-20h mar-ven, 18h15-20h sam, 9h-12h et 18h30-21h dim).

Espacio de Fotografía Máximo Arias
Voir p. 287 (Parque General San Martín, Padre Jorge Contreras ; entrée libre ; 10h-20h mar-ven, 12h-20h sam-dim)

La Casa del Escultor Roberto Rosas
Voir p. 287 (lacasadelescultor.com.ar ; Mathus Hoyos 4447 ; adulte/enfant 25 000/20 000 $ARS)

La Enoteca – Centro Temático del Vino
Voir p. 286 (laenoteca.com.ar ; Av. Peltier 611 ; entrée sans dégustation/avec dégustation 3 700/7 400 $ARS ; 10h-17h lun-ven)

Los Toneles
Voir p. 287 (bodegalostoneles.com ; Av. de Acceso Este 1360 ; entrée avec dégustation 500 $ARS ; sur réservation ; visite 1 heure 30-2 heures ; 10h/12h/14h/16h/17h/20h/22h mar-sam, 10h/12h/14h/16h dim)

Memorial a la Bandera del Ejército de los Andes
Voir p. 286 (Virgen del Carmen de Cuyo 289 ; accès libre ; 9h-14h mar-ven)

Museo Carlos Alonso
Voir p. 287 (instagram.com/museoalonsomza ; Av. Emilio Civit 348 ; entrée libre ; 9h-20h mar-dim)

Museo de Arte Moderno de Mendoza
Voir p. 287 (facebook.com/mmammza ; Plaza Independencia ; entrée libre ; 10h-19h mer-ven, 16h-20h sam-dim)

Abrasado
Voir p. 287 (Los Toneles ; bodegalostoneles.com/restaurant ; Acceso Este Lateral Norte 1360, Nueva Ciudad, Guaymallén ; sur réservation ; 12h-14h30 mar-dim, 19h-22h30 mar-sam)

Azafrán
Voir p. 287 (azafranresto.com ; Av. Sarmiento 765 ; sur réservation ; 19h-23h lun-sam)

Centauro
Voir p. 287 (centaurorestaurant.com ; Av. Perú 1156 ; 19h-1h)

Fuente y Fonda
Voir p. 287 (fuenteyfonda.com ; Montévidéo 675 ; sur réservation ; 12h-15h30/20h-23h30)

1884 Restaurant
Voir p. 287 (escorihuelagascon.com.ar/en/1884-restaurant ; Belgrano 1188 ; sur réservation ; dîner mar-dim)

Casa Tano
Voir p. 287 (instagram.com/casa_tano ; Perito Moreno 1221 ; 24h/24)

Chachingo
Voir p. 286 (Av. Aristides Villanueva 383 ; 21h-2h30 lun-mer, 21h-3h jeu-ven, 22h-2h30 sam, 22h30-2h30 dim)

La Central Vermutería
Voir p. 286 (lacentral.meitre.com ; Av. Bartolomé Mitre 794 ; sur réservation ; 18h30-1h30)

The Garnish Bar
Voir p. 286 (facebook.com/The-Garnish-Bar-100063672086428 ; Av. Colón 670 ; 20h-2h30 mar-sam)

ENVIRONS DE MENDOZA

Bodegas López
Voir p. 289 (bodegaslopez.com.ar ; Ozamis 375, Maipú ; 9h-17h lun-ven, 9h30-14h sam, 10h-14h dim)

Bodega Santa Julia
Voir p. 289 (santajulia.com.ar/turismo/visitanos ; rte provinciale 33, Maipú ; visite sur réservation à 10h/12h/15h/16h lun-sam, 10h30/12h/15h30 dim)

Casa Vigil
Voir p. 290 (universovigil.com/casavigil-chachingo.html ; sur réservation ; Videla Aranda 7008, Maipú ; 9h30-17h30 lun, 9h30-17h30/19h15-23h45 mar-sam)

El Enemigo
Voir p. 290 (Videla Aranda 7008, Maipú ; universovigil.com)

Finca El Paraíso
Voir p. 289 (uigibosca.com/experiencias/raices ; 135 000 $ARS/pers ; visite de 3-4 heures avec dégustation à 10h15/11h/12h ; El Paraíso 1926, Maipú ; 9h30-16h)

Luigi Bosca
Voir p. 289 (luigibosca.com ; San Martín 2044, Luján de Cuyo)

Museo Nacional del Vino y la Vendimia
Voir p. 289 (0261 4977 763 ; José Alberto de Ozamis 914, Maipú ; 9h-17h lun-ven, 9h-14h30 sam, 10h-13h dim)

Salina del Diamante

Tempus Alba
Voir p. 291 (tempusalba.com ; Moreno 572, Maipú ; 10h-17h lun-ven, 11h30-17h sam)

Trapiche
Voir p. 291 (trapiche.com.ar ; Nueva Mayorga s/n, Maipú ; 9h30-17h)

Trivento
Voir p. 291 (trivento.com ; rte 60, Canal Pescara 5517, Maipú ; 9h-18h lun-jeu, 9h-15h ven, 9h-16h30 sam)

Casa Agostino
Voir p. 290 (casaagostino.com/casa-agostino-restaurante ; Carril Barrancas 10590, Maipú ; sur réservation ; 10h-18h jeu-mar)

Casa del Visitante
Voir p. 290 (Bodega Santa Julia ; santajulia.com.ar/turismo ; RP 33, Maipú ; lun-sam, dim)

Casa Vigil
Voir p. 291 (universovigil.com/casavigil-chachingo.html ; Videla Aranda 7008, Maipú ; 9h30-17h30 lun, 9h30-17h30/19h15-23h45 mar-sam)

Mil Suelos
Voir p. 290 (instagram.com/milsuelos ; sur réservation ; Videla Aranda 7000 ; 12h30-14h30)

Pan y Oliva
Voir p. 290 (0261 4410 010 ; rte provinciale 33, Maipú ; 12h-16h mar-dim)

LUJÁN DE CUYO

Alpamanta
Voir p. 294 (alpamanta.com ; Cobos, Ugarteche ; 8h-16h lun-sam)

Anaia Wines
Voir p. 295 (anaiawines.com ; rte 15, Agrelo ; 9h-18h lun-sam)

Bodega Alta Vista
Voir p. 295 (tienda.altavistawines.com ; Chacras de Coria, Álzaga 3972 ; 9h-18h)

Bodega Catena Zapata
Voir p. 294 (catenazapata.com ; Cobos, Agrelo ; 9h-16h30 mar-sam)

Bodega Gieco
Voir p. 295 (bodegagieco.com ; Vistalba, Guardia Vieja 1687 ; 11h-18h lun-sam)

Bodega Lagarde
Voir p. 292 (lagarde.com.ar ; San Martin 1745 ; 12h30-18h lun-jeu, 12h30-18h/20h30-1h ven-sam, 12h-18h dim)

Bodega Norton
Voir p. 292 (norton.com.ar ; rte provinciale 15, Perdriel ; 9h-17h)

Bodega Viamonte
Voir p. 295 (viamontewinery.com ; Viamonte 962 ; 10h-18h lun-mar jeu-sam)

Bodegas San Huberto
Voir p. 295 (bodegassanhuberto.com.ar ; Guardia Vieja 1100 ; 9h-16h lun mer-ven, 9h-17h mar)

Bressia
Voir p. 293 (bressiabodega.com ; Cochabamba 7725, Agrelo ; 10h-17h lun-mar jeu-ven, 10h-13h sam)

Chandon
Voir p. 293 (chandon.com.ar ; rte provinciale 15, Agrelo ; 9h-18h)

Krontiras
Voir p. 294 (krontiraswines.com ; Olavarría 4900 ; 9h-18h lun-sam)

L'Orange
Voir p. 294 (instagram.com/lorangelove ; Alem 5170 ; 11h30-17h mar-sam, 10h30-13h dim)

Luigi Bosca
Voir p. 293 (luigibosca.com ; San Martín 2044)

Mendel Wines
Voir p. 294 (mendel.com.ar ; Terrada 1863 ; 9h-18h lun-ven)

Museo Provincial de Bellas Artes
Voir p. 297 (San Martín 3651 ; 10h-12h30/14h-16h30 mer-ven, 11h30-13h/16h30-18h sam-dim)

Museo Regional y Americanista
Voir p. 297 (San Martín 200 ; 8h-17h lun-ven)

Nieto Senetiner
Voir p. 292 (nietosenetiner.com.ar ; Guardia Vieja 2000 ; 9h30-17h30 lun-sam)

Otero Ramos
Voir p. 293 (oteroramos.com.ar ; Aráoz 2750 ; 9h-17h lun-ven, 9h-12h sam)

Riccitelli Wines
Voir p. 295 (matiasriccitelli.com ; Las Compuertas, Callejón de La Reta 750 ; 8h-18h lun-sam, 12h30-18h dim)

Vendanges, Mendoza

DEBORA ALBORTA/STOCK.ADOBE.COM ©

Susana Balbo Wines
Voir p. 295 (susanabalbowines.com.ar ; Cochabamba 7801, Agrelo ; 9h-16h30)

Baccus Biking
Voir p. 295 (baccusbiking.com ; Mitre 1552 ; 10h-14h/16h-18h lun-sam, 10h30-17h dim)

Vistalba Bikes
Voir p. 295 (vistalbabikes.com ; Embalse Potrerillos 434 ; 10h-13h/16h30-18h30 lun-sam)

Casa de Coria
Voir p. 297 (casadecoria.com.ar ; Justicia 28, Chacras de Coria)

Casa Naoki
Voir p. 297 (instagram.com/casanaoki ; Brandsen 505, Perdriel)

Cavas Wine Lodge
Voir p. 294 (cavaswinelodge.com ; Costa Flores Alto Agrelo)

Entre Cielos
Voir p. 294 (entrecielos.com ; Guardia Vieja 1998)

Finca Adalgisa
Voir p. 297 (fincaadalgisa.com ; Pueyrredón 2222)

SB Winemaker's House & Spa Suites
Voir p. 294 (susanabalbohotels.com ; Viamonte 5022)

Angélica Cocina Maestra
Voir p. 296 (angelica.meitre.com ; sur réservation ; Cobos ; 12h-17h lun-mar, 12h-22h mer-sam, 12h-15h dim)

Brindillas
Voir p. 296 (brindillas.com ; sur réservation ; Guardia Vieja 2898 ; 20h30-1h lun-ven)

Casarena
Voir p. 293 (Casarena Bodega y Viñedos ; casarena.com/savia-cocina-casarena ; Brandsen 505)

Fogón
Voir p. 295 (fogonasado.com ; sur réservation uniquement ; Uriarte 1423, Buenos Aires ; 19h45-22h30)

La Jamonería
Voir p. 297 (bodegavistalba.com/es/turismo_almuerzos.html ; sur réservation ; Roque Sáenz Peña 3531 ; à partir de 20h30 lun-ven, à partir de 12h30 mar-dim)

Nieto Senetiner
Voir p. 295 (nietosenetiner.com.ar ; Guardia Vieja 2000 ; 9h30-17h30 lun-sam)

Osadía de Crear
Voir p. 296 (susanabalbowines.com.ar/enoturismo/gastronomia ; Cochabamba 7801 ; 12h30-15h30)

Quimera Bistró
Voir p. 293 (Bodega Quimera ; instagram.com/quimerabistro ; Bodega Quimera, Cochabamba, Agrelo ; 12h-17h)

Ramos Generales por Francis Mallmann
Voir p. 295 (kaikenwines.com ; Roque Sáenz Peña 5516 ; sur réservation ; 19h30-22h tlj sauf

mar nov à mi-mars, 12h30-15h tlj sauf mar mi-mars à déb nov)

Riccitelli Bistró
Voir p. 297 (Riccitelli Wines ; matiasriccitelli.com/bistro-visitas ; Riccitelli Wines, Las Compuertas Callejón de la Reta 750 ; sur réservation ; à partir de 12h30 lun-sam)

Vistalba
Voir p. 293 (Bodega Vistalba ; bodegavistalba.com ; Bodega Vistalba, Roque Sáenz Peña 3531 ; à partir de 12h30 mar-dim)

Zonda
Voir p. 296 (Bodega Lagarde ; lagarde.com.ar/experiencias/zonda ; Bodega Lagarde, San Martín 1745 ; 11h-16h mar-sam)

5 Suelos – Cocina de Finca
Voir p. 293 (0261 5988 521 ; Pasaje de la Reta, Las Compuertas ; 12h30-15h fermé mar-mer)

ENVIRONS DE LUJÁN DE CUYO

Parque Provincial Aconcagua
Voir p. 300 (RN 7 10, Puente del Inca, Mendoza ; 8h-18h mai-oct/nov-avr)

Argentina Rafting
Voir p. 299 (argentinarafting.com ; Amigorena 86, Mendoza ; sur réservation ; tte l'année)

Kahuak
Voir p. 299 (kahuak.com.ar ; Rivadavia 234, Mendoza ; 9h-17h lun-ven)

Potrerillos Explorer
Voir p. 299 (potrerillosexplorer.com ; Potrerillos, Mendoza ; 9h-18h30)

Bodega Maal Wines
Voir p. 300 (maalwines.com ; Pasaje de la Reta 975, Las Compuertas)

Durigutti
Voir p. 300 (durigutti.com ; Pasaje de la Reta, Las Compuertas ; 8h-17h lun-ven)

Las Palapas
Voir p. 300 (Gran Hotel Potrerillos ; facebook.com/LasPalapasPotrerillos ; RN 7, Gran Hotel Potrerillos, Potrerillos ; 18h-minuit ven-dim)

VALLE DE UCO

Alfa Crux
Voir p. 304 (instagram.com/alfacruxwines ; Los Indios, Eugenio Bustos ; 10h30-18h)

Altos Las Hormigas
Voir p. 309 (altoslashormigas.com ; rte provinciale 61, Groezinger)

Bodega Rolland
Voir p. 309 (bodegarolland.com ; Clodomiro Silva, Tunuyán ; 8h-17h30)

Bodega Salentein
Voir p. 304 (bodegasalentein.com ; rte 89, Los Arboles de Villegas ; 10h-17h)

Canopus Vinos
Voir p. 307 (canopusvinos.com ; Pampa El Cepillo)

Clos de los Siete
Voir p. 309 (closdelossiete.com ; Clodomiro Silva, Vista Flores ; 9h30-16h30)

Corazón de Sol
Voir p. 307 (corazondelsol.com ; rte 94, Mendoza ; 10h-15h)

Cundo
Voir p. 307 (wineobs.com.ar/experiences ; Ghilardi km 3 ; 12h45-18h mer-dim)

Cuvelier Los Andes
Voir p. 309 (cuvelierlosandes.com ; Clodomiro Silva ; 9h-15h)

DiamAndes
Voir p. 309 (diamandes.com ; Clodomiro Silva, Vista Flores ; 9h-17h)

Domaine Bousquet
Voir p. 306 (domainebousquet.com ; rte provinciale 89, Tupungato ; 9h-18h)

Piedra Negra
Voir p. 309 (bodegapiedranegra.com ; rte provinciale 94, Vista Flores)

Sitio La Estocada
Voir p. 306 (sitiolaestocada.com ; Los Europeos, rte 89, Tupungato)

SuperUco
Voir p. 306 (superuco.com ; rte provinciale 94, Los Chacayes ; 10h-17h lun jeu-dim)

Zuccardi Valle de Uco
Voir p. 305 (zuccardiwines.com ; Costa Canal Uco, Paraje Altamira, San Carlos ; 9h-18h)

El Viejo Manzano
Voir p. 307 (7 Cuchillos, Los Chacayes, Tunuyán ; sam-dim)

Rally de las Bodegas
Voir p. 309 (sapapanatravel.com/rally-de-las-bodegas ; mars)

Alpasión
Voir p. 304 (alpasion.com ; Los Arboles de Villegas)

Casa de Uco
Voir p. 304 (casadeuco.com ; rte 94, Los Arboles de Villegas)

Estancia El Totoral
Voir p. 305 (estanciaeltotoral.com ; rte provinciale 89, Agua de los Bayos)

Huentala
Voir p. 305 (huentala.com ; Primitivo de la Reta 1007)

La Morada Lodge
Voir p. 304 (lamoradalodge.com ; La Siesta, Los Chacayes)

Posada Salentein
Voir p. 305 (bodegasalentein.com ; rte 89, Los Árboles)

Rancho 'e Cuero
Voir p. 305 (ranchoecuero.com ; rte 89, La Carrera)

The Vines of Mendoza
Voir p. 305 (vinesresortandspa.com ; rte provinciale 94, Los Sauces)

Cundo Cocina
Voir p. 304 (wineobs.com.ar/restaurant/cundo-cocina ;

Ghilardi km 3 ; 12h45-18h mer-dim)

La Azul
Voir p. 304 (bodegalaazul.com ; rte provinciale 89, Caminos del Vino, Tupungato ; 12h30-18h)

Ruda
Voir p. 304 (instagram.com/casaruda_ ; rte n° 788, Miramar 13 ; 19h-minuit jeu-sam)

Sitio La Estocada
Voir p. 304 (sitiolaestocada.com ; rte 89, Los Europeos)

ENVIRONS DU VALLE DE UCO

Algodón Wine Estates
Voir p. 311 (algodonwineestates.com ; rte nationale 144, 674 Cuadro Benegas, San Rafael)

Bodega 1920
Voir p. 310 (instagram.com/bodega1920/?hl=fr . Cubillos 3200, Rama Caída, San Rafael ; 9h30-13h30 et 17h30-21h30)

Bodegas Bianchi
Voir p. 311 (bodegasbianchi.com.ar/pages/san-rafael ; Ruta 143 et calle Valentín Bianchi Alto Las Paredes, San Rafael ; 9h-17h30 mar-sam)

Bodega Labiano
Voir p. 310 (bodegalabiano.com ; Cubillos 3850, Rama Caída, San Rafael ; 9h-19h lun-ven, 10h-14h sam)

Bodega Tornaghi
Voir p. 312 (tornaghi.com.ar ; Pasteur 715, San Rafael ; 8h-16h lun-ven, 10h-16h sam)

Finca Dinamia
Voir p. 311 (fincadinamia.com ; Los Olivos 900, Rama Caída, San Rafael ; 9h-20h lun-sam, 9h-13h dim)

Finca El Nevado
Voir p. 310 (fincaelnevado.com ; La Correina 2700/ Cubilos 2000, Rama Caída, San Rafael)

Laberinto de Borges
Voir p. 312 (laberintodeborges.com ; Bombal, Cuadro Nacional, San Rafael ; 9h-21h)

Karen Travel
Voir p. 312 (karentravel.com.ar ; Av. San Martín 54, Malargüe ; 9h-13h/14h-21h30 lun-ven, 9h30-13h/14h-21h30 sam, 9h-14h/18h-21h30 dim)

Nihuil Kite & Aventura
Voir p. 312 (facebook.com/nihuilaventura ; San Rafael)

Portal del Atuel
Voir p. 311 (facebook.com/portaldelatuelsanrafael ; San Rafael)

Algodón Wine Resort
Voir p. 312 (algodonwineestates.com ; rte nationale 144, 674 Cuadro Benegas, San Rafael)

El Nevado
Voir p. 312 (apartelnevado.com.ar ; Saturnino Torres Oeste 48, Malargüe)

Finca La Encantada
Voir p. 312 (fincalaencantada.com ; Los Olivos 900, San Rafael)

Los Molles
Voir p. 313 (losmolleshotel.com ; rte 222, 28 km, Malargüe)

La Barra
Voir p. 311 (facebook.com/labarra.parrilla ; Sarmiento 638, Esquel ; 11h30-15h/20h30-minuit lun-sam)

PROVINCE DE SAN JUAN

Alta Bonanza de los Andes
Voir p. 316 (altabonanza.com ; rte nationale 149, Sorocayense ; 10h-13h/15h-18h lun-sam, 10h-13h dim)

Argus
Voir p. 315 (instagram.com/bodega.argus ; Angualasto 1740 N Santa Lucía Colonia Richet ; 10h-18h)

Bodegas Augusto Pulenta
Voir p. 315 (augustopulenta.com ; Sarmiento S/N, Departamento San Martín, San Juan ; 9h-15h lun-ven)

Cara Sur
Voir p. 316 (instagram.com/carasur.barreal ; Barreal)

Champañeria Miguel Más
Voir p. 315 (miguelmas.com.ar ; rte provinciale 215, Villa Aberastain ; 10h-18h)

Entre Tapias
Voir p. 316 (entretapias.com ; rte provinciale 149, Presidente Roca, Barreal ; 9h-12h/15h-18h lun-sam)

Los Dragones
Voir p. 316 (instagram.com/los.dragones.vinos ; Huarpes, Barreal ; 10h-13h/16h-19h lun-mer, 10h-13h/17h-21h jeu-sam, 10h-13h dim)

Museo Agustín Gnecco
Voir p. 316 (Mitre 869, San Juan ; entrée libre ; 10h-13h mar-ven, 12h-18h sam)

Museo Arqueológico Profesor Mariano Gambier
Voir p. 316 (ffha.unsj.edu.ar/?page_id=887 ; Complejo Cultural La Superiora, Dr. Ortega, Villa Krause, San Juan ; 8h30-12h30 et 14h30-18h30)

Museo Santiago Graffigna
Voir p. 316 (facebook.com/MuseoBodegaSantiagoGraffigna ; Cristóbal Colón Nte. 1342 ; 11h15-16h15 jeu-sam)

Museo y Biblioteca Casa Natal de Sarmiento
Voir p. 316 (casanatalsarmiento.cultura.gob.ar ; Sarmiento n°21 Sur, San Juan ; entrée libre ; 9h-20h mar-ven, 9h-15h sam-dim)

35.cinco
Voir p. 316 (vinos35cinco.mitiendanube.com ; Evaristo Gómez 3366)

Cerro Aconcagua

Acrux Barreal
Voir p. 316 (acruxhoteles.com.ar ; Callejón A. Ferrer, Calingasta)

Del Bono Central Hotel
Voir p. 316 (delbonocentral.delbonohotels.com ; Domingo Faustino, Sarmiento Sur 201, San Juan)

Hotel Provincial
Voir p. 316 (granhotelprovincial.com ; Av. José Ignacio de la Roza, Este 132, San Juan)

Hotel Selby
Voir p. 316 (hotelselby.com.ar ; Av. Rioja Sur 183, San Juan)

Posada de los Patos
Voir p. 316 (posadapasolospatos.com.ar ; Patricias Mendocinas y Gualino, Calingasta)

Posta Celestino
Voir p. 316 (postacelestino.com.ar ; Esteban Echeverría, Calingasta)

Club Español
Voir p. 316 (0264 4223 388, 0264 4274 040 ; B. Rivadavia 32, San Juan ; 24h/24 lun-ven, 8h-minuit sam, 8h-15h dim)

Club Sirio Libanés
Voir p. 316 (facebook.com/siriolibanes.sanjuan ; Entre Ríos Sur 33, San Juan ; 12h30-minuit lun-sam, 12h-16h dim)

Mesa Uno
Voir p. 316 (instagram.com/mesaluno ; Bartolomé Mitre 492, San Juan ; 12h30-16h/19h-minuit lun, 12h30-16h/19h30-minuit mar-sam, 12h30-16h dim)

ENVIRONS DE SAN JUAN

Complejo Astronómico El Leoncito
Voir p. 319 (Parque Leoncito ; reservascasleo.com ; Ingreso A. Casleo-Panel, San Juan ; sur réservation ; 10h-12h/14h30-17h)

Parque Nacional El Leoncito
Voir p. 319 (facebook.com/PNElLeoncito ; entrée libre ; Av. Presidente Roca Barreal 5405, San Juan ; 9h-18h)

Parque Provincial Ischigualasto
Voir p. 319 (ischigualasto.gob.ar ; 20 000 $ARS/pers ; Villa San Agustín, San Juan ; 8h-17h)

CATHARINA VAN DELDEN/SHUTTERSTOCK ©

Ci-dessus : asado, San Antonio de Areco (p. 332); à droite : Mar del Plata (p. 362)

Pampa et côte atlantique

CULTURE GAUCHO, ESTANCIAS ET FORÊTS LITTORALES

Explorez le littoral, séjournez dans une *estancia* historique, et partez à cheval découvrir l'élégance surannée d'une Argentine d'un autre âge.

Ce territoire englobe toute la province de Buenos Aires, région la plus peuplée du pays. Autour des prairies fertiles, où vivent près de 40% du bétail, s'étendent les Sierras de Tandil, à l'ouest, les forêts littorales au sud, un lac salé au nord, et, à l'est, La Plata, capitale de la province, au superbe patrimoine architectural. Peu visitée, la pampa argentine (ou plus précisément les pampas argentines, pour distinguer les pampas sèche et humide) est une terre de plaisirs simples et authentiques. La jolie ville de San Antonio de Areco offre un aperçu de la culture *gaucho*, tandis que les montagnes autour de Tandil se prêtent à de belles randonnées. C'est de cette province que proviennent les chevaux criollos du polo argentin, mais on y rencontre aussi des colonies de flamants et de lions de mer, ainsi que des cerfs des marais solitaires. Quand les Espagnols ont importé le cheval au XVIe siècle, les Amérindiens (Querandíes, Pampas et Tehuelches) ont initié une technique de dressage en symbiose avec les chevaux appelée *doma india*. Les vastes plages des stations balnéaires de la côte atlantique permettent d'échapper un moment à la chaleur de l'été. Une région vinicole a vu le jour près de Mar del Plata, ville toutefois plus connue comme berceau de la bière artisanale argentine et lieu de fiestas estivales. Cette province est aussi le centre religieux du pays. Luján accueille chaque année des millions de pèlerins venus se recueillir au sanctuaire le plus important d'Argentine.

SITES PRINCIPAUX

SAN ANTONIO DE ARECO
Au centre de la culture *gaucho*. p. 332

TANDIL
Randonnée et traiteurs extraordinaires. p. 340

LA PLATA
Architecture et musées. p. 354

MAR DEL PLATA
Plages, fiestas et brasseries. p. 392

S'orienter

La province de Buenos Aires est la plus vaste du pays (307 571 km²). Il peut falloir plus de 10 heures pour la traverser en bus, et bien plus longtemps pour parcourir les 1 200 km de littoral.

VOITURE

Vous rejoindrez facilement des destinations du nord où les bus sont rares. Vous pourrez aussi visiter nombre de localités que la plupart des touristes étrangers ne voient jamais.

BUS

Des bus longue distance circulent entre les villes de la région, ainsi qu'entre Buenos Aires et les principales villes de la province. Ces dernières, ainsi que certaines localités importantes, sont dotées de bus publics.

TRAIN

Pour se rendre à Mar del Plata, La Plata et dans certaines localités proches de ces grandes villes, le train (argentina.gob.ar/transporte/trenes-argentinos) est bon marché et reste l'une des façons les plus simples de rejoindre ces destinations depuis Buenos Aires.

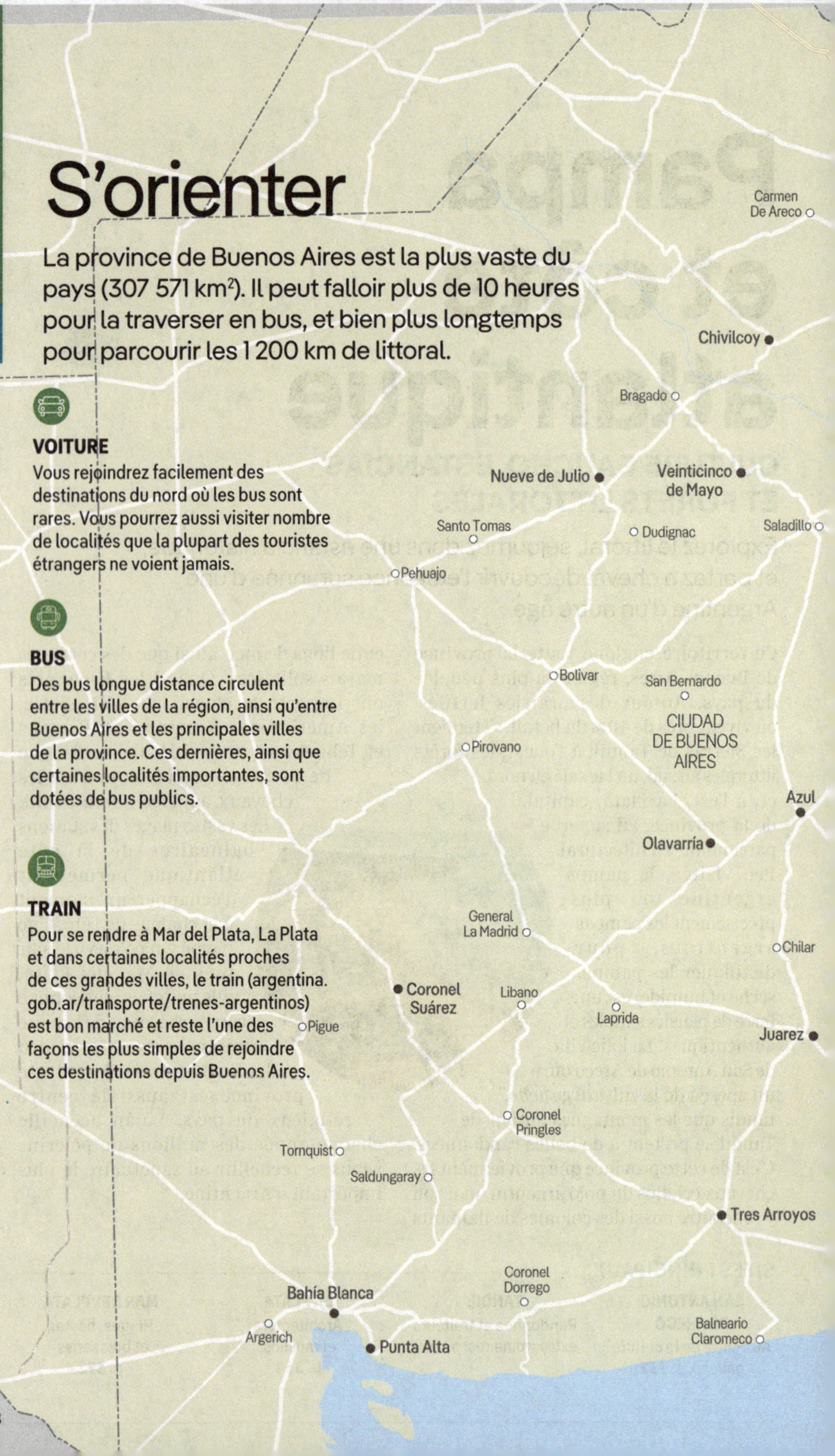

San Antonio de Areco, p. 332

Belle ville d'orfèvres et de *gauchos*. Les nombreuses *estancias* des environs proposent le gîte, des repas et des balades à cheval.

La Plata, p. 354

La capitale de la province de Buenos Aires est la première ville d'Amérique du Sud dont l'aménagement urbain a été entièrement planifié.

Tandil, p. 340

Cette grande ville à l'ambiance de petite localité a conservé de beaux édifices anciens, et possède d'excellents restaurants-traiteurs servant les meilleurs saucisses et fromages du pays.

Mar del Plata, p. 392

Principale destination balnéaire en été : plage le jour, soirées dans les clubs, concerts et spectacles toute la saison.

RM COLLECTION/ALAMY STOCK PHOTO ©

Planifier son séjour

San Antonio de Areco et La Plata sont accessibles en une journée depuis Buenos Aires, mais pour les plages, les ruines et les montagnes, il faut prévoir plus de temps.

Época de Quesos (p. 344)

Si vous avez peu de temps

- Allez à **San Antonio de Areco** (p. 332) pour découvrir la vie rurale et la culture *gaucho*. Visitez une *estancia*, où vous pourrez faire une balade à cheval, déguster un *asado* et assister à un spectacle folklorique. Passez-y une nuit pour visiter la ville le lendemain.

- Poussez la porte des ateliers d'orfèvres, achetez des couteaux, des bijoux ou des tasses à maté incrustées d'argent avant de déjeuner dans un bar rustique. Le temps d'une brève excursion, rendez hommage à la sainte patronne de l'Argentine à **Luján** (p. 338) et dégustez des vins à **Campana** (p. 339).

Au fil des saisons

En été, il y a foule sur les plages de Mar del Plata. En automne et au printemps, on randonne à Tandil.

JANVIER

Début de la saison estivale à Mar del Plata et dans les villes balnéaires. Au menu : concerts, théâtre et fiestas.

MARS

À Pâques, des milliers de pèlerins suivent la **Vía Crucis** (p. 345) dans la forêt de Tandil.

JUILLET

Lors du **Festival de la Cultura Cervecera Platense** (p. 355), à La Plata, on peut goûter une centaine de bières différentes.

Si vous avez cinq jours

- Passez d'abord une journée à **La Plata** (p. 354), pour vous balader en admirant l'architecture, notamment la Casa Curutchet de Le Corbusier, avant de découvrir l'importante collection de squelettes d'animaux préhistoriques du Museo de La Plata.

- Restez quelques jours à **Tandil** (p. 340) pour déguster des *picadas* dans les nombreux restaurants et randonner sur des sentiers de montagne faciles. Traversez la forêt de pins en télésiège et, à la belle saison, guettez les capybaras sur les berges du lac.

- Terminez votre séjour par les ruines d'**Epecuén** (p. 348) et passez la nuit à **Carhué** (p. 350), pour profiter des thermes.

Plus d'une semaine

- Allez surfer, bronzer ou faire la fête à **Mar del Plata** (p. 392), sans oublier de goûter les produits de la mer et la bière artisanale. Visitez les forêts de **Villa Gesell** (p. 368) et de **Miramar** (p. 370), ainsi que le domaine viticole de **Chapadmalal** (p. 369), localité côtière branchée.

- Découvrez les musées de **Bahía Blanca** (p. 347) puis partez dans les terres randonner dans le **Parque Provincial Ernesto Tornquist** (p. 351) et sur le **Cerro Tres Picos** (p. 352).

- S'il fait frais, évitez la côte en faisant le tour des *estancias* à **San Antonio de Areco** (p. 332) et dans les environs de **La Plata** (p. 354), à moins de séjourner dans un château à **Lobos** (p. 361) et d'apprendre à jouer au polo à **Cañuelas** (p. 360).

AOÛT

Admirez les flamants roses dans les vestiges d'**Epecuén** (p. 348) et réchauffez-vous dans les thermes des environs.

SEPTEMBRE

Randonnez dans le **Parque Provincial Ernesto Tornquist** (p. 351) pour apercevoir le rare *iguana de cobre*.

OCTOBRE

Durant la **Peregrinación Juvenil a Pie a Luján** (p. 338), plus d'un million de pèlerins marchent jusqu'à Luján pour saluer la sainte patronne de l'Argentine.

NOVEMBRE

Les *gauchos* vont à la **Fiesta de la Tradición** (p. 335) et les cinéphiles au Festival Internacional de Cine de Mar del Plata.

San Antonio de Areco

Pour les infos pratiques, voir le Carnet d'adresses p. 372

COMMENT CIRCULER

Des bus publics circulent en ville, mais la plupart des endroits à voir (hormis les *estancias*) sont faciles à rejoindre à pied. Mieux vaut être motorisé pour rejoindre les *estancias* ou visiter les localités voisines. Sinon, on peut organiser son transport directement auprès des *estancias* ou des compagnies de *remises* (taxis) de la ville pour se rendre dans la campagne. Il existe de nombreux loueurs de vélos et beaucoup d'Argentins circulent à vélo ou à vélomoteur en ville.

À SAVOIR

La sieste est sacrée et presque tout est fermé entre midi et 15 heures. C'est du vendredi au dimanche qu'il y a le plus d'activités disponibles et de restaurants ouverts.

À 113 km au nord-ouest de la capitale, San Antonio de Areco (ou Areco), avec son atmosphère paisible et ses belles rues historiques, est l'une des plus jolies villes de la pampa. La cité, qui date du début du XVIIIe siècle, a conservé de nombreuses traditions *criollas* (créoles) et *gauchos*. À commencer par la maîtrise des arts de l'argenterie et de la sellerie. Ici, la frontière entre réalité et imaginaire est floue. Le personnage principal du roman *Don Segundo Sombra*, de Ricardo Güiraldes, est largement inspiré du *gaucho* Segundo Ramírez, qui exerça également une forte influence sur les dessins d'Osvaldo Gasparini. San Antonio de Areco est la porte d'accès aux majestueuses pampas, rudes, mais évocatrices. Un séjour dans une *estancia* des environs est un excellent moyen de se familiariser avec l'univers du chant folklorique, de la *doma india* et des *asados* quotidiens.

SUNSINGER/SHUTTERSTOCK ©

Gauchos, Fiesta de la Tradición (p. 335)

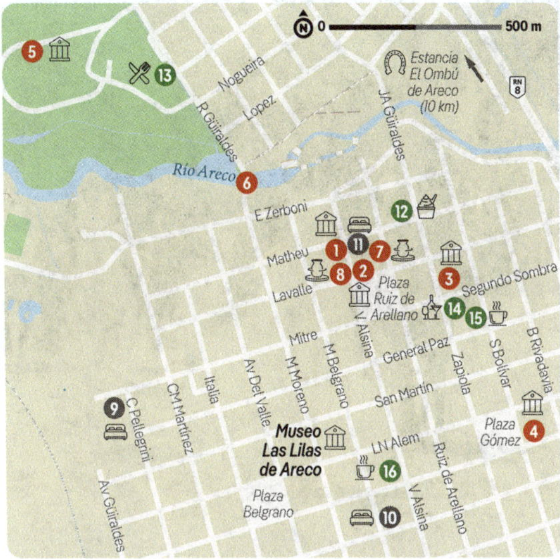

VOIR
1 Centro Cultural y Museo Usina Vieja
2 Mariano Draghi Orfebre
3 Museo de Arte La Recova
4 Museo Evocativo Osvaldo Gasparini
5 Parque Criollo y Museo Gauchesco Ricardo Güiraldes
6 Puente Viejo

ACTIVITÉS
7 Alquimia
8 El Fogón

SE LOGER
9 Estancia La Cinacina
10 Hostel Casa Suri
11 Hotel Draghi

SE RESTAURER
voir 3 Almacén de Ramos Generales
12 La Olla de Cobre
13 Pulpería lo de Tito

PRENDRE UN VERRE ET FAIRE LA FÊTE
14 Boliche de Bessonart
15 La Vieja Sodería
16 Tucano

ORIGINES DE LA DOMA INDIA

Le cheval n'est pas une espèce indigène. Lorsque les Espagnols en introduisirent dans le pays, certains s'échappèrent et se multiplièrent à l'état sauvage, donnant naissance à la race Criollo. Les Amérindiens, quand ils commencèrent à travailler avec les chevaux, développèrent une forme de dressage en symbiose avec l'animal, sans avoir recours à la force et qui instaure une confiance mutuelle, appelé aujourd'hui *doma india* (dressage indien). Les *gauchos* finirent par l'apprendre et par l'utiliser pour débourrer leurs chevaux.

Balades équestres et murmures à l'oreille des chevaux

Séjour à l'Estancia El Ombú de Areco

Une journée ou une nuit dans une *estancia* permet de vivre la pampa intemporelle, car beaucoup de coutumes traditionnelles comme les chants, les grillades et l'équitation font partie du quotidien. Si les *estancias* furent d'abord des terres données aux colons espagnols, elles ont évolué dans le temps, devenant parfois plus petites mais étant toujours dirigées par de riches familles employant des *gauchos* pour y travailler. Pour ces derniers, cela signa la fin d'un mode de vie nomade dans la pampa, mais aussi le début d'une existence plus stable.

L'**Estancia El Ombú de Areco** pratique les tarifs les plus élevés de San Antonio de Areco, mais ils sont justifiés (pension complète à partir de 375 $US/personne) et l'on peut venir vous

GUIDE DU GAUCHO
Reportez-vous p. 556 pour en savoir davantage sur l'histoire des ***gauchos*** et son impact sur la culture argentine.

PAUSE CHOCOLAT

Dans la Calle Matheu se dresse un petit bâtiment en brique et bois : **La Olla de Cobre** ("la marmite en cuivre"). Tous les Argentins vous diront qu'il s'agit d'une étape incontournable à San Antonio de Areco. Cette chocolaterie artisanale, tenue en famille, est réputée pour ses *alfajores* (*dulce de leche* entre deux biscuits) nappés de chocolat. La vitrine est remplie de *marroc* (chocolat et beurre de cacahuète), de chocolat blanc aux amandes, de grains de raisin au rhum nappés de chocolat et bien d'autres confiseries. Goûtez-en quelques-unes, humez l'air embaumé de chocolat et regardez, à travers la vitre, les artisans qui préparent le chocolat dans le laboratoire. Les *alfajores* sont d'excellents cadeaux à offrir à des amis argentins.

SUNSINGER/SHUTTERSTOCK ©

Fiesta de la Tradición

chercher si vous n'êtes pas motorisé. L'option *día de campo* (une journée à la campagne) est la plus économique, mais une nuit à l'*estancia* permet de profiter d'une élégante chambre avec poêle à bois dans la ferme de style italien du XIXe siècle, ainsi qu'à plus de repas et de balades à cheval.

À votre arrivée, vous avez droit à une petite visite enrichie d'un exposé sur l'histoire du domaine, suivie d'un déjeuner de viandes grillées (bœuf, porc et poulet) tandis qu'un groupe folklorique raconte des histoires de *gauchos* en musique et vous invite également à danser. Vient ensuite une démonstration de *doma india* (dressage indien), puis une balade à cheval en compagnie des *gauchos* sur la propriété de 300 ha où paît le bétail. Dîner et, le lendemain, petit déjeuner et balade à cheval matinale complètent le séjour.

Shopping chez les orfèvres

Couteaux, bijoux et gourdes à maté faits main

L'orfèvrerie dans la province de Buenos Aires remonte au XVIe siècle et fut rendue d'abord célèbre par les immigrés espagnols et portugais. Quelque 100 orfèvres travaillent l'argent à San Antonio de Areco, étape idéale pour acheter de beaux accessoires de *gaucho* (poignards, ornements pour

OÚ SE LOGER À SAN ANTONIO DE ARECO

Hostel Casa Suri
Auberge centrale et propre. Propriétaires accueillants, bonne ambiance et chats gentils. **$**

Hotel Draghi
Anciennes écuries luxueusement aménagées derrière un atelier d'orfèvres. **$$**

Estancia La Cinacina
Estancia vieille de 180 ans à seulement 10 minutes de marche du centre-ville. **$$$**

chevaux), ainsi que des bijoux et des nécessaires à maté (tasses décorées d'argent et *bombillas*, les pailles filtrantes).

Grande famille d'orfèvres, les Draghi disposent d'un atelier et d'un musée, **Mariano Draghi Orfebre**, situés sur la place principale. Le musée propose une exposition (en anglais et en espagnol) sur l'orfèvrerie et son histoire en Argentine. Il donne sur l'atelier, où l'on voit les orfèvres au travail. La maison fabrique des couteaux traditionnels de gaucho ainsi que des bagues et des colliers. En vitrine, des pièces sont à vendre et on peut en commander sur mesure.

Deux autres ateliers méritent le détour. Plus original, **Alquimia**, rue Arellano, est spécialisé dans les bijoux délicats en argent, cuivre et bronze, souvent à la forme inspirée de la feuille de ginkgo. **El Fogón Matero**, rue Alsina, s'emploie aux accessoires pour maté (vous pouvez prendre des photos amusantes dans une tasse à maté géante). Dans la plupart des boutiques, on peut discuter directement avec les artisans. Les prix dépendent du type d'objet et de sa sophistication et varient selon que l'on achète un objet sur commande ou pas. Si vous recherchez juste un souvenir de qualité, mais bon marché, optez pour une *bombilla*.

La Fiesta de la Tradición

Rassemblement de gauchos

L'une des principales fêtes de *gauchos* du pays se déroule à San Antonio de Areco. Trois jours durant, en novembre, cette **Fiesta de la Tradición** met à l'honneur l'histoire des *gauchos*, les chevaux Criollos et les traditions de la pampa. Depuis 1939, elle a lieu chaque année pour l'anniversaire de José Hernández, né le 10 novembre 1834, auteur du poème épique *El Gaucho Martín Fierro*, qui immortalisa la culture gaucho.

Deux mille *gauchos* traversent les rues de San Antonio de Areco portant la *boina* (béret) et les *bombachas* (pantalons de gaucho). On peut assister au défilé sur la Plaza Ruiz de Arellano, la place principale, mais la plupart des autres activités ont lieu au **Parque Criollo** où se situe le **Museo Gauchesco Ricardo Güiraldes**. C'est le cas des courses et de la *carrera de sortija*, compétition au cours de laquelle les *gauchos* lancés au galop tentent d'enfiler un bâton dans un anneau suspendu à un portique. Il y a également une foire artisanale, de la musique live et un barbecue géant où l'on peut se procurer des viandes grillées et des steaks-sandwichs.

Le prix pour la journée n'excède généralement pas 3 000 $ARS. Réservez votre hébergement tôt car c'est l'événement annuel phare de San Antonio de Areco. Prévoyez de la crème

RICARDO GÜIRALDES ET LES GAUCHOS

C'est à La Porteña, l'*estancia* familiale sise à San Antonio de Areco, que Ricardo Güiraldes (1883-1927) écrivit *Don Segundo Sombra*, son œuvre la plus connue. Ce récit d'apprentissage tourne autour de Don Segundo, *gaucho* aguerri, et d'un jeune garçon dont il devient le mentor, lui transmettant sa sagesse et son éthique professionnelle. Le personnage de Don Segundo est basé sur la vie de Segundo Ramírez, un *gaucho* qui travaillait à La Porteña. Güiraldes remporta le Premio Nacional de Letras en 1925 et San Antonio de Areco devint un lieu touristique en raison de l'engouement pour son livre.

OÙ MANGER ET BOIRE COMME UN GAUCHO

Boliche de Bessonart
Boutique deux fois centenaire transformée en taverne. Le vrai Don Segundo Sombra venait y manger. $

Almacén de Ramos Generales
Ce restaurant sert des viandes grillées à la perfection et du vin dans un cadre rustique à l'ancienne. $$

Pulpería lo de Tito
Empanadas, *picada* et bière dans un restaurant proche de la rivière, ouvert du vendredi au dimanche. $$

PAMPA ET CÔTE ATLANTIQUE

Christine Gilbert,
écrivaine

J'aime les pampas et la côte atlantique parce qu'elles sont riches en histoires. Qu'il s'agisse des récits de nains qui apparaissent comme par magie dans la forêt de Miramar, ou de personnes qui partagent leurs souvenirs de l'inondation d'Epecuén, c'est comme si cette région me disait : "Dis-moi ce que tu crois savoir de l'Argentine et je te montrerai quelque chose de tout autre." C'est la région des rêveurs, des fous qui voulaient dompter des dunes et des pèlerins qui croient en l'aide divine. Les gens y sont sensibles à l'art et à la qualité. Ici, les *gauchos* câlinent même leurs chevaux. Tout le monde mange bien, surtout à Tandil et, quand vous avez une conversation avec quelqu'un, vous êtes vraiment écouté.

solaire et beaucoup d'eau, la plupart des manifestations se déroulant en plein air. Le programme complet figure sur le site sanantoniodeareco.com. Si vous avez du mal à vous y retrouver, l'agence **BA Cultural Concierge** (baculturalconcierge.com) peut vous proposer un parcours sur mesure.

Musées de San Antonio de Areco

Art gaucho et avion

San Antonio de Areco est la capitale officielle de la tradition en Argentine. Entrez dans ses musées et vous comprendrez pourquoi.

Le **Museo Gauchesco Ricardo Güiraldes**, installé dans les 97 ha du Parque Criollo, est un musée consacré à l'auteur de *Don Segundo Sombra*, Ricardo Güiraldes. Il est installé dans un *casco* (ranch) du XVIIIe siècle. Sur place il y a également une *pulpería* (bazar-épicerie-bar) restaurée, **La Blanqueada**. On peut y voir le bureau de Güiraldes ainsi que des ornements et outils de *gauchos*, et prendre une photo du bar, qui fait partie de l'exposition mais où l'on ne sert plus à boire. Le **Puente Viejo**, pont rose que l'on franchit pour accéder à la propriété est également un monument historique : construit en 1857, ce fut le premier pont à péage d'Argentine.

Pour acheter des tableaux de gaucho à prix abordables, allez au petit **Museo Evocativo Osvaldo Gasparini**. Le fils et le petit-fils de Gasparini, artistes eux aussi, vous raconteront des épisodes remarquables de leur histoire familiale pendant votre visite. Si vous aimez ce style, vous trouverez d'autres œuvres de Gasparini non loin de là, au **Museo de Arte La Recova**.

Tout près de la place principale, dans une ancienne centrale électrique, le **Centro Cultural y Museo Usina Vieja** retrace l'histoire de la ville de San Antonio de Areco. Le jardin est orné de sculptures en métal ou en bois représentant des *gauchos* et des chevaux. À l'intérieur sont exposés divers artefacts, notamment l'*Arequero G1*, un avion expérimental qu'Aroldo Gómez, inventeur local et fondateur du club de lutte de la ville, construisit lui-même dans les années 1980.

Le **Museo Las Lilas de Areco** présente le travail de l'artiste populaire Florencio Molina Campos (1891-1959), qui dépeignait le quotidien à travers des caricatures humoristiques. Ce charmant musée, organisé autour d'un patio, renferme une large collection de ses œuvres les plus célèbres et expose le travail d'autres créateurs argentins.

OÚ PRENDRE UN CAFÉ À SAN ANTONIO DE ARECO

Tucano
Cafés de spécialité et pâtisseries délicieuses. Idéal pour lire. $

La Vieja Sodería
Café-bar argentin installé dans une ancienne usine de sodas. Commandez des churros avec le café. $$

Environs de San Antonio de Areco

Pour les infos pratiques, voir le Carnet d'adresses p. 372

Production de vin, ferveur religieuse et terres marécageuses riches d'une grande biodiversité se côtoient dans les confins septentrionaux de la province.

Au nord-est et au sud-est de San Antonio de Areco s'étendent des terres agricoles, des villes industrielles puis le Río Paraná, autour duquel vivent cerfs des marais et araignées bleu électrique. Cette région est marquée par la dévotion : le premier samedi d'octobre, des milliers de catholiques marchent les 65 km qui séparent le quartier de Liniers, à Buenos Aires, de Luján en l'honneur de la Virgen de Luján. Même les généraux Manuel Belgrano et José de San Martín, précurseurs de l'indépendance argentine, sont venus ici demander l'aide divine lors de la guerre contre l'Espagne. D'autres rassemblements ont lieu notamment le 8 mai (jour du couronnement de la Vierge de Luján). Sous les fêtes religieuses et les célébrations pittoresques, une foi profonde anime et entretient l'espoir de tout le pays.

Basílica de Luján (p. 338)

WIRESTOCK/GETTY IMAGES ©

COMMENT CIRCULER

Pour aller de San Antonio de Areco à Luján et à Campana, mieux vaut louer une voiture ou prendre un *remise* (Remis Sol ☎ 02326 45-5444). On peut aussi réserver une excursion dans un domaine viticole au départ de Buenos Aires. De la gare routière de San Antonio de Areco (Av. Dr Smith et Gral Paz), des bus Chevallier (nuevachevallier.com) desservent Buenos Aires. Si vous faites le pèlerinage à pied de Buenos Aires à Luján, nombre de bus et trains peuvent vous ramener dans le Grand Buenos Aires, notamment le train Sarmiento (argentina.gob.ar/transporte/trenes-argentinos) qui s'arrête à Liniers.

À SAVOIR

La ligne de bus n°228d relie Luján à Campana, mais le trajet est plus agréable en voiture.

LE CERF DES MARAIS, ESPÈCE RARE

À la sortie de Campana s'étend l'un des deux parcs nationaux de la province de Buenos Aires : le **Parque Nacional Ciervo de los Pantanos** (Parc national du Cerf des marais) où vit une population de cerfs des marais (espèce menacée), le plus grand cerf d'Amérique du Sud (1,20 m au garrot). Leurs sabots, adaptés à la nage dans la rivière, les empêchent de s'enfoncer dans les marécages. Plusieurs sentiers du parc permettent d'observer cette espèce rare, ainsi que d'autres animaux – loutres, capybaras, tarentules bleu cobalt. Les ornithologues y sont aussi présents à traquer dans leurs jumelles 200 espèces, dont des pénélopes et des martins-pêcheurs.

Basílica de Luján

Luján

DEPUIS SAN ANTONIO DE ARECO : **1 HEURE**

Hommage à la Vierge

La province Buenos Aires est le théâtre de plusieurs pèlerinages dont le plus connu est la Peregrinación Juvenil a Pie (Pèlerinage à pied de la jeunesse) entre Buenos Aires et Luján. Un à deux millions de personnes l'effectuent chaque année, ce qui en fait le pèlerinage le plus important du pays. Il se déroule en septembre-octobre : l'itinéraire de 60 km part du Santuario de San Cayetano à Liniers, un quartier de Buenos Aires, pour rejoindre la **Basílica Nuestra Señora de Luján**, basilique mineure de style néogothique érigée entre 1887 et 1935, dotée de flèches roses (106 m) et abritant la Virgen de Luján, patronne de l'Argentine. Beaucoup de pèlerins partent à l'aurore. Le trajet, qui dure environ 15 heures, est fatigant, mais pas ennuyeux. En route, on rencontre notamment des vendeurs de chaussettes dont les stands sont des cordes à linge, des prêtres entendant les fidèles dans des confessionnaux portatifs, une station de bénédiction et des chariots de marchands de rosaires. Nombre de particuliers ouvrent leurs toilettes au public moyennant une somme modique et des bénévoles proposent de l'eau, du thé et autres boissons aux pèlerins pour s'hydrater, un peu comme lors des marathons.

AUTRES FÊTES À LUJÁN

Luján Flota
Faites un tour en ballon lors de la fête de la Montgolfière le 26 août.

Pâques
Lavages des pieds collectifs, orchestres, feux d'artifice et crémation d'une effigie de Judas.

Peregrinación Boliviana
Mi-fête de la danse bolivienne, mi-pèlerinage, devant la basilique, début août.

Si vous n'êtes pas à Luján pour le pèlerinage, la basilique est au centre de plusieurs autres fêtes dans l'année (la fête de l'Immaculée Conception, par exemple), et la Vierge se trouve derrière le maître-autel. Pensez aussi à visiter la crypte, où sont rassemblées des statues de Vierge du monde entier.

Sur le côté ouest de la place de la basilique, ne manquez pas le **Complejo Museográfico Provincial Enrique Udaondo**, un somptueux ensemble de l'époque coloniale qui comprend plusieurs salles d'expositions, ainsi que de jolis patios et jardins. La Sala General José de San Martín retrace les batailles menées pour l'indépendance de l'Argentine. La Sala de Gaucho contient de superbes ustensiles à maté, des équipements d'équitation et d'autres objets associés aux *gauchos*.

Campana

DEPUIS SAN ANTONIO DE ARECO : **1 HEURE**

Arrière-pays vinicole

À un peu moins d'1 heure de route de San Antonio de Areco, **Bodega Gamboa**, à Campana, est le domaine viticole le plus proche de Buenos Aires – bien commode quand on n'a pas le temps de se rendre dans les régions viticoles de Mendoza ou de Salta. Cette entreprise familiale produit environ 1 000 bouteilles de vin par an – malbec, pinot noir, cabernet franc et assemblage – exclusivement à partir de raisins cultivés sur le domaine. Cette production modeste n'étant généralement pas distribuée en dehors de Gamboa, il est pratiquement impossible de la goûter ailleurs. Pour une expérience optimale, réservez en ligne une visite d'une journée sur bodegagamboa.com.ar ou via des guides comme Viator (212 200 $ARS/personne avec transport).

Les visites débutent à la mi-journée par un verre de vin pétillant et une balade dans le vignoble, où un guide vous renseigne sur les dixcépages cultivés avant de vous emmener dans le chai où le vin vieillit en fûts de chêne. On peut ensuite goûter trois vins (dont au moins un malbec), accompagnés de fromages. La visite se termine par un déjeuner tardif (3 plats) à base de produits de saison avec steak, poisson ou champignons en plat principal.

Le domaine ne se visite que du mercredi au dimanche, exclusivement sur réservation. Allez-y au printemps, quand la vigne est plus photogénique.

Virgen de Luján

LA VIRGENCITA

La sainte patronne de l'Argentine est omniprésente ; vous la verrez sur des affiches, et sur les tableaux de bord des taxis. Elle porte une cape bleue et se tient sur une demi-lune ; des faisceaux de gloire irradient de sa tête couronnée. En 1630, un colon portugais de Tucumán demanda à un ami au Brésil de lui envoyer une effigie de la Vierge pour sa nouvelle chapelle. Ne sachant quel était le style de Vierge qu'il souhaitait, son ami lui en envoya deux, dont une effigie de l'Immaculée Conception. Après son départ du port de Buenos Aires, le chariot contenant les statues s'enlisa près de la rivière de Luján et ne put être dégagé avant qu'on en eût retiré l'Immaculée Conception. Son propriétaire y vit un signe et laissa la statue à Luján pour que l'on y construise un sanctuaire. L'autre statue continua son périple vers le nord-ouest. Depuis, plusieurs miracles ont été attribués à la Vierge de Luján. Chaque année, des millions de fidèles viennent de tout le pays pour visiter la basilique où est exposée la statue d'origine et pour prier.

Tandil

Pour les infos pratiques, voir le Carnet d'adresses p. 372

À Tandil, on est toujours à proximité d'un bon restaurant ou d'un espace vert. Cette ville de la pampa humide a beau compter 124 631 habitants, on se croirait dans une petite localité. Des traiteurs réputés servent de généreuses portions de *picada* (charcuterie) et l'un des principaux loisirs consiste à randonner dans la Sierra de Tandil, un massif montagneux vieux de 2,5 millions d'années qui entoure la ville. Les traces des anciens occupants amérindiens ou immigrés européens sont omniprésentes. Le nom Tandil vient de deux mots mapuches signifiant "battre" et "rocher", référence à la célèbre Piedra Movediza (pierre mouvante) autrefois perchée en équilibre ici. Tandil est la capitale argentine de la *picada* : des immigrés basques et italiens ont commencé à produire ici des fromages et des saucissons artisanaux, désormais considérés comme les meilleurs du pays. De nombreux tailleurs de pierre européens sont aussi venus travailler dans les carrières aujourd'hui en ruines que l'on voit parfois en randonnant.

COMMENT CIRCULER

Les bus de Tandil desservent la plupart des sites importants de la ville et les rues sont praticables à pied, bien qu'un peu pentues. Les bus circulent de 6h30 à 23h ; prévoyez 10 à 30 minutes d'attente. Le bus n°500 (jaune) rallie le Lago del Fuerte, les n°501 (rouge) et n°505 (marron) vont à la gare routière et le n°502 (blanc) rejoint le Cerro La Movediza, l'université et la gare routière. Pour rejoindre les sentiers de randonnée, appelez une compagnie de *remises* comme Remis Tandil (☎0249 442-3333) ou louez une voiture. Si vous conduisez, sachez qu'il faut une carte touristique SUMO pour payer le stationnement dans certaines rues : en ventedans les kiosques ornés du symbole SUMO jaune.

Télésiège du Cerro El Centinela

Légende et horoscope celtique

À une courte distance à pied au-dessus du parking, on découvre le rocher posé sur sa pointe qui donne son nom au **Cerro El Centinela** ("montagne de la sentinelle" ; cerroelcentinela.com.ar). D'après la légende, un jeune Amérindien nommé Yanquetruz attendit ici sa bien-aimée, Amaiké, sans savoir qu'elle avait été capturée par l'armée argentine. Émus par son amour et sa constance, les dieux métamorphosèrent son esprit en rocher.

Un **télésiège** (1 000 $ARS/personne) mène au sommet du Cerro El Centinela. Le trajet (9 minutes environ) offre une vue panoramique et traverse des pinèdes avant d'atteindre le sommet (298 m), où des agents vous extirpent adroitement de votre siège. Sur la gauche s'étend l'**Horóscopo Celta**, un

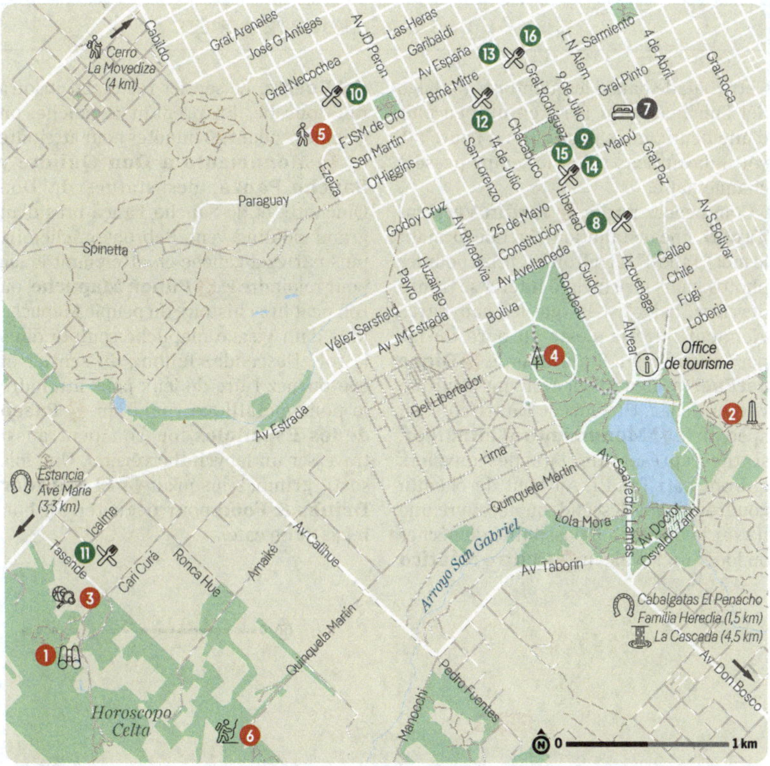

VOIR
1 Cerro El Centinela
2 Monumento a Don Quijote y Sancho Panza
3 Mulita Footgolf de Tandil
4 Parque Independencia

ACTIVITÉS
5 Monte Calvario
6 Valle del Picapedrero

SE LOGER
voir 8 Hostel B&B Tandil
7 Hotel Roma
voir 7 Mulen Hotel Tandil

SE RESTAURER
8 Almacén Serrano
9 Bello Abril
10 Bistro Verde
11 El Banqueano Tandil
12 Época de Quesos
13 Huellas del Tandil
14 La Quesería
15 Ladran
16 Sydquet

jardin planté de plus de 20 essences d'arbres. Ils correspondent à des phases de la lune, à des divinités celtiques et à leurs vertus. Un plan est affiché, mais il est plaisant de longer les sentiers en essayant de trouver son arbre de naissance, les essences étant bien indiquées. De l'autre côté du télésiège, un court sentier (450 m) conduit à un versant rocailleux puis, à travers une pinède, à une source d'eau potable où l'on peut remplir sa gourde.

En haute saison, le télésiège fonctionne tous les jours de 11h à 17h. En basse saison, il n'est en service que les samedi, dimanche et jours fériés. Près du parking, on trouve aussi des VTT à louer, des toboggans aquatiques et un départ de promenades à cheval. Il y a deux restaurants : un au départ du télésiège et l'autre à l'arrivée.

Cerro El Centinela

TOUR DU LAGO DEL FUERTE À PIED

Cette balade balaie les alentours du Lago del Fuerte (lac du Fort) en un peu plus d'une heure, mais peut durer 1 heure 30, voire davantage, selon le temps passé à chaque halte.

Commencez par le ❶ **Jardín Vertical Tandil**, une installation végétale formant le mot "Tandil". L'endroit est prisé pour les photos, mais le principal intérêt se trouve derrière, car c'est là que les capybaras viennent faire la sieste au bord du lac par temps chaud. Empruntez le ❷ **Dique del Fuerte** (digue) pour avoir une meilleure vue sur le lac. Une fois de l'autre côté, on aperçoit le ❸ **Monumento al Fundidor**, statue représentant l'un des ouvriers qui ont bâti Tandil. Au bout du chemin goudronné qui descend, on découvre une île sur la droite. Ici, possibilité de pêcher ou louer un kayak au ❹ **Centro Náutico del Fuerte**. Le sentier reste plat jusqu'à une fourche. En prenant à gauche, on grimpe pendant 20 minutes pour atteindre le ❺ **Monumento a Don Quijote y Sancho Panza**, des statues de Don Quichotte et de Sancho Pança près d'un grand moulin à vent. Rebroussez chemin, puis partez à gauche en atteignant le lac pour rejoindre le ❻ **Púnon Mapuche**, où l'on peut lire l'histoire du peuple Mapuche près d'un visage mapuche sculpté dans le roc. Descendez le long du sentier et contournez l'aire de jeux pour atteindre le pont métallique rouge du ❼ **Paseo de los Españoles**, où l'on peut aussi traverser un labyrinthe végétal. Une fois sorti, grimpez jusqu'au ❽ **El Mirador Drinks & Food** pour déguster un bon repas et un café.

Château, Tandil

Dans les pas des anciens carriers

Randonnée dans les Sierras de Tandil

Les collines de Tandil et les carrières abandonnées sont parfaites pour le trail ou la randonnée d'intensité modérée. Généralement, un monument ou un édifice trône au sommet, et l'accès à presque tous les sentiers des environs de Tandil est gratuit.

En gravissant les marches menant au sommet du **Cerro La Movediza**, vous découvrirez un rocher métallique de 300 t, copie de la pierre en équilibre d'où la colline tire son nom (et dont les débris sont visibles en contrebas). Ascension et descente s'effectuent facilement en 30 minutes. Autre but prisé de randonnée ou de balade en voiture, le château mauresque du **Parque Independencia** offre une vue panoramique sur Tandil.

Pour randonner en dehors de la ville, allez à **La Cascada**, une boucle de 1 km dont le départ est situé en haut de l'avenue de l'Amaike Hotel Gold & Spa. Juste après le portail métallique, près du parking, des panneaux indiquent le sentier conduisant à la Virgen de Fatima. Partez dans la direction opposée en franchissant l'autre portail, dépassez les arbres sur votre droite et gravissez la colline jusqu'à la cascade. Pour rallonger l'itinéraire, rendez-vous au sanctuaire de la Vierge : le tout prend moins d'1 heure.

Les adeptes du trail, du running ou de la randonnée apprécieront le **Sendero de las Animas**, une boucle bien balisée de 6 km sur une piste où sont indiqués plusieurs points de vue. Quant au **Paseo de los Pineros**, c'est un chemin adapté à la randonnée qui rejoint le sommet du Cerro del Mate, d'où l'on aperçoit l'ancienne carrière.

LA FINE FLEUR DES TRAITEURS

Sydquet
Connu pour la qualité de ses produits et ses prix élevés, Sydquet vend des fromages artisanaux, d'énormes jambons et des sandwichs. **$$**

El Banqueano Tandil
Proche du Cerro El Centinela, cette boutique propose des bières artisanales, saucissons, fromages confitures et liqueurs. **$**

Huellas del Tandil
Picadas à emporter, tartinades salées et vins, pour rapporter des souvenirs gourmands ou pour manger tout de suite. **$$**

Almacén Serrano
Les saucissons épicés se marient merveilleusement avec les spiritueux artisanaux également vendus ici, tel le vermouth local Picapedrero. **$$**

La Quesería
Ce fromager vend aussi du *dulce de leche*, des saucissons, des confitures, des *alfajores* et tous les accessoires à *picada* (couteaux, planches à découper). **$**

OÙ SE LOGER À TANDIL

Mulen Hotel Tandil
Hôtel central et élégant, équipé de grands lits, d'une piscine et d'un sauna. Petit déjeuner buffet de qualité. **$$**

Hostel B&B Tandil
Auberge pimpante à proximité du Parque Independencia. Possibilité de petit déjeuner sans gluten. **$**

Hotel Roma
Hôtel tenu en famille où l'on s'occupe bien des clients, à deux pâtés de maisons de la place principale. **$**

PRÉSENCE QUICHOTTESQUE

Après quelques jours à Tandil, vous remarquerez un nombre surprenant d'œuvres en hommage à Don Quichotte : le Monumento a Don Quijote de La Mancha sur la colline qui part du Lado del Fuerte, l'immense peinture murale près de l'intersection entre les rues Maipú et General Paz, la statue de Sancho Pança du restaurant Ladran, etc. C'est probablement en raison de la proximité de la ville d'Azul, élue Ciudad Cervantina ("ville de Cervantes") par l'Unesco. Située à 1 heure 30 de route, Azul organise chaque année un Festival Cervantino et la bibliothèque de la Casa Ronco renferme la plus grande collection d'éditions de *Don Quichotte* de tout le pays.

RM/SHUTTERSTOCK ©

Época de Quesos

Picada chez Época de Quesos

Voyage dans l'antre du fromage

Rien n'est plus typique de Tandil que la *picada*. **Época de Quesos** est l'endroit à privilégier pour déguster l'un de ces plateaux garnis des meilleurs fromages et charcuteries locaux. Ce bâtiment (1860) fut d'abord un relais de poste, un bazar-épicerie avant d'être classé édifice historique, puis de devenir un restaurant transformé en boutique dans les années 1990. On s'y sent comme dans une machine à remonter le temps. Les saucissons, jambons et plus de 100 variétés de fromages en meules petites ou grandes qui garnissent étagères et tables sont à la fois le décor et la marchandise. La partie épicerie fine se trouve à l'avant et l'on peut y acheter des sels aromatisés, des matés parfumés à la lavande et des *picadas* découpées sous vide. Goûtez quelques produits avant de choisir ce que vous commanderez au restaurant, situé à l'arrière.

Asseyez-vous à l'une des tables aux nappes dépareillées, réparties dans des salles fraîches, ainsi que dans une cour ensoleillée. Il y a aussi des poules qui picorent près d'une automobile rouillée, un vieux puits et des touristes à moto qui mangent des sandwichs ou se partagent une *picada*. On y sert également du vin, de la bière, de la fondue et des desserts.

Prenez votre temps et soyez patient si la note tarde à arriver : cela fait partie de l'expérience.

ACTIVITÉS FAMILIALES EN PLEIN AIR À TANDIL

Valle del Picapedrero
Tyrolienne, escalade et pont suspendu dans un parc de 24 ha occupant une ancienne carrière.

Mulita Footgolf de Tandil
Jouez au footgolf, un jeu qui combine trous de golf et ballon de foot.

Cabalgatas El Penacho Familia Heredia
Balade à cheval dans la sierra en compagnie d'une famille de *gauchos*. Réservations au 0249 463-1975.

L'Estancia Ave María, havre de paix

Détente et balades à cheval

On ne saurait découvrir vraiment Tandil sans un petit séjour dans la campagne environnante. Pour bien manger et vous faire chouchouter en pleine nature, réservez un séjour dans l'une des nombreuses *casas de campo* (maisons rurales) ou *estancias* (grandes demeures rurales transformées en hôtels) situées aux environs de la ville. Vous trouverez à l'**Estancia Ave María**, à 20 minutes de la ville, une hospitalité exceptionnelle. Tenue par Asunción, la propriétaire, cette maison très facile à trouver (il suffit de repérer la bande de Jack Russell qui la suit partout), comprend 11 chambres confortables et ensoleillées (dont certaines avec cheminée et lit à baldaquin) portant le nom de membres de sa famille. Construite dans les années 1960, cette *estancia* a été achetée dans les années 1990 par Asunción, qui l'a restaurée elle-même.

Guidé par un *gaucho*, on peut se balader à cheval dans les champs de la propriété, dans les prairies plantées de chênes et de magnolias, ou encore se rendre dans un massif voisin. Ces balades peuvent être adaptées aux débutants. Le paysage est magnifique, mais le vent souffle ; au retour, on savoure avec bonheur le feu de cheminée du salon, toujours allumée, surtout en compagnie d'un bon livre.

Le petit déjeuner et le dîner sont inclus. On y sert des viandes de qualité et des produits du potager bio (citrouilles, rhubarbe, poivrons). On peut utiliser la piscine et se faire masser dans sa chambre.

Pèlerinage au Monte Calvario

Chemin de croix

Chaque année, pour Pâques, des milliers de pèlerins viennent gravir la Vía Crucis (chemin de croix) du Monte Calvario, colline boisée, couverte d'eucalyptus et de pins. Aux 14 stations agrémentées de statues de la Passion s'ajoute la Capilla de Santa Gemma, une chapelle où sont organisés des concerts de chorale qui baignent la forêt d'harmonies *a cappella*. Au pied de l'escalier en pierre de cette chapelle, une grotte creusée dans la colline face à l'amphithéâtre accueille des spectacles durant la semaine sainte. En dehors de Pâques, l'endroit est tranquille et les réverbères et tables de pierre font penser au film *Le Monde de Narnia*.

SAUCISSONS D'EXCELLENCE

Mondialement connus, les saucissons de Tandil font partie des huit produits argentins bénéficiant d'une appellation d'origine (DOT), garantie de la qualité du produit et de ses conditions de production. Ces saucissons sont le fruit de l'immigration italienne et basque des années 1800. Leur qualité et leur saveur proviennent non seulement du savoir-faire des artisans, mais aussi des races à viandes robustes et du climat frais de Tandil. Un saucisson DOT doit être composé pour moitié de bœuf nourri à l'herbe, pour un quart de viande de porc et pour un quart de lard, et avoir été préparé et affiné à Tandil.

OÙ SE RESTAURER À TANDIL

Bistro Verde
À la fois restaurant, hôtel et maison d'artiste, on y sert principalement de la cuisine végétarienne, ainsi que des cocktails et mocktails. **$$**

Ladran
Profitez du magnifique jardin situé à l'arrière le temps d'un dîner de steaks, pâtes et *picada*. La mousse au chocolat est excellente. **$$$**

Bello Abril
Cuisine créative à base de produits de la mer, pâtes, ramens et glace au vin rouge. **$$$**

Environs de Tandil

Cette région éclectique rassemble la ville côtière de Bahía Blanca, des thermes, des vestiges et les montagnes du Parque Provincial Ernesto Tornquist.

Pour les infos pratiques, voir le Carnet d'adresses p. 373

L'ouest de Tandil abrite des sites très diversifiés. On peut voir des guanacos en randonnant sur le Cerro Tres Picos, dans la partie montagneuse de la pampa. Ceux qui photographient les étoiles profitent de la faible pollution lumineuse et des vestiges d'Epecuén, tandis que le tourisme thermal bat son plein dans les établissements de Carhué. Des édifices grandioses, des trottoirs dallés, une jolie place et des boulevards animés donnent à Bahía Blanca l'allure d'une ville qui aurait émergé intacte d'un long sommeil. Elle demeure relativement prospère grâce à son port qui draine d'innombrables marins, hébergés dans ce qui est désormais la plus grande base navale d'Amérique du Sud.

COMMENT CIRCULER

La voiture est le moyen de transport le plus pratique. En matière de transports publics, il y a un bus par jour entre Tandil et Bahía Blanca, et plusieurs entre Bahía Blanca, Sierra de la Ventana et Tornquist, principaux camps de base pour randonner sur le Cerro Tres Picos et dans le Parque Provincial Ernesto Tornquist. Des bus municipaux circulent toute la journée entre le Cerro de la Ventana et Tornquist. Les itinéraires sont disponibles sur plataforma10.com.ar.

Carhué est la ville la plus difficile à rejoindre en transports publics, mais plusieurs bus Grupo Plaza relient Carhué à Bahía Blanca. Consultez termasdecarhue.com.

GUILLERMO CAFFARINI/SHUTTERSTOCK ©

Epecuén

NIELSVK3/ALAMY STOCK PHOTO ©

Ferrowhite-Museo Taller

Bahía Blanca

DEPUIS TANDIL : **4 HEURES 30**

Histoire et mystère au port

À seulement 4 heures 30 de voiture de Tandil, Bahía Blanca regroupe plusieurs des musées les plus intéressants du littoral. Sur le port, le **Ferrowhite-Museo Taller** et le **Museo del Puerto** ne sont guère éloignés l'un de l'autre. Le premier est un musée-atelier consacré à l'histoire du transport naval et du chemin de fer en Argentine. Le second retrace l'histoire d'immigrants venus s'installer près du port, à travers des maquettes du quartier, vêtements, lettres et des cadres de vie reconstitués (comme une école et une boutique de barbier).

Le Ferrowhite-Museo Taller occupe trois bâtiments dont le plus remarquable est l'ancienne centrale, construite par des immigrés italiens dans les années 1930 et qui ressemble davantage à un château qu'aux centrales modernes. Seule une petite partie accueille des ateliers d'art, d'autres devraient bientôt être ouvertes au public. On peut se promener librement à l'extérieur en tâchant d'apercevoir des soucoupes volantes à travers des fenêtres brisées, ou pénétrer dans l'ancien atelier de maintenance de la région situé juste en face, lequel abrite le vrai musée et notamment un canot de sauvetage sphérique.

Le dimanche est le meilleur jour pour visiter le Museo del Puerto : on y sert un repas thématique, basé sur la cuisine d'un pays différent chaque semaine.

Prévoyez environ 3 heures pour la visite de ces deux musées. Le port étant très éloigné du centre, mieux vaut s'y rendre en taxi ou en voiture partagée.

À SAVOIR

Les bus longue distance sont rares et ne correspondent pas entre eux. Réservez votre hébergement dans les villes de montagne, surtout en période de vacances.

PHÉNOMÈNES PARANORMAUX À BAHÍA BLANCA

Nicolás Testoni, directeur du Ferrowhite-Museo Taller, est né et a grandi à Bahía Blanca. Il nous confie quelques histoires d'activité paranormale associées à l'ancienne centrale du musée.

En 1975, Carlos Diaz, un cheminot, dit avoir été enlevé à bord d'une soucoupe volante à l'endroit qu'occupe aujourd'hui le musée, entre les voies de chemin de fer du port Ingeniero White. Diaz prétendit que les extra-terrestres l'avaient emmené à Buenos Aires, où ils le déposèrent. Récemment, le jardinier du musée et sa fille, qui vivent sur place, ont vu des boules de lumière colorée flotter nuitamment autour de l'usine. Ils ont appelé la police, qui est venue, mais n'a pu déterminer de quoi il s'agissait.

SMILEPHOTOARG/SHUTTERSTOCK ©

Numéro WhatsApp pour les tarifs et les heures d'ouverture : +54 29 2342-7092

INCONTOURNABLE

Villa Epecuén

Ancienne ville thermale, Villa Epecuén se trouve au bord du Lago Epecuén, un lac aussi salé que la mer Morte. En 1985, il a inondé la ville, que ses habitants évacuèrent ensuite sans qu'il y ait de victimes. Une inondation ultérieure submergea complètement Epecuén. Le niveau redescendit après deux décennies, dévoilant des ruines blanchies par le sel et des arbres pétrifiés.

À NE PAS MANQUER

- Complejo Balneario Municipal
- Matadero
- Cementerio Abandonado de Carhué
- Centro de Interpretación y Museo de las Ruinas
- Avenida de Mayo
- Casa de Pablo Novak

Infos pratiques

La ville la plus proche d'Epecuén est Carhué, d'où il est facile de rejoindre les ruines à pied, à vélo ou en voiture. Si la plupart des vestiges sont concentrés dans une zone payante, l'accès au cimetière, au Christ, au Matadero, à la forêt pétrifiée et à la balançoire *(hamaca)* est gratuit. Le Camino Epecuen/Carhué (route qui longe le lac) dessert presque tous les sites gratuits, tandis que le cimetière est situé plus près de Carhué, au bout de la rue Laprida, juste après la digue. Prévoyez 5 heures pour tout visiter.

Matadero

Le Matadero (abattoir), un des bâtiments les mieux conservés, est l'œuvre de Francisco Salamone (1897-1959), un architecte argentin d'origine italienne dont les créations Art déco émaillent les cimetières et les villes de toute la province de Buenos Aires. Seuls les cris des oiseaux résonnent dans ce grand édifice réduit à l'état de squelette. Il s'en dégage une atmosphère étrange qu'accentue la forêt d'eucalyptus pétrifiée située juste à côté.

Cementerio Abandonado de Carhué

Ce cimetière abandonné a fait l'objet d'exhumations massives afin de reprocéder à l'inhumation des morts après l'inondation. Certaines des cryptes et tombes éventrées sont ornées de fleurs fraîches, apportées par ceux qui s'y rendent encore. D'imposantes statues blanchies par le sel sont disséminées çà et là.

Centro de Interpretación y Museo de las Ruinas

Visitez ce centre avant la zone payante pour découvrir les facteurs qui contribuèrent à l'inondation, ainsi que l'histoire d'Epecuén, depuis ses racines indigènes jusqu'à l'âge d'or de la ville thermale (tout est rédigé en espagnol). Le centre renferme aussi des objets sauvés des eaux, les sculptures animalières de la pizzeria, un costume de bain vintage et des vitres du château.

Flamants roses et plages salées

Epecuén englobe une réserve naturelle où 22 000 flamants roses passent une partie de l'année, ce qui en fait une des plus grandes colonies du pays. Le seul animal vivant dans le lac est l'artémie (*Artemia salina*), crustacé très apprécié des flamants. Ces volatiles sont visibles un peu partout à Epecuén, mais c'est au sud-ouest de la balançoire qu'on a le plus de chances de les voir se nourrir.

Avenida de Mayo

C'était l'artère principale, qui conduisait au point culminant de la ville, le Complejo Balneario Municipal, où l'on peut voir aujourd'hui les vestiges des toboggans aquatiques blanchis par le sel et la vieille citerne marquée d'une ligne indiquant le niveau de l'eau lors de l'inondation. Des édifices bien indiqués et particulièrement bien conservés bordent cette avenue, dont l'ancienne école, l'hôtel Monte Real et l'escalier de la Confitería Corradini.

Casa de Pablo Novak

À quelques pâtés de maisons du périmètre payant se dresse la maison de Pablo Novak, qui était célèbre pour être l'unique résident dans la ville. Il parlait volontiers de sa jeunesse à Epecuén et de l'inondation. Il est mort en janvier 2024 à l'âge de 93 ans.

LE CIMETIÈRE SOUS LES EAUX

Alicia Pazos, habitante de Carhué, nous raconte ce qu'elle a vécu. "Une fois le cimetière recouvert par les eaux, des cercueils sont remontés à la surface. Des gens ont engagé des plongeurs pour extraire les cercueils de leurs défunts, et les emporter dans d'autres cimetières. Mon frère a dû obtenir une autorisation de la municipalité pour sortir celui de mon père."

À SAVOIR

- La pollution lumineuse très faible d'Epecuén en fait un haut lieu de l'astrophotographie, surtout du côté du Matadero.
- C'est en fin d'après-midi que la lumière est la meilleure pour photographier les ruines.
- Si vous voulez vous promener seul dans le cimetière, allez-y juste après une grosse averse.
- La zone payante est très exposée. Il peut y faire très froid en hiver et chaud en été.
- La guide Norma Berg (normabergturismo@hotmail.com) parle l'anglais.
- En voiture, gare aux grosses fondrières sur la route conduisant aux abords du musée.

PROPRIÉTÉS CURATIVES DU LAGO EPECUÉN

Les groupes amérindiens comme les Tehuelches et les Araucans se baignaient dans le Lago Epecuén bien avant l'arrivée des Espagnols, mais il fallut attendre les années 1880 pour qu'un chimiste italien se penche sur les propriétés minérales de ses eaux. Elles contiennent notamment du calcium, du magnésium, du sodium, du potassium, du cuivre, du zinc et de la silice. Les bains dans le lac auraient une action bénéfique sur la régénération cutanée, l'insomnie, les contractions musculaires, l'ostéo-arthrite, l'arthrite rhumatoïde, le psoriasis et l'eczéma. Les habitants recommandent de laisser sécher la peau à l'air libre jusqu'à l'apparition d'un dépôt, de frictionner les parties du corps à soigner à l'aide de ces sels, puis de se remettre à l'eau.

LADANIFER/SHUTTERSTOCK ©

Cerro Bahía Blanca

Carhué

DEPUIS TANDIL : **4 HEURES 30**

Lago Epecuén, station thermale postapocalyptique

La salinité du Lago Epecuén est comparable à celle de la mer Morte – qui est aussi un lac salé. Ses eaux sont acheminées jusqu'aux piscines des spas et campings de Carhué, juste au-dessus de la digue après les ruines d'Epecuén, afin que les touristes puissent profiter de leurs vertus curatives. Les tarifs des établissements sont variés, mais il y en a pour les petits budgets, tel le Spa Cabañas y Camping Levalle, et les plus gros, comme le luxueux Complejo Termal & Lúdico Mar de Epecuén, doté de plusieurs piscines et d'un bassin ludique.

Il n'est pas nécessaire de séjourner dans ces établissements pour accéder aux bassins. Il existe divers forfaits journaliers ainsi que des soins en supplément, comme des enveloppements de boue du Lago Epecuén, des massages et des masques corporels au chocolat.

Comme l'eau provient du lac, elle n'est pas limpide et peut être verdâtre. Veillez à ce qu'elle n'entre pas en contact avec vos yeux, car le sel brûle (allez immédiatement vous les rincer le cas échéant). Les objets flottants et les rampes qui équipent les bassins permettent d'éviter ce genre d'incident.

OÙ SE RESTAURER ET PRENDRE UN VERRE À BAHÍA BLANCA

Casamonte
Café coloré où un personnel accueillant sert des sandwichs, des soupes et de belles parts de gâteau coloré. **$$**

El Dorado
Bar clandestin et restaurant réputé pour ses currys, cocktails et gnocchis ; parfait pour dîner. **$$$**

Coffee Tiger Co
On y sert des cafés de spécialité et on y vend des cafés en grains torréfiés en Argentine. **$**

Beaucoup d'établissements ont des bassins climatisés, mais on peut aussi se baigner directement dans le lac depuis la Playa Eco Sustentable (plage écodurable) située à Epecuén même. Partout où la baignade est accessible, on peut acheter des bocaux de boue qui constitue un souvenir intéressant, quoiqu'un peu lourd.

Parque Provincial Ernesto Tornquist

DEPUIS TANDIL : **3 HEURES 30**

Randonnée dans le Parque Provincial Ernesto Tornquist

À moins d'une demi-journée de route de Tandil, le Parque Provincial Ernesto Tornquist (67 km²) est une destination de randonnée facile d'accès, où les hébergements sont nombreux, dans les localités de Sierra de la Ventana, Tornquist et Villa de la Ventana.

Les sentiers sont pour la plupart de difficulté facile à modérée et partent de l'une ou l'autre des deux entrées du parc, Base del Cerro de la Ventana et Base del Cerro Bahía Blanca. Les portes ouvrent à 9h et les sentiers ferment à 16h30. Le forfait journalier (1 000 $ARS) est valable aux deux entrées. La page Facebook du parc (facebook.com/ParqueProvincialTornquistCerroVentana) donne les dernières actualités sur les sentiers.

La randonnée la plus prisée se trouve sur le Cerro de la Ventana : c'est une marche de difficulté moyenne jusqu'à un rocher en forme de fenêtre à 1 150 m d'altitude. Cette randonnée de 6 heures se fait obligatoirement avec un guide rémunéré (présentez-vous le samedi à 9h au poste des rangers, près du parking, pour louer les services du guide du parc ou ceux d'un guide extérieur). Une autre randonnée avec guide payant conduit à la Garganta del Diablo ; c'est un trek de 6 heures dans les contreforts et dans une gorge jusqu'à une chute d'eau de 15 m. Les randonnées sans guide sont moins longues, telle la Garganta Olvidada, une boucle d'1 heure environ le long d'un cours d'eau jusqu'à une petite cascade.

À l'entrée Cerro Bahía Blanca, le Centro de Visitantes offre des renseignements sur la flore et la faune du parc, notamment l'endémique *iguana de cobre* (iguane cuivré). Ici, les randonnées se font sans guide, notamment la boucle de 2 heures jusqu'au sommet (1400 m) du Cerro Bahía Blanca, ou le sentier Claro Obscuro, à travers une forêt de pins et d'eucalyptus.

CAFÉS ET RESTAURANTS PRÈS DU PARQUE PROVINCIAL ERNESTO TORNQUIST

Modesto Café
Situé à Tornquist, on y sert du café correct et du gâteau à la carotte, même à l'heure de la sieste. **$**

El Molino de La Casa Azul
Ce restaurant de Sierra de la Ventana s'amuse (avec succès) avec les classiques argentins. **$$**

Puente Blanco Restaurant
Situé dans le camping chic Puente Blanco, ce restaurant sert des viandes grillées, du poisson et des plats végétariens. **$$**

Kupinski Restobar Unsina del Arte
Bar-restaurant arty. Café, pâtisseries et propriétaire à la conversation agréable. **$**

Obrador
Boulangerie servant des croissants, des boissons caféinées et des déjeuners sans gluten. **$$**

OÙ SE RESTAURER À CARHUÉ

Pizza Epecuén
La pizzeria la plus prisée de la ville, primée pour ses pizzas et *empanadas*. **$$**

Hado
Ouverte toute la journée, cette boutique de pâtisseries et de glaces sert le meilleur café de la ville. **$**

La Cambacita
On peut acheter des *alfajores* dans cette fabrique de biscuits qui a quitté Epecuén inondé pour Carhué. **$**

RANDONNÉE

Le Cerro Tres Picos

Le Cerro Tres Picos, point culminant (1 239 m) de la province de Buenos Aires, n'est pas loin en voiture du Parque Provincial Ernesto Tornquist. Géré par la Fundación Funke (auprès de laquelle les randonneurs doivent préalablement s'inscrire en ligne), le sentier demande de 7 à 9 heures de marche. On peut aussi camper en route pour effectuer la boucle (21 km) en 2 jours, avec ou sans guide.

1 Camino a Glorieta (sentier de Glorieta)

Gagnez l'Estancia Funke en *remise*. Après enregistrement et orientation (7h30-8h30 pour effectuer la boucle en 1 jour), rejoignez à pied ou en voiture le parking du Camino a Glorieta. En passant le portail, on aperçoit le Cerro Tres Picos sur la droite.

L'itinéraire : suivre la piste qui franchit le portail, le ruisseau et longe les taureaux. La pinède débute à environ 3,5 km du départ de sentier.

2 Bosque de Pinos (pinède)

Faites une pause hydratation à l'entrée de la pinède, car c'est la partie la plus escarpée du sentier. Le dénivelé (996 m jusqu'au sommet) commence à se faire sentir.

L'itinéraire : 1 heure environ après le départ, le sentier devient caillouteux en atteignant la pinède. Une fois à la clôture, dirigez-vous vers l'est, puis prenez à gauche à la fourche.

NICOLAS MARTEL/SHUTTERSTOCK ©

Cerro Tres Picos

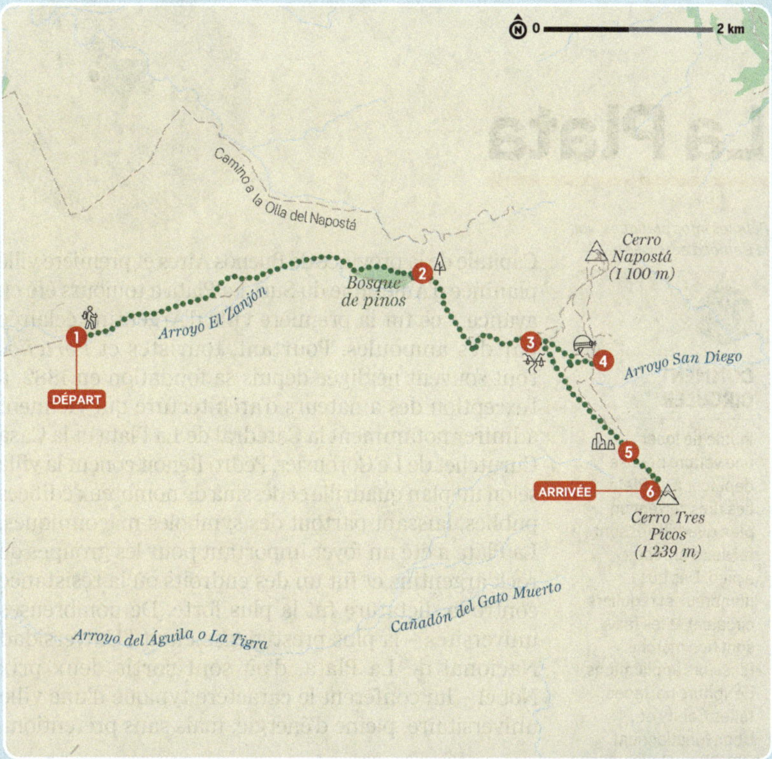

❸ Paso Dinamitado (col dynamité)

Après le Paso Dinamitado, on aperçoit l'ouverture du Cerro de la Ventana au loin par temps clair. Ce col est aussi une zone de camping pour les randonneurs effectuant la boucle en 2 jours.

L'itinéraire : depuis la clôture, comptez environ 45 minutes pour atteindre le Paso Dinamitado. Suivez le sentier, puis prenez encore à gauche à la fourche près du corral.

❹ Cueva de los Guanacos (grotte des Guanacos)

Admirez les guanacos (camélidés) et remplissez votre gourde dans le ruisseau en contrebas de la grotte. On peut camper dans la grotte, dont la large ouverture encadre de superbes couchers et levers de soleil sur la vallée.

L'itinéraire : passé les crêtes rocheuses situées après le corral, prenez à droite à la première fourche, puis à gauche à la seconde. Si vous ne campez pas, épargnez-vous cette partie en tournant à droite à la seconde fourche, en direction du sommet.

❺ Piedra Bote (rocher Barque)

Après une halte pour photographier ce rocher en forme de canot, préparez-vous à grimper au sommet en vous aidant des mains.

L'itinéraire : 45 minutes séparent la grotte de Piedra Bote. Rejoignez le sentier principal par le raccourci indiqué sur la carte d'orientation.

❻ Cumbre (sommet)

Cette partie offre une vue ininterrompue sur la Sierra accompagnée de vent fort. Une fois au sommet, prenez l'incontournable photo, assis sur le tabouret métallique.

La Plata

Pour les infos pratiques, voir le Carnet d'adresses p. 374

Capitale de la province de Buenos Aires et première ville planifiée d'Amérique du Sud, La Plata a toujours été en avance – ce fut la première ville d'Argentine éclairée par des ampoules. Pourtant, touristes et *Porteños* l'ont souvent négligée depuis sa fondation en 1882, à l'exception des amateurs d'architecture qui viennent admirer notamment la Catedral de La Plata et la Casa Curutchet de Le Corbusier. Pedro Benoit conçut la ville selon un plan quadrillé et dessina de nombreux édifices publics, laissant partout des symboles maçonniques. La Plata a été un foyer important pour les groupes de rock argentins et fut un des endroits où la résistance contre la dictature fut la plus forte. De nombreuses universités – la plus prestigieuse étant l'Universidad Nacional de La Plata, d'où sont sortis deux prix Nobel – lui confèrent le caractère typique d'une ville universitaire, pleine d'énergie, mais sans prétention.

COMMENT CIRCULER

Inutile de louer une voiture pour se déplacer à La Plata. Les rues suivent un plan quadrillé et sont faciles à arpenter à pied. Des bus nombreux et réguliers circulent et les taxis sont bon marché. Plusieurs applications de voiture partagée, telles Cabify et Uber, fonctionnent à La Plata. On peut payer le bus et le Tren Universitario (qui dessert une partie de la ville selon un itinéraire semi-circulaire) avec la même carte de transport SUBE qu'à Buenos Aires.

☑ À SAVOIR

Depuis la Plaza Moreno, au centre de la ville, on peut rejoindre à pied en 40 minutes maximum n'importe quel point de la ville à l'intérieur du plan quadrillé. Deux axes principaux traversant la ville en diagonale : la Diagonal 73 d'est en ouest, et la Diagonal 75, du nord au sud, se rejoignent à la Plaza Moreno.

Museo de La Plata

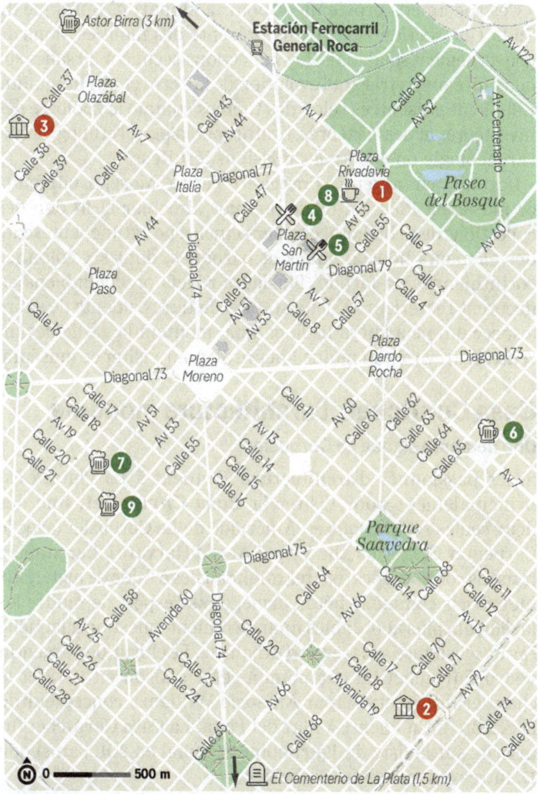

VOIR
1 Casa Curutchet
2 Centro Cultural Estación Provincial
3 Museo de La Plata

SE RESTAURER
4 Carne
5 Lebrel

PRENDRE UN VERRE ET FAIRE LA FÊTE
6 Amsterdam Cervecería
7 Fisher
voir 7 Laurus
8 Llama Coffee Roasters
9 Walden

BARS À BIÈRES ARTISANALES

Astor Birra
Bières primées et éditions limitées. **$$**

Walden
Bières pression brassées à La Plata, telle la Desobediencia Civil, la *sour* maison. **$**

Laurus
Brasserie produisant d'excellentes *sours*, stouts et IPA. **$**

Amsterdam Cervecería
Parmi plus de 20 bières pression, dont une sans gluten, on trouve forcément son bonheur. **$$**

Fisher
Parmi les 20 bières pression, goûtez la Bullying Beer, brassée par le patron. **$$**

Histoire naturelle

Le Museo de La Plata

Parmi les nombreux musées de La Plata, ne manquez pas le **Museo de La Plata**, muséum d'histoire naturelle d'envergure où l'on peut toucher une météorite et voir la peau fossilisée d'un paresseux géant. Dans son récit de voyage *En Patagonie*, Bruce Chatwin raconte s'être rendu dans ce muséum pour voir cette peau, afin d'en savoir plus sur l'origine d'une peau préhistorique appartenant à sa grand-mère. Aujourd'hui, ce musée est riche de 3,5 millions de pièces comme les ossements de dinosaures et autres géants préhistoriques, un groupe de glyptodons (sorte de gros tatous) ou le squelette d'un imposant paresseux géant, que les visiteurs adorent photographier.

FESTIVALS À LA PLATA

Festival de la Cultura Cervecera Platense
En juillet, 3 jours durant, découvrez plus de 100 bières artisanales brassées par des associations locales.

Aniversario de La Plata
En novembre, concerts, danses et arts visuels célèbrent la fondation de La Plata.

Museos a la Luz de la Luna
En novembre, les musées de la ville restent ouverts jusqu'à minuit pour accueillir concerts, ateliers et causeries.

Ces spécimens proviennent pour la plupart d'Amérique du Sud. Une section égyptienne présente des momies, dons du gouvernement soudanais. Les collections occupent 20 salles sur deux niveaux, retraçant l'évolution de la Terre et de l'humanité. Elles sont présentées selon des thèmes comme la zoologie des invertébrés et des vertébrés, l'anthropobiologie, l'ethnographie, l'archéologie ou encore les missions jésuites.

L'explorateur argentin Francisco "Perito" Moreno, qui fonda ce musée en 1884, en fut le premier directeur et fit don des collections de sa bibliothèque personnelle. Le bâtiment présente des éléments néoclassiques et baroques, dont six colonnes corinthiennes en façade. Plusieurs reliefs précolombiens en décorent l'extérieur et deux statues de tigres à dents de sabre (espèce qui peuplait jadis la pampa) montent la garde devant l'entrée. Prévoyez au moins 1 heure 30 pour visiter ce muséum.

Casa Curutchet : l'architecture moderne

Une demeure signée Le Corbusier

Si les passionnés d'architecture viennent à La Plata, c'est principalement pour visiter la **Casa Curutchet**, une des deux seules réalisations en Amérique de Le Corbusier (avec le Carpenter Center for the Visual Arts d'Harvard). L'architecte français concevait des œuvres minimalistes à l'aide de matériaux industriels comme le béton armé, dans l'espoir de rendre les logements plus abordables financièrement, question à laquelle l'avait sensibilisé son travail d'urbaniste. Le chirurgien argentin Pedro Curutchet lui commanda cette maison en 1948 et le chantier fut supervisé par Amancio Williams, concepteur de la célèbre Casa Puente à Mar del Plata. La Casa Curutchet fut inscrite sur la liste du Patrimoine mondial en 2016, ainsi que 17 autres œuvres de Le Corbusier.

Elle est représentative des cinq points de l'architecture moderne formulés par Le Corbusier : un plan libre, des fenêtres en bandeau, des façades libres, des pilotis et un toit-terrasse. Élégante et fonctionnelle, cette demeure aux lignes pures est dotée d'une rampe d'accès et d'un escalier en colimaçon reliant quatre niveaux, tandis qu'un peuplier pousse au milieu de l'espace. On y ressent une sensation de légèreté, autre caractéristique des créations de Le Corbusier.

Cette demeure est gérée par le Colegio de Arquitectos de la Provincia de Buenos Aires, auquel on peut s'adresser pour une courte visite guidée (info@capba.org.ar), après laquelle on peut librement explorer la maison. En revanche, aucune réservation n'est nécessaire pour une simple visite.

PIONNIERS DU THÉÂTRE VERTICAL

La compagnie argentine De La Guarda a contribué à promouvoir les spectacles combinant danse aérienne et théâtre en tournant dans le monde entier dans les années 1990. Dans ce spectacle, le public se tient au milieu, tandis que les artistes escaladent les murs qui l'entourent, en l'éclaboussant bien souvent d'eau. Après avoir joué à Séoul, Berlin et Londres, la compagnie est restée 6 ans off-Broadway au Daryl Roth Theatre de New York City. Si elle s'est dissoute depuis, son influence est encore sensible dans des spectacles mêlant danse et théâtre comme ceux de Fuerza Bruta, à Buenos Aires, et de Cuerda Producciones, fondé par d'anciens membres de De La Guarda.

OÙ SE RESTAURER ET PRENDRE UN VERRE À LA PLATA

Lebrel
Accompagnez d'un vermouth votre sandwich garni à base de pain fabriqué dans la première *focacceria* argentine. **$$**

Carne
Restaurant de burgers haut de gamme tenu par Mauro Colagreco, chef natif de La Plata étoilé au Michelin. **$$**

Llama Coffee Roasters
La Plata compte plusieurs cafés de cette chaîne argentine de torréfacteurs de cafés de spécialité. **$**

Rebondir sur les murs

Danse aérienne à Estación Provincial

Les Argentins adorent détourner la destination des vieux bâtiments et y introduire un élément artistique surprenant. C'est exactement ce que proposent les séminaires de danse aérienne de Caro Aérea : attachés au sommet du **Centro Cultural Estación Provincial** par des cordes et des harnais de danse, les participants descendent en rappel jusqu'à mi-hauteur pour courir comme Spiderman sur les murs de cette ancienne gare.

Carolina Castillo, fondatrice de la compagnie, dirige l'échauffement au sol (qui comprend beaucoup des mouvements utilisés en l'air) avant d'énoncer les règles de sécurité et de procéder à la vérification du matériel. Adapté aux débutants comme aux danseurs aériens chevronnés, ce séminaire dure de 10h à 15h, ce qui permet d'enchaîner deux à trois séances de danse entrecoupées de temps de récupération. Les participants à l'aise avec la course et les figures à l'horizontale peuvent tenter des chorégraphies simples en duo ou en trio. Cette gare désaffectée est devenue un centre culturel qui accueille des expositions et où l'on peut se renseigner sur l'histoire du bâtiment en attendant son tour – une bonne manière de se mettre au frais en été.

Situé à 35 minutes de marche du centre-ville, le bâtiment est desservi par la ligne de bus n°237.

AUTRE CIMETIÈRE VALANT LE DÉTOUR

Les amateurs de cimetières remarquables pourront visiter le **Cementerio de la Recoleta** (p. 88) de Buenos Aires, réputé pour ses sépultures de célébrités, notamment celle d'Eva Perón.

VILLE MINIATURE ET SYMBOLIQUE MAÇONNIQUE

Le **Cementerio de La Plata** (cimetière de La Plata) fut conçu par Pedro Benoit, l'architecte argentin qui dessina la ville. Ce cimetière, censé être une version miniature de La Plata, en reproduit les diagonales et les petites places et recourt aux mêmes styles architecturaux qu'en ville : néoclassique, Art déco, néogothique, modernisme égyptien, entre autres. Benoit était franc-maçon. Les guides vous montreront la symbolique maçonnique des lieux, à commencer par l'emplacement du cimetière à l'extrémité de la Diagonal 74, qui part de la rivière. L'eau représente la naissance et la vie, et l'avenue se termine après un parcours vers l'est au cimetière, qui représente la mort.

BALADE ARCHITECTURALE À LA PLATA

Cette balade de 2 heures permet de voir les édifices les plus célèbres, relevant de styles très divers. Si vous arrivez de Buenos Aires en train, c'est une bonne manière de se familiariser avec La Plata, puisqu'elle débute à 1 l'**Estación del Ferrocarril Roca**. Sa grande coupole verte percée de fenêtres circulaires lui confère des allures de gros train et des toitures Art nouveau en forme de pétales encadrent les entrées. Descendez l'Avenida 1 et tournez à droite, dans l'Avenida 53, pour rejoindre la 2 **Casa Curutchet** (p. 356), unique maison construite par Le Corbusier en Amérique du Sud. Continuez sur la Avenida 53 jusqu'à la Plaza San Martín pour découvrir la 3 **Casa de Gobierno**, de style néo-Renaissance, conçue par l'architecte belge Jules Dormal, dont la brique rouge fait ressortir la blancheur des colonnes. Tout près de la place se trouvent le 4 **Pasaje Dardo Rocha**, ancienne gare ferroviaire de style néo-Renaissance italienne, et le 5 **Palacio de la Legislatura**, un palais de style Renaissance allemande. Depuis la place, prenez l'Avenida 51 pour aller au 6 **Teatro Argentino**. Cet édifice brutaliste qui tranche sur l'esthétique de La Plata est venu remplacer le premier théâtre, partiellement brûlé. Suivez l'Avenida 51 pour terminer la balade sur la Plaza Moreno. Vous y verrez le 7 **Palacio Municipal**, hôtel de ville de style Renaissance, et la 8 **Catedral de La Plata**, de style néogothique, la plus grande église du pays. Inspirée des cathédrales de Cologne et d'Amiens, son édification commença en 1885 et elle fut inaugurée en 1932 ; ses tours jumelles ne furent achevées qu'en 1999. Un musée est installé au sous-sol. Détendez-vous sur la place enherbée tout en admirant les détails de la façade, dotée de gargouilles, vitraux et reliefs racontant la vie des saints.

Environs de La Plata

À l'ouest de La Plata, pénétrez dans le territoire des *estancias*, du polo et des sports extrêmes.

C'est dans cette région à 2 heures de La Plata que fut inventé le *dulce de leche* et que naquit en 1895 Juan Domingo Perón, qui allait devenir président argentin à trois reprises. Cañuelas affiche la plus grande concentration de clubs de polo du pays, notamment La Dolfina, fondé par Adolfo Cambiaso, un des meilleurs joueurs du monde. On peut aussi apprendre à jouer au polo à l'*estancia* et au club Puesto Viejo. Plus loin, à Lobos, capitale argentine du saut en chute libre, vous attendent d'autres sports extrêmes comme la planche à voile et le kitesurf, et l'on peut s'offrir la vie de château à l'Estancia La Candelaria, qui est aussi un club de polo, naturellement.

Estancia La Candelaria (p. 361)

Pour les infos pratiques, voir le Carnet d'adresses p. 374

COMMENT CIRCULER

Une voiture de location permet de se déplacer plus rapidement et de visiter les petites villes situées entre Cañuelas et Lobos. Des bus longue distance directs relient La Plata à Lobos et Cañuelas et Cañuelas à Lobos. Avec de la patience, on peut rejoindre ces villes depuis La Plata grâce aux transports publics, mais cela prend beaucoup plus de temps que les solutions précédentes et implique plusieurs correspondances (bus et trains).

À SAVOIR

Choisissez des excursions séparées pour chaque *estancia* ou visitez les deux le même jour si vous êtes motorisé.

LE POLO ARGENTIN : UNE RACE À PART

Si vous jouez au polo en Argentine, vous remarquerez peut-être que votre cheval est plus petit que ceux que vous avez pu monter lors de balades à cheval. Ces chevaux sont courants au polo, où les joueurs doivent pouvoir atteindre le sol à l'aide de leur maillet. Le polo argentin est une race particulièrement recherchée et le pays est un des plus grands exportateurs de cette race au monde. Ces chevaux issus du croisement entre criollos argentins et pur-sang anglais ont l'adaptabilité et l'endurance des premiers et la vitesse des seconds, si bien qu'ils restent étonnamment calmes sous la pression tout en ayant l'esprit de compétition.

MARIA ELISA ROL/SHUTTERSTOCK ©

Polo, Argentine

Cañuelas

DEPUIS LA PLATA : 1 HEURE

Polo à Puesto Viejo

Quand les colons britanniques arrivèrent dans la pampa, ils se mirent à jouer au polo dans les prairies planes. La River Plate Polo Association fut fondée en 1892, l'Argentine Polo Association en 1922. Aujourd'hui 80% des meilleurs joueurs de polo du monde sont argentins et la pampa est devenue un endroit où les joueurs viennent s'entraîner pendant la morte saison de l'hémisphère Nord (on peut jouer toute l'année dans la pampa), et où les touristes peuvent à découvrir ce sport à prix abordable.

À Cañuelas, à environ 1 heure de route de La Plata, Puesto Viejo est une *estancia* doublée d'un club de polo où l'on apprend à pratiquer ce sport. Il n'est pas nécessaire d'avoir une expérience de l'équitation et les cours se déroulent en anglais ou en espagnol. On vous fournit tout le nécessaire – casque, maillet, cheval – et c'est d'abord assis sur un tabouret qu'on vous enseigne la technique du swing pour frapper la balle au sol. L'instructeur explique comment monter à cheval et arrêter sa monture, en s'attardant suffisamment sur les bases avant une mise en pratique sur le terrain. Après le cours, on vous sert un déjeuner et vous pouvez assister à un match de polo

TOURISME D'AVENTURE À LOBOS ET CAÑUELAS

Argentina Extrema
Excursions à vélo sur les petites routes de campagne, entre la gare ferroviaire de Cañuelas et Uribelarrea.

Laguna de Lobos
De nombreux campings louent des kayaks et de quoi pratiquer la planche à voile et le kitesurf sur ce lac.

Skydive Lobos
Une des plus anciennes écoles de parachutisme du pays.

à quatre, profiter de la piscine à débordement de l'*estancia* ou emprunter un vélo pour visiter la propriété. Une journée de polo coûte 195 $US par personne avec le transport depuis La Plata. Le cours seul coûte 80 $US.

Lobos

DEPUIS LA PLATA : **2 HEURES**

Vie de château

La province de Buenos Aires compte plusieurs châteaux, mais un seul d'entre eux est aussi un hôtel : **La Candelaria**, *estancia* et club de polo proche de Lobos. Située à 2 heures de route de La Plata, cette demeure fut construite il y a 123 ans par Manuel Fraga Calveyra et Rebeca del Mármol, un couple d'aristocrates jeunes mariés, qui décidèrent de posséder leur propre château au retour de leur voyage de noces en Europe. Il fallut 5 ans pour bâtir ce château de style Renaissance française qui devint, bien plus tard, la première *estancia* d'Argentine à ouvrir ses portes à des touristes, parmi lesquels les Rolling Stones et le prince Harry.

Le prix des chambres (réservation sur estanciacandelaria.com) comprend l'accès à toutes les activités : équitation, vélo, piscine. D'autres activités n'ont lieu que certains jours de la semaine, comme les cours de cuisine pour apprendre à préparer des *empanadas*, la causerie sur l'histoire du château ou le spectacle folklorique. Le prix inclut également les trois repas quotidiens, le goûter, et l'accès aux sentiers des forêts d'araucarias, de cèdres et de pins.

Des services de bien-être sont disponibles moyennant supplément (yoga, bain sonore, massages, soins du visage). La formule Día de Campo permet de ne profiter du château et des activités que le temps d'une journée, déjeuner inclus, en ayant largement le temps de prendre la bâtisse en photo. La Candelaria est particulièrement agréable en famille ; il y a de nombreuses activités pour les enfants et, moyennant un supplément, un service de nounou.

Iglesia de Nuestra Señora de Luján, Uribelarrea

UN DÉCOR D'EVITA

Le film *Evita* d'Alan Parker (1996) avec Madonna et Antonio Banderas, a été en partie tourné à Uribelarrea, à moins de 30 minutes de route de Cañuelas. Ceux qui l'ont vu reconnaîtront l'Iglesia de Nuestra Señora de Luján, dans laquelle Evita vient embrasser son père décédé lors de la veillée funèbre. Le réalisateur paya l'installation de vitraux dans cette église. Ils y sont toujours.

Mar del Plata

Pour les infos pratiques, voir le Carnet d'adresses p. 374

COMMENT CIRCULER

Des bus circulent à Mar del Plata, mais l'attente est si longue qu'il est souvent plus rapide de se déplacer à pied. Les taxis et des VTC comme Uber et Cabify sont souvent le moyen le plus rapide de rejoindre un endroit si l'on n'est pas motorisé. Les VTC partagées étant encore dans une zone grise, légalement parlant, les chauffeurs vous demandent parfois de vous asseoir à l'avant pour brouiller les pistes. On circule facilement, mais non sans stress, les agressions aux carrefours étant monnaie courante. Il est parfois difficile de trouver à se garer, surtout dans le centre et près du Paseo Güemes.

À SAVOIR

L'office de tourisme se trouve dans l'Avenida Patricio Peralta Ramos, l'artère principale, près du Casino Central. En été, suivez le soleil et préférez les plages du sud, où il y a plus de soleil et de fiestas.

Mar del Plata est la plus grande des petites villes argentines de la côte atlantique. Rendue célèbre par le président Juan Perón au milieu du XXe siècle, c'est aujourd'hui encore la principale station balnéaire que fréquentent les Argentins pendant les vacances d'été, en janvier et février, au point qu'on a parfois du mal à trouver une place pour étendre sa serviette sur la plage. Il y a plus de choses à faire que n'importe où ailleurs sur la côte en basse saison, mais on se croirait dans une petite ville, car certains commerces ferment pour la sieste. Jadis haut lieu littéraire et ville de casino, "Mardel" (comme l'appellent les Argentins) a connu plusieurs vies dont la plus récente a débuté dans les années 1990, lorsqu'elle est devenue la capitale argentine de la bière artisanale. On y vient aussi pour le surf, les produits de la mer et les pâtisseries – c'est ici qu'est né Havanna, une grande marque d'*alfajores*.

Sur la piste des lions de mer

Promenade sur les quais

Le lion de mer (*Lobo marino*) est l'animal le plus emblématique de Mar del Plata, comme en témoigne la faune locale – des hordes de ces otaries prennent le soleil au port dans la réserve naturelle – et les œuvres d'art, tels ces lions de mer en pierre montant la garde sur la Playa Bristol, et l'énorme statue de lion de mer dorée du **Museo MAR**, autrefois recouverte de papiers d'*alfajores* Havanna. Pour en voir de bien vivants, allez à la **Banquina de Pescadores** du **Puerto Mar del Plata** : les lions de mer aiment à dormir, se battre et pousser des rugissements en lisière du quai où des stands vendent des fritures de produits de la mer, de la bière et des hot-dogs à midi. On y trouve aussi du poisson frais à cuisiner et du poisson en boîte à rapporter comme souvenir.

Si vous êtes las des touristes et des étudiants faisant des recherches, rejoignez la **Reserva de Lobos Marinos**, à un court trajet en voiture ou à une longue marche de là. Cette réserve longeant la jetée commence juste après le chantier naval du port. On perçoit l'odeur des lions de mer avant même de les voir. Ils sont encore plus nombreux que près des stands de poissons et semblent presque ronfler en harmonie.

VOIR

1 Centro Cultural Villa Victoria Ocampo
2 La Caseta
3 Monumento a San Salvador
4 Acantilados
5 Playa Bristol
6 Playa Grande
7 Playa Helena
8 Playa Varese
9 Playa Waikiki
10 Punta Mogotes

ACTIVITÉS

11 Banquina de Pescadores
12 Reserva de Lobos Marinos

SE LOGER

13 Hotel Sainte Jeanne
14 Hotel Sirenuse
15 Los Arcos

SE RESTAURER

16 Havanna
17 Lo de Fran
18 Sarasanegro
19 Yin & Toni

PRENDRE UN VERRE ET FAIRE LA FÊTE

20 Antares
21 Bohr Bar
22 Hops
23 Kiva Café
24 Proyecto Bar

LIEUX EMBLÉMATIQUES DE MAR DEL PLATA

Cette balade à pied d'1 heure 30 commence sur le littoral pour terminer dans le centre. Partez de la ❶ **Playa Varese**. En basse saison, on peut y prendre son maté matinal en toute quiétude. Longez la plage jusqu'au Balneario Bahía Varese, puis montez la rue Almirante Brown jusqu'à la rue Mendoza pour grimper dans la ❷ **Torre Tanque**, château d'eau de 88 m, pour profiter de la vue sur la ville et le port. Redescendez la rue Mendoza jusqu'à l'Avenida Colón, prenez à gauche et longez deux pâtés de maisons pour arriver au ❸ **Museo Municipal de Arte Juan Carlos Castagnino**, mélange de manoir français et d'architecture anglo-normande. Construite en 1909 comme résidence d'été d'une grande famille argentine, la Villa Ortiz Basualdo, ornée de tourelles, abrite aujourd'hui une collection de peintures, de photos et de sculptures d'artistes argentins. Prenez la rue Carlos Alvear en direction de la côte; elle aboutit au ❹ **Torreón del Monje**. Cette tour de guet de style médiéval (1904) est posée sur un promontoire dominant l'océan. Elle héberge un restaurant, une boutique de souvenirs et un espace d'exposition. Longez la ❺ **Playa Las Toscas** ou la promenade qui la surplombe, le long de la rue Primero Jesús de Galindez, pour atteindre la ❻ **Playa Bristol**, plage centrale de la ville. Photographiez la statue de lion de mer du ❼ **Monumento a los Lobos Marinos**, puis passez devant le casino et traversez l'avenue pour acheter des *alfajores* chez ❽ **Havanna**. Gardez de la place pour la halte suivante : les churros de ❾ **Manolo**. Rejoignez ensuite la rue piétonne San Martín pour terminer à la ❿ **Basílica de los Santos Pedro y Cecilia**, de style néogothique, qui a des vitraux splendides et un imposant lustre central importé de France.

En longeant la jetée, on arrive à l'imposant **monumento a San Salvador**, saint patron des pêcheurs. Là s'offre une vue splendide sur le littoral de Mar del Plata et les vagues qui viennent s'écraser en contrebas. L'accès au port et à la réserve, ouverts 24h/24, est gratuit.

La gastronomie à Mar del Plata

L'eau, élément clé

La gastronomie de Mar del Plata a toujours été liée à l'eau, qu'il s'agisse de l'océan, puisque le port de pêche est le plus grand du pays, ou des cours d'eau qui alimentent la ville. Il y a un consensus national sur le fait que la qualité de cette eau naturellement potable a contribué aux saveurs de la cuisine locale, surtout aux pâtisseries (même si certaines sont uniquement à base de lait).

Ici, les churros sont fourrés de *dulce de leche*, et les *Marplatenses* font la queue dans la rue le samedi matin devant leur boutique de churros préférée. Mar del Plata est aussi synonyme de *medialunas*, un genre de croissant au beurre ou au saindoux. Un Argentin ne saurait aller de Buenos Aires à Mar del Plata sans s'arrêter en route à Parador Atalaya pour acheter des *medialunas*. À Mar del Plata, il y a débat sur la meilleure adresse, mais la **Confitería Boston** et **La Fonte D'Oro** (lafontedoro.com ; plusieurs enseignes en ville) sont deux des boulangeries de chaîne les plus prisées. Faites-vous votre propre opinion en changeant de boulangerie chaque jour. Mais la spécialité qui a rendu célèbre Mar del Plata du point de vue gastronomique, ce sont les *alfajores* : c'est ici qu'est née la biscuiterie et chocolaterie **Havanna**, qui a aujourd'hui des franchises dans le monde entier.

En matière de produits de la mer, les restaurants du littoral, dont certains établissements touristiques réputés du port, servent des calamars, des moules, des crevettes, des paellas, entre autres.

La brasserie **Antares**, qui est aujourd'hui une marque de bière artisanale nationale, a débuté à Mar del Plata. On peut visiter les locaux d'origine à Los Troncos, mais allez aussi dans les brasseries et bars à bières artisanales de l'Avenida Constitución et de la Calle Olavarría.

BRASSERIES DE MAR DEL PLATA

Alayh Rivera, propriétaire de Celebra Tequeños, qui fournit plus de 25 bars à Mar del Plata, explique comment profiter du meilleur de la culture bière dans cette ville.

Bohr Bar et **Hops** proposent des bières pression toujours renouvelées provenant de diverses brasseries. Goûtez l'Escondido IPA, la session IPA de Cachalote, et l'IPA de Jamming – selon moi, la meilleure bière non seulement de Mar del Plata, mais d'Argentine. Les Argentins aiment aussi la *cream ale* de La Paloma.

Antares a été la première brasserie de la ville. Vous pouvez y aller, mais je recommanderais également **Proyecto Bar** : on se croirait chez un ami où il y a des animations sympas, de la bonne cuisine et de la bière.

Plages de Mar del Plata

Soleil, surf et parapente

À Mardel, la plage est l'activité numéro 1 en été. Dès la fin de la saison, les Argentins organisent l'été suivant en réservant leur place dans les *balnearios* (établissements balnéaires louant

FAIRE LA FÊTE À MAR DEL PLATA

Centre-ville
Des bars et des clubs occupent le triangle que forment la Plaza Mitre, la Plaza Colón et la Plaza San Martín.

Playa Grande
Les restaurants se transforment le soir en *boliches* (discothèques) très recherchés.

Güemes Centro
Parfait pour faire la tournée des bars ou pour un rendez-vous décontracté dans l'un des nombreux restaurants.

LA CRÈME DES RESTAURANTS ET CAFÉS DE MAR DEL PLATA

Sarasanegro
Poisson exquis et plus grande cave de Mar del Plata. **$$$**

Lo de Fran
On y mange du poulpe cuisiné comme il l'était pour Maradona. **$$$**

SÃO Medialunas y Café
Le royaume des *medialunas*, classiques, sucrées ou salées, ou encore garnies, comme la *chocotorta*. **$**

Yin & Toni
Ce restaurant est un des rares endroits où manger africain à Mardel. **$$$**

Kiva Café
Café-bar de style japonais préparant des cafés de spécialité; on y sert aussi les chiens. **$**

des parasols, des fauteuils et des tentes) pour obtenir les meilleurs prix. On peut louer à la journée sans réservation, mais demandez un tarif plus avantageux si vous comptez rester un moment dans la station.

La plage la plus centrale est la **Playa Popular**, dite aussi **Playa Bristol**, située juste derrière le casino et les statues de lions de mer. Cette plage publique est la plus fréquentée de Mar del Plata. Facile d'accès, ce n'est ni la plus propre ni la plus belle, mais il y a un skate-park. La **Playa Varese** n'est pas loin à pied. On peut prendre des cours de surf ou louer de l'équipement (dont des paddles) au **Mar del Plata Surf Club** (contactez-les sur Instagram : @mdp.surf.club). Plus au sud, la **Playa Grande** est une plage à la mode, pleine de restaurants et de clubs, qui se prête au surf et au kitesurf. Autre spot de surf prisé, la **Playa Waikiki**, à côté de la **Punta Mogotes**, est une des plages préférées des familles pour ses nombreux services et son grand espace. Plus loin sur la côte, la **Playa Helena** accueille de nombreux concerts en été et **La Caseta** est appréciée des célébrités argentines où l'on trouve facilement des massages et des cours de yoga. Plus au sud, en direction de Chapadmala, la **Playa Acantilados**, gratuite et moins fréquentée, est dominée par une grande falaise qui est un spot de parapente.

Les sœurs Ocampo

Une famille en vue du milieu littéraire

La famille Ocampo occupa une place de premier plan dans l'Argentine littéraire du milieu du XXe siècle. Victoria Ocampo (1890-1979) fonda le magazine littéraire *Sur*, lien entre la littérature argentine et le monde littéraire planétaire. Silvina Ocampo (1903-1993), sa sœur, fut une auteure récompensée. Virginia Woolf, Graham Greene et Jorge Luis Borges figuraient parmi les nombreux auteurs et intellectuels de leur cercle. Victoria aimait les chapeaux, mais aussi les bains si l'on en juge par les nombreuses baignoires équipant la **Villa Victoria**, résidence d'été des Ocampo dans le quartier de Los Troncos à Mar del Plata. C'est aujourd'hui un centre culturel où sont exposés des objets ayant appartenu aux Ocampo, assister à des événements littéraires et à des concerts, et se promener dans le grand jardin rempli de lavandes.

OÙ SE LOGER À MAR DEL PLATA

Los Arcos
Petit déjeuner offert, chambres petites, mais propres, à quelques pâtés de maisons de la plage. **$**

Hotel Sirenuse
Hôtel central, tenu en famille, aux allures de chalet montagnard, avec Wi-Fi performant. **$$**

Hotel Sainte Jeanne
Boutique-hôtel de luxe avec spa, proche de la Playa Grande. Pour se faire dorloter. **$$$**

Environs de Mar del Plata

Pour les infos pratiques, voir le Carnet d'adresses p. 375

Diverses villes balnéaires boisées, hippies ou branchées, occupent cette partie du littoral atlantique.

Autour de Mar del Plata, des plages s'étalent dans des zones que des entrepreneurs avisés ont reboisées pour stabiliser les dunes. Le tout forme un paysage particulier où la pampa se heurte à la forêt, qui débouche sans transition sur la côte. Cette région qui s'étend de Miramar, à 46 km au sud de Mardel, jusqu'à Pinamar, à 126 km au nord, reçut les visites d'Albert Einstein et de Che Guevara, pour des raisons bien différentes. Les événements se concentrent durant la haute saison estivale (janvier-février), tandis qu'en hiver les plages offrent calme et solitude. Chaque localité a son charme particulier : surf branché à Chapadmalal, forêt énigmatique de Miramar, ambiance festive à Villa Gesell.

Villa Gesell

COMMENT CIRCULER

Il est plus agréable de visiter le littoral en voiture, surtout en hiver, quand les bus sont moins fréquents. La voiture est le seul moyen se rendre en un temps restreint dans les petites localités balnéaires comme Mar de las Pampas, Mar Azul et Cariló, également situées dans ce secteur.
Des bus Costa Azul relient Mar del Plata à Miramar (ligne 212) toutes les 30 minutes ; d'autres lignes relient Mar del Plata à Villa Gesell et Pinamar. Demandez les horaires sur WhatsApp au 2233 02-4560. Le bus n°511 de Mar del Plata rallie Chapadmalal en 50 minutes environ.

À SAVOIR

Réservez tôt pour venir en été. Beaucoup d'établissements ne louent leurs chambres qu'à la semaine.

PLAGES NATURISTES

Il n'existe que deux plages nudistes en Argentine : **Playa Escondida** et **Playa Querandí**, cachées dans cette partie du littoral atlantique. Playa Escondida, la plus facile d'accès et la plus urbanisée des deux, est à 25 km de Mar del Plata, près de la RP 11 entre Chapadmalal et Miramar. On y trouve des bars, des spas et des escaliers en bois pour descendre sur la plage. Playa Querandí, en revanche, n'offre pas d'infrastructures et fait partie de la réserve située près du phare de Villa Gesell, à 5 km de marche de Mar Azul. Malgré des règles éthiques tacites, mieux vaut éviter la zone boisée de Playa Escondida, où des gens se donnent des rendez-vous galants.

ANDRES CONEMA/SHUTTERSTOCK ©

Forêt, Villa Gesell

Villa Gesell

DEPUIS MAR DEL PLATA : **1 HEURE 30**

La Reserva Pinar del Norte, forêt enchantée

La **Reserva Pinar del Norte**, point de départ de Villa Gesell, fut d'abord un programme de boisement lancé par l'inventeur et entrepreneur Carlos Gesell pour stabiliser les dunes de la plage. Le sable des dunes bougeait tellement qu'il dut prévoir une porte sur chaque côté de sa maison pour pouvoir entrer chez lui sans être fouetté par le sable. Son associé Héctor Manuel Guerrero ayant créé Cariló à proximité grâce au boisement, Gesell s'attaqua à la zone de l'actuelle réserve et travailla durant près de dix ans à planter un mélange de pins, d'acacias, de peupliers et de frênes, ainsi que du tournesol, des légumes et du trèfle, placés dans des tubes fabriqués spécialement pour dompter le terrain. Cette forêt comporte aujourd'hui plusieurs sentiers, une association apicole et une serre – et il n'y a plus de dunes instables.

OÙ SE RESTAURER SUR LE LITTORAL

El Viejo Hobbit
Les carnivores, les amateurs de bière et les végétariens apprécieront les assiettes servies dans ce restaurant à thème de Villa Gesell. **$$**

Tante
Carte d'inspiration allemande, du strudel au bœuf Stroganoff, et grand choix de thés, à Pinamar. **$$$**

Casa Oxalis
Restaurant à brunch au luxe décontracté : buddha bowls, jus de fruits frais, etc. À Pinamar. **$**

La réserve (10h-15h du mardi au dimanche, gratuite) regroupe les anciennes demeures des Gesell, dont l'une est devenue le **Museo y Archivo Histórico Municipal de Villa Gesell**, consacré à l'histoire de la famille, et l'autre, le Chalet de Don Carlos, un centre culturel où se déroulent des causeries et des cours. Au cœur de la réserve se trouvent aussi **El Tinglado**, un café bohème, et le Taller Municipal de Cerámica, qui accueille des cours de poterie. Il y aussi un musée consacré à la guerre des Malouines, des constructions kitsch en bois, de nombreuses aires de pique-nique et des toilettes publiques.

Soirée au cirque

Chapiteau en plein air

Quand démarre la saison estivale à Villa Gesell, le spectacle descend dans la rue. Des jongleurs s'installent au coin des rues tandis que le Teatro Municipal programme des spectacles folkloriques et même des opéras (consultez le programme sur gesell.tur.ar). Le Circo del Aire, qui se produit en été à Villa Gesell depuis 2009, est un des principaux protagonistes de la saison. Fondé par Maria del Aire, pilier du monde du cirque à Buenos Aires, ce cirque est aussi flamboyant que le Cirque du Soleil, en plus rustique, romantique, et à deux pas de la brise océane. Ce spectacle ne met en scène aucun animal.

Chapadmalal

DEPUIS MAR DEL PLATA : **1 HEURE**

Le vin de la côte

À moins d'1 heure de route de Mar del Plata, Chapadmalal est la nouvelle région vinicole du littoral atlantique. Costa & Pampa (trapiche.com.ar), le domaine argentin le plus proche de l'océan, se trouve à 6 km des plages de Chapadmalal, au bout d'une piste accidentée, et fait partie de la marque primée Bodega Trapiche. Ce domaine produit des vins frais et légers d'une grande complexité aromatique, que l'on peut goûter dans le cadre de dégustations. La formule Mar y Montaña (10h ou 15h, 12 $US/personne) comprend quatre vins dont deux du domaine Costa & Pampa, plus une visite de la propriété, chais compris. Après la dégustation, on peut acheter des bouteilles de Costa & Pampa et des Trapiche de Mendoza. Parfois, un camion de restauration s'installe sur le domaine ; on peut y acheter à manger pour pique-niquer dans le domaine après la visite.

HISTOIRE DU CIRQUE ARGENTIN

Le cirque est une vieille tradition en Argentine, et la sous-culture circassienne se retrouve dans les grandes villes. Un style de cirque typiquement argentin s'est développé dans le pays : le Circo Criollo, mélange de théâtre et de cirque dans lequel le *gaucho* était une figure centrale. Le cirque fut introduit en Argentine au XIXe siècle par des troupes itinérantes, mais c'est seulement après sa résurgence dans les années 1980, après la dictature, qu'on a commencé à l'étudier dans des lieux académiques. On l'enseigne dans les universités de Buenos Aires et de Rosario, d'où les étudiants sortent diplômés en arts du cirque.

OÙ SE LOGER À VILLA GESELL

Hotel del Cine
Hôtel central sur le thème du cinéma, équipé d'une petite salle de cinéma et d'une piscine. Petit déjeuner offert. **$$**

Hostería Santa Barbara
Boutique-hôtel d'une propreté irréprochable. Grandes chambres ensoleillées avec balcons entourés de plantes. **$$**

La Deseada Hostel
Auberge de jeunesse avec dortoirs et chambres, cuisine, gril et tables en terrasse. **$**

PARADIS ORNITHOLOGIQUE

Entre Mar del Plata et Villa Gesell s'étend la petite localité de Mar Chiquita, où se trouve la réserve de biosphère Albufera Mar Chiquita. Cette lagune longue de 35 km, seule du genre en Argentine, reçoit l'eau salée de l'Atlantique et l'eau douce des rivières de montagne descendant de la Sierra de Tandil. L'ensemble se mélange pour donner une eau de faible salinité, créant un habitat que fréquentent plus de 200 espèces d'oiseaux, le meilleur endroit du littoral pour les ornithologues. On y pratique aussi la pêche sportive, plus de 55 espèces de poissons vivant dans la lagune.

Miramar

DEPUIS MAR DEL PLATA : **1 HEURE**

Balade dans le Bosque Energético

Près de la Ruta 11, à 1 heure de route de Mar del Plata, le Bosque Energético (Forêt énergétique) de Miramar dégage un étrange magnétisme attirant scientifiques, médiums et touristes, qui viennent traîner sur les sentiers, faire des expériences et embrasser des arbres. On y pratique aussi la randonnée, le vélo, la méditation et le yoga, le tout le long du sentier serpentant sur trois des 500 ha de la forêt.

Créatures furtives de la forêt sombre

Promenons-nous dans les bois...

Dans le Bosque Energético, les branches des arbres s'entrelacent, formant une canopée où la lumière ne pénètre pas. Ce phénomène appelé "forêt sombre" maintient l'air frais près de la surface du sol. Mais c'est un nom à double sens, car on prétend que des créatures mythiques habitent cette partie de la forêt. Une fois sous la canopée impénétrable, prenez des photos, puis cherchez sur l'écran de votre appareil des silhouettes fantomatiques que vous n'avez pas vues sur le moment. On a découvert sur bien des clichés (pris avec des appareils argentiques ou numériques) de petites silhouettes humaines grimpant dans les arbres ou appuyées contre. Les gens du coin disent que ce sont des nains. Pourquoi ? Parce qu'ils portent généralement un bonnet sur les photos.

ADRESSES BRANCHÉES DES PLAGES DE CHAPADMALAL

Bai Bai
Café chic et auberge de jeunesse pour surfeurs où même les chiens sont sympas. Bonne adresse pour déjeuner.

Santori Yoga
Centre holistique pour le bien-être de tous : yoga, sonothérapie et massages.

Luva Café
Cafés de spécialité et toasts à l'avocat servis à des clients élégants sur du mobilier en caisses de bois recyclées.

TOMÁS ZARRAGA CAMIRUAGA/GETTY IMAGES ©

Aigrettes, Mar Chiquita

Carnet d'adresses

SAN ANTONIO DE ARECO

Centro Cultural y Museo Usina Vieja
Voir p. 336 (sanantoniodeareco.com/museo-de-la-ciudad-y-centro-cultural-usina-vieja ; Matheu 332 ; 8h-20h sam-dim)

La Blanqueada
Voir p. 336 (sanantoniodeareco.com/pulperia-la-blanqueada ; Cam. Ricardo Güiraldes)

Mariano Draghi Orfebre
Voir p. 335 (marianodraghi.com ; Lavalle 387 ; 3 US$; 10h-13h lun-ven, 10h30-13h sam-dim)

Museo de Arte La Recova
Voir p. 336 (sanantoniodeareco.com/museo-de-arte-la-recova ; Zapiola y Segundo Sombra ; 10h-13h et 16h-19h)

Museo Evocativo Osvaldo Gasparini
Voir p. 336 (Alvear 521 ; 9h-18h)

Museo Las Lilas de Areco
Voir p. 336 (museolaslilas.org ; Moreno 279 ; tarif plein/réduit 6 000/4 500 $ARS ; 10h-14h et 15h-19h jeu-dim)

Parque Criollo y Museo Gauchesco Ricardo Güiraldes
Voir p. 336 (museoguiraldes.areco.gob.ar ; Camino Ricardo Güiraldes s/n ; 2 400 $ARS, lun entrée libre ; 11h15-17h fermé mar-mer)

Estancia El Ombú de Areco
Voir p. 333 (estanciaelombu.com ; Ruta 31 Cuartel VI, Villa Lía)

Estancia La Cinacina
Voir p. 334 (lacinacina.com.ar ; Bartolomé Mitre 9)

Hostel Casa Suri
Voir p. 334 (Guido 311)

Hotel Draghi
Voir p. 334 (hoteldraghi.com ; Matheu 380)

Almacén de Ramos Generales
Voir p. 335 (ramosgeneralesareco.com.ar ; Zapiola 143 ; 12h-15h30 et 20h-23h30)

La Olla de Cobre
Voir p. 334 (laolladecobre.com.ar ; Matheu 433 ; 10h-13h et 14h30-19h30 mer-lun)

Pulpería lo de Tito
Voir p. 335 (@pulperialodetito ; Matheu 411 ; 12h-15h30 et 20h-minuit ven-sam, 12h-15h30 dim)

Tucano
Voir p. 336 (@tucano.cafe ; Alsina 346 ; 8h-20h mer-dim)

Boliche de Bessonart
Voir p. 335 (@boliche_de_bessonart ; Zapiola 151 ; 17h-2h mer-ven, 11h-2h sam-dim)

La Vieja Sodería
Voir p. 336 (@lavieja.soderia ; Bolivar 196 ; 9h-minuit)

Alquimia
Voir p. 335 (facebook.com/alquimiadeareco ; Arellano 76 ; 10h-19h30 lun-ven, 10h-20h sam)

El Fogón Matero
Voir p. 335 (@elfogonmatero ; Alsina 86 ; 9h-12 et 15h-20h lun-ven, 10h-19h sam-dim)

La Olla de Cobre
Voir p. 334 (laolladecobre.com.ar ; Matheu 43 ; 10h-13h et 14h30-19h30 mer-lun)

ENVIRONS DE SAN ANTONIO DE ARECO

Basílica Nuestra Señora de Luján
Voir p. 338 (santuariodelujan.org.ar ; San Martín 51, Luján ; 8h-20h)

Bodega Gamboa
Voir p. 339 (bodegagamboa.com.ar ; Km 65, Ruta 9 Panamericana, Campana ; 11h-17h mar-dim)

Complejo Museográfico Provincial Enrique Udaondo
Voir p. 339 (facebook.com/museoudaondopba ; Torrezuri 917 ; 1 000 $ARS ; 11h-14h jeu, 11h-18h ven-dim).

TANDIL

Centro Náutico del Fuerte
Voir p. 342 (cnf-tandil.com.ar ; Isla del Lago)

Mulita Footgolf de Tandil
Voir p. 344 (lamulitafootgolf.com.ar ; Av. Estrada ; 13h-19h jeu-ven, 10h-19h sam-dim)

Valle del Picapedrero
Voir p. 344 (valledelpicapedrero.com.ar ; 10h-18h sam-dim, tlj vac. scol.)

Amaike Hotel Gold & Spa
Voir p. 343 (hotelamaike.com ; Ceferino Namuncurá s/n y Av. Don Bosco)

Estancia Ave María
Voir p. 345 (avemariatandil.com ; Circuito Turístico, Paraje La Porteña)

Hostel B&B Tandil
Voir p. 343 (Fuerte Independencia 61)

Hotel Roma
Voir p. 343 (hotelromatandil.com.ar ; Leandro N, Leandro Alem 452)

Mulen Hotel Tandil
Voir p. 343 (mulentandil.com ; Av. Santamarina 380)

Almacén Serrano
Voir p. 343 (pedidosya.com.ar/restaurantes/tandil/almacen-serrano-menu ; Gral Rodríguez 2 ; 9h-20h30 lun-ven, 9h-21h sam, 10h-20h dim)

Bello Abril
Voir p. 345 (@belloabriltandil ; Belgrano 649 ; 19h30-minuit jeu-lun et 12h-15h dim)

Bistro Verde
Voir p. 345 (@verdebistrook ; Monseñor de Andrea 111 ; 20h-minuit jeu-dim)

El Banqueano Tandil
Voir p. 343 (elbaqueanotandil.com ; 1381 Tasende ; 10h-18h)

El Mirador Drinks & Food
Voir p. 342 (@miradortandil ; Dr. Saavedra Lamas 500 ; 11h-23h lun-mar et jeu, 11h-23h30 ven, 10h-23h30 sam, 10h-23h dim)

Época de Quesos
Voir p. 344 (epocadequesos.com ; 14 de Julio 604 ; 9h-23h)

Huellas del Tandil
Voir p. 343 (@huellasdeltandil ; Av. España 435 ; 9h-14h et 17h-21h)

La Quesería
Voir p. 343 (@laqueseriatandil ; Gral. Rodríguez 299 ; 9h30-13h30 et 17h-21h lun-sam, 10h-13h dim)

Ladran
Voir p. 345 (@ladran.restaurante ;

NORBERTO MARIO LAURIA/SHUTTERSTOCK.COM ©

Monumento a Don Quijote y Sancho Panza, Tandil

Belgrano 591 ; 12h-15h et 20h-minuit jeu-mar)

Sydquet
Voir p. 343 (@syquet.tandil ; Mitre 599 ; 9h-21h30 lun-sam, 10h-18h dim)

ENVIRONS DE TANDIL

Ferrowhite-Museo Taller
Voir p. 347 (Juan B. Justo 3885, Bahía Blanca ; entrée libre ; 9h-13h lun-ven, 15h-19h sam-dim)

Museo del Puerto
Voir p. 347 (bahia.gob.ar/museodelpuerto ; Guillermo Torres 4180, Bahía Blanca ; entrée libre ; 9h-13h mar-mer et ven, 9h-18h jeu, 15h-19h sam-dim)

Complejo Termal & Lúdico Mar de Epecuén
Voir p. 350 (parquetermalmardeepecuen.online ; Pueyrredón 2300, Carhué ; 12h-19h jeu-dim)

Spa Cabañas y Camping Levalle
Voir p. 350 (facebook.com/camping.levalle ; Moreno y Lomas Valentinas, Carhué ; 8h-21h lun-ven, 8h-22h sam-dim)

Casamonte
Voir p. 350 (@casa.monte ; Av. 1 de Mayo 22, Bahía Blanca ; 8h-21h lun-sam)

Coffee Tiger Co
Voir p. 350 (coffeetigerco.com ; Sarmiento 550, Bahia Blanca ; 8h-20h lun-ven, 9h-13h/16h-20h sam)

El Dorado
Voir p. 350 (Casanova 552, Bahía Blanca ; 20h-2h mar-sam)

El Molino de La Casa Azul
Voir p. 351 (@elmolinodesierra ; Av. Gral. San Martín s/n, Sierra de la Ventana ; 20h-23h jeu-ven, 12h-15h et 20h-23h sam-dim)

Hado
Voir p. 351 (Av. Colón 1003, Carhué)

Kupinski Restobar Unsina del Arte
Voir p. 351 (facebook.com/barkupinski.usinadearte ; Rawson 31, Tornquist ; 7h30-16h30 mar-mer, 7h30-22h jeu, 7h30-23h ven, 8h-minuit sam, 9h-23h dim)

La Cambacita
Voir p. 351 (Moreno 661-699, Carhué)

Modesto Café
Voir p. 351 (@modestocafe22 ; 9 de Julio, Av. Domingo Faustino Sarmiento, Tornquist ; 8h-13h30 et 17h-21h lun-ven, 9h-13h30 et 17h-21h sam, 16h-19h30 dim)

Obrador
Voir p. 351 (Paseo de los Duendes, Av. Gral. San Martín 648, Sierra de la Ventana ; 16h-22h30 mer-ven, 9h30-23h sam-dim)

Pizza Epecuén
Voir p. 351 (@pizzaepecuen ; Carlos Pellegrini 916, Carhué ; 10h-minuit lun-ven, 10h-0h30 sam-dim)

Puente Blanco Restaurant
Voir p. 351 (glampingpuenteblanco.com ; Ruta 72/Km 2,6 , Sierra de la Ventana)

LA PLATA

Casa Curutchet
Voir p. 356 (Av. 53 n°320 ; 13h-17h jeu-dim)

Centro Cultural Estación Provincial
Voir p. 357 (estacionprovincial.com.ar ; Calle 17, C. 71 esq)

Museo de la Plata
Voir p. 355 (museo.fcnym.unlp.edu.ar ; Paseo del Bosque s/n ; adulte/enfant 3 500 $ARS/gratuit ; 10h-18h mer-dim)

Palacio de la Legilatura
Voir p. 355 (hcdiputados-ba.gov.ar ; Av. 53 819 ; 8h-20h lun-ven)

Palacio municipal
Voir p. 358 (laplata.gob.ar ; C. 12 s/n ; 8h-20h lun-ven)

Casa de Gobierno
Voir p. 358 (Calle 5, Casco Urbano, C. 6 s/n)

Carne
Voir p. 356 (carnehamburguesas.com ; Calle 50 n°452 ; 11h-23h30)

Lebrel
Voir p. 356 (@lebrel.focacceria ; Calle 54n°495 ; 12h-minuit)

Llama Coffee Roasters
Voir p. 356 (llamacoffeeroasters.com ; Calle 3 angle Calle 51 ; 7h30-21h)

Museo de la Plata

VOJTECH VLK/STOCK.ADOBE.COM ©

Amsterdam Cervecería
Voir p. 355 (@amsterdam66laplata ; C. 5 1649 ; 18h-1h lun-mar et dim, 18h-1h30 mer, 18h-2h jeu, 18h-3h30 ven-sam)

Astor Birra
Voir p. 355 (@astorbirra ; Calle521 n°733, Tolosa ; 18h-23h30 mar-mer et dim, 18h-1h jeu-sam-

Fisher
Voir p. 355 (facebook.com/fisher.laplata ; Av. 51 ; 18h-1h lun-mer, 18h-2h jeu, 18h-3h ven-dim)

Laurus
Voir p. 355 (cervezalaurus.com.ar ; Calle 18 e/51 et, Av. 53 977 ; 18h-minuit jeu-dim)

Walden
Voir p. 355 (@waldenartesanal ; Av. 19 n°1087 ; 18h-1h)

Teatro Argentino
Voir p. 358 (gba.gob.ar/teatro_argentino ; Av. 51 n°702)

ENVIRONS DE LA PLATA

Argentina Extrema
Voir p. 360 (argentinaextrema.com ; Av. Fondo de la Legua 425, San Isidro ; 10h-19h lun-ven)

Puesto Viejo
Voir p. 360 (puestoviejo.com ; Ruta Provincial 6, Km 83, Cañuelas ; 8h-17h lun-ven, 10h-14h sam-dim)

Skydive Lobos
Voir p. 360 (skydivelobos.com.ar ; Ruta 205 Km 106, Lobos)

La Candelaria
Voir p. 361 (estanciacandelaria.com ; Ruta Nacional 205 Km 114,5, Lobos)

MAR DEL PLATA

Basilica de los Santos Pedro y Cecilia
Voir p. 364 (catedralmardelplata.org.ar ; Mitre Diagonal Centro 1780, Bartolomé Mitre 1724)

Centro Cultural Villa Victoria Ocampo
Voir p. 366 (mardelplata.gob.ar/centroculturalvictoriaocampo ; Matheu 1851 ; 14h-19h mer-lun)

Museo MAR (El Museo Provincial de Arte Contemporáneo)
Voir p. 362 (gba.gob.ar/museo_mar ; Av. Félix U. Camet, López de Gomara ; entrée libre ; 10h-16h lun-ven, 14h-20h sam-dim)

Museo Municipal de Arte Juan Carlos Castagnino
Voir p. 364 (Av. Colón 1189 ; 400 $ARS 14h-19h ven-dim)

Torre Tanque
Voir p. 364 (osmgp.gov.ar/osse/torre-tanque ; Falucho 995 ; 8h-14h45 lun-ven)

Torreón del Monje
Voir p. 364 (torreondelmonje.com.ar ; P. Jesús de Galindez s/n ; 7h-21h)

Villa Victoria
Voir p. 366 (mardelplata.gob.ar/centroculturalvictoriaocampo ; Matheu 1851 ; 14h-19h mer-lun)

Mar del Plata Surf Club
Voir p. 366 (@mdp.surf.club ; Playa Varese ; 9h-19h)

Hotel Sainte Jeanne
Voir p. 366 (hotelsaintejeanne.com ; Martín Miguel de Güemes 2850)

Hotel Sirenuse
Voir p. 366 (hotelsirenuse.com.ar ; Mendoza 2240)

Los Arcos
Voir p. 366 (hotelarcos.com.ar ; Entre Ríos 1975)

Havanna
Voir p. 365 (havanna.com.ar/alfajormardelplata ; Rivadavia 2102)

Kiva Café
Voir p. 366 (@kiva.cafe ; Avellaneda 1387 ; 8h-12h et 15h-19h mar-sam, 15h-19h dim)

Lo de Fran
Voir p. 366 (@lodefrancocinademar ; Av. de los Trabajadores 171 ; 20h-minuit lun, 12h30-15h et 20h-1h mar-sam, 12h30-15h et 20h-minuit dim)

Manolo
Voir p. 364 (morphi.net/manolosite/WeBuild/ ; Rivadavia 2371 ; 9h-1h)

SÃO Medialunas y Café
Voir p. 366 (sao.com.ar ; plusieurs enseignes en ville)

Sarasanegro
Voir p. 366 (San Martín 3458 ; 20h-minuit mar-sam)

Yin & Toni
Voir p. 366 (@yintoni ; Castelli 1767)

Antares
Voir p. 365 (cervezaantares.com ; Córdoba 3025 ; 18h-3h)

Bohr Bar
Voir p. 365 (@bohr.bar ; San Lorenzo 2980 ; 19h-2h)

Hops
Voir p. 365 (facebook.com/hops.playa ; Av. Félix U. Camet 1500)

Proyecto Bar
Voir p. 365 (proyectobar.com ; San Luis 2745 ; 18h-2h mar-mer, 11h-2h jeu-dim)

Confitería Boston
Voir p. 365 (@bostonconfiteria ; Buenos Aires 1927 ; 8h-20h)

ENVIRONS DE MAR DEL PLATA

Museo y Archivo Histórico Municipal de Villa Gesell
Voir p. 369 (facebook.com/museohistorico.villagesell ; Alameda 201 et Calle 303, Villa Gesell ; 10h-18h)

Santori Yoga
Voir p. 370 (@satori_joga ; La estafeta, Calle 64, Chapadmalal ; 8h30-20h lun-ven, 8h30-18h sam)

Taller Municipal de Cerámica
Voir p. 369 (facebook.com/TMCVillaGesell ; alt Alameda 202 n°150, Villa Gesell ; 14h-18h30 mar-ven, 10h-19h sam-dim)

Hostería Santa Barbara
Voir p. 369 (hosteriasantabarbara.com ; Av. 1 entre Paseos 109 et 110, Villa Gesell)

Hotel del Cine
Voir p. 369 (hoteldecine.com.ar ; Av. 3 864, Villa Gesell)

La Deseada Hostel
Voir p. 369 (ladeseadahostel.com.ar ; Av. 6 n°1883, Villa Gesell)

Bai Bai
Voir p. 370 (baibai.surf ; Calle 0 n°3069, entre 64 et 719, Chapadmalal)

Casa Oxalis
Voir p. 368 (@casa.oxalis ; De las Burriquetas 248, Pinamar ; 8h-20h mar-dim)

El Tinglado
Voir p. 369 (@eltingladogesell ; Alameda 150-200, Villa Gesell ; 9h-20h)

El Viejo Hobbit
Voir p. 368 (@elviejohobbit ; Av. 8 n°1165, Villa Gesell ; 18h-1h jeu-dim)

Luva Café
Voir p. 370 (@luvacafe.ok ; Calle 699, Chapadmalal ; 15h30-19h ven, 9h-13h et 15h30-19h sam-dim)

Tante
Voir p. 368 (tante.com.ar ; De las Artes 35, Pinamar)

Bariloche et région des lacs

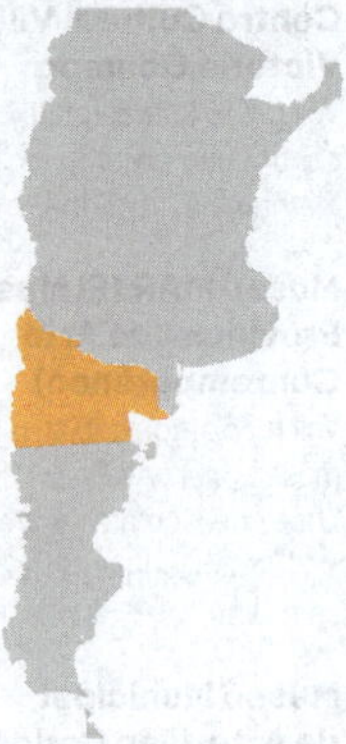

PAYSAGES EXCEPTIONNELS ET ROUTES PANORAMIQUES

Vous voici en terre d'aventures, spectaculaire, dans un imposant écrin montagneux. La région est sillonnée par de longs sentiers de randonnée, sublimée par des lacs en camaïeux de vert, de gris et de bleu.

La dénomination de ce chapitre n'est pas totalement exacte. Mais ici, nous couvrons un territoire que l'on pourrait davantage nommer la Patagonie septentrionale qui s'étend du Volcán Domuyo (le "toit de la Patagonie"), son point culminant, au nord, jusqu'à son chef-lieu Neuquén à l'est, de la frontière avec le Chubut au sud à El Bolsón et El Hoyo, et jusqu'aux Andes, son rempart à l'ouest. C'est un paysage de lacs (il y en a partout), de volcans, d'art rupestre bien caché, de fleuves indomptables, d'arbres vieux comme le monde et de sommets titanesques. La province de Neuquén couvre la majeure partie cette région, pays des Mapuches et des Pehuenches. Les sites paléontologiques et les vignobles remarquables des environs immédiats de la ville de Neuquén méritent amplement une halte ; bien plus au sud, il faut également s'arrêter à la station balnéaire de Bariloche, qui jouit d'un emplacement de rêve, sur les rives du Lago Nahuel Huapi. Malgré l'afflux des visiteurs, il est assez aisé d'échapper à la foule. Certaines villes en bord de lac très fréquentées en été, comme San Martín de Los Andes, sont délicieusement calmes le reste de l'année. Au nord, Chos Malal constitue une excellente base pour explorer les volcans, les lagunes et les sources chaudes alentour.

ALFREDO CERRA/SHUTTERSTOCK ©

SITES PRINCIPAUX

BARILOCHE
Hauts sommets et bonnes tables.
p. 382

EL BOLSÓN
Marchés hippies et étés sans fin.
p. 393

SAN MARTÍN DE LOS ANDES
Lac splendide, randonnée et volcans.
p. 402

NEUQUÉN
Paysages désertiques, vignobles et dinosaures.
p. 413

EVERTON LOURENCO/SHUTTERSTOCK ©

À gauche : randonneurs sur le Volcán Domuyo (p. 421) ; ci-dessus : Cerro Campanario (p. 388)

S'orienter

La Patagonie septentrionale traverse trois provinces (Neuquén, Río Negro et Chubut). Ses deux grands pôles de transports sont Neuquén et Bariloche.

Neuquén, p. 413

Dans cette capitale du désert, les dinosaures côtoient les vignes ; la plus grande ville de Patagonie voit la rencontre du Río Neuquén et du Río Limay.

San Martín de los Andes, p. 402

Paradis des âmes aventurières, au pied du Lago Lacár, avec les montagnes, les volcans, les sentiers de randonnée, les plages et les rapides de Bariloche, sans la foule.

Bariloche, p. 382

L'une des villes argentines au plus beau cadre naturel, dans un écrin montagneux, entourée de lacs comme des miroirs, avec d'excellentes tables.

El Bolsón, p. 393

Ville facile à vivre, dans une vallée fertile, avec son marché artisanal et le fantastique réseau de sentiers de randonnée au Cajón del Azul.

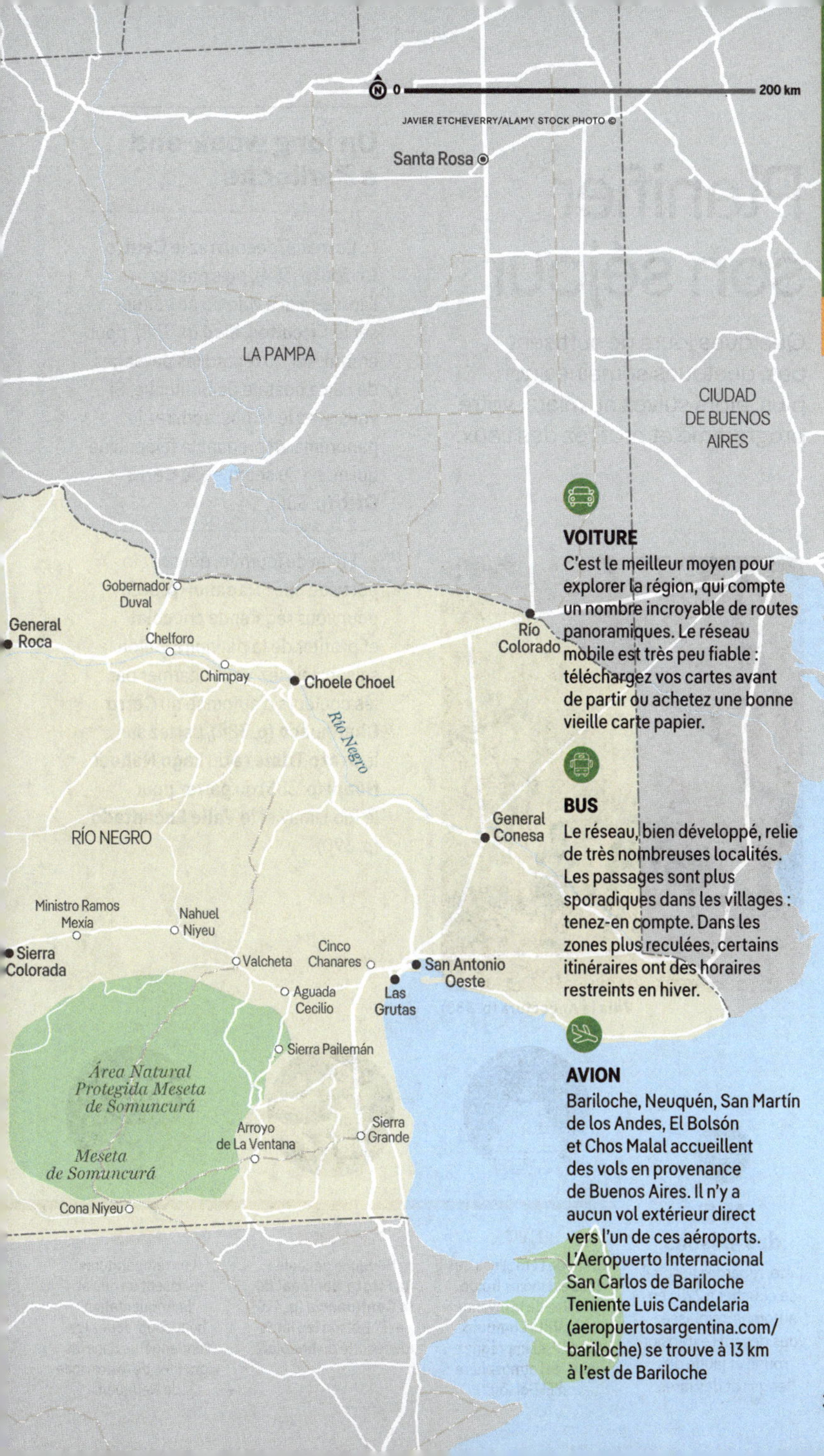

JAVIER ETCHEVERRY/ALAMY STOCK PHOTO ©

VOITURE

C'est le meilleur moyen pour explorer la région, qui compte un nombre incroyable de routes panoramiques. Le réseau mobile est très peu fiable : téléchargez vos cartes avant de partir ou achetez une bonne vieille carte papier.

BUS

Le réseau, bien développé, relie de très nombreuses localités. Les passages sont plus sporadiques dans les villages : tenez-en compte. Dans les zones plus reculées, certains itinéraires ont des horaires restreints en hiver.

AVION

Bariloche, Neuquén, San Martín de los Andes, El Bolsón et Chos Malal accueillent des vols en provenance de Buenos Aires. Il n'y a aucun vol extérieur direct vers l'un de ces aéroports. L'Aeropuerto Internacional San Carlos de Bariloche Teniente Luis Candelaria (aeropuertosargentina.com/bariloche) se trouve à 13 km à l'est de Bariloche

Planifier son séjour

Quelques jours ne suffisent pas, quelques semaines non plus, alors suivez au mieux votre programme et profitez des lieux.

PAULO DE ABREU/SHUTTERSTOCK ©

Villa la Angostura (p. 385)

Un long week-end à Bariloche

- Le matin, découvrez le **Centro Cívico** (p. 384), puis passez l'après-midi à vélo ou en voiture sur le **Circuito Chico** (p. 388), pour embrasser du regard les paysages de carte postale de Bariloche. Si vous avez le temps, admirez le panorama en prenant la télécabine qui mène au sommet du **Cerro Otto** (p. 385).

- En fin de journée, poussez la porte de chez **Rapanui** (p. 385) pour vous régaler de chocolat et profiter de la patinoire. Selon la saison, laissez-vous charmer par les couleurs d'automne du **Cerro Challhuaco** (p. 384), partez sur le **Brazo Tristeza** du **Lago Nahuel Huapi** (p. 385) ou partez pour le Río Limay et le **Valle Encantado** (p. 390).

EN BAS : © PAULO DE ABREU/SHUTTERSTOCK ; © STONE36/SHUTTERSTOCK ; © DEDÈ VARGAS/SHUTTERSTOCK

Au fil des saisons

L'été, regardez le soleil se coucher à 22h ; en automne, réjouissez-vous devant l'explosion rouge et jaune des lengas et des ñires.

JANVIER

Cœur de l'été : l'eau des lacs est moins froide ; cueillez de la lavande à la **Villa Llanquín** (p. 390), et imprégnez-vous de l'atmosphère d'El Bolsón.

FÉVRIER

Neuquén accueille la **Fiesta Nacional de la Confluencia** (p. 420) et El Bolsón les fêtes de récolte du houblon.

MARS

Les températures baissent un peu et la fréquentation beaucoup. Jouez les vendangeurs dans les vignobles de la province de Neuquén.

Une semaine à Bariloche

- Après les visites des classiques (voir ci-contre), partez pour **Pampa Linda** (p. 391) ou allez faire rafting sur le puissant **Río Manso** (p. 391).

- Ensuite, cap au nord : 2 ou 3 jours sont nécessaires pour faire la boucle par **Villa la Angostura** (p. 385) et revenir par **San Martín de los Andes** (p. 402). Passez admirer les forêts ancestrales du **Parque Nacional de los Arrayanes** (p. 411) et leur couleur cannelle, puis les incroyables paysages de la **Ruta de los Siete Lagos** (p. 410).

- Si vous avez une journée supplémentaire, ne ratez pas **La Feria Regional Artesanal** d'El Bolsón (p. 395).

Si vous avez deux semaines ou plus

- Passez un peu de temps à **Neuquén** (p. 413) avec les dinosaures et à la découverte des vignobles, avant de vivre une escapade à **Chos Malal** (p. 421) et sur le **Volcán Domuyo** (p. 421), le *techo* (toit) de la Patagonie.

- Pour voir davantage de volcans, montez au sommet du **Batea Mahuida** (p. 412) et admirez les huit volcans qui longent la frontière. L'été, visitez les villes jumelles de **Copahue** et **Caviahue** (p. 420), où le Volcán Copahue gronde et où la terre bouillonne de sources chaudes riches en minéraux.

AVRIL

Salivez devant la plus grande barre de chocolat au monde lors du festival 100% chocolat de **Bariloche** (p. 382).

JUILLET

Les amateurs de poudreuse vont au Cerro Catedral, au Chapelco, sur le Perito Moreno et à **Caviahue** (p. 420).

OCTOBRE

L'heure est venue de célébrer la gastronomie patagonne lors du **festival Bariloche a la Carta**.

DÉCEMBRE

À **San Martín de los Andes**, profitez des festivités de Noël et du Trabún, festival mapuche de danse et musique.

Bariloche

Pour les infos pratiques, voir le Carnet d'adresses p. 422

COMMMENT CIRCULER

Le centre de Bariloche est petit mais raide, avec parfois des escaliers pour faciliter la chose. Pour les plus longues distances, le vélo est tout indiqué. La voiture est pratique pour vous aventurer plus loin, mais la circulation peut être très dense sur les deux axes principaux (Av. Exequiel Bustillo et Av. de los Pioneros) menant à l'ouest et aux sites incontournables de Bariloche. Ne laissez rien en vue à l'intérieur du véhicule et verrouillez-le bien.

En haute saison, les bus qui desservent Colonia Suiza (ligne 10), Puerto Pañuelo (ligne 20) et Cerro Catedral (ligne 55) peuvent être bondés et lents. Emportez une carte SUBE, car il en manque souvent à Bariloche et l'agence du Centro Cívico est fermée le week-end. Horaires à l'office de tourisme (ouvert 7j/7). Demandez où vous pourrez recharger votre carte SUBE.

San Carlos de Bariloche ("Bari", pour les intimes) épouse la rive sud du plus grand lac de la région (qui est aussi le plus profond) : le Lago Nahuel Huapi. On reste d'emblée bouche bée devant son incroyable chaîne de plus de 2 000 sommets. On pourrait presque ne plus savoir où donner de la tête, avec une activité pour chaque saison. La neige l'hiver, les températures douces et le ciel dégagé en été, pour partir en randonnée, les feuillages d'automne enchanteurs et l'éclosion des fleurs sauvages au printemps. Si vous n'êtes pas d'humeur active, la ville vous promet des délices culinaires et des bières artisanales. Il ne vous reste plus qu'à vous détendre. Vous êtes au cœur de la région des lacs, prisée des touristes venus d'Argentine et d'ailleurs. Les sites incontournables sont forcément fréquentés, mais en prenant le temps de l'exploration, vous trouvez le calme et la solitude au sein du plus ancien parc national argentin, le Parque Nacional Nahuel Huapi.

Catedral Nuestra Señora del Nahuel Huapi

À SAVOIR

Mieux vaut éviter les deux dernières semaines de juillet (vacances scolaires) et le mois de janvier, qui voient des pics de fréquentation. Préférez septembre moins fréquenté dans les stations de ski et mars pour des températures clémentes et plus de calme. Mai est tranquille, mais beaucoup d'agences et sites touristiques en profitent pour fermer à des fins d'entretien ou de maintenance.

VOIR
1 Aerosilla Cerro Campanario
2 Instituto Balseiro
3 Centro Cívico
4 Cerro Catedral voir 26
Chemamull
5 INVAP
6 Lago Nahuel Huapi
7 Museo de la Patagonia
8 Parque Ecoturístico Cerro Viejo
9 Puerto San Carlos
10 Secretaría de Turismo Bariloche
11 Teleférico Cerro Otto

ACTIVITÉS
12 Brazo Tristeza
13 Cerro Catedral
14 Cerro Otto
15 Feria Artesanal Bariloche
16 Playa Sin Viento

SE LOGER
17 Hospedaje Penthouse 1004
18 Hotel Tirol
19 Selina

SE RESTAURER
20 Chimi Deli Cocina
21 La Cabrona
22 Mamushka
23 Manush
24 Manush
25 Rapanui

ÉGLISE
26 Catedral Nuestra Señora del Nahuel Huapi

SPORTS D'HIVER : NOTRE SÉLECTION

Cerro Catedral
Destination de choix pour le ski, le snowboard et la randonnée, avec de nombreuses pistes et remontées et d'excellentes infrastructures.

Cerro Otto
Si vous manquez de temps, prenez les télécabines à 5 km de la ville et montez au sommet, où se trouve une zone de ski pour les enfants. N'oubliez pas vos gants pour la descente en *culipatin* (luge).

Cerro Challhuaco et Refugio Neumeyer
Idéal pour s'essayer au ski de fond. L'hiver, l'accès se fait exclusivement en 4x4 ou via une excursion. On peut passer la nuit sous les dômes du Refugio Neumeyer.

Cerro Bayo
De l'autre côté du lac, une station de sports d'hiver plus chic.

SAIKO3P/SHUTTERSTOCK ©

Centro Cívico

Balade dans le cœur de Bariloche

Architecture, musées et chocolat

Partez du **Centro Cívico**, où découvrir l'emblématique ensemble en bois et pierre pensé par l'architecte Ernesto de Estrada en 1940. La place est un rendez-vous social et culturel, pour les touristes comme pour les habitants. On s'y retrouve en fin d'après-midi pour discuter et boire un maté, avec pour toile de fond le **Lago Nahuel Huapi**. Le **Secretaria de Turismo Bariloche**, dans le Centro Cívico, remplit excellemment sa fonction. Le **Museo de la Patagonia** est une référence en histoire naturelle et possède des objets mapuches.

Dans le parc, c'est le mariage de la nature et de la culture avec les **chemamull**, totems en bois créés par l'artiste chilo-mapuche Bernardo Oyarzún, qui mènent au rivage du lac. Longez la promenade et allez jeter un œil aux expositions du **Puerto San Carlos**. Suivez l'Avenida 12 de Octubre sur quelques pâtés de maisons pour visiter la **Catedral Nuestra Señora del Nahuel Huapi**, édifice de pierre blanche inachevé, de l'architecte Alejandro Bustillo, à qui l'on doit aussi l'hôtel Llao Llao.

OÙ SE RESTAURER À BARILOCHE

La Cabrona
Food truck très apprécié au bord du lac, avec menus gourmets de saison. À ne pas manquer. $

Chimi Deli Cocina et Chimi Bar de Choris
Fantastiques salades et plats végétariens ; de l'autre côté de la rue, c'est bière et *choripan*. $$

Manush (Centro et Km 4)
Cette *cervecería* sert d'excellents burgers et plats esprit pub ; les deux adresses sont au top. $$

Passez sous les arches de pierre de la **Calle Mitre**, avec son enfilade de magasins de souvenirs. Il y a du monde, mais quel plaisir de savourer les chocolats de chez **Rapanui** (qui a sa propre petite patinoire) et **Mamushka** (qui serait la référence absolue), par exemple - préparez-vous à faire la queue. Pour de l'artisanat local, montez la colline direction la **Feria Artesanal Bariloche** et la **Cooperativa Zuem Mapuche**, qui vend des textiles de qualité. Si c'est l'heure de déjeuner ou dîner, vous aurez l'embarras du choix **Calle Ada María Elflein**.

Magie du lac

Forêts ancestrales et créatures mythiques

Où que porte le regard, le **Lago Nahuel Huapi** n'est jamais loin. Alors autant en profiter. Il est situé à 767 m d'altitude et atteint 425 m de profondeur. On raconte que le pendant argentin du monstre du Loch Ness, **Nahuelito**, y vivrait.

Les excursions en bateau partent de **Puerto Pañuelo** à Llao Llao, à 30 minutes de route de Bariloche. Elles vous mènent au magnifique **Puerto Blest** et à la **Cascada de los Cantaros**, à l'**Isla Victoria** ou encore à l'immanquable **Parque Nacional de los Arrayanes**. Bateau oblige, vous passerez peu de temps sur la terre ferme. Si vous souhaitez admirer plus amplement les arbres vénérables et les peintures rupestres, mieux vaut rouler jusqu'à **Villa la Angostura** et parcourir le parc à votre rythme. Il y a moins de monde sur le bateau de 10h.

Pour une sortie sur le lac plus intimiste, explorez le **Brazo Tristeza** à bord du *Kaikén Patagonia* (sancarlosdebariloche.ar/excursiones/kaiken), au départ de Bahía Lopez, splendide baie sur le Circuito Chico. Pendant la visite, vous verrez la **Cascada del Arroyo Frey** et ferez une randonnée d'1 heure, durant laquelle vous apercevrez peut-être un condor.

Pour faire du kayak, du paddle ou de la plongée, prenez la direction de **Playa Sin Viento**, bien abritée, sur le **Lago Moreno** (également sur le Circuito Chico). Ailleurs, demandez conseil aux habitants et restez près du bord - au centre du lac, la météo peut être très capricieuse.

VUES PANORAMIQUES (SANS EFFORT)

Teleférico Cerro Otto
Montez à bord de ce charmant téléphérique par temps clair pour admirer la vue sur le lac.

Aerosilla Cerro Campanario
Télésiège incontournable du Circuito Chico, pour survoler les fleurs sauvages jusqu'au sommet.

Cerro Catedral Telecabina Amancay et Telesilla Diente de Caballo
Le point culminant des environs est aussi le plus accessible. Enchaînez téléphérique et télésiège pour atteindre le sommet.

Parque Ecoturistico Cerro Viejo
Très chouette à tout âge et au cœur de la ville ; prenez le télésiège pour rejoindre le sommet et redescendez en luge d'été via un toboggan géant.

OÙ SE LOGER À BARILOCHE

Hospedaje Penthouse 1004
L'une des premières auberges de jeunesse de Bariloche ; spacieuse, lumineuse avec une vue à tomber. **$**

Selina
Ambiance conviviale, équipe à l'écoute, au cœur de la forêt, en lisière de la ville. **$$**

Hotel Tirol
Dans le centre ; demandez une chambre donnant sur le lac, pour la vue et un peu plus de calme. **$$$**

BARILOCHE

Officiellement fondée en 1902, la ville commença véritablement à attirer les visiteurs avec l'arrivée de la ligne de chemin de fer méridionale Ferrocarril Roca en 1934. Le plan d'urbanisme élégant de Bariloche s'est inspiré de celui des villes d'Europe centrale. Bariloche est aujourd'hui connue pour son architecture de montagne. Son identité patagonne transparaît dans l'alliance de la pierre et des bois durs locaux, notamment sur les bâtiments du Centro Cívico. Bariloche est également tristement célèbre pour avoir hébergé, sous la présidence de Juan Perón, nombre de criminels nazis après la Seconde Guerre mondiale.

YGNACIO MIGUEL/SHUTTERSTOCK ©

Lago Nahuel Huapi

Escroquerie et ingénierie

Une région de science

Bariloche est un haut lieu de la science grâce, en partie, à un échec embarrassant de l'ancien président Juan Perón. En 1948, le scientifique autrichien Ronald Richter convainquit Perón d'investir dans un projet de fusion nucléaire – le projet Huemul – qui s'est avéré être une vaste escroquerie. Il n'en reste aujourd'hui que des bunkers à l'abandon sur l'Isla Huemul, une île du Lago Nahuel Huapi. Si elle est officiellement fermée au public, certaines agences y proposent une sortie en kayak à la demi-journée, au départ de la **Playa Bonita**, au Km 8 de l'Avenida Bustillo.

Ce fut presque un mal pour un bien : l'arnaque coûteuse de Richter impulsa une série d'investissements scientifiques dans le pays. Bariloche compte aujourd'hui l'un des grands sites de recherche d'Argentine, l'**Instituto Balseiro** (ib.edu.ar ; destiné aux étudiants en physique expérimentale et ingénierie nucléaire), mais aussi le **Centro Atómico Bariloche (CAB)** et **INVAP**, une entreprise privée qui conçoit et fabrique des technologies aérospatiales (satellites et outils de suivi du trafic aérien, notamment). Depuis la pandémie, le Centro Atómico Bariloche ne reçoit plus de visiteurs, mais **Historias de Bariloche** (historiasdebariloche.com.ar) propose un circuit pour les passionnés du sujet scientifique. On peut aussi visiter les locaux d'INVAP (visitas@invap.com) : contactez-les tôt avant votre venue car la réponse peut tarder à venir.

Environs de Bariloche

Tutoyez les condors des Andes dans un décor presque irréel et laissez-vous charmer par les eaux turquoise du Río Limay.

Pour les infos pratiques, voir le Carnet d'adresses p. 422

Bariloche ne se résume pas au chocolat, aux lacs et à l'architecture aux airs suisses. Il suffit de pousser jusqu'au Parque Nacional Nahuel Huapi, qui s'étend sur 8 100 km² entre le sud-ouest de la province montagneuse de Neuquén et l'ouest de celle de Río Negro. Filez au cœur du parc pour admirer Pampa Linda et vous approcher du Cerro Tronador, monstre rocailleux qui domine le territoire. Les voyageurs en quête d'adrénaline ne bouderont pas les rapides de classe III et IV du Río Manso, alimentés par l'un des sept glaciers du Tronodor, et filant droit vers la frontière chilienne. Pour une parenthèse de solitude, partez vers le sud et observez le spectacle des condors en plein vol.

Bahía Lopez (p. 389)

DIEGO GRANDI/SHUTTERSTOCK ©

COMMENT CIRCULER

Passé Bariloche, les lignes de bus se font rares. Ils desservent les principales localités, mais pour explorer le Río Limay, le Valle Encantado, Villa Llanquín, Las Buitreras ou Pampa Linda, il faut avoir un véhicule ou prendre part à une excursion. En été, Transitando lo Natural (transitandolonatural.com.ar) et Travel Light Turismo (travelighturismo.com) proposent une navette pour Pampa Linda. La RN 237 est une voie express bien entretenue, mais sans réseau mobile. Faites le plein d'essence, d'eau et de victuailles à Bariloche, et pensez aussi à télécharger vos cartes routières. La RN 82 qui mène à Pampa Linda est une route de gravier en mauvais état, fermée à la circulation en hiver. La route de terre qui va à Las Buitreras est elle aussi en piteux état.

EN VOITURE, À VÉLO OU À PIED

Le Circuito Chico

Cette boucle routière est, comme le disent les Argentins, un *clásico*. Elle se fait en voiture, à vélo ou à pied : 60 km à avaler en quelques heures ou en prenant son temps – même si vous en manquez, c'est quand même la meilleure façon de voir les lacs et les paysages de Bariloche. Les cyclistes progresseront dans le sens des aiguilles d'une montre pour s'épargner quelques montées. Les bus n°10 et n°20 le parcourent partiellement.

1 Bariloche

Point de départ : le Km 0 dans le centre. Achetez de délicieux *alfajores* pour la route au food truck Bruncherie (Km 4,5) ou allez piquer une tête à la Playa Bonita (Km 8).
L'itinéraire : partez vers l'ouest en suivant l'Avenida Bustillo, le long du lac.

2 Cerro Campanario

Prenez le télésiège ou suivez le sentier qui mène au sommet (30 minutes) pour une incroyable vue à 360° sur Bariloche.
L'itinéraire : l'entrée est au Km 17,5 ; évitez le monde en venant au petit matin.

3 Punto Panorámico

Le premier des *miradores* offre une vue superbe sur le lac et ses abords. S'il y a du vent, les arbres vous siffleront un petit air.
L'itinéraire : au rond-point après le Cerro Campanario, tournez à gauche sur la RP 77, où démarre officiellement le Circuito Chico. Le point de vue est sur la droite après le pont.

TETYANA DOTSENKO/SHUTTERSTOCK ©

Vue depuis le Cerro Campanario

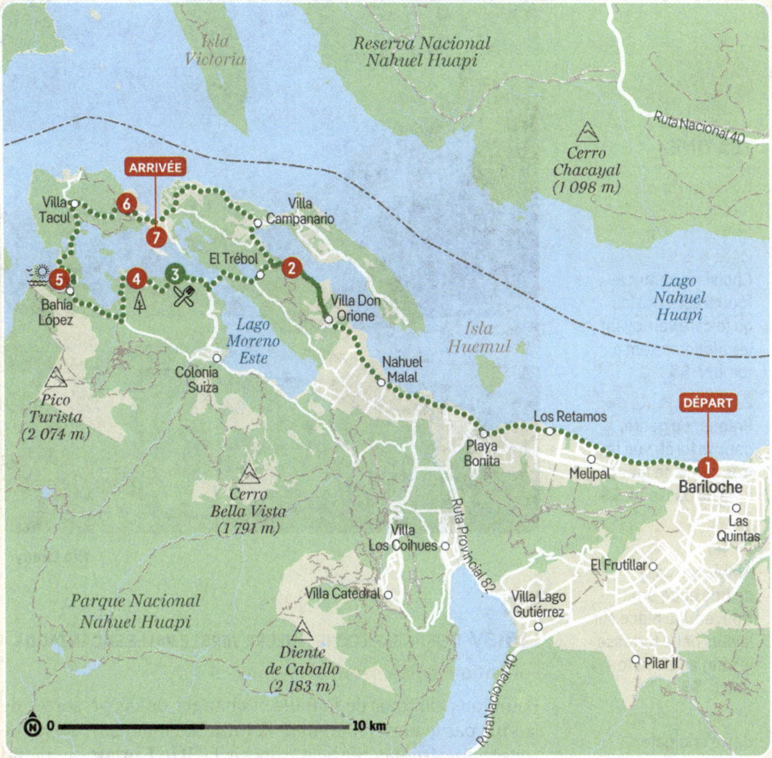

4 Cerveza Patagonia-Cerveceria Bariloche et Parque Nahuelito

Faites une halte dans l'une des bonnes brasseries de Bariloche. Promenez-vous au gré des sentiers ou installez-vous pour un moment de pure détente. Le cadre est assez magique, mais il peut y avoir foule. De l'autre côté de la route, aventurez-vous sur les sentiers (balades d'1 heure) dans la forêt des dinosaures du Parque Nahuelito. Les enfants adorent.

L'itinéraire : le Parque Nahuelito se trouve du côté gauche de la RP 77, au Km 24,5. La Patagonie sera sur votre droite.

5 Bahía Lopez

En été, garez-vous pour une baignade dans cette jolie baie. Les randonneurs trouveront ici le point de départ du sentier (1,5 km) menant au Mirador Brazo Tristeza. Classé facile, il comporte quelques pentes raides.

L'itinéraire : arrêtez-vous au Km 32 et garez-vous sur la gauche de l'Hotel Alún Nehuén. Traversez la plage : le début du sentier est au niveau de la petite forêt.

6 Cerro Llao Llao

Pour des randonnées plus longues, il y a diverses options, y compris avec les enfants, dans le Parque Municipal Llao Llao, entre Bahía Lopez et Llao Llao. L'entrée du parc est gratuite.

L'itinéraire : garez-vous sur l'un des parkings entre les deux localités et commencez à marcher. Vous trouverez un point info en vous arrêtant au panneau 800 m avant l'entrée de Puerto Pañuelo.

7 Llao Llao Resort et Puerto Pañuelo

Un petit arrêt s'impose pour pousser la porte de l'hôtel Llao Llao Resort (*tea time* de luxe sur réservation) et partir en bateau direction Puerto Blest et l'Isla Victoria.

L'itinéraire : pour rejoindre le Llao Llao Resort, bifurquez vers la droite et remontez la colline.

TEA TIME

Bruncherie Patagonia Truck et Bruncherie Café & Deli
Choisissez entre le food truck côté lac ou le café verdoyant ; les *alfajores* sont à tomber. **$$**

Bellevue Salón de Té
Premier du genre, dans la forêt, vue lac, très conte de fées ; il y a du passage. **$$**

Chiado Restaurante & Casa de Té
Ambiance cosy, de bric et de broc ; trouvez une place sur la plus belle terrasse le long du Circuito Chico. **$$**

Blanco es Negro
Carte originale et excellent café ; les créations sucrées frisent la perfection. **$$**

Winter Garden au Llao Llao Resort
Réservez votre thé (très) gourmand au sein de cet hôtel 5-étoiles, avec une splendide vue. **$$$**

JACINTO ESCARAY/SHUTTERSTOCK ©

Río Limay

Río Limay

DEPUIS BARILOCHE : **1 HEURE VERS LE VALLE ENCANTADO**

Formations volcaniques et lavande

Pour vous éloigner de la foule et changer de décor, sortez de la ville par le nord en prenant la Ruta Nacional 237. C'est une zone moins fréquentée de Bariloche. Le **Río Limay**, qui prend sa source dans le lac Nahuel Huapi, s'écoule vers le nord-est, et forme la frontière entre les provinces de Neuquén et de Río Negro. C'est un fleuve d'un bleu-vert assez saisissant, qui contraste joliment avec la couleur terre des collines et les saules rose pâle l'hiver. En été, les rives se parent de fleurs sauvages, explosion de violet et de jaune. Cette portion de route appartient au Circuito Grande (pendant du Circuito Chico, situé côté ouest de Bariloche), mais est moins fréquentée par les touristes. Faites halte au Mirador Anfiteatro pour pleinement vous imprégner de l'incroyable spectacle. La route longe le fleuve jusqu'au confluent avec le Río Traful, à 1 heure de route (tranquille) de Bariloche. Arrêtez-vous au seul village de l'itinéraire, l'été : **Villa Llanquín**. Là, vous pourrez remonter le temps en empruntant le bac (gratuit) pour traverser le fleuve (ou simplement observer la manœuvre) et rejoindre la province du Río Negro, où admirer les champs de lavande de Lavandas

NUITS DE LUXE DANS LES ENVIRONS DE BARILOCHE

El Casco Art Hotel
Boutique-hôtel ; œuvres contemporaines argentines dans les chambres et sculptures dans l'espace extérieur. **$$$**

Charming Luxury Lodge & Private Spa
En bord de lac à la Playa Bonita, avec vue imprenable sur le Cerro Catedral. **$$$**

Estancia Peuma Hue
On savoure la quiétude de cet hébergement assez somptueux en pleine nature. **$$$**

del Limay (fermée l'hiver). Il y a également une passerelle. Contactez Cultura Rural Patagónica (turismoruralbariloche.com) pour découvrir les activités proposées par les familles et les producteurs locaux.

Suivez la route 30 minutes de plus vers le nord pour atteindre le spectaculaire Valle Encantado, ensemble de formations rocheuses volcaniques appréciées pour l'escalade. Réservez une excursion avec Kairos Patagonia (kairospatagonia.com) pour grimper dans les collines (c'est court, mais raide) jusqu'aux grottes surplombant le confluent des fleuves.

Le Río Limay, avec son climat plutôt sec alors qu'on n'est qu'à 65 km de Bariloche, est une bonne option quand il pleut sur la ville. Et vous aurez peut-être la chance de voir un guanaco ou deux.

Cerro Tronador et Pampa Linda

DEPUIS BARILOCHE : **2 HEURES**

Glacier noir et fleuve en furie

Le **Cerro Tronador** domine le Parque Nacional Nahuel Huapi de toute sa hauteur. Ce volcan éteint culmine à 3 554 m, à cheval entre l'Argentine et le Chili. Il doit son nom (*tronador* signifie "tonnant") aux craquements sonores de ses sept glaciers. Son ascension exige une vraie expertise technique, mais on peut le voir de près sans réellement s'y frotter. Il est à 2 heures de route de **Pampa Linda**, au cœur du Parque Nacional Nahuel Huapi. Prenez la célèbre RN 40 en direction du sud et, après Villa Mascardi, tournez à droite sur la RP 82, route de terre notoirement étroite. Si vous prévoyez de faire ces découvertes en voiture et sur une journée (l'été uniquement), évitez d'être à 10h à la Cascada los Alerces, quand les agences touristiques sont déjà sur place.

Commencez par Pampa Linda et admirez le Río Manso (fleuve de glacier idéal pour du rafting), le Ventisquero Negro (glacier noir, à 6 km de Pampa Linda en voiture, ou 1 heure de marche) et le pied du Cerro Tronador. Il faut toutefois arriver avant 14h, heure à laquelle ferme l'accès aux voitures.

L'été, les journées sont longues à Bariloche, avec un coucher du soleil à 22h. L'hiver, mieux vaut vous joindre à une excursion organisée, car la route n'est accessible qu'aux 4×4 équipés de chaînes. Pour loger dans le parc, réservez votre place au Refugio Otto Meiling (refugiomeiling.com) ou au Refugio Agostino Rocca (refugiorocca.com), campez à Pampa Linda ou offrez-vous le luxe d'un séjour à l'Hotel Tronador.

RANDONNÉE DANS LE PARQUE NACIONAL NAHUEL HUAPI

Le Parque Nacional Nahuel Huapi a été fondé en 1922 sur les terres de Perito Francisco Moreno (1852-1919), célèbre naturaliste et explorateur argentin. Il les avait cedées en 1903 à condition qu'elles soient conservées intactes pour les générations futures. Le bureau du parc (San Martín 24, à Bariloche) vous renseignera. Vous devez enregistrer votre itinéraire sur barilochetrekking.com si vous prévoyez une randonnée.

Le parc offre à tous, marcheurs débutants et randonneurs chevronnés, des parcours adaptés. Que vous partiez pour une balade facile ou un trek de plusieurs jours, vous aurez de quoi vous émerveiller. Prenez des espèces pour payer votre entrée ou prépayez en ligne via Bariloche Trekking.

OÙ SE RESTAURER DANS LES ENVIRONS DE BARILOCHE

Lua Bar/Inefable Libros y Café
Côté lac, un café-librairie en journée, bar à cocktails et concerts en soirée. **$**

Lupino
Pizzas copieuses, vins bios argentins et chiliens ; établissement tenu par d'anciens *Porteños*. **$$**

Casa Cassis
Ambiance intimiste, visite du potager et échanges avec la cheffe China Müller. **$$$**

FACE À LA NATURE

Gabriella Chavez, photographe et cofondatrice de *@Kairos.Patagonia*, nous livre ses itinéraires de randonnée préférés.

J'ai chaque jour l'impression d'être une touriste dans ma propre ville. Bariloche fait cela aux gens : une fois ici, on ne veut plus repartir. Trois ou quatre jours ne suffisent pas du tout à en faire le tour. Prévoyez les visites incontournables, mais partez aussi randonner en montagne et dormir dans les *refugios*. Se plonger dans la nature environnante offre un autre regard sur la ville. Parmi les sites qui me sont chers, il y a la Mirada del Doctor, non loin du Cerro Tronador. De là-haut, le regard porte à 24 km où que l'on se tourne. C'est magnifique !

Cerro Las Buitreras

Cerro Las Buitreras

DEPUIS BARILOCHE : **45 MINUTES**

Des étoiles plein les yeux

Il suffit de partir à 45 minutes au sud de Bariloche pour se croire sur une autre planète. L'érosion due au vent et à la pluie y a dessiné un paysage de termitières sablonneuses géantes. Et il suffit de lever la tête pour admirer les arabesques des condors des Andes au-dessus du Cerro Las Buitreras.

Vous progressez lentement, en voiture, sur un chemin de terre qui mène à la Lucha, une *estancia* privée appartenant à la famille Crespo. La sympathique Quela vous attendra devant, où vous devrez vous acquitter d'une petite somme pour entrer.

Las Buitreras forme un environnement très fragile et l'accès au public peut être interdit sans préavis.

La randonnée comporte quelques portions assez faciles à l'intérieur de la boucle de 8 km, mais il faut être en bonne forme physique. L'été, allez-y en fin de journée, quand le soleil transforme les collines. Respectez les oiseaux en n'utilisant surtout pas de drone. Prévoyez de l'eau et de quoi grignoter ; les téléphones ne captent pas.

L'hiver, la présence d'un guide est obligatoire pour randonner, mais attention, le site est souvent fermé en raison des difficultés d'accès. L'été, il est ouvert de 9h à 16h (fermé le mardi et mercredi).

Pour observer les étoiles dans ces contrées assez magiques, contactez Daniel Chiesa chez Astropatagonia (astropatagonia.com). Vous pourrez vous rendre à l'observatoire dédié dans une zone rurale appelée Ñirihuau Arriba.

El Bolsón

Pour les infos pratiques, voir le Carnet d'adresses p. 423

El Bolsón, nichée entre deux massifs montagneux, est une excursion prisée au départ de Bariloche. Les touristes prennent la Ruta 40 pour visiter la vaste Feria Artesanal, jeter un coup d'œil au Lago Puelo et s'en retourner à Bariloche. Les randonneurs, quant à eux, choisissent souvent le (long) trajet en bus pour El Chaltén et ne voient rien de tout cela. El Bolsón mérite pourtant que l'on s'y attarde. Passez quelques jours dans cette vallée fertile et vous comprendrez vite pourquoi. Avec un passé hippie assez ancré, c'est une version plus décontractée de l'alpine Bariloche. Les centaines de *chacras* (petites fermes) de la vallée cultivent fraises, framboises, champignons, truffes et houblon (les bières artisanales locales sont excellentes). L'été est synonyme de festivités des récoltes, de randonnées d'une semaine au gré de l'incroyable chapelet de *refugios* du Cajón del Azul, ou simplement de détente sous l'égide du Cerro Piltriquitrón.

El Bolsón

COMMENT CIRCULER

Vous pouvez rejoindre El Bolsón en avion ou venir en bus depuis Bariloche, Neuquén ou Esquel, plus au sud. Sur place, le réseau de bus est performant l'été, mais tourne au ralenti hors saison. Contactez Grado 42 (grado42.com) pour une excursion au Bosque Tallado ou au Cerro Piltriquitrón. Les bus pour le Cajón del Azul via la Chacra Wharton partent de la Plaza Pagano. Les horaires sont affichés sur les vitres de l'office de tourisme. Sinon, prenez un VTC qui vous déposera au départ du sentier. El Bolsón se quadrille facilement à pied ; pour aller au-delà, louez un vélo.

À SAVOIR

El Bolsón s'anime l'été : l'endroit déborde de charme et de monde. Réservez vos nuitées au plus tôt, surtout pour camper.

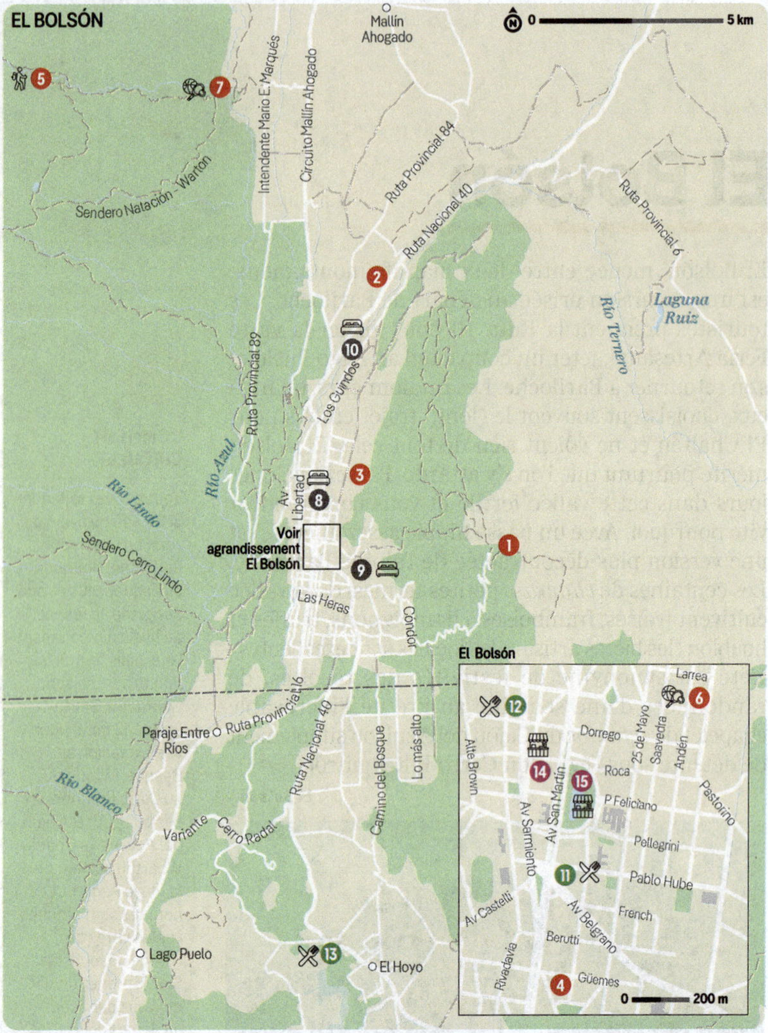

VOIR
1 El Bosque Tallado
2 Granja Larix
3 Humus de la Montaña
4 Lumina

ACTIVITÉS
5 Cajón del Azul
6 Earthship Patagonia Eco Hostel
7 La Confluencia Lodge & Farm

SE LOGER
8 Hostel La Casita Naranja
9 La Aguada Bed & Breakfast
10 La Casona de Odile Hostel

SE RESTAURER
11 El Tablón Pizza a la Piedra
12 Iori
13 Restaurante Pirque

PRENDRE UN VERRE ET FAIRE LA FÊTE
voir 3 Heladería Humus

SHOPPING
14 Feria Franca La Feria
15 Regional Artesanal

MILOSZ MASLANKA/SHUTTERSTOCK ©

Tasses de maté, El Bolsón

L'âme d'El Bolsón

Bien plus qu'un marché

Venez un jour de marché et vous n'aurez plus envie de repartir ! Dominé par le Cerro Piltriquitrón et animé par les *tambores*, le marché d'El Bolsón rassemble des centaines d'artistes et artisans composant la **Feria Regional Artesanal**, le long du côté est de la Plaza Pagano, au cœur de la ville. Héritage de la tradition hippie à El Bolsón (qui fut la première ville d'Amérique latine à se déclarer zone dénucléarisée), le marché existe depuis les années 1970, quand les artisans commencèrent à vendre leurs produits dans le parc. Il est aujourd'hui plus grand que jamais, et même s'il a un peu changé de visage, l'esprit du mouvement hippie demeure : seuls des biens faits main peuvent y être vendus. Vous y trouverez des gourdes à maté et des *bombillas* (pailles métalliques équipées d'un filtre pour boire le maté), des jouets, de l'art, des tissus, ponchos, pièces tricotées, couteaux. Beaucoup ne sont vendus qu'ici. En saison, vous pourrez également y acheter des fraises,

AMBIANCES BIEN-ÊTRE

Lumina Espacio Holístico
Institution à El Bolsón : ateliers à vocation spirituelle, dans un bâtiment rose très New Age.

La Confluencia Lodge & Farm
Ce lodge écoresponsable près du Cajón del Azul propose des cours de yoga.

Earthship Patagonia Eco Hostel
Droit dans l'esprit hippie d'El Bolsón, cette auberge de jeunesse établie de longue date organise des retraites de yoga holistique et des dîners pris en commun.

El Bosque Tallado
Prenez un bain de forêt parmi 60 œuvres d'artistes locaux et internationaux : des troncs calcinés après l'incendie sur le Piltriquitrón ont été sculptés.

OÙ SE RESTAURER À EL BOLSÓN

El Tablón Pizza a la Piedra
Pizzas argentines au feu de bois et retransmissions sportives, dans une ambiance agréable. $

Iori
Pépite de cuisine asiatique : les sushis et les ramens sont délicieux ; plats végétariens et super gin tonic pour les amateurs. $$

Restaurante Pirque
Comme à la maison, avec un goût de revenez-y. Goûtez le *lomo con morillas*. $$

Cajón del Azul

MORILLES

Chaque année, en septembre et octobre, c'est la chasse au *hongo del ciprés* ou *morilla* : la morille qui pousse dans les forêts autour d'El Bolsón. En saison, les habitants partent cueillir cette espèce à la forme et à la saveur inimitable, dont le prix frais au kilo peut atteindre plusieurs centaines d'euros, et plus encore dans sa version séchée. Les morilles figurent souvent dans les plats régionaux, et celles du Restaurante Pirque d'El Hoyo sont particulièrement bonnes.

framboises et autres fruits, ainsi que des pâtisseries, confitures, fromages et bières artisanales.

L'ambiance vaut le détour, surtout le samedi, même si vous venez juste flâner sans acheter, particulièrement l'été, quand 400 étals (moitié moins le dimanche) s'installent sur la place.

Produits locaux

Bière et tradition paysanne

L'incroyable fertilité de la vallée d'El Bolsón, qui jouit d'un microclimat, explique l'abondance de fraises, framboises, champignons et houblon. El Bolsón est d'ailleurs la capitale nationale du *lúpulo* (houblon). Non loin de là, à El Hoyo, on trouve une grande variété de baies. En saison, vous pourrez acheter des fraises juteuses, des framboises et des confitures à la **Feria Regional Artesanal** et à la **Feria Franca**, un marché fermier. Pour découvrir une *chacra* sans devoir trop vous éloigner, rendez-vous à **Humus de la Montaña** (réservation nécessaire), avec ses fruits rouges et produits laitiers. Cette petite oasis à 5 minutes en voiture du centre-ville propose, entre autres, de délicieux fromages et du *dulce de leche* (confiture de lait). La boutique est en accès libre. L'après-midi, goûtez les succulentes crèmes glacées vendues sur place à l'**Heladería Humus**.

OÙ SE LOGER À EL BOLSÓN

Hostel La Casita Naranja
Pas chère et tenue par des bénévoles, dans une rue au calme à quelques minutes du centre-ville. $

La Casona de Odile Hostel
Ce petit paradis les pieds dans l'eau est l'une des meilleures auberges de jeunesse d'Argentine. $

La Aguada B&B
Chambres soignées et contemporaines, au calme, avec vue sur le Cerro Piltriquitrón. $$$

En février, la fête bat son plein à El Bolsón : c'est la récolte du houblon, la **Fiesta Nacional del Lúpulo**, avec concerts et de quoi se régaler. Elle se tient à l'aérodrome 4 jours durant et c'est gratuit. L'occasion est idéale pour goûter aux nombreuses bières artisanales à base de houblon local (le reste de la production est exporté).

El Bolsón, ce sont aussi des élevages de truites, dont certains se visitent, comme **Granja Larix**, l'un des plus vieux. Découvrez gratuitement cet élevage de truites arc-en-ciel et achetez-les fumées dans la petite boutique.

Cajón del Azul

Splendeurs et refuges

Le **Cajón del Azul** est un site naturel particulièrement photogénique, surtout depuis les *pasarelas* (passerelles) au-dessus des eaux du **Río Azul**, d'un bleu incroyable. Le parcours de randonnée (6 heures) n'accueille pas plus de 1 000 personnes par jour, avec préinscription obligatoire auprès de l'ANPRALE (anprale.com/registro-visita). En haute saison, il faut donc s'armer de patience car les *pasarelas* se traversent une personne à la fois. Bien caché dans les hauteurs, le réseau de *refugios* – 13 refuges au total – est le plus important d'Amérique du Sud. On peut ainsi randonner dans la région des semaines durant, en passant une nuit ou deux dans chacun.

Ce réseau est facilement accessible, bien pensé et bien entretenu. Certains des meilleurs *refugios* sont assez hauts, à l'image de l'agréable **Casa del Campo**, que sublime un bosquet d'*alerce* (cyprès de Patagonie). Le **Refugio Hielo Azul**, auquel on accède de préférence en partant du camping Hue Nain, est tout aussi spectaculaire. De là, il faut grimper pendant 2 heures pour atteindre le glacier de Hielo Azul et son magnifique lac vert. Si les conditions le permettent (renseignez-vous au refuge), vous pourrez visiter les grottes de glace, à 30 minutes de marche facile de l'hébergement. Prenez le temps de planifier votre itinéraire. Le Cajón del Azul mérite toute votre attention, mais d'autres belles récompenses vous attendent si vous poussez un peu plus loin.

Fraises

CERRO PILTRIQUITRÓN

Soraya Parra, qui est née et a grandi à El Bolsón, raconte son rapport à la montagne.

Le Piltriquitrón ("accroché aux nuages", en mapuche) impressionne, mais ce sommet immuable protège en réalité ceux qui ont besoin de lui, et beaucoup y sont fortement attachés. Quand il n'est plus dans mon champ de vision, je me sens moins à l'aise ! Je n'aime pas rester sur la côte ou dans les plaines trop longtemps. El Bolsón et son gardien le Cerro Piltriquitrón constituent un véritable hommage à la vie. Ils accueillent de leur chaleur tous ceux qui vivent là ou sont simplement de passage.

Environs d'El Bolsón

Pour les infos pratiques, voir le Carnet d'adresses p. 423

Perdez-vous dans un labyrinthe à El Hoyo, campez au bord du Lago Puelo ou skiez sur les pentes du Perito Moreno.

En prenant vers le sud depuis El Bolsón, on pénètre bientôt dans la province du Chubut. Les villages que l'on croise appartiennent à La Comarca Andina del Paralelo 42 (qui court officiellement de Bariloche au nord à Esquel au sud) et les gens se disent plus volontiers de la *comarca* que de l'une ou l'autre des provinces. El Hoyo n'est qu'à 15 minutes d'El Bolsón. Faites appel à votre intuition pour trouver la sortie du plus grand labyrinthe d'Amérique du Sud, puis détendez-vous un verre de cidre à la main et goûtez à des plats du potager. L'hiver, chaussez vos skis au Cerro Perito Moreno, station décontractée qui n'affiche pas le même snobisme que ses voisines.

COMMENT CIRCULER

La voiture permet de circuler en toute liberté. Notez que le réseau de bus est plutôt bien développé, quoique limité hors saison. Une ligne assure la liaison entre El Bolsón et El Hoyo ; vous pouvez aussi prendre un taxi. Des agences locales proposent des excursions avec navette à destination du Lago Puelo, du Cerro Perito Moreno et de Mallín Ahogado.

À SAVOIR

Roulez sans vous presser : la Ruta 40 offre des panoramas spectaculaires, mais nids-de-poule et poids lourds sont aussi de la partie.

NICHOLAS TINELLI/ALAMY STOCK PHOTO ©

Ruta 40

DANTE PETRONE/SHUTTERSTOCK ©

Parque Nacional Lago Puelo

Parque Nacional Lago Puelo

DEPUIS EL BOLSÓN : **30 MINUTES**

Longues journées d'été

À 30 minutes de route au sud d'El Bolsón, dans la province du Chubut, se trouve le village de Lago Puelo. Faites un détour par la RP 16 et arrêtez-vous à la Pasarela Río Azul, lieu au calme où un pont suspendu traverse le "fleuve bleu". Vous pouvez entrer dans le village de Motoco Cadenas pour y prendre le sentier menant à la Cascada Motoco Cadenas (20 minutes), plus belle en hiver quand l'eau abonde. Un sentier facile (2 km) mène au Mirador del Río Blanco. Ensuite, reprenez la route pour rejoindre, 10 minutes après, le lac turquoise qui donne son nom au Parque Nacional Lago Puelo.

C'est une longue plage de galets qui vous attend au bord du lac, un endroit idéal pour vous baigner (l'eau se réchauffe en été) et faire du kayak, ou même simplement vous poser pour profiter du paysage superbe. L'eau est peu profonde près du rivage. Plus loin, vous n'aurez plus pied. Tout comme à El Bolsón, il y a de nombreux campings sur place. Pour une visite, préférez les mois de janvier et février. Louez un VTT pour explorer plus facilement les lieux. Pour observer

LIGNE DE PARTAGE DES EAUX

De vastes lacs épousent le flanc argentin des Andes. Certains coulent vers l'Atlantique, d'autres vers le Pacifique via le Chili. Le Lago Puelo fait partie de ces derniers (la ligne de partage des eaux se situe entre le Lago Gutiérrez et le Lago Mascardi), tout comme le Lago Lacár (p. 405), à San Martín de los Andes.

OÙ SE LOGER DANS LES ENVIRONS D'EL BOLSÓN

Villa Escondida
Chalets (14 en tout) bien équipés, en pleine nature, sur un terrain privé, à El Hoyo. $$

Linaje Boutique Hotel
Hôtel à Lago Puelo, dans une ferme de 20 ha et un cadre magnifique ; piscine ; adultes uniquement. $$$

La Confluencia Lodge & Farm
Idéal en groupe. Cuisine bio, offres bien-être et sentiers de rando sur le pas de la porte. $$$

FESTIVITÉS DE LA COMARCA ANDINA : NOTRE SÉLECTION

Fiesta Nacional de la Fruta Fina (janvier)
À El Hoyo, on célèbre depuis longtemps la récolte des baies et fruits rouges.

Fiesta Nacional del Lúpulo (février)
Le houblon est mis à l'honneur 4 jours durant à El Bolsón, avec concerts et de quoi faire ripaille.

Fiesta Nacional del Bosque (février)
En été, festival d'art et de musique à Lago Puelo.

Fiesta Provincial de la Chicha (avril)
Rendez-vous à Mallín Ahogado pour cette fête traditionnelle de la *chicha*, une boisson aux origines incas.

Fiesta de la Tradición (novembre)
Pleins feux sur l'art de vivre *criollo*, avec un défilé de 500 *gauchos* dans les rues d'El Bolsón.

Laberinto Patagonia

les oiseaux, approchez-vous des bancs de sable du Brazo Desemboque, où le Río Neuquén se jette dans le lac. L'accès aux terrains de camping privés situés à l'embouchure du fleuve est payant, et il est possible d'y passer la nuit. Nautica Puelo (nauticapuelo.com.ar) propose diverses excursions, dont une jusqu'à la frontière chilienne, ainsi que des sorties pêche et des randonnées équestres, avec navette possible depuis votre camping.

El Hoyo

DEPUIS EL BOLSÓN : **15 MINUTES**

El Hoyo et le labyrinthe

En 2021, El Hoyo a connu les ravages d'un feu de forêt. En entrant dans le village, à 15 minutes au sud d'El Bolsón, vous verrez les arbres calcinés sur les collines, où ont été installés des logements provisoires. Sur la Ruta 40, juste après le point de vue panoramique, prenez l'allée menant au Restaurante Pirque, le meilleur petit établissement de la région. Installé

OÙ DÉGUSTER UNE BOISSON LOCALE AUTOUR D'EL BOLSÓN

AWKA
Petit mais costaud, ce bar propose des références AWKA (artisanales) à la pression.

Valkyria Gin
Goûtez au gin de Rodrigo Carbajal : qualité export, bio, procédé artisanal, dans cette distillerie à la sortie de la ville.

Sidrería Laberinto
Dégustation de cidre avec les pommes du labyrinthe (mais il vous faudra d'abord en sortir).

dans la maison de famille de la cheffe Gabriela Smit, c'est un petit paradis, avec vue sur le Cerro Pirque et la vallée en contrebas. Côté cuisine, Gabriela et son fils Manuel cuisinent à merveille les produits de leur *huerta* (potager). L'accueil est très chaleureux, et on en ferait bien une cantine quotidienne. Réservez en été, quand le déjeuner se prolonge jusque tard dans l'après-midi.

À seulement 3,5 km d'El Hoyo, préparez-vous à vous mesurer au plus grand labyrinthe extérieur d'Amérique du Sud. Créé en 1996 par Doris Romera et Claudio Levi, le Laberinto Patagonia (déc-avr) s'inscrit dans un grand parc et mêle des connaissances en matière de kabbale, de géographie sacrée et de mythologie. Il a été amoureusement pensé et conçu (la sortie est difficile à trouver !). Sur place également, un café propose des pâtisseries et assiettes du potager, un excellent cidre maison et des jus de fruits frais. Il y a aussi le GAL, une galerie d'art numérique immersive. En résumé, on peut facilement y passer la journée.

L'été, roulez 30 minutes supplémentaires pour rejoindre Puerto Patriado au Lago Epuyén. Selon les habitants, c'est ici que l'eau est la plus chaude. On peut aussi s'y aventurer en kayak ou paddle.

Cerro Perito Moreno DEPUIS EL BOLSÓN : **40 MINUTES**

Sports d'hiver

Ces dernières années, la route menant au petit domaine skiable du Cerro Perito Moreno (2 206 m ; à ne pas confondre avec le grand glacier éponyme à Santa Cruz) a été améliorée et de nouveaux télésièges ont été ajoutés, ce qui a permis au tourisme d'hiver de s'inviter progressivement à El Bolsón. Laderas (laderas.com.ar), la station de Perito Moreno, est une petite pépite bien cachée. Les forfaits et locations sont les moins chers de la région, et l'ambiance est familiale. Perito Moreno est idéal pour apprendre à skier, surtout pour les enfants.

Quand les conditions le permettent, les skieurs chevronnés trouveront, un peu plus en altitude, des zones pour du hors-piste et du ski de fond. Ceux qui ne skient pas profiteront du premier plateau pour admirer la vue sur la vallée. À l'heure actuelle, il n'y a pas d'hébergement sur la montagne, à l'exception du modeste Refugio Cerro Perito Moreno – la plupart des visiteurs séjournent à El Bolsón et font la route (40 minutes) chaque jour. La construction d'hébergements est prévue, mais pas avant quelques années.

Depuis 2021, Laderas est également ouverte l'été. Les télésièges déposent les visiteurs à 1 650 m, pour accéder à des points de vue panoramiques. Sur la Pampa de Ludden, il y a des sentiers équestres, de randonnée et de VTT.

MALLÍN AHOGADO

À 10 minutes, pas plus, d'El Bolsón, Mallín Ahogado est une vallée rurale fertile. C'est ici que se trouvent la plupart des champs qui alimentent El Bolsón, parmi lesquels ceux de houblon, destiné à l'exportation. Vous pouvez suivre le Circuito de Mallín Ahogado, bien balisé, et visiter divers sites d'agrotourisme, comme Trufas del Mallín Ahogado (facebook.com/trufasdelmallinahogado), producteur de truffes qui propose des visites guidées sur réservation (par téléphone).

Ici se trouve la mosquée la plus au sud du pays. Pour la visiter présentez-vous à l'heure du déjeuner, quand vous avez plus de chances d'y trouver quelqu'un.

San Martín de los Andes

Pour les infos pratiques, voir le Carnet d'adresses p. 424

COMMENT CIRCULER

L'Aeropuerto de Chapelco est desservi au départ de Buenos Aires, Córdoba et Rosario. Le Terminal de Ómnibus est à une rue du Lago Lácar. Il y a des départs fréquents pour Bariloche, Buenos Aires, Neuquén, Villa la Angostura, Zapala et Paso Mamuil Malal pour rejoindre le Chili. Pour vous rendre à Aluminé, prenez la correspondance à Zapala ou Junín de los Andes. Le centre de San Martín se visite aisément à pied ou à vélo. Les bus municipaux desservent Hua Hum, Playa Catrite à Lago Lolog. Pour circuler dans les environs en été, mieux vaut louer un 4x4. L'hiver, les pneus doivent être chaînés. Il n'y a presque pas de réseau mobile dans le Parque Nacional Lanín. Faites le plein d'essence, d'eau et de nourriture avant de partir. Si vous n'avez pas envie de rouler sur les chemins non goudronnés, il existe des excursions pour la plupart des sites.

Si vous souhaitez retrouver toute l'énergie et les activités de Bariloche, mais dans une ville plus petite et sereine, allez à San Martín de los Andes. Son Centro Cívico plutôt ramassé, posté sur la rive sud du Lago Lacár, est un bon point de départ vers les sentiers méconnus, les arbres ancestraux, les lacs à l'eau cristalline et les volcans actifs du Parque Nacional Lanín. En hiver, le Cerro Chapelco est un appel au ski, à seulement 20 km de la ville. L'été, les touristes affluent pour profiter des bassins azur du Lago Lacár et des eaux du Río Chimehuín, pour des heures de rafting ou de pêche à la mouche.

Situé à 45 km du Chili, San Martín de los Andes a une population hétéroclite de *pueblos originarios* venus de part et d'autre de la frontière, de descendants d'immigrants européens et d'exploitants forestiers du XIXe siècle, de *paisanos*, d'aventuriers modernes et *Porteños* ayant déménagé après la pandémie.

YASEMIN OLGUNOZ BERBER/SHUTTERSTOCK ©

San Martín de los Andes

À SAVOIR

San Martín de los Andes connaît deux saisons hautes : l'été, en janvier et les sports d'hiver en juillet et août. Le reste du temps, c'est une petite ville paisible. Pour découvrir les lieux, préférez le début du mois de décembre ou la fin février : il fait bon et il y a moins de monde.

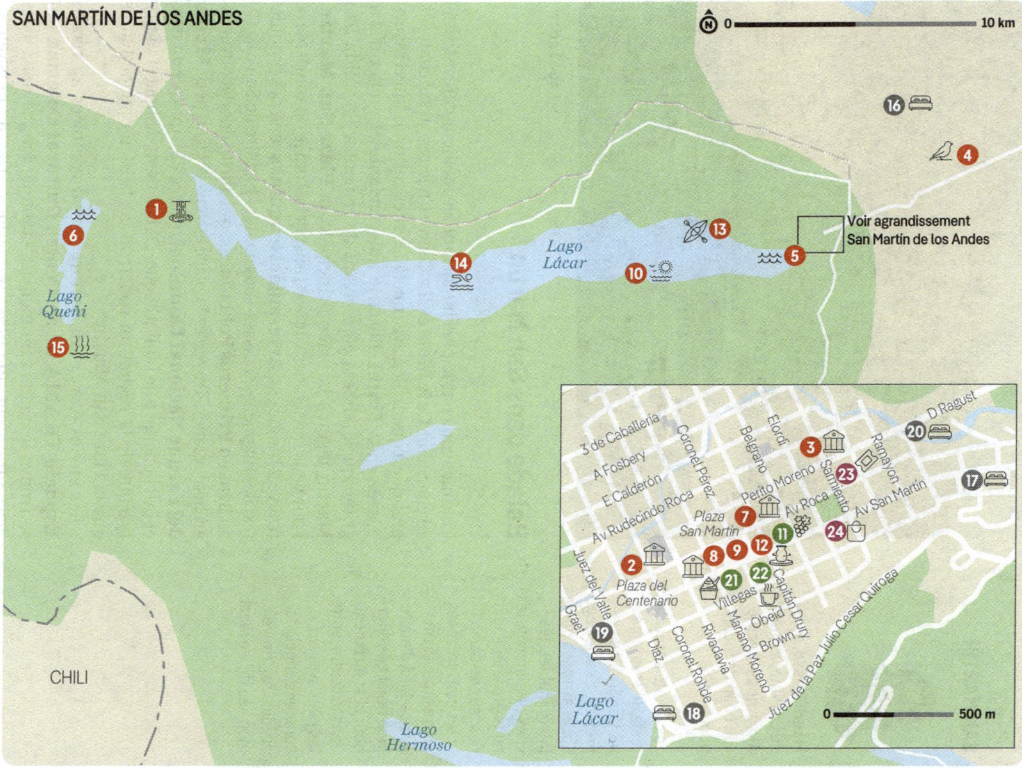

VOIR
1 Cascada Chachín
2 Espacio TRAMA
3 La Pastera Museo del Che
4 La Reserva Natural Urbana Cotesma
5 Lago Lacár
6 Lago Queñi
7 Lidaura Chapitel
8 Museo del Parque Nacional Lanín
9 Plaza San Martín
10 Quila Quina
11 Regional Patagonian Vinos & Sabores

ACTIVITÉS
12 Artesanías Neuquinas
13 La Islita
14 Playa Yuco
15 Termas de Queñi

SE LOGER
16 Adventure Bed & Bike
17 Bike Hostel
18 Hotería Boutique La Casa de Eugenia
19 La Posta del Cazador
20 Rotui Apart Hotel

SE RESTAURER
21 Mamusia

PRENDRE UN VERRE ET FAIRE LA FÊTE
22 Café Montés

23 **SORTIR**
Centro Cultural Cotesma

24 **SHOPPING**
La Oveja Negra
voir 22 Tintal

L'ÉTÉ À SAN MARTÍN

Mauri Spisso, arrivé de La Plata, à Buenos Aires, nous raconte son coup de foudre pour San Martín.

Je compte passer le reste de mes jours ici. L'endroit que je préfère, c'est le Lago Lacár avec ses plages interminables, les sites de camping, les nuits étoilées, l'odeur des feux de camp et les conversations qui se prolongent jusque tard. J'adore mon trajet en voiture pour aller au bureau, dans le centre, entre les pins, avec les sommets enneigés au loin. J'ai trouvé mon lieu de vie idéal.

Lago Lacár

Balade dans San Martín

Plus qu'une ville : une ambiance

Commençons par le plus important : le meilleur café est servi au charmant **Café Montés**. Le Centro Cívico est assez compact, pratique à quadriller, avec quelques sites culturels intéressants. Passez chez **Tintal**, librairie indépendante et atelier d'arts graphiques, juste à côté, avant de remonter l'Avenida San Martín jusqu'à la place principale, la **Plaza San Martín**. Pour vous renseigner sur les transports, l'office du tourisme se trouve à l'angle est. **Artesanías Neuquinas** vend des produits textiles mapuches. Laissez-vous conter l'histoire de San Martín au **Museo Primeros Pobladores**, qui abrite des découvertes archéologiques. Traversez la place et vous voici au petit **Museo del Parque Nacional Lanín**, qui retrace l'historique du parc et qui héberge une bibliothèque. Ce bâtiment de bois et pierre typique de la région fut construit en 1948, en même temps que la Plaza San Martín.

Les envies d'art et de culture seront comblées au récent **Espacio TRAMA** ou au **Centro Cultural Cotesma** (où se trouve le cinéma municipal), établi de longue date. Tous deux proposent une programmation variée de musique et théâtre. Des artistes de la région sont exposés au **Lidaura Chapitel**, un espace géré par la mairie. Après toutes ces visites, retournez sur l'Avenida San Martín pour avaler une glace chez **Mamusia** et découvrir, au sud-ouest, les rives boisées et la jetée du Lago Lacár.

OÙ SE LOGER À SAN MARTÍN DE LOS ANDES

Rotui Apart Hotel
Lodge en bois aux chambres somptueuses, dans un cadre très soigné, avec une petite crique. **$$**

Río Hermoso Hotel de Montaña
Boutique-hôtel dans une propriété à 30 minutes de San Martín, près du fleuve. **$$$**

Hostería Boutique La Casa de Eugenia
Demeure historique, literie confortable, piscine et jardin à l'agréable quiétude. **$$$**

L'été au Lago Lacár

Plages de rêve

Le **Lago Lacár** compte quelques jolis coins de baignade. L'eau y est plus chaude (comprenez : moins froide) durant les mois d'été. À 5 minutes en voiture (ou 1 heure à pied) après la sortie de la ville, sur la Ruta 40, repérez l'accès à la **Playa Catritre**. Suivez le chemin de terre sur la droite. Il débouche sur une plage de galets avec un terrain de camping et un ruisseau. À 30 minutes de route (par la RN 108), vous pourrez facilement passer la journée à **Quila Quina**, une plage appartenant à la communauté Mapuche Curruhuinca, avec un restaurant et un terrain herbeux. Depuis la jetée de San Martín de los Andes, les bateaux de la compagnie Naviera (lagolacarynonthue.com) assurent la liaison jusqu'à la plage. Vous pouvez aussi louer un kayak pour vous approcher des imposantes falaises de granit du lac et visiter **La Islita**, un affleurement rocheux à 5 km (à la rame) de la ville.

Pour nager dans des puits d'eau cristalline, à l'abri d'une baie tranquille bordée de gros rochers, filez à la **Playa Yuco**, sur la vie ouest du Lacár. Prenez la RP 48 (chemin de terre) ou un bus à destination de Hua Hum : le lac n'est pas loin de l'arrêt de bus. Ensuite, Hua Hum mérite une visite, car c'est ici que le **Río Hua Hum** entraîne le Lago Lacár jusqu'au Chili et au Pacifique. Pratiquez le rafting dans les eaux vives qui mèneront à la frontière chilienne ou crapahutez sur 3 km jusqu'à l'impressionnante **Cascada Chachín**, au cœur de l'immémoriale forêt tempérée valdivienne.

La plupart des lieux de baignade très fréquentés sont surveillés l'été. Prévoyez des espèces pour vous acquitter des droits d'entrée auprès des communautés amérindiennes.

San Martín de los Andes

BOUTIQUES : NOTRE SÉLECTION

Mamusia
Douceurs au chocolat du cru, à rapporter en souvenir, et glacier.

Tintal
Librairie jeunesse, ateliers d'arts graphiques et œuvres d'artistes locaux.

Artesanías Neuquinas
Coopérative mapuche, avec textiles et sculptures de belle facture, jouxtant l'office de tourisme.

Regional Patagonian Vinos y Sabores
Vins argentins, gins et bières de Patagonie, le tout d'excellente qualité.

La Oveja Negra
Ouvert depuis 1982, l'adresse pour acheter vêtements en laine et créations artisanales.

OÙ SE LOGER À SAN MARTÍN DE LOS ANDES

Bike Hostel
Auberge sympa (pas que pour les cyclistes), dortoirs spacieux et lumineux ou chambres privatives. $

Adventure Bed & Bike
Il y a de l'espace et des zones détente très chouettes avec une navette pour San Martín ; idéal pour les groupes. $

La Posta del Cazador
Auberge rustique au charme alpin, à un pâté de maisons du Lago Lacár. $$

YASEMIN OLGUNOZ BERBER/SHUTTERSTOCK ©

La Pastera Museo del Che

Pablo Neruda et Che Guevera

Sur les pas de ces deux âmes singulières

En 1951, au cours de leur premier périple à moto en Amérique latine (qui inspira à Ernesto Guevara son *Voyage à motocyclette*), Ernesto "Che" Guevara et Alberto Granado entrèrent dans San Martín de los Andes. Le directeur du Parque Nacional Lanín apporta aux deux amis de quoi calmer leur estomac affamé et les laissa dormir dans une grange. Aujourd'hui, la **Pastera Museo del Che**, cette même grange, abrite un petit musée qui retrace la vie du Che, aussi racontée dans les ouvrages vendus à la librairie sur place.

Quelques années auparavant, en 1948, le poète chilien Pablo Neruda alla chercher refuge en Argentine, traversant les Andes à cheval, pour achever son parcours au **Lago Queñi**, lac isolé, splendide, au sud du Lago Lácar. Pour marcher dans ses pas et vous plonger dans les sources chaudes naturelles des **Termas de Queñi** (déc-avr uniquement), prenez la route de Hua Hum près de la frontière chilienne et continuez en direction du Lago Queñi. Attention, il faut impérativement un 4×4 pour emprunter l'étroit chemin de terre. Il faut traverser une crique, ce qui interdit l'accès aux véhicules de mai à décembre (la route est fermée). Le sentier de 4 km (1 heure 30 de marche niveau intermédiaire) à destination des sources commence près du camping. Vous croiserez le sympathique garde forestier. Après cette petite expédition, savourez une parenthèse relaxante dans l'un des bassins – attention, l'un est bien plus chaud que l'autre !

OBSERVER LES OISEAUX

À 7 km du centre de San Martín, sur la Ruta 40, profitez des visites ornithologiques guidées de la **Reserva Natural Urbana Cotesma** (38 ha). Depuis une cabane, vous verrez diverses espèces d'oiseaux qui vivent dans ces zones humides. Réservation sur rnu.cotesma.com.ar.

Plus loin vers l'intérieur, faites halte à l'**Observatorio de Cóndores**, plateforme d'observation sur la Ruta 40 (20 minutes de Junín de los Andes en direction de La Rinconada), où vous aurez peut-être la chance d'apercevoir le condor des Andes. Préférez le petit matin ou la tombée du jour, faites preuve de patience, imprégnez-vous du paysage et, le moment venu, admirez le vol de cet oiseau majestueux.

Environs de San Martín de los Andes

Anciens peuplements de *pehuén*, sites religieux, pêche à la mouche et plus de volcans que l'on ne peut en voir.

Les âmes voyageuses qui s'aventurent au nord de San Martín de los Andes vont à la rencontre de beaux paysages isolés. Pour les pèlerins comme pour les pêcheurs à la mouche, Junín de los Andes est une destination prisée. C'est également un excellent point de départ pour faire l'ascension du Volcán Lanín, star du Parque Nacional Lanín, ou s'élancer en rafting sur les rapides du Río Chimehuín. Plus au nord, posez vos guêtres à Villa Pehuenia, pour suivre, en voiture, le Circuito Pehuenia (boucle d'une journée au gré des lacs) ou voir combien de volcans vous arriverez à compter depuis le sommet du Volcán Batea Mahuida.

Volcán Lanín

ALFREDO CERRA/SHUTTERSTOCK ©

Pour les infos pratiques, voir le Carnet d'adresses p. 425

COMMENT CIRCULER

Des transferts sont disponibles pour Cerro Chapelco et Lago Hermoso Ski. Des bus locaux circulent régulièrement vers Villa Pehuenia et Junín de los Andes pour le Río Chimehuín et, en été, vers le Lago Huechulafque. Pour aller plus au nord, mieux vaut être véhiculé. Renseignez-vous sur l'état des routes et n'oubliez jamais les chaînes de pneus l'hiver. Beaucoup de routes sont en ripio (gravier), y compris celle qui relie Zapala et Villa Pehuenia, la RP 61 vers Puerto Canoa et l'entrée du parc pour faire l'ascension du Volcán Lanín.

À SAVOIR

Plus on s'éloigne de San Martín de los Andes vers le nord, plus on avance en contrées moins fréquentées.

FERVEUR RELIGIEUSE

À 40 minutes de route de San Martín de los Andes, Junín de los Andes est un lieu beaucoup plus humble, où le tourisme religieux occupe une place prépondérante. De nombreux pèlerins chrétiens se rendent à Junín au Parque Vía Christi et ses 23 "stations", des sculptures, illustrant des scènes de la vie de Jésus. On y vient aussi pour voir l'austère Iglesia Nuestra Señora de las Nieves, qui commémore la vénérable Laura Vicuña.

À environ 60 km de Junín repose le bienheureux Ceferino Namuncurá, au sein de l'étonnant Santuario de Ceferino. Béatifié en 2007 par l'Église catholique, le jeune homme mapuche aurait chanté auprès de Carlos Gardel dans le chœur du Colegio Pío IX, à Buenos Aires, en 1901.

Ski au Cerro Chapelco

Cerro Chapelco et Lago Hermoso

DEPUIS SAN MARTÍN DE LOS ANDES : **20 MINUTES**

Huskies, balade à cheval et tetrathlon

L'aménagement de la station de ski du Cerro Chapelco (chapelco.com), dans les années 1970, a ouvert San Martín de los Andes aux sports d'hiver. Moins fréquentée que d'autres stations de la région, Chapelco jouit d'une vue imprenable sur le Volcán Lanín et le Lago Lacár. Les skieurs y profitent d'une grande variété de pistes, les autres peuvent prendre les télécabines pour s'aventurer sur les sentiers enneigés à pied ou en motoneige, à 1 600 m d'altitude. On peut aussi traverser El Bosque de los Huskies en traîneau avec un guide professionnel et ses chiens – une expérience de rêve pour les enfants comme les adultes. Les grands sportifs se retrouvent en septembre au Tetra Chapelco, un tetrathlon organisé depuis près de 40 ans : 17 km de ski, 44 km de VTT, 10 km de kayak dans les eaux glaciales du Lacár et enfin 17 km de course. Rien que ça ! À 25 minutes de San Martín, sur la Ruta de los Siete Lagos, Lago Hermoso Ski est une station plus petite et plus chic, où faire une balade à cheval dans la neige. Attention, pensez à prendre des espèces, car les cartes étrangères sont rarement acceptées. Certains restaurants n'acceptent que les paiements par Mercado Pago (il faut détenir un compte bancaire en Argentine).

OÙ SE RESTAURER À SAN MARTÍN DE LOS ANDES

Vieja Deli
Au bord du lac, très animé, avec les plats habituels et délicieuse escalope milanaise. **$$**

Pizza Cala
Pizzas au feu de bois et *empanadas* sont un festin dans ce lieu chaleureux. **$$**

Morphen
Il faut réserver pour profiter de la meilleure table de San Martín et d'un service tout aussi excellent. **$$**

Volcán Lanín

DEPUIS SAN MARTÍN DE LOS ANDES : **1 HEURE 30** JUSQU'AU FLANC NORD DU VOLCÁN LANÍN

Le Lanín sous toutes les coutures

Le splendide **Volcán Lanín**, couronné de neiges éternelles (3 776 m), est la vedette du Parque Nacional Lanín, et de la région des lacs tout entière. Il est visible de loin (y compris de la RN 237 vers Neuquén) et se distingue par son cône à la forme parfaite. La meilleure vue est à savourer depuis le **Lago Huechulafquen**, le plus grand et le plus accessible des lacs du parc. L'été, des bus vous y conduisent depuis San Martín et Junín. Le reste de l'année, optez pour une excursion ou engagez-vous sur la RP 61 (non bitumée et sinueuse) au départ de Junín. Elle offre de splendides panoramas sur le volcan (à 2 heures 30 de San Martín).

Autour du lac, de nombreux campings sont tenus par des Mapuche. Vous pouvez aussi monter à bord d'un bateau à Puerto Canoa ou partir en kayak sur ses eaux abritées, donc calmes. Andestrack (andestrack.com.ar) propose également, au départ de San Martín de los Andes, un séjour de 5 jours en kayak et camping au gré de trois lacs côté flanc sud du Lanín, dont les Lagos Epulafquen et Paimún, loin de tout. L'ascension de la face nord du volcan fait partie des grands temps forts : c'est exigeant physiquement, et sur 2 jours, mais réalisable par presque toute personne en bonne condition physique. Il faut être accompagné d'un guide expérimenté (la liste des guides assermentés vous attend dans les bureaux du parc, à San Martín).

Enregistrez-vous sur pnlanin.org.ar avant de partir. Si vous manquez de temps, grimpez (2 heures) en haut du mirador au pied de la face nord du volcan. C'est raide mais très gratifiant. Garez-vous au PC des gardes-forestiers, sur la RP 60 (à 1 heure 30 de San Martín de los Andes) et préparez-vous à profiter d'une vue panoramique sur le volcan et le Lago Tromen. Idéal de novembre à avril.

Volcán Lanín

SPORTS EXTRÊMES

En avril, San Martín de los Andes est prise d'assaut par des coureurs venus prendre part à la Patagonia Run (patagoniarun.com/es), série de trails et ultratrails jusqu'à 160 km. Depuis 40 ans, on y organise aussi le Tetra Chapelco (tetrachapelco.com), sur le Cerro Chapelco, avec une épreuve de ski de course, de VTT et de kayak. Les amateurs de rafting apprécient les rapides de classe III du Río Chimehuín, au nord de la ville, quand les amoureux d'escalade trouvent leur bonheur dans les rochers de Villa Meliquina. Les cyclistes chevronnés pourront s'attaquer aux 350 km du Patagonia Beer Trail, de San Martín à El Bolsón.

FESTIVITÉS À SAN MARTÍN DE LOS ANDES

Fiesta de Fundación
Défilé au mois de février pour célébrer l'anniversaire de la ville et la diversité de sa population.

Fiesta Nacional del Montañés
Démonstrations de bûcheronnage, ce qui coïncide avec la saison des sports d'hiver, en août.

Trabún
Musiques et danses amérindiennes d'Argentine et du Chili, au mois de décembre.

INFOS PRATIQUES

Scannez ce QR-code pour obtenir des informations sur l'itinéraire.

INCONTOURNABLE

Ruta de los Siete Lagos

La Ruta de los Siete Lagos (route des Sept Lacs) est la plus belle portion de la Ruta 40. Elle déroule son ruban de paysages sur 110 km, de San Martín de los Andes à Villa la Angostura. Tous les Argentins la prennent un jour et tous les touristes en rêvent.

À NE PAS MANQUER

- Playa Quina Quela
- Mirador Pil Pil
- Lago Machónico
- Río Pichi Traful
- Cascada Ñivinco
- Lago Espejo
- Río Correntoso

Pour une journée... ou plus

Avancez à votre rythme, en vous laissant le temps de vous arrêter, de vous aventurer sur un sentier, de lézarder sur la plage ou de discuter avec les gens. Les touristes veulent souvent avaler les kilomètres : savourez-les plutôt. Il y a beaucoup à découvrir en chemin si vous prévoyez une halte ou deux pour la nuit, au départ, en cours de route ou à l'arrivée.

Vélo

C'est un itinéraire très apprécié des cyclistes, avec de nombreux campings en chemin et une distance qui se parcourt bien en quelques jours. Les routes (de gravier ou non) sont en bon état. Restent les 1 500 m de dénivelé positif. Le départ de San Martín, en pente raide, est l'épreuve de vérité. Vous pouvez louer votre vélo à San Martín et le rendre à Villa la Angostura.

Cascada Ñivinco

Vous repérerez le parking du sentier menant à la cascade (30 minutes) qui, l'été, ne désemplit pas. Certains itinéraires ont été fermés à cause de la population de merganettes des torrents (canards) qui a pris ses quartiers ici. Très sensibles aux changements environnementaux, ces oiseaux andins s'installent à proximité des eaux vives. Ils n'aiment pas être dérangés par les humains, les drones et les déchets. Soyez responsables.

Sept et plus

Il y a finalement plus de sept lacs dans la région, et quelques-uns sont facilement accessibles depuis la route. Le Lago Hermoso est une merveille – le plus beau de tous, selon certains – qui ne réclame qu'un petit détour. Le Lago Traful est plus éloigné mais mérite amplement un arrêt, ne serait-ce que pour son Bosque Sumergido, un groupe de 60 cyprès immergés dans l'eau cristalline. Le Lago Espejo Chico ne vous éloignera que de 2 km : allez le voir.

L'hiver sur la route

De juillet à septembre, les pneus doivent être équipés de chaînes et ne peuvent rouler que de 9h à 18h à cause de la neige. Vérifiez l'état des routes avant de partir. Les plages et rives enneigées du Lago Faulkner sont de toute beauté. Le paysage entre ce dernier et le Lago Machónico est particulièrement séduisant l'hiver, avec les arbres mangés par le lichen vert, le gris des rochers, les branches rougeoyantes et le manteau de neige formant un arc-en-ciel alpin. Attention aux animaux sauvages ou à ceux des fermes alentour.

Parque Nacional de los Arrayanes

S'il n'appartient pas, techniquement, à La Ruta de los Siete Lagos, le parc vous attend en début ou fin de parcours à Villa la Angostura. Les touristes prennent en général le bateau de Bariloche pour se rendre à l'Isla Victoria, où trônent des spécimens de myrtes de plus de 650 ans et hauts de plus de 15 m, mais le bateau ne permet de rester qu'un temps limité dans la forêt. Pour y passer la journée et découvrir de l'art rupestre amérindien, pénétrez dans le parc par la terre ferme. Les arbres se trouvent à l'extrémité sud de la péninsule : si le temps vous manque, vous pouvez vous y rendre avec le ferry de Puerto Quetrihué, à Villa la Angostura.

Parque Nacional de los Arrayanes

UN BEAU DÉTOUR

Si vous faites la boucle de Bariloche à San Martín (puis la route en sens inverse), ne manquez pas Villa Traful au retour. Ce village est à voir et, là où la route croise la RN 237, au confluent du Río Traful et du Río Limay, vous pourrez admirer une vue splendide sur le Valle Encantado.

À SAVOIR

- Levez le pied, prenez votre temps. La route peut certes se parcourir en 2 heures, mais quel intérêt ?
- Vous pouvez l'emprunter dans un sens, ou dans les deux. Les panoramas sont à chaque fois différents, et changent aussi en fonction des saisons. N'ayez pas peur de prendre le volant en hiver : les lacs sont spectaculaires sous la neige.
- Si vous campez, essayez d'être au Lago Espejo quand le soleil se lève : vous comprendrez pourquoi on l'appelle le "lac miroir".

ALFREDO CERRA/SHUTTERSTOCK ©

Volcán Batea Mahuida

Circuito Pehuenia et Volcán Batea Mahuida

DEPUIS SAN MARTÍN DE LOS ANDES **3 HEURES 30**

Volcans et arbres immémoriaux

En filant vers le nord depuis San Martín, on remarque vite que le nombre de touristes se réduit. Le village idyllique de **Villa Pehuenia**, au bord du Lago Aluminé, est à 3 heures 30 de route de San Martín et constitue le point de départ du Circuito Pehuenia. Cette route (de gravier) panoramique forme une boucle de 120 km et permet de voir le Lago Moquehue, le Lago Ñorquinco (qui marque la lisière nord du Parque Nacional Lanín), le Lago Pulmarí, le Lago Aluminé et les très vieux *pehuén* (araucarias) qui donnent leur nom à la région. Il y a d'incroyables formations géologiques, des paysages semblant venus de la Préhistoire et divers itinéraires de randonnée, comme celui de 14 km menant au point de vue de la Cascada Coloco. Il démarre au niveau de la cabane du garde-forestier, à l'extrémité sud du Lago Ñorquinco.

De décembre à mars, poussez 30 minutes plus loin vers le nord pour accéder (facilement) au Volcán Batea Mahuida. Depuis le parking près du sommet, il ne faut ensuite que 2 heures de marche peu exigeante pour arriver tout là-haut, à 1 948 m d'altitude. De là, admirez le chapelet de huit volcans à cheval sur la frontière entre l'Argentine et le Chili, de Lanín au sud à Copahue au nord. Le lac de cratère du Batea Mahuida est d'un bleu inouï. En hiver, on peut skier au Batea Mahuida Parque de Nieve (cerrobateamahuida.com), géré par une communauté Mapuche Puel. Il y a quelques pistes, des forfaits à prix très raisonnables et une saison qui s'étend de juin à octobre. Pensez à prendre des chaînes, car la montée peut être enneigée. Un taxi pourra aussi vous y conduire depuis Villa Pehuenia.

LE DÉSESPOIR DES SINGES

Le *pehuén* (*Araucaria araucana*) est baptisé "désespoir des singes" en raison de ses feuilles formant un réseau dense et pointu, ce qui rend son ascension impossible. Ce conifère, qui peut atteindre une hauteur de 48 m, produit des pignons qui ont longtemps constitué l'alimentation de base des Pehuenches et des Mapuches. Ils les ramassent pour faire de la farine ou les griller, afin de profiter du calcium et du magnésium qu'ils contiennent. L'exploitation commerciale de cette essence, menacée de disparition, est interdite. Cet arbre sacré est à l'honneur lors de la Fiesta Nacional del Pehuén, à Aluminé (avril) et de la Fiesta del Piñonero y del Artesano Mapuche, à Villa Pehuenia (janvier).

Pour les infos pratiques, voir le Carnet d'adresses p. 425

Neuquén

Neuquén est la plus grande ville de Patagonie et la plus orientale de la province. Si ce n'est pas une destination vraiment touristique, elle séduit de plus en plus en raison de son temps sec à l'année, ses paysages spectaculaires et ses sites paléontologiques. Située au confluent des Ríos Limay et Neuquén, dont naît le Río Negro, Neuquén est une grande productrice de fruits, comme en témoignent ses vergers de poiriers et pommiers à perte de vue. La ville repose sur la Vaca Muerta, formation géologique datant de la fin du Jurassique et important gisement d'huile et de gaz de schiste. On ne peut s'y tromper, avec les foreuses qui ont essaimé partout dans ce paysage désertique. Le sous-sol recèle ici bien d'autres trésors : des fossiles de plusieurs dinosaures y ont été découverts au XXe siècle, parmi lesquels celui d'*Argentinosaurus huinculensis* le plus grand connu à ce jour (40 m), près de Plaza Huincal, ou celui du carnivore *Gigantosaurus carolini*, à Villa El Chocón.

Au confluent des fleuves

Découvertes au fil de l'eau

Le **Río Limay** entraîne le Lago Nahuel Huapi dans Bariloche et déroule son ruban jusqu'à Neuquén, où il rejoint le **Río Neuquén** pour former le **Río Negro**, qui s'en va vers l'Atlantique, tout près de Viedma. La confluence des deux fleuves est un spectacle d'une puissance fascinante. Allez l'admirer au **Paseo de la Costa**, un parc également agréable pour une balade à pied ou à vélo, avec des sentiers au bord de l'eau. Près de l'entrée du **Parque Sur**, sur l'Avenida Río Negro, vous trouverez une bonne sélection de bières artisanales et quelques camions de restauration : c'est un endroit idéal pour les soirées d'été. Au pied du grand immeuble de bureaux, côté fleuve, **Tecim Eco Navegación** est l'une des rares agences à proposer des sorties en bateau petit format, avec un guide de valeur.

COMMENT CIRCULER

Neuquén est un centre névralgique du transport aérien et a une gare routière, le Terminal de Ómnibus Neuquén. La ville est majoritairement plate, avec des voies piétonnes. Il y a un bon réseau de bus et une ligne ferroviaire (Tren del Valle) entre Plottier et Neuquén, qui marque l'arrêt à la gare routière et à l'aéroport. Plaza Huincal, El Chocón et Rincón de los Sauces sont accessibles en bus depuis la gare routière. Pour rejoindre le Centro Paleontológico Lago Barreales ou les domaines viticoles au-delà de San Patricio del Chañar, il vous faudra un véhicule ou que vous participiez à une excursion.

À SAVOIR

Privilégiez un séjour entre mars et mai, quand les températures sont douces. L'été, elles grimpent et l'ombre se fait rare.

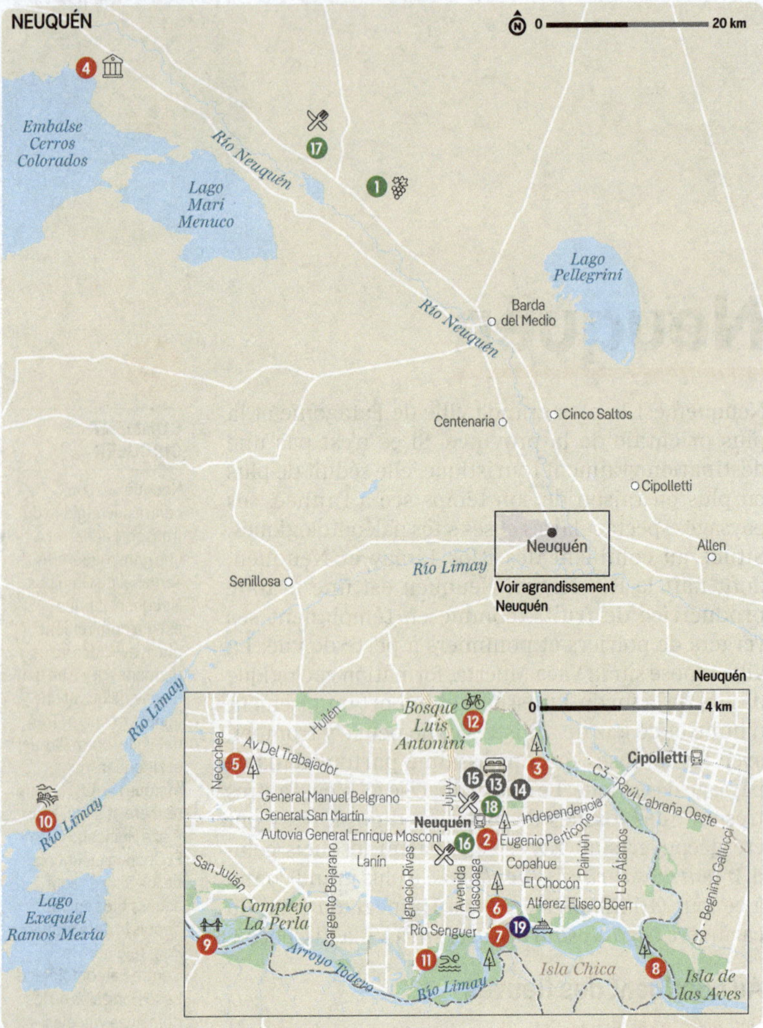

VOIR

1 Bodega Familia Schroeder
voir 18 Bodega Malma
2 Parque Central
3 Parque Este
4 Parque Geopaleontológico Proyecto Dino
5 Parque Oeste
6 Parque Sur
7 Paseo a la Costa
8 Península Hiroki
9 Puente Las Perlas
10 Villa El Chocón

ACTIVITÉS

11 Balneario Sandra Canale
12 Dirt World Fly Park
voir 12 Parque Norte

SE LOGER

13 Cyan Soho Neuquén Hotel
14 La Morada Petit Hotel Punto
15 Patagonico Hostel

SE RESTAURER

voir 10 La Posada del Dinosaurio
16 La Toscana
17 Malma Restaurant
18 Restaurante Estación Q

TRANSPORTS

19 Tecim Eco Navegación

ART, HISTOIRE ET VOÛTE CÉLESTE

Dans l'après-midi, commencez par le 1 **Museo Nacional de Bellas Artes (MNBA)**, annexe du Musée national des Beaux-Arts de Buenos Aires. Après avoir découvert les expositions du moment, traversez le 2 **Parque Central** pour rejoindre la 3 **Sala de Arte Emilio Saraco**, espace dédié à l'art contemporain. Les œuvres d'artistes locaux sont exposées dans un hangar ferroviaire construit en 1911 par le Buenos Aires Great Southern Railway, que dirigeaient des Anglais. Arrêtez-vous devant la 4 **Tranquera de los Ingleses**, réplique d'un portail jadis utilisé par la compagnie ferroviaire pour séparer la ville de Neuquén en deux et qui fut retiré en 1936. Suivez la voie ferrée jusqu'au 5 **Museo Gregorio Álvarez**, autre bâtiment ferroviaire restauré, avec une excellente collection ethnographique régionale. Poussez la porte d'6 **Antares** et montez à l'étage, qui donne sur le parc, pour prendre un verre face au soleil. Le bar occupe une ancienne maison construite autrefois par des immigrés ukrainiens, l'une des seules avec un jardin à l'avant et des vitraux. Suivez San Martín jusqu'à l'Avenida Argentina pour aller voir l'humble 7 **Catedral de Neuquén María Auxiliadora**, dont le premier évêque, Jaime de Nevares, qui aida ceux qui avaient besoin d'un refuge durant la dictature militaire. Arpentez l'avenue jusqu'à la 8 **Feria de los Artesanos**, créée en 1979, à une époque où les hippies en transit vers El Bolsón faisaient halte à Neuquén. Grimpez tout droit jusqu'à la 9 **Plaza de las Banderas** et terminez la soirée à l'10 **Observatorio Astronómico de Neuquén** pour admirer, dans une ambiance intimiste, les joyaux du ciel nocturne.

VISITES GUIDÉES GRATUITES

La mairie propose des visites gratuites, à pied ou en minibus, pour découvrir les principaux sites de Neuquén. Les guides sont passionnés par l'histoire de leur ville. En minibus, on longe les rives du Río Limay, avec un arrêt aux différents points de vue et sites historiques en chemin, comme les ruines fantomatiques de la Torre Talero (XIXe siècle) et l'ancienne prison d'Ex Carcel U9. À pied, on part admirer les peintures murales de la ville et les bâtiments ferroviaires de la ligne qui menait à Buenos Aires. Il faut réserver sur Eventbrite ; rendez-vous sur @turismo.neuquen. capital pour trouver les liens, ou allez à l'office de tourisme près de la gare, au Parque Central. L'un des minibus peut accueillir une personne en fauteuil.

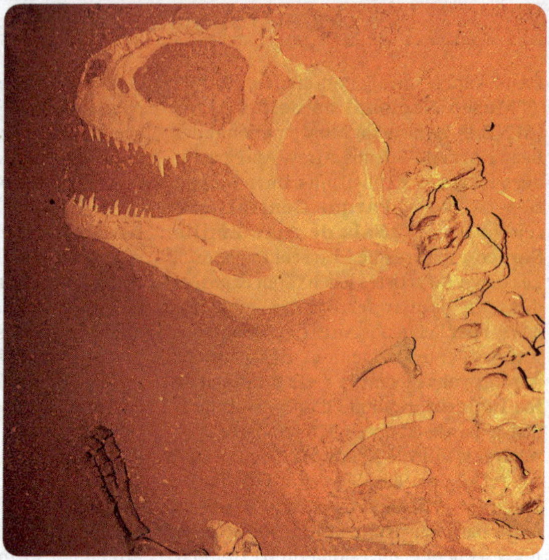

JAVIER ETCHEVERRY/ALAMY STOCK PHOTO ©

Villa El Chocón

Au bout des sentiers, vous trouverez le centre d'accueil des visiteurs de la **Península Hiroki**, réserve naturelle créée récemment. En 1927, le Japonais Tomizu Hiroki posa ses valises en Argentine et acquit, à la sueur de son front, 50 ha de terres fertiles au confluent des fleuves. Il y fit pousser fraises, framboises et autres fruits, y planta de nombreux arbres pour consolider ce site inondable. Ses enfants ont fait don de 8 ha de ce terrain à la ville. C'est un havre de paix au cœur de Neuquén, parfait pour une balade, un moment de détente, un instant partagé avec les oiseaux et des animaux sauvages, comme le chat sauvage (*gato montés*) aperçu ici en 2023.

On mange bien à Neuquén, et c'est notamment grâce à César Cipolletti (1843-1908), ingénieur en hydraulique dont les études menèrent à l'aménagement du système d'irrigation qui alimente la production de tout l'Alto Valle du Río Negro. Pommes, poires, raisins, amandes, tomates, pêches et prunes abondent. Traversez le pont menant à Cipolletti (vous voici à présent dans la province du Río Negro) et partez pour Cinco Saltos, au nord-ouest, puis pour Allen et General Roca, au sud-est, afin de découvrir la vallée. Les fermes sont nombreuses à proposer des visites guidées, en période de récoltes ou vendanges. En février, on fête la poire à Allen et la pomme à General Roca.

OÙ SE RESTAURER À NEUQUÉN

Restaurante Estación Q
Cuisine argentine, service sympa comme tout : un charmant resto à l'angle de deux rues. $$

La Toscana
Établissement de la fromagerie Quesería Ventimiglia ; la viande de bœuf est aussi très savoureuse. $$$

La nature en ville

Des parcs et sentiers à volonté

Il ne faut pas s'aventurer bien loin pour avoir l'impression d'être en pleine nature au sein de cette ville compacte et agréable à vivre. Avec un parc à chaque point cardinal, il y a des kilomètres de chemins sur lesquels marcher et des panoramas à admirer un peu partout. Les habitants en profitent toute l'année. Le **Parque Norte** (au nord) est perché sur la colline de l'Avenida Argentina. Il comprend un réseau de sentiers – dont un circuit de 4,5 km –, l'Observatorio Astronómico de Neuquén (1 000 $ARS, espèces uniquement) et le **Balcón del Valle**, qui offre un beau point de vue sur les villages alentour ainsi que les vergers de Cipolletti, Centenario et Cinco Saltos. En contrebas de l'observatoire, vous trouverez le **Dirt World Fly Park**, une piste de BMX avec des dirt jumps. Le **Parque Sur** (au sud) épouse la rive du Río Limay, avec son **Paseo de la Costa** et le **Balneario Gustavo A Fahler**, site de baignade très apprécié l'été, et surveillé. Si vous êtes à vélo, rendez-vous au parc où se trouve le **Balneario Sandra Canale**, très calme, où parcourir les 15 km d'agréables pistes qui longent le Río Limay vers le sud, jusqu'au **Puente Las Perlas**. À l'ouest, le **Parque Oeste** a un skatepark et une petite lagune avec des oiseaux (et des moustiques !). Le **Parque Central** suit la voie ferrée, au cœur de la ville, et le **Parque Este** (à l'est), où se trouve un cadran solaire, offre une jolie vue sur le Río Neuquén. C'est un endroit charmant pour voir la Lune se lever.

Dans les pas des dinosaures

Une journée à El Chocón

À 1 heure de route de Neuquén, **Villa El Chocón** est une escapade idéale à la journée, avec quelques sites majeurs pour qui s'intéresse aux dinosaures. Suivez les empreintes peintes sur la chaussée pour rejoindre le super **Museo Paleontológico Municipal Ernesto Bachmann**, où se trouve le squelette du *Gigantosaurus carolini* découvert en 1993 par Rubén Carolini, un chasseur de fossiles. À l'époque, il devint le plus grand dinosaure carnivore connu, plus impressionnant que le célèbre *Tyrannosaurus rex*. L'équipe du musée, dont les informations sont en espagnol et en anglais, est compétente. Pour une expérience plus immersive encore, reprenez l'axe routier principal et suivez les panneaux vers le **Parque Náutico** et l'aérodrome, puis repérez le panneau violet signalant **Las Huellas** ("empreintes"). Deux plateformes d'observation situées le long du réservoir permettent de voir les énormes empreintes de dinosaures dans la roche en

AU PAYS DES DINOSAURES

Allez à leur rencontre dans les environs d'El Chocón :

Museo Municipal Carmen Funes, Plaza Huincul
Mesurez-vous à la réplique d'*Argentinosaurus huinculensis*, incroyable dinosaure de 40 m (alors le plus grand jamais découvert), mis au jour par un habitant en 1989.

Parque Geopaleontológico Proyecto Dino, Lago Barreales
Site de paléontologie à voir absolument, surtout si vous êtes déjà dans le coin pour les vignobles, au cœur d'un petit paradis loin de tout. Réservez la visite guidée (2/jour).

Museo Municipal Argentino Urquiza, Rincón de los Sauces
On peut admirer dans ce musée plus loin dans les terres, les seuls fossiles connus à ce jour de *Titanosaurus* avec ses œufs.

OÙ SE LOGER À NEUQUÉN

Punto Patagonico Hostel
Dans un quartier animé le soir, une auberge du centre-ville avec piscine, terrasse et équipe accueillante. $

La Morada Petit Hotel
Grandes chambres lumineuses avec terrasse et vue sur le jardin ; piscine, parking inclus ; enfants à partir de 6 ans. $$

Cyan Soho Neuquén Hotel
Chambres contemporaines standards, restaurant sur place et salle de gym plus loin dans la même rue. $$

contrebas. Poursuivez sur la même route et vous verrez une petite plage rocailleuse avec un poste de surveillance. Ne vous garez pas n'importe où, car il y a beaucoup d'empreintes de dinosaures, que les habitants ont signalées en les entourant de petits galets. L'endroit est très tranquille en hiver, pris d'assaut en été par ceux venus se baigner. À l'ouest de la ville, roulez jusqu'au rivage pour observer l'imposant **Embalse Ezequiel Ramos Mexía**, barrage servant à alimenter la plus grosse centrale hydroélectrique de Patagonie. Traversez le pont, prenez le chemin de terre à droite et roulez pendant 30 minutes pour atteindre **Los Gigantes**, formations rocheuses couleur cannelle, les pieds dans l'eau.

Sous la vigne, les dinos

D'un domaine à l'autre

À 1 heure de route au nord de Neuquén, près de San Patricio del Chañar, une série d'excellents vignobles font vivre ce terroir depuis une vingtaine d'années. Deux des Bodegas del Neuquén, **Bodega Familia Schroeder** et **Bodega Malma** proposent une visite guidée pour tout savoir de la production viticole et y goûter, avec également un restaurant pour déjeuner sur place. La Bodega Familia Schroeder intéressera les enfants car on y a découvert le fossile de *Panamericansaurus schroederi*. Vous pouvez d'ailleurs commander un Saurus Picnic pour vous régaler dans les vignes. Visite et déjeuner sont sur réservation. Dans ces deux domaines, on fête les vendanges lors de la **Vendimia Neuquina**, au mois de mars. La Bodega del Fin del Mundo, le plus grand vignoble de Patagonie, n'est plus ouvert au public. Si vous avez le temps avant ou après vos visites, allez faire un tour au **Parque Geopaleontológico Proyecto Dino**, musée et site de paléontologie, à 45 minutes au nord, sur le **Lago Barreales**. Réservez votre visite (3 heures) à 10h ou 15h. L'équipe connaît bien son sujet et l'endroit est assez éblouissant. L'été, prenez la RP 51 et offrez-vous une petite baignade dans le lac artificiel **Mari Menuco**.

PINOT NOIR

Avec son temps sec, ses grandes variations de températures (très chaud l'été et nuits glaciales en hiver) et le perpétuel vent de Patagonie, la région présente les conditions idéales pour que pousse un pinot noir unique. Sa couleur est claire, à tel point que l'on pourrait croire à du rosé. Parmi les pinots noirs issus de l'agriculture biodynamique, l'un des plus connus est celui de l'incontournable producteur italien Piero Incisa della Rocchetta, au sein de sa Bodega Chacra, dans l'Alto Valle del Río Negro. On lui doit notamment deux crus primés, le Chacra 55 et le Chacra 32. Piochez dans vos économies pour découvrir le goût unique de ce terroir patagon.

Los Gigantes

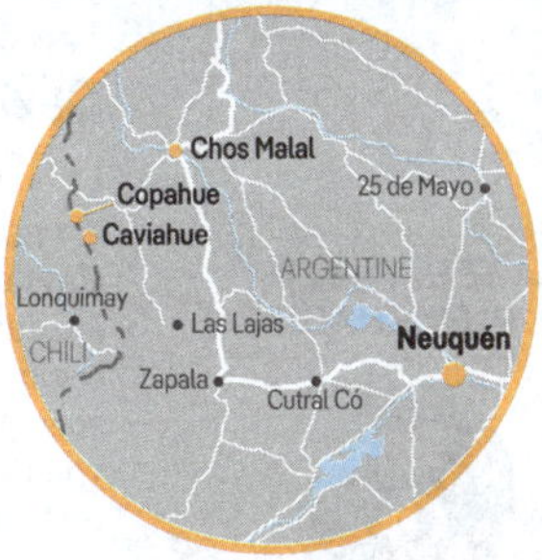

Environs de Neuquén

Pour les infos pratiques, voir le Carnet d'adresses p. 425

Détendez-vous et rechargez vos batteries dans un bain de boue ou mesurez-vous au *techo* (toit) de Patagonie : le majestueux Volcán Domuyo.

Il y a beaucoup à voir et à faire dans ce qui forme le nord de la province de Neuquén. La région mériterait à elle seule plusieurs semaines de votre temps. En hiver, c'est neige garantie pour skier à Caviahue. Allez aussi voir le Volcán Copahue, qui fume toujours, ou partez randonner en été après la fonte des neiges, et profitez des sources chaudes et des bains de boue riches en minéraux de la petite station thermale de Copahue. Plus au nord, Chos Malal, l'ancienne capitale, est une belle oasis, d'où partir à l'assaut du point culminant de Patagonie, le Volcán Domuyo (4 702 m), dont vous pouvez faire l'ascension.

Cascade, Copahue

COMMENT CIRCULER

Des bus fréquents roulent vers Caviahue et Chos Malal depuis Neuquén. L'été, d'autres font la navette entre Caviahue et Copahue. À Neuquén, Cautivar Patagonia (cautivarpatagonia.com) organise des excursions vers le nord. Sur les routes du Neuquén, il est obligatoire d'avoir des chaînes en hiver. Après avoir visité Caviahue et Copahue, aller au sud à San Martín de los Andes et à Bariloche, ou vers le nord-est, à Chos Malal. Dans ce dernier cas, prenez la RP 21, route non bitumée mais panoramique, puis la RN 6, plutôt que la RN 4.

À SAVOIR

Dans le nord de la province de Neuquén, les distances sont vite longues. Renseignez-vous sur l'état des routes, faites le plein d'essence dès que l'occasion se présente.

Caviahue et Copahue DEPUIS NEUQUÉN : **4 HEURES 30**

Poudreuse et sources chaudes

Au nord-ouest de la province, la double localité de Copahue-Caviahue (caviahue-copahue.gob.ar) se trouve à environ 4 heures 30 de route au nord-ouest de Neuquén. C'est une région argentine moins visitée, dont les paysages sont pourtant spectaculaires. Environ 20 minutes avant d'arriver à Caviahue, vous apercevrez Los Riscos Bayos, de fascinantes formations rocheuses dans les collines, côté gauche de la RP 26. Provoquées par un phénomène très rare dû à la composition des nuages de cendres volcaniques, on dit que ce sont les larmes du volcan.

L'hiver à Caviahue rime avec poudreuse, garantie 5 mois durant, car le climat y est froid et sec. La station de ski n'est qu'à 1 km de la ville, avec plusieurs types de pistes, mais aussi des excursions, comme celle en motoneige à la Cascada Congelada del Valle de Jara (cascade gelée). L'été est la promesse de belles randonnées autour de ce petit village aux nombreux araucarias. Le Salto del Agrio est une cascade semblant appartenir à une autre planète avec sa couleur rouille et vert, due à ses minéraux, et le Volcán Copahue en toile de fond. Située à environ 30 minutes du village (prenez la RP 26, puis la RP 27, avant de tourner), elle est facilement accessible, donc rapidement bondée en été. Arrivez à la mi-journée, quand le soleil en sublime les couleurs. Les plus aventureux s'attaqueront au Puente de Piedra, pont de roche naturel sur les rives du Lago Caviahue. C'est une marche de niveau intermédiaire en raison de sa portion initiale, très raide. Équipez-vous de chaussures adaptées et pensez à vous protéger du soleil. Roulez direction Loncopue sur la RP 26 : le point de départ du sentier est à 3,5 km de Caviahue. Attention, il peut y avoir du vent.

Copahue n'est ouvert que décembre à fin avril, ensuite la neige en empêche l'accès. L'été, les Argentins viennent de toutes parts profiter des vertus curatives de ses eaux aux Termas de Copahue. Bassins chauds et bains de boue (la Laguna del Chancho, la "lagune des cochons") ont pour décor un amphithéâtre naturel, avec les montagnes en arrière-plan. Vous pouvez aussi voir des eaux thermales bouillonnantes à Las Maquinas, à la sortie de Copahue, où s'étendent les ruines d'une ancienne base militaire : attention où vous mettez mes pieds !

Pont en pierre, Caviahue

WEEK-END EN PLEINE NATURE

Paola Carazo, photographe et enseignante, évoque son attachement aux paysages de Neuquén.

J'adore le temps ici, chaque saison se savoure à sa manière et la nature n'est jamais bien loin. En été comme en hiver, des endroits sont assez incroyables à découvrir et des activités sportives à faire au grand air. Il y a les fleuves, les lacs, les montagnes et la mer. C'est une destination toute trouvée pour un week-end. J'aime tellement les oiseaux et les fleurs, au printemps et en hiver. Les arbres, nos chers *pehuenes* (araucarias), sont si beaux. Notre alimentation est saine et de saison, avec des fruits et légumes de la région. Il fait bon vivre ici, auprès de gens attentionnés et chaleureux.

FÊTES ET FESTIVALS À NEUQUÉN ET DANS SES ENVIRONS

Fiesta de San Sebastián
Procession et célébrations religieuses à Las Ovejas, en janvier.

Fiesta Nacional de la Confluencia
Grand festival de musique gratuit à Neuquén, au mois de février.

Fiesta Nacional del Chivito, la Danza y la Canción
Des milliers de personnes affluent à Chos Malal en novembre pour chanter, danser et manger du chevreau.

Chos Malal et le nord de Neuquén

DEPUIS NEUQUÉN **4 HEURES 30**

Route déserte (ou presque)

Prenez la Ruta 40 pour rejoindre Chos Malal, à 4 heures 30 de route au nord de Neuquén. Située au confluent du Río Neuquén et du Río Curi Leuvú, Chos Malal compte deux places principales, qui portent le nom des grands héros du pays : San Martín et Sarmiento. La première regroupe la majorité des monuments historiques, dont le fort de la Division Fuerte IV. Cinq rues plus au sud se trouve la Plaza Sarmiento, autour de laquelle se concentrent les banques et les commerces. C'est l'endroit idéal d'où rayonner vers le nord. C'est aussi l'une des localités où faire le plein (prévoyez des espèces pour acheter de l'essence à Andacollo, Varvarco ou Las Ovejas, et sachez que le carburant peut manquer). Plus au nord encore, profitez de perles rarement visitées : sources chaudes, geysers, Volcán Domuyo (point culminant de la Patagonie), ainsi qu'un site archéologique avec art rupestre.

Les voyageurs qui s'engagent en direction du nord sont récompensés par un paysage spectaculaire à chaque virage. Le Cerro Domuyo est un repère immuable, mais on peut aussi voir le Volcán Tromen (4 114 m) et le Cerro Wayle, où se trouve une petite station de ski l'hiver. À 2 heures au nord de Chos Malal, ou 17 km au sud de Varvarco, le Parque Arqueológico Colomichicó réunit l'une des plus importantes collections d'art rupestre pehuenche de Patagonie. On y trouve plus de 600 exemples de gravures de chiffres symboliques et de dessins abstraits. On peut les découvrir lors d'une randonnée de 3 heures en compagnie d'un guide, de janvier à avril uniquement. Départ à 6h et 8h.

Vous pouvez aussi poser vos bagages à Varvarco pour explorer le nord. À 1 heure de là, faites un tour aux Termas Aguas Calientes pour vous glisser dans les sources chaudes naturelles au pied du Volcán Domuyo. Elles compteraient parmi les eaux les plus riches en minéraux du pays. Attention, les pierres peuvent être brûlantes : portez des chaussures adaptées. En chemin, Los Bolillos méritent un petit détour. Les formations rocheuses érodées y forment un paysage lunaire. À l'ouest des sources chaudes, les geysers de Los Tachos peuvent jaillir jusqu'à 2 m de hauteur. Il faut compter à peine 20 minutes de marche pour pénétrer dans le canyon et admirer, peut-être, l'un des plus grands et des plus puissants oiseaux au monde : le condor des Andes.

Au cœur du parc, le Domuyo est le toit (*techo*) de la Patagonie. Ce stratovolcan domine le paysage du haut de ses 4 702 m. Les plus aventureux en tenteront l'ascension, ou partiront avec Andestrack Patagonia pour un circuit VTT de 6 jours au départ de Varvarco, avec arrêts dans des sources chaudes, à Los Bolillos et devant les flamants roses du lac Varvarco Tapia.

LA LAGUNA BLANCA ET SES CYGNES

Le Parque Nacional Laguna Blanca, assez peu visité, n'est qu'à 30 km de Zapala, facilement accessible par un détour sur la Ruta 40 en direction du nord, ou de l'ouest quand on vient de Neuquén. L'isolement relatif de ce paysage brut et désolé a permis la conservation de ces importantes zones humides, où vivent de nombreuses espèces d'oiseaux. La Laguna Blanca, qui donne son nom au parc, est un lac peu profond né d'une coulée de lave qui dressa des parois le long de deux ruisseaux. Elle-même doit son nom à la grande colonie de cygnes blancs à cou noir qui la peuple. Prévoyez de vous y rendre entre novembre et mars, quand il y a beaucoup d'oiseaux et un peu moins de vent. Possibilités de camper (sommairement) sur place.

OÙ PROFITER DE SOURCES CHAUDES

Termas de Copahue
Grand établissement avec bassins et bains de boue ; décembre à avril uniquement.

Termas Aguas Calientes
Sauvage et eau chargée en minéraux, à proximité du Volcán Domuyo.

Termas Caviahue
L'hiver, l'eau est pompée jusqu'à Caviahue pour un bain chaud après les pistes.

Carnet d'adresses

BARILOCHE

Catedral Nuestra Señora del Nahuel Huapi
Voir p. 384 (iglesiacatedralbariloche.com ; Vice. Almirante O'Connor 500 ; 10h-13h et 16h-21h)

Centro Cívico
Voir p. 384 (barilocheturismo.gob.ar/es/centro-civico ; Centro Cívico ; 24h/24)

Museo de la Patagonia
Voir p. 384 (Centro Cívico ; 10h-12h30 et 14h-17h lun-ven)

Parque Nacional de los Arrayanes
Voir p. 411 (parquesnacionales.gob.ar ; 15 000 $ARS ; horaires site Web)

Parque Nacional Nahuel Huapi
Voir p. 391 (parquesnacionales.gob.ar ; 15 000 $ARS ; bureau du parc San Martín 24 ; horaires site Web)

Secretaria de Turismo Bariloche
Voir p. 384 (0294 442-9850 ; Libertad 56 ; 8h-19h45 dim-ven, 10h-16h45 sam)

Aerosilla Cerro Campanario
Voir p. 385 (cerrocampanario.com.ar ; Bustillo, Km 18 ; aller-retour tarif plein/réduit 12 000/7 000 $ARS ; 9h-17h)

Cerro Catedral Telecabina Amancay et Telesilla Diente de Caballo
Voir p. 385 (catedralaltapatagonia.com ; aller-retour tarif plein/réduit 28 000/22 000 $ARS ; mi-juin à mi-oct)

Parque Ecoturístico Cerro Viejo
Voir p. 385 (294 442-7644 ; Bustillo 800 ; 10h-13h, 14h30-18h)

Teleférico Cerro Otto
Voir p. 385 (telefericobariloche.com.ar ; Av. de Los Pioneros, Km 5 ; tarif plein/réduit 20 000/15 000 $ARS ; 10h-17h30)

Hospedaje Penthouse 1004
Voir p. 385 (penthouse1004.com ; Edificio Bariloche Center, San Martín 127, Piso 10, Dpto. 1004)

Hotel Tirol
Voir p. 385 (hoteltirol.com.ar ; Libertad 175)

Selina
Voir p. 385 (selina.com/argentina/bariloche ; Av. de los Pioneros 200)

Chimi Deli Cocina et Chimi Bar de Choris
Voir p. 384 (294 468-4242 ; Ada María Elflein 54 ; 9h-1h lun-sam, 17h-1h dim)

Manush (Centro et Km 4)
Voir p. 384 (cervezamanush.com.ar ; Neumeyer 20 ; 12h30-2h)

Feria Artesanal Bariloche
Voir p. 385 (facebook.com/feriaartesanal.bariloche ; Moreno et Villegas ; 10h-20h)

Mamushka
Voir p. 385 (web.mamuschka.com ; Av. Bartolomé Mitre 298, angle Rolando ; 8h30-23h)

Rapanui
Voir p. 385 (chocolatesrapanui.com.ar ; Av. Bartolomé Mitre 202 ; 8h30-minuit lun-ven, 9h-minuit sam-dim)

Cooperativa Zuem Mapuche
Voir p. 385 (cooperativa zuemapuche.blogspot.com/p/puntos-de-venta.html ; 10h-14h et 16h-20h)

ENVIRONS DE BARILOCHE

Charming Luxury Lodge & Private Spa
Voir p. 390 (charming-bariloche.com ; Hua Huan 7549, Bariloche)

El Casco Art Hotel
Voir p. 390 (hotelelcasco.com ; Bustillo, Km 11,5, Bariloche)

Estancia Peuma Hue
Voir p. 390 (peuma-hue.com ; sud du Lago Gutiérrez)

Hotel Tronador
Voir p. 391 (hoteltronador.com ; RP 82 ; nov à mi-avr)

Llao Llao Resort
Voir p. 389 (llaollao.com.ar ; Bustillo Km 25, Bariloche)

Bellevue Salón de Té
Voir p. 390 (bellevue.com.ar ; Bustillo Km 24,6 Bariloche ; 16h-20h jeu-lun)

Blanco es Negro
Voir p. 390 (Moreno 105, Bariloche ; 8h-20h30 lun-ven, 9h-20h30 sam)

Bruncherie Patagonia Truck et Bruncherie Café & Deli
Voir p. 390 (Bustillo Km 24, Bariloche ; 11h-19h30)

Casa Cassis
Voir p. 391 (casacassis.com.ar ; RP 82, Lago Gutiérrez)

Chiado Restaurante & Casa de Té
Voir p. 390 (Bustillo 17933, Bariloche ; 15h-19h lun-mar et ven, 12h30-19h sam-dim)

Lua Bar/Inefable Libros y Caf2
Voir p. 391 (Bustillo 7551, Bariloche ; 9h-23h30 mar-dim)

Lupino
Voir p. 391 (@lupinobakery ; Bustillo 15440, Bariloche ; 19h-22h30 jeu-dim)

Cerveza Patagonia-Cerveceria Bariloche
Voir p. 389 (cervezapatagonia.com.ar ; Circuito Chico ; 11h-23h)

Lavandas del Limay
Voir p. 390 (Finca Florecer, Paraje Villa Llanquín, Ruta 237 Km 1610)

EL BOLSÓN

Granja Larix
Voir p. 397 (facebook.com/PisciculturaLarix/?_rdr ; Ruta 40 Norte Km 1923 ; 9h-19h30)

Lumina Espacio Holístico
Voir p. 395 (luminaelbolson.com.ar ; Perito Moreno 2186, angle Güemes)

Earthship Patagonia Eco Hostel
Voir p. 395 (facebook.com/Earthshippatagonia ; Azcuénaga 754)

Hostel La Casita Naranja
Voir p. 396 (facebook.com/hostellacasitanaranja ; Dr. Armando Miklos 3557)

La Aguada B&B
Voir p. 396 (instagram.com/laaguada.suite ; Los Pioneros 2101)

La Casona de Odile Hostel
Voir p. 396 (odile.com.ar ; Barrio Luján ; sept-avr)

YASEMIN OLGUNOZ BERBER/SHUTTERSTOCK.COM ©

Bariloche

La Confluencia Lodge & Farm
Voir p. 395 (laconfluencia.com ; Apartado 111)

Refugio Casa del Campo
Voir p. 397 (294 458-1279 ; 662482 Mallin Ahogado)

Refugio Hielo Azul
Voir p. 397 (instagram.com/refugio_hielo_azul/?hl=fr)

El Tablón Pizza a la Piedra
Voir p. 395 (294 449-8710 ; Av. San Martín 2467 ; 12h-23h30)

Heladería Humus
Voir p. 396 (294 449-1218 ; Camino de los Nogales ; 14h-20h mer-sam)

Iori
Voir p. 395 (294 496-3028 ; Sarmiento 2920 ; 20h-23h30 mer-sam)

Restaurante Pirque
Voir p. 395 (facebook.com/pirquerestaurant ; Ruta 40, Km 1903, El Hoyo ; 12h-15h mer-lun, 20h-23h ven-sam)

Feria Franca
Voir p. 396 (General Roca et Onelli, El Bolsón ; 9h-19h30 lun-sam, 10h30-13h dim)

Feria Regional Artesanal
Voir p. 396 (Plaza Pagano ; 10h-18h mar, jeu, sam et dim)

Humus de la Montaña
Voir p. 396 (instagram.com/humusdelamontana ; Camino de los Nogales ; 14h-20h mer-sam)

ENVIRONS D'EL BOLSÓN

Laberinto Patagonia
Voir p. 401 (facebook.com/laberintopatagonia ; Km 3,7 Camino a El Desemboque, El Hoyo ; 10h30-21h)

Villa Escondida
Voir p. 399 (villaescondida.com.ar ; à 4 km de la Ruta 40, Camino a Puerto Patriada, El Hoyo)

Linaje Boutique Hotel
Voir p. 399 (linajepatagonia.com.ar ; Cerro Radal Lote 35 a, Lago Puelo)

AWKA
Voir p. 400 (facebook.com/awka.cerveceria.5 ; angle Perito Moreno et Dorrego ; 18h-4h)

Valkyria Gin
Voir p. 400 (valkyriagin.com.ar ; El Bolsón)

SAN MARTÍN DE LOS ANDES

La Pastera Museo del Che
Voir p. 406 (lapastera.org.ar ; angle Sarmiento et Roca ; 9h-14h et 17h-20h lun-sam)

La Reserva Natural Urbana Cotesma
Voir p. 406 (rnu.cotesma.com.ar ; 10h-13h mer et ven, 15h30-18h30 sam-dim)

Museo del Parque Nacional Lanín
Voir p. 404 (Emilio Frei 749 ; entrée libre ; 9h-16h lun-ven)

Museo Primeros Pobladores
Voir p. 404 (facebook.com/mppsma ; Juan Manuel de Rosas 700 ; entrée libre ; 8h-17h lun-ven, 16h-18h sam)

Parque Nacional Lanín
Voir p. 409 (argentina.gob.ar ; 15 000 $ARS)

Sala Municipal Lidaura Chapitel
Voir p. 404 (Cap. Drury 665)

Bike Hostel
Voir p. 405 (2972 50-6900 ; Koessler 1531)

Adventure Bed & Bike
Voir p. 405 (adventurebedandbike.com-losandes.info ; Atahualpa Yupanqui 289)

Hostería Boutique La Casa de Eugenia
Voir p. 404 (lceugenia.com ; Cnel. Díaz 1186)

La Posta del Cazador
Voir p. 405 (lapostadelcazador.com.ar ; San Martín 175)

Río Hermoso Hotel de Montaña
Voir p. 404 (riohermoso.com ; Ruta 63, Km 67, Parque Nacional Lanín)

Rotui Apart Hotel
Voir p. 404 (rotui.com.ar ; Perito Moreno 1378)

Café Montés
Voir p. 404 (instagram.com/montescafesma ; Pérez 830 Local 6 ; 8h-12h30 et 16h-20h lun-ven, 9h-12h30 et 16h-20h sam)

Mamusia
Voir p. 404 (mamusia.com.ar ; San Martín 601 ; 9h-22h dim-mer, 9h-23h jeu-sam)

Morphen
Voir p. 408 (morphen.com.ar ; San Martín 151 ; 20h-23h30 mar-dim)

Bariloche, Isla Victoria

ESKYSTUDIO/STOCK.ADOBE.COM ©

Pizza Cala
Voir p. 408 (2972 42-2511 ; San Martín 1129 ; 12h-minuit)

Vieja Deli
Voir p. 408 (2972 42-8898 ; Gral. Villegas ; 8h-minuit)

Centro Cultural Cotesma
Voir p. 404 (ccc.cotesma.com.ar ; Gral. Roca 1154)

Espacio TRAMA
Voir p. 404 (espaciotrama.ar ; Gral. Roca 320)

Artesanías Neuquinas
Voir p. 404 (M Rosas 790 ; 9h-18h lun-sam)

La Oveja Negra
Voir p. 405 (instagram.com/laovejanegrasma ; San Martín 1025 ; 10h-14h et 16h-21h)

Regional Patagonian Vinos y Sabores
Voir p. 405 (instagram.com/elregionalpatagonian ; San Martín 766 ; 10h-22h)

Tintal
Voir p. 404 (Pérez 842 ; 10h-13h30 et 17h-20h lun-sam)

ENVIRONS DE SAN MARTÍN DE LOS ANDES

Iglesia Nuestra Señora de las Nieves
Voir p. 408 (Calle Padre Gines Ponte 571, Junín de los Andes)

Parque Vía Christi
Voir p. 408 (Antártida Argentina 798, Junín de los Andes ; 10h-16h mar-ven)

Sanctuario de Ceferino
Voir p. 408 (San Ignacio ; 10h-16h mer-dim)

NEUQUÉN

Catedral de Neuquén María Auxiliadora
Voir p. 415 (facebook.com/CatedralMariaAuxiliadoraNeuquen ; Argentina 150)

Ex Carcel U9
Voir p. 416 (Entre Ríos 303 ; 8h-15h lun-ven)

Museo Gregorio Álvarez
Voir p. 415 (San Martín 280 ; 10h-20h mar-ven, 16h-20h sam)

Museo Municipal Argentino Urquiza, Rincón de los Sauces
Voir p. 417 (299 532-4970 ; Chosmalal 1277, Rincón de los Sauces ; 9h-21h lun-ven, 16h-21h dim)

Museo Municipal Carmen Funes
Voir p. 417 (Córdoba 55, Plaza Huincul ; 9h-19h)

Museo Nacional de Bellas Artes (MNBA)
Voir p. 415 (mnbaneuquen.gov.ar ; Mitre et Santa Cruz ; entrée libre ; 9h30-20h mar-ven, 16h-20h sam-dim)

Museo Paleontológico Municipal Ernesto Bachmann
Voir p. 417 (299 490-1230 ; 8311, Mario Sureda 328f, Villa El Chocón ; 9h-20h)

Observatorio Astronómico de Neuquén
Voir p. 415 (María y Mandalari Antonio ; 2 500 $ARS ; 19h30-minuit)

Parque Geopaleontológico Proyecto Dino
Voir p. 417 (299 674-1597 ; Proyecto Dino, RP 51, Km 65, Lago Barreales ; 9h-19h ven-dim)

Sala de Arte Emilio Saraco
Voir p. 415 (Coronel Olascoaga ; entrée libre ; 9h-20h mar-ven, 16h-20h sam)

Torre Talero
Voir p. 416 (Sgto Manuel Bejarano 749 ; 24h/24)

Bodega Familia Schroeder
Voir p. 418 (familiaschroeder.com ; Calle 7 Norte, San Patricio del Chañar ; 10h-17h)

Bodega Malma
Voir p. 418 (bodegamalma.com ; Ruta Provincial n°7 et Calle 15, San Patricio del Chañar ; 9h-16h lun-ven, 11h-17h sam-dim)

Dirt World Fly Park
Voir p. 417 (299 429-0527 ; Mandalari Antonio ; 19h-21h)

Tecim Eco Navegación
Voir p. 423 (9 299 634-1257 ; Tte. de Navío Eliana María Krawczyk 685)

Cyan Soho Neuquén Hotel
Voir p. 417 (cyansohoneuquen.com.ar ; Tucumán 535)

La Morada Petit Hotel
Voir p. 417 (lamoradaneuquen.com.ar ; Villegas 591)

Punto Patagonico Hostel
Voir p. 417 (puntopatagonico.com ; Periodistas Neuquinas 94)

La Toscana
Voir p. 416 (latoscanarestaurante.com ; Barrio Nuevo, Juan Julián Lastra 176 ; 12h-15h30 et 20h-minuit)

Restaurante Estación Q
Voir p. 416 (Juan Bautista Alberdi 297 ; 8h-23h30 lun-sam)

Antares
Voir p. 415 (instagram.com/antaresneuquen ; San Martín 297)

Feria de los Artesanos
Voir p. 415 (Argentina 245 ; 20h30-23h)

ENVIRONS DE NEUQUÉN

Termas de Copahue
Voir p. 420 (termasdecopahue.gob.ar ; Ortiz Velez ; bains à partir de 1 600 $ARS, soins à partir de 970 $ARS)

DEYAN DENCHEV/SHUTTERSTOCK ©

Ci-dessus : glacier Perito Moreno (p. 457) ; à droite : bébé phoque, Patagonie

Patagonie

PICS DÉCHIQUETÉS, GLACIERS ET FAUNE MARINE

Contemplez les baleines franches australes croiser au large, gravissez les sommets enneigés des Andes et galopez dans la steppe patagonne.

Aux confins australs de l'Amérique du Sud, la nature se déploie en une sublime immensité sauvage, désertique et silencieuse. La Patagonie affiche, de fait, deux visages distincts, avec, dans l'ouest, une forêt tempérée et les Andes et, dans l'est, un littoral, bordé de hautes et rudes falaises tombant dans un océan bleu vif. Baleines, manchots, otaries et éléphants de mer s'y ébattent dans les flots, tandis que guanacos, moutons et bovins occupent une steppe semi-aride. Ici, se dévoile un passé remontant à bien avant l'homme, comme en témoigne ce musée dédié aux dinosaures, à Trelew, ou les forêts pétrifiées des provinces du Chubut et de Santa Cruz. À la fin du XIXe siècle, des Gallois s'installèrent dans la région, y fondant des villages, y bâtissant des églises, et y introduisant leurs usages, tel le thé de l'après-midi. Si elle s'étend sur plus d'un tiers du vaste territoire national, la Patagonie ne compte que 2 millions d'habitants, ce qui en fait une destination idéale pour partir loin de tout. Certains pans en sont toutefois très fréquentés, en particulier en janvier et en février, lorsque la majorité des Argentins prennent leurs vacances d'été. Maints visiteurs se rendent au Glaciar Perito Moreno et sur les sentiers de randonnée des environs d'El Chaltén. Pour échapper aux foules, rejoignez Bahía Bustamante et Cabo Raso en suivant la route RP 1, très peu asphaltée, dans l'est du Chubut.

Partout, on s'imprègne du silence de ces vastes étendues auxquelles Bruce Chatwin consacra un livre, entre esprit d'aventure et lien profond avec cette terre où le peuple tehuelche chassait nandous et guanacos.

SITES PRINCIPAUX

PUERTO MADRYN
Pour observer des éléphants de mer, des manchots et des baleines.
p. 432

ESQUEL
Cours d'eau, lacs, randonnées et ski.
p. 444

EL CALAFATE
Le glacier le plus connu du pays.
p. 455

EL CHALTÉN
Des montagnes et la capitale argentine de la randonnée.
p. 465

S'orienter

La Patagonie couvre un tiers du huitième plus grand pays du monde. Les trajets y prennent donc du temps. Souvent onéreux, l'avion reste le moyen le plus efficace pour accéder aux sites majeurs.

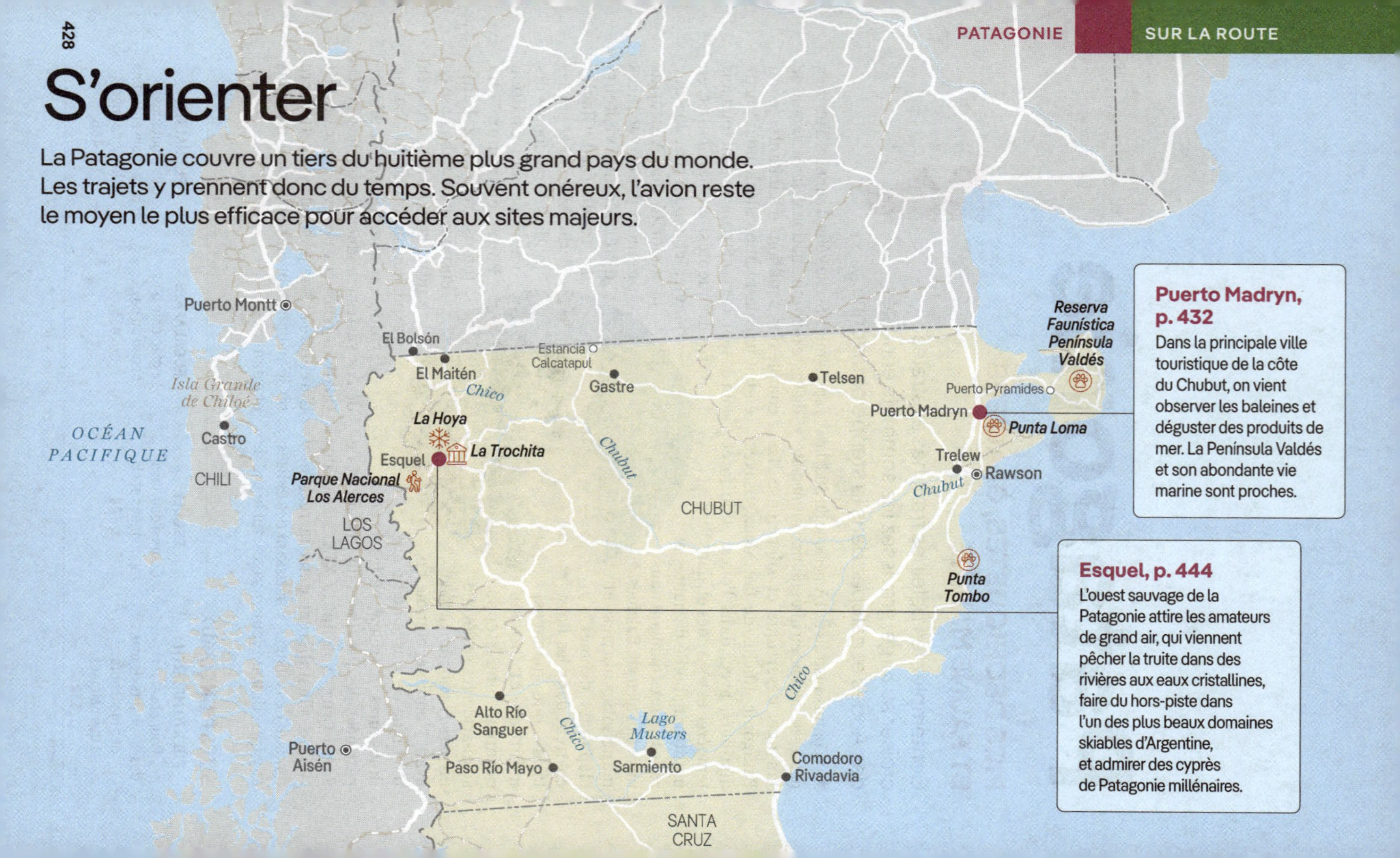

Puerto Madryn, p. 432

Dans la principale ville touristique de la côte du Chubut, on vient observer les baleines et déguster des produits de mer. La Península Valdés et son abondante vie marine sont proches.

Esquel, p. 444

L'ouest sauvage de la Patagonie attire les amateurs de grand air, qui viennent pêcher la truite dans des rivières aux eaux cristallines, faire du hors-piste dans l'un des plus beaux domaines skiables d'Argentine, et admirer des cyprès de Patagonie millénaires.

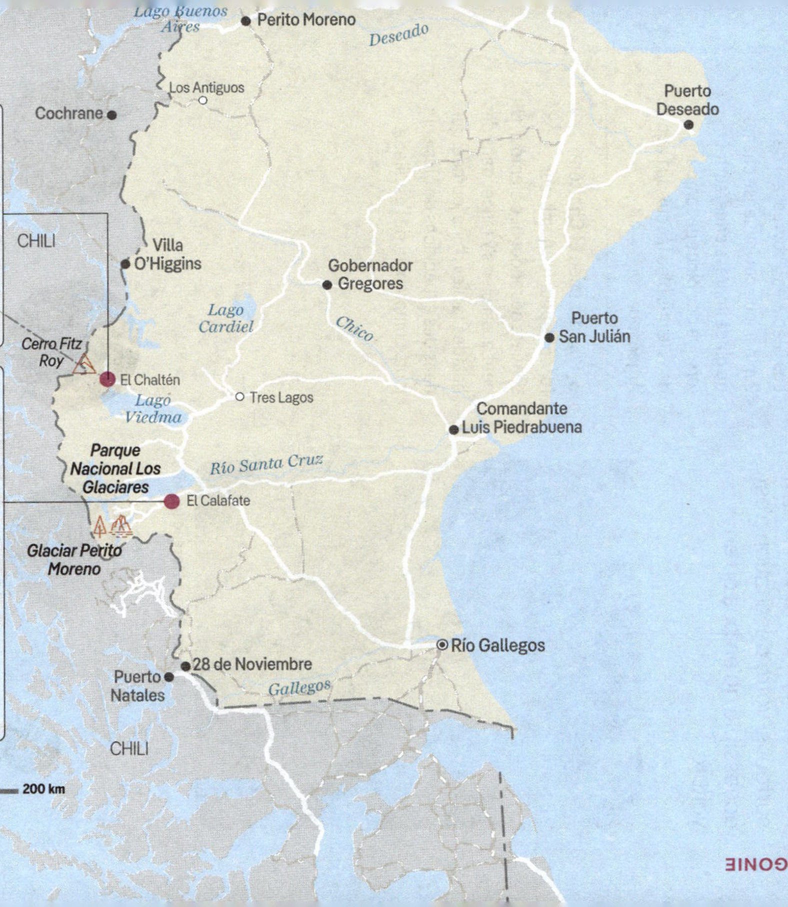

El Chaltén, p. 465

Au pied des Andes, cette ville montagnarde est entourée de sentiers de randonnée menant à de superbes lacs glaciaires et à des sommets enneigés forts de vues sublimes.

El Calafate, p. 455

La ville est réputée pour son glacier, l'un des plus connus au monde. On peut, non loin, séjourner, à l'écart de tout, dans de magnifiques *estancias*.

R.M. NUNES/SHUTTERSTOCK ©

VOITURE

Il est conseillé de disposer d'un véhicule pour accéder aux beautés naturelles isolées de la Patagonie. Les nombreuses routes gravillonnées de la région sont plus qu'à leur tour affectées par la pluie et la neige. Vérifiez toujours l'état des routes avant de partir en excursion.

BUS

Les bus longue distance sont confortables et généralement moins chers que l'avion. Quelques compagnies, dont Andesmar (andesmar.com/en) et Don Otto (donotto.com.ar), ont ouvert des lignes entre Buenos Aires et plusieurs destinations de la Patagonie. Les bus Marga Taqsa (taqsa.com.ar) desservent Esquel et El Calafate en haute saison (janvier et février).

AVION

Un mode de transport très utile pour qui manque de temps. La région est bien desservie depuis Buenos Aires, notamment par les compagnies Aerolíneas Argentinas (aerolineas.com.ar) et Flybondi (flybondi.com/ar). Les vols régionaux en Patagonie sont plus rares, et souvent plus chers.

Planifier son séjour

Prévoyez suffisamment de temps. La Patagonie est vaste, et les trajets peuvent être longs, surtout si votre destination n'est accessible qu'en bus ou en voiture.

Glaciar Perito Moreno (p. 457)

Si vous avez peu de temps

- Au départ d'El Calafate, rendez-vous, à la faveur d'une visite guidée ou en solo, à la principale attraction de Patagonie, le superbe **Glaciar Perito Moreno** (p. 457), dans le Parque Nacional Los Glaciares. Progressant de 2 m par jour, cet immense champ de glace impressionne, surtout lorsque des blocs en tombent dans le gris bleu laiteux du Lago Argentino.

- Puis direction **El Chaltén** (p. 465), pour les nombreux sentiers de randonnée alentour. On peut aussi bien s'y lancer dans des balades faciles d'une journée, que dans des expéditions de plusieurs jours comprenant de l'escalade.

Au fil des saisons

La Patagonie se prête aux randonnées et balades à cheval au printemps et en été, à l'observation des baleines en automne, et au ski en hiver.

JANVIER

Haute saison estivale et forte affluence. Les vacanciers se rendent à **El Calafate** (p. 455) et à **Puerto Madryn** (p. 432).

FÉVRIER

Cholila (p. 453) accueille la Fiesta Nacional del Asado, un gigantesque barbecue où l'on déguste de l'agneau braisé.

MARS

La Fiesta Nacional del Trekking se déroule à **El Chaltén** (p. 465). Au programme, concours d'escalade et de bûcheronnage.

Si vous avez six jours

- Rejoignez **Puerto Madryn** (p. 432) pour accéder à certains des meilleurs sites d'observation de la faune de Patagonie. La côte est du Chubut est riche d'espèces, dont des baleines, des manchots et des éléphants de mer.

- Entre juin et décembre, direction la **Playa El Doradillo** (p. 434), pour y observer de près des baleines franches australes et leurs petits.

- Partez ensuite vers le sud, à **Punta Loma** (p. 435), pour y découvrir un littoral aussi désolé qu'impressionnant. Posté au point de vue, regardez la lumière du soleil jouer sur l'eau bleue cobalt de l'Atlantique. Une colonie d'éléphants de mer se repose sur la plage en contrebas.

Si vous avez plus d'une semaine

- Avec du temps et un moyen de transport, vous pourrez explorer les sites les plus isolés de Patagonie. Louez une voiture à **Puerto Madryn** (p. 432) et rejoignez, au sud, **Cabo Raso** (p. 442), un petit paradis à l'écart du monde moderne : ici, ni Wi-Fi ni réseau de téléphonie, mais des kilomètres de côtes, une colonie d'éléphants de mer, et l'océan Atlantique.

- Dormez dans un ancien bus municipal ou campez, pour admirer les étoiles. Plus au sud, **Camarones** (p. 443) était autrefois un port dynamique, centré sur l'industrie de la laine. Aujourd'hui, cette ville décontractée est un bon point de départ pour **Cabo Dos Bahías** (p. 443), un site reculé et peu visité où viennent nicher des milliers de manchots.

JUILLET
Le début de la saison de l'observation des baleines à **Puerto Madryn** (p. 432). On peut voir des baleines franches australes et leurs petits.

OCTOBRE
L'Eisteddfod del Chubut, un festival gallois de musique et de littérature lancé en 1875, se tient à **Trelew** (p. 441).

NOVEMBRE
Les températures sont plus clémentes. La période de novembre à mars est idéale pour parcourir la Ruta Nacional 40.

DÉCEMBRE
Le mois parfait pour se rendre à **El Calafate** (p. 455). L'été austral commence, mais décembre est moins cher et moins fréquenté que janvier.

Pour les infos pratiques, voir le Carnet d'adresses p. 476

Puerto Madryn

Donnant sur le Golfo Nuevo, au nord-est de la province du Chubut, Puerto Madryn est le deuxième port de pêche d'Argentine (après Mar del Plata), et est également un point d'accès à la Reserva Faunística Península Valdés, où vivent baleines, guanacos, nandous, manchots, éléphants de mer et lions de mer. Fondée par des immigrants gallois en 1865, cette ville, assez étendue, est la principale destination de Patagonie pour l'observation de la vie marine. Les baleines franches australes viennent ici se reproduire, et on en aperçoit depuis la Playa El Doradillo. Nager près de lions de mer, notamment aux environs de Punta Loma, constitue un des points forts d'un séjour sur place.

COMMENT CIRCULER

Puerto Madryn se visite très bien à pied. Le centre-ville s'organise autour de deux avenues parallèles, Roca et 25 de Mayo, et de la *costanera* (la route côtière). De nombreux hôtels et certaines agences de voyages louent des vélos pour explorer les environs, notamment les plages. Vous trouverez sans peine des taxis et des *remises* (des taxis à prix fixe, à réserver par téléphone) pour rejoindre la Playa El Doradillo, au nord de la ville, afin d'observer des baleines franches australes, ou Punta Loma et sa colonie de lions de mer, au sud de la ville. Quelques lignes de bus desservent Puerto Madryn, mais elles ne sont pas très pratiques pour accéder aux sites touristiques.

À SAVOIR

Pour observer les baleines, prévoyez 3 ou 4 jours sur place. Les bateaux ne partent que par beau temps. Or, en Patagonie, la météo peut mettre un coup d'arrêt aux activités durant plusieurs jours. Si une sortie est annulée, les compagnies décalent les réservations au jour suivant.

Baleine franche australe, Península Valdés (p. 436)

INCONTOURNABLES
1 Punta Loma
2 Reserva Faunística Península Valdés

VOIR
3 Caleta Valdés
4 Estancia La Ernestina
5 Playa El Doradillo
6 Playa Las Canteras
7 Puerto Pirámides
8 Punta Cantor
9 Punta Delgada
10 Salina Chica

ACTIVITÉS
11 Madryn Buceo

SE LOGER
12 Estancia El Pedral
13 Estancia Rincón Chico
14 Hotel Territorio
15 La Calandria B&B
16 La Tosca Hostel

SE RESTAURER
17 Chona
18 Hotel Península Valdés
19 Hotel Tolosa
Voir 17 Matilde

PRENDRE UN VERRE ET FAIRE LA FÊTE
20 Barrika Bar de Tapas
21 Cervecería Artesanal Kaiser
22 Cervecería Cerro Parva
23 James Bar

BALEINES FRANCHES AUSTRALES

Les baleines franches australes, ou baleines noires australes, ont une tête énorme qui mesure jusqu'à un tiers ou un quart de leur corps. Elles ont été chassées du XVIIe au XIXe siècle pour leur huile et leurs fanons. Les eaux protégées du Golfo Nuevo et du Golfo San José, des deux côtés de la Península Valdés, leur offrent des conditions idéales pour donner naissance à leurs baleineaux et les élever. Ce sont donc quelque 500 cétacés qui arrivent ici début juin et y restent jusqu'à début décembre, avant de poursuivre vers le sud jusqu'à la Terre de Feu. L'Instituto de Conservación de Ballenas (ICB ; ballenas.org.ar), les étudie, les identifie et a photographié plus de 3 000 individus depuis 1971.

Lions de mer, Patagonie

Orques et baleines

Admirez les mammifères marins de Puerto Madryn

Première destination de Patagonie pour l'observation de la faune, Puerto Madryn est le lieu d'expériences uniques. Tout commence sur les plages de galets du Golfo Nuevo, au nord de la ville, d'où l'on peut voir, à marée haute, des baleines franches australes. Tous les ans, mi-juin, ces cétacés viennent se reproduire près du littoral de l'est du Chubut. Pour profiter d'un point de vue extraordinaire, prenez votre voiture ou un taxi jusqu'à la **Playa El Doradillo**, à environ 11 km au nord de Puerto Madryn, ou la **Playa Las Canteras**, quelques kilomètres plus loin. Si vous engagez un chauffeur, le prix comprend toujours 1 h 30 sur place. Il est également possible d'observer des baleines en ville, car, en haute saison, des baleineaux jouent parfois dans le port à marée haute.

Entre mi-février et mi-avril, dirigez-vous vers la Península Valdés et Punta Norte : les orques s'y livrent à des échouages surprise pour attraper des bébés lions de mer sur la plage. Il est peu probable que vous soyez témoin de telles scènes de chasse, mais sans doute verrez-vous des ailerons dépasser de l'eau. Vérifiez les horaires de la marée avant de partir en excursion. Ils sont souvent imprimés et affichés dans les ascenseurs ou à la réception des hôtels, mais vous pourrez également les demander à l'office de tourisme de l'Avenida Roca.

OÙ SE LOGER

Hotel Tolosa
Hôtel clair et moderne. Très bon petit déjeuner buffet, avec œufs et douceurs. $$

Hotel Territorio
Au sud du centre-ville, près de la plage. Toutes les chambres donnent sur l'océan. $$$

La Tosca Hostel
Auberge de jeunesse spacieuse avec jardin agréable et cuisine commune bien équipée. $

Exploration de la Península Valdés

Observation des baleines, kayak et manchots

Il est conseillé de louer une voiture pour profiter au mieux de la **Reserva Faunística Península Valdés**. Passez au moins 2 jours sur place pour admirer la vue depuis les falaises calcaires, écouter les phoques se chamailler sur les rives de l'Atlantique et, entre mars et avril, observer les orques chasser à **Punta Norte**. De mi-juin à mi-décembre, les visiteurs affluent à Puerto Pirámides (puertopiramides.gov.ar), le seul village de la réserve, nommé d'après une falaise triangulaire de la baie. Lors des excursions en bateau, on peut voir les baleines franches australes, qui vivent pour un temps dans ces eaux. Les cinq tour-opérateurs licenciés facturent le même prix, mais Southern Spirit (southernspirit.com.ar) propose également une sortie à bord du *Yellow Submarine*, un semi-submersible jaune, afin d'admirer ces énormes créatures sous l'eau lorsque la visibilité s'y prête.

En dehors de Puerto Pirámides, la réserve peut être divisée en trois parties : Punta Norte au nord, **Punta Cantor** à l'est et **Punta Delgada** au sud. Séjournez à Puerto Pirámides ou à l'**Estancia Rincón Chico**, juste au sud-ouest de Punta Delgada. Le prix des chambres au Rincón Chico comprend une visite guidée de la plage privée de l'*estancia*, où quelque 10 000 éléphants de mer et jusqu'à 3 500 lions de mer se rassemblent tous les ans, de décembre à mars, pour se reproduire. On peut également observer des dauphins, des orques, des baleines et des manchots, le long des 16 km de littoral de la propriété. Depuis Punta Delgada, partez sur la route de terre RP 2 afin de découvrir, au cœur de la péninsule, la **Salina Grande** et la **Salina Chica**, deux salines qui, à 42 m au-dessous du niveau de la mer, forment des dépressions continentales parmi les plus basses du monde.

Manchot, Chubut

MEILLEURS SITES POUR OBSERVER LA FAUNE

Península Valdés
Un des sites les plus réputés de Patagonie pour l'observation des cétacés, avec notamment des orques et des baleines franches australes.

Punta Tombo
Le plus grand lieu de nidification pour les manchots de Magellan en Amérique du Sud continentale (ils sont environ 1 million).

Bahía Bustamante
Estancia privée où l'on peut voir de nombreux animaux, comme des dauphins ou les brassemers, une espèce endémique de canard.

Punta Loma
Au sud de Puerto Madryn, cette petite réserve naturelle abrite une colonie prospère de lions de mer.

Cabo Dos Bahías
Tout comme Punta Tombo, ce site accueille de nombreux manchots de Magellan, mais moins de visiteurs humains.

OÙ SE RESTAURER

Matilde
La meilleure *parrilla* de la ville, et la plus populaire. Goûtez son succulent agneau braisé à la patagonne. **$$**

Chona
Vaste menu comprenant des pâtes, de la viande et quelques plats de fruits de mer, comme des crevettes au beurre et à l'ail. **$$**

Hotel Tolosa Restaurante
Restaurant abordable dans l'Hotel Tolosa. Testez les *empanadas* à la viande. **$$**

TICIANA GIEHL/SHUTTERSTOCK ©

INCONTOURNABLE

Reserva Faunística Península Valdés

INFOS PRATIQUES

Scannez ce QR-code pour obtenir plus d'informations.

À 1 heure de route au nord de Puerto Madryn, la Reserva Faunística Península Valdés est l'une des plus importantes réserves maritimes au monde. Elle s'étend le long d'un littoral d'un joli bleu, où viennent se reproduire manchots, baleines franches australes et éléphants de mer. C'est le plus beau site d'Argentine pour voir la faune de près, et le seul lieu de la planète où l'on a une chance d'observer des orques chasser à terre.

À NE PAS MANQUER

- Puerto Pirámides
- Punta Pirámides
- La Ernestina
- Punta Norte
- Punta Delgada
- Caleta Valdés

Planning et arrivée

Pour profiter au maximum de la péninsule, séjournez à Puerto Pirámides et louez une voiture. Vous pourrez ainsi partir tôt et éviter la foule. De plus, en séjournant au village, vous ne paierez qu'une fois l'entrée de la réserve. Portez votre choix sur les espèces que vous souhaitez voir, et planifiez vos déplacements en conséquence. Il y a deux périodes pour observer les orques en embuscade près de la plage : mars-avril, lorsqu'elles se dirigent vers Punta Norte afin d'attraper des bébés lions de mer, et octobre-novembre, quand elles chassent les bébés éléphants de mer à Caleta Valdés, à 30 km de Punta Norte. La réserve peut sembler petite sur une carte, mais on peut aisément consacrer plusieurs jours à son exploration : un pour la partie nord, un deuxième pour l'est, et un troisième à Puerto Pirámides, afin d'aller observer les baleines en bateau. Notez également que la météo peut se révéler imprévisible et affecter vos projets. Les bateaux ne sortent pas si le vent est trop fort, et les gardes forestiers ferment les routes en cas de fortes pluies.

Colonie de lions de mer, Península Valdés

Puerto Pirámides

Cette petite agglomération, la seule de la Península Váldes, est le point de départ de toutes les sorties d'observation des baleines. Elle est paisible, sauf entre juin et décembre, lorsque les excursionnistes affluent pour les baleines franches australes. Si vous séjournez sur place (il y a des établissements corrects), vous pourrez vous rendre sur la plage, de nuit, dans l'espoir d'entendre des cétacés au large. Une balade de 5 km autour du cap, qui part du nord-ouest de la ville, mène à Punta Pirámides, un bon site pour observer des lions de mer, surtout en janvier. On peut également s'y rendre en voiture.

Punta Norte

Ce site, accessible par une route gravillonnée, se trouve à l'extrémité nord de la péninsule, à moins de 80 km au nord de Puerto Pirámides. En mars et avril, on a des chances d'apercevoir des orques attraper des petits lions de mer sur la plage. Le reste de l'année, on peut y voir des manchots de Magellan et des éléphants de mer. Faites attention sur la route, notamment aux animaux sauvages et aux moutons qui divaguent. Si vous partez pour une journée, prévoyez nourriture, eau et essence, car il n'y a ni boutiques ni stations-service dans les environs.

Caleta Valdés

Caleta Valdés se situe sur la côte centrale de la réserve, à environ 75 km de Puerto Pirámides en suivant une route gravillonnée. De fin septembre à mi-avril environ, on peut y observer des manchots de Magellan venus nicher. À l'extrémité sud de Caleta Valdés, qui porte aussi le nom de Punta Cantor, une colonie d'éléphants de mer vient se reproduire sur la côte. On y trouve des toilettes, un panneau d'information et des sentiers côtiers.

OÙ SE LOGER

Il y a peu d'hébergements en dehors de Puerto Pirámides. La Ernestina, un élevage de moutons à Punta Norte, loue 6 chambres. Elle héberge la Punta Norte Orca Research (pn-orca.org), et garantit un accès privilégié aux plages où les orques viennent chasser.

À SAVOIR

- Vérifiez toujours l'état des routes avec les gardes forestiers présents à l'entrée de la réserve ou au Centro de Visitantes Istmo Carlos Ameghino.
- La RP 2, entre Puerto Madryn et Puerto Pirámides, est goudronnée, mais les autres routes sont gravillonnées.
- Les gardes forestiers ferment souvent des routes en raison de pluies fortes, de chutes de neige ou d'accidents impliquant des animaux.
- Les visites au départ de Puerto Madryn n'incluent généralement pas Punta Norte ; si elles le font, elles ne tiennent pas compte des marées, pourtant importantes pour observer des orques depuis la plage.
- Si vous voulez vraiment voir des orques, il vaut mieux organiser vous-même votre excursion.

MEILLEURS HÉBERGEMENTS SUR LES CÔTES DU CHUBUT

Bahía Bustamante
Jolie réserve privée où l'on peut observer des oiseaux endémiques, des manchots, des baleines et des lions de mer. Les bungalows en front de mer ont une jolie vue. **$$$**

Cabo Raso
Refugio isolé comptant des kilomètres de côtes ; camping, chambres en B&B ou nuit dans d'anciens bus municipaux. **$-$$**

Estancia Rincón Chico
Ranch élégant et isolé de la Península Valdés, qui donne sur la steppe patagonne. **$$$**

Estancia El Pedral
Ranch des années 1920 où l'on observe des manchots de Magellan en septembre. Les tarifs comprennent tous les repas. **$$$**

La Calandria B&B
À quelques kilomètres de Playa El Doradillo, ce joli B&B loue de confortables bungalows au cœur de champs de lavande. **$$$**

CHRISSTOCKPHOTOGRAPHY/ALAMY STOCK PHOTO ©

Estancia El Pedral

Produits de la mer et agneau à la broche à la patagonne

Savourez les spécialités régionales

Puerto Madryn étant le plus grand port de pêche de Patagonie, on y déguste des produits de la mer ultrafrais. L'*Arroz con mariscos*, la version locale de la paella espagnole avec du riz, des crevettes, des calamars et des moules, est une spécialité à déguster avec un verre de chardonnay bien frais. Au bord de la plage, quelques adresses préparent d'autres délices iodés. Partout en ville, les restaurants proposent au moins un ou deux plats à base de produits la mer, y compris les *parrillas* (restaurants de grillades). Le **Barrika Bar de Tapas** sert plusieurs types de sushis, ainsi que de petits plats similaires à des tapas. Goûtez la tortilla garnie de tempuras de crevettes ou l'*escabeche* au calamar, préparé à la mode espagnole traditionnelle, avec des aliments cuits ou marinés au vinaigre dans une sauce acide.

Autrement, savourez des Saint-Jacques gratinées avec un verre de pinot Grigio frais près d'une fenêtre du restaurant de l'**Hotel Península Valdés**, fort de son ambiance tamisée. Depuis 1977, à Puerto Madryn, la Fiesta Nacional del Cordero (festival national de l'Agneau) fait part belle à la spécialité carnée régionale. Pendant 3 jours, mi-février, le fumet d'agneaux cuits entiers à la

OÙ PRENDRE UN VERRE

James Bar
Cervecería (brasserie) populaire près du terminal des bateaux de croisière. Délicieuses IPA pression.

Cervecería Cerro Parva
Bière produite avec l'eau de source pure du pic Parva, au cœur de la province du Chubut.

Cervecería Artesanal Kaiser
Petit bar à bières convivial qui produit ses propres IPA, porters et ales. Happy hour de 18h à 20h.

broche imprègne la ville. On y vient nombreux pour différents événements, comme la tonte de moutons par des *gauchos* des environs et le couronnement annuel de la Reina del Cordero (la reine de l'agneau). Le reste de l'année, vous pourrez apprécier les excellents agneaux des *estancias* des environs à **Matilde** et les accompagner d'un verre de vin rouge. Les portions sont généreuses, et une assiette d'agneau braisé pour deux convient parfaitement à trois ou quatre personnes.

Approchez la faune

Snorkeling avec des lions de mer

De nombreux lions de mer résidant sur le littoral de Puerto Madryn, c'est l'endroit rêvé pour nager parmi ces animaux, aussi joueurs que curieux. L'espèce locale, qui porte aussi le nom d'otarie à crinière, se distingue par une fourrure courte, généralement marron, et un ventre orange et jaune. Si vous voulez les voir de près, **Madryn Buceo** organise des sorties comprenant une brève formation sur le snorkeling responsable, un instructeur et un aller-retour en bateau jusqu'à Punta Loma, à 20 km au sud de Puerto Madryn, où vit une colonie de 500 otaries.

L'agence vous invitera à ne pas faire de bruit, afin de ne pas effrayer les animaux, et de rester à une distance respectueuse une fois dans l'eau. Ce sont les otaries qui s'approcheront de vous, et non l'inverse. Les sorties s'effectuent en petits groupes (généralement 10 personnes maximum) de sorte à déranger le moins possible la colonie. Il y a des départs tous les jours (par beau temps), mais réservez 24 heures à l'avance. Les sorties durent environ 2 h 30, et vous passerez environ 45 minutes dans l'eau avec les otaries. Si vous avez un certificat PADI, vous pourrez aussi plonger avec elles. Il en coûte davantage, mais n'hésitez pas si vous voulez les approcher d'encore plus près.

Agneau braisé à la mode traditionnelle

LA CÔTE PATAGONNE

Madelaine Triebe, rédactrice

L'un de mes plus beaux souvenirs de voyage est de m'être assise, une nuit, sur la côte de Patagonie, et d'avoir écouté les vagues et le vent de l'océan Atlantique sous un ciel étoilé, dans un calme parfait. Nous étions venus à Cabo Raso en voiture, après avoir suivi la route de terre RP 1 sans vraiment savoir où nous allions. Nous éprouvions un sentiment de liberté, cette sorte d'exaltante incertitude, typique de tout road trip en Patagonie. Une fois arrivés, nous sommes descendus de voiture, avons regardé autour de nous, et nous sommes crus dans un lieu abandonné des hommes. C'est justement ce que j'aime, avec la côte de Patagonie. Elle est désolée, vaste, et apparemment imperméable à l'influence humaine.

Environs de Puerto Madryn

Pour les infos pratiques, voir le Carnet d'adresses p. 476

On trouve, aux environs de Puerto Madryn, des salons de thé gallois, un excellent musée consacré aux dinosaures, mais aussi une forêt pétrifiée et un littoral désolé riche en faune.

Pour vivre des expériences très différentes en Patagonie, nul besoin de beaucoup s'éloigner de Puerto Madryn. À Trelew, à 65 km au sud, on découvre la culture galloise des anciens colons, mais aussi le Museo Paleontológico Egidio Feruglio, un musée superbement agencé où sont exposés squelettes et œufs de dinosaures. Plus au sud, après quelques heures de route sur la RP1, on rejoint la steppe patagonne aride, qui semble s'étendre à l'infini, ainsi que quelques-unes des plus grandes colonies de manchots du pays. La région compte des hébergements isolés et des *estancias*. L'une d'entre elles possède sa propre forêt pétrifiée privée, vieille de 60 millions d'années. Cette contrée se prête à passer des journées en complète solitude près de l'océan, à vivre en harmonie avec la nature, et à admirer le ciel sublime du littoral.

COMMENT CIRCULER

Une voiture est indispensable, car les transports en commun sont très limités. Si les villes sont généralement desservies par des bus régionaux, les sites touristiques et naturels le sont rarement.

Museo Paleontológico Egidio Feruglio

Ty Gwyn

Trelew

DEPUIS PUERTO MADRYN : **ENVIRON 1 HEURE**

Gâteaux et scones maison à la mode galloise

La plupart des Argentins associent le littoral de la province du Chubut au patrimoine gallois. C'est en effet ici que des immigrants venus du pays de Galles s'installèrent à la fin du XIXe siècle. Désireux d'échapper à la férule anglaise, ils souhaitaient également préserver leur culture et leur langue, qu'ils estimaient menacées (et dont ils savaient qu'elles risqueraient moins de se diluer, dans ce pays à dominante hispanique, que plus au nord). Dans la vallée du Chubut, les Gallois cultivèrent la terre et, plus tard, fondèrent Puerto Madryn et **Trelew**. Leur héritage s'incarne entre autres, aujourd'hui, dans les nombreuses *casas de té* de la région. Ces établissements servent un délicieux thé traditionnel dans l'après-midi. **Gaiman**, un village lové dans une vallée fluviale, à 20 km de Trelew, compte un grand choix de ces salons de thé, dont certains très connus.

Les habitants se plaisent à raconter comment feu la princesse Diana vint, un jour, prendre le thé au village. Chaque année, à la date anniversaire de son décès, ils allument une bougie en hommage. Deux des meilleurs salons de thé, chers aux habitants, sont **Ty Gwyn** et le charmant **Plas y Coed**, décoré d'affiches en gallois et de photos. Le thé est accompagné d'un assortiment

LE PATRIMOINE GALLOIS DU CHUBUT

Aspirant à la liberté, à la fois religieuse et politique, et désireux de voir prospérer leur culture et leur langue, les premiers immigrants gallois arrivèrent en Patagonie en 1865. Leurs débuts en Amérique du Sud n'eurent rien d'aisé. Les terres promises aux 150 premiers colons, qui avaient parcouru plus de 12 000 km étaient à l'origine occupées par le peuple indigène des Tehuelches, et peu fertiles. Du fait des sécheresses et des inondations, les cultures étaient initialement vouées à l'échec, mais, grâce à des systèmes d'irrigation, et avec l'aide de la population locale qui leur apprit à chasser, les Gallois parvinrent à survivre. Ils s'installèrent sur la côte est du Chubut, et fondèrent, plus tard, Puerto Madryn et Trelew.

OÙ SE LOGER À TRELEW ET GAIMAN

La Casona del Río (Trelew)
Charmante *posada*, avec jardin et chambres parquetées. Les propriétaires parlent anglais. **$$**

Posada Los Mimbres (Gaiman)
Une auberge aux chambres spacieuses et lumineuses, à quelques minutes de marche de la ville, dans une campagne luxuriante. **$$**

Hostería Gwesty Plas y Coed (Gaiman)
Juste à côté d'une maison de thé servant des gâteaux et des scones gallois. **$**

LES TEHUELCHES

Avant l'arrivée des Européens, les Tehuelches vivaient dans les plaines de l'est de la Patagonie. Ce peuple amérindien nomade se divisait entre les Tehuelches du Nord et ceux du Sud, dont la culture et le dialecte différaient.

Ils auraient chassé à pied pendant plus de 3 000 ans avant de découvrir, au début du XVIIIe siècle, les chevaux, introduits par les Espagnols. Ces animaux firent ensuite partie intégrante de leur vie. Les Européens amenèrent aussi leur lot de conflits, et, surtout, de maladies, qui entraînèrent un déclin rapide des populations amérindiennes de Patagonie. On estime qu'il restait seulement 1 500 Tehuelches à la fin du XIXe siècle.

Aujourd'hui, ils semblent avoir entièrement disparu. Leurs derniers représentants auraient vécu sur deux réserves de la province de Santa Cruz. Plusieurs communautés ne s'en prévalent pas moins encore d'un héritage tehuelche.

JAMES STURCKE/ALAMY STOCK PHOTO ©, CI-CONTRE : FOTO 4440/SHUTTERSTOCK ©

La Ernestina

de gâteaux, dont l'indispensable Torta Negra (cake aux fruits secs), ainsi que des scones maison, servis avec de la confiture et du pain. Faites ensuite une petite balade digestive dans le centre du village pour en admirer les maisons de pierre et les jardins plantés de roses.

Cabo Raso et La Ernestina

DEPUIS PUERTO MADRYN ET CABO RASO : **3 HEURES 25**

DEPUIS PUERTO MADRYN ET LA ERNESTINA : **2 HEURES 30**

Sur les fameuses routes gravillonnées de Patagonie

Les environs de Puerto Madryn comptent de superbes sites isolés. On ne saurait s'en étonner, puisqu'il y a, en Patagonie, plus de moutons que d'êtres humains. Cette région de 673 396 km^2 (soit autant que la France métropolitaine et outre-mer, hors terre Adélie) couvre presque tout le sud de l'Argentine continentale. Il vous faudra louer un véhicule pour accéder à ces beautés et au littoral, car les transports en commun sont rares. Depuis Trelew, partez plein sud sur la route RP 1, non asphaltée mais bien entretenue, jusqu'à **Cabo Raso**, un ancien domaine d'élevage ovin en bord de mer, abandonné dans les années 1950, puis repris par un aimable couple de Trelew dans le but d'y développer un tourisme durable.

OÙ SE RESTAURER À TRELEW ET GAIMAN

Sugar (Trelew)
Donnant sur la place principale de Trelew, ce restaurant contemporain sert des plats de viande et de produits de la mer joliment composés. $$$

Restaurante del Hotel Libertador (Trelew)
Restaurant classique, avec plats de viande et produits de la mer, ainsi qu'une grande carte des vins. $$$

Na Petko (Gaiman)
Déjeunez ou dînez au son des flots du Río Chubut dans ce charmant pub gastronomique, qui sert des pizzas maison. $$

Vous pourrez réserver une chambre dans la maison d'hôtes joliment décorée ou séjourner dans l'une des maisons en pierre. Avec un budget plus restreint, optez pour un lit superposé dans un des vieux bus rénovés et reconvertis en logis, mais dénués d'électricité ou de chauffage, afin de vous endormir au bruit du vent, ou plantez votre tente près du *quincho* (cour avec espace barbecue). Depuis Puerto Madryn, allez au nord, vers la Península Valdés, afin de passer quelques nuits à l'**Estancia La Ernestina**, un élevage de moutons isolé. Vers la fin de la route gravillonnée RP 47 menant à Punta Norte, vous profiterez d'une côte privée de 20 km et pourrez passer des heures sur la plage, à tenter d'apercevoir les orques chasser.

La route du Sud

DEPUIS PUERTO MADRYN : **DE 3 HEURES 40 À 9 HEURES**

Hors des sentiers battus

À condition d'avoir du temps et une voiture, il est assez facile de s'approcher de la faune marine au sud de Puerto Madryn. Depuis la ville, prenez la RN 3 en direction du sud, puis tournez à gauche sur la RP 30 pour atteindre **Camarones**. Passez la nuit dans ce village de pêcheurs. Le lendemain, rejoignez **Cabo Dos Bahías**, à 30 km au sud-est. Cette réserve naturelle abrite des guanacos, des nandous et des renards, mais reçoit peu de visiteurs. Lors du printemps et de l'été austral, une colonie prospère de manchots de Magellan vient nicher sous la promenade en bois qui mène à la plage. En hiver, on peut observer des baleines et des otaries à fourrure. Ici, on est bien loin de Puerto Pirámides, où des bateaux embarquent jusqu'à 40 personnes revêtues d'une cape de pluie et d'un gilet de sauvetage afin d'observer des baleines, ou de Punta Tombo, où les foules se pressent pour voir des manchots de Magellan. Un peu plus au sud, la **Bahía Bustamante** est une *estancia* privée de 80 ha, au littoral habité par des manchots et des lions de mer. Les excursions sont réservées aux personnes séjournant sur place et sont organisées par des naturalistes parlant anglais. À quelque 9 heures de route au sud de Puerto Madryn, un autre trésor pest eu visité : l'estuaire du **Río Deseado**, où abondent des animaux marins tels que dauphins, oiseaux de mer et manchots sauteurs, dits manchots à crête.

Guanacos, Península Valdés

MEILLEURS MUSÉES DANS LES ENVIRONS DE PUERTO MADRYN

Museo Paleontológico Egidio Feruglio
Musée de Trelew où admirer une des plus importantes collections paléontologiques du continent, qui couvre 300 millions d'années.

Centro de Visitantes Istmo Ameghino
Le centre d'information des visiteurs de la Reserva Faunística Península Valdés dispense des renseignements sur les animaux sauvages de la réserve.

Museo Pueblo de Luis
Aménagé dans l'ancienne gare de Trelew, le musée évoque l'histoire des Amérindiens mapuches et tehuelches, ainsi que des colons gallois en Patagonie.

Museo Histórico Regional Galés
Ce musée régional de Gaiman est consacré à l'histoire et au développement de la communauté galloise du village et à son patrimoine.

Museo de la Familia Perón
Sur plusieurs étages, ce musée retrace la vie de Juan Perón, président de l'Argentine de 1946 à 1955.

Esquel

Pour les infos pratiques, voir le Carnet d'adresses p. 477

Au nord-ouest de la province du Chubut, Esquel est une ville simple et sans artifices, qui n'éclipse en rien les beautés naturelles alentour. Elle est proche de la forêt andine de Patagonie, et à seulement 45 km à l'est du Parque Nacional Los Alerces. La plupart des visiteurs en font leur camp de base pour explorer la région et monter à bord de *La Trochita*, un des charmants trains à vapeur de Patagonie. Fondée en 1906 par des immigrants gallois, cette bourgade est un centre régional en matière de commerce et de bétail. Elle est entourée par l'aride *meseta patagónica*, le plateau du nord de la Patagonie, couvert d'arbustes et d'herbes. Contrairement à ceux de la forêt luxuriante, à la météo relativement humide, les étés à Esquel sont secs. En hiver, les pics des Andes se couvrent de neige, attirant skieurs et snowboardeurs à Cerro La Hoya.

COMMENT CIRCULER

Esquel se visite facilement à pied. On se repère aisément dans cette petite ville au plan quadrillé. Si vous manquez de temps, prenez un taxi. Si vous ne souhaitez pas marcher, trois lignes de bus la sillonnent ; achetez une carte prépayée dans un *kiosko*.

À SAVOIR

Le prix des hébergements à Esquel et dans les environs est au plus haut en été (déc-fév) et en hiver (juil-août). Des remises intéressantes sont proposées en basse saison, mais notez que la plupart des hébergements du Parque Nacional Los Alerces ferment entre Pâques et novembre.

KSENIA RAGOZINA/SHUTTERSTOCK ©

La Trochita

INCONTOURNABLES
1 La Hoya
2 Parque Nacional Los Alerces

VOIR
voir 12 Beviamo Wine House
3 Glaciar Torrecillas
4 La Hoya
5 La Trochita
6 Lago Futalaufquen
7 Lago Krüger
8 Lago Menéndez
9 Nahuel Pan
voir 2 Parque Nacional Los Alerces
10 Puerto Chucao
11 Villa Futalaufquen

ACTIVITÉS
12 Patagonia Verde
13 Rossi Ski Rental

SE LOGER
14 Carrileufu River Lodge
15 Dormís Acá
voir 22 Hosteria Canela B&B
16 Hostería Cumbres Blancas
17 Ibai Ko Mendi
18 Laguna Larga Lodge
voir 12 Las Bayas

SE RESTAURER
19 Coolibreat
20 Don Chiquino
21 PilPil Sabores de la Patagonia

PRENDRE UN VERRE ET FAIRE LA FÊTE
22 La Gintonería de Cinco Cerros
23 Rider Brewing Bar

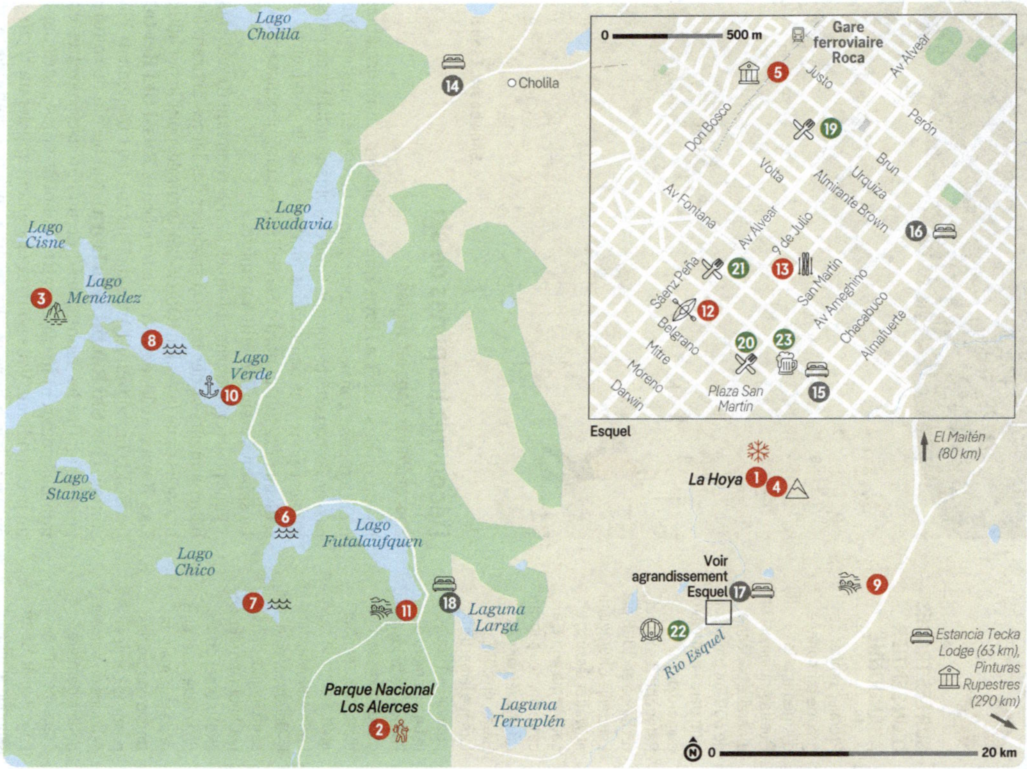

SUR LES TRACES D'UN SENTIER ABANDONNÉ

Premier sentier de grande randonnée d'Argentine, le Huella Andina est un itinéraire pédestre de 600 km traversant cinq parcs nationaux du nord de la Patagonie. Le projet fut lancé en 2008 par Estefanía Chereguini et Walter Oszust, un couple qui reçut, à cette fin, des subsides du gouvernement. Hélas, en 2016, lorsque le parti au pouvoir eut coupé le financement de l'office de tourisme d'Argentine, le rêve d'établir un sentier gratuit entre le Lago Aluminé, dans le Neuquén, et le Lago Bagillt, dans le Chubut, prit fin. Le site Internet officiel du sentier n'est plus mis à jour, mais on trouve encore des panneaux et des sections du parcours, dont la dernière étape menant au Lago Bagillt. Cette randonnée difficile de 15 km débute au niveau de la RN 259, à 55 km au sud-est d'Esquel.

MARIA PAOLINI/SHUTTERSTOCK ©, CI-CONTRE : ALFREDO CERRA/SHUTTERSTOCK ©

Snowboard, Esquel

Découvrez les pistes de ski

Sports d'hiver dans les Andes

La station de ski de **La Hoya**, qui porte le nom d'une formation montagneuse consistant en un large glacier en amont d'un bassin, est considérée comme l'une des plus abordables du pays. Elle est pourtant peu connue, malgré sa belle poudreuse. À seulement 12 km au nord d'Esquel, elle est aisément accessible. La saison s'étend de juin à octobre.

Vous pourrez séjourner à Esquel, la ville comptant d'excellents hébergements et des bars où savourer des bières artisanales brassées dans la région. Optez, par exemple, pour le bel hôtel **Las Bayas**, et louez votre matériel chez **Rossi Ski Rental** (rossiski.com.ar) dans l'Avenida Fontana (ou directement à la station, chez **Ski Rental de la Hoya**). Nul besoin de voiture pour rejoindre les montagnes ; de nombreuses navettes en minibus couvrent le trajet entre les hôtels et les pistes pour un prix modique. Vous pourrez également appeler un *remise*, qui vous y conduira en 20 minutes, par une route de terre assez large et généralement bien entretenue.

Le domaine de La Hoya compte 30 pistes de différents niveaux. Pour les plus hardis, plusieurs randonnées de courte durée les amèneront à des sites où faire de jolies descentes en

OÙ PÊCHER

Río Futaleufú
Ce fleuve chilien aux eaux turquoise traverse les Andes jusqu'à l'Argentine, où il porte aussi le nom de Río Grande.

Río Pico
À environ 2 heures 30 de route au sud d'Esquel, cette rivière attire les pêcheurs à la mouche, qui viennent y taquiner de grandes truites.

Arroyo Pescado
Cette crique printanière se trouve sur un terrain privé à un peu plus de 40 minutes de route au sud-est d'Esquel.

hors-piste. Les débutants, eux, trouveront une petite école de ski sur place. Pour échapper à la foule, évitez le mois de juillet, car les familles, profitant des vacances d'hiver, y investissent les pistes.

Immergez-vous dans la nature

Randonnée et camping

C'est à y planter sa tente que l'on profite au mieux de la superbe nature d'Esquel. Près de la ville, vous trouverez des campements paisibles, voisins de rivières aux eaux d'un beau vert cristallin, ainsi que des sentiers menant aux forêts tempérées du **Parque Nacional Los Alerces**. Ces attraits sont quasiment inconnus des visiteurs. Le parc protège certaines des plus grandes forêts de cyprès de Patagonie, une espèce endémique. Si vous n'êtes pas motorisé, le parc est accessible en transport en commun et, en haute saison, desservi par deux bus quotidiens partant de la gare routière d'Esquel ; adressez-vous à l'office de tourisme (esquel.tur.ar) pour en connaître les horaires.

Des délices régionaux tels que du fromage et des confitures maison sont souvent vendus le long de la route, mais prévoyez suffisamment de vivres pour votre séjour entier. Il n'y a que quelques boutiques très basiques à **Villa Futalaufquen**, dans le parc national, à 12 km de la Centro Portada, une des trois entrées. Plantez votre tente près de l'eau turquoise du **Lago Futalaufquen**, au campement du même nom, puis lancez-vous dans quelques-unes des nombreuses randonnées d'une journée envisageables autour du lac. Très accessible et de niveau facile, le **Sendero Pinturas Rupestres** vous mènera à des peintures amérindiennes vieilles de trois millénaires. Un trek bien plus ardu rejoint le camping et le refuge situés

Lago Futalaufquen

LE VIN DANS LE CHUBUT

Si Mendoza est la capitale viticole de l'Argentine, on trouve également des vignes au sud du pays, dans la province du Chubut. Dans ce terroir, l'un des plus méridionaux au monde, sont cultivés des cépages comme le chardonnay, le sauvignon blanc, le pinot noir et le torrontés. On y trouve quelques producteurs, comme **Viñas del Nant y Fall** dans la vallée de Trevelin, et **Otronia** à Sarmiento, près du Lago Chubut. Dans la région, les hivers sont froids, et les températures souvent négatives. Pour pallier ces inconvénients, toutes les vignes de la province sont plantées près de grands fleuves et de lacs, la proximité de l'eau aidant à limiter les dégâts du gel sur les récoltes.

OÙ PRENDRE UN VERRE

La Gintonería de Cinco Cerros
Bar à gin, où l'on sert du Gin Bräse, produit à Esquel, et où se donnent d'occasionnels concerts.

Rider Brewing Bar
Cervecería où déguster un grand choix de bières artisanales régionales pression. Happy hour de 18h à 21h.

Beviamo Wine House
Ce bar élégant affiche un superbe choix de vins de petits producteurs, au verre ou à la bouteille.

MEILLEURS HÉBERGEMENTS

Hostería Canela B&B
Bed & Breakfast confortable, à l'agréable ambiance, à quelques kilomètres de la ville. Cheminée et vue sur la montagne. **$$**

Ibai Ko Mendi
Chalets confortables avec cuisine et salle de bains privative. Sur place, une piscine intérieure chauffée et un sauna. **$$**

Hostería Cumbres Blancas
Charmante auberge avec vue sur les Andes et restaurant, non loin de l'avenue principale d'Esquel. **$$**

Las Bayas
Dans le centre-ville, 6 suites cossues et lumineuses avec lit king-size, voisines d'un bar à vins et à tapas. **$$$**

Dormís Acá
Auberge de jeunesse moderne et minimaliste dans le centre-ville, avec des lits confortables, des dortoirs spacieux et de nombreuses parties communes où se détendre. **$**

LAURA VANMORLEGAN/SHUTTERSTOCK ©

Lago Menéndez

à l'extrémité sud du **Lago Krüger**. Pour l'entreprendre, inscrivez-vous, avant votre départ, au centre d'information des visiteurs de Villa Futalaufquen. La randonnée peut se faire sur une journée, moyennant 12 heures de marche à rythme soutenu. Autrement, prenez votre temps, campez à Playa Blanca et revenez le lendemain, en suivant le même trajet ou par bateau.

Partez en quête d'aventure

Pour les amateurs d'adrénaline

Avec ses hauts sommets et ses vastes étendues sauvages, la Patagonie a la faveur des aventuriers, qu'ils soient argentins ou d'ailleurs. La région d'Esquel ne fait pas exception, et le choix est vaste. On peut y faire du rafting en eaux vives sur le **Río Corcovado**, du kayak sur le **Río Grande**, ou des randonnées jusqu'à des lacs glaciaires d'altitude entourés par les pics des Andes. Le Parque Nacional Los Alerces est proche. Suivez la RP 259 sur 45 km en direction du sud-est, puis dirigez-vous vers l'ouest sur la RP 71 afin d'atteindre la Centro Portada, la principale entrée du parc.

Partez, au fil des nombreux sentiers du parc, à la découverte de rivières et de lacs, ainsi que de forêts et de montagnes. Des sentiers sont faciles, d'autres plus ardus. L'office de tourisme

OÙ SE RESTAURER

Don Chiquino
Une des adresses les plus populaires d'Esquel. Nombreux plats de pâtes au menu, notamment des raviolis à l'agneau. **$$$**

PilPil Sabores de la Patagonia
Ce restaurant fait part belle aux produits régionaux, comme l'agneau et la truite. **$$$**

Coolibreat
Bar à pâtes jeune et dynamique où des barmen branchés préparent artistement de délicieux cocktails. **$$$**

d'Esquel, dans l'Avenida Alvear, pourra vous renseigner. En hiver, pratiquez le hors-piste à Cerro La Hoya ; en été, prenez le bateau entre **Puerto Chucao**, sur le **Lago Menéndez**, et **Puerto Nuevo**. De là, grimpez 2 heures et traversez des forêts de cyprès pour atteindre le **Glaciar Torrecillas**. **Patagonia Verde** affiche plus de 30 ans d'expérience, notamment en matière de rafting dans la région. Vous pourrez aussi vous adresser à **EPA Expediciones** pour faire du VTT sur des chemins de terre, ou de la tyrolienne.

À bord du Patagonie Express

Prenez un train à vapeur

La Trochita, qui signifie "voie étroite", est l'un des trains les plus connus d'Amérique du Sud, et une attraction touristique en soi. Il faisait jadis partie des Ferrocarriles Patagónicos, un réseau régional de voies ferrées qui, entre 1945 et 1993, couvrait le sud de la province du Río Negro à Esquel. Aujourd'hui, ce train à vapeur parcourt, à petite allure, les prairies du Chubut. Au départ d'Esquel, on traverse le domaine d'un des plus grands propriétaires terriens de Patagonie, la famille italienne Benetton, célèbre dans le milieu de la mode. On peut ainsi admirer les douces courbes de la steppe du nord du Chubut, et apercevoir, moyennant un peu de chance, des guanacos, des maras et des condors.

La Trochita doit son renom mondial à Paul Théroux, qui, dans son roman *Patagonie Express*, en parle comme d'une voie ferrée au bout du monde. Or ce n'est pas vrai, car d'autres lignes existent bien plus au sud en Argentine. Un trajet dans ce train à vapeur, avec ses bancs en bois et ses fenêtres ouvertes, n'en a pas moins un côté pionnier confinant au western. Pour jouer sur cette illusion, un spectacle intitulé Asalto al Tren ("prise du train") est d'ailleurs organisé plusieurs fois par an, généralement en mai et en septembre (consultez le site Internet pour connaître les dates). Des cavaliers, grimés en brigands, y poursuivent au galop ce vénérable convoi.

La plupart des visiteurs effectuent l'excursion d'une demi-journée entre Esquel et le village de **Nahuel Pan**, à un peu plus de 20 km. Toute l'année, au départ d'**El Maitén**, on peut aussi faire un aller-retour jusqu'à la frontière de la province du Río Negro. Pour voir les horaires et acheter des billets, consultez le site latrochita.org.ar.

SITES INCONTOURNABLES À ESQUEL ET DANS LES ENVIRONS

El Abuelo
Gigantesque cyprès, vieux de 2 600 ans, d'une circonférence de 2,20 m pour 57 m de hauteur.

La Trochita
Train qui fait l'aller-retour sur une voie étroite entre Esquel et Nahuel Pan, et entre El Maitén et Ñorquincó (latrochita.org.ar).

Playa Blanca
Jolie plage du Parque Nacional Los Alerces où l'on peut camper (avec l'autorisation du parc).

El Dedal
Randonnée assez raide jusqu'au pic El Dedal, avec de belles vues panoramiques ; 6-7 heures aller-retour.

Los Vascos
Magasin général fondé en 1926, avec étagères et échelles en bois, où l'on trouve de tout, qu'il s'agisse de chapeaux ou de produits d'épicerie.

Pour les infos pratiques, voir le Carnet d'adresses p. 477

COMMENT CIRCULER

Les transports en commun sont rares, même si les petites villes sont desservies par des bus régionaux. Louez une voiture pour accéder aux sites incontournables et aux trésors discrets de ces contrées.

À SAVOIR

Les hébergements sont généralement moins chers à la saison intermédiaire (sept-nov et mars-avr). Les prix grimpent durant la Semana Santa, la semaine de Pâques.

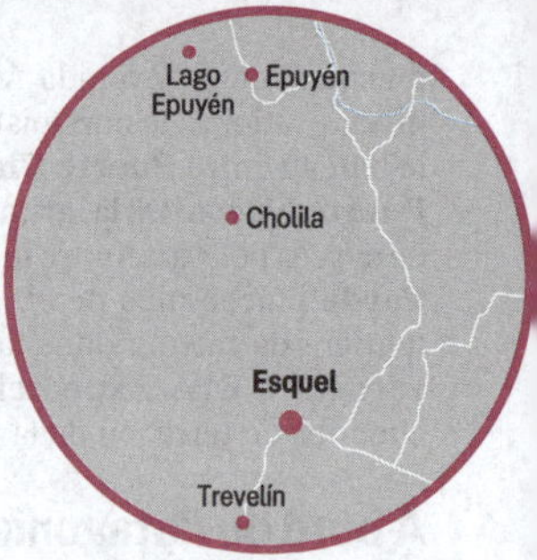

Environs d'Esquel

Entre lacs cristallins, forêt tempérée dense et patrimoine gallois, les environs d'Esquel affichent un séduisant mélange de nature et d'histoire.

Située entre la steppe patagonne et les forêts et lacs des contreforts des Andes, la région d'Esquel compte maints atouts naturels, avec ses vastes étendues plantées d'arbustes, ses pinèdes luxuriantes, ou encore ses rivières et lacs, dont les truites font la joie des pêcheurs à la mouche. À quelques heures de route, sur la RN 40, on atteint la petite localité de Cholila, où les célèbres bandits Butch Cassidy et The Sundance Kid vécurent au début du XXe siècle. À 30 minutes de route au sud-ouest d'Esquel, Trevelin est la seule localité de fondation galloise de l'arrière-pays patagon. Plus à l'ouest, vit, en altitude, le huemul, un cerf du Sud andin, espèce endémique et discrète en danger d'extinction.

SUID/SHUTTERSTOCK ©

Tulipes, Trevelin (p. 452)

SUNSINGER/SHUTTERSTOCK ©

Piedra Parada

Ruta Nacional 40

Découvrez la culture amérindienne et son passé glorieux

Parcourir cette fameuse route vous en apprendra davantage sur les cultures et l'histoire des peuples amérindiens, et vous donnera accès à des sites peu connus. Louez une voiture à Esquel et vérifiez l'état des phares, des suspensions, des pneus et des freins. Emportez tout le matériel de réparation nécessaire. Même avec un véhicule de location, prévoyez deux roues de secours. Notez que le port de la ceinture est obligatoire, de même que l'allumage des feux 24h/24. Respectez les limitations de vitesse : de 65 à 80 km/h au maximum sur le gravier. Les moutons ont *toujours* la priorité. Les guanacos et les nandous représentent un danger potentiel. Une fois prêt, prenez la RP 259 en direction de Nahuel Pan. Après 12 km, tournez à droite sur la RN 40, puis obliquez vers la gauche lorsque vous verrez le restaurant Sabor de Mapuche (à 3 km). Suivez la route sur 1 km, puis tournez à gauche pour atteindre le Museo de Culturas Originarias Patagónicas. Ce musée de Nahuel Pan s'intéresse à l'histoire, à la culture et aux arts du peuple mapuche, qui vit dans le Chubut. Il est ouvert lorsque le train à vapeur *La Trochita* (p. 449) marque l'arrêt à proximité. Pour vous immerger encore plus dans l'histoire

OÙ SE LOGER POUR PÊCHER À LA MOUCHE DANS LES ENVIRONS D'ESQUEL

La pêche à la mouche est une activité prisée à Esquel et alentours. Les amateurs séjournent dans des lodges spécialisés, tout aussi accueillants pour les non-pêcheurs.

Carrileufu Valley Lodge (Cholila)
Dans la vallée de Carrileufu, lodge de très bel aspect, avec lambris, belle hauteur sous plafond et grande cheminée. **$$$**

Estancia Tecka Lodge
Cet élevage de moutons loue des chambres spacieuses, avec connexion Wi-Fi et 154 km de terres privées où taquiner la truite. **$$$**

Laguna Larga Lodge
Hôtel doté d'une plage privée et d'une jetée au bord d'un lac du Parque Nacional Los Alerces. **$$$**

AUTRES SITES À VISITER

Viñas de Nant y Fall
La première cave de la région produit d'excellents pinots noirs. Auberge et camping sur place.

Piedra Parada
Dressé en pleine steppe patagonne, ce rocher haut de 200 m attire les grimpeurs confirmés.

El Campo de Tulipanes
Champs de tulipes aux couleurs variées dans la vallée de Nant y Fall. Accès possible d'octobre à début novembre.

LE CERF DU SUD ANDIN

Haut d'un peu plus d'1 m au garrot, le huemul est un petit cerf de Patagonie que l'on trouve en Argentine et au Chili. Il s'agit d'une espèce en danger d'extinction. Du fait de la déforestation, du braconnage, de la destruction massive de son habitat et de l'omniprésence du bétail d'élevage, il en resterait aujourd'hui moins de 1 500 à l'état sauvage. Deux tiers de ces animaux sont au Chili ; en Argentine, on ne peut en apercevoir que dans le Parque Nacional Los Alerces, en Patagonie. En hiver, si la météo est particulièrement rude, ils descendent des montagnes et rejoignent Playa El Francés, sur les rives du Lago Futalaufquen, en quête de nourriture.

L'ancienne demeure de Butch Cassidy et de The Sundance Kid

amérindienne, prenez la RN 40 vers le nord afin de visiter l'Estancia Leleque, le domaine privé d'un des plus grands propriétaires terriens du pays, la célèbre famille italienne Benetton. Le Museo Leleque, installé sur la RP 15, près de la RN 40, dans un bâtiment joliment restauré, est la seule partie de la propriété ouverte au public.

Au fil de ses quatre salles, est relatée l'histoire des Tehuelches et de leurs rapports avec les immigrants européens. Ne manquez pas le magasin général et la cantine, où l'on peut se restaurer et se rafraîchir dans un cadre orné de bibelots anciens. Depuis le musée, continuez vers le nord sur la RN 40 et faites une escale à El Maitén, point de départ moins connu de *La Trochita*. Visitez l'**Estación El Maitén**, un musée consacré au chemin de fer, ainsi que l'atelier, où l'on en apprend plus sur l'entretien de ce train à vapeur circulant sur une voie étroite. Pour revenir à Esquel, suivez la RN 1S40 pendant 30 minutes, puis tournez à gauche sur la RN 40.

Trevelin

DEPUIS ESQUEL : **30 MIN**

Gâteaux gallois et choc des cultures en Patagonie

La plupart des Gallois arrivés en Patagonie s'installèrent près des côtes. Or **Trevelin**, un village à l'intérieur des terres,

CAMPINGS À TREVELIN ET DANS LES ENVIRONS

La Balsa Complejo
Dans un cadre luxuriant proche des rives du Río Futaleufú, camping bien géré, équipé de toilettes et de douches chaudes. $

Puerto Ciprés
Ouvert seulement en été ; camping géré en famille qui propose des emplacements pour les camping-cars et les tentes. $

Aiken Leufú
Camping à l'ambiance décontractée, idéal en famille, à 12 km de Trevelin. Animaux acceptés, Wi-Fi et location de kayaks. $

à 24 km au sud d'Esquel, fait exception. Les premiers colons à explorer cette région furent le colonel Fontana, de l'armée argentine, et John Daniel Evans (1862-1943), un Gallois. Arrivés ici en 1885, ils fondèrent le village peu après. En gallois, le nom de Trevelin (*tre*, village, et *velin*, moulin) renvoie aux moulins à farine construits par les pionniers. Aujourd'hui, les habitants sont fiers de leur héritage. Rendez-vous dans le le village fin octobre pour l'Eisteddfod, une fête culturelle, ou profitez, en toute saison, de ses deux *casas de té* (salons de thé). Le meilleur est sans doute **Nain Maggie**, établi depuis la fin du XIXe siècle, et où sont servis de délicieux thés et gâteaux. L'autre, **La Mutisia**, propose de copieuses portions maison.

La région n'a pas toujours été paisible, et a connu son lot de heurts entre Amérindiens et nouveaux arrivants. Pris à parti, avec quelques compagnons, par des guerriers mapuches, en 1883, John Daniel Evans, fut ainsi seul à survivre à l'attaque. Pour en apprendre plus, explorez le **Museo Cartref'Taid**, où vit Clery Evans, l'arrière-petite-fille de l'aventurier, dont Bruce Chatwin raconte l'histoire dans son récit de voyage *En Patagonie*. Ce petit musée expose de nombreux souvenirs datant des premiers temps de la présence galloise, et Clery Evans se fait un plaisir de raconter les histoires de ses ancêtres.

Cholila

DEPUIS ESQUEL : **1 HEURE 40**

L'ancienne demeure de Butch Cassidy et de The Sundance Kid

En 1901, après plusieurs attaques de banques à main armée, et alors que leur tête était mise à prix, Butch Cassidy (1866-1908) et The Sundance Kid (1867-1908) décidèrent de fuir l'Ouest américain et de commencer une nouvelle vie en Argentine. Avec Etta Place, une de leurs acolytes, ils se rendirent en Patagonie où, entre 1902 et 1907, ils gérèrent un ranch dans la province du Chubut, juste à l'extérieur de Cholila. Proche de la RP 15, leur ancienne demeure tient aujourd'hui en trois masures en rondins partiellement rénovées. Elles attirent quelques curieux, mais sans doute aurez-vous le site pour vous seul. L'entrée est gratuite. Quelques panneaux d'informations ont été installés, mais on se contente surtout, une fois sur place, d'apprécier l'atmosphère, et d'imaginer ces bandits, parmi les plus célèbres des États-Unis, menant une vie tranquille de fermiers dans ce coin perdu de Patagonie.

Salon de thé, Trevelin

MEILLEURS HÉBERGEMENTS

Arroyo Escondido (Trevelin) Jolis bungalows avec jacuzzi privé au milieu de la forêt patagonne. Superbe vue sur les montagnes. **$$**

Challhuaquen Lodge (Trevelin) Lodge luxueux sur les rives du Río Futaleufú ; piscine extérieure et sauna. **$$$**

Lemuria Cabañas & Habitaciones (Epuyén) Proche du Lago Epuyén, *hostería* abordable et agréable, avec chambres, chalets et cuisine commune. **$**

Huemules Reserva de Montaña (Esquel) Admirez la nature de Patagonie depuis le confort de votre propre dôme. À 23 km au nord-ouest d'Esquel. **$$$**

Piuke Mapu Patagonia Hostel (Cholila) Auberge de jeunesse charmante et lumineuse, avec vue sublime sur les Andes. Service chaleureux. **$**

MEILLEURS RESTAURANTS

Nikanor (Trevelin) Raviolis maison et plats de viande préparés par un couple dans une vaste salle aux briques apparentes. **$$$**

Restaurante Ruta 71 (Trevelin) Non loin de la RP 71, restaurant qui sert différents plats de viande, dont de l'agneau, du pain maison et des pizzas. **$$$**

Fonda Sur (Trevelin) La chef Paula Chiaradía compose des plats recherchés, comme des tajines aux fruits secs et du pâté d'agneau aux fruits de la passion. **$$$**

La Perla (Trevelin) Délicieux gin-tonics, pâtes maison et boulettes de viande à savourer dans une atmosphère très agréable. **$$$**

Laguna Larga Lodge (Parque Nacional Los Alerces) Excellent restaurant, avec une carte des vins de plus d'une centaine de crus, choisis avec soin. **$$$**

ROCIOSANTAR/SHUTTERSTOCK ©

Lago Epuyén

Epuyén et le Lago Epuyén

Villages de montagne et eau bleue

Situé entre El Bolsón et Cholila, sur la RN 40, le village d'**Epuyén** est souvent ignoré des visiteurs, hormis en été (janvier et février), lorsque l'on y vient de tout le pays pour profiter des montagnes et du lac. Ce lieu digne d'une carte postale est idéal pour un séjour-détente ponctué de promenades. En été, faites du kayak sur les paisibles eaux bleu clair du **Lago Epuyén**, où les embarcations à moteur sont interdites. **Kayak Puerto Bonito**, près du lac, loue des embarcations et organise des sorties en groupe en haute saison. Par beau temps, après une balade, rejoignez la petite **Playa Las Rocas** pour vous rafraîchir dans un cadre idyllique.

Offrez-vous ensuite des objets artisanaux ou des confitures maison dans la petite cabane en bois, qui est affiliée au grand **Centro Cultural Antu Quillen** donnant sur le lac. En mars, lorsque survient l'automne, les arbres se parent de tons rouges et jaunes vifs, le soleil brille toujours, et les températures sont agréables. On peut faire de superbes randonnées sur les rives du lac. Au départ de **Puerto Bonito**, le **sendero Bahía Las Percas** (10 km) longe le lac, traverse une pinède et mène à une baie isolée.

El Calafate

Selon la légende locale, consommer des baies de calafate (berbéris à feuilles de buis) vous assure de revenir un jour en Patagonie. Or c'est au Glaciar Perito Moreno qu'El Calafate, dans la province de Santa Cruz, doit son succès. De fait, cet énorme glacier a changé la donne pour cette localité qui, de petite ville, pittoresque dans les années 1960, est devenue la destination touristique la plus visitée d'Argentine. On y trouve des restaurants haut de gamme et de grillades, des cafés, des hôtels luxueux et des auberges de jeunesse à l'ambiance conviviale, mais aussi des boutiques de souvenirs et des *cervecerías*. Toutes sortes de services sont ici proposés aux voyageurs. Plusieurs tour-opérateurs organisent, par exemple, des sorties en bateau sur le Lago Argentino ou des expéditions en 4×4 dans le Parque Nacional Los Glaciares. Commodément située et dotée d'hébergements confortables, la bourgade est un lieu de séjour idéal pour explorer le glacier et ses superbes environs.

Pour les infos pratiques, voir le Carnet d'adresses p. 478

COMMENT CIRCULER

El Calafate est une petite ville qui se visite facilement à pied. Il n'y a pas de transport en commun, et il vous faudra marcher ou prendre un taxi pour explorer les environs.

À SAVOIR

Les hébergements sont généralement moins chers à la saison intermédiaire (sept-nov et mars-avr). Les prix grimpent durant la Semana Santa (Pâques).

Glaciar Perito Moreno (p. 457)

INCONTOURNABLES
1 Glaciar Perito Moreno
2 Parque Nacional Los Glaciares

VOIR
3 Glaciar Spegazzini
4 La Trinchera Wine & Beer
5 Lago Argentino

ACTIVITÉS
6 Hielo & Aventura

SE LOGER
7 America del Sur Hostel
8 Estancia Nibepo Aike
9 Hostería Alta Vista
10 Hostería La Soberana
11 Hotel Kosten Aike
12 Madre Tierra Patagonia
13 Posada Larsen

SE RESTAURER
14 Estancia Alice
15 La Bahía
16 La Posta
17 La Tablita
18 Mako Fuegos y Vinos
19 Volpi Bistró Puertas Adentro

PRENDRE UN VERRE ET FAIRE LA FÊTE
20 Bar Borges & Alvarez
21 La Zorra Taproom

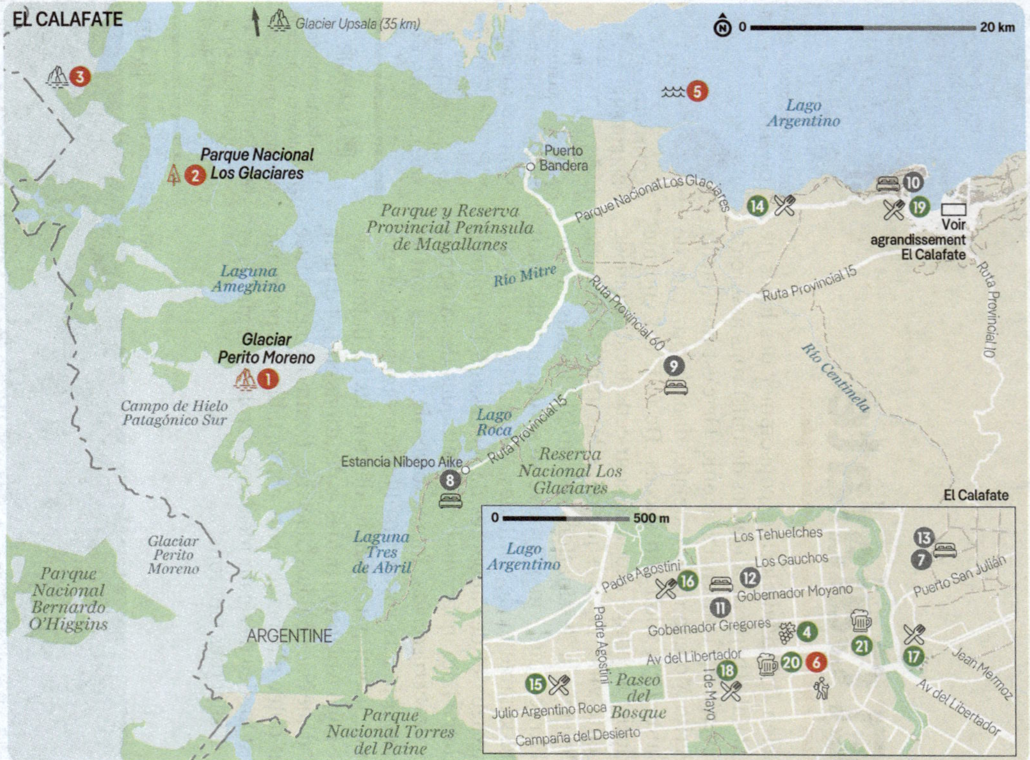

Bateau touristique, Glaciar Perito Moreno

Un des glaciers les plus connus au monde

Admirez le stupéfiant Glaciar Perito Moreno

Observer de grands blocs de glace se détacher du **Glaciar Perito Moreno**, pour s'abîmer dans l'eau d'un bleu laiteux en contrebas tient d'une expérience inoubliable. Ce champ de glace, l'un des rares mobiles au monde, se déplace jusqu'à 2 m par jour. Avec quelque 450 000 visiteurs par an, c'est l'un des sites les plus populaires d'Argentine. Situé dans la zone sud du **Parque Nacional Los Glaciares** (argentina.gob.ar/interior/ambiente/parquesnacionales/losglaciares), à 80 km au sud-ouest d'**El Calafate**, le point de vue est accessible après une courte randonnée depuis l'entrée principale du parc national.

Pour apprécier ce spectacle naturel fascinant, on peut se rendre au point de vue, prendre un bateau ou faire un trek sur la glace. Cette dernière option est l'un des moyens les plus mémorables et les plus impressionnants de voir et de ressentir la force du glacier. La réservation est indispensable, les places étant limitées et très courues. **Hielo & Aventura**, le seul tour-opérateur autorisé à organiser des treks sur le glacier, propose une courte randonnée de 2 heures ou une sortie plus exigeante de 4 heures. Un peu plus loin, on peut admirer

MEILLEURES ESTANCIAS

Estancia Nibepo Aike
Élevage doté d'une belle ferme gérée par une famille croate, à 60 km d'El Calafate. **$$$**

Estancia Hostería Helsingfors
Chambres spacieuses et confortables, aménagées avec du mobilier de style ancien, à 3 heures d'El Calafate. **$$$**

Estancia Cristina
Superbe *estancia* accessible uniquement en bateau depuis Puerto Punta Bandera. Les prix comprennent tous les repas, ainsi qu'une expédition guidée jusqu'au Glaciar Upsala. **$$$**

Estancia El Condor
Estancia isolée et charmante qui s'attache à la conservation de l'environnement. Elle possède sa propre réserve naturelle. **$$$**

Hostería Alta Vista
Grand élevage de moutons datant des années 1920, avec 7 jolies chambres. **$$$**

OÙ SE RESTAURER

La Posta
Élégant hôtel-restaurant au menu varié, avec notamment des plats de viande et de pâtes. **$$$**

Volpi Bistró Puertas Adentro
Le seul restaurant gastronomique d'El Calafate, aménagé dans la demeure du chef Volpi. Réservation obligatoire. **$$$**

La Bahía
Repas raffinés, avec, à la carte, des plats tels que des sashimis de guanaco et de l'agneau de Patagonie. **$$$**

d'autres merveilles moins connues, mais plus imposantes encore. Le **Glaciar Upsala** est l'un des plus grands glaciers sud-américains : large d'environ 7 km et long de 60 km, il couvre une surface trois fois plus vaste que Buenos Aires. On peut l'observer depuis l'un des catamarans qui naviguent sur le Brazo Upsala. Le plus haut de tous est l'impressionnant **Glaciar Spegazzini**, dont la paroi mesure entre 80 m et 135 m de hauteur. Tout comme le glacier Upsala, il est accessible uniquement en bateau, en ondoyant entre les icebergs des canaux du **Lago Argentino**.

LA BAIE DE CALAFATE

Le berbéris à feuilles de buis, ou *calafate* en espagnol, est un arbuste aux feuilles persistantes haut d'1 à 2 mètres. En septembre, ses fleurs jaunes colorent les paysages de Patagonie. Cette espèce endémique du sud de l'Argentine et du Chili est emblématique de ces terres rudes, et la légende veut que quiconque consomme ses baies reviendra un jour en Patagonie. Dans la région, elles sont mangées fraîches ou servent à confectionner des confitures. Certains en font aussi une douce liqueur rouge sombre. Cette baie à forte teneur en antioxydants est connue pour ses vertus médicinales, et les Tehuelches la consommaient pour ses propriétés énergétiques.

Agneau délicieux et culture régionale

Un ingrédient essentiel de la cuisine patagonne

L'agneau est le met phare de la cuisine patagonne. Dans les *parrillas* d'El Calafate, vous en verrez d'entiers rôtir à la broche, au-dessus d'un lit de braises, puis être découpés et servis très chaud aux amateurs. Cette viande succulente, à la fois croustillante et moelleuse, garde toute la saveur de ses sucs lorsqu'on la mange à même l'os. Vous pourrez par exemple, pour la goûter, réserver une table à **La Tablita**, le restaurant traditionnel de grillades le plus populaire d'El Calafate, et accompagner votre repas d'une bonne bouteille de malbec. Le **Mako Fuegos y Vinos** propose, quant à lui, une expérience gastronomique avec du ris d'agneau et de tendres côtelettes accompagnées de pommes de terre et d'une salade César.

Le menu comporte aussi de réconfortants ragoûts d'agneau aux champignons de Paris, de la pancetta et des raviolis maison à l'agneau. Maints élevages de la province de Santa Cruz se sont ouverts au tourisme. L'**Estancia Nibepo Aike**, à 1 heure 30 de route au sud-ouest d'El Calafate en suivant la RP 15, vous en apprendra plus sur le quotidien d'un ranch. Elle propose des expériences d'une journée (transfert aller-retour depuis El Calafate proposé en supplément) comprenant une démonstration de tonte de moutons et un repas campagnard traditionnel avec des grillades d'agneau. Sur la route du Glaciar Perito Moreno, à 22 km à l'ouest d'El Calafate, on peut observer, à l'**Estancia Alice**, des chiens de berger rassembler des troupeaux, puis admirer avec quelle maîtrise les *gauchos* tondent la laine épaisse des moutons. La visite se termine avec une dégustation d'agneau au ranch.

AUTRES SITES ET ÉVÉNEMENTS À EL CALAFATE

Laguna Nimez
À 15 minutes à pied de la ville, réserve naturelle abritant des flamants roses et une centaine d'autres espèces d'oiseaux.

Cerro Frías
Depuis ce sommet, la vue est sublime sur le Cerro Fitz Roy et les Torres del Paine par beau temps.

Festival del Lago Argentino
Le plus grand festival de Patagonie, organisé mi-février, qui propose un grand nombre d'activités culturelles et de concerts.

VISITE D'EL CALAFATE

Commencez par le ① **Museo Regional**, dans l'Avenida Libertador, dans le centre-ville. Ce petit musée gratuit expose une collection assez éclectique, entre fossiles, photos des pionniers qui fondèrent El Calafate, artefacts archéologiques, ou encore artisanat amérindien. Continuez vers le nord-ouest dans la même avenue, puis tournez à droite dans la rue José Pantin. Après 350 m, elle oblique vers la gauche et prend le nom de Gobernador Moyano. Après 55 m, tournez de nouveau à droite dans la rue José Pantin et faites une pause autour d'un *café con leche* (café au lait) et d'une *medialuna* (croissant) au ② **Paseo de Compras** (allée commerçante). Suivez ensuite les rues José Pantin et Almirante G. Brown. En 10 minutes de marche, vous atteindrez le ③ **Centro de Interpretación Histórica Calafate**, consacré à l'histoire naturelle et humaine de la Patagonie. Ici, vous pourrez en apprendre plus sur les communautés amérindiennes, la grève des travailleurs de 1920-1921, les glaciers et les dinosaures. Revenez dans le centre-ville et déjeunez chez ④ **Isabel Cocina al Disco**, où de copieux ragoûts mijotent au-dessus des flammes dans de profondes poêles noires (*al disco*, en Argentine). Prenez ensuite la navette bus, sur le parking de la Calle 1 de Mayo, jusqu'au ⑤ **Glaciarum**, un centre d'interprétation des glaciers, moderne et passionnant. Il héberge aussi le premier bar de glace d'Argentine, le ⑥ **Glaciobar**, où l'on peut commander des cocktails. Si vous préférez un peu de chaleur, dégustez un verre de vin rouge et des *empanadas* d'agneau, avec vue sur le Lago Argentino, depuis le café. Reprenez la navette pour revenir en ville, et concluez votre journée en beauté à ⑦ **La Zaina**, un élégant restaurant, fort de sa carte des vins.

MEILLEURS HÉBERGEMENTS

Hotel Kosten Aike
À quelques minutes à pied de la rue principale d'El Calafate, cet hôtel de style alpin comprend un restaurant et loue de grandes chambres. **$$**

Hostería La Soberana
En dehors de la ville, à côté du lac, cet établissement récent a pour atouts son service chaleureux et ses chambres nettes. **$$**

Posada Larsen
Depuis ce charmant édifice en briques orné de boiseries, on a belle vue sur le Lago Argentino. Les chambres, dotées de grandes fenêtres, sont joliment décorées. **$$**

Madre Tierra Patagonia
Boutique-hôtel à l'intérieur sobre et au personnel amical. Toutes les suites affichent parquet et salle de bains moderne. **$$$**

America del Sur Hostel
Cette auberge de jeunesse spacieuse et populaire comprend une laverie, des sèche-cheveux et une terrasse. **$**

À cheval dans les Andes

Culture des gauchos, montagnes et chevaux

Profitez de votre séjour à El Calafate pour passer une journée à cheval. Plusieurs agences de voyages en ville proposent des *cabalgatas* (promenades à cheval) de quelques heures, ou d'une journée entière, déjeuner compris. Faites votre choix avec soin, car un prix supérieur signifie généralement de meilleurs chevaux et harnachements. Après avoir enfilé des bottes et un imperméable coupe-vent (les bombes ne sont généralement pas fournies en Argentine), vous partirez en compagnie d'un *gaucho* explorer les beaux paysages de la région, sur des *caballos de campo* (des chevaux de campagne) trapus et fiables. Les rênes en main, bien assis sur une peau de mouton confortable et chaude, vous arpenterez des prairies et une steppe plantée d'herbes et de berbéris épineux, et croiserez des guanacos blanc et marron tandis que vous gravirez, au pas tranquille de votre monture, le Cerro Frías.

À son sommet, s'offrira à vous une vue dégagée sur les pics enneigés du Parque Nacional Los Glaciares et le Lago Argentino. D'une longueur totale de 125 km, ce lac glaciaire bleu pâle est la plus grande étendue d'eau du parc national. Par beau temps, la vue s'étend jusqu'aux pics chiliens du Parque Nacional Torres del Paine et le Cerro Fitz Roy, à El Chaltén. **Cabalgatas del Galciar** (cabalgatasdelglaciar.com) propose des balades sur des terres privées, avec prise en charge à votre hôtel le matin. Vous rejoindrez l'**Estancia Lago Roca** pour une promenade à cheval d'1 heure, en montée, durant laquelle vous ne croiserez aucun autre être humain. Au sommet, sans doute battu par le vent patagon, vous pourrez admirer le Glaciar Perito Moreno et des lacs.

Promenade à cheval, El Calafate

Environs d'El Calafate

Pénétrez plus en avant dans les terres, et dans les Andes, pour admirer des lacs turquoise, des sommets enneigés et la nature sauvage.

Alliant forêts de hêtres moussus, sommets enneigés, *estancias* isolées, lacs glaciaires et rivières bleu pâle, les paysages indomptés des contreforts des Andes et de l'intérieur de la Patagonie n'attendent que vous. À quelques heures à l'ouest d'El Calafate, on trouve le Parque Nacional Torres del Paine, au Chili, avec ses glaciers, ses lacs couleur azur et ses hautes montagnes hantées de pumas et de guanacos. Tout autour d'El Calafate, en dépit de leur isolement et de conditions météo difficiles, de nombreuses *estancias* sont parvenues à élever du bétail et des moutons depuis des décennies. La plupart sont toujours en activité, et certaines se sont ouvertes au tourisme – comme l'Estancia El Cóndor – et proposent des forfaits voyage dans les montagnes.

Torres del Paine

Pour les infos pratiques, voir le Carnet d'adresses p. 479

COMMENT CIRCULER

Une fois quitté El Calafate, les distances entre les sites se font plus grandes. Des agences organisent des visites, mais mieux vaut disposer d'une voiture pour explorer les environs à votre rythme.

À SAVOIR

Sur ces longues distances, les paysages invitent à ralentir et à entrer en harmonie avec la nature. Prévoyez des trajets sans hâte : prendre son temps change tout.

LE RÉCIT DE VOYAGE DE BRUCE CHATWIN

Écrit dans les années 1970 par l'écrivain britannique Bruce Chatwin, *En Patagonie* est, pour nombre d'amateurs, *le* livre de voyage sur l'Argentine. Différent des récits traditionnels de l'époque, il fut rédigé après un séjour de l'auteur au Chili et en Argentine, qu'il effectua après avoir démissionné de son poste de correspondant pour *The Sunday Times*. L'ouvrage associe, à des anecdotes, des récits sur des sujets variés, comme Butch Cassidy, The Sundance Kid et leur maison en rondins de Cholila, ou l'histoire de colons gallois comme John Daniel Evans. Publié voici deux générations, *En Patagonie* conduit encore des lecteurs à s'aventurer dans les lieux qui s'y trouvent évoqués.

PANTHER MEDIA GMBH/ALAMY STOCK PHOTO ©

Estancia Cristina

Ouest de la province de Santa Cruz

DEPUIS EL CALAFATE : **3 HEURES**

Passez quelques jours à cheval

Quittez El Calafate et réservez un séjour dans l'une des *estancias* les plus isolées du grand ouest de la province de Santa Cruz. Vous pourrez ainsi profiter des paysages superbes et désolés de la région dans le confort. Certains ranchs se trouvent au sein du Parque Nacional Los Glaciares. L'**Estancia Hostería Helsingfors** (p. 457) et l'**Estancia Cristina** (p. 457) tiennent d'un mariage réussi entre luxe campagnard et invitation à l'aventure. La première accueille des visiteurs depuis le milieu des années 1990. Cet ancien ranch de pionniers finnois, fort d'un emplacement enchanteur, a vue sur le Cerro Fitz Roy depuis les rives du Lago Viedma. Après une longue journée de randonnée ou de cheval, on peut se reposer devant la cheminée du salon. L'Estancia Cristina, accessible depuis Puerto Punta Bandera en prenant un bateau pour la belle Bahía Cristina, est assez isolée. Ses hôtes profitent de superbes treks dans les environs, avant de passer la nuit dans un bungalow d'où la vue est splendide. Le prix comprend aussi une sortie en bateau jusqu'au Glaciar Upsala.

AUTRES SITES À VISITER

Lago Roca
Le bras sud du Lago Argentino, assez peu fréquenté, mais riche de son art rupestre vieux de 3 000 ans.

Torres del Paine
Ce très beau parc national se trouve au Chili, juste de l'autre côté de la frontière.

Cerro Cristal
Accessible par une randonnée ardue de 5 heures au départ de la RP 15. Vue imprenable sur les Torres del Paine.

Prenez le volant

Conduisez sur la route la plus célèbre d'Argentine

La partie patagonne de la **Ruta Nacional 40** se prête à un road trip mémorable. Entre Santa Cruz dans le sud, et Salat dans le nord, la nationale la plus connue du pays en est aussi la plus longue avec ses quelque 5 200 km. Certains aventuriers lui consacrent un entier séjour. Si vous avez du temps, en parcourir, ne serait-ce qu'une partie, tient déjà d'une belle expérience. La conduite pose des défis, mais ceux-ci participent également de l'attrait du périple.

Au fil d'heures de route au cœur d'une steppe plate, sans aucune maison à l'horizon, on éprouve un sentiment mêlé de monotonie et d'absolue liberté. S'il n'y avait quelques guanacos par-ci, par-là, on se croirait seul au monde. Quittez El Calafate en direction du sud. Puisque vous voilà déjà bien au sud de l'Argentine, profitez-en pour aller au **Chili** (pour en savoir davantage sur le pays, reportez-vous au guide Lonely Planet *Chili et île de Pâques*). Avec les bons documents, que votre agence de location vous fournira, il est facile de passer la frontière avec une voiture de location. Suivez la RN 40 vers **Puerto Natales**, à 3 heures 30 d'El Calafate (hors temps de passage de la frontière). Au Chili, passez la nuit au **Wild Hostel** (wildhostel.com), une auberge de jeunesse aux chambres agréables. Le matin suivant, rendez-vous au **Parque Nacional Torres del Paine**, un des parcs nationaux les plus beaux et les plus connus d'Amérique du Sud.

Estancia El Cóndor et environs

DEPUIS EL CALAFATE : **5 HEURES**

À cheval dans les montagnes

Au-delà d'El Calafate, il existe de nombreuses régions éloignées où l'on peut vivre des aventures à cheval. **Cabalgatas Andora** organise des expéditions de 6 jours au départ de l'**Estancia El Cóndor**. Vous serez pris en charge à votre hôtel d'El Calafate le matin, puis rejoindrez l'*estancia* 5 heures plus tard, après 150 km sur une route goudronnée et le reste sur une voie gravillonnée. Vous rencontrerez les chevaux et visiterez la sellerie centenaire, puis passerez la nuit dans une chambre confortable équipée de l'eau et de l'électricité. Le deuxième jour, l'aventure commencera, de manière plus rustique.

Une fois les sacoches prêtes avec tout le nécessaire pour quelques jours de cheval, vous partirez vers la **Laguna Corazón**, en passant dans des forêts de hêtres à l'ombre de hautes montagnes. Vous établirez votre campement pour la nuit et dînerez sous le ciel étoilé. Le lendemain, vous passerez 7 heures en selle et

PLANIFIEZ VOTRE VOYAGE SUR LA RN 40

Voici quelques conseils si vous voulez parcourir une partie de la mythique Ruta Nacional 40. En voiture, prévoyez suffisamment de temps. La lenteur est de mise, car la météo peut se révéler capricieuse, et les vents de travers, impétueux dans le sud. La plus grande partie de la voie est désormais goudronnée, mais envisagez de louer un 4x4 si vous le pouvez, car de nombreuses routes secondaires sont toujours en terre. Pour qui ne souhaite pas conduire, plusieurs agences de voyages, dont El Chaltén Travel, proposent des trajets en minibus entre El Calafate et Bariloche via El Chaltén. Pour une expérience plus immersive, Ruta 40, à Bariloche, organise des expéditions de 10 jours sur la fameuse RN 40 entre octobre et avril.

OÙ SE LOGER

Camping Lago Roca
Très bon camping avec bar-restaurant, salle de jeux, et service de location de vélos et de matériel de pêche. **$**

Eolo
Hôtel Relais & Châteaux dans la steppe patagonne, avec Jacuzzi en plein air et sauna. Promenades à cheval envisageables. **$$$**

Aguas Arriba
Lodge installé sur la rive est du Lago del Desierto, dans une zone fréquentée par le huemul, un cervidé en danger d'extinction. **$$$**

déjeunerez à **Río Grande**. Le jour suivant, vous irez jusqu'à l'extrémité ouest de cette *estancia* de 400 km² et atteindrez la frontière du Chili. Dans la nature sauvage de Patagonie, vous camperez en admirant le vaste **Lago San Martín** et le **volcan O'Higgins** au Chili. Le cinquième jour, vous traverserez des ravins et des lagons, et pourrez pêcher si vous le souhaitez. Enfin, le sixième jour, vous longerez l'eau turquoise du Lago San Martín.

Le Parque Nacional Torres del Paine au Chili

DEPUIS EL CALAFATE : **3 HEURES 30**

Randonnez dans un spectaculaire parc national

À l'ouest d'El Calafate, de l'autre côté de la frontière, s'étend l'un des plus beaux parcs nationaux d'Amérique du Sud, le Parque Nacional Torres del Paine (parquetorresdelpaine.cl). Ici, tout porte à l'émerveillement : les cours d'eau et les glaciers turquoise, les lacs azur et les forêts vert émeraude, ainsi que les trois gigantesques pics de granit qui ont donné leur nom au parc, les Torres del Paine (tours de Paine). Au lieu de le visiter lors d'une journée trop remplie, et trop courte, au départ d'El Calafate, louez une voiture et rejoignez Puerto Natales, au Chili, pour y passer quelques nuits, par exemple au superbe Vinnhaus. Le matin, sirotez un excellent café avant de vous mettre en chemin pour le parc national. L'entrée principale, la Portería Sarmiento, se trouve à 112 km au nord. Se visitant à pied, à cheval, en catamaran ou en voiture, ce parc national est, au Chili, ce que El Chaltén est à l'Argentine : la principale destination de trekking du pays.

Deux des randonnées les plus populaires sont le long Circuito Macizo Paine, qui permet de voir les principaux sites du parc et de jouir d'une vue sublime sur le Glaciar Dickson et la partie sud du champ de glace, et le Circuito W, une randonnée d'environ 4 jours sur des sentiers qui forment un W et mènent à trois des plus grands sites du parc : les Torres del Paine, le Valle del Francés et le Glaciar Grey. Pour contempler le Lago Nordenskjöld, optez pour la randonnée plus courte d'1 heure (aller simple) jusqu'au Mirador Nordenskjöld. Au départ de la Guardería Pudeto, le sentier passe devant l'imposante cascade du Salto Grande, et traverse une forêt de hêtres et d'épineux avant d'accéder au point de vue.

EN SELLE

Andy Pavlovsky et sa fille Mara organisent des promenades à cheval en Patagonie.

Un voyage à cheval en Patagonie est une expérience unique. Le contact avec les chevaux criollos argentins, les lacs turquoise et la cordillère des Andes rend les promenades uniques, tout comme le sentiment d'être seul au monde. Lors de nos longues randonnées, nous atteignons des endroits inaccessibles autrement qu'à cheval. Les paysages sont sauvages, accidentés et préservés, et certains pourront trouver l'aventure ardue. N'oubliez pas non plus que le rythme est lent, en raison des montées raides et des descentes difficiles, mais dans les vallées, on peut parfois galoper.

Parque Nacional Torres del Paine

El Chaltén

Destination incontournable pour les amateurs de randonnée et d'aventures de plein air, El Chaltén n'est qu'à 3 heures de route d'El Calafate en prenant la RN 40. Fondée en 1985, dans le but de consolider la présence argentine sur ce territoire disputé par le Chili, elle est aujourd'hui une localité touristique florissante, aux nombreux hébergements et restaurants. Entourée par les pics déchirés et enneigés des Andes, El Chaltén séduit surtout par sa proximité avec le secteur nord du Parque Nacional Los Glaciares, où de nombreux treks, randonnées et escalades sont envisageables. On y trouve aussi le plus haut pic de la partie patagonne de la cordillère des Andes, le Cerro Fitz Roy, qui culmine à 3 375 m. En dépit de son développement considéré par certains comme anarchique, la bourgade garde une atmosphère décontractée.

Pour les infos pratiques, voir le Carnet d'adresses p. 479

COMMENT CIRCULER

Si elle s'étend au fil des des décennies, El Chaltén reste plutôt petite et facile à visiter à pied. Las Lengas propose des minibus pour le Lago del Desierto, mais mieux vaut louer une voiture pour explorer les environs à son rythme.

À SAVOIR

Contrairement à ce que l'on pourrait penser, l'été et la haute saison (jan-fév) n'offrent pas les meilleures conditions météo pour les treks. Si vous le pouvez, visez plutôt l'automne (mars-avr), lorsqu'il y a moins de vent et moins de monde.

Cerro Fitz Roy

VOIR
1 Fitz Roy
2 Cerro Torre
3 Laguna Capri
4 Laguna de los Tres
5 Paso del Cuadrado
6 Río Eléctrico

SE LOGER
7 Chalten Camp
8 Hostería El Puma
9 Hostería Senderos

SE RESTAURER
10 B&B Burger Joint
11 Fuegia Bistro
12 La Senyera Cocina Argentina
13 La Tapera
14 Parrilla La Oveja Negra
15 Restaurante Ahonikenk Chalten Fonda Patagonia

PRENDRE UN VERRE ET FAIRE LA FÊTE
16 La Cervecería Artesanal El Chaltén

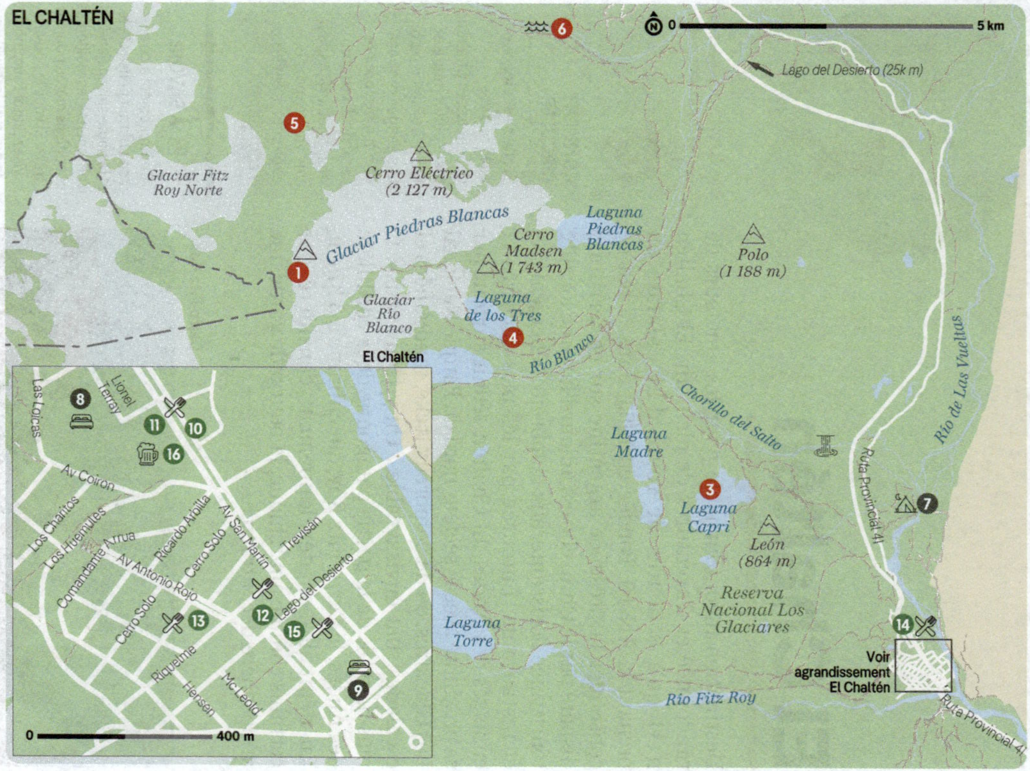

MOCHILAOSABATICO/SHUTTERSTOCK ©

Piedra del Fraile

En quête d'aventures

Expériences montagnardes

El Chaltén est un point de départ idéal pour de nombreuses activités dans les montagnes. On peut faire de l'escalade, des treks sur glace et du VTT à moins d'une heure de route. Passez par l'office de tourisme, à l'entrée de la ville, pour voir ce qui est proposé. Il est obligatoire d'engager un guide pour les expéditions en montagne, notamment l'ascension du Cerro Fitz Roy et du Cerro Torre, car les conditions (rafales de vent, tempêtes de neige) peuvent être fatales.

Pour qui préfère des sorties moins ardues, El Chaltén est la capitale de la randonnée d'Argentine. Une multitude de sentiers vous y attend. Un des moins connus, pourtant garanti d'une vue sublime, est le **Piedra del Fraile**, de niveau intermédiaire. Au départ d'El Chaltén, prenez le minibus de la compagnie Las Lengas (lengas.com) en direction du Lago del Desierto. Descendez après 15 minutes, juste avant le pont du **Río Eléctrico**, sur la RP 23. Le sentier, bien balisé, commence à gauche du fleuve. Il s'écarte peu à peu de ses rives pour rejoindre le sentier gravillonné de la vallée du Río Blanco, puis traverse la forêt subantarctique de la vallée du Río Eléctrico

LES PLUS BEAUX TREKS

Laguna de los Tres
Réservée aux randonneurs en forme, une marche de 10 km, dans une forêt battue par les vents, jusqu'à un lac glaciaire.

Laguna Capri
Une randonnée d'environ 3 heures avec, à la clef, une vue superbe sur le Cerro Fitz Roy.

Chorrillo del Salto
Sentier court et facile qui mène à une cascade haute de 20 m, au milieu du massif montagneux.

Laguna Torre
Trek de 18 km dans des paysages vallonnés jusqu'à un lac où, par beau temps, le Cerro Torre se reflète.

Mirador Maestri
Prolongement (40 minutes) du trek de la Laguna Torre afin d'admirer une vue encore plus spectaculaire sur le Cerro Torre et le Cerro Grande.

MEILLEURS GUIDES

Chaltén Mountain Guides
Guides de montagne pour faire des treks et de l'escalade dans le Parque Nacional Los Glaciares. Ils proposent aussi des cours d'escalade.

Casa de Guías
Randonnées d'une journée et expéditions plus longues.

Patagonia Aventura (Fitz Roy Expediciones)
Balades en bateau sur quelques jolis lacs (Lago Viedma et Lago del Desierto), et possibilité d'organiser des sorties de pêche.

RANDONNÉES JUSQU'AU CHILI

Si vous avez l'endurance et la persévérance nécessaires pour parcourir la partie sud du champ de glace, vous pourrez vous lancer dans un trek jusqu'au Chili. Commencez sur la rive sud du Lago del Desierto, à 33 km au nord-est d'El Chaltén, et rejoignez Candelario Mancilla, du côté chilien, où vous pourrez embarquer sur un ferry jusqu'à Puerto Bahamondes. De là, prenez un bus jusqu'à Villa O'Higgins, qui marque la fin de la Carretera Austral du Chili. Comptez de 1 à 3 jours (en fonction de vos choix, entre bateau et marche) pour ce trek, praticable entre novembre et mars, lorsque la frontière est ouverte. Vous devrez emporter toutes les provisions nécessaires, ainsi que votre passeport, des pesos chiliens et des vêtements imperméables. Adressez-vous à l'office de tourisme d'El Chaltén pour en savoir plus.

JAM TRAVELS/SHUTTERSTOCK ©, CI-CONTRE : MATTHEW WILLIAMS-ELLIS/GETTY IMAGES ©

Cerro Fitz Roy

avant d'atteindre un point de vue d'où admirer le Glaciar Marconi. Il y a un refuge et un camping à Piedra del Fraile.

De là, les alpinistes confirmés peuvent continuer jusqu'au **Paso del Cuadrado**. Cette randonnée de 6-7 heures (aller-retour) comprend 1 200 m de montée depuis Piedra del Fraile. Au sommet, faites attention aux fortes rafales de vent en vous émerveillant devant l'une des plus jolies vues du parc national sur le **Cerro Torre**, le **Fitz Roy** et le **Polone**. Pour vous faire accompagner d'un guide expérimenté, contactez **Chaltén Mountain Guides** ou **Fitz Roy Expediciones**.

Enfilez vos chaussures de marche

La capitale de la randonnée d'Argentine

Les montagnes des Andes qui dominent El Chaltén culminent avec les sommets enneigés du **Cerro Fitz Roy** (3 045 m), que les Tehuleches appelaient El Chaltén (la montagne de fumée), et l'imposant **Cerro Torre**. Les sentiers qui traversent des forêts, des ravins, des collines boisées et des rivières, sont ponctués de vues magnifiques sur des sommets enneigés et des lacs glaciaires, voire des cascades et des vallées fluviales. Au départ de la bourgade, des itinéraires de niveaux variés rayonnent dans toutes les directions. Avant de faire votre

OÙ SE LOGER

Hostería Senderos
Hôtel soigneusement décoré, avec vue sur la montagne, bar à vins et chambres aux lits confortables. $$$

Hostería El Puma
Chambres claires et élégantes avec lit queen-size et vue sur les Andes. $$$

Chalten Camp
Glamping luxueux en périphérie de la ville, sur l'autre rive du Río Las Vueltas. $$$

choix, rendez-vous au bureau du parc national, à 1 km au sud de l'agglomération, pour identifier les sentiers adaptés à votre niveau. La randonnée de la **Laguna de los Tres** part d'un bâtiment au toit jaune ; de niveau difficile, voire ardu, cet itinéraire superbe de 10 km mène à un lac alpin. Après environ 4 heures de marche, vous atteindrez l'un des sites les plus photogéniques du parc national : une étendue d'eau glaciaire avec vue sur le Cerro Fitz Roy. Si vous voulez prendre votre temps, il y a un très bon camping gratuit à **Laguna Capri**, à environ 1 heure de marche du point de départ. Le sentier de Laguna Torre est un peu plus court (18 km aller-retour). Quittez l'Avenida San Martín au niveau de la boutique Viento Oeste, et suivez le sentier balisé au pied de la colline. Une fois à destination, et par beau temps, on peut admirer le reflet du Cerro Torre dans le lac.

Une soirée en ville

Prendre un verre et faire la fête

En haute saison (janvier et février), lorsque des visiteurs viennent du monde entier, on peut s'immerger dans l'atmosphère dynamique et amicale de cette bourgade de montagne en fréquentant ses bars et ses restaurants. À El Chaltén, la plupart d'entre eux ouvrent à 18h et ferment généralement à minuit au plus tard. Les soirées commencent donc plus tôt que dans d'autres régions d'Argentine, notamment à Buenos Aires. Direction le **B&B Burger Joint**, avec un burger associant viande grillée juteuse, fromage fondu, bacon et oignons caramélisés. De bonnes bières pression sont disponibles : stouts, red ales et golden ales provenant de microbrasseries régionales, comme la Cervecería Esquel. Juste à côté, poussez la porte du **B&B Tacos y Burritos**. Ce petit restaurant sert des tacos et de délicieuses boissons, comme des margaritas bien fraîches. **La Cervecería Artesanal El Chaltén** brasse ses propres bières (goûtez la pilsner, équilibrée et rafraîchissante) ; son personnel parle anglais. L'atmosphère est décontractée et il y a parfois des concerts.

Patagonie, ragoût d'agneau

BONNES TABLES D'EL CHALTÉN

La Tapera
Cet excellent restaurant se remplit rapidement en haute saison. Les salades sont fraîches et légères. **$$$**

Restaurante Ahonikenk Chalten Fonda Patagonia
Empanadas d'agneau et copieux ragoût de lentilles à quelques minutes de marche de la rue principale d'El Chaltén. **$$$**

La Senyera Cocina Argentina
Restaurant décontracté géré en famille, qui sert des plats maison roboratifs et copieux. **$$**

Fuegia Bistro
Ouverte pour le déjeuner et le dîner, une adresse où savourer des steaks, de la truite, du ragoût d'agneau et du vin. **$$$**

Parrilla La Oveja Negra
Restaurant de grillades installé dans une jolie maison en bois, idéal pour de longs dîners carnés. **$$$**

Environs d'El Chaltén

Pour les infos pratiques, voir le Carnet d'adresses p. 479

COMMENT CIRCULER

Un véhicule est indispensable pour explorer la région. Des bus circulent entre El Calafate et El Chaltén, mais il faut une voiture ou un taxi pour atteindre des sites moins évidents, comme la Reserva Los Huemules et le Bosque Petrificado Sarmiento. Une voiture s'impose pour gagner le Parque Nacional Perito Moreno. Nombre d'*estancias* proposent des services de navettes, sur réservation.

À SAVOIR

Les villes étapes et les provisions sont rares dans ces régions isolées. Si vous prenez la route, prévoyez tout le nécessaire et faites le plein avant de partir. Reprenez également de l'essence sitôt que l'occasion s'en présentera, car les stations-service sont parfois en rupture de stock ; ne courez pas le risque d'attendre la prochaine.

Explorez une forêt pétrifiée vieille de 65 millions d'années, visitez l'un des plus beaux parcs nationaux d'Argentine et admirez l'art rupestre.

La Patagonie est vaste, et les sites à visiter dans les "environs" d'El Chaltén peuvent être, en réalité, distants de plusieurs centaines de kilomètres de la localité. Or ils valent le déplacement, qu'il s'agisse de sublimes parcs nationaux, d'art préhistorique ou d'une forêt pétrifiée. Plus qu'à leur tour ignorés des touristes étrangers, ces trésors hors des sentiers battus sont souvent paisibles.Le long des Andes, à 450 km au nord d'El Chaltén, le Parque Nacional Perito Moreno est l'un des premiers parcs nationaux d'Argentine. En dépit de ses attraits (pics imposants, superbes lacs), il ne reçoit qu'environ un millier de visiteurs par an. Plus loin dans les terres, à 500 km de la bourgade et au cœur de la Patagonie, on trouve un splendide site d'art rupestre, la Cueva de las Manos Pintadas. Bien plus au nord, en suivant la RN 40 sur plus de 800 km, puis en obliquant vers l'est en direction de la petite ville de Sarmiento, on peut observer des troncs d'arbres pétrifiés, parfaitement préservés, ponctuant un paysage quasi lunaire. On se plaît alors à imaginer la forêt luxuriante qui se dressait là voici 65 millions d'années.

BERND ZILLICH/SHUTTERSTOCK ©

Bosque Petrificado Sarmiento (p. 474)

Cueva de las Manos Pintadas

Cueva de las Manos

Canyons et art rupestre dans des grottes

À quelque 8 heures de route au nord d'El Chaltén, ce site d'art rupestre, un des plus beaux d'Amérique du Sud, mérite amplement ce long trajet. Inscrite au Patrimoine mondial, la **Cueva de las Manos** se trouve dans une région faiblement peuplée, entre les villages de Bajo Caracoles et de Perito Moreno (à ne pas confondre avec le Glaciar Perito Moreno ou le Parque Nacional Perito Moreno). C'est principalement pour elle que l'on s'aventure dans ce coin de Patagonie. Elle doit son nom espagnol ("grotte des mains peintes") aux nombreuses empreintes de mains en négatif ornant ses parois. Elles ont été réalisées suivant une technique de pochoir, datant de la fin du VIIIe millénaire av. J.-C. Le site est accessible en voiture en suivant une petite route secondaire irrégulière, au nord de Bajo Caracoles, ou à pied, en grimpant dans le **Cañón del Río Pinturas**.

RESERVA LOS HUEMULES

Cette réserve naturelle privée comporte 25 km de sentiers balisés, de niveau plus ou moins facile, bien moins fréquentés que ceux des environs d'El Chaltén. Le Loma del Diablo compte parmi les randonnées ardues : 4 heures de montée dans une forêt avec, à la clef, une vue magnifique sur le Cerro Fitz Roy. Un sentier de difficulté moyenne (3 heures aller simple) se termine à la Laguna Diablo, un lac alpin qui donne sur le Glaciar Cagliero. En réservant, on peut passer la nuit au refuge de montagne, moderne et élégant, installé sur les rives du lac. La faune de la réserve est riche : pumas, renards roux et surtout huemuls, ou cerfs du Sud andin, une espèce en danger d'extinction. Ses zones de reproduction sont interdites aux visiteurs.

OÙ SE LOGER À PERITO MORENO ET DANS LES ENVIRONS

Camping Municipal
Dans la partie sud de la localité, un camping tout simple, idéal pour les petits budgets. $

Hostería & Cabañas Río Fénix
Chambres spacieuses et confortables à quelques minutes à pied de la gare routière de Perito Moreno. $$

Hostería Cueva de las Manos
Ancienne *estancia*, avec des chambres doubles et triples, près de la RN 40, à 60 km de Perito Moreno. $$-$$$

ROAD TRIP

Parque Nacional Perito Moreno

Les voyageurs intrépides trouveront leur bonheur dans ce parc national sauvage, préservé du tourisme, à 450 km d'El Chaltén, à la frontière avec le Chili. Joignez-vous à son faible contingent annuel de visiteurs, et consacrez 2 jours à son exploration en voiture (en 4x4 de préférence). En plus d'y éprouver le sentiment d'être seul au monde, on s'émerveille devant ses superbes lacs, ses cieux où tournoient des condors, ses guanacos en liberté et ses vues impressionnantes.

1 Gobernador Gregores

Avant d'entrer dans le parc, une escale s'impose pour faire le plein de vivres et d'essence. Il ne s'y trouve en effet pas des services, hormis ceux proposés par les *estancias* locales. La localité de Gobernador Gregores (4 500 habitants) est le dernier point de ravitaillement en arrivant du sud (et Perito Moreno, pour qui vient par le nord). Il est possible de planter sa tente dans quelques campings basiques, mais prévoyez votre propre matériel. Notez que les feux de camp sont interdits ; si vous voulez cuisiner, apportez un réchaud à gaz.

L'itinéraire : quittez Gobernador Gregores par le nord-ouest et suivez la RN 40 jusqu'à Las Horquetas, puis la route de terre RP 37. Depuis le bureau du parc, continuez sur quelques kilomètres jusqu'à l'Estancia Belgrano. Filez ensuite vers l'ouest et le Lago Belgrano.

2 Lago Belgrano

Avec ses eaux turquoise, ce lac est l'un des plus beaux lacs du parc. À l'inverse de nombre d'étendues d'eau douce de

GALYNA ANDRUSHKO/SHUTTERSTOCK ©

Lago Belgrano

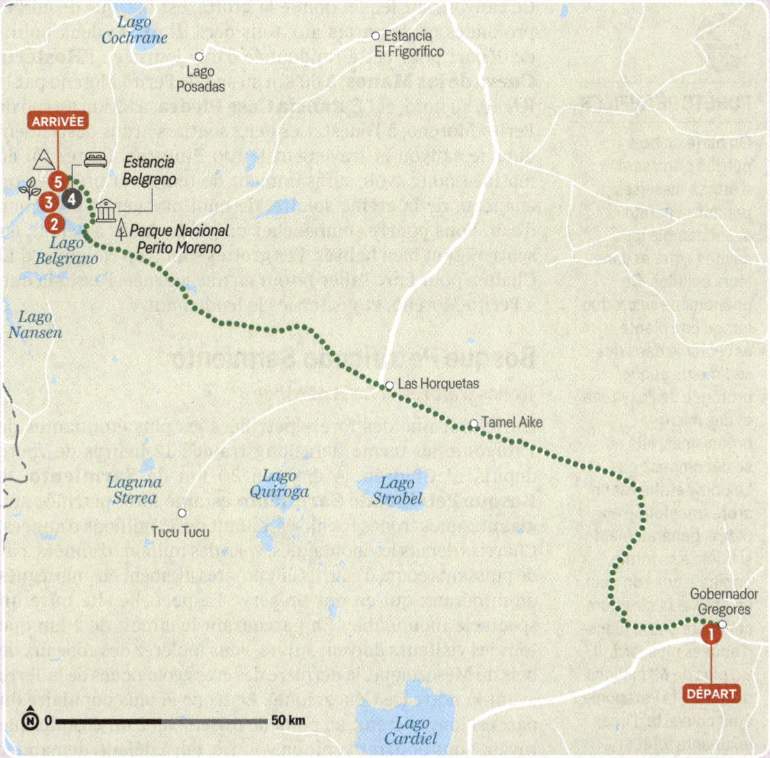

Patagonie, il n'abrite que des poissons endémiques (pêche interdite).

L'itinéraire : depuis l'Estancia Belgrano, roulez 8 km vers l'ouest jusqu'à la Península Belgrano, que l'on rejoint à pied par un isthme. Il y a un parking juste avant cette petite langue de terre.

3 Península Belgrano

Cette péninsule couverte d'arbustes est peuplée de guanacos, ce qui attire des pumas. Suivez le sentier Circuito Chico (3-4 heures) parmi les arbrisseaux (*mata negra*) pour croiser certains de ces gracieux camélidés – et les os laissés par les prédateurs. Passez la nuit au Refugio Caleta Huala, à 900 m du parking. La vue sur le lac est superbe.

L'itinéraire : repartez vers l'est. Après l'Estancia Belgrano, tournez à gauche sur la RP 37 et filez plein nord jusqu'à l'embranchement bien indiqué pour l'Estancia La Oriental.

4 Estancia La Oriental

Fait partie des rares hébergements du secteur. Ce charmant ranch en activité est lové dans une vallée paisible et donne sur le Lago Belgrano. Quelques randonnées mènent à des points de vue remarquables, dont l'itinéraire de 3 heures 30 jusqu'au sommet du Cerro León, à 1 434 m d'altitude, avec son panorama sur le cœur du parc.

L'itinéraire : le Cerro de Los Cóndores est à environ 3 km au nord. Pour admirer ce pic, garez-vous à l'Estancia La Oriental et marchez jusqu'au point de vue de La Condorera, à 1,5 km.

5 Cerro de Los Cóndores

Une trentaine de condors des Andes fréquentent cette *condorera* (zone de nidification). Même si en apercevoir n'est pas garanti, ils viennent régulièrement dans cette zone pour apprendre aux petits à voler. Pour une jolie vue sur le parc et la *condorera*, gravissez le Cerro León (3 heures 30 depuis l'Estancia La Oriental). Revenez ensuite à l'*estancia* et passez-y la nuit avant de retourner à Perito Moreno.

Ce canyon, sur lequel donne la grotte, est marqué de gorges profondes et de parois aux tons ocre. Il existe deux points de départ pour cette randonnée d'une journée : l'**Hostería Cueva de las Manos**, à 60 km au sud de Perito Moreno par la RN 40, au nord, et l'**Estancia Casa Piedra**, à 82 km au sud de Perito Moreno, à l'ouest. Ces deux sentiers ardus descendent dans le canyon et traversent le Río Pinturas. Partez tôt en matinée pour avoir suffisamment de temps, et prévoyez un chapeau, de la crème solaire, de quoi manger et beaucoup d'eau. Vous pourrez embaucher un guide, mais, à défaut, les sentiers sont bien balisés. Les grottes sont trop éloignées d'El Chaltén pour faire l'aller-retour en une journée. Passez la nuit à Perito Moreno, et visitez-les le lendemain.

Bosque Petrificado Sarmiento

Troncs d'arbres et forêt pétrifiée

On rejoint une des forêts pétrifiées les plus étonnantes de Patagonie au terme d'un long trajet : 12 heures de route depuis El Chaltén. À environ 30 km de **Sarmiento**, le **Bosque Petrificado Sarmiento** est une forêt pétrifiée aux gigantesques troncs fossilisés, datant de 65 millions d'années. Charriés depuis les montagnes, voici des millions d'années, par de puissants cours d'eau, ils ont progressivement été imprégnés de minéraux qui en ont préservé l'aspect. Le site offre un spectacle inoubliable. En parcourant le circuit de 2 km que tous les visiteurs doivent suivre, vous foulerez des copeaux de bois du Mésozoïque, la dernière des ères géologiques de la Terre avant la nôtre (le Cénozoïque). Le tronc le plus populaire du parc est long et creux, au point de ressembler à un gigantesque tuyau. Vous pourrez venir en voiture, ou, à défaut, demander à l'aimable personnel de l'office de tourisme de Sarmiento (dans la Calle Pietrobelli) de vous réserver un *remise*. Si vous en avez le temps, essayez de rester jusqu'au coucher du soleil, pour admirer la lumière rouge et orange illuminer le **Cerro Abigarrado** et les jolies collines de la forêt pétrifiée. Prévoyez beaucoup d'eau, de la crème solaire, un chapeau et des vivres pour votre visite. Il y a des toilettes sur place, mais aucune autre infrastructure. Si vous souhaitez recourir aux services d'un guide, l'office de tourisme de Sarmiento pourra vous mettre en contact avec l'un d'eux. On pourra également vous y fournir des cartes et des informations sur les hébergements.

FORÊTS PÉTRIFIÉES

On parle de bois pétrifié s'agissant d'arbres fossilisés par des minéraux ayant comblé les cavités entre et dans leurs cellules. Ce phénomène se produit lorsqu'une plante est enfouie dans des sédiments et que, protégée de l'oxygène et des micro-organismes, elle ne se décompose pas. Le bois pétrifié est un arbre transformé en pierre, généralement si fidèle à sa forme originale que l'on peut en étudier la structure cellulaire des millions d'années plus tard. Il y a plus de 60 millions d'années, la Patagonie était couverte d'une luxuriante forêt et de palmiers, bien différents de la steppe aride d'aujourd'hui. Or, au cours de l'ère tertiaire, les Andes se sont élevées et ont empêché l'air humide et la pluie d'arriver de l'ouest sur ce qui est aujourd'hui l'intérieur de la Patagonie. Le climat, comme le terrain, s'en sont trouvés modifiés. Au même moment, des volcans sont entrés en éruption, recouvrant de cendres le paysage et l'ancienne forêt, ce qui a marqué le début du lent processus organique de transformation des troncs d'arbres en pierre.

CHRISTIAN HANDL/GETTY IMAGES ©

Bosque Petrificado Sarmiento

Carnet d'adresses

PUERTO MADRYN

Madryn Buceo
Voir p. 439 (madrynbuceo.com ; Bulevar Brown 1900)

Bahía Bustamante
Voir p. 443 (bahiabustamante.com)

Cabo Raso
Voir p. 438 (caboraso.com ; RP 1, Km 294)

Estancia El Pedral
Voir p. 438 (reservaelpedral.com ; camino a Punta Ninfas ; mi-sept à mi-avr)

Estancia Rincón Chico
Voir p. 438 (rinconchico.com.ar ; Punta Delgada ; mi-sept à mars)

Hotel Territorio
Voir p. 434 (hotelterritorio.com.ar ; Bulevar Brown 3251)

Hotel Tolosa
Voir p. 434 (hoteltolosa.com.ar ; Roque Sáenz Peña 253)

La Calandria B&B
Voir p. 438 (297 423-4538 ; Parque Ecológico El Doradillo, Biguá 62)

La Ernestina
Voir p. 437 (laernestina.com ; Punta Norte, Península Valdés 47, Chubut)

La Tosca Hostel
Voir p. 434 (latoscahostel.com ; Sarmiento 437)

Barrika Bar de Tapas
Voir p. 438 (facebook.com/barrikabardetapas ; Luis Perlotti 74 ; 19h30-minuit lun-sam)

Chona
Voir p. 435 (facebook.com/chonarestaurant ; Av. Julio Argentino Roca 249 ; 12h-0h30 dim-jeu, 12h-1h ven-sam)

Hotel Península Valdés/restaurante
Voir p. 438 (hotelpeninsula.com.ar ; Av. Julio Argentino Roca 151 ; soir uniquement)

Hotel Tolosa Restaurante
Voir p. 435 (hoteltolosa.com.ar/restaurante.html ; Roque Sáenz Peña 253)

Matilde
Voir p. 435 (280 445-0583 ; Av. Julio Argentino Roca 275 ; 12h-minuit lun-ven, 12h-0h30 sam-dim)

Cervecería Artesanal Kaiser
Voir p. 438 (Av. Julio Argentino Roca 561 ; 18h-1h dim-jeu, 19h-2h30 ven-sam)

Cervecería Cerro Parva
Voir p. 438 (Entre, España 178, 25 de Mayo ; 19h-minuit lun-jeu, 19h-1h ven-dim)

James Bar
Voir p. 438 (angle Av. Roca et Roque Sáenz Peña ; 12h-2h)

ENVIRONS DE PUERTO MADRYN

Centro de Visitantes Istmo Ameghino
Voir p. 443 (peninsulavaldes.org.ar ; Ruta Provincial 2, Puerto Madryn ; 9h-17h)

Museo de la Familia Perón
Voir p. 443 (Camarones ; don apprécié ; 12h-18h mar-sam, 12h-16h dim)

Museo Histórico Regional Galés
Voir p. 443 (angle Sarmiento et 28 de Julio ; 300 $ARS ; 15h-20h déc-mars, 15h-19h mar-dim avr-nov)

Museo Paleontológico Egidio Feruglio
Voir p. 443 (mef.org.ar ; Av. Fontana 140 ; adulte/6-12 ans/-5 ans 1 900/1 200 $ARS/gratuit ; 9h-19h)

Museo Regional Pueblo de Luis
Voir p. 443 (Fontana y 9 de Julio, Trelew ; 7h-17h45 lun-ven, 14h-19h45 sam-dim)

Hostería Gwesty Plas y Coed
Voir p. 441 (0280-449-1292 ; Chacra 202, Gaiman)

La Casona del Río
Voir p. 441 (lacasonadelrio.com.ar ; Chacra 105, Trelew)

Posada Los Mimbres
Voir p. 441 (posadalosmimbres.com.ar ; Chacra 211, Gaiman)

Na Petko
Voir p. 442 (facebook.com/NaPetkoGaiman ; Av. Almte. Brown 100, Gaiman ; 19h-minuit ven-sam, 12h-16h dim)

Plas y Coed
Voir p. 441 (plasycoed.com.ar ; MDJones 123 ; 15h-19h)

Restaurante del Hotel Libertador
Voir p. 442 (hotellibertador.com.ar/es/gastronomy ; Rivadavia 31, Trelew ; 12h15-14h15 lun-ven et dim, 20h45-23h15)

Sugar
Voir p. 442 (facebook.com/

sugartrelew ; 25 de Mayo 247, Trelew ; 8h-minuit lun-sam)

Ty Gwyn
Voir p. 441 (facebook.com/tygwynpatagonia ; 9 de Julio 111 ; 14h30-19h)

ESQUEL

Parque Nacional Los Alerces
Voir p. 447 (argentina.gob.ar/parquesnacionales/losalerces ; 15 000 $ARS ; 9h-20h saison estivale, 9h-17h saison hivernale)

EPA Expediciones
Voir p. 449 (facebook.com/epaexpediciones2 ; Av. Fontana 484 ; 9h-13h et 17h-20h30)

Patagonia Verde
Voir p. 449 (patagonia-verde.com.ar ; 9 de Julio 926 ; 9h-13h, 17h-21 lun-sam, 18h-21h dim)

Dormis Acá
Voir p. 448 (dormisaca.com.ar ; 25 de Mayo 224)

Hostería Canela B&B
Voir p. 448 (canelaesquel.com ; angle Los Notros et Los Radales, Villa Ayelén)

Hostería Cumbres Blancas
Voir p. 448 (cumbresblancas.com.ar ;Av. Ameghino 1683)

Ibai Ko Mendi
Voir p. 448 (ibaikomendi.com.ar ; Hector Cámpora 576)

Lago Futalaufquen
Voir p. 447 (hosteriafutalaufquen.com)

Las Bayas
Voir p. 448 (lasbayashotel.com ; Av Alvear 985)

Coolibreat
Voir p. 448 (instagram.com/coolibreat ; Av. Ameghino 1649 ; 9h30-1h mar-jeu et dim, 9h30-2h ven-sam)

Don Chiquino
Voir p. 448 (donchiquino.ar ; Ridabavia 901 ; 12h-15h et 20h-minuit)

PilPil Sabores de la Patagonia
Voir p. 448 (facebook.com/pilpilesquel ; Sarmiento 799 ; 9h-23h30)

Beviamo Wine House
Voir p. 447 (Av. Alvear 985 ; 19h30-minuit lun-sam)

La Gintonería de Cinco Cerros
Voir p. 447 (Los Cipreses 1221)

Rider Brewing Bar
Voir p. 447 (25 de Mayo 478 ; 18h-2h dim-mer, 18h-4h ven-sam)

Los Vascos
Voir p. 449 (9 de Julio 1000 ; 8h30-12h et 15h30-20h lun-ven, 8h30-13h sam)

ENVIRONS D'ESQUEL

Museo Cartref'Taid
Voir p. 453 (El Malácara 9203, U9203 Trevelin ; adulte/-12 ans 3 000 $ARS/gratuit ; 16h-20h)

Kayak Puerto Bonito Aventuras
Voir p. 454 (280 469-3153 ; 9211, Epuyén)

Arroyo Escondido
Voir p. 453 (arroyoescondido.com ; Ruta Provincial 71, Km 126 ex Km5,5, Trevelin)

Carrileufu Valley Lodge
Voir p. 452 (carrileufuriverlodge.com ; Cholila)

Challhuaquen Lodge
Voir p. 453 (challhuaquen.com ; Ruta 259, Km 59, Valle de Trevelin)

Estancia Tecka Lodge
Voir p. 451 (estanciateckalodge.com)

La Balsa Complejo
Voir p. 452 (complejolabalsa.com ; Ruta 259, Río Grande, Trevelin)

Laguna Larga Lodge
Voir p. 451 (2945 50-1936 ; Laguna Larga Parque Nacional Los Alerces, Esquel)

Lemuria Cabañas & Habitaciones
Voir p. 453 (linktr.ee/lemuriaepuyen ; Av. los Retamos 2240, Villa del Lago Epuyén)

DFLC PRINTS/SHUTTERSTOCK.COM ©

Cueva de las Manos

Huemules Reserva de Montaña
Voir p. 453 (11 5162-6670 ; Estancia Huemules, Esquel)

Piuke Mapu Patagonia Hostel
Voir p. 453 (instagram.com/piuke_mapu ; Av. Soberania Argentina 200, Cholila)

Fonda Sur
Voir p. 454 (facebook.com/fondasur.trevelinchubut ; Sarmiento 301, Trevelin ; 20h-23h mer-dim)

Laguna Larga Lodge
Voir p. 454 (lagunalargalodge.com.ar ; Parque Nacional Los Alerces-Laguna Larga)

La Mutisia
Voir p. 453 (casadetelamutisia.com.ar ; Av. San Martín 170, Trevelin ; 15h30-20h30)

La Perla
Voir p. 454 (3476 62-8905 ; Perito Moreno 159, Trevelin ; 20h-1h)

Nain Maggie
Voir p. 453 (nainmaggie.ar ; Perito Moreno 179, Trevelin ; 15h30- 20h)

Nikanor
Voir p. 454 (facebook.com/restaurantenikanorPastas ; Libertad 56 ; 12h30-14h30 et 20h30-23h)

Restaurante Ruta 71
Voir p. 454 (2945 41-4080 ; Km 130, Ruta 71, Trevelin ; 21h-minuit ven-sam, 12h-15h dim)

Centro Cultural Antu Quillen
Voir p. 454 (antuquillen.com.ar ; Parque Municipal Pto. Bonito, Epuyén)

EL CALAFATE

Centro de Interprétación Histórica Calafate
Voir p. 459 (facebook.com/museocalafate ; angle Brown et Bonarelli ; 10h-20h sept-mai, 11h-17h juin-août)

Glaciarium
Voir p. 459 (glaciarium.com ; adulte/enfant 1 040/500 $ARS ; 13h-19h)

Hielo & Aventura
Voir p. 457 (hieloyaventura.com ; Libertador 935)

America del Sur Hostel
Voir p. 460 (americahostel.com.ar ; Puerto Deseado 15)

Estancia Alice
Voir p. 458 (2902 49-7002 ; RP15, El Calafate, Santa Cruz)

Estancia Cristina
Voir p. 457 (estanciacristina.com ; oct-avr)

Estancia El Condor
Voir p. 457 (cielospatagonicos.com ; Lago San Martín ; oct-mars)

Estancia Hostería Helsingfors
Voir p. 457 (helsingfors.com.ar ; oct-avr)

El Chaltén

SAIKO3P/STOCK.ADOBE.COM ©

Estancia Nibepo Aike
Voir p. 457 (nibepoaike.com.ar ; RP 15, Km 60 ; oct-avr)

Hostería Alta Vista
Voir p. 457 (2902 49-9908 ; RP 15)

Hostería La Soberana
Voir p. 460 (11 5328-7297 ; Calle 218 n°347)

Hotel Kosten Aike
Voir p. 460 (kostenaike.com.ar ; Gdor. Moyano 1243)

Madre Tierra Patagonia
Voir p. 460 (madretierrapatagonia.com ; 9 de Julio 239)

Posada Larsen
Voir p. 460 (Puerto Deseado 223)

Isabel Cocina al Disco
Voir p. 459 (Perito Moreno 95 ; 12h-23h30 lun-mar, jeu-dim)

La Bahía
Voir p. 457 (miradordellago.com.ar/restaurant.html ; Av. del Libertador 2047 ; 9h-23h lun et jeu, 12h-15h et 19h-23h mar-mer, ven-dim)

La Posta
Voir p. 457 (posadalosalamos.com/la-posta-restaurant ; Ing. Hector Mario Guatti 1135 ; 19h30-23h30)

La Tablita
Voir p. 458 (la-tablita.com.ar ; Rosales 24 ; 12h-16h et 19h-minuit)

La Zaina
Voir p. 459 (linktr.ee/lazain ; Gdor. Gregores 1057 ; 17h-23h30)

Mako Fuegos y Vinos
Voir p. 458 (makorestaurants.com.ar/mako-fuegos-vinos ; Av. del Libertador 1202 ; 12h-23h30 mar-sam)

Volpi Bistró Puertas Adentro
Voir p. 457 (2966 26-6104 ; Av. del Libertador 3611 ; 12h-15h et 20h-minuit)

ENVIRONS D'EL CALAFATE

Cabalgatas Andora
Voir p. 463 (2262 35-1568 ; Ea. El Cóndor, Lago San Martín, Tres Lagos, Santa Cruz)

Aguas Arriba
Voir p. 463 (aguasarribalodge.com ; Lago del Desierto)

Camping Lago Roca
Voir p. 463 (facebook.com/CampingLagoRoca ; fermeture possible mai-sept)

Eolo
Voir p. 463 (eolopatagonia.com ; RP 11)

Estancia El Cóndor
Voir p. 463 (instagram.com/estanciaelcondor/?hl=fr ; Lago San Martín)

EL CHALTÉN

Casa de Guías
Voir p. 467 (casadeguias.com.ar ; Lago del Desierto 470 ; 10h-13h et 16h30-21h)

Chaltén Mountain Guides
Voir p. 467 (chaltenmountainguides.com ; Río de las Vueltas 212)

Fitz Roy Expediciones
Voir p. 467 (San Martín 56 ; 9h-13h lun-sam, 17h-21h lun-ven)

Chalten Camp
Voir p. 468 (Camino Cementerio s/n)

Hostería El Puma
Voir p. 468 (hosteriaelpuma.com.ar ; Lionel Terray 212)

Hostería Senderos
Voir p. 468 (senderoshosteria.com.ar ; Perito Moreno 35)

B&B Burger Joint/ Tacos y Burritos
Voir p. 469 (11 6947-2646 ; San Martín 351 ; 12h-23h)

Fuegia Bistro
Voir p. 469 (2966 56-0458 ; San Martín 342 ; 18h-22h30 jeu-mar)

La Senyera Cocina Argentina
Voir p. 469 (2962 49-3063 ; Lago del Desierto 246 ; 12h-23h)

La Tapera
Voir p. 469 (02962-493195 ; Antonio Rojo 74 ; 19h-minuit)

Parrilla La Oveja Negra
Voir p. 469 (02962-271437 ; San Martin 226 ; 12h-23h30)

Restaurante Ahonikenk Chalten Fonda Patagonia
Voir p. 469 (02962-493070 ; MM de Güemes 23 ; 12h30-23h)

La Cervecería Artesanal El Chaltén
Voir p. 469 (San Martín 320 ; 12h-minuit mar-dim, 24h/24 lun)

ENVIRONS D'EL CHALTÉN

Cueva de las Manos
Voir p. 471 (cuevadelasmanos.org ; 2 000 $ARS ; 9h-19h)

Camping Municipal
Voir p. 471 (Laguna de los Cisnes)

Estancia Casa Piedra
Voir p. 474 (casadepiedratrevelin.com ; Brown 244)

Estancia La Oriental
Voir p. 473 (laorientalpatagonia@yahoo.com.ar ; nov-mars)

Hostería & Cabañas Río Fénix
Voir p. 471 (11 5954-9726 ; Chacra 10, RN 40, Perito Moreno, Santa Cruz)

Hostería Cueva de las Manos
Voir p. 471 (cuevadelasmanos.net ; nov-avr)

Terre de Feu

L'EXTRÉMITÉ AUSTRALE DE LA TERRE

La terre relativement peuplée la plus australe du monde est une île chargée d'histoire, où la pampa subpolaire balayée par les vents cède la place aux montagnes couronnées de neige, aux eaux glaciaires et à la faune antarctique.

Voyages périlleux, mers traîtresses et exploits stupéfiants : la Tierra del Fuego (Terre de Feu) est l'une des régions maritimes au monde les plus riches d'histoires. Cet archipel subpolaire, hérissé de montagnes enneigées surplombant des mers subantarctiques, n'a guère son pareil sur la planète pour combiner des paysages aussi épiques avec une histoire mondialement connue où se mêlent aventures et naufrages, explorateurs et scélérats, ruées et renaissances. Pointe la plus méridionale du continent américain, l'Isla Grande (la "Grande Île") s'est séparée du continent sud-américain il y a quelque 6 000 ans, lorsque la fonte des glaciers a inondé le détroit de Magellan. Des explorateurs comme sir Francis Drake, le capitaine Cook ou Charles Darwin ont navigué autour de la mystérieuse Terre de Feu – ainsi appelée par le premier d'entre eux, Fernand de Magellan, quand il aperçut les fumées des feux allumés par la population amérindienne sur l'archipel.

La période de décembre à février s'avère la plus accessible du fait de la douceur du climat – peut-être trop accessible même, au vu des foules de touristes sud-américains qui affluent dans le sud durant la haute saison. Les températures atteignent environ 15°C. C'est la meilleure période pour la randonnée. En hiver, Ushuaia gelée prend des allures de boule à neige, mais les manchots et les baleines migrent vers le nord. Aussi les saisons intermédiaires de l'automne et du printemps sont-elles, peut-être, les plus agréables pour visiter la région. Soyez prêts à vivre vos propres aventures mémorables dans cette île du bout du monde et vous en repartirez avec une compréhension plus profonde de notre planète.

SITES PRINCIPAUX

USHUAIA
Boule à neige au bout du monde. **p. 486**

RIO GRANDE
Faune des steppes et capitale culturelle du nord. **p. 501**

TOLHUIN
Lacs glaciaires immaculés et tourisme discret. **p. 511**

À gauche : Ruta 3 (p. 508). Ci-dessus : Isla Alicia (p. 488)

S'orienter

La partie argentine de la Terre de Feu s'étend sur un peu plus de 21 000 km². La route nationale 3, ou Ruta 3, relie San Sebastián, dans le nord, à la frontière chilienne, avec Ushuaia, en passant par les villes de l'île.

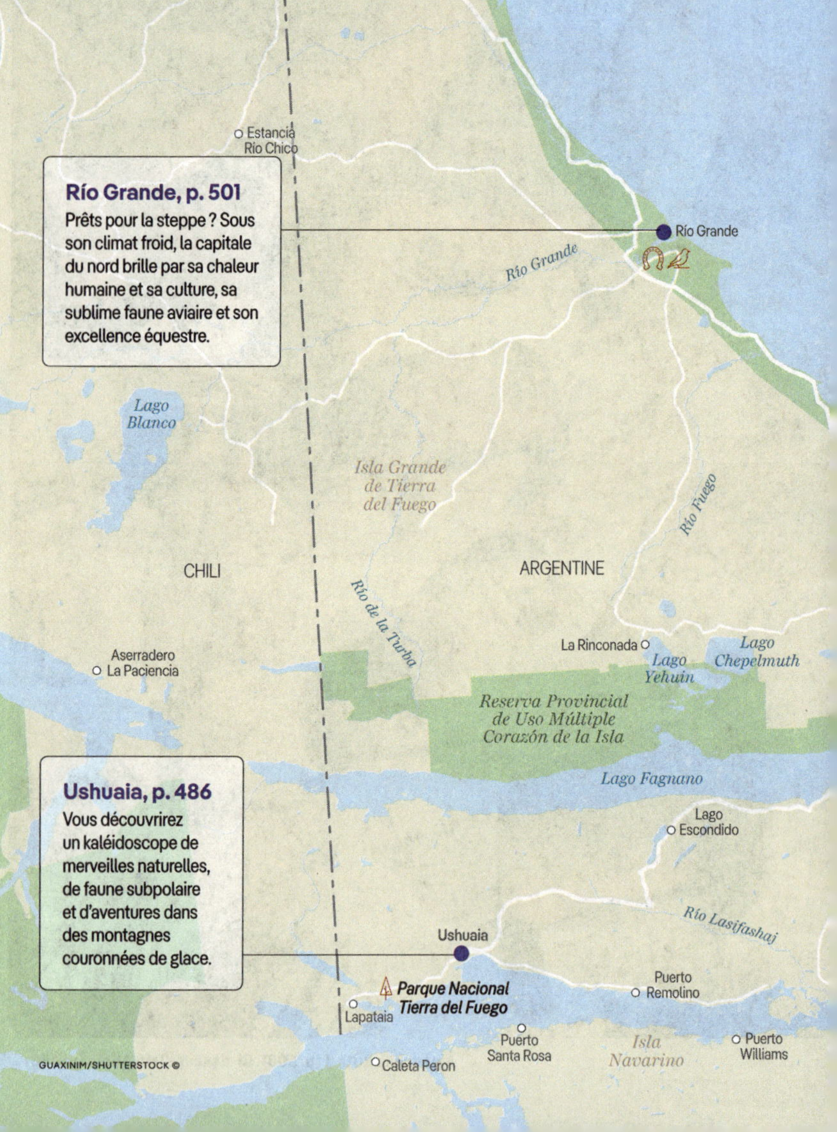

Río Grande, p. 501

Prêts pour la steppe ? Sous son climat froid, la capitale du nord brille par sa chaleur humaine et sa culture, sa sublime faune aviaire et son excellence équestre.

Ushuaia, p. 486

Vous découvrirez un kaléidoscope de merveilles naturelles, de faune subpolaire et d'aventures dans des montagnes couronnées de glace.

TRANSPORTS INTER-RÉGIONAUX

Fiables, les minibus Monciel et Lider circulent 12 fois par jour, de tôt le matin jusqu'au soir, entre les villes de Río Grande et d'Ushuaia avec arrêt à Tolhuin en chemin. Des bus Sur partent tous les jours de Río Grande pour Punta Arenas au Chili. L'aéroport d'Ushuaia, à 4 km au sud-ouest du centre-ville, est desservi par Aerolíneas Argentinas (aerolineas.com.ar) depuis Buenos Aires.

VOITURE ET MOTO

L'idéal pour explorer l'île. En dehors de la Ruta 3 – continuellement dégradée en hiver –, une série de sinueuses *rutas complementarias* mènent vers des destinations à l'écart des sentiers battus. Il faut un 4x4 pour y circuler en hiver.

VÉLO ET BATEAU

Le terrain plat de la steppe septentrionale est idéal pour le vélo. L'été, vous pouvez aussi faire une excursion en bateau depuis Ushuaia pour explorer les sites le long du canal Beagle.

Tolhuin, p. 511

Le "cœur de l'île" a pour attraits sa créativité éclectique, sa scène épicurienne et son cadre d'une saisissante beauté, encore peu touristique, avec de formidables lacs glaciaires andins.

Planifier son séjour

Ushuaia regroupe le plus grand nombre de sites touristiques et d'agences de voyages de l'île. Commencez par là avant d'aller explorer l'est et le nord de l'île.

Train, Parque Nacional Tierra del Fuego (p. 490)

Une journée de folie

- Vous venez d'arriver dans la ville relativement peuplée la plus australe du monde. Prenez le **Tren del Fin del Mundo** (p. 490) jusqu'au **Parque Nacional Tierra del Fuego** (p. 490), puis faites une randonnée, une excursion ou une promenade en canoë au cœur de ce paysage d'une surnaturelle beauté avec ses forêts, ses lacs et ses lagunes couronnés de montagnes.

- Ensuite, pour vous mettre dans l'ambiance, régalez-vous de *centolla* (crabe royal de Patagonie) à **La Cantina Fueguina de Freddy** (p. 494) ou de *merluza negra* (merlu noir) au **Volver** (p. 494) avant de suivre le sillage de Darwin et du capitaine Cook lors d'un tour en bateau autour de l'**archipel du canal Beagle** (p. 497).

- Après avoir débarqué, couronnez la journée en vous offrant des **chocolats artisanaux** (p. 493) *ushuaiense* (d'Ushuaia) ou une **bière** (p. 494).

Au fil des saisons

Les saisons oscillent entre des étés doux et des hivers enneigés. La haute saison s'étend de décembre à février.

JANVIER

La haute saison – températures douces – voit affluer les Sud-Américains dans les destinations touristiques. Temps idéal pour la randonnée.

AVRIL

Fin de la saison intermédiaire d'été. La faune subantarctique migre vers le nord. Certains sites touristiques ferment.

JUIN

Début de l'hiver. Les heures de clarté diminuent. La neige recouvre le sud. Les stations de sports d'hiver rouvrent.

Un long week-end

- Installez-vous dans une *cabaña* de montagne, un camping ou un hôtel. Le lendemain matin buvez un verre d'eau de glacier et respirez l'air pur, pour vous sentir frais et dispo quand la navette viendra vous chercher pour une randonnée à l'assaut des Andes fuégiennes afin d'explorer le **glacier Vinciguerra** (p. 497).

- Le soir, réchauffez-vous avec un gin artisanal à **La Cabaña Beerpoint** (p. 489) et contemplez les constellations au-dessus du **Cerro Martial** (p. 488). Le lendemain, direction l'**Estancia Harberton** (p. 500). Explorez les squelettes marins au centre d'accueil des visiteurs et promenez-vous au milieu des manchots de l'**Isla Martillo** (p. 500).

- Méditez sur vos expériences en dégustant poissons ou fruits de mer au **Puerto Almanza** (p. 497).

Une semaine sur l'Isla Grande

- Partez à la découverte du nord et de l'est de l'île en empruntant la fameuse **Ruta 3** (p. 508). En route vers le **Lago Fagnano** (p. 509), arrêtez-vous au Paso Garibaldi pour la vue grandiose sur le **Lago Escondido** (p. 517) sur fond d'Andes enneigées.

- Déjeunez dans l'un des **chalets-restaurants de Tolhuin** (p. 515), puis roulez vers l'est pour passer deux nuits dans une *estancia* le long de la Ruta Complementaria A et découvrir l'**épave du Desdemona** (p. 518) à San Pablo.

- Ensuite, dirigez-vous vers le nord pour explorer Rio Grande et vous promener au milieu des oiseaux subpolaires sur les plages de la **Reserva Costa Atlántica** (p. 501) avant de prendre votre vol ou de rejoindre l'Argentine continentale en passant par le poste-frontière de San Sebastián.

JUILLET

Le **Festival national d'hiver** a lieu le 2e week-end. C'est l'occasion de célébrations, de plaisirs gourmands et de musique live.

AOÛT

Participez ou assistez à la descente aux flambeaux du Cerro Martial lors de la **Bajada de Antorchas**. Magique !

OCTOBRE

Début de la saison touristique. La neige fond, les journées s'allongent, la faune marine revient et les sites saisonniers rouvrent leurs portes.

NOVEMBRE

Les musées et les centres culturels restent ouverts jusqu'à minuit lors de **La Noche de los Museos**, marquée par des événements organisés sur toute l'île.

Pour les infos pratiques, voir le Carnet d'adresses p. 520

Ushuaia

La descente sur Ushuaia est l'une des plus spectaculaires au monde quand on survole les nuages sans cesse changeants, les pics montagneux et les mers déchaînées. La ville, petite mais en plein essor– son nom signifie "baie profonde" dans la langue amérindienne des Yaghans – se présente comme méli-mélo multicolore d'architectures tyrolienne, Tudor et scandinave grimpant à l'assaut des pentes du glacier Martial. Les premiers colons à s'y établir furent attirés par la proximité entre les terres arables tempérées (relativement : c'est après tout l'une des terres les plus proches de l'Antarctique) des épaulements montagneux et le canal Beagle, où vivaient des nomades des mers, rebaptisés Yamanas par les missionnaires qui ont officialisé le territoire.

Aujourd'hui, c'est la porte ouverte vers des aventures dans des paysages naturels immaculés : randonnée, alpinisme, Antarctique et canal Beagle. Si, à un moment donné, vous vous sentez submergé par l'accumulation de boutiques de souvenirs, de groupes de touristes, ou même, à l'occasion, de colonies de manchots, il vous suffit de contempler l'étonnant panorama de montagnes et de mers subantarctiques pour vous rappeler que vous vous trouvez au bout du monde.

SAIKO3P/SHUTTERSTOCK ©

Ushuaia

COMMENT CIRCULER

Ceux qui prévoient de s'installer dans le centre et de participer à des visites organisées se suffiront de leurs deux pieds. Tous les musées et la plupart des restaurants sont près de l'Avenida San Martín. Pour les excursions à la journée, les tour-opérateurs envoient bus ou navettes récupérer les visiteurs sur leurs lieux d'hébergements. Les excursions en bateau partent du Puerto Turístico. Des navettes pour le Glaciar Martial, le Tren del Fin del Mundo, les *centros invernales* (centres d'activités hivernales ou stations de sports d'hiver) et les sentiers de la Laguna Esmeralda, partent de l'arrêt au croisement des avenues Maipú et Juana Genoveva Fadul. La principale station de taxi est à l'angle des avenues Maipú et Comodoro Augusto Lasserre Sur.

À SAVOIR

La plupart des restaurants ouvrent seulement de 12h à 15h pour le déjeuner et de 19h à 23h pour le dîner. Les cafés, eux, restent ouverts toute la journée.

VOIR
1 Isla Bridges
voir 16 Canopy Ushuaia
2 Cascada de los Amigos
3 Reserva Natural Cerro Alarkén
4 Galería Temática Historia Fuegina
5 La Antigua Casa de Gobierno
voir 4 Museo del Fin del Mundo
6 Museo Marítimo de Ushuaia
7 Parque Nacional Tierra del Fuego
8 Paseo de los Antiguos Pobladores
9 Plaza Islas Malvinas
10 Reserva Natural Urbana Bosque Yatana

ACTIVITÉS
11 Isla Alicia
12 Centro Invernal
13 Cerro Castor
14 Cerro Martial
15 Club Andino Ushuaia
16 Escuela de Esquí
17 Llanos del Castor
18 Piratour
19 Ushuaia Divers

SE RESTAURER
20 Ana é Juana
21 Chocolates Edelweiss
22 Jeremy Button Gintonería
23 Kaupé
24 La Cantina Fueguina de Freddy
25 La Casa de los Mariscos
26 Laguna Negra
27 Ramos Generales el Almacén
28 Tante Sara
29 Volver

PRENDRE UN VERRE ET FAIRE LA FÊTE
30 Chloe Casa de Té
voir 16 La Cabaña Beerpoint
voir 16 La Cabaña Casa de Té

TRANSPORTS
31 Puerto Turístico

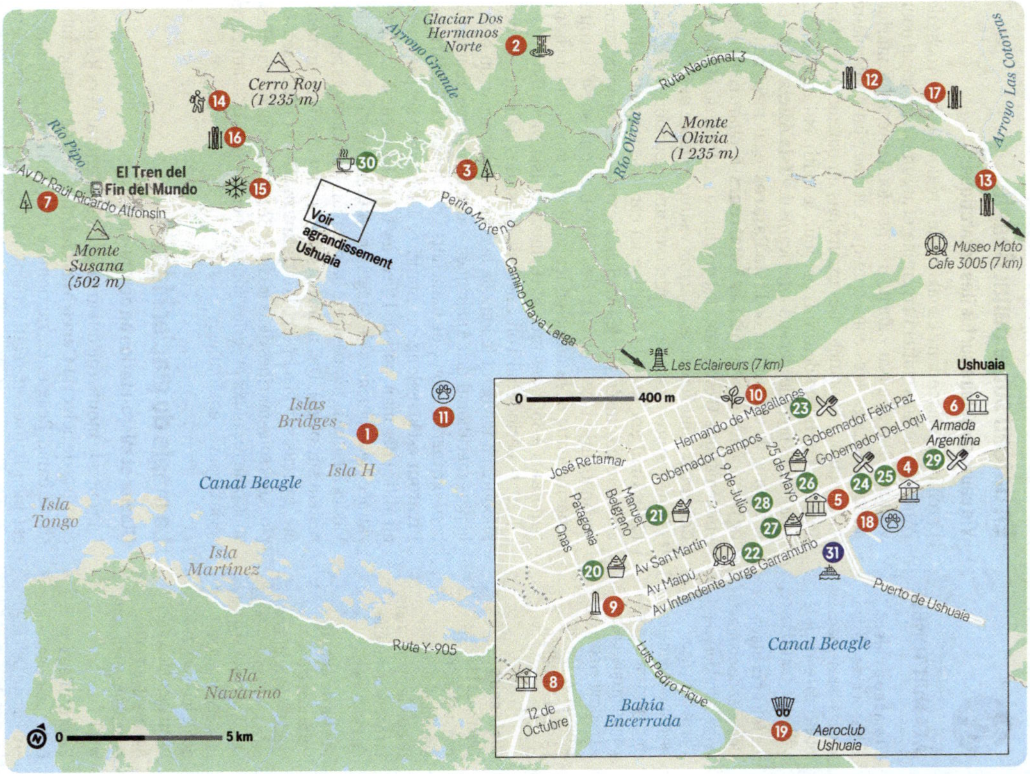

À LA NUIT TOMBÉE

Traîneau à chiens
Filez sur la neige, tiré par les chiens, dans les blanches forêts de la vallée de Tierra Mayor.

Le feu et la glace
Jouissez du contraste entre la froidure de l'air et la chaleur des eaux thermales, en regardant la vue panoramique, grâce à l'hydrothérapie en plein air du spa de l'Arakur Mountain Resort.

Ciels noirs
Observez les constellations subantarctiques depuis la plage, dans la réserve naturelle de Playa Larga.

Festin de minuit
Participez à une randonnée nocturne guidée et à un cours de ski sur le Cerro Martial, puis dînez sous un dôme forestier, avec la Patagon Mountain Agency (patagon mountainagency.com/ web).

Eaux étoilées
Optez pour une excursion d'Ushuaia vers le Lago Escondido afin de faire du kayak au coucher du soleil sous la cordillère et sous les étoiles.

En bateau sur le canal Beagle

Vie sauvage polaire sur les îles antarctiques

L'archipel du légendaire canal Beagle – région la plus proche de l'Antarctique sans quitter l'Argentine, et argument principal pour visiter la Terre de Feu – abrite une passionnante faune marine antarctique, des sites emblématiques et une faune subpolaire sans égal sur la planète. Les excursions en bateau partent du **Puerto Turístico** deux fois par jour, le matin et l'après-midi.

Saluez les lions de mer sud-américains de l'**Isla Alicia**, admirez la colonie de cormorans de l'**Isla Pajaros** (également peuplée de pinnipèdes) et admirez **Les Éclaireurs**, le phare centenaire emblématique. C'est là que s'est produit le naufrage du MS *Monte Cervantes* dont l'épave est parfois visible à marée basse.

Pour respirer l'air marin, réservez une excursion à pied sur l'**Isla Bridges**, dont la datation au carbone a montré qu'elle avait été colonisée par les Yaghans – vous y découvrirez une reconstitution de hutte et des informations sur l'histoire amérindienne et la faune endémique, sur fond d'éblouissant panorama à 360° des proches Ushuaia et Isla Navarino.

L'été – période où l'on aperçoit aussi des baleines et des phoques en navigant le long de la côte montagneuse du point le plus méridional des Amériques –, des bateaux se rendent à la *pinguinera* (colonie de manchots ; p. 500) de l'Isla Martillo. **Piratour** est la seule agence autorisée à débarquer ses passagers au milieu des manchots de l'île et à y faire des excursions toute l'année (les manchots de Magellan migrent vers la Península Valdés lorsque la température baisse, mais les manchots papous restent sur place). Des manchots royaux ont aussi récemment été aperçus sur l'Isla Martillo. **Ushuaia Divers** organise des plongées sous-marines dans le canal Beagle au cours desquelles vous pourrez nager avec des lions de mer et explorer la fameuse série d'épaves englouties.

La magie du glacier Martial

Glacier et micro-station en centre-ville

La route de montagne qui grimpe en serpentant vers les pics couverts de neige du **Cerro Martial** offre une vue plongeante sur le canal Beagle. La randonnée jusqu'au cirque glaciaire est bien balisée et relativement facile, après une première montée abrupte. Comptez environ 3 heures aller-retour. Les vues panoramiques sur les montagnes alentour et sur le canal Beagle en imposent davantage que le glacier lui-même.

Au pied de la station, vous trouverez des magasins d'équipement pour la randonnée et pour la neige. En saison, l'**Escuela de Esquí** propose des cours de ski et de snowboard.

OÙ PRENDRE UN VERRE À USHUAIA

La Cabaña Beerpoint
Au pied du Cerro Martial, prenez une bière autour du feu dans le jardin de ce bar tout en bois.

Dublin Pub
Bar irlandais fidèle à son nom, situé à l'écart de la rue principale et ouvert jusqu'au petit matin.

Club 1210
Ce club près du front de mer reste ouvert jusqu'à l'aube avec musique électro tous les soirs.

Installé depuis 2023 dans l'ancienne gare de télésiège réaménagée, le **Centro de Montaña Glaciar Martial** organise des randonnées guidées, y compris des marches de nuit.

Poursuivez l'aventure en parcourant les neuf tyroliennes de **Canopy Ushuaia** ou en faisant du ski de fond avec **Francisco Jerman**, qui fait partie du **Club Andino Ushuaia**, auprès duquel vous pouvez réserver un cours de snowboard, d'alpinisme ou de patinage sur glace.

Après quoi, faites la queue pour une table à **La Cabaña Casa de Té** : ce salon de thé animé, aux couleurs pastel, est peut-être l'endroit le plus douillet et convivial d'Amérique du Sud. Pour un plaisir plus costaud, buvez une bière artisanale à côté du feu dans le jardin ou dans le chalet en bois de **La Cabaña Beerpoint**. Des taxis pour redescendre de la montagne attendent à l'extérieur et des bus partent toutes les heures l'après-midi. Et si vous ne pouvez pas monter à la montagne, la montagne peut descendre à vous : le glacier Martial fournit en effet la majeure partie de l'eau du robinet à Ushuaia.

GLACIERS

Pour escalader les montagnes que vous voyez autour de vous : rendez-vous p. 497 pour en savoir plus sur les meilleurs treks sur glacier de l'**Isla Grande**.

Nature urbaine

Randonnées urbaines avec vues sur les montagnes

En ville même, des poches de nature permettent de s'échauffer avant les randonnées de la journée en profitant de vues sur des montagnes emblématiques. Des sentiers bien balisés mènent autour de la **Reserva Natural Cerro Alarkén** : ils partent derrière l'Arakur Ushuaia Resort et serpentent au milieu des arbres marqués de peinture jaune et bleu, ou rouge pour une randonnée plus exigeante. On est là sur un éperon avec vue sur les Cinco Hermanos, le Monte Olivia et, par temps clair, le glacier Vinciguerra.

À peu près à mi-chemin sur la même route sans nom, un panneau et un parking marquent le début d'une randonnée (8 km, 4 heures aller-retour) jusqu'à la **Cascada de los Amigos** dans la vallée du Río Chico. Suivez le chemin et prenez à gauche quand il bifurque. Traversez la rivière et marchez à travers bois jusqu'au pied de cette haute et bouillonnante cascade.

À quelques pâtés de maisons au nord de l'Avenida San Martín s'étend la **Reserva Natural Urbana Bosque Yatana**, une merveilleuse forêt urbaine. Doté d'installations artistiques, de reconstitutions d'habitats amérindiens et d'informations sur la faune endémique, le centre artisanal, situé devant, est le point de rencontre pour les différents cours et événements qui s'y déroulent. Une précieuse introduction à la nature environnante et un régal pour l'âme !

PLACE DEBOUT UNIQUEMENT

Pour ceux qui supportent la foule, les opérateurs Terramar Turismo (terramar.tur.ar/es) et Rumbo Sur (rumbosur.com.ar) accueillent des groupes importants. El Che Turismo (elcheushuaia.com), Tierra Turismo (tierraturismo.com) et Tierra del Fuego Aventura (tierradelfuegoaventura.com) sont, eux, spécialisés dans les véhicules et bateaux plus petits. Avec des groupes compris entre 10 et 20 personnes, ils peuvent ajuster leurs itinéraires en fonction des meilleurs horaires et d'offrir des vues plus rapprochées dans des conditions plus paisibles. Pour prendre un billet à la dernière minute ou vous faire une idée des circuits proposés, allez voir leurs stands à côté du Puerto Turístico.

OÙ PRENDRE UN VERRE À USHUAIA

Moat
Bar à cocktails sophistiqué de style speakeasy, niché sous un restaurant de tapas. Excellent gin. Fermé le mardi.

The Birra
Boutique de bières en bas, bar-dégustation en haut, cet élégant bar à bières sert des pressions artisanales exceptionnelles.

Cervecería Grut '84
Dans un chalet en bois du quartier de Dos Banderas : pompes à bière en bois pour servir les pintes artisanales locales.

MATYAS REHAK/SHUTTERSTOCK ©

INFOS PRATIQUES

Scannez ce QR-code pour connaître les tarifs et les heures d'ouverture.

INCONTOURNABLE

Parque Nacional Tierra del Fuego

Montagnes enneigées, lacs glaciaires, lagunes émeraude et vallées où vivent des poneys, ce parc, qui s'étend sur 700 km² à cheval sur des mers subpolaires et jusqu'à la frontière chilienne, résume toutes les beautés de l'Argentine. Site le plus visité de l'archipel, inscrit au Patrimoine mondial, il offre des terrains et des modes d'exploration différents par tous les temps, pour tous les goûts et toutes les capacités. On peut l'explorer lors d'une visite éclair ou goûter aux charmes de la solitude lors d'une randonnée de plusieurs jours.

À NE PAS MANQUER

- Bahía Lapataia
- Tren del Fin del Mundo
- Lago Acigami
- Canoë sur le Lago Roca
- Bahía Ensenada Zaratiegui
- Canal Beagle
- Laguna Verde

Tren del Fin del Mundo

En général, à Ushuaia, il faut se méfier de tout endroit vendu sous la mention "bout du monde". Mais là, cette locomotive à vapeur si évocatrice qui serpente entre les forêts de *lenga* et les montagnes enneigées est à la hauteur du battage médiatique. Cette reconstitution du voyage de 7 km effectué par la première vague d'immigrants de la ville – des bagnards exilés dans la colonie pénitentiaire d'Ushuaia au tournant du XXe siècle pour extraire les matériaux nécessaires à la construction de la ville – serpente depuis la fausse gare d'époque vers le Parque Nacional Tierra del Fuego. Les commentaires avisés (en quatre langues) sur l'histoire du bagne d'Ushuaia sont inévitablement éclipsés par la vision des chevaux sauvages paissant dans la toundra sillonnée de ruisseaux glaciaires, l'arrêt à la cascade La Macarena, les séances de photos de prisonniers de composition et la vue panoramique sur les montagnes alentour.

En avant, marche !

Les sentiers qui traversent les forêts de *lengas* (hêtres de la Terre de Feu ou hêtres blancs) bordant les eaux glaciaires, sous les puissantes montagnes enneigées, offrent un vaste choix depuis les courtes promenades vers des cascades jusqu'aux rudes randonnées en montagne en passant par les promenades côtières allant de la mer au lac. Le Senda Costera (fermé mai-nov) mène de la Bahía Ensenada Zaratiegui au Lago Acigami le long de la fameuse côte occidentale du canal Beagle, à travers des forêts, des criques cachées et des plages. Le Cerro Guanaco est une randonnée de montagne difficile offrant des vues à la fois sur la mer et sur les Andes fuégiennes (pour l'entreprendre, il faut auparavant s'inscrire au centre des visiteurs d'Alakush), tandis que la promenade jusqu'à la cascade du Río Pipo ne demande qu'une facile grimpette de 15 minutes. L'ascension des montagnes jusqu'à la Laguna del Caminante et le Lago Superior, qui part du parc national, demande, elle, plusieurs jours.

Eaux et merveilles

S'ouvrant comme un cratère lunaire, le Lago Acigami aux eaux glaciaires immaculées dessine un orbe parfait encadré par d'imposants escarpements montagneux coiffés de glace et par le Chili au-delà. Divers sentiers mènent autour de la plage de galets en forme de croissant – suivez jusqu'au bout le sentier Hito XXVI pour rejoindre la frontière avec le Chili. Sur le chemin, des bancs en bois invitent à la contemplation au bord du lac. L'été, avec le canoé (seule activité officiellement autorisée dans le parc national) et le camping, le Lago Acigami dévoile de nouvelles façons d'explorer le cœur du Parque Nacional Tierra del Fuego. De courts sentiers d'une dizaine de minutes mènent autour des passerelles en bois qui bordent la Bahía Lapataia, point culminant de la route panaméricaine. À 30 minutes de là scintillent les eaux émeraude de la Laguna Verde.

Refuge au bout du monde

Le vaste et joli centre des visiteurs d'Alakush accueille une petite exposition expliquant l'évolution glaciaire, anthropologique et architecturale du parc national, ainsi qu'une spacieuse cafétéria offrant des vues panoramiques et un feu de bois. L'espace au fond à droite offre la vue sur les montagnes couvertes de glace bordant la rivière Lapataia.

Pour envoyer une carte postale du bout du monde, Bahía Ensenada Zaratiegui est l'ultime endroit où le faire ! Il était fermé lors de notre passage, mais d'autres ont rapporté que le maître postier septuagénaire, Carlos de Lorenzo, autoproclamé premier ministre de la République de Rhodonda (l'île où se trouvait jadis le bureau de poste) en face, est de plus en plus souvent absent ces derniers temps. Reste que la hutte très décorée située au bout de la jetée constitue un arrêt photo obligatoire. Si vous avez apporté votre passeport pour le faire tamponner, n'oubliez pas que les tampons fantaisie peuvent rendre les documents invalides.

LA NATURE AVEC VOUS

Les randonneurs rencontreront des renards argentés, des castors et une myriade d'oiseaux. Observez les brassemers cendrés, les guanacos et les condors le long du sentier Cerro Guanaco.

À SAVOIR

- Pour les sites comme la Bahía Lapataia, allez-y plutôt le matin ou en fin d'après-midi.
- Prenez le Tren del Fin del Mundo dans un seul sens et avant, ou après, faites une randonnée ou participez à une excursion pour explorer le parc.
- Il y a des terrains de camping près de la Bahía Ensenada, du Lago Roca, de la Laguna Verde, du Río Pipo et de la Bahía Ensenada Zaratiegui.
- Certains chemins de randonnée ferment l'hiver.
- Lors de notre visite, en hiver, il fallait avoir réservé une excursion quand on débarquait du Tren del Fin del Mondo.
- Des bus partent d'Ushuaia pour le parc chaque matin à l'heure juste. Il y a 6 arrêts notamment à la Bahía Ensenada Zaratiegui, au centre des visiteurs d'Alakush et à la Bahía Lapataia.

ALEX. SHEVCHENKO/SHUTTEESTOCK ©

Galería Temática Historia Fuegina

DES PRIX EXHORBITANTS

La Terre de Feu figure parmi les régions les plus riches d'Argentine, avec le deuxième revenu le plus élevé. Si on ajoute à cela une offre touristique unique au bout du monde, les prix grimpent en flèche à Ushuaia. Selon nos classements par fourchette de prix, $$ correspond à une chambre dans un établissement petit-budget de la ville et pour $$$, il faut s'attendre à une chambre dans un établissement de catégorie moyenne. Les prix des hôtels de luxe se situent aux mêmes niveaux que leurs équivalents dans les villes et les stations touristiques d'Europe occidentale et des États-Unis. On trouve, en revanche, des hôtels aux prix plus proches de ceux du reste du pays à Tolhuin, à Río Grande et dans leurs environs.

ÉGALEMENT À USHUAIA

Musées : à l'est

Le triptyque des musées d'Ushuaia

Des visites guidées par un conférencier yaghan, un musée de niveau national installé dans un panoptique (type d'architecture carcérale permettant de surveiller sans être vu) et une visite audiovisuelle d'Ushuaia à travers les millénaires : entrez dans les principaux musées de la ville situés à l'est de l'Avenida San Martín. Chacune des cinq ailes du **Museo Marítimo y del Presidio de Ushuaia** est consacrée à un thème local différent, de l'histoire maritime du détroit de Magellan à l'Antarctique en passant par les origines des Yaghans. La plus impressionnante de toutes est celle qui présente l'histoire d'Ushuaia et du panoptique du XIXe siècle dans lequel se trouve le musée. L'histoire de cette colonie pénitentiaire, surnommée la "Sibérie du Sud", est présentée dans des cellules jadis occupées par les prisonniers les plus notoires d'Argentine.

Passez 1 heure 30 à explorer les tableaux représentant l'histoire de la Terre de Feu, depuis les communautés amérindiennes qui vivaient là il y a environ 4 000 ans av. J.-C. jusqu'aux aventures de Shackleton et de Darwin, au cours d'une visite audiovisuelle répartie sur 4 niveaux à la **Galería Temática Historia Fuegina**.

OÙ SE LOGER À USHUAIA

Los Acebos
Hôtel frère et voisin de Las Hayas : belles vues, bons restaurants et service formidable. $$$

Los Cauquenes
Hôtel de luxe situé en bord de mer juste à l'extérieur du centre et proposant un vaste programme d'activités. $$$

Arakur Mountain Resort
Retraite de luxe au sommet d'une montagne : vues grandioses, sentiers alentour, hydrothérapie en plein air et équitation. $$$

Tous les jours, à 11h, Victor Vargas Filgueira, membre de la petite communauté indigène Paliakoala d'Ushuaia, donne des conférences en espagnol sur l'histoire et la culture amérindienne de la région. Demandez à voir son artisanat avant de vous rendre au **Museo del Fin del Mundo**, dédié à la faune antarctique et à l'histoire humaine de la Terre de Feu. Il s'étend sur deux bâtiments anciens de l'Avenida Maipú. Le second, **La Antigua Casa de Gobierno** (1890), couvre le naufrage du MS *Monte Cervantes* à travers des images originales et des témoignages. Les billets pour ce musée et pour le Museo Marítimo de Ushuaia permettent d'y revenir pendant 2 jours.

L'amour des douceurs

Délicieux gâteaux et confiseries pour résister au froid

Des multiples chocolatiers de l'Avenida San Martín aux salons de thé de montagne qui valent le détour, Ushuaia brille par son éventail de pâtisseries et de chocolateries. Dans l'Avenida San Martín, faites votre choix parmi huit *providores* de chocolat patagonien. **Laguna Negra** vend des confiseries exquises et on peut s'y arrêter pour un chocolat chaud, tandis que **Chocolates Edelweiss** est un joyau indépendant traditionnel. Les *chocotortas* et autres gâteaux fuégiens de **Tante Sara** sont tellement appréciés qu'il existe maintenant deux de ces élégants cafés traditionnels, l'un Avenida San Martín et l'autre à Río Grande. Pâtisserie traditionnelle, **Ana & Juana** vend des desserts sud-américains raffinés.

En entrant chez **Ramos Generales el Almacén**, sur l'Avenida Maipú, on a l'impression de se retrouver à Ushuaia au XIXe siècle. Ce café fait également office de musée avec ses jouets anciens et ses armoires à trésors qui tapissent les intérieurs centenaires, à côté des comptoirs où sont présentés de délicieux desserts. Pour une boisson avec vue, **La Cabaña Casa de Té**, à la boutique de souvenirs polygonale, tandis que **Chloe Casa de Té** (sur réservation) sert des infusions dans son salon de thé à flanc de montagne agrémenté d'un dôme et d'une vue qui s'étend sur le canal Beagle.

Les délices de Neptune

Produits de la mer subantarctique

Ushuaia a une scène gastronomique très développée. Les menus à base de produits de la mer n'ont pas leur pareil sur la planète. La *centolla* (crabe royal de Patagonie) peut atteindre 19 cm et vivre jusqu'à 30 ans – mais finit aussi souvent dans une assiette. Le meilleur choix consiste à la commander décortiquée ou *gratinada* – les pattes du crustacé sont couvertes de parmesan et gratinées.

VUS DU CIEL

Pour pousser plus loin l'aventure, survolez les sites les plus beaux et les plus inaccessibles, de la région. Contemplez, vus du ciel, la Laguna Esmeralda, approchez-vous du Monte Olivia, la plus haute montagne d'Ushuaia, admirez la Terre de Feu chilienne et atterrissez au sommet de l'Alvear, où vous pourrez également faire de l'héliski. Prenez la voie des airs pour déjeuner à Puerto Almanza et pénétrer dans la Península Mitre. HeliUshuaia (heliushuaia.com.ar) transporte des passagers en hélicoptère au-dessus d'Ushuaia et des sommets des Andes fuégiennes, tandis qu'Aeroclub Ushuaia (aeroclubushuaia.com) peut emmener des passagers dans des avions légers au-dessus de l'Isla de los Estados (et du phare qui a inspiré à Jules Verne *Le Phare du bout du monde*), de la Cordillera Darwin et du cap Horn.

OÙ SE RESTAURER À USHUAIA

Mercado del Jardín
Espace de restauration éclectique, du camion de sushis aux pizzas en passant par les burgers. $

Isla Vegana
Excellente petite table végétarienne, située en retrait vers l'est de l'Avenida Maipu. $

Xpresso
Petits plats, smoothies et vue sur le canal Beagle pour ce café en étage de l'Avenida San Martín. $

TANGO AU BOUT DU MONDE

Dansez le tango à la pointe méridionale du monde ! Le studio de danse Masdanza, situé juste au-dessus de l'Avenida San Martín, dispense divers cours. Pour les fanatiques de la danse nationale argentine, Tango B'n'B (tangobyb.com.ar) est un hébergement à thème dirigé par une famille de musiciens qui propose à ses hôtes des concerts live et des cours d'accordéon. À la fois expérience immersive, club-dinatoire et musée, Cavas del Fin del Mundo (cavasdelfindelmundo.com.ar) vous fait vivre une expérience gastronomique et musicale dans les différentes salles à thème de ce bâtiment-musée d'époque où règnent le tango et la musique. Pour une introduction complète, des soirées spéciales tango avec spectacle, dîner et danse ont lieu tous les mercredi et vendredi soir dans l'espace théâtre d'Onírico Sur (facebook.com/oniricosurushuaia).

JOEL REYERO/DPA/ALAMY LIVE NEWS ©

Cerro Castor

Les amateurs de poissons apprécieront le saumon gras et dodu du canal Beagle, et la *merluza negra* (merlu noir ou légine australe), un poisson des profondeurs pêché à la palangre par des plongeurs dans le canal Beagle.

Dans l'Avenida San Martín, **La Casa de los Mariscos** et **La Cantina Fueguina de Freddy** sont deux restaurants de poissons à tarifs raisonnables. Pour une grande occasion, le **Volver** est réputé pour son célèbre chef, pour son ceviche et son cadre intime rappelant une hutte de pêcheur, tandis que **Kaupé** a remporté de multiples prix pour ses plats de poissons créatifs.

Bonnes libations

Eau, bière et gin à l'honneur

Merveilleuse, l'eau d'Ushuaia vous séduira dès la première gorgée. Au cours de la dernière décennie, elle a aussi contribué à l'essor des distilleries et brasseries de l'île.

En Terre de Feu, la bière n'est pas tant une envie de fin de randonnée qu'une obsession. D'où cette floraison de microbrasseries qui fabriquent de la bière artisanale à partir d'eau glaciaire, de houblon patagonien et d'herbes de montagne. La plus réputée, la Cerveza Beagle, se trouve dans tous les magasins de boissons et bars de la ville.

Pour une boisson plus corsée, vous pourrez découvrir le Gin 3005 au **Museo Moto Cafe 3005** d'Haruwen – shots gratuits

ENFILEZ VOS PATINS

Laguna del Diablo
Quand l'eau gèle, cette lagune du centre-ville devient une vaste piste de hockey sur glace.

Cerro Castor
Patinoire haut de gamme au pied des pistes. Entrée libre avec un forfait de ski.

Carlos Tachuela Oyarzún
Patinoire municipale en plein air sur le front de mer occidental. Grand point de ralliement des habitants de la région.

pour tous ceux qui entrent. **Jeremy Button Gintonería** est une distillerie de gin et un bar très animé en front de mer. Son nom lui vient du triste destin d'un Yaghan qui aurait été vendu pour un bouton, puis kidnappé par Robert FitzRoy pour être exhibé en Angleterre, avant de revenir sur le HMS *Beagle* avec Darwin quelques années plus tard. Quel que soit votre faible, ceux qui veulent revenir devraient goûter une pinte ou un alcool infusé au *calafate* – la tradition locale veut que quiconque goûte à cette baie patagonienne soit destiné à revenir.

Chiens et poudreuse

Aventures glacées dans les centros invernales

Le Valle Tierra Mayor, comme la plupart des basses terres qui bordent la pointe sud de la Terre de Feu, a été formé par un glacier géant qui s'est détaché de la cordillère Darwin il y a 25 000 ans, donnant ainsi cette forme aplatie qui fait ressortir de façon si spectaculaire les pics environnants et qui permet d'y accéder.

Ceux qui visitent la région entre juin et septembre peuvent pénétrer dans un pays des merveilles hivernales sans avoir à escalader une montagne. Filez en traîneau à chiens à travers les forêts de *lengas* depuis le **Centro Invernal** ou escaladez une cascade gelée. Parcourez en motoneige les 12 acres de vallée enneigée des **Llanos del Castor**, puis dévalez les 19 pistes de la seule station de ski à part entière de l'extrême sud des Amériques, **Cerro Castor**. Très bien conçue par un ancien champion olympique, elle comprend des télésièges, des restaurants et pour l'après-piste des DJ et des hébergements. Certaines pistes sont équipées pour la neige artificielle, ce qui garantit la possibilité de skier dès le début de la saison, le lendemain du solstice d'hiver. Elles sont particulièrement attrayantes à la nuit tombée lorsque les lumières scintillantes et le chocolat chaud rehaussent le contraste entre le ciel nocturne et la neige. Partout, de chaleureux restaurants servent d'excellentes *parrillas*.

Prochaine escale : Antarctique

Cap vers le sud

Chaque année, d'octobre à mars, les navires de croisière à destination de l'Antarctique font escale à Ushuaia pour récupérer des passagers avant de se rendre sur le septième continent. Pour embarquer, comptez environ 10 000 $US – sachant qu'on peut aussi trouver des places de dernière minute dans des agences comme 4x4 Ushuaia Aventura et Rumbo Sur, à des prix réduits autour de 4 000 $US. Pour atteindre l'Antarctique, il faut compter au minimum un voyage aller-retour de 5 jours vers les îles de la Géorgie du Sud, mais la plupart des croisières durent au moins 2 semaines, voire plus. De décembre à février, des vols au départ de Punta Arenas, au Chili, rejoignent en 2 heures l'île King George, avec la possibilité de faire l'aller-retour dans la journée ou d'opter pour un forfait avion et croisière. Si vous êtes intéressé par les options croisières, vous pourrez vous adresser à nombre d'agences spécialisées sur l'Avenida San Martín.

PAYS DE MOUTONS

La Terre de Feu est réputée non seulement pour ses produits de la mer, mais aussi pour ses moutons : c'est le berceau de l'élevage de moutons en Argentine. Vous aurez le choix entre toute une série de *parrillas* (grills) servant de l'agneau provenant des *estancias* de l'île. Les *cazuelas* (ragoûts) fuégiens, lentement mijotés, sont une spécialité qui tient chaud au corps. Isabel Cocina al Disco (isabelcocinaaldisco.com), sur l'Avenida Maipú, sert de généreux plats à partager, avec vue sur le canal Beagle. La *cazuela* de Kuar (kuar.com.ar) offre une explosion de chaudes saveurs en bouche. Parmi les établissements accessibles, La Estancia-Parrilla et Moustacchio servent un bon agneau rôti à la broche. Mais pour vraiment goûter la fraîcheur des produits directement de la ferme à la table, rien ne vaut les *parrillas* de Tolhuin et de Río Grande, situées aux portes des *estancias* de la Terre de Feu.

Environs d'Ushuaia

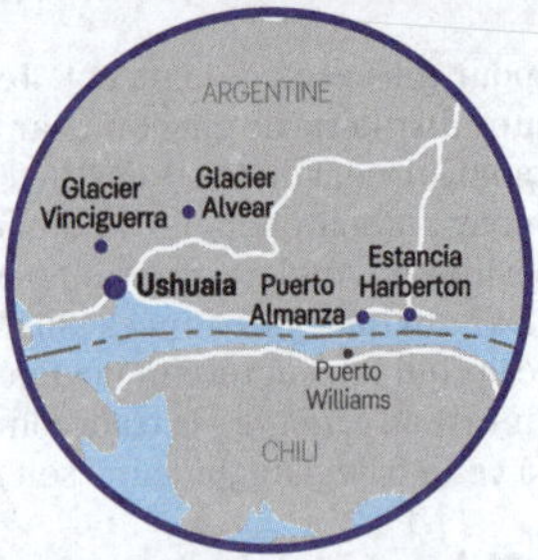

Pour les infos pratiques, voir le Carnet d'adresses p. 521

Au nord, faites d'ambitieuses randonnées sur des montagnes superbes vers des glaciers à couper le souffle. Sur la côte méridionale, faites-vous plaisirs à table et visitez des villages historiques.

Si Ushuaia est le point d'embarquement, ses environs sont une révélation. Avec des paysages de neige et de glace couvrant les hautes cimes toute l'année, vous pourrez vous rapprocher des sommets iconiques du Cinco Hermanos et du Monte Olivia lors de randonnées d'une journée, ou consacrer davantage de temps à explorer les hauteurs des Andes fuégiennes. C'est un royaume de glaces et de lagunes d'un bleu intense, de sommets enneigés, de grottes, de glaciers cachés et de cascades. En vous dirigeant vers l'est, le long de la côte sud, vous découvrirez un surprenant hameau gastronomique aux produits en direct de la mer à la table, une faune marine majestueuse avec des vues sur Puerto Williams (si proche que les téléphones basculent sur les opérateurs chiliens) et la première *estancia* de la Terre de Feu, dont les fondateurs ont joué un rôle crucial dans la formation d'Ushuaia.

COMMENT CIRCULER

Au départ de l'arrêt des navettes d'Ushuaia, des minibus desservent la base de la Laguna Esmeralda et les *Centros Invernales*. Les taxis urbains affichent une liste de tarifs fixes pour Harberton, Almanza et autres destinations en dehors de la ville. On trouve bâtons, crampons et équipements pour la neige dans les *Centros Invernales* et en ville. L'été, on peut faire des excursions en bateau dans l'archipel du canal Beagle et par voie terrestre jusqu'à l'Estancia Harberton, ainsi que toute l'année jusqu'à Puerto Almanza. La Ruta Complementaria J nécessite une bonne maîtrise de la conduite et un 4x4 en hiver.

À SAVOIR

La durée des trajets varie considérablement pendant les mois d'hiver selon la météo.

ERASMO FERNANDES/SHUTTERSTOCK ©

Vallée de Carbajal

Valle Carbajal

DEPUIS USHUAIA : **20 MINUTES**

Randonnée en montagne sur les glaciers

Lové dans le berceau des Andes fuégiennes, Ushuaia compte parmi ses grands attraits les glaciers alentour. Des glaciers qui se sont formés au cours de dizaines de milliers d'années et donnent un avant-goût de l'Antarctique 1 000 km plus au sud. Des randonnées en montagne de quelques heures ou de plusieurs jours commencent dans les vallées au sein même de la ville ou à 20 minutes de route de celle-ci.

Les randonnées d'entrée de gamme et de la journée les plus difficiles depuis Ushuaia sont celles qui mènent aux glaciers environnants. Pour atteindre le glacier Vinciguerra, partez de la porte du Camino del Valle pour pénétrer dans la vallée d'Andorra et grimper par des sentiers forestiers abrupts jusqu'à la Laguna de los Tempanos. Suivez le sentier qui s'incurve sur la droite autour de la lagune turquoise pour rejoindre le glacier. Pour y accéder en hiver, vous aurez besoin d'un guide et d'un équipement. Les grottes de glace du Vinciguerra peuvent se visiter, mais il est fortement déconseillé d'y pénétrer, comme dans n'importe quelle autre grotte, sans être accompagné d'un guide ou sans un avis officiel indiquant qu'on peut le faire en toute sécurité. Fin 2022, une personne est décédée à la suite d'une chute de glace dans la grotte Jimbo de la région.

L'ascension du glacier Alvear est l'une des plus ambitieuses, et des plus grandioses, de la région car elle nécessite de camper la nuit sur la troisième plus haute montagne des environs. Les guides expérimentés de la **Compañia de Guías de Patagonia**, qui organisent cette ascension et d'autres dans les environs, pourront adapter les itinéraires aux capacités et aux intérêts de chacun. L'Ojo del Albino, l'un des glaciers les plus spectaculaires de l'île, n'est accessible qu'en hiver quand la Laguna Esmeralda est gelée, encore faut-il des crampons et des pics à glace pour l'atteindre. De même pour le Monte Olivia, le plus haut sommet à 1 326 m, dont on ne peut faire l'ascension que par les temps les plus froids.

De Puerto Almanza à Harberton/la côte du canal Beagle

DISTANCE D'USHUAIA : **1 HEURE 30**

La pêche du jour

Puerto Almanza est un hameau de pêcheurs, à environ 1 heure 30 de route d'Ushuaia, en passant par des pistes forestières sinueuses, le Lago Victoria, des *refugios* de *gauchos* et des vaches paissant en liberté. La Ruta Complementaria K (surnommée localement La Ruta de la Centolla), qui part de

LES PLUS HAUTS SOMMETS DE LA TERRE DE FEU

Le Monte Olivia est la plus haute montagne de la chaîne visible depuis Ushuaia – haut de 1 326 m, il couronne les sommets qui surplombent la ville. Son glacier doit son nom au père salésien Alberto de Maria Agostini, première personne à l'avoir escaladé en 1913.

L'emblématique Cinco Hermanos, un peu moins haut que le Monte Olivia, à 1 280 m, possède un sommet déchiqueté en cinq pics, ce qui lui a valu ce nom inspiré des cinq fils de Thomas Bridges. Le sentier qui grimpe sur sa face, avec un dénivelé de 867 m, est un parcours difficile de 4 heures 30 aller-retour.

Plus haute montagne de la Terre de Feu, le Monte Darwin, qui se dresse de l'autre côté de la frontière chilienne dans le paysage de glace de la Cordillera Darwin, culmine à 2 488 m.

GUIDES DE MONTAGNE ET EXCURSIONS

Arpón Turismo
Excellente agence familiale : excursions en petits groupes vers les glaciers Vinciguerra et Ojo del Albino.

Canal Fun
Tour-opérateur établi de longue date pour une palette d'excursions et de randonnées de la journée en petits groupes.

Patagon Mountain Agency
Des randonnées intrépides et variées de la journée autour des glaciers, de l'escalade sur glace et autres.

RANDONNÉE VERS LA LAGUNA ESMERALDA

Comptez 4-5 heures aller-retour pour cette randonnée. Équipez-vous de chaussures de randonnée ou de bottes de pluie, et prenez des vêtements imperméables ainsi que de l'eau et de quoi grignoter au bord de la lagune. Rejoignez en voiture – ou par la navette de 10h depuis Ushuaia – le ❶ **Valle de Lobos**, 19 km à l'est de la ville par la Ruta 3. Arrivé là, allez vers le nord en commençant au panneau indiqué 1 et empruntez la passerelle pour traverser de hautes forêts de *lengas* durant environ 1 km. Vous déboucherez sur une clairière offrant une vue éblouissante sur le Valle Carbajal sur fond de montagne. Prenez vers la droite pour suivre la rivière et, après 700 m, pénétrez de nouveau dans la ❷ **forêt**, en suivant les balisages bleus sur les arbres et en montant. Guettez en chemin les renards argentés et les castors. En sortant de la forêt, après 1,3 km, vous entrez dans la ❸ **zone des tourbières**. Caractéristiques de la Terre de Feu, elles sont le terrain le plus difficile lors de l'ascension, entraînant parfois d'importantes chutes. En général, le côté gauche est le moins dense, mais guettez un groupe pour repérer par où passent les pros.

Une fois cette étape franchie, longez de nouveau le Río Esmeralda et ne manquez pas de vous retourner pour admirer le panorama des montagnes avec la rivière dans le val en contrebas. En abordant une montée plus abrupte sur le kilomètre suivant, remarquez comment le cours d'eau devient d'un vert plus profond, s'écoulant sur les rochers à son sommet. Surmontez ces derniers pour atteindre l'orbe parfait de la ❹ **Laguna Esmeralda**. Savourez alors la paix et la beauté de ces eaux émeraude nichées dans un cercle de montagnes, en admirant le ❺ **glacier Ojo del Albino** au-delà, avant de revenir sur vos pas à la base.

la Ruta J vers la droite, est jalonnée de petits restaurants traditionnels en bois idéalement situés face au canal Beagle d'où provient la pêche. De là on voit, à 5 km, de l'autre côté du détroit, Puerto Williams sur l'Isla Navarino (si proche que, le long de ce tronçon, les téléphones basculent sur les opérateurs chiliens). **La Mesita de Almanza** et **La Sirena y el Capitán** sont deux restaurants très prisés qui n'accueillent qu'une douzaine de convives chacun. Le dernier, très décoré, offre une vue sur les pêcheurs qui remontent les prises du jour.

À 5 km après le petit port, Alma Yagan propose un concept culinaire original sous l'égide de la seule femme capitaine de la Terre de Feu : au sein d'une douillette *cabaña* forestière en bordure du canal Beagle, elle guide les visiteurs dans la préparation de plats à base de produits de la mer avant qu'ils ne s'attablent pour savourer le fruit de leur labeur. En suivant la rive qui serpente, après le petit hameau de Punta Parana, on arrive à Puerto Pirata. Le restaurant du même nom est presque aussi décoré que ses plats sont gourmets. Pour ceux qui veulent se dérouiller les jambes après un repas de poissons, la Cascada del Duende coule derrière. Regardez les baleines et les lions de mer jouer et se prélasser dans le canal Beagle : aucun doute, eux aussi viennent là pour l'excellence des poissons.

La première estancia de la Terre de Feu

Dans son passionnant journal, *Aux confins de la Terre : une vie en Terre de Feu (1874-1910)* (Nevicata, 2020), Lucas Bridges décrit la fondation d'Ushuaia dans les années 1870. Son père, Thomas Bridges, avait été chargé en tant que missionnaire anglais de convertir les Yaghans (Yamanas) au christianisme et il a écrit le seul dictionnaire de leur langue désormais archaïque. Lorsqu'il renonça à son rôle ecclésiastique en 1886, il reçut les terres qui se trouvent aujourd'hui à quelque 75 km d'Ushuaia le long de la Ruta J. Ses descendants, qui en sont toujours propriétaires, gèrent l'ensemble de bâtiments blancs aux toits rouges au charme pastoral, les îles environnantes et les pâturages qui bordent le canal Beagle transformés aujourd'hui en musée, restaurant et chambres d'hôtes.

DE LA MER À L'ASSIETTE

Pour goûter la meilleure et la plus fraîche *centolla* de l'île, allez à **Puerto Almanza** (p. 497). Dans ce hameau de pêcheurs en plein essor, vous verrez les crabes royaux pêchés sous vos yeux et directement servis dans les restaurants gourmets en bord de mer.

PAS LE BOUT DU MONDE

Même la ville la plus au bout du monde se retrouve en concurrence : en 2019, le Chili a déclaré que l'Isla Navarino (dont la capitale, Puerto Williams, fait face à Puerto Almanza à seulement 5 km) était une ville... devenant ainsi la ville la plus australe du monde ! La traversée du canal entre l'Argentine et le Chili a été fermée durant la pandémie et les excursions en bateau depuis Ushuaia (matin tous les jours nov-mars) n'ont repris qu'à l'automne 2023. On peut aussi rejoindre l'Isla Navarino toute l'année via Punta Arenas au Chili. Soit en avion avec la compagnie Aerovías DAP, soit par le ferry Yaghan qui passe par l'allée des glaciers de la cordillère Darwin. Le voyage vaut la peine, avec la plus grande communauté yaghan vivante au monde, la randonnée Dientes de Navarino – dont une partie porte le nom de Clem Lindenmayer, un auteur de Lonely Planet – et le cap Horn au-delà.

OÙ SE LOGER SUR LA RUTA K

Oveja Verde B&B y Cabañas
Posada rustique située Puerto Parano avec des hôtes serviables et un restaurant sur place. **$$**

Refugio Punta Parana
Cabane en bois isolée dans la nature avec un mobilier basique et une vue magnifique sur la mer. **$**

Biblioteca Rural José Larralde
Juste après Puerto Pirata, cette petite ferme-bibliothèque accueille parfois des visiteurs souhaitant rester sur place. **$**

LE BOUT DE LA ROUTE

En suivant la piste sur environ 20 km à l'est de l'Estancia Harberton, au bout de la Ruta J, on accède à l'immense domaine de l'Estancia Moat (estanciamoat.com). Fondée par l'un des compagnons missionnaires de Thomas Bridges, elle englobe de vastes étendues de champs, de rivières et de côtes du canal Beagle. Les chevaux sauvages et les troupeaux de guanacos sont caractéristiques de l'est de l'île. C'est aussi le point d'entrée pour explorer à pied la côte sud de la Península Punta Mitre, le littoral le plus chargé d'histoire de la zone sauvage protégée. Alma Calma (almacalma.net) propose une randonnée de 3 jours de là jusqu'au Cabo San Pío.

YASEMIN OLGUNOZ BERBER/SHUTTERSTOCK ©

Museo Acatushun

L'hébergement se fait dans les simples cottages d'origine de l'**Estancia Harberton**, avec des forfaits allant de la chambre et petit déjeuner à la pension complète, avec visite privée des îles. Ceux qui viennent pour la journée peuvent découvrir un impressionnant ensemble de fossiles et de squelettes marins récupérés sur les côtes des îles dans le Museo Acatushun. Vous pourrez aussi voir des reconstitutions de huttes yaghans dans le cadre de promenades nature, réserver une visite à l'Isla Martillo et déguster un thé avec vue sur le canal Beagle (mer-lun 14h-17h). Le restaurant (sur réservation) sert au déjeuner une cuisine fuégienne raffinée.

L'Estancia Harberton n'est ouverte que d'octobre à mai. Durant cette période, de nombreux tour-opérateurs organisent des excursions en bateau depuis Ushuaia pour visiter cette *estancia* en proposant d'autres activités telles qu'une randonnée sur l'Isla Gable, du kayak de mer, un déjeuner à Puerto Almanza, tout proche, et la rencontre de la colonie de manchots de l'Isla Martillo. Mais seul Piratours, dont les groupes se limitent à 20 personnes, est autorisé à débarquer ses passagers sur l'île (10 à la fois) et à approcher la *pinguinera* (colonie de manchots).

AUTRES EXCELLENTES ESTANCIAS...

La Ruta A vers **Cabo San Pablo** (p. 519), à 1 heure de route de Río Grande, est jalonnée d'excellentes *estancias* telles que Las Hijas, San Pablo et Rolito, où vous pouvez passer la nuit ou faire une excursion de la journée pour découvrir la vie d'une ferme en activité.

Río Grande

Pour les infos pratiques, voir le Carnet d'adresses p. 521

Alliant l'atmosphère d'une grande ville et la chaleur d'une petite, Río Grande est la capitale du nord de la Terre de Feu et un centre industriel tentaculaire. Antithèse de sa rivale Ushuaia, tant par son paysage – au cœur de la steppe – que par son architecture utilitaire et son plan quadrillé des années 1950, Río Grande est un cas d'école en matière d'urbanisme. Alors que les *estancias* et la Misión qui l'entourent datent de la fin du XIXe siècle, la ville elle-même s'est développée pour accueillir l'afflux de population lié aux ruées successives vers l'or, le bétail, les hydrocarbures et les détaxes du nord de la Terre de Feu. La population qui comptait quelques milliers d'habitants en 1945 a quasiment doublé au cours de chaque décennie jusqu'à atteindre 38 000 habitants dans les années 1980. Aujourd'hui, 120 000 personnes vivent ici. Si Río Grande ne brille pas par sa beauté, elle séduit en revanche par sa scène culturelle dynamique, son activité équestre de premier plan, la possibilité d'observer des oiseaux subpolaires et de se promener dans la steppe côtière balayée par les vents.

Promenades dans la nature sauvage

Balade et observation des oiseaux de la côte

Le sanctuaire aviaire de la Reserva Costa Atlántica, qui s'étend sur la côte nord-est de l'Isla Grande, se trouve sur la trajectoire de vol d'une multitude d'oiseaux aquatiques migrateurs et patagoniens.

Traversez le Puente Mosconi sur le Río Grande pour rejoindre **Punta Popper**, une importante réserve naturelle protégée abritant une faune aviaire unique au monde. Promenez-vous parmi des centaines de faucons, d'albatros, d'huîtriers et de loicas, picorant dans d'énormes conques et coquillages arctiques, en suivant le rivage de sable sombre jusqu'aux grands rassemblements sur la flèche de terre au niveau de l'estuaire de la grande rivière.

En revenant vers le centre, continuez vers le nord le long du front de mer pour chercher la sculpture d'un oiseau géant qui couronne le **Centro de Interpretación Ambiental**. Passez 2 heures à observer la vie extraordinaire du flux et du reflux subpolaire le long du sentier de la plage en remarquant en chemin le squelette d'une baleine échouée ou participez aux promenades nature guidées gratuites du centre écologique.

COMMENT S'Y RENDRE ET CIRCULER

Un court trajet en taxi depuis la ville permet de rejoindre l'aéroport, près de la RN 3. Aerolíneas Argentinas dessert quotidiennement Buenos Aires. Pour explorer Río Grande, mieux vaut un véhicule à roues. La gare routière centrale est dans l'Avenida Belgrano, d'où partent des bus pour toute la ville ainsi que pour des destinations plus lointaines comme Punta Delgada et Punta Arenas au Chili. Les destinations en dehors du centre-ville sont également accessibles en voiture, à vélo ou en taxi. La plupart des établissements peuvent vous appeler un taxi qui arrivera dans les 15 minutes.

À SAVOIR

Le centre d'informations touristiques se trouve sur la Plaza Almirante Brown (turismo.riogrande.gob.ar).

VOIR
1 Communidad Indigena del Pueblo Nación Selk'nam Rafaela Ishton
2 Museo Fueguino de Arte Niní Bernardello
3 Museo Virginia Choquinte
4 Punta Popper

ACTIVITÉS
voir 2 Centro Cultural Yaganes
5 Centro de Interpretación Ambiental
6 Club de Campo la Cimarrona
7 Club Náutico Ioshlelk Oten
8 Canto del Viento

SE LOGER
9 Hostel Motorcycle Fin del Mundo
10 Hotel Atlantida
11 Status Casino

SORTIR
12 Magma Espacio Cultural

Les flamants roses résidents s'envolent de la **Laguna de los Patos** lorsqu'il gèle, mais vous pouvez alors patiner sur la glace. Les promenades à cheval autour de cette réserve naturelle du centre-ville ont lieu toute l'année.

Au pied du **Cabo Domingo**, les villages selk'nam qui se dressaient autrefois en bordure de plage ont cédé la place à des dizaines de sanctuaires dédiés à Gauchito Gil (p. 556). L'ascension aller-retour au sommet du cap, haut de 100 m, prend environ 1 heure et demande d'être prudent. Par temps clair, on peut voir le Río Chico et l'**Isla de los Lobos** grâce à un télescope. L'île des lions de mer est aussi accessible à pied, à cheval depuis la **Misión Salesiana**, ou en kayak de mer avec le **Club Náutico Ioshlelk Oten**.

MARCHER AVEC LES MANCHOTS

Les amateurs d'oiseaux ne manqueront pas l'occasion de marcher au milieu des manchots de l'Isla Martillo. Cette île située sur le canal Beagle appartient à l'**Estancia Harberton** (p. 500). Parfois, on voit aussi des manchots déambuler sur les plages de la Reserva Costa Atlántica.

LU ROSCIANI/SHUTTERSTOCK ©

Lions de mer, Patagonie

Musées, mythes et légendes

Célébration de la culture amérindienne du nord

Dans les villes de la Terre de Feu, des hommages sont rendus à l'histoire amérindienne de l'archipel. Les Selk'nams, ou Onas, vivaient dans le nord, les Yaghans et les Alacalufs sur la côte sud et les Haushs sur la Península Mitre. Les maladies, les déplacements de population et les génocides ont largement contribué à l'extinction de ces peuples qui vivaient là depuis 10 000 ans.

Aujourd'hui, plus de 400 Selk'nams sont reconnus comme tels à Río Grande. Au **Centro de Visitantes Zona Norte** sur l'Avenida Belgrano, une exposition succincte avec commentaires en espagnol et en anglais explique le patrimoine endémique de la région. Des ateliers de vannerie traditionnelle selk'nam sont organisés par la professeure Margarita Maldonado dans le **Centro Cultural Yaganes** voisin.

À quelques minutes à pied de là se trouve la **Communidad Indigena del Pueblo Nación Selk'nam Rafaela Ishton**, le cœur des activités de la communauté amérindienne. Admirez les installations extérieures d'une habitation ona, les statues d'ancien et de guanaco, ainsi que l'édifice rose photogénique.

L'OISEAU DE LUNE

Le bécasseau maubèche est endémique à Río Grande. En 1995, des scientifiques ont fixé une bague sur un oiseau de ce type à Cabo Domingo. Ils ont ainsi pu calculer qu'entre son aire d'hivernage en Argentine et son aire de reproduction en Arctique, l'oiseau avait parcouru au cours de sa vie plus d'une fois et demie la distance Terre-Lune, d'où son surnom de Moonbird (oiseau de lune). Il a été vu pour la dernière fois en 2013 car, malheureusement, son espèce décline. Quant à la barge hudsonienne endémique (*Limosa haemastica*), elle avait presque disparue de la Terre de Feu. Mais depuis la création, en 1998, de la Reserva Costa Atlántica (qui s'étend du Cabo Nombre jusqu'au Río Ewan), elle a été aperçue autour de San Sebastián, dans une zone qui abrite des espèces rares d'oies, dont certaines menacées, qui fréquentent les côtes les plus éloignées.

OÙ PRENDRE UN VERRE À RÍO GRANDE

Doop
Club accueillant des artistes nationaux et des fêtards le week-end pour des soirées sous les néons.

NN Más que un Bar
En retrait de la rue principale, ce bar au style épuré allie recoins de caractère, décontraction et nourriture de style ranch.

Queen's
Dans le quartier des bars à l'ouest de l'Avenida Belgrano, le Queen's propose billard, pintes et musique live.

ANGLETERRE CONTRE ARGENTINE

Jorge Luis Borges a décrit la guerre des Malouines comme "un combat entre deux hommes chauves pour un peigne". Toutes les villes de l'île ont des monuments commémoratifs. Situées à 600 km à l'est de la Terre de Feu, les Islas Malvinas - îles Malouines connues au Royaume-Uni sous le nom de Falklands Islands -, colonisées par le Royaume-Uni, restaient sous sa souveraineté depuis 1833. Le 2 avril 1982, l'Argentine a envahi ce territoire pour le récupérer. Après 10 semaines de combats et plusieurs centaines de morts parmi les militaires, l'Argentine s'est retirée. Avec la reconnaissance récente par l'Union européenne du nom espagnol des Malvinas et de monuments tels que les Héroes de Malvinas, le Museo Malvinas e Islas Atlánticas Sur et les événements anniversaires, la fracture est encore présente.

Misión Salesiana

Le **Museo Virginia Choquintel** est le plus prestigieux du nord. Les textes sont en espagnol mais ceux qui ne parlent pas cette langue peuvent se régaler avec l'art mural et les installations de la fin du XIXe siècle annonçant la façade rose centenaire. L'intérieur met en valeur de façon créative une foule d'éléments de la région, de la guerre des Malouines à des céramiques représentant les premiers bâtiments de la ville, dont celui-ci, en passant par les squelettes d'oiseaux et d'animaux marins. Un tiers du vaste espace voûté présente des statues historiques, des œuvres d'art et des découvertes préhistoriques qui témoignent de l'héritage des Selk'nams.

À 14 km du centre de Río Grande émerge un ensemble très soigné d'imposants bâtiments blancs d'époque : ceux de la **Misión Salesiana** fondée en 1893 par Monseigneur Fagnano. Sa mission ? Évangéliser et, par la suite, protéger la population amérindienne du nord de la Terre de Feu.

Une visite guidée du musée et des lieux permet de découvrir des objets, des documents et l'histoire des Onas, ainsi que des pièces de taxidermie. Les élèves de l'école d'agrotechnique partagent des mets faits maison dans la cuisine de la ferme. Les promenades à cheval sont incontournables (réservez).

OÙ SE LOGER À RÍO GRANDE

Hostel Motorcycle Fin del Mundo
Déco Harley Davidson pour les chambres de ce motel situé le long de la plage sur la Ruta 3. $

Hotel Atlántida
Rutilant après une récente rénovation, l'Atlantida se situe près du rivage et des musées. Superbe café. $$

Status Casino
Excellent emplacement, chambres spacieuses, bien que datées, et belle vue pour celles en hauteur. Oubliez les petits déjeuners. $$

Arts et artisanat après la tombée de la nuit

Week-ends à Río Grande

Le **Museo Fueguino de Arte Niní Bernardello** est un centre artistique en pleine effervescence et une vaste plateforme contemporaine sur deux niveaux présentant les œuvres d'artistes régionaux. Les soirs de week-end, des cours d'art et des ateliers développent les thèmes saisonniers de la galerie, de l'écologie à l'identité de genre. Consultez aussi le programme du **Magma Espacio Cultural** qui accueille des spectacles allant de la danse contemporaine au stand-up comique ou à la musique live.

Ne manquez pas de vous arrêter au **Paseo Canto del Viento** (15h-20h sam-dim) : cette *feria artesanal* très animée regroupe des dizaines d'étals d'artisans et de producteurs locaux qui fabriquent et vendent des cadeaux, de la nourriture ou des vêtements. Se trouve dans le bâtiment bleu situé derrière la Radio Nacional de la Plaza Almirante Brown.

La Terre de feu à cheval

Les centres équestres de Río Grande

Peaufinez vos talents en gymkhana et au polo ou explorez les enclaves naturelles de la ville à cheval. L'épicentre du cœur *gaucho* de la Terre de Feu et du secteur de l'élevage du sud de la Patagonie offre de multiples opportunités d'explorer la région à cheval.

María Behety, l'une des *estancias* les plus connues et les plus prisées de la Terre de Feu, malgré la cruauté de son fondateur José Menéndez, présente un impressionnant alignement de bâtiments cramoisis avec le plus grand hangar de tonte au monde. Des randonnées de toute la journée mènent au Cabo Domingo et à la Misión Salesiana, qui possède également des écuries et propose saut d'obstacles et randonnées dans les sites naturels les plus remarquables des environs.

Améliorez vos talents équestres au **Club de Campo la Cimarrona**, qui s'étend sur 40 ha dans le centre de la ville. Les cours (le samedi en hiver, les soirs de semaine en été) couvrent l'équitation, le polo et le saut d'obstacles. Ils durent 1 heure 30 et intègrent l'alimentation, le pansage, la manutention et la sellerie. Il y a un petit salon de thé pour le petit déjeuner et le déjeuner.

Panneau indiquant "les îles Malouines sont argentines"

OÙ SE RESTAURER À RÍO GRANDE

Patio Balto
Vaste bar-restaurant en bord de mer doté d'un plafond disco et d'un dôme en bordure de plage, réputé pour ses hamburgers primés et accueillant parfois de la musique live. **$$**

Grande Hotel
Le restaurant le plus haut de gamme de la ville attire en masse les résidents pour son poisson et sa *parrilla*. **$$**

Nistro
Dans la banlieue chic sur la Ruta 3, il offre des vues sur la mer qui complètentson charme romantique. **$$$**

Posada de los Sauces
Dans ce restaurant au bord de l'eau, apéritif de bienvenue et service accueillant accompagnent de fantastiques plats de poisson. **$**

Chocolatería Mama Flora
Chocolaterie artisanale dotée d'un douillet salon de thé dans l'une des maisons historiques de la ville. **$**

Environs de Río Grande

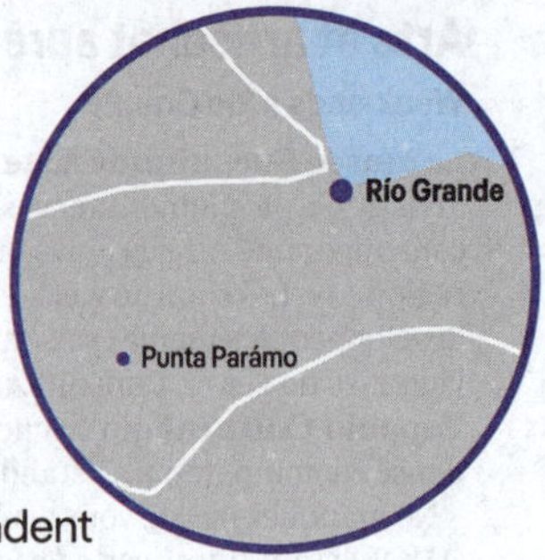

Les horizons vallonnés de la toundra se confondent avec les nuages et sont ponctués de plateformes pétrolières et de gigantesques *estancias*.

Pour les infos pratiques, voir le Carnet d'adresses p. 523

COMMENT CIRCULER

La gare routière de Río Grande assure des liaisons régulières avec des destinations éloignées. En hiver, un 4x4 est nécessaire pour se rendre au-delà de la Ruta 3. L'été, c'est un plaisir de conduire et de rouler à vélo.

À SAVOIR

Durant l'hiver austral (mai-octobre), la plupart des hébergements en *estancia* sont fermés, de même que la frontière entre l'Argentine et le Chili à Bella-Vista.

Le nord-est de la Terre de Feu s'étend sur une steppe pampéenne subpolaire, balayée par les vents, riche en guanacos, qui abrite d'immenses *estancias*. Celles qui se sont établies dans l'intérieur des terres du Río Grande se sont réinventées en lodges pour la pêche à la truite. À la ruée vers l'or de la fin du XIXe siècle, qui a attiré les colons vers le nord dans la région de Bahía San Sebastián, a succédé une industrie pétrolière lucrative qui émaille le paysage, de l'horizon aride de la toundra à la mer et jusqu'aux nuages bas. Avec la Reserva Costa Atlántica, qui protège l'avifaune du Cabo Nombre jusqu'au Río Ewan, ce qui reste de l'ancienne capitale de San Sebastián sert de frontière avec le Chili et de voie de passage terrestre vers le nord de l'Argentine.

Baie de Lapataia (p. 509)

Punta Páramo

DISTANCE DE RÍO GRANDE : **2 HEURES**

Le sable noir porteur d'or

En roulant vers le nord de Río Grande le long de la Reserva Costa Atlántica, on passe devant des troupeaux de guanacos et des oies vagabondes, avant de découvrir la Punta Páramo : un "gigantesque brise-lames qui s'avance d'une douzaine de kilomètres dans l'océan, protégeant de son bras de pierre la vaste baie de San Sebastián [...] " tel que décrit par Francisco Coloane (1910-2002) dans son livre *Tierra del Fuego*. C'est là que l'explorateur et ingénieur roumain Julio Popper fit construire un établissement minier, baptisé El Páramo, avec logements, caserne, ateliers et des machines de son invention, ou "moissonneuses d'or", pour extraire les paillettes d'or du sable noir. Se voyant comme le "roi du Páramo", Popper fit frapper sa propre monnaie à partir des carats gardés par son armée privée.

Aujourd'hui, vous pouvez explorer le brise-lames dans l'esprit d'une chasse au trésor à la recherche d'éléments de l'ancienne voie ferrée qui servait à acheminer les ressources vers le continent, de pièces de ferraille abandonnées (mais l'essentiel du mobilier est exposé à la Misión Salesiana), de coquillages géants, d'une fascinante avifaune, de l'odeur de la houle subantarctique et de fabuleux panoramas sur la mer et sur le continent. Vérifiez les horaires des marées avant de tenter d'atteindre le charmant *refugio* de pêcheurs tout au bout de la Punta Páramo.

Le centre de l'arrière-pays

DEPUIS RÍO GRANDE : **1 HEURE 30**

Belle prise !

Le Río Grande est la rivière où viennent frayer les plus grandes et les plus athlétiques truites de mer au monde. Des lodges de renommée mondiale accueillent les pêcheurs passionnés en petits groupes dans d'immenses fermes au milieu de la steppe, où le soir de superbes couchers de soleil cèdent la place à des ciels constellés d'étoiles. Le Río Grande est réputé à juste titre pour la pêche à la ligne avec remise à l'eau des poissons. Le groupe Kau Tapen – qui, sachez-le, possède aussi des armes pour la chasse aux oiseaux et aux cerfs – gère les lodges des anciennes *estancias* José Menéndez, notamment María Behety, Aurelia Lodge et Villa Maria Lodge.

Lago Escondido **(p. 517)**

FIXÉ SUR LA PELLICULE

Parmi la vague de westerns contre la colonisation sortis en 2023, *Los Colonos*, qui décrit le génocide des Selk'nams mené par José Menéndez, a reçu de multiples récompenses. Il fait suite à l'accès en 2018 du Chili aux Oscars, avec *Blanco en Blanco,* également centré sur la chasse aux Amérindiens du nord de l'Isla Grande. Oubliez le film *Tierra del Fuego,* basé sur le violent massacre mené par Julio Popper et lisez plutôt le livre de Francisco Coloane dont il s'inspire : *Tierra del Fuego* (Phébus, 2012). Dans cet excellent recueil de nouvelles, le romancier chilien évoque notamment l'éphémère ruée vers l'or du sud de la Patagonie à la suite de Popper, le "roi du Páramo".

UNE JOURNÉE DANS UNE ESTANCIA : LE TOP

Las Hijas
Accueillante *estancia* familiale où vous pouvez passer aussi bien 1 heure de visite que plusieurs jours.

Estancia El Roble
En mars, cette *estancia* traditionnelle en activité, à 25 km de Río Grande, accueille la Fiesta del Ovejura, consacrée aux chiens de berger.

Estancia San Pablo
Promenade à cheval jusqu'à l'épave du *Desdemona* et, en point d'orgue, visite du hangar de tonte.

ROAD TRIP

Au bout de la Ruta 3

Partant de la Prudhoe Bay en Alaska et serpentant à travers les deux continents américains, la route panaméricaine devient la Ruta 3 à Buenos Aires pour rejoindre sa palpitante ligne d'arrivée en Terre de Feu. Traverser les paysages grandioses et changeants de l'Isla Grande, ses fascinantes villes et ses phénomènes naturels sur 295 km constitue l'une des plus excitantes finales de road trip au monde.

1 Bahía San Sebastián

Juste après avoir traversé la Punta Delgada via Cerro Sombrero au Chili et avoir franchi la frontière à San Sebastián, dirigez-vous en face vers la plage balayée par les vents, le bras de la Punta Páramo bordant l'horizon marin. Respirez l'air vif de la mer et promenez-vous parmi les oiseaux de la Reserva Costa Atlántica – c'est leur plus grand lieu d'hivernage sur l'Isla Grande.

L'itinéraire : dirigez-vous vers le sud pendant 1 heure ; des plateformes pétrolières ponctuent la pampa bordée, sur votre gauche, par les eaux gris-vert de la mer subantarctique.

2 Río Grande

Économisez de l'argent et de l'énergie pour le sud de l'île en réservant une chambre d'un bon rapport qualité/prix en ville. Faites le plein et demandez quelques conseils de conduite à l'Hostel Motorcycle Fin del Mundo. Situé sur la Ruta 3, en bordure de la plage, il a l'art d'accueillir ceux qui sillonnent les Amériques à moto.

L'itinéraire : continuez vers le sud pendant 1 heure 30. En arrivant à Tolhuin, continuez en passant devant la statue d'un Selk'nam à l'entrée de la ville puis, après avoir traversé le Río Turbio, prenez la première à droite.

FREEDOM_WANTED/SHUTTERSTOCK ©

Lago Fagnano

3 Lago Fagnano

Baladez-vous autour du lac et dans la réserve naturelle. Arrêtez-vous pour prendre un café dans l'étonnant resto-bar-musée Raíces Fueguinas tapissé de centaines de plaques de signalisation, puis achetez un gâteau pour la route à La Unión Panadería.

L'itinéraire : rejoignez la Ruta 3 et partez vers le sud. Après 50 km, la route grimpe vers le col enneigé et le Lago Escondido argenté scintille sur votre droite en contrebas des Andes.

4 Paso Garibaldi

Arrêtez-vous au niveau du seul col de montagne revêtu des Andes fuégiennes pour grimper jusqu'au mirador d'où s'étend une vue sur toute la longueur du Lago Escondido et, par-delà la forêt qui les relie, sur la vaste étendue bleue du Lago Fagnano.

L'itinéraire : poursuivez vers le sud à travers les ondulations du col pendant environ 1 heure en direction des tunnels qui se faufilent sous les pentes du Cerro Castor.

5 Museo Moto Cafe 3005

Haruwen, le premier des *centros invernales*, est un important jalon sur la Ruta 3. Son musée de la moto doit son nom à la distance qui le sépare de Buenos Aires : 3 005 km le long de la Ruta 3. Il présente les histoires et les véhicules des aventuriers de ce road trip qui vous ont précédé, dont la première personne à avoir roulé d'un cercle arctique à l'autre à moto.

L'itinéraire : il faut encore 1 heure pour atteindre le parc national. En direction de l'ouest, dépassez Ushuaia pour suivre la Ruta 3 qui monte vers le nord-ouest et payez votre droit d'entrée pour le Parque Nacional Tierra del Fuego.

6 Bahía Lapataia

Suivez la fin de la route panaméricaine à travers certains des terrains les plus épiques de l'Argentine et terminez par l'immanquable photo du panneau annonçant la fin de la Ruta 3. Si vous avez démarré en Alaska, vous avec parcouru un peu plus de 30 000 km !

SUN_SHINE/SHUTTERSTOCK ©, À DROITE : MDCMAR, CC BY-SA 4.0, VIA WIKIMEDIA COMMONS ©

Berger, Terre de Feu

Le San Jose Lodge est une structure de pêche à la mouche avec des cabanes situées dans une *estancia* patagonienne classique, à l'intérieur des terres près de Bella Vista, à la frontière chilienne. Il est proche de Despedida, une entreprise familiale rattachée à un ranch d'élevage de bétail en activité, et qui accueille des pêcheurs à la ligne de truites (avec remise à l'eau des prises) à un endroit où les poissons peuvent atteindre 15 kg. *Asados* garantis.

Au sud de Río Grande

DEPUIS RÍO GRANDE : **1 HEURE**

La vie d'estancia

Situées sur les immensités de la steppe, sur les terres qui ont vu naître l'industrie ovine argentine, les *estancias* atteignent aujourd'hui la taille d'un village avec école, terrain de football et hôpital. Des ranchs plus petits invitent les voyageurs à découvrir ce monde avec un grand sens de l'hospitalité, une introduction aux activités agricoles et une cuisine familiale, le tout sous un ciel étoilé et dans un splendide isolement pastoral.

L'Estancia Las Hijas est l'une des plus plaisantes de l'île pour une visite de la ferme comme pour un séjour sur place. Elle propose des activités telles que la visite d'une des dernières habitations originales des Selk'nams sur l'île, à proximité du ranch, des promenades à cheval et l'initiation à l'art de s'occuper de ses moutons de race Romney Marsh.

L'Estancia Viamonte (estanciaviamonte.com), également fondée par la famille Bridges, est toujours gérée par ses descendants. Située sur la côte est au sud du Río Grande, c'est l'une des plus belles de l'île. Elle propose des chambres haut de gamme, une merveilleuse cuisine maison, l'observation des oiseaux le long du rivage, le tout avec grand sens de l'hospitalité.

La Ruta A est l'une des routes bordées d'*estancias* les plus pittoresques de l'île. Rolito et San Pablo sont deux des fermes qui accueillent des hôtes pour une visite de la journée ou un séjour de plusieurs jours.

PASSER DE L'AUTRE CÔTÉ

Les deux postes frontières entre l'Argentine et le Chili se situent à 1-2 heures de route de Río Grande. Bella-Vista – le point de passage le moins fréquenté et le plus rapide – n'est ouvert que durant l'été austral. Il se trouve à peu près à la moitié de l'intérieur de l'île, sur la Ruta B. San Sebastián, l'autre point d'entrée vers le Chili, reste ouvert toute l'année. La traversée par l'ancienne capitale du nord passe par le Cerro Sombrero, après quoi un court trajet en ferry traverse le détroit de Magellan jusqu'à Punta Delgada pour continuer vers l'Argentine continentale.
Les deux postes-frontières permettent d'accéder à Porvenir, capitale de la Terre de Feu chilienne, d'où partent régulièrement des bateaux pour Punta Arenas, avec des liaisons aériennes vers le reste du pays. Ceux qui envisagent d'y aller à vélo doivent garder à l'esprit qu'à la hauteur de San Sebastián, il y a 20 km entre les frontières chilienne et argentine.

Tolhuin

Pour les infos pratiques, voir le Carnet d'adresses p. 523

Des statues grandeur nature de Selk'nams (ou Onas) vous saluent à l'arrivée dans cette ville ouvrière de 12 000 habitants. Sa situation sur des merveilles naturelles liées aux séismes confère à son flanc ouest une grande beauté. Des routes en gravier parcourues par des chiens sauvages s'étendent du centre-ville jusqu'aux lacs de la forêt et jusqu'à la rive orientale du Lago Fagnano, qui flotte au-dessus des plaques tectoniques délimitant l'Amérique du Sud et l'Antarctique. Tolhuin a eu 50 ans en 2022. L'arrivée de nouvelles entreprises donnent le sentiment que la ville commence tout juste à s'intéresser au tourisme qui a déferlé sur sa voisine Ushuaia.

L'art selk'nam est omniprésent, depuis les peintures murales qui ornent l'office de tourisme et les innombrables scieries jusqu'à la nouvelle sculpture annonçant le Lago Fagnano, un hommage à l'histoire de Tolhuin et à sa réserve située juste à l'extérieur de la ville – la première parcelle de terre en Argentine à avoir été officiellement restituée à sa communauté amérindienne en 2020. Tolhuin est le "cœur de l'île", comme se traduit son nom dans la langue ona, les visages y sont amicaux, le courant créatif éclectique et l'offre touristique aussi fraîche que l'air du lac.

COMMENT CIRCULER

Il n'y a à Tolhuin aucun transport en commun. Le lac est à 4 km du centre-ville, il vaut donc mieux être motorisé ou disposer d'un vélo, à moins d'avoir l'intention de rester autour du Lago Fagnano. Des minibus réguliers, dont l'arrêt se situe derrière La Unión Panadería, relient toute la journée Tolhuin à Río Grande et à Ushuaia.

À SAVOIR

Pour ceux qui rêvent d'allumer des feux de joie dans la neige en souvenir de ces feux qui ont frappé l'imagination des premiers explorateurs européens, sachez qu'au moment de la rédaction de ce guide, il était interdit d'en allumer sur l'ensemble de l'île. Ceci en partie à cause de l'incendie dévastateur qui a brûlé pendant des mois dans la Reserva Corazón de la Isla de Tolhuin au cours de l'hiver 2022-2023, rendant inaccessibles les Lagos Yehuin et Chepelmut.

Statue, d'un Selk'nam

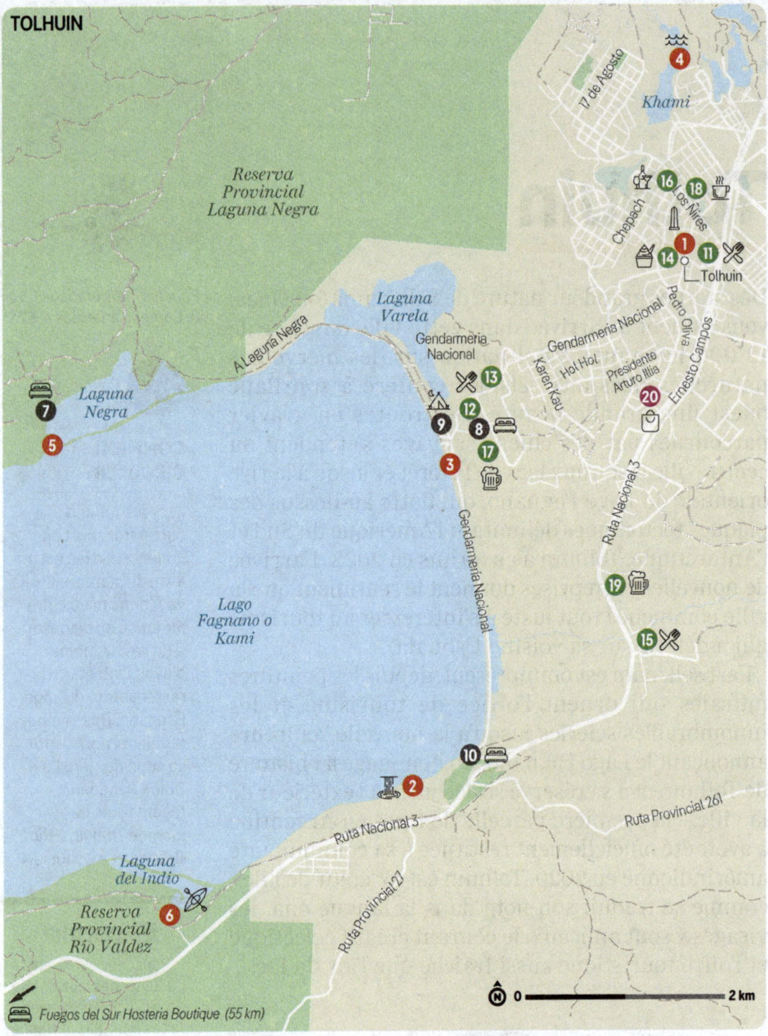

VOIR
1 Casa de la Cultura
2 Cascada Porfiada
3 Lago Fagnano
4 Lago Khami
5 Laguna Negra

ACTIVITÉS
6 Puero Khami Extremo

SE LOGER
7 Cabañas Laguna Negra
8 Cabañas Mirador del Tolhuin
9 Camping Hain
10 Hosteria Kaiken

SE RESTAURER
11 El Rincón Mayorista
12 Enriqueta – Proveeduría de Sabores
13 La Ribero del Fagnano
14 La Unión Panaderia
15 Parrilla Rio Turbio

PRENDRE UN VERRE ET SORTIR
voir 14 Bar e Studio
16 La Antigua
17 Laumann Beer
18 Raíces Fueguinas
19 Rio Turbio Cerveceria

SHOPPING
voir 14 Kau Kren Artesanias
voir 14 La Aldea de los Yoshi Duendes
20 La Familia

GUAXINIM/SHUTTERSTOCK ©

À vélo, Lago Fagnano

Les eaux calmes des lacs

Explorer les plans d'eau de l'intérieur de l'île

Le **Lago Fagnano** s'est formé à partir du glacier préhistorique qui recouvrait une grande partie du sud de l'Isla Grande. Il se situe au-dessus de la faille Magellan-Fagnano à la jonction de la plaque Amérique du Sud et de la plaque Scotia. Parmi les plus grands lacs d'Argentine, il s'étend par-delà le Parque Nacional Tierra del Fuego jusqu'au Chili. Il revêt une grande importance spirituelle pour les peuples amérindiens de l'île – les cérémonies Hain (p. 514) se pratiquaient le long de ses rives, comme le rappelle la nouvelle statue érigée à la tête du lac lors du 50e anniversaire.

La station touristique lacustre de Tolhuin – où des *cabañas* sont installées dans le calme de la forêt, avec vue sur l'eau et sur les sommets des Andes du Sud – se situe en bordure ouest de la ville. Entourés de réserves naturelles, de lagunes, de rivières et de chutes d'eau, divers itinéraires de promenade bien balisés partent de la plage et vous font découvrir aussi bien les oiseaux que la géologie et l'histoire.

La **Laguna Negra** est une lagune aux eaux sombres que l'on atteint en longeant la côte est de la station. On peut y faire du canoë ou se promener à cheval le long de la plage de galets,

ENVIE DE PATINAGE ?

Juste au nord du centre-ville se trouve le **Lago Khami**, sur lequel on peut patiner en hiver quand il est gelé. Vous pourrez louer des patins au **Complejo del Ecotono** qui propose aussi des leçons. Ne manquez pas de vous y renseigner sur conditions météorologiques et de respecter les conseils. L'été, **Aventura Turismo** et Complejo del Ecotono proposent tous deux de faire du kayak sur le Lago Khami. Le QG du Complejo, qui ressemble à une cabane de fées dans les bois, fait aussi office de boutique d'artisanat sculpté et tricoté. De là part un sentier, jalonné d'explications sur la nature du terrain, qui serpente autour de la forêt de *lengas* et des tourbières. Promenade de 10h à 12h et de 15h à 17h.

OÙ PRENDRE UN VERRE

Bar Estudio
Bar élégant et animé, créé par des restaurateurs bien établis. Sélection de gins fuégiens de grande qualité.

La Morada de "El Flaco"
Bière, vin, musique live et bien d'autres choses dans les bâtiments violets et les dômes qui font face au Lago Fagnano.

La Antigua
Hospitalité chaleureuse et excellentes bières artisanales. Tatoueur et barbier sur place.

CÉRÉMONIE HAIN

Partout dans l'Isla Grande, vous verrez mise à l'honneur la cérémonie Hain, rite initiatique pratiqué par toutes les populations amérindiennes de la Terre de Feu. Elle durait des semaines pendant lesquelles les adolescents masculins apprenaient à pêcher, à chasser et à développer leur spiritualité sous l'égide des anciens qui leurs transmettaient leur sagesse dans une hutte spécialement construite pour l'occasion. Le corps et le visage des garçons étaient ornés de peintures, et ils étaient vêtus de costumes faits de duvet et de fourrure ; des chants hain accompagnaient ce rite de passage. L'anthropologue Anne Chapman a documenté ces cérémonies, dont la dernière connue a eu lieu en 1923. En français, on pourra consulter *Quand le soleil voulait tuer la lune : Rituels et théâtre chez les Selk'nam de Terre de Feu* (Éditions Métailié, 2008).

FREEDOM_WANTED/SHUTTERSTOCK ©

Laguna Negra (p. 513)

qui borde le lac vers l'horizon enneigé des Andes. Pour cela, adressez-vous au chalet du centre **Cabalgatas Sendero Indio**, qui enseigne aussi le saut d'obstacles et le polo.

Vous voulez explorer les eaux environnantes en kayak ? **Puerto Khami Extremo** propose des promenades en canoë autour de la **Laguna del Indio** sur les flancs sud du Lago Fagnano. Les Aguas Blancas donnent accès à la **Cascada Porfiada**, qui jaillit le long d'une paroi rocheuse. Hébergements et restaurants commencent à voir le jour pour répondre au nombre croissant de visiteurs, avec une nouvelle enclave hôtelière accueillant la **Fuegos del Sur Hostería Boutique** le long de la rive intérieure sud-ouest du Lago Fagnano.

Un collectionneur passionné

De tout dans les vitrines

Le vaste entrepôt de **Raíces Fueguinas** a ouvert ses portes en 2022. Impeccable et rutilant, c'est l'œuvre de son propriétaire-collectionneur passionné. On y trouve de tout, de la taxidermie aux lampes à pétrole, en passant par les souvenirs

LE TOP DES BOUTIQUES ARTISANALES

La Familia
Magasin pour *gauchos* vendant des articles faits main : vêtements, calebasses, bijoux, bérets... Prix raisonnables.

La Aldea de los Yoshi Duendes
Adeptes du New-Age et sceptiques seront fascinés par tous les objets que vend cette boutique unique.

Kau Kren Artesanías
Céramiques et articles décoratifs faits main par des artisans locaux. Fabrication en direct dans le magasin.

de Disney exposés dans de vastes vitrines qui tapissent les murs. Ne manquez pas de vous asseoir autour d'une des tables-vitrines pour prendre un café ou un verre de vin en écoutant de la musique live.

Au centre, passez devant la **Casa de la Cultura** miniature pour admirer un jardin de créatures taillées dans le bois et, à l'intérieur, Fagnano, la représentation grandeur nature de deux participants à la cérémonie Hain, a été dévoilée en grande pompe pour marquer le 50e anniversaire de la fondation de la ville.

En continuant sur la rive vers le nord, on tombe sur un décor à la *Mad Max*. En réalité, c'est le **Camping Hain**, un étonnant parc de sculptures en plein air holistique et artistique, bordé d'arbres imaginés à partir des quelque 17 000 bouteilles en verre vert recyclées de la ville, d'un sentier de bucherons et d'un mini-sauna qu'un hôte a passé 3 mois à construire pendant la pandémie. Nous n'étions clairement pas les premiers à vouloir explorer les carcasses de motos et d'hélicoptères partiellement enterrées ou à entrer dans l'un des wigwams selk'nam dans lesquels on peut camper. Des panneaux annoncent un droit d'entrée modique pour un selfie ou une visite guidée du site par le père et le fils propriétaires et créateurs du lieu.

Toutes les saveurs de l'archipel

Une cuisine authentique avec de l'âme

Si Tolhuin se traduit par "cœur de l'île", **La Unión Panadería** est l'âme de la ville. Cette excellente boulangerie a sur ses comptoirs d'appétissants gâteaux à la crème et au chocolat. Allez-y en fin d'après-midi pour apprécier l'ambiance locale en pleine effervescence.

Pour des mets savoureux à emporter, direction le magasin épicurien **El Rincón Mayorista** dont les spécialités – condiments maison, bons vins, fromages énormes, couteaux faits main – sont parfaites pour agrémenter les pique-niques et les *cabañas*.

Une série de restaurants dans des chalets en bois ont fleuri dans les zones boisées autour du Lago Fagnano. **Enriqueta-Proveeduría de Sabores** (réservation conseillée), à la salle à manger intime et qui accueille un roulement de chefs célèbres en résidence, a créé l'événement autour de son cadre forestier au bord du lac. À **La Ribera del Fagnano**, vous ne choisissez pas ce que vous mangez, c'est la mère et ses enfants à la tête du restaurant qui vous servent ce qu'ils ont préparé. Vous pouvez aussi vous contenter d'y prendre un café. Avec de nombreuses *estancias* à proximité, l'*asado* (barbecue) est une religion à Tolhuin. **Parrilla Río Turbio** et **La Casona 2**, des restaurants au bord de la rivière près de la Ruta 3, sont réputés pour leur agneau grillé.

Pour vous rafraîchir, prenez une bière chez **Laumann Beer**. Cette microbrasserie bien établie se situe près du Lago Fagnano. Sinon, vous pouvez aussi aller à **Río Turbio Cervecería**, nouvellement établi, pour des pintes, de la *parrilla* et de la musique live.

CABAÑAS DE CHARME

Hostería Kaiken
Sur la hauteur surplombant le Lago Fagnano, l'hébergement le plus chic de la ville propose des chambres et des bungalows contemporains. **$$**

Cabañas Laguna Negra
Situé au bord de la lagune près du Lago Fagnano, les bungalows sont installés dans une nature intacte au bord de l'eau et disposent d'un bain à remous en plein air. **$$**

Camping Hain
Plantez votre tente ou dormez dans les répliques de huttes de Selk'nam en bordure du Lago Fagnano. **$**

Cabañas Khami
Cabañas situées sur la plage avec hydrothérapie donnant sur le lac et salle de jeux commune. **$$**

Cabañas Mirador del Tolhuin
Cet hôtel bien établi propose aussi le *glamping* (camping de charme) sous des dômes, avec feu de bois, pour s'immerger dans la forêt. **$$**

Environs de Tolhuin

Pour les infos pratiques, voir le Carnet d'adresses p. 523

À SAVOIR

La Terre de Feu est connue pour ses "quatre saisons en une heure", donc habillez-vous comme un oignon avec une superposition de pelures à enlever ou à remettre en fonction des variations du climat.

Une nature rude et sauvage, des montagnes spectaculaires, des épaves et des pâturages inexplorés. Taillez votre route à travers certains des paysages les plus magiques de l'Isla Grande.

Avec le début de la cordillère des Andes fuégiennes et le point le plus oriental de la Terre de Feu, les environs de Tolhuin présentent des paysages et des phénomènes naturels spectaculaires. La Ruta A est la seule route permettant d'atteindre la Península Punta Mitre. Elle serpente à travers des terrains parmi les plus évocateurs et les plus beaux de la Terre de Feu. Cette région où le nord et le sud de l'île se rencontrent est un pays d'*estancias* de contes de fées, de faune itinérante, de falaises, d'épaves, de mers et de ciels inoubliables. À l'ouest de Tolhuin, la région des lacs atteint le summum avec la vue paradisiaque des Andes fuégiennes s'incurvant autour du Lago Escondido – appelé le lac caché en raison de sa tendance à être enveloppé de nuages.

PATRICIA MATIAS GEO/SHUTTERSTOCK ©

Paso Garibaldi

DE LAC EN LAC

Commencez la randonnée en allant admirer le panorama depuis le ❶ **Paso Garibaldi**, le seul col de montagne revêtu des Andes fuégiennes. Grimpez à la plateforme d'observation pour contempler les nuages suspendus sous le berceau des pics enneigés, avec en contrebas les reflets argentés du Lago Escondido. La route qui descend commence à gauche du mirador. Suivez le mur intérieur sur le côté droit, qui serpente le long de la route de montagne, en passant devant des cascades et des stalactites, jusqu'à ce que vous atteigniez sa base boisée au bord du ❷ **Lago Escondido**.Explorez les ruines de l'ancien ❸ **Hotel Petrel** et des *cabañas*, et admirez la vue sur le lac ceinturé de montagnes. Suivez la rive vers le nord-est, en passant à travers la forêt de *lengas* et en vous arrêtant pour déguster des pâtisseries et un maté au ❹ **bord de l'eau**, jusqu'à ce que vous voyiez la route qui borde la forêt commencer à grimper. Montez par cette route pour suivre la ❺ **Ruta 3** vers l'est pendant 2 km – passez devant le poste de police sur votre gauche, observez les ravages causés par les castors sur votre droite, de l'autre côté de la grand-route. En arrivant au Río Milna, continuez en traversant le pont pour rejoindre ❻ **La Casona 2**. Vous pourrez y grignoter des *empanadas* ou goûter à son agneau fuégien rôti à la broche. Rassasié, continuez vers l'est sur quelques centaines de mètres le long du côté gauche de la Ruta 3 jusqu'à ce que vous aperceviez sur votre gauche la route menant à ❼ l'**entrée de la forêt**. Pénétrez dans la forêt et suivez les panneaux sur environ 5 km jusqu'au ❽ **Lago Fagnano**, en guettant les renards argentés, les étonnants oiseaux et la faune des forêts de *Nothofagus*, jusqu'à ce que vous aperceviez de l'eau à travers la clairière : vous avez atteint l'un des plus grands lacs d'Argentine.

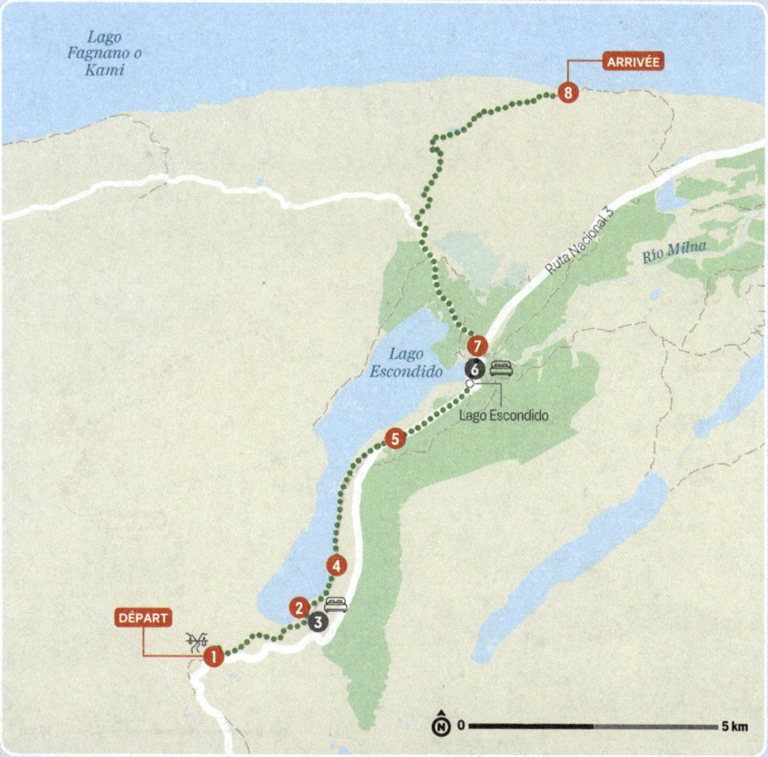

JOURNÉE DE DÉCOUVERTE

En venant de la Ruta 3, une cabane de police et un panneau marquent 1 **l'entrée de la Ruta A**. Après 30 minutes, vous atteindrez la première d'une succession d'*estancias*. Prenez un café à Tepi. Dans le champ en face, vous verrez les 2 **Domos de la Estancia**. Continuez pendant 30 minutes, franchissez le pont de bois sur la rivière et vous arriverez à 3 **l'Estancia Rolito**. Ensuite, pendant 1 heure 30, observez, en leur cédant la place, les chiens de ferme, les vaches Hereford hirsutes et les juments au milieu des pâturages. Après avoir passé l'Estancia Pirinaica, suivez le soleil jusqu'au Río Ladrillero. En arrivant à la plage, descendez en suivant le panneau 4 **Sendero Faro San Pablo**. Marchez vers la mer en jetant un coup d'œil en arrière : les environs sont un domaine de prédilection pour les guanacos. Empruntez le sentier pour grimper sur le cap sur votre droite. Après 20 minutes, vous atteindrez le 5 **phare**. Regardez en bas, à droite, l'épave du *Desdemona*. Puis dirigez-vous vers le sud pendant quelques minutes, passez le cap et traversez le Río San Pablo. Toutes les routes suivantes sur la gauche mènent au *Desdemona*. Le groupe de panneaux au premier tournant indique l'entrée par l'Hostería San Pablo abandonnée. Au suivant se trouve un hameau de pêcheurs – attention aux chiens de garde. Passez les campings – 6 **Miguel y Silvia** est le seul endroit ouvert pour manger ici en hiver : payez pour la vue plutôt que pour les *empanadas* hors de prix – pour prendre la prochaine à gauche vers la plage. Et vous découvrirez la carcasse rouillée du 7 **Desdemona**, ce cargo allemand qui s'est échoué en 1985 et dont le ciment qu'il transportait l'a ancré ici, comme une icône du passé maritime de l'île.

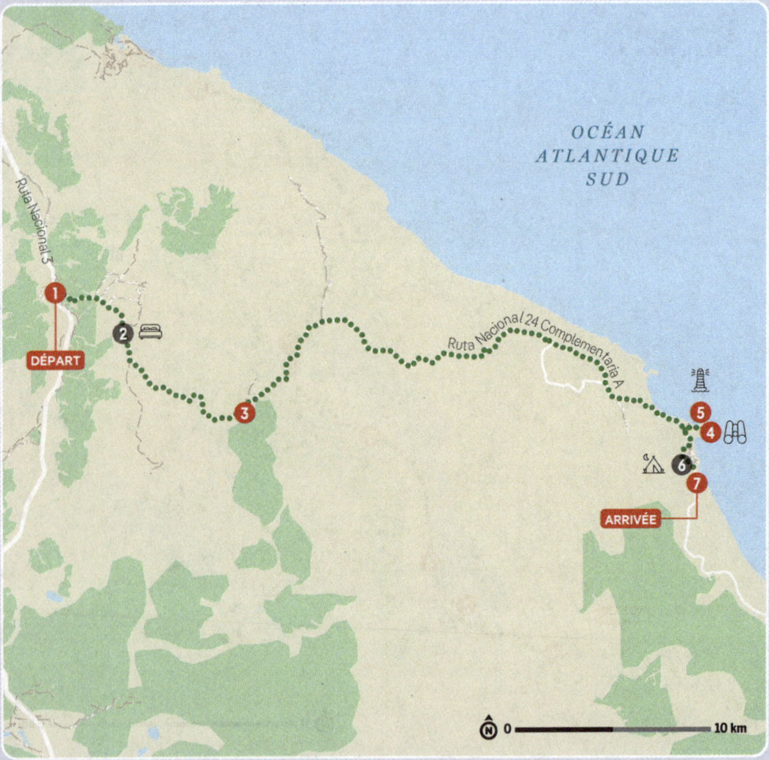

Península Mitre

DEPUIS TOLHUIN : **2 HEURES**

La côte des épaves

Lorsqu'il a débarqué ici en 1832, Darwin a décrit la pointe la plus orientale de la Terre de Feu comme "un paysage fracturé, un amalgame instable de fragments détachés". Peu explorée mais riche en histoires, la péninsule Mitre est une terre à la nature vierge d'une beauté sauvage, de vents rugissants et de mer cruelle. Elle abrite la plus grande tourbière au monde, et a été déclarée protégée fin 2022 après des décennies de campagne pour la protection de l'environnement.

Partant de l'Estancia María Luisa et passant par le Cabo San Pablo sur la Ruta A, la seule route menant à la Península Mitre, au nord, ou accessible par l'Estancia Moat au sud, des excursions démarrent de l'Estancia Policarpo à cheval et d'Ushuaia en voiture pour continuer à pied. Vous découvrirez l'endroit où le capitaine Cook a touché la Terre de Feu en 1769, des épaves emblématiques sur d'immenses plages de sable, de nombreux *refugios*, des *gauchos*, les vestiges de l'éphémère ruée vers l'or du XIXe siècle à Bahía Slugett et des *estancias* du bout du monde. À Bahía Aguirre se trouve la **Biblioteca Península Haush**, du nom de la population amérindienne qui occupait le sud-est de la Terre de Feu. Cette bibliothèque du bout du monde, ouverte en 2022 par un photographe qui a passé 3 ans à restaurer la maison abandonnée dans le vain espoir de créer une ville ici, conserve un lien ténu avec le reste du monde grâce à Internet. Hormis quelque rare *gaucho* itinérant, vous ne verrez pas âme qui vive, mais vous découvrirez la terre telle qu'elle est apparue aux premiers explorateurs : sur un terrain dévasté d'épaves, des manchots, des condors, des guanacos et des phares du bout du monde.

Épave du Desdemona

D'INCROYABLES LUMIÈRES

Les nimbus qui tourbillonnent parmi les brumes subantarctiques au-dessus des paysages toujours changeants de la Terre de Feu sont, à toute heure, aussi mystérieux que spectaculaires. Le peuple haush qui occupait jadis ces terres disait le ciel de l'est était le plus grandiose, mais le plus traître de tous les ciels de l'île. Pendant l'hiver austral, quand le jour décline à 17h, le rougeoiement du couchant est plus intense qu'ailleurs, les constellations brillent plus fort et les étoiles semblent plus proches. Il est possible de voir les aurores australes antarctiques illuminer l'horizon subpolaire, un spectacle lumineux psychédélique lorsque le paysage devient un halo d'aurores vertes et roses dans le ciel.

REFUGES DU BOUT DU MONDE

Estancia Maria Luisa
Chaleureuse *hostelería* près de la fin de la Ruta Complementaria A. Chevaux pour explorer la Península Mitre.

Puesta la Chaira
Dépendant de l'Estancia Policarpo, ce *refugio* propose des aventures à VTT. Dernier endroit habité sur la Península Mitre.

Rancho Ibarra
Près du Cabo San Pío, à la pointe la plus au sud de l'Isla Grande, le *gaucho* Luis Andrade accueille et guide les voyageurs.

Carnet d'adresses

USHUAIA

La Antigua Casa de Gobierno
Voir p. 493 (mfm.tierradelfuego.gob.ar ; Av. Maipú 465 ; 4 500 $ARS ; 10h-19h lun-ven, 13h-19h sam)

Museo del fin del Mundo
Voir p. 493 (mfm.tierradelfuego.gob.ar ; Av. Maipú 173 ; 4 500 $ARS ; 10h-19h lun-ven, 13h-19h sam)

Museo Marítimo y del Presidio de Ushuaia
Voir p. 492 (museomaritimo.com ; angle Yaganes et Gobernador Paz ; tarif plein/réduit 19 000/15 000 $ARS ; 12h-20h, dernière entrée 19h30)

Museo Moto Café 3005
Voir p. 494 (2901 60-4893 ; RN 3 2021, Ushuaia ; 10h-13h et 14h-18h mar-dim)

4x4 Ushuaia Aventura
Voir p. 495 (facebook.com/Ushuaiaaventura4x4)

Canopy Ushuaia
Voir p. 489 (canopyushuaia.com.ar ; Refugio de Montaña, Cerro Martial ; voie longue/courte 3 000/2 200 $ARS ; 10h-17h oct-juin)

Carlos Tachuela Oyarzún
Voir p. 494 (12 de Octubre 8 ; 12h-22h lun-ven, 13h30-20h sam-dim)

Cerro Castor
Voir p. 494 (cerrocastor.com ; forfait remontées mécaniques basse/hte saison 885/1120 $ARS par jour ; mi-juin à mi-oct)

Cerro Martial
Voir p. 488 (2901 51-0307 ; Luis Fernando Martial ; 24h/24)

Club Andino Ushuaia
Voir p. 489 (clubandinoushuaia.com.ar ; Av. Leandro Alem 2873 ; 11h30-13h et 16h30-20h lun-ven)

Escuela de Esquí
Voir p. 488 (2901 51-0307 ; Luis Fernando Martial 3553 ; 10h-17h30)

Piratour
Voir p. 488 (piratour.net ; Av. San Martin 847 ; visite colonie de manchots 2 500 $ARS, droits portuaires 20 $ARS ; 9h-21h)

Ushuaia Divers
Voir p. 488 (facebook.com/ushuaiadivers ; Av. Leandro Alem 4509)

Arakur Mountain Resort
Voir p. 492 (arakur.com ; Cerro Alarken)

Los Acebos
Voir p. 492 (losacebos.com.ar ; Luis Fernando Martial 1911)

Los Cauquenes
Voir p. 492 (loscauquenes.com)

Ana & Juana
Voir p. 493 (2901 42-5235 ; Av. San Martín 1485 ; 9h-19h30)

Chloe Casa de Té
Voir p. 493 (54 2901 40-2228 ; Barrio Las Raíces Casa n°25 ; 16h-20h jeu-dim)

Isla Vegana
Voir p. 493 (2901 58-7903 ; Don Bosco 56 ; 9h-20h lun-ven, 10h-20h sam)

Kaupé
Voir p. 494 (kaupe.com.ar ; Roca 470)

La Cabaña Casa de Té
Voir p. 489 (lacabania.com.ar/ ; Luis Fernando Martial 3560 ; 8h-20h)

La Cantina Fueguina de Freddy
Voir p. 494 (2901 42-1887 ; Av. San Martín 300-398 ; 12h-15h15 et 19h-23h)

La Casa de los Mariscos
Voir p. 494 (2901 48-8405 ; BFC, Av. San Martín 232 ; 12h-15h et 19h30-minuit jeu-mar)

La Estancia-Parrilla
Voir p. 495 (Gobernador Godoy 155 ; 12h-15h et 19h30-23h30)

Mercado del Jardín
Voir p. 493 (2901 43-1366 ; Av. San Martín 638 ; 10h-23h)

Moustacchio
Voir p. 495 (moustacchio.com/es ; Av. San Martín 298 ; 12h-15h et 19h-minuit)

Ramos Generales el Almacén
Voir p. 493 (02901-4247317 ; Av. Maipú 749 ; 9h-23h)

Tante Sara
Voir p. 493 (tantesara.com ; angle Av. San Martín et Juana Fadul ; 8h-2h)

Volver
Voir p. 494 (02901-423977 ; Av. Maipú 37)

Xpresso
Voir p. 493 (2901 42-5776 ; Comodoro Augusto Laserre 108 ; 8h30-21h lun-sam)

Cervecería Grut '84
Voir p. 489 (Gobernador Paz 285 ; 19h30-1h lun-jeu, 19h30-2h ven-sam)

Club 1210
Voir p. 488 (Av. Maipú 1210 ; 19h-3h mar-dim)

Dublin Pub
Voir p. 488 (facebook.com/dublinushuaia ; 9 de Julio 168 ; 19h-4h)

Jeremy Button Gintonería
Voir p. 495 (Av. Maipú 828 ; 17h-2h mar-jeu, 17h-3h ven-sam)

La Cabaña Beerpoint
Voir p. 488 (Luis Fernando Martial 3560 ; 13h-20h30 mar-jeu et dim, 13h-1h ven-sam)

Moat
Voir p. 489 (Pres. Bernardino Rivadavia 376)

The Birra
Voir p. 489 (Pres. Julio Argentino Roca 61, V9410 DHB ; 20h-2h jeu-mar)

Chocolates Edelweiss
Voir p. 493 (Cmte. Luis Piedrabuena 286 ; 10h-13h et 16h-20h lun-sam)

Laguna Negra
Voir p. 493 (Av. San Martín 513 ; 9h-21h lun-sam, 13h-21h dim)

ENVIRONS D'USHUAIA

Acatushun Visitors Center
Voir p. 500 (RP J, Km 43, Ushuaia)

Arpón Turismo
Voir p. 497 (arponturismo.com ; San Martín 638, Galería Mercado del Jardín, Local 6, Ushuaia ; 10h-21h)

Canal Fun
Voir p. 497 (canalfun.com ; Roca 136)

Compañia de Guías de Patagonia
Voir p. 497 (companiadeguiasdepatagonia.tur.ar ; Gobernador Godoy 19, 3B, Ushuaia)

Les Éclaireurs (p. 488)

Patagon Mountain Agency
Voir p. 497 (patagonmountainagency.com/web ; Luis Fernando Martial 3551, Ushuaia)

Estancia Harberton
Voir p. 500 (estanciaharberton.com ; oct-mai)

Oveja Verde B&B y Cabañas
Voir p. 499 (2901 64-0334 ; Ruta k Km 8, Ushuaia)

Refugio Punta Parana
Voir p. 499 (2901 55-1415 ; Baliza Punta Parana, RP K, Km 18, Ushuaia)

Estancia San Pablo
Voir p. 507 (2901 40 1132 ; Ruta complementaria A, Km 39, Cabo San Pablo)

La Mesita de Almanza
Voir p. 499 (Ruta Complementaria K, Casa 1, Puerto Almanza ; 12h-17h mar-dim)

La Sirena y el Capitán
Voir p. 499 (instagram.com/lasirenayelcapitan ; Puerto Almanza ; 12h-17h sauf mar)

Puerto Pirata
Voir p. 499 (facebook.com/AldeadePescadores ; Ruta 30, Km 10, Ushuaia ; 12h30-17h30 sauf mer)

RÍO GRANDE

Centro de Interpretación Ambiental
Voir p. 501 (2964 43-6200 ; RN 3, Río Grande ; 9h-17h lun-ven, 14h-17h sam)

Centro de visitantes de la Zona Norte de Tierra del Fuego
Voir p. 503 (Belgrano 319 ; lun-ven)

Misión Salesiana
Voir p. 504 (2964 43-0054 ; RN 3 Km 2,835)

Museo Fueguino de Arte Niní Bernardello
Voir p. 505 (2964 42-5823 ; Belgrano 319 ; 10h-20h lun, 9h-20h mar-sam)

Museo Virginia Choquintel
Voir p. 504 (2964 43-0647 ; Calle Juan Bautista Alberdi 555 ; 9h-17h lun-ven, 15h-18h sam-dim)

Club de Campo la Cimarrona
Voir p. 505 (2964 48-2603 ; Roque Sáenz Peña 1380 ; 9h-18h)

Club Náutico Ioshlelk Oten
Voir p. 502 (2964 42-0536 ; Dr. M. Montilla 1047 ; 18h-minuit mar et jeu)

María Behety
Voir p. 505 (2964 43-0345 ; RP C, V9420 ; 8h-12h lun-sam, 14h-18h lun-ven)

Grande Hotel
Voir p. 505 (grandehotelriogrande.com-website.com ; Federico Echelaine 251)

Hostel Motorcycle fin delMundo
Voir p. 504 (facebook.com/HostelMotorcycleFinDelMundo ; Ruta 3 Km 2815, Río Grande)

Hotel Atlántida
Voir p. 504 (2964 43-1915 ; Belgrano 582)

Status Casino
Voir p. 504 (statushotelcasino.com/#!/-bienvenido-2 ; Av. San Martín 268)

Nistro
Voir p. 505 (instagram.com/nistrorestobar ; 12 de Octubre 602 ; 20h-minuit lun-sam)

Posada de los Sauces
Voir p. 505 (posadadelossauces.com ; Elcano 839 ; 20h-23h30 lun-sam)

Patio Balto
Voir p. 505 (2964 52-5357 ; Beauvoir 455 ; 19h-2h mer-lun)

NN Más que un bar
Voir p. 503 (Leonardo Rosales 178 ; 19h30-2h mar-dim)

Queen's
Voir p. 503 (Perito Moreno 441 ; 19h-5h)

Doop
Voir p. 503 (facebook.com/doopoficial ; Perú 5)

Magma Espacio Cultural
Voir p. 505 (Calle Juan Bautista Alberdi 86)

Chocolatería Mama Flora
Voir p. 505 (Belgrano 1101 ; 9h30-12h30 lun-sam, 16h-20h30 lun-ven, 16h30-21h sam)

Paseo Canto del Viento
Voir p. 505 (Monseñor Fagnano 650 ; 9h-16h lun-ven, 15h-20h sam-dim)

Laguna Esmeralda (p. 498)

PEDRO MORAES/STOCK.ADOBE.COM ©

ENVIRONS DE RÍO GRANDE

Aurelia Lodge
Voir p. 507 (2964 42-4146 ; Ruta Complementaria B, Km 83, Río Grande)

Estancia Las Hijas
Voir p. 507 (estancialashijas.com.ar ; RP 16)

Estancia Rolito
Voir p. 518 (02901-432419, 02901-437351 ; RC-a, Km 14)

San Jose Lodge
Voir p. 510 (C. Leonardo Rosales 563, Río Grande)

TOLHUIN

Aventura Turismo
Voir p. 513 (2901 40-0824 ; Tolhuin ; 10h-20h)

Complejo del Ecotono
Voir p. 513 (delecotono.com ; Los Ñires 898)

Puerto Khami Extremo
Voir p. 514 (2901 51-6717 ; RN 3 ; 15h-20h sam-dim)

Cabañas Khami
Voir p. 515 (2964 56-6045 ; Gendarmeria Nacional 2219)

Cabañas Laguna Negra
Voir p. 515 (2964 42-2860 ; Cabecera Noreste, Lago Fagnano s/n)

Cabañas Mirador de Tolhuin
Voir p. 515 (2901419418 ; Altos del Shion n°300, Gendarmeria Nacional 1 800)

Camping Hain
Voir p. 515 (02964-15-603606 ; Lago Fagnano)

Fuegos del Sur Hostería Boutique
Voir p. 514 (2901 65-8444 ; Magen Sur lago Fagnano, Ruta Complementaria 119, Km 23)

Hosteria Kaiken
Voir p. 515 (2964 61-5102 ; Ruta 3 Km 2958 Lago Fagnano)

Enriqueta-Proveeduría de Sabores
Voir p. 515 (11 6110-5615 ; Gendarmeria Nacional 1800 ; 8h-23h ven-dim)

La Casona 2
Voir p. 515 (2901 53-5586 ; Ruta 3 Km 3000 ; 10h30-15h30 mar-dim)

La Ribero del Fagnano
Voir p. 515 (2901 60-3993 ; Gendarmeria Nacional 1939 ; 9h-minuit)

La Unión Panaderia
Voir p. 515 (panaderialaunion.com.ar ; 24h/24)

Parrilla Rio Turbio
Voir p. 515 (2964 61-5480 ; RN 3 , Km 2956, Macizo 147, Parcela 5 ; 12h-15h30 et 19h30-minuit)

Raíces Fueguinas Museo Resto-Bar
Voir p. 514 (los Ñires 521, Tolhuin ; 11h-20h)

Bar estudio
Voir p. 513 (Te-Al, Tolhuin ; 10h-minuit mar-mer, 10h-1h jeu, 10h-2h30 ven-sam, 10h-18h30 dim)

La Antigua
Voir p. 513 (Ernesto Julio Loffler 66 ; 15h30-20h30 lun-jeu, 15h30-minuit ven, 24h/24 sam)

La Morada de "El Flaco"
Voir p. 513 (Gendarmeria Nacional 3108 ; 10h-21h)

Laumann Beer
Voir p. 515 (Altos del Shion n°290 ; 19h30-23h30 lun, 9h-23h mar-ven, 10h-23h sam-dim)

Río Turbio Cerveceria
Voir p. 515 (RN 3 2956, Río Grande ; 12h-15h sam-dim, 20h-3h ven-sam)

El Rincón Mayorista
Voir p. 515 (instagram.com/rinconmayorista/?hl=fr ; 9h-22h mer-lun)

Kau Kren Artesanias
Voir p. 514 (facebook.com/paramaruartesanias ; Cerro Jeujepen y, Juan Vila ; 15h45-19h lun-ven, 11h30-20h30 sam-dim)

La Aldea de los Yoshi Duendes
Voir p. 514 (Cerro Jeujepen, Tolhuin ; 10h-15h)

La Familia
Voir p. 514 (RN 3 2954, Emilio Blanco 1742, Tolhuin ; 24h/24)

ENVIRONS DE TOLHUIN

Biblioteca Península Haush
Voir p. 519 (291 413-5978 ; Península Mitre Bahia Aguirre ; 9h-17h)

Domos de la Estancia
Voir p. 518 (2964 55-9913 ; Ruta complementaria A, km 5)

CARNET PRATIQUE

Ce chapitre présente toutes les informations pratiques essentielles dont vous aurez besoin pour voyager en Argentine.

Ruta 40 (p. 410)

Arriver en Argentine

Buenos Aires est le principal point d'entrée en Argentine, et la plupart des voyageurs débarquent à l'Aeropuerto Internacional Ministro Pistarini de Ezeiza. Les vols internationaux arrivent au terminal A et les vols intérieurs au terminal C. L'Aeroparque Internacional Jorge Newbery accueille la plupart des vols intérieurs, ainsi que quelques vols internationaux en provenance des pays voisins.

Avion

L'Argentine compte plus de 30 aéroports, recensés sur le site aa2000.com.ar. Il existe des vols pour l'Argentine depuis l'Europe, et l'Amérique du Nord, ainsi que depuis presque tous les pays d'Amérique du Sud. Si vous prévoyez de prendre une correspondance vers une autre ville dès votre arrivée à Buenos Aires, vérifiez que vos vols arrivent et repartent bien du même aéroport. Sinon, prévoyez un laps de temps suffisant entre les deux – relier les deux aéroports de la capitale demande entre 40 minutes et 2 heures.

Seule la compagnie **Air France** (airfrance.fr) assure des vols directs (13 heures 45) au départ de Paris. D'autres vols avec correspondance depuis Zurich et Genève avec **Swiss** (swiss.com), depuis Toronto avec **Air Canada** (aircanada.com). Sinon vols avec correspondance (à Madrid notamment).

La compagnie nationale **Aerolíneas Argentinas** (aerolineas.com.ar), assure des vols intérieurs et vers les pays voisins.

L'**Aeropuerto Internacional Ministro Pistarini de Ezeiza** (aeropuertosargentina.com/ezeiza) se trouve à 35 km au sud du centre de la capitale. Pour rallier l'aéroport : bus 1 heure 30, 122 $ARS / navette 40 min-1 heure selon circulation, 13 000 $ARS / taxi 40 min, 18 500 $ARS.

L'**Aeroparque Internacional Jorge Newbery** (aeropuertosargentina.com/aeroparque) est situé à 2 km au nord-ouest de la capitale. N'a qu'un seul terminal. Il accueille les vols intérieurs et des vols en provenance des pays voisins. Pour rallier l'aéroport : bus 20 min, 112 $ARS / navette 30 min, 13 000 $ARS / taxi 20 min, 3 500 $ARS.

Avant le départ

Il est impératif de contacter les ambassades et les consulats pour s'assurer que les modalités d'entrée sur le territoire n'ont pas changé. Nous vous conseillons de scanner ou de photocopier tous vos documents importants (passeport, cartes bancaires, permis de conduire...).

Visas

Les ressortissants de l'Union européenne, les Suisses et les Canadiens n'ont pas besoin de visa pour un séjour en Argentine inférieur à 3 mois. Les voyageurs doivent présenter un passeport valable pour toute la durée de leur séjour.

AVEC DES ENFANTS

Les enfants voyageant sans être accompagnés de leur deux parents doivent en théorie être en possession d'un document officiel certifiant que ceux-ci consentent tous les deux à ce voyage. Il est également préférable, le cas échéant, d'emporter une attestation de droit de garde. Dans la pratique, cependant, ces pièces sont assez rarement demandées.

PAYS VOISINS

Il est parfois possible d'effectuer de très courtes visites dans certains pays frontaliers sans visa. C'est notamment le cas pour le Brésil – où les ressortissants de l'Union européenne, les Suisses et les Canadiens peuvent de toute façon pénétrer sans visa. Ainsi, un visa n'est pas toujours demandé pour aller de la ville argentine de Puerto Iguazú à celle de Foz do Iguaçu, à condition de revenir le même jour. Toutefois, il n'y a aucune garantie et les voyageurs choisissant d'entrer sans visa doivent savoir qu'ils le font à leurs risques et périls. Renseignez-vous avant de partir.

DE GAUCHE À DROITE : © FUSE/GETTY IMAGES, © WINFINITY/SHUTTERSTOCK

Comment circuler

Les transports en commun ne coûtent pas cher en Argentine et sont donc à privilégier. Pour la Patagonie et la région des vins, mieux vaut louer une voiture.

BUDGET

Location
À partir de 32 $US/j

Essence
Env. 0,49 $US/l

Carte SUBE
1 $US

Location de vélo
15 $US/h

GRÈVES ET MANIFESTATIONS

Les grèves (*paros*) bloquent régulièrement les systèmes de transport, quels qu'ils soient, notamment à Buenos Aires. Elles peuvent même toucher les vols internationaux.
Des manifestations peuvent également affecter les transports en raison de la fermeture de certains axes, dans la capitale essentiellement.

Taxis, VTC et remís

Les taxis sont souvent moins chers que les VTC, mais se paient généralement en espèces. Uber, Cabify et Didi sont présents dans plusieurs villes, avec paiement possible en carte et espèces. Les *remises* (radio-taxis banalisés, avec course au forfait et paiement en espèces la plupart du temps) sont très courants. On peut les appeler directement ou réserver via WhatsApp.

Location de voiture et carburant

Pour louer une voiture, il faut avoir 21 ans et un permis en cours de validité. Si vous prévoyez de beaucoup rouler, optez pour un kilométrage illimité.
À la pompe, un agent s'occupe de vous servir en *nafta* (essence).
Dans les carrefours non réglementés, la priorité va à l'automobiliste le plus décidé.

À SAVOIR

Pour vous orienter à Buenos Aires, téléchargez l'application BA Cómo Llego, qui affiche les temps de trajet les plus fiables.

CODE DE LA ROUTE

30

La vitesse est généralement limitée à 30 km/h en ville ; 70 km/h et plus sur les voies express et autoroutes.

0,08%

Taux d'alcoolémie maximal autorisé.

Subte

Le métro de Buenos Aires (le seul du pays) est le Subte. Pour le prendre, achetez une carte SUBE (argentina.gob.ar/sube) dans une station ou un *kiosco* ou télécharger l'application. Le Subte est le moyen de transport le plus rapide les jours de grève.

Bus et train

Le bus et le train sont des moyens de transport très bon marché en Argentine. Le maillage local et régional en bus est excellent. En train, les lignes et départs sont nombreux au sein de la métropole de Buenos Aires. Les trains interrégionaux sont moins fréquents et les places se vendent vite : réservez votre trajet.

Avion

La compagnie nationale est Aerolíneas Argentinas, qui propose majoritairement des vols intérieurs. Les compagnies lowcost Flybondi et JetSMART peuvent être moins chères que le bus. Retards fréquents dans les petits aéroports.

Argent

DEVISE : PESO ARGENTIN ($ARS)
SUR PLACE, LE SYMBOLE "$" SIGNIFIE PESO ARGENTIN
1 000 $ARS = 1 $US / 1 000 $ARS = 0,98 € (AOÛT 2024)

Carte et espèces

Les commerces acceptent de plus en plus les principales cartes bancaires (Visa, Mastercard et American Express), mais ce n'est pas le cas partout. L'espèce demeure le moyen de paiement privilégié, surtout dans les petits établissements.

Paiements digitaux

Mercado Pago est plus répandu, mais il faut avoir une pièce d'identité argentine pour ouvrir un compte. Apple Pay et Google Wallet sont encore balbutiants.

Pourboires

Il est rare de pouvoir ajouter un pourboire au moment de payer par carte. Prévoyez des espèces.
Personnel d'hôtel / livraison Comptez quelques billets
Restaurants et spas 10% est la norme. Notez que les frais de *cubierto* ne constituent pas un pourboire.
Taxis Les pourboires ne sont pas d'usage.

Retrait d'espèces

On trouve facilement des DAB dans tout le pays. La limite de retrait peut cependant être assez basse et des frais (qui s'ajoutent à ceux, éventuels, de votre banque) sont à prévoir à chaque transaction.

COMBIEN COÛTE...

Un trajet en bus
0,10 $US

Une entrée au musée
gratuit à 4 $US

L'entrée dans un parc national
gratuit à 19,50 $US

Un trajet de Subte
0,14 $US

BONS PLANS Plutôt qu'un retrait d'espèces au distributeur, utilisez un service de transfert d'argent comme Western Union ou MoneyGram pour vous envoyer des pesos et les retirer en agence dans le pays. Les montants maximums sont bien plus élevés et les frais moins importants qu'aux DAB. Le taux de change est souvent celui du MEP (Electronic Payment Market) quand certains DAB prennent le taux de change officiel.

TAUX DE CHANGE PARALLÈLE

L'Argentine a un historique financier assez complexe, qui tend à se réguler peu à peu. Cependant, pour faire face aux déboires financiers du pays, et pour rester à l'abri de l'inflation, un taux de change non officiel, le *Blue dollar* (taux Bleu) a vu le jour, et s'effectue dans la rue par des personnes appelées *arbolitos*. Considéré comme illégal, mais toléré, le taux Bleu, qui offre un meilleur taux de change que le cours officiel, est très courant pour changer ses euros ou dollars, par les habitants. Toutefois, le taux Bleu n'est plus aussi intéressant qu'avant, le gouvernement actuel ayant pris des mesures pour stabiliser le peso.

À SAVOIR

Pour obtenir le meilleur taux de change, apportez des grosses coupures dans une *cueva* (bureau de change officieux) et bénéficiez du taux Bleu.

Hébergemen

Estancias

Un séjour dans une *estancia* (ranch) est un mode d'hébergement rêvé dans les régions reculées du pays. Balades à cheval, *asados* et dégustation de vins figurent très souvent au programme. Si l'envie, le temps ou le budget vous manquent pour vous offrir une nuit dans une *estancia*, sachez qu'il est souvent possible de passer un *día de campo* (journée à la campagne). Cette formule comprend généralement un *asado*, une promenade à cheval et d'autres activités traditionnellement associées aux *estancias*.

Refugios

Les refuges sont nombreux le long des sentiers de grande randonnée, comme dans la région des lacs, en Patagonie ou dans la province de Córdoba. Il faut réserver votre lit avant de partir. Certains proposent le couvert, à réserver également. La location d'un sac de couchage et/ou de serviettes de toilette est parfois possible, mais généralement seul un matelas est fourni. Ne misez pas sur la présence systématique d'eau courante et de toilettes.

Domaines viticoles

Dans la région des vins, il est possible de passer la nuit dans un domaine, comme au Entre Cielos (p. 294) dans la province de Mendoza. Certains couplent l'offre avec une visite guidée, une dégustation et les repas.

Auberges de jeunesse et séjour chez l'habitant

Les auberges de jeunesse sont nombreuses en Argentine, de celle au confort sommaire à l'auberge élégante et parfaitement équipée. Le séjour chez l'habitant est une formule commode (on peut se servir de la cuisine et du lave-linge), souvent avantageuse et qui permet de nouer des contacts avec des habitants. Dans les petites villes et les villages, les offices de tourisme tiennent souvent à jour des listes de ces logements.

COMBIEN COÛTE UNE NUIT DANS...

une *estancia*
80-375 $US

un dortoir en auberge de jeunesse
10 $US

Une chambre en hôtel de moyenne gamme
50-90 $US

Camping et glamping

Le camping est un merveilleux moyen de découvrir l'Argentine, notamment la région des lacs et la Patagonie, qui comptent quantité de bonnes adresses. Le glamping fait lentement son entrée dans les zones plus touristiques, que ce soit une option (nuit sous dôme, par exemple) plus haut de gamme dans les campings traditionnels, ou des sites 100% glamping, comme à Ushuaia, Bariloche ou encore les déserts de sel de Jujuy.

SAISON HAUTE ET TVA

La saison haute s'étend de fin novembre à fin février. En octobre et novembre, les écoliers sont nombreux à faire l'incontournable virée à Bariloche, dont les rues sont alors prises d'assaut par les ados. La côte est plus fréquentée en janvier et février. Certains hébergements ne se réservent alors qu'à la semaine. Une TVA touristique de 21% s'applique, mais elle vous sera automatiquement remboursée pour tout paiement avec une carte étrangère. Le paiement en espèces peut cependant s'avérer plus intéressant, selon le taux de change en vigueur.

DANS LE SENS INVERSE DES AIGUILLES D'UNE MONTRE : © ANDRZEJ ROSTEK/SHUTTERSTOCK ; © TANIAKITURA/SHUTTERSTOCK ; © ALEXANDER RATHS/SHUTTERSTOCK

Avec des enfants

La famille occupe une place de choix en Argentine. Les parents emmènent leurs enfants partout avec eux, même pour dîner à 22 h. Les lieux culturels organisent de nombreuses activités et événements à destination des plus jeunes. Les parcs nationaux proposent des aventures et découvertes pour toute la famille, comme l'observation de la faune ou l'escalade.

Transports à Buenos Aires

Subte Gratuit enfant -4 ans.
Bus municipaux Gratuit enfant -3 ans.
Trains au départ de la gare de Retiro Gratuit enfant -3 ans.
Train pour Mar del Plata Gratuit enfant -3 ans ; 50% de réduction pour les 3-12 ans.
Vols intérieurs avec Aerolineas Argentinas Gratuit enfant -2 ans ; tarif réduit pour les 2-11 ans.

Services et équipements

- Dans les centres commerciaux, les aéroports et les grands sites touristiques, les toilettes femmes ont des tables à langer.
- La plupart des hôtels acceptent les enfants, les plus haut de gamme proposant parfois un service de baby-sitting.
- Il y a toujours des pharmacies de garde dans les grandes villes.

Au restaurant

Les enfants sont les bienvenus dans la très grande majorité des restaurants. Le *menù infantil* comprend généralement des pâtes, de la pizza ou de la *milanesa*. Dans les cafés, commandez un *submarino*, un lait chaud avec une barre de chocolat à remuer dedans.

Dans le bus et le Subte

Si vous montez dans le bus avec une poussette, entrez par la porte latérale. Les passagers avec enfants sont prioritaires pour les places assises de la partie basse du bus. L'allaitement en public est culturellement accepté.

NOTRE SÉLECTION

Reserva Experimental Horco Molle (p. 214)

Les enfants apprécieront la visite guidée de cette réserve naturelle, où ils pourront observer tapirs, tamanoirs, toucans et autres animaux sauvages.

Parque Nacional Los Glaciares (p. 457)

Partez en bateau pour admirer de près le glacier Perito Moreno, ou faites une sortie sur la glace adaptée aux enfants.

Museo Paleontológico Egidio Feruglio (p. 443)

Emmenez vos enfants à la pyjama party organisée par ce musée de Trelew, pour explorer les expos des dinosaures à la lampe torche.

DÍA DE LAS INFANCIAS

Si vous le pouvez, faites coïncider votre séjour avec la Journée des enfants (Día de las Infancias, anciennement Día del Niño), célébrée dans tout le pays le troisième dimanche d'août. Les restaurants, boulangeries et confiseries (davantage encore ceux qui vendent des chocolats) proposent des réductions pour les enfants. Les musées, centres culturels et associations de quartier organisent des événements pour enfants, dont la plupart sont gratuits. Spectacles de marionnettes et de cirque, concerts, ateliers créatifs, pièces de théâtre et autres sont proposées dans les grandes villes. À Buenos Aires, le Museo Gardel offre même des ateliers de musique tango, avec art visuel et bandonéon.

Santé et sécurité

FEUX DE FORÊTS

Les provinces argentines ont toutes connu des feux de forêt récemment, avec plus de 500 000 ha de terres dans les flammes, notamment dans le Parque Nacional Los Alerces. Le risque varie selon les saisons : le Nord est plus menacé de juillet à décembre, le Sud et le Centre de janvier à avril. La province de Corrientes fait partie de celles qui ont été les plus touchées.

Pickpockets

Les agressions sont rares, mais les pickpockets sévissent, notamment dans les zones les plus touristiques de Buenos Aires. Certains pratiquent le vol de téléphone à l'arraché depuis une moto, notamment aux coins des rues. Si vous portez un sac, enroulez sa bandoulière autour de votre bras ou de votre jambe quand vous vous asseyez dans un espace public.

Arnaque à la fiente d'oiseau

À Buenos Aires, certains arrosent les touristes d'un liquide blanc et visqueux, laissant croire à une fiente d'oiseau. Tandis qu'une personne offre son aide à la victime, qui ne se doute de rien, une autre lui fait les poches. Si cela vous arrive, ne vous arrêtez pas et on vous laissera tranquille.

CANNABIS

Le cannabis à usage médical est autorisé en Argentine. Il faut une ordonnance et se rendre dans une pharmacie.

DRAPEAUX SUR LES PLAGES

Rouge et noir
Danger, baignade interdite

Jaune et noir
Mer potentiellement dangereuse

Bleu
Mer calme ou sans danger

Noir
Risque d'orage ; évacuation de la plage.

Blanc
Enfant perdu

Dengue

L'Argentine a récemment vu se multiplier les cas de dengue, une infection virale pouvant provoquer une forte fièvre et des douleurs articulaires et musculaires. Elle se transmet par le moustique *Aedes aegypti*, qui pique durant la journée et pond dans les réserves d'eau artificielles (citernes, barils, conteneurs en plastique, pneus usagés...). La dengue est surtout répandue dans les environnements urbains densément peuplés. La meilleure prévention est de suivre les protections d'usage contre les piqûres de moustique.

COUVERTURE SANTÉ

Il est indispensable de souscrire une assurance qui réglera directement les hôpitaux et les médecins, vous évitant ainsi d'avancer des sommes qui ne vous seront remboursées qu'à votre retour. Conservez tous les documents relatifs aux soins (les consultations médicales se paient généralement en espèces : demandez un reçu).

Manger, boire et sortir

Les repas

Desayuno (petit déjeuner, entre 7h et 10h). Se compose souvent d'un café avec des *medialunas* (croissants, soit de *manteca*, sucrés, soit de *grasa*, nature) et des *tostadas* (pain grillé).

Almuerzo (déjeuner, entre 12h30 et 15h) Entrée, plat et dessert, ou sur le pouce (*empanadas*, pizza ou *choripán*).

Merienda (goûter, entre 17h et 19h). Café ou thé et pâtisseries.

Cena (dîner, entre 21h et 23h). Même principe que le déjeuner, mais avec des plats plus élaborés.

Établissements

Parilla Restaurant-gril

Panadería Boulangerie

Confitería Cafés servant des en-cas toute la journée et le soir tard, avec beaucoup de choix

Tenedor libre littéralement "fourchette libre" ; buffet à volonté

Heladería Glacier

Empanadería Restaurant d'*empanadas*

Bar de vino Bar à vins

Comida por peso Plats à emporter, payés au poids

Pulpería Épicerie-bar à l'ancienne.

COMPRENDRE LA CARTE

Cubierto Dans les restaurants, taxe pour les couverts et le pain.

Menú del día ou menú ejecutivo Menu du jour ou menu "exécutif", comprenant généralement plat, dessert et boisson).

Entrada Entrée.

Plato principal Plat principal.

Parilla Terme désignant à la fois la grillade et le lieu où l'on fait des grillades.

Jamón Jambon.

Milanesa Escalope panée (de bœuf, en général).

Cordero Agneau.

Cerdo Porc.

Fideos Pâtes.

Pescado Poisson.

Postre Dessert.

Sifón Eau gazéifiée.

Agua con gas Eau pétillante.

Hielo Glace.

Gaseosas Boissons sans alcool ; boissons gazeuses.

Vino tinto Vin rouge.

Vino blanco Vin blanc.

Menù degustación Menu dégustation.

Carta de vinos Carte des vins.

Cerveza artesanal Bière artisanale.

Pinta Pinte de bière.

Café de especialidad Café gourmet.

Café con leche Café au lait.

Verduras Légumes.

Vegetariano Végétarien.

Vegano/a Vegan/e.

L'ART DE... Commander une pièce de bœuf

Commencez par choisir le morceau. L'*ojo de bife* (faux-filet), persillé, et le juteux *bife de chorizo* (aloyau) sont les deux morceaux de choix pour les Argentins. Si vous voulez quelque chose de plus maigre, goûtez au *lomo* (filet). Il y a aussi le *vacío* (flanchet), le *cuadril* (rumsteak) et l'*entraña* (onglet). Choisissez ensuite sa cuisson, ou faites comme presque tout le monde ici : a *punto* (à point). Au restaurant, il n'est pas d'usage qu'on vous demande quelle cuisson vous souhaitez, sauf si c'est un établissement qui reçoit principalement des touristes. Si vous souhaitez votre viande saignante, voire bleue, demandez-la *vuelta y vuelta*. Si vous la voulez rosée à cœur, demandez-la *jugoso* (elle pourra cependant vous être servie un peu plus cuite que prévue). Bien cuite se dira *pasado de punto*.

COMBIEN COÛTE...

Un repas gastronomique
30-100 $US

Une boule de glace
1,75 $US

2 *medialunas*
1 $US

Une *empanada*
0,75 $US

Un latte dans un café branché
1,40-2,40 $US

Une bière à la pression
1,50-2,25 $US

Un verre de vin
1,5-5 $US

L'ART DE...

Boire le maté

Le maté, ou *yerba mate*, est un thé contenant autant de caféine que le café. L'Argentine en est l'un des grands pays producteurs et consommateurs. On voit partout, dans les parcs, aux concerts et même au bureau, des gens munis d'une gourde sirotant leur maté à la *bombilla* (paille pourvue d'un filtre), avec un thermos d'eau chaude à portée de main. La préparation du maté, boisson du partage, est un rituel en soi. Pour bien suivre le protocole, reportez vous p. 47.

Yerba mate

La *yerba mate* est une feuille d'*Ilex paraguariensis*, proche du houx, séchée et hachée, dont l'Argentine est le premier producteur et consommateur mondial. Les≈Argentins en consomment en moyenne 5 kg par personne et par an.

SORTIR

Quand on sort le week-end en Argentine, c'est généralement à partir de 22h, l'heure du dîner (même dans les petites villes). Le repas peut facilement durer 2 heures, surtout quand les convives sont loquaces. On se rend ensuite dans un bar. Il y en a pour tous les goûts. La bière artisanale fait fureur dans le pays, et beaucoup se plaisent à prendre place au comptoir des petites brasseries ou dans des bars en proposant une sélection, notamment à Buenos Aires, Mar del Plata, Bariloche et La Plata. Pour une touche plus élégante, on choisira un bar à vins ou un bar "clandestin" (un peu caché, généralement à l'arrière ou au sous-sol d'un restaurant, pour lequel il faut parfois un mot de passe). Les bars de quartier n'en demeurent pas moins tout indiqués si vous voulez observer le ballet de la vie locale. On peut également se procurer de la bière dans un *kiosco* (kiosque) et la boire en marchant (il n'y a aucune interdiction à ce sujet). D'autres tournent le dos au bar, leur préférant une sortie culturelle, pièce de théâtre ou concert, par exemple, pour rentrer tôt (vers 1h).
Dans les bars, la soirée se prolonge jusqu'à 2h (ou plus), puis on va au *boliche* (club).
Le *dress code* est généralement assez souple, mais certains établissements, comme ceux de Palermo à Buenos Aires et de Playa Grande à Mar del Plata, sont plus regardants. Une fois à l'intérieur, on profite de la piste de danse ou du concert, souvent avec l'aide d'un Speed, boisson énergisante, pour tenir jusqu'à 6h du matin.

Voyage responsable

Voyage et changement climatique

L'impact des voyages sur l'environnement est aujourd'hui bien connu, et impose de faire ce qui est en notre pouvoir pour le limiter. Lonely Planet recommande ainsi aux voyageurs de se renseigner sur l'empreinte carbone de leurs déplacements. Divers outils en ligne permettent de calculer les émissions de CO_2 générées par chaque trajet, notamment celui de l'Ademe. De nombreuses plateformes de réservation et compagnies aériennes proposent de compenser leurs émissions de gaz à effet de serre par une contribution financière à des projets respectueux de l'environnement, partout dans le monde. Chez Lonely Planet, nous continuons à compenser l'empreinte carbone de tous nos auteurs, tout en étant conscients que ce n'est qu'une solution partielle.

VTC neutre en carbone

L'application Cabify est implémentée à Buenos Aires et dans d'autres villes. L'entreprise compense ses émissions de gaz à effet de serre par le biais d'un partenariat avec Genneia, fournisseur d'énergie, qui détient six parcs éoliens entre Buenos Aires et le Chubut.

Garez la voiture et montez en selle pour traverser l'Argentine en suivant la Ruta National 40, l'axe routier le plus long d'Amérique du Sud.

Cero Market est une chaîne de magasins zéro déchet (vrac et hygiène, notamment) implantée dans plusieurs villes.

Reforestation

Pour chaque casquette vendue, Trown, marque de vêtements outdoor, plante un arbre dans une zone ravagée par les incendies. Vous pouvez aussi vous porter bénévole pour planter des arbres à ses côtés (écrivez à voluntarios@trown.com.ar).

DÎNER DANS LE NOIR

Et si vous étiez privé d'un sens et que les autres s'en trouvaient décuplés ? Faites l'expérience d'une soirée au Teatro Ciego ("théâtre aveugle" ; teatrociego.org), lieu social de la capitale proposant des dîners-spectacles dans le noir total, avec des troupes de comédiens aveugles et malvoyants.

DONNER DU TEMPS AUX ANIMAUX

Plusieurs associations de protection des animaux, à l'image du Gapra Refugio et d'Ayudacan à Buenos Aires, ont besoin de bénévoles pour aller promener les chiens recueillis. Tous deux ont une page Facebook, depuis laquelle leur écrire afin de trouver un créneau.

RESPECTER LES AUTRES

En saison haute, les sentiers et campings, notamment à Bariloche, sont parfois jonchés de papier toilette, affront à la nature et aux autres voyageurs. Pour le respect de l'environnement et celui des autres, ne laissez absolument rien derrière vous.

Skiez dans une station gérée par des Amérindiens

La communauté amérindienne des Mapuches Puels est à la tête de Batea Mahuida, une station de ski aux prix abordables, implantée au sommet du volcan éponyme, dans la province de Neuquén. Au programme : ski, snowboard, ski de fond, plongée en eaux glacées et achat d'artisanat mapuche.

Financez la recherche paléontologique

L'entrée au Parque Geopaleontológico Proyecto Dino (p. 417) vous donne accès au musée, consacré aux dinosaures, et aide à financer le travail des paléontologues sur site. Leurs recherches sont souvent fructueuses et permettent de faire avancer les connaissances sur les espèces préhistoriques. Vous pouvez également les aider en tant que bénévole (@geoparqueproyectodino).

Soutenez les initiatives locales

Prenant en compte les moyens de chacun, les productions artistiques locales proposent parfois, plutôt qu'une vente de billets, une participation, réclamant souvent le minimum qu'il leur faut pour continuer à fonctionner. Donnez plus si vous le pouvez.

Vous pourrez observer de nombreux oiseaux en Argentine – certains en danger d'extinction –. Le portail ornithologique oiseau.net contient des fiches détaillées sur toutes les espèces présentes.

Awasi (awasiguazu.com), lodge de luxe à faible impact environnemental, protège 340 ha de forêts primaires dans la province de Misiones et en Patagonie. Ces forêts absorbent 10 000 tonnes de CO_2 par an, compensant les émissions du lodge.

104

L'Argentine est au 104e rang mondial du Global Sustainability Index. Si le pays s'est engagé à atteindre la neutralité carbone d'ici 2050, aucune politique publique claire n'a été annoncée dans ce sens.

SITES UTILES

hpha.org.ar
Construisez des maisons avec Habitat for Humanity Argentina.

wwoofindependents.org/fr/
Prêtez main-forte dans des fermes via WWOOF Argentine.

worldpackers.com
World Packers propose un vaste choix de bénévolats.

Voyageurs LGBTQI+

L'Argentine est un pays ouvert aux personnes LGBTQI+ et l'une des grandes destinations gays à l'échelle mondiale. Elle a été le premier pays latino-américain à légaliser le mariage entre personnes du même sexe, en 2010, et le pays s'est largement ouvert à l'homosexualité.

Ce que dit la loi

L'Argentine a voté plusieurs lois pour protéger et garantir les droits des personnes LGBTQI+ : légalisation du mariage homosexuel en 2010, et en 2012, une loi sur l'identité de genre permettant aux personnes trans de pouvoir changer légalement de genre sans passer d'abord par une thérapie hormonale. Les villes de Buenos Aires et Rosario vont plus loin dans la lutte contre la discrimination. Le pays est salué pour son action en faveur du droit des personnes trans, notamment : 1% des emplois de la fonction publique leur est réservé.

LA MARCHE DES FIERTÉS DE BUENOS AIRES

La Marcha del Orgullo LGBT a lieu au mois de novembre à Buenos Aires, de la Plaza de Mayo au Congreso. La semaine qui la précède, la Semana #OrgulloBA (Semaine des Fiertés) se déroule au rythme de concerts, événements artistiques et autres programmations un peu partout dans la ville.

Fête des vendanges queer

Vendimia para Todos (Vendanges pour tous) est une fête des vendanges queer qui se tient à Mendoza chaque année, début mars. Au programme, DJ sets, body-painting, acrobaties aériennes et défilés de drag-queens. Consultez la page facebook.com/vendimiaparatodosoficial pour connaître la programmation (les informations sont souvent postées à la dernière minute).

LA CULTURE DU "BALLROOM"

Le voguing/les ballrooms font peu à peu leur place en Argentine, et plus encore à Buenos Aires, où l'on peut même prendre des cours. Sur le catwalk, on retrouve souvent des créateurs et créatrices queer de la capitale. Socio Ballroom (@socioballroom), association à but non lucratif, aide à la création de ces événements.

BÉNÉVOLAT

La Federación Argentina LGBT (FALGBT) œuvre pour favoriser l'égalité entre tous les membres de la communauté queer au niveau institutionnel. Elle organise aussi des programmes culturels et sportifs inclusifs. Participez aux événements culturels en contactant la fédération depuis son site : falgbt.org.

Quartiers gay-friendly

Buenos Aires compte de nombreux bars, clubs et cafés gay-friendly. C'est le cas d'Amerika, l'un des plus grands clubs gays d'Amérique du Sud, à Almagro. Beaucoup des autres événements et établissements connus se trouvent à Palermo et San Telmo. À Córdoba, allez au Güemes, et à La Rambla à Puerto Madryn. Mendoza, Rosario et Mar del Plata ont aussi une scène queer.

Voyage et handicap

L'Argentine n'est pas, malgré des initiatives portées par les autorités ou les citoyens, la championne de l'accessibilité. Cependant, les Argentins sont toujours prompts à aider les personnes qui en ont besoin.

Chutes d'Iguazù

Sur place, les chemins sont à 90% accessibles aux personnes en fauteuil roulant, les panneaux sont aussi écrits en braille et un transport motorisé est proposé aux plus âgés. L'entrée est gratuite pour les personnes porteuses d'un handicap.

À l'aéroport

Pour une assistance à votre arrivée à l'Aeropuerto Internacional de Ezeiza, pensez à faire la demande avant votre départ. Sur le tarmac, le service AmbuLift est disponible. Il y a des toilettes et ascenseurs accessibles au PMR dans l'aéroport.

Hébergements

Buenos Aires, Puerto Madryn, Ushuaia, Calafate, Bariloche, Iguazú et Córdoba ont toutes des hôtels avec chambres adaptées aux PMR, mais il arrive que la salle de bains soit un peu étroite.

PLAN TACTILE

Les offices de tourisme de Recoleta et de Palermo, ainsi que la Casa Rosada de Buenos Aires disposent d'un plan tactile de la ville, avec braille et maquette 3D.

Rues pavées

Les rues des vieux quartiers de Buenos Aires sont parfois pavées, avec des trottoirs étroits, pas exactement prévus pour le passage d'un fauteuil. Seuls les larges trottoirs de Recoleta font exception.

Espace d'échanges

À Buenos Aires, l'Asociación de Sordomudos de Ayuda Mutua (ASAM ; asamutual.org.ar), est un lieu d'échanges entre personnes sourdes et propose des cours de langue des signes argentine.

TRANSPORTS EN COMMUN

Les bus de Buenos Aires sont pour la plupart équipés d'une rampe manuelle, au niveau de la porte arrière. Les arrêts de bus ne sont cependant pas toujours accessibles en fauteuil. Certaines stations de Subte ont des ascenseurs, mais rarement pensés adaptés aux PMR. Plusieurs villes, Córdoba et Neuquén, par exemple, ont quelques bus avec rampe, mais c'est très loin d'être la norme en Argentine.

SITES UTILES

La ville de Buenos Aires tient à jour un **annuaire** de ses hôtels, restaurants, salles de tango et sites touristiques accessibles, publié sur le site du gouvernement.

Ok Traslados est un service de taxis aux PMR proposant des courses, mais aussi des circuits dans Buenos Aires et sur la côte atlantique.

Travel Xperience est un tour-opérateur spécialisé dans les séjours adaptés aux PMR, en Argentine et ailleurs.

Voyager en solo

Voyager seul est souvent une expérience très enrichissante. On multiplie les occasions de rencontres avec les habitants et les autres voyageurs. Mais Il n'est pas toujours simple pour une femme de voyager en solo en Argentine, qui est pourtant une destination plus sûre que bien d'autres pays, y compris d'Amérique du Nord et d'Europe.

Dans la rue

Même si la plupart des rues ne présentent aucun danger, il faut faire attention la nuit, et ne pas se promener seule dans des quartiers interlopes. Si le côté protecteur des hommes peut sembler rassurant, leur attitude insistante frise parfois le harcèlement. Les *piropos* (compliments) et autres sifflements, que les femmes s'attirent sur leur passage, sont sont monnaie courante en dans le pays, et encore plus à Buenos Aires. Les Argentines y sont habituées et choisissent de les ignorer (ce qui est conseillé, et généralement efficace), quand d'autres n'hésitent pas à répondre. Apprenez quelques expressions espagnoles pour repousser les avances les plus insistantes. "No me moleste" (Ne m'ennuyez pas), "Está bueno ya" (Ça suffit) ou "Que falta de respeto" (Quel manque de respect) devraient suffire, surtout si vous les appuyez d'un regard glacial. Si vous êtes accompagnée d'un homme, vous ne subirez aucun de ces désagréments. Si un homme vous approche et que vous n'êtes pas intéressée, exprimez-le avec fermeté et passez votre chemin. Il continuera sûrement à vous parler, mais mieux vaut vous éloigner et ne lui accorder aucune attention.

Galanterie

En Argentine, il est normal pour les hommes de tenir la porte aux femmes, de leur tendre la main pour les aider à descendre d'un taxi ou de leur céder le passage sur le trottoir. La galanterie peut être moins pressante lorsqu'il s'agit de payer l'addition lors d'un rendez-vous.

Que porter ?

Vous verrez une multitude de looks, mais peu de femmes sortent en legging de yoga. Observez ce que portent les femmes là où vous allez, mais, de façon générale, habillez-vous comme bon vous semble et tout ira bien.

TRANSPORTS

Les transports en commun sont globalement sûrs, les taxis aussi. Le métro ne circule pas toute la nuit, et les bus sont moins nombreux. En taxi, l'option la plus rapide et la plus sûre sont les VTC : Uber, Cabify et Didi, entre autres. Cabify vérifie et valide peut-être un peu mieux ses chauffeurs. Des cas de voyeurisme ou exhibition sont parfois signalés. Si vous faites l'objet d'une attention indésirée ou d'un geste d'exhibition, exprimez votre désaccord haut et fort, et allez le signaler au conducteur – vous recevrez de l'aide de la part d'autres passagers.

HÉBERGEMENT

Certaines auberges de jeunesse ont des dortoirs réservés aux femmes et les hôtels, *estancias* et B&B qui reçoivent généralement des couples accueillent aussi volontiers des femmes seules.

Bon à savoir

JOURS FÉRIÉS

Año Nuevo (Nouvel An) 1er jan

Carnaval Lundi et mardi (fév ou mars)

Día Nacional de la Memoria por la Verdad y la Justicia (Jour du Souvenir pour la vérité et la justice) 24 mars

Semaine de Pâques En mars ou avril

Día del Veterano y de los Caídos en la Guerra de Malvinas (Jour des Vétérans de la guerre des Malouines) 2 avr

Día del Trabajador (fête du Travail) 1er mai

Día de la Revolución de Mayo (révolution de Mai) 25 mai

Día de Don Martín Miguel de Güemes (Jour de l'anniversaire de la mort de Martín Miguel de Güemes) 17 juin

Día del General Manuel Belgrano (fête du Drapeau) 20 juin

Día de la Independencia 9 juil

Día del Libertador San Martín (Jour de l'anniversaire de la mort de José de San Martín en 1850) 17 août

Día del Respeto a la Diversidad Cultural (Journée du Respect de la diversité culturelle) 12 oct

Día de la Soberanía Nacional (Jour de la Souveraineté nationale) 20 nov

Inmaculada Concepción de María (Immaculée Conception) 8 déc

Navidad (Noël) 25 déc

Poids et mesures

L'Argentine utilise le système métrique. Les décimales sont indiquées par une virgule, les milliers par un point.

EN BREF

Fuseau horaire
GMT-3

Indicatif du pays
+54

Numéro d'urgence
911

Population
46 044 703

HEURES D'OUVERTURE

Administrations de 8h à 17h

Banques 8h-15h ou 8h-16h lundi-vendredi ; 8h-13h sam

Bars de 20h-21h à 4h ou 6h

Cafés 8h-20h tlj

Clubs de 1h ou 2h à 6h ou 8h environ les vendredis et les samedis

Magasins de 9h ou 10h à 20h ou 21h du lundi au samedi

Poste de 8h à 18h du lundi au vendredi, de 9h à 13h le samedi

Restaurants 12h-15h30 et 20h-minuit ou 20h-1h

Cigarettes Il est interdit de fumer dans les transports publics et les espaces publics en intérieur (hôpitaux, musées, théâtres, etc.).

Eau du robinet Vous pouvez la boire sans crainte à Buenos Aires et presque partout ailleurs dans le pays.

Électricité 220 V/50 Hz

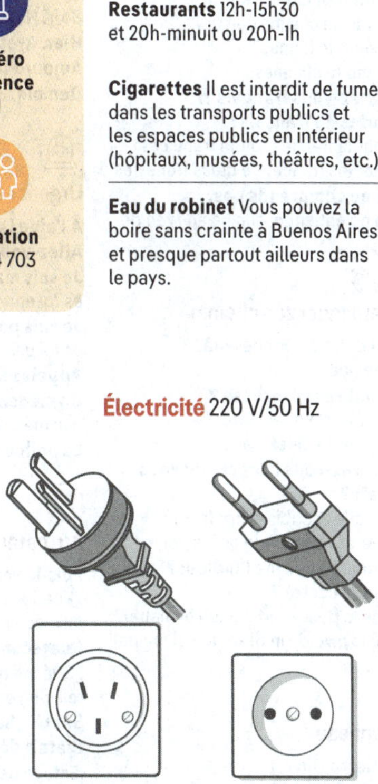

Type H
230 V/50 Hz

Type C
220 V/50 Hz

Langue

La langue officielle de l'Argentine est l'espagnol. Vous aurez besoin d'apprendre quelques phrases simples, des formules de politesse bien sûr, mais aussi de quoi éviter de vous perdre dans les zones les plus reculées.

Les essentiels

Bonjour. Hola. *o*·la
Au revoir. Adiós./Chau. a·*dyos*/tchao
Oui/Non. Sí/No. si/no
S'il vous plaît. Por favor. por fa·*vor*
Merci. Gracias. *gra*·syas
Pardon. Perdón. per·*donn*
Comment vous appelez-vous ?/ Comment t'appelles-tu ?
¿Cómo se llama Usted?
ko·mo se *cha*·ma ou·*sté*
¿Cómo te llamas?
ko·mo te *cha*·mass
Parlez-vous français ?/ Parles-tu français?
¿Habla francés? *a*·bla frane *cés*
¿Hablas francés? *a*·blass frane *cés*
Je ne comprends pas.
Yo no entiendo. *cho* no en·*tyen*·do

Demander son chemin

Où est... ? ¿Dónde está...?
donn·dé és·ta...
Quelle est l'adresse ?
¿Cuál es la dirección?
kwal es la di·rek·*syon*
Pouvez-vous l'écrire, s'il vous plaît ?
¿Puede escribirlo, por favor?
pwé·dé es·kri·*bir*·lo por fa·vor
Pouvez-vous me l'indiquer (sur la carte) ?
¿Me lo puede indicar (en el mapa)?
mé lo *pwé*·dé in·di·*kar* (en el *ma*·pa)

Panneaux

Abierto Ouvert
Cerrado Fermé
Entrada Entrée
Salida Sortie
Servicios/Baños Toilettes

Heure et date

Quelle heure est-il ?
¿Qué hora es? ké *o*·ra ess
Il est (10) heures.
Son (las diez). sonn (las *dyess*)
Il est (une) heure et demie.
Es (la una) y media.
es (la *ou*·na) i *mé*·*dya*
Matin. Mañana. ma·*nya*·*na*
Après-midi. Tarde. *tar*·*dé*
Soir. Noche. *no*·*tché*
Hier. Ayer. a·*yer*
Aujourd'hui. Hoy. oï
Demain. Mañana. ma·*nya*·na

Urgences

À l'aide ! ¡Socorro! so·*ko*·*ro*
Allez-vous-en ! ¡Váyase! *va*·*ya*·*sé*
Je suis malade. Estoy enfermo/a.
es·*toï* enn·*fer*·mo/a (m/f)
Je suis perdu(e). *Estoy perdido/a.*
es·toï per·di·do/a (m/f)
Appelez ... ! ¡Llame a ...! *cha*·mé a ...
Un médecin un médico
oun *mé*·di·ko
La police la policía la po·li·*ci*·a

Au restaurant

Puis-je voir le menu s'il vous plaît ?
¿Puedo ver el menú, por favor?
pwe·do ver el mé·nou, por fa·vor
Que recommandez-vous ?
¿Qué me recomienda? ké mé ré·ko·*myen*·da
Santé ! ¡Salud! sa·*loud*
C'était délicieux !
¡Estuvo delicioso! es·*tou*·vo de·li·*syo*·so
L'addition, s'il vous plaît.
La cuenta, por favor. la *kwen*·ta por fa·*vor*

CHIFFRES

1	uno	*ou·no*
2	dos	*dos*
3	tres	*tress*
4	cuatro	*kwa·tro*
5	cinco	*cin·ko*
6	seis	*seïs*
7	siete	*syé·té*
8	ocho	*o·tcho*
9	nueve	*nwé·vé*
10	diez	*dyess*

SONS

Certains sons espagnols diffèrent de ceux du français : ch (prononcé tch), z (prononcé “s”), j (la “jota” gutturale, kh), ll (“l mouillé” français), ñ (gn), r (roulé), v (b)

EMPRUNTS À L’ESPAGNOL

Ils sont nombreux en français : armada, aficionado, embargo, fiesta, patio...

El voseo

L’espagnol de la région du Río de la Plata présente des différences avec celui parlé en Espagne et dans le reste de l’Amérique latine. La plus importante concerne l’utilisation du *voseo* (vouvoiement, avec le *vos*) à la place du *tuteo* (tutoiement avec le *tú*), un vestige de l’espagnol du XVIe siècle qui implique quelques modifications grammaticales. Les verbes ne se conjuguent pas à la même personne, d’où des variations d’accentuation et de prononciation. Dans les exemples de verbes en -ar, -er et -ir, conjugués au présent de l’indicatif ci-dessous, nous avons fait figurer le tutoiement pour illustrer ces différences. Pour rendre la conversation moins formelle, un Argentin dira à un étranger *Me podés tutear* (littéralement “Tu peux me tutoyer”), même s’il continue, quant à lui, à utiliser *vos* en s’adressant à son interlocuteur.

Verbe	Tuteo	Voseo
Hablar (parler) : Tu parles/Vous parlez	*Tú hablas*	*Vos hablás*
Comer (manger) : Tu manges/Vous mangez	*Tú comes*	*Vos comés*
Venir (venir) : Tu viens/Vous venez	*Tú vienes*	*Vos venís*

L’ESPAGNOL DANS LE MONDE

L’espagnol argentin a ses propres saveurs. Sachez, par exemple, que *ll* (prononcé “y” en Espagne et dans bon nombre de pays latino-américains) et *y* sont entre “ch” et “j” en espagnol argentin, ce qui donne une tonalité locale toute particulière. Ainsi, *“me llamo...”*, que l’on prononce en espagnol “*me yamo*”, devient “*me chamo*” en Argentine. Vous vous habituerez très rapidement à cette singularité en écoutant, et en discutant avec des Argentins.

COMPRENDRE

L'ARGENTINE

Nos auteurs proposent une découverte des multiples facettes de l'Argentine.

Tenue traditionnelle de *gaucho*, San Antonio de Areco (p. 332)

UNE HISTOIRE DE L'ARGENTINE EN 15 LIEUX

Comme dans nombre de pays d'Amérique latine, l'histoire argentine est tumultueuse et ponctuée d'épisodes de corruption, de périodes de crise et de régimes autoritaires. Mais il s'agit également d'une histoire glorieuse, celle d'un pays qui se débarrassa du joug colonial espagnol et compta parmi les grandes puissances économiques de la planète. On ne saurait comprendre les Argentins sans avoir quelques connaissances de leur passé.
Par Sorrel Moseley-Williams

L'HISTOIRE COMMENCE EN 10000 av. J.-C., quand l'homme, Homo sapiens, ayant traversé par intervalles le détroit de Béring au fil des 20 000 ans précédents, atteint le territoire de l'actuelle Argentine. Au VIIIe siècle av. J.-C., des hommes appartenant à la culture "toldense" réalisent dans la Cueva de las Manos, en Patagonie, les premières peintures de mains, témoins d'une présence humaine dans la région. Vers 4000 av. J.-C., les Amérindiens Yahgans (ou Yámanas) s'installent dans les îles à l'extrême sud de la Terre de Feu. L'homme est arrivé à la limite australe de son expansion. Dans les années 1480, les Incas progressent dans l'actuel Nord-Ouest andin. La région est alors habitée par les peuples amérindiens les plus développés d'Argentine. Dix ans à peine après l'arrivée fortuite de Christophe Colomb en Amérique, d'autres explorateurs européens s'aventurent le long de l'estuaire du Río de la Plata. La première véritable tentative d'établissement sur l'estuaire a lieu en 1536 à l'initiative de Pedro de Mendoza (1487-1537), un aristocrate et aventurier espagnol qui accoste sur le site de l'actuelle Buenos Aires. En 1553, poursuivant l'expansion espagnole de l'Alto Perú jusque dans l'actuelle Argentine, Francisco de Aguirre fonde Santiago del Estero, aujourd'hui la ville la plus ancienne du pays. Les Espagnols, venus de Santiago, au Chili, et progressant vers l'est pour accéder au Río de la Plata, où les navires de la Couronne peuvent débarquer soldats et marchandises, fondent la ville de Mendoza en 1561. À la fin du XVIe siècle, réinvestie par l'armée espagnole, Buenos Aires reste pendant des années une simple base arrière en comparaison des bastions florissants de Mendoza, Tucumán ou Santiago del Estero. Au début du XVIIe siècle, les Jésuites fondent des missions dans le Nord-Est, notamment San Ignacio Miní (1610), Loreto (1632) et Santa Ana (1633). Buenos Aires devient, en 1776, la capitale de la nouvelle vice-royauté du Río de la Plata, dont le territoire comprend les actuels Paraguay et Uruguay, ainsi que les mines de Potosí (actuelle Bolivie). Les forces britanniques attaquent Buenos Aires en 1806, puis en 1807. Les habitants s'organisent et les repoussent sans l'aide de l'Espagne, ce qui nourrit leurs velléités d'indépendance. Buenos Aires déclare son indépendance le 25 mai, mais celle-ci n'est acquise de fait que des années plus tard. Dans le sillage d'autres mouvements qui secouent toute l'Amérique du Sud, les Provinces-Unies du Río de la Plata (l'ancêtre de la République argentine) proclament le 9 juillet 1816 leur indépendance à Tucumán. En 1829, Juan Manuel de Rosas devient gouverneur de la province de Buenos Aires et s'impose comme l'homme fort de la Confédération argentine. Le fédéraliste Justo José de Urquiza prend le dessus sur Rosas, et élabore en 1853 la première Constitution. En 1862, Bartolomé Mitre, élu à la présidence de la nouvelle république d'Argentine, modernise le pays en développant notamment le réseau de chemin de fer. Vaincu lors de la guerre de la Triple Alliance (1864-1870), qui l'oppose à la coalition formée par l'Argentine, le Brésil et l'Uruguay, le Paraguay perd une partie de son territoire au profit de l'Argentine. Entre 1869 et 1895, l'économie du pays est en plein essor, l'immigration (notamment espagnole et italienne) explose et la population de la capitale passe de 90 000 à 670 000 habitants. En 1946, Juan Perón, élu à la tête de l'État, bouleverse la structure politique nationale. En 1955, le pays s'enfonce dans la récession ; le président Perón perd toute autorité politique. Il est finalement renversé et contraint de s'exiler après un énième coup d'État militaire. Il trouve refuge dans l'Espagne franquiste. L'événement marque le début de 30 années

Quebrada de Humahuaca (p. 42)

SUNSINGER/SHUTTERSTOCK ©

désastreuses de régime militaire. En 1976, une junte militaire conduite par le général Jorge Videla prend le pouvoir et entraîne le pays dans la guerre sale (1976-1983). On estime à 30 000 personnes le nombre de "disparus" en l'espace de 8 ans. En 1982, l'économie est encore au bord de la faillite : le général Leopoldo Galtieri, au pouvoir, envahit les Malouines et parvient à déclencher une poussée de nationalisme qui détourne la population de ses préoccupations. Après la défaite de l'Argentine dans la guerre des Malouines, Raúl Alfonsín est élu en 1983 à la présidence dans un contexte économique désastreux. L'Argentine revient à un régime civil. Le péroniste Carlos Menem lui succède en 1989 et vient à bout de l'hyperinflation, qui atteignait presque 200% par mois, en instituant des réformes libérales. Le 18 juillet 1994, un attentat à la voiture piégée vise l'Association mutuelle israélite argentine (AMIA) de Buenos Aires faisant 85 morts. En 1999, Fernando de la Rúa prend la suite de Menem à la tête d'un pays en faillite. Les exportations agricoles chutent ; des mouvements de grève éclatent. Le FMI accorde à l'Argentine une aide de 40 milliards de dollars US. Eduardo Duhalde, président par intérim en 2002, dévalue le peso et cesse le remboursement de la dette extérieure (140 milliards de dollars US). C'est la cessation de paiement la plus importante de l'histoire mondiale. En 2003, Néstor Kirchner accède à la présidence et solde la dette du pays en 2005, ce qui n'empêcha pas l'envolée de l'inflation due à la pénurie croissante d'énergie et une répartition inégale des richesses, avec un fossé de plus en plus profond entre riches et pauvres, entraînant une érosion progressive de la classe moyenne. En 2007, l'épouse de l'ancien chef de l'État, Cristina Fernández de Kirchner, accède au pouvoir, et conduit un second mandat lors des élections de 2011. En 2012, l'inflation atteint environ 25%, bien que les chiffres officiels l'annoncent à moins de 10%. Cristina Kirchner fait voter une loi restreignant la vente de dollars US, générant une forte demande sur le marché noir. En novembre 2020, 3 jours de deuil national sont décrétés à la suite de la mort du footballeur Diego Maradona. En 2022, la liesse gagne le pays lorsque l'équipe nationale remporte la Coupe du monde de football. Depuis 2023, Javier Milei économiste, homme politique et enseignant, est président de la Nation argentine.

1. Parque Provincial Ischigualasto

DANS LE VALLE DE LA LUNA

Aussi appelé Valle de la Luna (vallée de la Lune) à cause de son paysage étonnamment lunaire, le Parque Provincial Ischigualasto est le seul endroit sur Terre où l'on peut observer chaque phase du Trias, période géologique qui dura 50,5 millions d'années. Coincée entre deux chaînes de montagne sédimentaire, cette vallée désertique donne l'impression de se trouver sur une autre planète, car le terrain se compose de grès rouge et de cendre volcanique, avec des formations rocheuses argileuses surnommées, par exemple, El Gusano (le ver), El Submarino (le sous-marin) et El Hongo (le champignon). Le parc recèle aussi des fossiles incroyables, vieux de 180 millions d'années.

Pour en savoir plus sur le Parque Provincial Ischigualasto, voir p. 319.

2. Museo Municipal Ernesto Bachmann

LES DINOSAURES DE PATAGONIE

Lorsque les dinosaures étaient les maîtres de la Terre, l'un des plus grands carnivores, le *Giganotosaurus carolinii*, vivait dans l'actuelle Patagonie. Il ne subsiste aucun squelette complet de ce géant officiellement appelé théropode, mais d'après les estimations, il mesurait 13 m de long et pesait entre 6 et 8 tonnes. Les paléontologues amateurs comme professionnels restent bouche bée devant les ossements réassemblés du *Giganotosaurus* au Museo Municipal Ernesto Bachmann – du nom d'un Argentin féru de dinosaures – à Villa El Chocón, près de Neuquén, jadis territoire de ce mastodonte.

Pour en savoir plus sur le Museo Municipal Ernesto Bachmann, voir p. 417.

3. Les Andes

ÉPINE DORSALE DE L'ARGENTINE

Que vous vous rendiez aux Salinas Grandes au nord de Salta et Jujuy ou dans l'extrême sud à Ushuaia, les Andes accompagnent chacun de vos pas dans l'ouest du pays. Sillonnée de canyons spectaculaires, dont la Quebrada de Humahuaca, et de pistes de ski à Las Leñas, cette chaîne montagneuse de 8 900 km de long est dominée par le plus haut sommet de l'hémisphère Sud : le Cerro Aconcagua (6 961 m). La configuration actuelle de cette frontière naturelle, colonne vertébrale de l'Argentine et de l'Amérique du Sud, date de 6 à 10 millions d'années.

Pour en savoir plus sur les Andes, voir p. 278, p. 376 et p. 427.

4. Cueva de las Manos

TRÈS ANCIENNE GALERIE D'ART RUPESTRE

C'est dans la province patagonienne de Santa Cruz que se situe l'une des plus anciennes galeries d'art du monde, extraordinaire ensemble de peintures rupestres qui dateraient d'il y a 13 000 à 9 500 ans. Outre des guanacos et des scènes de chasse, les Tehuelches, peuple de chasseurs-cueilleurs, représentèrent des mains selon une technique semblable au pochoir, avec des pigments minéraux naturels, tels que des oxydes de fer rouge et violet, et de l'oxyde de manganèse noir. Comme ces mains sont peintes à l'entrée de la grotte, le site impressionne d'emblée.

Pour en savoir plus sur la Cueva de las Manos, voir p. 471.

5. Cité sacrée des Quilmes

DERNIÈRE BATAILLE PRÉCOLONIALE

Plus grande cité précolombienne d'Argentine, la cité sacrée reconstituée des Quilmes montre comment vivait une communauté de Diaguitas (les Quilmes). Perchée à 1 800 m d'altitude au pied du Cerro Alto del Rey (2 300 m), la ville se développa au XIIe siècle, se protégeant par des fortifications et deux tours de guet. 3 000 Diaguitas vivaient au sein de la cité, et environ 10 000 autres dans les alentours. Ce peuple fort et combatif fut le dernier à être conquis par les Espagnols en 1665, après 135 ans de résistance. Les visiteurs peuvent se promener dans la cité restaurée.

Pour en savoir plus sur la cité sacrée des Quilmes, voir p. 218.

6. Quebrada de Humahuaca

COMMUNAUTÉS PRÉHISPANIQUES

Habitée depuis au moins 10 000 ans, d'abord par des chasseurs-cueilleurs, puis des communautés préhispaniques, la Quebrada de Humahuaca prit de l'importance à l'époque inca. Au début du

San Ignacio Miní (p. 148)

XVe siècle, cette vallée d'altitude devint un passage crucial pour les communications et le commerce entre l'Argentine et la Bolivie actuelles. Suivant le cours du Río Grande, elle était propice à la culture de céréales (on y cultive encore du maïs, des pommes de terre et du quinoa). Il reste juste quelques *pucarás* (villes fortifiées andines), la plupart ayant été rasées par les Espagnols, et plusieurs petites villes prospères, dont Purmamarca, Tilcara et Humahuaca.

Pour en savoir plus sur la Quebrada de Humahuaca, voir p. 42.

7. El Shincal

CIVILISATION INCA

La province de Catamarca, et notamment le village de Londres, qui aurait été un centre militaire, religieux et politique vital de la région entre 1457 et 1536, témoigne de la puissance et de l'influence de la civilisation inca. Absolument remarquable, le site archéologique El Shincal de Quimivil réunit une centaine de bâtiments, dont des entrepôts et une plateforme cérémonielle, entre lesquels poussent des bosquets de *Mimosa farinosa*.

Pour en savoir plus sur El Shincal, voir p. 224.

8. Museo de Arqueología de Alta Montaña

MOMIES MAGNIFIQUEMENT PRÉSERVÉES

Situé sur la place principale de Salta (Plaza 9 de Julio), ce musée archéologique présente un témoignage très précis de la culture des communautés d'altitude à l'époque préhispanique. Parmi les fleurons de sa collection figurent les *niños* de Llullaillaco, trois enfants momifiés de familles incas de haut rang, sacrifiés au sommet du volcan Llullaillaco il y a environ 500 ans. Ils ont été découverts avec leurs trousseaux contenant de petits objets cérémoniels en 1999, dans un état de conservation exceptionnel. Les momies sont gardées dans un environnement à -20°C, comme sur le site funéraire d'origine.

Pour en savoir plus sur le Museo de Arqueología de Alta Montaña, voir p. 190.

9. San Ignacio Miní

MISSION JÉSUITE

Située dans la province de Misiones, dans le Nord-Est, San Ignacio Miní est l'une des trente missions fondées par des prêtres jésuites en Argentine, au Brésil et au Paraguay. De style baroque, avec des ornements indigènes, l'ensemble construit par l'ordre religieux pour convertir les autochtones guaranis inclut une église en pierre avec un intérieur en bois, un hôpital et une école. Souvent attaquées par des habitants défendant leurs terres, les missions jésuites devaient régulièrement déménager. Celle qui s'établit finalement dans la forêt humide subtropicale de Misiones en 1696 est l'un des rares exemples restants en Amérique du Sud de telles missions, mais quel exemple !

Pour en savoir plus sur San Ignacio Miní, voir p. 148.

10. Casa de la Independencia

LA VOIE DE L'INDÉPENDANCE POLITIQUE

L'Argentine prit son envol vers la liberté en 1816 dans la province de Tucumán, dans le Nord-Ouest, lorsque son indépendance vis-à-vis de l'Espagne fut proclamée dans la Casa de la Independencia. Les hommes politiques occupèrent encore un an ce bâtiment de l'époque coloniale aux murs chaulés, puis s'établirent à Buenos Aires. Si certaines parties de la demeure ont été démolies ou rénovées au fil des décennies, il reste maints éléments d'origine. Pour son rôle majeur dans l'histoire du pays, San Miguel de Tucumán en devient sa capitale d'un jour chaque 9 juillet.

Pour en savoir plus sur la Casa de la Independencia, voir p. 211.

11. Manzano Histórico

LÀ OÙ SE REPOSA UN HÉROS NATIONAL

Niché à 1 700 m d'altitude dans un coin retiré du Valle de Uco, le village de Manzano Histórico se situe dans une réserve naturelle protégée, rebaptisée en l'honneur d'un *manzano* (pommier) qui a marqué l'Histoire. En effet, c'est sous ses branches que le général José de San Martín, défenseur de l'indépendance sud-américaine et meneur de la rébellion argentine contre les Espagnols en 1812, se serait reposé avec ses troupes après avoir libéré le Chili et le Pérou 11 ans plus tard. Le monument en pierre, *Retorno a la Patria* (1950) a été réalisé par Luis Perlotti. La réserve ouvre la voie vers les Andes.

Pour en savoir plus sur Manzano Histórico, voir p. 308.

12. Caminito

RUE LA PLUS COLORÉE DE LA CAPITALE

Les façades en tôle ondulée des *conventillos* (immeubles d'habitation) de Caminito – rue de La Boca parmi les plus emblématiques d'Argentine – témoignent en partie des premières vagues d'immigration dans le pays. Vers la fin du XIXe siècle et le début du XXe, moult Européens, surtout d'origine génoise, s'installèrent dans le port. Souvent, les familles de la classe ouvrière vivaient sous un même toit, dans un *conventillo* précaire, peint dans des couleurs vives primaires. Aujourd'hui, le Caminito s'apparente à un musée en plein air, avec des fresques et des bustes réalisés par Benito Quinquela Martín. C'est ce peintre brillant qui donna à cette rue le nom d'un tango et à La Boca sa réputation de quartier artistique dans les années 1950.

Pour en savoir plus sur Caminito, voir p. 108.

13. Museo Gauchesco Ricardo Güiraldes

VIE D'UN HÉROS LITTÉRAIRE GAUCHO

Éminent écrivain passionné par le monde des *gauchos*, Ricardo Güiraldes est célèbre pour son roman *Don Segundo Sombra* (1926), qui les met en scène. Le Museo Gauchesco Ricardo Güiraldes dédié à sa vie occupe un lieu fort à propos :

Buenos Aires, Caminito (p. 108)

Casa de la Independencia (p. 211)

La Blanqueada, authentique *pulpería* (taverne) de plus de 150 ans, fréquentée à l'origine par des *gauchos* et située dans une ville de cow-boys par excellence. Le musée inclut aussi un moulin et des écuries, et présente une collection d'argenterie et des objets équestres témoignant de la vie quotidienne dans la pampa.

Pour en savoir plus sur le Museo Gauchesco Ricardo Güiraldes, voir p. 335.

14. Teatro Argentino

VESTIGE DE LA DICTATURE

Certes deuxième opéra d'Argentine par son importance, après le Teatro Colón de Buenos Aires, le Teatro Argentino de La Plata est néanmoins le premier symbole des années de régime militaire du pays, entre 1976 et 1983. Construit à l'origine dans un style Renaissance en 1887, il fut ravagé par un incendie en 1977. Une grande partie de l'édifice aurait pu être sauvée, mais les dirigeants de la dictature préférèrent ne pas le reconstruire et profiter de la tragédie pour raser les ruines et créer un nouvel espace culturel dans le style architectural brutaliste, privilégiant le béton et le minimalisme aux structures classiques.

Pour en savoir plus sur le Teatro Argentino, voir p. 358.

15. Statue de Lionel Messi

HOMMAGE À UN FOOTBALLEUR DE LÉGENDE

Jamais un Argentin n'oubliera le 18 décembre 2022, jour où le pays remporta sa troisième Coupe du monde de foot, faisant de Lionel Messi un héros national. Sur tout le territoire, des murs arborent du street art célébrant cet événement, mais dans El Caminito, à Buenos Aires, une magnifique statue grandeur nature rend hommage au numéro 10 et capitaine de l'Albiceleste. Il a fallu près de 700 heures pour produire cette impression 3D en couleur. Dévoilée en 2023, le jour du 36e anniversaire de Messi, elle représente le moment de gloire où le joueur a soulevé la coupe au Qatar.

Pour en savoir plus sur la statue de Lionel Messi, voir p. 108.

À LA RENCONTRE DES ARGENTINS

Il y a de quoi se perdre dans la pluralité des paysages et des identités de l'Argentine, mais les Argentins seront toujours là pour vous aider à vous orienter. Par Federico Perelmuter

NOUS, LES ARGENTINS, venons de divers endroits du monde : notre pays était deuxième derrière les États-Unis pour le nombre total d'immigrants entre 1880 et 1930, mais premier au niveau mondial par habitant. En 1914, les immigrants représentaient un tiers de la population. Avant qu'ils ne commencent à affluer, l'Argentine n'était pas très peuplée : un siècle d'instabilité politique, de guerre civile et de quasi-éradication des peuples indigènes n'avait fait que favoriser la concentration urbaine autour de Buenos Aires. Les politiques d'immigration gouvernementales attirèrent quantité de gens, surtout du sud de l'Italie et d'Espagne, mais aussi des juifs d'Europe (de l'Est, principalement) qui s'établirent dans des lieux comme Moisés Ville, à Santa Fe. Leur influence s'ajouta aux cultures locales faisant de l'Argentine un pays des plus cosmopolites. L'immigration se poursuit encore depuis le Paraguay, le Pérou et la Bolivie, mais aussi la Corée du Sud, la Chine, le Sénégal, le Venezuela et la Russie.

Si quelque chose nous unit, nous les Argentins, c'est bien notre diversité de styles de vie, liée aux particularités régionales, et à nos origines disparates. Les *Porteños*, habitants de Buenos Aires, sont connus pour leur ironie mordante et à raison mal vus pour leur égocentrisme ; à ne pas confondre avec les *Bonaerenses,* donc, de la province de Buenos Aires, au risque d'en blesser bon nombre. Si les habitants de Córdoba aiment faire la fête, le vin et les montagnes rendent ceux de Mendoza d'une sagesse et d'une jovialité sans égal. Les *Rosarinos*, eux, vivent le long du Río Paraná, affluent du Río de la Plata et accès au nord de l'Argentine, alors que les *Salteños* et les *Jujeños* de Salta et Jujuy, parfois présentés comme rivaux, s'illustrent par leur cuisine et leur gentillesse inaltérable. Lieu de fondation du pays, Tucumán est sa province la plus densément peuplée et sa première productrice de citrons. Et ainsi de suite.

Bien qu'elle n'évoque ni la stabilité économique ni une vie politique calme, l'Argentine entame sa 41e année de démocratie ininterrompue, et, dans notre monde si incertain, les Argentins font preuve d'une capacité de résilience et d'une solidarité unique, toujours prêts à aider les âmes en peine.

L'amitié est en effet la plus noble valeur du pays : beaucoup d'Argentins gardent leurs amis d'enfance jusqu'à leur dernier jour et forment des groupes d'amis qui passent tant de temps ensemble que, au final, ils s'apparentent souvent à des familles. L'amitié argentine est indéfectible, forgée dans un pays où vivre seul est impossible, où tout peut changer du jour au lendemain, et où nombreux sont venus tenter leur chance. Se lier d'amitié avec un Argentin est le gage de ne plus jamais avancer seul. Montre-moi qui sont tes amis, et je te dirai qui tu es : c'est aussi simple que cela.

Population argentine

Sur les 46 millions d'Argentins, 13 millions vivent dans la métropole de Buenos Aires (3,5 dans la ville même). La population est à 92% urbaine, mais l'agriculture a toujours été très importante dans le pays, jadis surnommé "le grenier du monde".

Dans le sens horaire : Gaucho, Cafayate ; supportrice de football ; pause maté ; jeune homme à Buenos Aires

JE SUIS UN JUIF ARGENTIN

Ma famille proche est née et a grandi en Argentine. Moi aussi, jusqu'à ce que j'aille vivre aux États-Unis, mais sitôt mon diplôme en poche, je suis revenu : mon pays me manquait !

Je suis juif, et mes grands-parents furent la première génération de ma famille née en Argentine : mes arrière-grands-parents émigrèrent depuis les actuelles Russie, Moldavie, Pologne et Ukraine.

Depuis lors, nous avons toujours vécu à Buenos Aires. La branche paternelle s'établit à Avellaneda, qui concentrait les immigrants de la classe ouvrière au début du XXe siècle, mais mon père intégra le quartier plus calme de Villa del Parque à sa majorité. Celle de ma mère résida à Parque Patricios, quartier ouvrier animé, puis Almagro. Né à Villa Crespo, j'ai grandi en banlieue, à Pilar.

Il ne faut pas assimiler Buenos Aires, si vaste et cruciale historiquement, à l'Argentine, et un *Porteño* comme moi ne doit surtout pas croire pouvoir tout dire : notre pays est immense.

Bodegas Etchart (p. 554)
YADID LEVY/ALAMY STOCK PHOTO ©

VIGNES ET MILLÉSIMES

Forte de cinq siècles d'histoire, l'activité viticole argentine a explosé ces trois dernières décennies, brillant désormais sur la scène internationale. Par Sorrel Moseley-Williams

LE VIN FAIT PARTIE DE NOTRE CULTURE et de notre histoire depuis presque 500 ans. En 2010, il a été déclaré "boisson nationale". Mieux encore, même si nous apprécions toujours une bonne bouteille de malbec, notre rouge préféré, l'Argentine ne se résume plus à ce vin réputé dans le monde entier.

Entretenir la diversité

Des vignerons avisés se sont employés à créer une production viticole diversifiée en Argentine, et leur vision a payé, aboutissant à un vaste terroir, avec moult cépages et types de vinifications. Si Mendoza règne toujours en maître en termes de qualité et de production, le terroir national ne se limite plus à cette petite région des Andes : il s'étend désormais de vignobles en altitude, dans les Valles Calchaquíes à Salta, à ceux des steppes du Río Negro dans le nord-ouest de la Patagonie.

Dans une volonté d'explorer et faire fructifier le vaste territoire à leur disposition, les vignerons implantent des cépages de plus en plus haut en montagne, comme dans la Quebrada de Humahuaca à Jujuy, plus au sud en Patagonie, jadis fief des dinosaures, et à l'est vers l'Atlantique, dans les provinces de Buenos Aires et Chubut, pour que le vin bénéficie des influences maritimes. De longue date 5e plus grand producteur de vin au monde, après la France, l'Italie, l'Espagne et les États-Unis, l'Argentine n'a néanmoins jamais offert un tel choix de crus.

Du vin de messe au malbec

Comme souvent dans les Amériques, la relation de l'Argentine avec le vin remonte aux Jésuites qui avaient besoin de raisin sacré pour produire du vin sacramentel. Certains situent les premiers vignobles du grand continent en Basse-Californie, au Mexique, d'autres au Pérou ou au Chili. C'est au XVIe siècle que la première *vitis vinifera* (vigne commune) fut cultivée en Argentine, dans la province de Córdoba, qui n'a jamais connu le même essor que Mendoza, mais fait partie des nouveaux centres viticoles du pays.

Le vin argentin n'est devenu un véritable secteur qu'après l'élan donné par l'initiative de Domingo Faustino Sarmiento. En 1853, le futur président de l'Argentine recruta un agronome français pour créer une

BODEGAS ETCHART

PAV-PRO PHOTOGRAPHY LTD/SHUTTERSTOCK ©

Vignobles bios, Mendoza (p. 278)

production viticole. Parmi les vins de Bordeaux apportés par Michel Aimé Pouget figurait le malbec, cépage rouge devenu le fleuron de Mendoza et du pays. Le Français imaginait-il que cette variété mésestimée, utilisé par les œnologues bordelais pour accentuer la couleur et le tanin, serait aujourd'hui le cépage vedette de l'Argentine ? Avait-il compris le potentiel de Mendoza ou a-t-il juste fait un pari ? Peu importe. Plus d'un siècle après, le malbec a propulsé la viticulture argentine sur la scène internationale, grâce au précieux concours de Sarmiento et Pouget.

À Mendoza et nulle part ailleurs

Produisant environ 76% de tous les vins et un cinquième de tout le malbec, la province de Mendoza reste l'acteur majeur de la viticulture argentine. Productrice de vin depuis le XVIIe siècle, sa voisine San Juan est certes au deuxième rang du pays, mais ne représente que 18% du volume total. L'activité viticole historique des Valles Calchaquíes de Salta compte juste pour 1,5%, malgré ses grandes *bodegas* (caves), comme Colomé (la plus ancienne d'Argentine à être restée en activité depuis sa création en 1831), El Esteco et Etchart.

Outre ses immenses vignobles, avec souvent les Andes comme décor, Mendoza doit sa beauté à la diversité de son terroir. Ses régions clés, Luján de Cuyo, Maipú et le Valle de Uco, sont scindées en domaines plus petits, tels Mayor Drummond, Las Compuertas, Vistalba et Chacras de Coria pour Luján de Cuyo. Dire juste “mon vin préféré est celui de Mendoza” ne suffit donc plus. Aujourd'hui, les viticulteurs sont extrêmement précis sur l'origine de leurs millésimes et fiers de souligner les différences et spécificités de leurs cépages.

Sa tradition viticole remonte juste à l'aube du XXe siècle, mais le Valle de Uco est la vedette actuelle de Mendoza et ses vins sont des produits d'exception. Nés, comme d'autres, d'une réelle passion et d'un savoir-faire de classe mondiale, Zuccardi Valle de Uco, Catena Zapata, Per Se et El Enemigo ont tous reçu d'excellentes notes ces dernières années. D'ailleurs, la liste des cépages devrait s'allonger.

Pour une visite réussie

En Argentine, c'est à Mendoza que l'œnotourisme est le plus développé : près de 200 *bodegas* proposent des dégustations de vin, déjeuners ou dîners pour deux, sorties à cheval ou ateliers. Il faut presque toujours réserver. En voiture, avec ou sans chauffeur, vous pouvez aisément découvrir les vignobles seul. Si le temps vous manque, un circuit organisé ou un bus touristique permet de visiter au moins trois *bodegas* en une journée. Maintes fois primées, Zuccardi Valle de Uco et Catena Zapata font partie des meilleures caves à proposer des dégustations suivies d'un déjeuner, mais Mil Suelos, la Bodega Lagarde et Riccitelli Wines, plus modestes, font aussi restaurant.

Sinon, dans les Valles Calchaquíes, la petite ville sympathique de Cafayate offre une alternative rafraîchissante à la très fréquentée Mendoza. Parmi la vingtaine de caves traditionnelles du secteur, réservez une dégustation à El Porvenir de Cafayate et à l'Estancia Los Cardones. Citons aussi deux nouvelles destinations viticoles intéressantes : Trevelin dans la province du Chubut en Patagonie, dont vous pouvez facilement visiter les trois caves Contra Corriente, Casa Yagüe et Nant y Fall, et la Quebrada de Humahuaca à Jujuy, avec un arrêt conseillé aux Bodega Kindgard, Bodega Fernando Dupont et à El Bayeh.

Juste dans l'air du temps

L'Argentine suit aisément les tendances viticoles mondiales, et l'actuel engouement autour du vin naturel comble les amateurs de crus inédits, avec des techniques agricoles biodynamiques et bios, des vins créés sous flor (voile de levures) à l'image du xérès, et toutes sortes de rosés et *vino naranjo* (vin orange) à déguster. De telles avancées expérimentales sont cruciales pour conforter le pays dans sa position d'acteur mondial.

Lors de la visite d'une cave, la dégustation est assurée par un sommelier qui en explique d'abord les trois étapes : observer la robe du vin, sentir ses arômes, puis goûter. Souvent, les *bodegas* proposent plusieurs types et donc tarifs de dégustation : le moins coûteux inclut au minimum trois échantillons. Il faut bien entendu recracher si vous conduisez.

L'ARGENTINE SUIT AISÉMENT LES TENDANCES VITICOLES MONDIALES, ET L'ACTUEL ENGOUEMENT POUR LE VIN NATUREL COMBLE LES AMATEURS DE CRUS INÉDITS.

Vin blanc, Cafayate (p. 197)

En Argentine, la plupart des sommeliers sont des professionnels passionnés et respectés, qui travaillent à la fois à Buenos Aires ou Mendoza, et dans des restaurants ailleurs dans le pays. Ils ont à cœur de partager leur amour du vin. Vous pouvez alors les questionner sur les dernières tendances ou juste leur indiquer ce que vous aimez et êtes prêt à expérimenter, sans avoir peur de préciser votre budget. Cela étant, un cru argentin dégusté dans une *bodega* sur place sera toujours beaucoup moins cher que dans votre pays. Si vous avez envie d'acheter, renseignez-vous d'abord sur les prix et taxes d'importation en cas de livraison chez vous, car cela varie selon les pays.

Que vous fassiez une dégustation au verre dans l'un des fantastiques bars à vins de Buenos Aires, savouriez un menu dégustation dans le Valle de Uco, avec les Andes en toile de fond, ou débouchiez une bouteille souvenir dans votre jardin, l'Argentine offre mille et une manières d'apprécier son *vino*. Donc levez votre verre à l'un des pays viticoles les plus exaltants. *¡Salud!*

ICÔNE DE LA PAMPA

Influant, inspirant et antihéros, le gaucho traverse les époques et reste la plus grande icône de la pampa. Et demain ?
Par Victoria Gill

SI LE DANSEUR de tango est associé à Buenos Aires, le *gaucho*, représenté comme une sorte de cow-boy nomade buveur de maté, se mesurant aux éléments avec son cheval pour seul compagnon, est indissociable de la pampa. Dans les premières années de la colonisation, les *gauchos* vivaient sans se soucier des lois et des coutumes de Buenos Aires, menant une existence indépendante et souvent violente dans la campagne, et abattant les bêtes qui erraient sans surveillance dans les prairies fertiles. Avec l'expansion de la colonie, le bétail devint trop précieux pour ne pas être protégé. Les demandes de peaux croissant à l'étranger, les investisseurs vinrent s'installer dans la pampa pour contrôler le marché. Ils créèrent ainsi le système des *estancias*, de grandes propriétés attribuées à quelques privilégiés. Nombre de *gauchos* indépendants devinrent des ouvriers agricoles exploités. Enrôlés pour libérer l'Argentine durant la guerre d'Indépendance, ils y furent héroïques et victorieux. Ils combattirent ensuite au côté du *caudillo* (chef militaire) *gaucho* Juan Manuel de Rosas, avant d'être envoyés sur les conflits frontaliers et de se retourner contre les leurs, ceux-là mêmes qu'ils avaient voulu protéger. Profondément indépendants, loyaux et droits, beaucoup partirent à bride abattue vivre parmi les indigènes et les défendre, qui fuirent à leur tour les incursions pour se cacher parmi les *gauchos*. De là naquit le discrédit des *gauchos* déchus auprès de la société argentine, qui vit en eux des hors-la-loi effrontés et rustres. Comme il en va de nombreux héros, le *gaucho* ne gagna affection et admiration qu'une fois déchu.

Le look gaucho

Avec leur apparence aussi unificatrice qu'indélébile, les *gauchos* s'identifient aisément. Ils ont adopté le poncho, le goût pour le maté et les *boleadoras* – une arme de jet composée de lourdes balles reliées par une corde – de leurs ancêtres argentins, et les *facónes* (couteaux), guitares et bérets introduits par les émigrés basques. Une *bombacha* (pantalon bouffant) et un *chiripa* (sorte de jupe) complètent leur tenue. On peut acheter ces articles partout, tant dans une boutique spécialisée en ville qu'à l'une des nombreuses *ferias artesanales* du pays.

Littérature et tradition populaire

" *Mi gloria es vivir tan libre* / Ma gloire est de vivre libre
Como el pájaro del Cielo / Comme l'oiseau du ciel"
déclare Martín Fierro, héros du poème épique de José Hernández (1834-1886), classique de la littérature argentine connu dans toute l'Amérique latine. Retenue pour la collection Unesco d'œuvres représentatives de l'Amérique latine, cette ballade est devenue le symbole de la littérature *gaucho*. Le courage, l'honneur et la soif de liberté du *gaucho* sont également célébrés dans le roman de Ricardo Güiraldes *Don Segundo Sombra* (1926).

Cette figure héroïque est incarnée par le Gauchito Gil, devenu le saint païen le plus vénéré d'Argentine. Son histoire

CRISTIAN LAZZARI/GETTY IMAGES ©

Instant maté

n'est pas connue en détail et il en existe plusieurs versions. Il serait né sous le nom d'Antonio Mamerto Gil Núñez en 1847, dans la province de Corrientes. On raconte qu'il était engagé dans la guerre de la Triple-Alliance – coalition du Brésil, de l'Uruguay et de l'Argentine contre le Paraguay entre 1864 et 1870 –, puis qu'il participa à la guerre civile de Corrientes avant de déserter, car Ñandeyara, le dieu guarani, lui était apparu en rêve et lui aurait ordonné de ne plus verser le sang de ses semblables. Il gagna l'amitié et la complicité des paysans de Corrientes car il volait aux riches pour donner aux pauvres, vengeait les humiliés et guérissait les malades. Ils le protégèrent jusqu'à sa capture. Il fut exécuté car déserteur, mais avant de rendre l'âme, il demanda à son bourreau de prier en son nom pour sauver son fils malade. Quand le bourreau rentra chez lui et trouva son fils mourant, il pria Gil et son fils guérit miraculeusement. Depuis, un sanctuaire a été construit sur un site proche du lieu de sa mort (près de la ville de Mercedes) et accueille chaque année des centaines de milliers de pèlerins, surtout le 8 janvier, date anniversaire de sa mort. La dévotion populaire est très vive – les gens le remercie, lui demandent protection et aide – et il existe nombre d'autels qui jalonnent les routes de tout le pays (quand les véhicules passent, ils klaxonnent en signe de respect). Cette figure est l'une des plus populaires du *gaucho*.

Le gaucho aujourd'hui

S'il y a nettement moins de *gauchos* en Argentine aujourd'hui, leur influence reste majeure. Leur esprit et leurs traditions continuent d'imprégner et de façonner la culture et l'identité nationales. Ainsi, on qualifie de *gauchito* une personne gentille et serviable, et l'*asado* (barbecue), mode de cuisson favori des Argentins, remonte aux longues nuits oisives à la belle étoile, autour d'un feu, dans la pampa abondante en bétail, rythmées par des *payadas* (chants accompagnés à la guitare), musique folklorique argentine typique.

Toute l'année et dans tout le pays, lors des festivals, les *gauchos* furtifs quittent leurs *estancias* et *refugios* pour venir montrer leurs talents de cavaliers en ville.

Sans perdre ses valeurs machistes intrinsèques et typiques, la culture s'adapte néanmoins à l'époque. Ces dernières années sont apparues des femmes gauchas. Elles ne vivent plus dans des collectivités aussi grandes qu'à l'âge d'or des gardiens cavaliers et continuent de tisser et laver des vêtements, mais galopent et travaillent aussi avec leurs frères et leurs pères dans l'*estancia*.

C'est peut-être par son esprit de liberté, son mode de vie nomade, sa lassitude du monde, son hédonisme, sa tendance à s'allonger dès qu'il trouve un oreiller (ou un poncho), et le fait de ne se lier à personne mais d'être ouvert à tous que l'âme insaisissable du *gaucho* définit le mieux l'esprit du voyageur.

LA PASSION DU BALLON ROND

En Argentine, le football est la source d'une incroyable ferveur populaire, et le pays a offert à ce sport certains des meilleurs joueurs du monde. Par Federico Perelmuter

EN ARGENTINE, LE FOOTBALL n'est pas un loisir comme un autre. C'est, depuis plus d'un siècle, un spectacle qui confine au mystique. Le sport unit le pays tout entier. Quand une grande affiche joue, les rues se vident et la foule s'amasse autour du premier écran disponible.

Pierre angulaire de la vie sociale

Au début du XXe siècle, lorsque le football a commencé à se professionnaliser, les clubs se sont mués en pierres angulaires de la vie sociale. Allez voir l'équipe du quartier défendre sa place est devenu un rituel important pour l'intégration de la population immigrée, nombreuse. Les hommes de la classe ouvrière, surtout. Les clubs de foot étaient les lieux de rencontres entre compatriotes émigrés : ceux de Gênes et d'autres régions d'Italie, les Espagnols, les Juifs, les Anglais et les Irlandais. Dans les foyers argentins, l'équipe que l'on soutenait est presque apparentée à un membre de la famille, une part de l'identité familiale. C'est une fidélité que l'on jure de génération en génération.

Les cinq grands

Les matchs entre grandes équipes rivales (le plus souvent un hasard de la géographie)

Fans en liesse après la victoire de l'Argentine en Coupe du monde, en 2022

portent là-bas aussi le nom de *clásicos*. Mais celui qui oppose les deux géants du *fútbol*, Club Atlético River Plate (appelé River Plate) et le Club Atlético Boca Juniors (appelé Boca Juniors) est le *superclásico*. Les équipes les plus connues sont aussi celles qui comptent le plus grand nombre de supporters.

Deux des trois autres *grandes*, le Club Atlético Independiente (alias les *Diablos Rojos*) et le Racing Club (alias *La Academia*), s'entraînent à quelques pas l'un de l'autre, dans une banlieue populaire de Buenos Aires : Avellaneda.

Le dernier *grande*, le Club Atlético San Lorenzo de Almagro (appelé San Lorenzo), est né dans le quartier central d'Almagro, mais son stade est celui de Bajo Flores, autre quartier ouvrier.

Chaque club a sa propre mythologie, ses héros populaires et ses *ídolos* (idoles), que les supporters vénèrent – certains ont parfois un tatouage de leur joueur favori.

Au fil du siècle passé, chaque équipe a développé son répertoire d'hymnes et de chansons, souvent accompagnés de percussions et d'instruments à vent et qui rythment les matchs. Dans les gradins, les drapeaux et les banderoles maison sont légion.

Stade de Boca Juniors (p. 113)

En légère évolution

Si le football est un terrain majoritairement masculin, la discipline s'est rapidement féminisée au cours des dix dernières années et, en 2019, la Fédération a annoncé la mise en place d'un championnat professionnel. Si les *canchas* (stades) demeurent très largement fréquentés par les hommes, la baisse du niveau de violence durant les matchs et l'évolution des mentalités assurent une plus grande sécurité aux femmes et enfants, qui s'y rendent en plus grand nombre qu'avant.

L'équipe n°1

S'il y a bien une équipe qui met tout le monde d'accord, dans un contexte de compétition féroce et souvent irréconciliable, c'est bien l'équipe nationale. En 2022, la victoire en Coupe du monde au Qatar, emmenée par l'exceptionnel Lionel Messi, a fait basculer le pays dans la liesse générale. Comme pour les deux victoires précédentes, en 1978 quand l'Argentine était le pays hôte, puis en 1986, avec Diego Maradona en dieu du stade, chaque action qui a conduit le pays à la victoire est entrée dans la légende.

Comment aller au match

Il n'y a qu'une seule manière de vivre l'expérience du foot comme les Argentins, entre passion et folie contagieuse : assister à un match à la *cancha* (stade). Si certaines équipes ont une billetterie en ligne, il faut en général se rendre sur place le jour J pour acheter les billets.

Il y a deux grandes catégories de places : les *populares*, fosses où se retrouvent les ultras, et les *plateas*, assises, plus confortables pour qui découvre l'ambiance des *canchas*. Il n'est pas évident de dénicher une place pour voir jouer les clubs de Boca Juniors et River Plate, mais pour les autres équipes (y compris les trois autres *grandes*), vous trouverez des billets à différents prix, en ligne ou sur place le jour du match.

Sachez que vous passerez plusieurs contrôles de sécurité. En sortant, avalez un *paty de cancha* (sandwich post-match). Chaque match est une expérience qui relève d'une expression culturelle intrinsèquement argentine, sans laquelle on ne peut pleinement comprendre le pays.

CHARLY GARCÍA ROCKSTAR EN SON PAYS

Ses créations ont dérouté la censure, moqué les dictateurs et parlé au nom d'une jeunesse perdue : Charly García et son époque.

Par Christine Gilbert

IL AFFICHE UN look inhabituel pour une rockstar. Grand, dégingandé, moustache bicolore, sel d'un côté, poivre de l'autre. Contre vents et marées, Charly García occupe la scène depuis les années 1960. Certains voient en lui le père du *rock nacional*, cultivé sur place, interprété en espagnol. L'artiste est sans conteste l'un des musiciens les plus influents du pays. Depuis un demi-siècle, les paroles et mélodies de ses chansons ont été la bande originale des épisodes les plus tragiques et les plus festifs du pays.

Charly García

Le chantre de la culture populaire

Tous les 4 ans, à l'approche de la Coupe du monde de football, le brasseur Quilmes sort une nouvelle campagne de publicité télévisée. En 2022, avant son lancement au Qatar, elle mettait en scène, dans un scénario prémonitoire, des amis, collègues, frères et sœurs en grande conversation (un passe-temps national) autour des points communs entre les deux Coupes du monde, celle de 1986 – date du dernier titre mondial remporté par l'Argentine – et celle de 2022, avec en bande-son "Hablando a tu corazón" ("Je parle à ton cœur"), écrite par Charly García et Pedro Aznar en 1986. Un choix judicieux car Charly García est une star non seulement dans son pays, mais dans toute l'Amérique latine. Dans la publicité, les deux musiciens passent le relais aux Bandalos Chinos et à Louta, jeunes artistes pop indépendants, qui proposent leur version de la chanson. Preuve que ce titre, un hit à l'époque, parle à toutes les générations.

Garcia trouve sa voix

Adolescent, dans les années 1960, il commence par des reprises des Beatles avec son groupe, avant de former l'un des groupes de *rock nacional* les plus influents du pays, Sui Géneris, au côtés de Nito Mestre. Ils comptent parmi les premiers à conquérir tout le pays, avec des titres comme "Canción para mi muerte" ("Chanson pour ma mort"), qui parlent à toute une génération de jeunes Argentins le poing levé contre le service militaire et les institutions. Sui Géneris est la voix d'une contreculture, fortement dopée aux chansons folks d'artistes de la *nueva canción*, comme Mercedes Sosa et le Chilien Victor Jara, qui disparaîtra tragiquement à la suite du coup d'État contre le président Allende en 1973.

Les membres de Sui Géneris se séparent en 1975 à l'issue de deux concerts devant 20 000 personnes au Luna Park de Buenos Aires (magnifique site Art déco, qui reçoit toujours des têtes d'affiche aujourd'hui). Charly lance alors un nouveau groupe, La Máquina de Hacer Pájaros ("La machine à faire des oiseaux"), dont les titres installent le rock progressif sur la scène musicale latino-américaine.

À la fin des années 1970, il fonde un autre groupe, Serú Girán, qui deviendra l'une des références de la musique argentine. L'époque est tourmentée. En 1976, l'Argentine est sous le joug d'une dictature militaire. C'est là que son génie explose. Pendant ses années où de jeunes Argentins disparaissent, où la jeunesse est bafouée, oubliée, il esquive l'intraitable censure imposée par le régime en transformant son discours, en usant de métaphores et d'allégories. Ses paroles se veulent poétiques et abstraites. Sa plume donne une place à l'invisible. Dans "Hipercandombe" (1977), il s'adresse à la première personne à une figure inconnue, un ressort emprunté au tango. Toutes ses chansons ont eu un grand impact sur les personnes vivant dans des pays sud-américains sous la domination d'un régime autoritaire, de droite comme de gauche.

Disparition des dinosaures

Après des heures bien sombres, Charly García et son pays entrevoient une lueur d'espoir. En 1981, l'artiste sort "No quiero volverme tan loco" ("Je ne veux pas devenir fou à ce point"), avec des paroles de défi évoquant le ras-le-bol de la parano, le besoin d'être libre. La dictature n'a pas encore dit son dernier mot, mais en 1983, un mois avant la chute de la junte et la défaite de l'Argentine aux Malouines, Charly García sort, en solo cette fois-ci, le puissant "Los dinosaurios" ("Les dinosaures") titre de *Clics Modernos* (Clics modernes), son album phare des années 1980. La chanson, ancrée plus que toute autre dans l'instant, raconte l'extinction d'une espèce, celle des dictateurs. Dans des paroles poignantes, l'auteur-compositeur joue avec la grammaire pour expliquer que, si proches et amis ont disparu, les dinosaures aussi vont disparaître. Après plusieurs autres albums, il est rattrapé par ses démons, notamment ses problèmes d'addiction.

Aujourd'hui septuagénaire, l'artiste ne se produit plus, mais on l'entend toujours un peu partout à Buenos Aires, dans un taxi, un bar, un magasin. Tendez l'oreille et vous comprendrez pourquoi son succès s'est inscrit dans le temps. La portion de rue où il habite dans le quartier de Palermo a été rebaptisée Avenida Charly García. Les fans sont nombreux à laisser un mot sur l'immeuble, en hommage à leur icône.

Manchots, Punta Tombo (p. 435)

PATAGONIE : LE RÈGNE ANIMAL

En Patagonie évolue une belle diversité d'animaux terrestres et de créatures marines, peu égalée ailleurs en Amérique du Sud.
Par Madelaine Triebe

SI LA CHANCE est avec vous, votre arrivée en Patagonie se fera avec un petit comité d'accueil animalier. Beaucoup d'espèces sont ici chez elles, comme le manchot de Magellan sur la côte atlantique, les éléphants de mer sur les rivages de la Península Valdés et les renards gris des contrées arides. Quand on s'enfonce dans les terres en direction des Andes, le paysage change et laisse place à de nouvelles espèces, qu'il est toutefois moins facile de repérer sur les collines boisées : le puma, insaisissable prédateur nocturne, le huemul, cervidé menacé d'extinction et qui se tient à l'écart des humains, ou encore le pudu des Andes, le plus petit cervidé du monde, qui se cache dans la forêt tempérée des Andes. Pensez aussi à lever la tête pour observer les nombreux oiseaux planant au-dessus de la steppe et des montagnes : la sturnelle australe, le grand-duc de Magellanie, avec ses petites aigrettes ou l'indétrônable condor des Andes, pour ne citer qu'eux.

Les paysages variés de Patagonie sont autant d'occasions de croiser des animaux à l'état sauvage. Notez cependant que c'est aussi une question de patience. Si vous souhaitez voir une espèce en particulier, renseignez-vous sur la saison idoine. De juin à décembre, il est très fréquent d'apercevoir des baleines franches au large de Puerto Madryn et de la Península Valdés. De fin novembre à janvier, les bébés manchots de Magellan, adorables avec leur petit duvet moelleux, viennent grossir les rangs de la plus importante colonie du continent, à Punta Tombo.

La côte patagonne

Des rivages du Río Negro à la Terre de Feu, le littoral atlantique abrite de nombreuses espèces animales. Le Parque Nacional Monte León, à environ 200 km au nord de Río Gallegos, dans la province de Santa Cruz, protège 40 km de côte, avec ses manchots de Magellan, ses lions de mer, ses guanacos et ses pumas. Un peu plus au nord, partez à pied sur les sentiers marins de Puerto San Julián, en compagnie des oiseaux, ou montez à bord d'un bateau pour rencontrer les quelque 130 000 manchots de Magellan de la Bahía San Julián. Ces sorties organisées durent 2 heures et sont commentées par des biologistes marins.

Pour observer des animaux sauvages, notamment des mammifères marins, allez aux incontournables Puerto Madryn et Península Valdés. C'est ici que viennent se reproduire les baleines franches australes. Vous pourriez bien apercevoir des baleineaux s'ébattre dans l'eau tandis que vous longez la côte de Puerto Madryn. La Península Valdés est le seul lieu où l'on a vu des orques chasser le phoque en s'échouant volontairement. C'est un phénomène rare, mais rien ne vous empêche de séjourner à La Ernestina (p. 437), tenue par Juan Copello, spécialiste des orques, avec qui partir sur les traces de ces redoutables chasseuses.

Les Andes et les forêts de Patagonie

Au pied des Andes vivent des créatures fascinantes à la présence plus que fugace. On recense un nombre rassurant de pumas sur la cordillère, mais ils se font extrêmement

discrets. C'est aussi le cas du pudu, 38 cm maximum au garrot, petit cervidé dont le mâle a des bois pointus qu'il perd chaque année, et du huemul, son parent un peu plus grand, menacé d'extinction. Un condor des Andes pourrait bien passer au-dessus de votre tête. Admirez son envergure, qu'aucun autre rapace n'égale. Qui pourrait se lasser de l'observer quand il prend les vents et plane gracieusement au-dessus du plateau patagon ? Introduit en Terre de Feu, la pointe sud des Andes, par les Européens dans une tentative assez vaine d'y développer des élevages pour la fourrure, le castor y a détruit des pans entiers de forêt primaire. D'autres espèces, comme le cerf élaphe ou le sanglier, ont été introduites plus au nord, notamment dans la région des lacs. On les trouve aujourd'hui dans les forêts et sur les pentes herbeuses des montagnes, et certains voient en eux de vraies nuisances pour l'environnement.

La steppe de Patagonie

C'est dans ce paysage semi-désertique que vivent, dans les herbes hautes, le guanaco, l'une des quatre espèces argentines de lama, le mara (ou lièvre de Patagonie) et le renard gris, qui trottine souvent à l'entrée des parcs nationaux. Pour apercevoir ces espèces, le plus sûr reste de partir pour la Península Valdés et Punta Tombo, où le tatou, tout poilu, et le pichi (espèce endémique, bien plus petite, aussi appelée tatou velu de Patagonie) vous rendront peut-être une visite. Vous pouvez aussi vous rendre au Cabo Dos Bahías, moins fréquenté.

La buse aguia, aux larges ailes dont l'envergure peut atteindre 2 m, niche le plus souvent dans les forêts alpines en altitude ou part survoler la broussaille de la steppe, en quête de viscaches et d'autres petits animaux. Ce rapace sait cependant se faire silencieux, donc est difficile à repérer. Le nandou de Darwin, oiseau typique de la steppe, à plumage marron et pourvu de trois doigts, rappelle l'autruche (il ne sait d'ailleurs pas voler). On ne le trouve que dans les pampas herbeuses de Patagonie et de l'altiplano, où il se nourrit de plantes, de racines et des lézards qui passent par-là.

Guanacos

Espèces menacées

Comme dans de très nombreux pays, l'impossible réconciliation entre intérêts économiques et politiques, d'un côté, environnementaux et écologiques de l'autre, est une réalité en Argentine. Malgré un solide maillage de parcs nationaux, avec en tête de proue le Parque Nacional Perito Moreno, Los Glaciares, Los Alerces et la Terre de Feu, qui protège de vastes régions sauvages et œuvre à la conservation de la précieuse faune patagonne, les activités humaines demeurent une menace majeure pour tous ces animaux. Si le projet a lieu, les barrages hydroélectriques prévus sur le fleuve Santa Cruz auront un impact terriblement néfaste sur les espèces endémiques, dont les zones humides alentour constituent le précieux habitat. La surexploitation des pâturages pour le bétail provoque, quant à elle, une érosion irréversible au sein du Parque Nacional Los Glaciares. Des projets de mines dans le Chubut et la déforestation en Terre de Feu contribuent eux aussi à la destruction des habitats naturels, menaçant un peu plus les différents animaux de la région. La Patagonie et sa faune sauvage font face à de grands dangers.

LE RENOUVEAU DU TANGO

Après ses heures de gloire dans les années 1940, cette musique née à Buenos Aires connaît un nouvel âge d'or. On le sent aussi bien dans les *milongas* que dans les créations de la jeune génération. Par Diego Jemio

MIS EN SCÈNE pour un public ou dansé dans une petite *milonga* où se retrouvent les gens du quartier, qu'importe : ce corps-à-corps sensuel charme invariablement. Le tango déploie en silence sa parade intime et intense. Le geste et le temps semblent suspendus avant que ne résonne la première note du morceau. C'est peut-être là, d'ailleurs, que réside la plus grande beauté de cette danse.

L'histoire du tango

Comme dans le cas de nombreuses danses, il faut du temps pour remonter aux origines précises du tango. Les spécialistes s'accordent cependant pour dire qu'il est né d'improvisations dansées, cosmopolites, sur les rives transfrontalières du Río de la Plata. Le son est mâtiné de *candombe*, de *milonga*, de *habanera* cubaine, de polka et d'autres musiques.

Cette nouvelle danse et ces genres musicaux se sont développés autour du Río de la Plata au milieu du XIXe et au début du XXe siècle, une époque baptisée La Guardia Vieja. Son essor eut lieu dans les années 1940, après un temps d'éclosion et de formalisation.

À cette époque, les grands orchestres sont légion et, dans les rues de Buenos Aires, il n'est pas rare d'entendre un adolescent siffler un air de tango en rentrant chez lui après l'école. Les danses sont à la mode et le tango a de fiers relais : la radio, les disques et le cinéma.

Le pays est florissant, loin des conflits qui déchirent l'Europe. Il a alors pour bande originale le tango, que l'on joue dans les cafés, les night-clubs, les salons et les carnavals. Le tango a conquis la population et atteint une belle maturité expressive.

Vers la fin des années 1950, il commence à tomber en désuétude. Le phénomène rock and roll est en marche et celui du folklore argentin lui emboîte méthodiquement le pas. Mais alors que le tango semble moribond apparaît une figure désormais incontournable de la musique moderne : Astor Piazzolla (1921-1992), bandonéoniste et compositeur.

Les traditionnalistes disaient que sa musique n'était pas du tango et les radios ignoraient alors son travail. Seuls des petits labels diffusaient ses enregistrements. Mais le verdict est entre les mains du temps : Astor Piazzolla exerce aujourd'hui une influence à l'échelle internationale. C'est sans conteste celui que les artistes venus d'autres genres interprètent le plus. Rien de surprenant pour un musicien qui, toute sa vie, s'est aussi imprégné de jazz. L'auteur de "Libertango", "Las cuatro

estaciones porteñas" et "Adiós Nonino" est un musicien et un compositeur au style inimitable.

À la toute fin des années 1990 est un temps apparu le "tango électro", emmené par des groupes comme Malevo, Gotan Project et Bajofondo. Si les médias s'enthousiasmèrent face à cette flamme nouvellement rallumée, le genre ne fit pas vraiment long feu.

À votre tour d'essayer

Si vous avez envie de vous plonger dans les années 1940 et leurs danses, rendez-vous à la Villa Malcom, club de tango fondé en 1928 et toujours en activité, dans le quartier de Villa Crespo. Les chanteurs de tango de tous âges continuent de se retrouver à El Boliche de Roberto, bar du quartier d'Almagro ouvert en 1893. Chaque soir, les musiciens s'adonnent au rituel des retrouvailles, du chant sans micro, un verre à la main. Des grands noms comme Osvaldo Pugliese et Carlos Gardel ont foulé ces mêmes planches.

Autre lieu où le tango se vit loin des projecteurs et du papier glacé : Los Laureles, à Barracas, à la lisière de la ville, près d'Avellaneda. Le jeudi est organisée une rencontre entre chanteurs, où se retrouvent les gloires d'antan et les jeunes talents. L'ambiance est familiale et on a plaisir à écouter cette musique qui vient du cœur et qui résonne jusque sur les pavés de la rue.

Autre *milonga* incontournable pour comprendre le monde du tango à Buenos Aires, La Viruta se situe à Palermo, le quartier préféré des touristes. Depuis sa création dans les années 1990, le lieu s'évertue à casser un peu les codes des *milongas* traditionnelles.

Dans le même esprit, La Catedral de Almagro, installée dans une ancienne grange, a une atmosphère un rien bohème. Il y a des cours et une salle de danse, mais aussi des concerts hors tango. La Maldita Milonga, dans le quartier traditionnel de San Telmo, est un lieu de convergence entre tango classique et plus contemporain.

Si vous vous rendez dans une *milonga*, mieux vaut connaître certains codes locaux, comme le *cabeceo*, subtil mouvement de tête à destination de la personne que vous souhaitez inviter à danser. C'est un geste que l'on fait au lieu d'aborder directement la personne. La séquence se déroule comme suit : tout d'abord, vous cherchez quelqu'un avec qui vous souhaitez danser. Lorsque vous captez son attention et que vos regards se croisent, il vous suffit de faire un petit hochement de tête. Si la personne ne lâche pas votre regard, c'est que votre invitation est acceptée et que vous pouvez vous approchez. Mais si elle détourne le regard, c'est que votre invitation est refusée et qu'il vous faut reprendre votre recherche.

Le tango est présent sous de nombreuses formes aujourd'hui à Buenos Aires et s'affiche un peu partout, si bien que des spécialistes parlent d'un nouvel âge d'or. "Depuis 20 ans, le tango inspire de nouveaux sons musicaux, des artistes de tout crin et une nouvelle ferveur pour les styles d'autrefois, observe Gabriel Soria, président de l'Academia Nacional del Tango. En ville, on croise des orchestres qui s'inscrivent dans la tradition, et d'autres qui proposent leur interprétation. Les jeunes passionnés de tango, que ce soit côté danse ou côté musique, ont élargi le répertoire et participé à la résurrection de chansons oubliées."

LE TANGO EST PRÉSENT SOUS DE NOMBREUSES FORMES AUJOURD'HUI À BUENOS AIRES ET S'AFFICHE UN PEU PARTOUT, SI BIEN QUE DES SPÉCIALISTES PARLENT D'UN NOUVEL ÂGE D'OR.

Pourquoi les touristes montrent-ils autant d'intérêt que les *Porteños* pour le tango ? Peut-être en raison de ce corps-à-corps intime, étranger à certaines cultures, de l'énergie qui s'en dégage ou des rencontres sociales et amicales qu'il favorise. Une chose est sûre : le tango fait toujours vibrer Buenos Aires.

Sensualité du tango argentin

INDEX

Référence des cartes **en gras**

Référence des cartes **en gras**

Référence des cartes **en gras**

Référence des cartes **en gras**

Buenos Aires Recoleta

Des concierges dans chaque immeuble

Bcq de produits et restau Italiens

Yaourt en brique souple à bario sinon en pots très chers

Sur les produits des 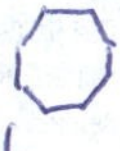 avec excès de sel, de sucr. de gras suivant les produits apposé par ministère de la santé

Pas de poivre

Les poubelles en hauteur

Vitres fumées des voitures (sauf parebrise avant) !

NOTES

LES GUIDES LONELY [illegible] ET

Une vieille voiture déglinguée, [illegible] dollars en poche et le goût de l'aventu[illegible]t ce dont Tony et Maureen Wheeler [illegible]oin pour réaliser, en 1972, le voyage d'u[illegible]er l'Australie par voie terrestre via l'Euro[illegible] De retour après un périple harassant de[illegible] mois, et forts de cette expérience fo[illegible] ils rédigèrent sur un coin de table leur [illegible] guide, *Across Asia on the Cheap*, qui se[illegible] à 1 500 exemplaires en l'espace d'une sem[illegible] Ainsi naquit Lonely Planet, dont les guides son[illegible] aujourd'hui traduits dans le monde entier.

À PROPOS DE CET OUVRAGE

Cette 9e édition française du guide *Argentine* est une traduction-adaptation de la 13e édition du guide *Argentina* (en anglais), mise à jour par Isabel Albiston, Ray Bartlett, Christine Gilbert, Victoria Gill, Diego Jemio, Sorrel Moseley-Williams, Rachel Tolosa Paz, Federico Perelmuter, Madelaine Triebe.

Traduction
Giuseppe Ardiri, Yann Champion, Thérèse de Cherisey, Florence Guillemat Szarvas, Vincent Guilluy, Frédérique Hélion, Servane Heudiard, Sophie Lecoq, Virginie Louchou et Alcime Steiger

Direction éditoriale
Dominique Bovet

Responsable prépresse
Jean-Noël Doan

Coordination éditoriale et adaptation française
Muriel Chalandre-Yanes Blanch

Maquette
Marie Dautet

Cartographe
Cartes adaptées en français par Caroline Sahanouk

Couverture
Adaptée en français par Laure Wilmot et Laurent Briard

Remerciements
à Angélique Adagio, Marianne Lesage, Michel MacLeod et Jean-Victor Rebuffet pour leur précieuse contribution au texte. Un grand merci à Laurence Petit pour sa relecture attentive. Merci également à Laly Bernard, Alexia Cornet, Léna Neuilly et Mathilde Sauzon pour leur préparation du manuscrit. Merci à Stéphanie Rian et Nicolas Guérin du bureau de Paris. Enfin, merci à Luan Angel, Emma Davies, Kim Else et Nigel Longuet à Londres et à Jean-Pierre Masclef à Melbourne.

Argentine

9e édition
Traduit et adapté de l'ouvrage *Argentina, 13th edition, may 2024*

Dépôt légal Novembre 2024
ISBN 978-2-38492-530-8

92 avenue de France - 75013 Paris
lonelyplanet@edi8.fr

Photographes © comme indiqué 2024
Imprimé par Grafica Veneta, Trebaseleghe, Italie
1re impression

#lisez! engagé
www.lisez.com
Imprimé sur du papier issu de forêts gérées durablement.
Plus d'information ci-dessus

En Voyage Éditions | un département édi8